Ulrich Quack

Kalifornien

IWANOWSKI´S *i* **REISEBUCHVERLAG**

Im Internet:

www.iwanowski.de

Hier finden Sie aktuelle Infos zu allen Titeln, interessante Links – und vieles mehr!

Einfach anklicken!

Schreiben Sie uns, wenn sich etwas verändert hat. Wir sind bei der Aktualisierung unserer Bücher auf Ihre Mithilfe angewiesen: **info@iwanowski.de**

Kalifornien

6. Auflage 2012

© Reisebuchverlag Iwanowski GmbH
Salm-Reifferscheidt-Allee 37 • 41540 Dormagen
Telefon 0 21 33/2 60 311 • Fax 0 21 33/26 03 33
info@iwanowski.de
www.iwanowski.de

Titelfoto: Jose-Fuste RAGA/laif
Alle anderen Abbildungen: siehe Bildnachweis Seite 541
Redaktionelles Copyright, Konzeption und deren ständige Überarbeitung: Michael Iwanowski
Karten und Reisekarte: Astrid Fischer-Leitl, München
Titelgestaltung sowie Layout-Konzeption: Studio Schübel, München
Layout: Ulrike Jans, Krummhörn

Alle Rechte vorbehalten. Alle Informationen und Hinweise erfolgen ohne Gewähr für die Richtigkeit im Sinne des Produkthaftungsrechts. Verlag und Autor können daher keine Verantwortung und Haftung für inhaltliche oder sachliche Fehler übernehmen. Auf den Inhalt aller in diesem Buch erwähnten Internetseiten Dritter haben Autor und Verlag keinen Einfluss. Eine Haftung dafür wird ebenso ausgeschlossen wie für den Inhalt der Internetseiten, die durch weiterführende Verknüpfungen (sog. „Links") damit verbunden sind.

Gesamtherstellung: B.O.S.S Druck und Medien, Goch
Printed in Germany

ISBN: 978-3-86197-060-6

Inhaltsverzeichnis

EINLEITUNG	10
Kalifornien auf einen Blick	13
1. LAND UND LEUTE	14

Historischer Überblick — 15
    Die indianische Vergangenheit — 15
    Europäischer Vorstoß und Kolonisation — 16
    Spanische Kolonisation 17 · Die Besiedlung des Westens und der Amerikanisch-Mexikanische Krieg 19
    Der kalifornische Goldrausch — 20
    Von der Provinz zum Hightech-Zentrum — 24
    Zeittafel — 27

Geografischer Überblick — 30
    Größe und Lage — 30
    Geologische Entwicklung — 30
    Die Landschaften — 34
    Klima und Reisezeit — 37

Gesellschaftlicher Überblick — 41
    Bevölkerung und Siedlungsstruktur — 41
    Hispanics 42 · Afroamerikaner 43 · Asiaten 44 · Siedlungsstruktur 45
    Soziale Lage — 46
    Der Californian Way of Life — 48

Wirtschaftlicher Überblick — 51
    Allgemeines — 51
    Wirtschaftsmentalität — 51
    Fischerei, Land- und Forstwirtschaft — 53
    Bergbau und Industrie — 55
    Energie und Umweltschutz — 57
    Tourismus — 58

2. DIE GELBEN SEITEN: KALIFORNIEN ALS REISEZIEL — 60

Allgemeine Reisetipps A–Z — 61
    Entfernungstabelle 111

**DIE GRÜNEN SEITEN:
DAS KOSTET SIE DAS REISEN IN KALIFORNIEN** — 112

Rundreisen / Routen — 117
    Kleinere Rundreisen 118 · Nordkalifornien 118 · Mittelkalifornien 118 · Südkalifornien 118 · Große Kalifornien-Rundreise 119

3. SAN FRANCISCO UND UMGEBUNG 120

Überblick: die Stadtviertel 121
Ein kurzer Blick in die Vergangenheit 122
Besichtigungsvorschläge 124

Rundfahrten und Rundgänge 126
Vom Union Square zur Fisherman's Wharf und zurück 126
Redaktionstipps 126 · Union Square 127 · Chinatown 129 · Telegraph Hill 131 · Fisherman's Wharf 132 · Alcatraz 133 · Lombard Street und Cable Car Museum 134 · Nob Hill 135

Vom Civic Center zum Ferry Building 136
Civic Center und Asian Art Museum 136 · City Hall und San Francisco War Memorial 138 · St. Mary's Cathedral 139 · Japantown 139 · Yerba Buena Gardens 140 · Financial District 143 · Embarcadero Center und Ferry Building 145

Von der Fisherman's Wharf bis zur Golden Gate Bridge 146
Maritime National Historical Park 147 · Golden Gate Promenade 149 · Fort Point 150 · Golden Gate Bridge 151

Spaziergang durch den Golden Gate Park 152
Conservatory of Flowers 154 · De Young Museum 155 · Japanischer Teegarten 155 · California Academy of Sciences 156 · Strybing Arboretum & Botanical Gardens 157 · San Francisco County Fair Building 157

Entlang dem 49-Mile Scenic Drive 159
Presidio of San Francisco 159 · Legion of Honor 160 · Cliff House 160 · San Francisco Zoo 161 · Twin Peaks und Mission Dolores 161

Rund um die San Francisco Bay 179
Nördlich der Golden Gate Bridge 179
Golden Gate National Recreation Area 181 · Sausalito 182 · Muir Woods National Monument 184 · Mount Tamalpais State Park 186 · Tiburon, Angel Island und Mill Valley 187

Östlich der Bay 188
San Francisco – Oakland Bay Bridge 188 · Oakland 190 · Stadtrundgang 190 · Berkeley 196

4. LOS ANGELES UND UMGEBUNG 200

Überblick 201
Orientierungstipps für Selbstfahrer und Besichtigungen 201
Geschichtlicher Überblick 204

Rundgänge und Fahrten durch Los Angeles und Umgebung 206
Sehenswürdigkeiten in Downtown Los Angeles 206
Redaktionstipps 206 · El Pueblo 206 · Union Station 208 · Chinatown 208 · Little Tokyo 209 · Civic Center 209 · Bunker Hill 210 · Zum Pershing Square, Broadway und Grand Central Market 211 · Die nördliche und südliche Peripherie der Downtown 212

Hollywood und Griffith Park 214
Rundgang durch Hollywood 214 · Universal City 218 · Griffith Park 219 · Los Angeles Zoo 220

Beverly Hills und Midtown _____ 221
Beverly Hills und West Hollywood 221 · Museen 223 · Einkaufsgegenden 225 · Westwood Village 226 · Südliche Peripherie 226
Sehenswerte Städte nördlich der Downtown _____ 235
San Marino 235 · Pasadena 235
Strände und Sehenswürdigkeiten entlang der Küste   237
Zwischen Flughafen und Malibu _____ 237
Marina Del Rey 237 · Venice 238 · Santa Monica 239 · Getty Villa 240 · Malibu 242
Zwischen Flughafen und Newport Beach _____ 245
Palos Verdes Peninsula 245 · Long Beach 247 · Queen Mary 249 · Museum of Art und Sehenswertes an der Küste 250 · Bixby Hill 251 · Südlich von Long Beach 252 · Huntington Beach 253 · Oceanside 253
Durch das Orange County   254
Strände, Städte und Sehenswürdigkeiten _____ 254
Costa Mesa 254 · Santa Ana 255 · Yorba Linda 256 · Anaheim 256 · Disneyland Resort 256 · Disney's California Adventure 259 · Buena Park 261 · Garden Grove 262
Zwischen Newport Beach und San Clemente _____ 263
Newport Beach 263 · Laguna Beach 264 · Catalina Island 265

5. RUNDREISEVORSCHLÄGE ZU DEN HÖHEPUNKTEN KALIFORNIENS   268

Route 1: Rundfahrt zu den nordkalifornischen Highlights   269
Überblick und Streckenvarianten _____ 269
Redaktionstipps 271
Das Wine Country (Napa Valley, Sonoma Valley) ____ 271
Möglichkeiten, das Wine Country zu entdecken 271 · mit dem Zug 271 · mit dem Boot 273 · mit dem Fahrrad 273 · mit dem Pferd 273 Überblick 273 · Über Sonoma zum Napa Valley 274 · San Rafael 275 · Novato 276 · Petaluma 277 · Alternativstrecke über Santa Rosa 278 · Glen Ellen 279 · Sonoma 281 · Napa 284 · Durch das Napa Valley bis Calistoga 285 · Yountville 285 · Saint Helena 289 · Calistoga 290
**Vom Wine Country durchs Landesinnere
zum Lassen Volcanic Park** _____ 293
Oroville 294 · Über Chico zum Lassen Volcanic National Park 295 · Über den Feather River Scenic Byway (Hwy. 70) zum Lassen Volcanic National Park 296 · Lassen Volcanic National Park 296
Vom Lassen Volcanic National Park zur Pazifikküste ___ 301
a) Über Redding und Weaverville 301
b) Alternativstrecke über Klamath Falls und Crescent City 305 · Eureka 309 · Der Redwood National Park
**Vom Redwood National Park nach San Francisco
entlang der Küste** _____ 314
Ferndale 314 · Fort Bragg 317 · Mendocino 318 · Fort Ross 319 · Bodega Bay 321 · Point Reyes National Seashore 323

Inhalt

Route 2: Rundfahrt zum Yosemite National Park — 328
Redaktionstipps 328
Überblick und Streckenvarianten — 328
Sacramento — 329
Überblick 332 · Besichtigung 333 · Old Sacramento 334
Von Sacramento zum Lake Tahoe — 339
Zum Südufer: über Folsom 339 · Zum Nordufer: über Auburn 341 · Truckee 342
**Seitensprung nach Nevada:
über Reno, Virginia City und Carson City zum Lake Tahoe** — 342
Reno 343 · Virginia City 344 · Carson City 346 · Lake Tahoe 347
Zum Mono Lake und Yosemite National Park — 353
Geisterstadt Bodie 353 · Mono Lake 354 · Abstecher nach Mammoth Lakes und Devils Postpile 354 · Der Yosemite National Park 355
Vom Yosemite National Park durch das Gold Country nach Sacramento (San Francisco) — 362
Von Jamestown nach Sonora und Angels Camp 363 · Placerville 365

Route 3: Zwischen San Francisco und Los Angeles — 367
Redaktionstipps 367
Überblick und Streckenvarianten — 367
Von San Francisco nach Monterey und Carmel — 368
a) Nach Santa Cruz auf dem Highway 1 370
b) Nach Santa Cruz durchs Landesinnere 371 · Silicon Valley 372 · Palo Alto 373 · Mountain View und Santa Clara 374 · San José 376 · Zurück an die Küste 378 · Santa Cruz 378 · Von Santa Cruz nach Carmel-by-the-Sea 379
Monterey Peninsula — 380
Das historische Monterey 380 · Rundgang 382 · Pacific Grove & 17-Mile-Drive 387 · Carmel-by-the-Sea 389
Von Carmel nach Santa Barbara — 392
Big Sur 393 · San Simeon und Hearst Castle 395 · Morro Bay, San Luis Obispo und Pismo Beach 396 · Über Gaviota 398 · Über Solvang 398 · Santa Barbara 399
Von Santa Barbara nach Los Angeles — 408
Ventura 409 · Channel Islands National Park 411
Von Los Angeles nach San Francisco durchs Inland — 418
Valencia 418 · Bakersfield 419 · Sequoia und Kings Canyon National Park 420 · Die Kings Canyon Panoramastraße 423 · Fresno 425

Route 4: Rundfahrt zu den südkalifornischen Highlights und nach Las Vegas — 427
Redaktionstipps 427
Streckenvarianten und Hinweise — 427
Von Los Angeles nach San Diego — 430
Oceanside 430 · Carlsbad by the Sea 431 · Alternativstrecke durchs Landesinnere 433 · San Diego Zoo Safari Park 435

San Diego _____ **436**
Überblick 438 · 59-Mile-Scenic-Drive 439 · Stadtbesichtigung: Rundgänge in Downtown und im Balboa Park 439 · Downtown 439 · Horton Plaza 440 · Gaslamp Quarter 443 · Balboa Park und Zoo 444 · San Diego Zoo 448 · Die Old Town 449 · Mission Bay und La Jolla 450 · Sea World San Diego 452 · La Jolla 453 · Von Downtown zum Point Loma 454 · Die Mission San Diego de Alcalá 457 · Coronado Peninsula 459
Abstecher nach Tijuana/Baja California _____ **466**
Tijuana 467
Von San Diego über Palm Springs und den Joshua Tree National Park nach Las Vegas _____ **471**
Alternative 1 – über Riverside und Cabazon 471
Alternative 2 – durch die Palomar Mountains und Idyllwild 473
Alternative 3 – über Descanso und den Lake Henshaw 474
Alternative 4 – über den Anza-Borrego Desert State Park 474
Palm Springs und das Coachella Valley _____ **475**
Überblick 475 · Fahrt durch das Coachella Valley (von Palm Springs bis Indio) 478 · Palm Springs 478 · Cathedral City 480 · Rancho Mirage, Palm Desert und Indian Wells 481 · La Quinta und Indio 482 · Desert Hot Springs 483 · Joshua Tree National Park 485 · Vom Joshua Tree National Park nach Las Vegas 490
Las Vegas und Umgebung _____ **491**
Redaktionstipps 491 · Die Karriere einer Spielerstadt 491 · Sehenswürdigkeiten/Stadtrundgang 495 · Die Downtown 496 · Der Las Vegas Boulevard (The Strip) 499 · Stratosphere Tower 499 · Circus, Circus 501 · Echelon 501 · Wynn Las Vegas 502 · The Venetian Resort 502 · Treasure Island 502 · Mirage 503 · Caesar's Palace 503 · Paris 503 · Bellagio 504 · CityCenter 504 · MGM Grand 505 · Excalibur 505 · Luxor 505 · Mandalay Bay Resort 506 · Attraktionen abseits des Strip 507 · Rundfahrt zum Lake Mead und Hoover Dam 514 · Lake Mead 516 · Hoover Dam 518
Von Las Vegas nach Los Angeles _____ **521**
Der direkte Weg durch die Mojave-Wüste (I-15) 521 · Panoramastraße am Ende der Welt – Abstecher zu den San Bernardino Mountains 526 · Von Las Vegas zum Death Valley National Park 527 · Vom Death Valley zum Pazifik 533 · Nach Los Angeles über den Hwy. 14 533 · Nach Los Angeles über den Hwy. 395 533 · Nach Los Angeles/San Diego über den Hwy. 127 534

ANHANG _____ 535

Literaturhinweise **535**
Stichwortverzeichnis **535**

Außerdem weiterführende Informationen:

Johann August Sutter	20
Bodybuilder, Schauspieler, Gouverneur: Arnold Schwarzenegger	25
Warten auf den „Großen Knall"	33
Lebenswichtig nicht nur für die Landwirtschaft: die Wasserversorgung	54
Andrew Hallidie und die Cable Cars	127
J. Paul Getty und das Getty Center	243
Walt Disney	260
Jack London	280
Kalifornischer Wein	286
Informationen zu den Redwoods	324
Die Lee Vining Canyon Panoramastraße	355
John Steinbeck	385
Whalewatching – die Wanderung der Grau- und anderer Wale	404
Die Mammutbäume	423
Juan Rodríguez Cabrillo	456
Pater Junipero Serra und die kalifornischen Missionen	458
Die Mojave-Wüste	522

Karten und Grafiken:

Channel Islands National Park	412
Death Valley National Park	528
Geologie der Westküste	31
Joshua Tree National Park	486
Kaliforniens 12 Regionen	36
Kings Canyon und Sequoia National Park	421
Lake Tahoe	348
Lassen Volcanic National Park	297
Las Vegas:	
Überblick	493
Downtown	497
The Strip	500/501
Long Beach	248
Los Angeles:	
Übersicht	202
Downtown	207
Hollywood	215
Beverly Hills und Midtown	222
Metro	233
Los Angeles – Las Vegas	428/429
Monterey	381
Monterey Peninsula	388
Napa und Sonoma Valley	272
Nordkalifornien	270
Oakland	191
Orange County	255
Palm Springs und Umgebung	476
Redwood National Park	311
Sacramento	332
San Diego und Umgebung	437
San Diego:	
Downtown und Balboa Park	441
Mission Bay und La Jolla	451
San Francisco:	
Union Square und Fisherman's Wharf	127
Zwischen Civic Center und Ferry Building	137
Fisherman's Wharf und Golden Gate Bridge	147
Golden Gate Park	154/155
BART Streckennetz	176
Bay Area	180
San Francisco – Los Angeles	369
Santa Barbara	400
Yosemite National Park	356
Zum Yosemite National Park	330/331

Umschlagkarten:
vordere Umschlagklappe: Kalifornien mit Highlights
hintere Umschlagklappe: Übersicht San Francisco

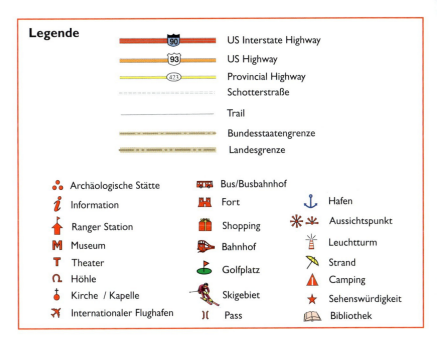

So geht's:
Das Buch ist so aufgebaut, dass dem Reiseteil ein Einblick in **Geschichte und Kultur** sowie andere Aspekte des Reisezieles (Kap. 1) vorausgehen. Diesem Einblick folgen **allgemeine Tipps** zur Planung und Ausführung einer Reise nach Kalifornien (Allgemeine Reisetipps, Kap. 2).
Im Anschluss folgt der **Reiseteil** (ab Kap. 3), in dem auf alle wichtigen und wesentlichen Sehenswürdigkeiten eingegangen wird. Reisepraktische Hinweise finden Sie jeweils im Anschluss an die Beschreibung der Routen, Städte und Sehenswürdigkeiten.
Ein **Register** im Anhang gibt Ihnen die Möglichkeit, schnell und präzise den gesuchten Begriff zu finden.

EINLEITUNG

Sequoia und Kings Canyon National Park

Einleitung

Go West – In den Westen der Vereinigten Staaten – für wie viele Menschen war und ist in diesen Worten nicht Sehnsucht verborgen? Für manche eine Sehnsucht mit existentieller Bedeutung – für die frühen Einwanderer und Goldsucher etwa, die durch die amerikanische Weite aus dem Osten kamen oder über die Wasserwüste des Pazifiks. Und heute für Immigranten aus aller Welt, viele aus dem Süden des Kontinents, die auf der Suche nach Arbeit nicht selten illegal in das gelobte Land einwandern. Sie alle verlangten nach dem, was ihnen die Heimat versagte: ein menschenwürdiges Auskommen, vielleicht sogar Wohlstand. Für andere war der Zug gen Westen ein Zug in die erhoffte Freiheit, sei sie nun politischer oder, wie bei den Mormonen, religiöser Natur. Wieder andere führte die Gier nach sagenhaften Goldländern und überreichen Silbervorkommen oder die Jagd nach Pelzen ins Land.

Auch die heutigen Touristen verspüren noch die Sehnsucht nach dem „Wilden Westen", weil sie sie mit der amerikanischen Kultur längst schon eingesogen und verinnerlicht haben: Indianer und Weiße, Rancheros und Desperados, Trapper und Goldsucher – in unzähligen Büchern und Wildwestfilmen sind deren Geschichte (meistens verfälscht!) und Geschichten ausgebreitet worden. Wer kennt nicht die Ponderosa-Ranch, *Billy the Kid*, *Sitting Bull* oder *Butch Cassidy*, wer hätte nicht seine Vorstellungen vom Aussehen der berühmten Helden – freilich in der Maske eines *Clint Eastwood*, *Stewart Granger*, *Lorne Green*, *Dustin Hoffman*, *Paul Newman* oder *Robert Redford*. Sie alle sind Bestandteil der modernen Mythen geworden, genau wie die filmischen Geschichten aus jüngerer Zeit, in denen Easy Rider mit ihren Maschinen über die Highways donnern oder in den Straßen von San Francisco geschossen, in Falcon Crest intrigiert, in Beverly Hills geflirtet oder in Chinatown gemordet wird. Die Anziehungskraft dieser Produktionen führt die Besucher zu den immer wieder dargestellten Drehorten, aber auch zu ihren Produktionsstätten in Hollywood oder zu den Wohnstätten der Film-Stars in Beverly Hills, Malibu, Palm Springs, Santa Barbara und Carmel.

Das Hauptmotiv für eine Reise nach Kalifornien bleibt aber die Natur, die sich hier in Flora und Fauna, in Landschaften, Formen und Farben so vielfältig wie kaum irgendwo sonst darstellt. Zwischen Mexiko und Oregon sowie dem Pazifik und den Rocky Mountains breiten sich Naturwunder aus, deren Höhepunkte in den National- und State Parks geschützt sind: Hier warten die eisigen Gletscher und wasserlosen Wüsten, die endlosen Strände und tiefen Urwälder, über 4.000 m hohe Bergkegel und Landstriche unter Meeresspiegelniveau, Vulkane und tosende Wasserfälle auf den staunenden Betrachter. Am besten nähert man sich den natürlichen Schätzen mit sportlicher Aktivität. Auch hierzu bietet Kalifornien unbegrenzte Möglichkeiten: Ob Wandern im Yosemite oder Klettern im Joshua Tree National Park, ob Angeln, Reiten, Skilang- und -abfahrtslauf, Golf und Surfen – den möglichen Urlaubsaktivitäten sind keine Grenzen gesetzt.

Zu den Attraktionen dieser Art im „Land von Freiheit und Abenteuer" kommen kulturelle Sehenswürdigkeiten, die ebenfalls eine erstaunliche Bandbreite aufweisen. Felszeichnungen und Ausgrabungsstätten zeugen von der überaus interessanten indianischen Vergangenheit, die russischen Forts, spanischen Missionen und englischen Siedlungen vom europäischen Vorstoß in den „Wilden Westen". Daneben treten die historischen Viertel der Städte von San Diego bis San Francisco, die verspiegelten Wolkenkratzer der heutigen Zeit, Attraktionen wie Sea World (San Diego) oder Vergnügungsparks wie Disneyland (Anaheim).

Einleitung

Es fällt schwer, aus der Fülle des Angebots auszuwählen, anstatt Tausende von abgefahrenen Meilen mit Urlaub zu verwechseln. Insgesamt gilt hier, zumal für den gestressten Besucher aus Übersee, die Empfehlung, sich dem *Easy going* des *Californian way* anzupassen.

Ziel dieses Reise-Handbuches ist es, dem individuellen Reisenden einen Einblick in die Geschichte und Kultur des Zielgebietes zu geben, ihm bei der Planung der Route behilflich zu sein und mit komprimierten Angaben die Auswahl der Sehenswürdigkeiten zu erleichtern. Die dabei skizzierten Strecken und -varianten wollen nichts weiter sein als Anregungen. Gleiches gilt auch für die praktischen Hinweise, wobei bei den Hotel- und Restauranttipps eher auf das „Besondere" geachtet wurde und weniger auf die üblichen Motelketten oder Fast-Food-Restaurants. Deren Werbestrategen ist es zu verdanken, dass man diese Einrichtungen entlang der High- und Freeways sowieso nicht verfehlen kann.

Vielleicht ergeht es Ihnen wie vielen anderen Besuchern des Reiseziels: Einmal dem Ruf Go West gefolgt, kommen Sie in schöner Regelmäßigkeit wieder, wohl wissend, dass ein Menschenleben nicht ausreicht, alle sehenswerten Stätten des amerikanischen Westens aufzusuchen oder alle seine Naturschönheiten zu erleben ...

Ich möchte nicht versäumen, mich für die Recherche vor Ort und das Überlassen von Bildmaterial bei Anja Bethe und Lina Katharina Klein zu bedanken.

Ulrich Quack

Kalifornien auf einen Blick

Beiname:	Golden State
Staatsmotto:	Eureka! (Ich hab's gefunden!)
Wappentier:	Grizzlybär
Flagge:	Ein Grizzlybär auf weißem Grund mit schmalem roten Streifen (*The Bear Flag*)
Gouverneur:	Jerry Brown (Demokrat, seit 2011)
Lage:	Kalifornien liegt am Pazifik, zwischen 114° und 125° westlicher Länge sowie zwischen 32° und 42° nördlicher Breite. Eureka in Nordkalifornien ist etwa so weit nördlich wie New York oder Rom, San Diego im Süden liegt etwa auf der Höhe von Dallas oder Casablanca in Marokko.
Größe:	Die Gesamtfläche beträgt 423.970 km². Damit ist Kalifornien nach Alaska und Texas der drittgrößte US-Bundesstaat und größer als etwa Deutschland, Italien oder Großbritannien. In Nord-Süd-Richtung misst Kalifornien 1.200 km, in West-Ost-Richtung 250-400 km.
Küstenlinie:	Die Küstenlinie zwischen Oregon und Mexiko beträgt rund 1.200 km, einschließlich der Inseln und Buchten rund 2.000 km.
Bevölkerung:	Kalifornien hatte 2010 insgesamt ca. 37 Mio. Einwohner. Davon waren 78 % Weiße (davon 34 % Hispanics), 12,3 % Asiaten, 6,2 % Afroamerikaner, 0,7 % Indianer, 0,4 % Hawaiianer. Die absolut meisten Menschen leben in Groß- oder Kleinstädten: Der Urbanisierungsgrad beträgt 95 %!
Hauptstadt:	Sacramento (470.000 Ew.)
Große Städte:	Los Angeles (3,8 Mio. Ew.), San Diego (1,3 Mio. Ew.), San Jose (950.000 Ew.), San Francisco (800.000 Ew.), Long Beach (460.000 Ew.). Von den städtischen Großräumen (Metropolitan Areas) war 2010 Los Angeles/Long Beach mit ca. 17,8 Mio. Ew. führend (nach New York auf dem zweiten Platz der US-Rangliste) vor San Francisco/Oakland (7,5 Mio.) und San Diego (3 Mio.).
Wirtschaft:	Tourismus, Landwirtschaft (Gemüse, Obst, Baumwolle, Wein, Nüsse), Lebensmittelindustrie, Fahrzeugbau, Elektro- und Computerindustrie, Flugzeugbau, Raumfahrttechnik, Gentechnologie, Waffenproduktion, Erdölförderung, petrochemische Industrie, Unterhaltungs- und Filmindustrie.

I. LAND UND LEUTE

Historischer Überblick

Die indianische Vergangenheit

Heutzutage ist bekannt, dass die Geschichte Amerikas nicht mit Kolumbus (oder den Wikingern) beginnt, sondern dass es im Süd-, Mittel- und Nordteil des Kontinents lange vor der „Entdeckung Amerikas" **hochentwickelte Indianerkulturen** gegeben hat. Ab wann die Einwanderung des Homo sapiens nach Amerika anzusetzen ist, wird in der Forschung unterschiedlich beantwortet. Einige setzen für dieses Ereignis die Zeit um etwa 10.000 v. Chr., andere wiederum die vor 70.000 oder, wie die Archäologen der *Calico Early Man Site* (S. 523), vor 200.000 Jahren an. Die Mehrheit der Forschung geht aber von einer Immigration aus, die ab 35.000 v. Chr. in mehreren Wellen erfolgte. Fest steht, dass Volksstämme aus dem Inneren Asiens über die (damals trockene oder zugefrorene) Beringstraße hinüberwanderten und den menschenleeren Kontinent von Norden aus besiedelten. Sie waren Großwildjäger, die den Fährten inzwischen ausgestorbener Tierarten (Bisons, Mammuts usw.) nach Süden und in die Prärie folgten. Nachgewiesen sind Gerätschaften von Jäger-, Fischer- und Sammlerkulturen, die gegen 8000 v. Chr. in unterschiedlichen Gebieten der heutigen USA lebten und bereits jeweils eigene, differenzierte Charakteristika aufwiesen.

Erste Besiedlung

Als letzte Gruppe haben wahrscheinlich die Inuit ihre Wanderung angetreten und sich an den arktischen und subarktischen Küsten von Grönland, Kanada, Alaska und dem nordöstlichen Sibirien ausgebreitet. Zu diesen hielten und halten bis heute die Indianerstämme des amerikanischen Nordwestens, die größtenteils Fischer waren, engen kulturellen Kontakt. Demgegenüber war die Lebensgrundlage der Prärie-Indianer, die in die weiten Ebenen zwischen den Rocky Mountains und dem Mississippi zogen, die Büffeljagd. Die nomadische Lebensweise von Stämmen wie *Blackfoot*, *Comanche* und *Sioux* konnte erst (trotz aller Dezimierung durch die Weißen) mit der europäischen Einführung des Pferdes zur vollen Blüte gelangen und hat ihren Höhepunkt zur Mitte des 19. Jh.

Im **Südwesten** kristallisierte sich noch früher eine der am höchsten entwickelten Gesellschaften des Subkontinents heraus, von der vor allem die mehrstöckigen Klippenhäuser und Pueblos der *Sinagua* und *Anasazi* erzählen.

Das kulturelle Niveau der Indianerstämme Kaliforniens war nicht ganz so hoch – und musste es auch nicht sein: Das Klima an der Küste war gleichbleibend mild und zwang nicht zum Bau von massiven Wohnungen, Fischfang und Jagd waren ganzjährig möglich, und für komplizierte Bewässerungstechniken wie im Südwesten bestand keine Notwendigkeit. Anstelle der Steinbauten im Südwesten oder der Stangenzelte der Prärie-Indianer lebten sie in Iglu-ähnlichen Schilfhütten, die bei Kälte oder Regen mit Hirschhäuten bedeckt wurden. Ab etwa 500 n. Chr. bildeten sich hier jene Clans und Sippen, die später auch die Europäer kennen lernen sollten. In Nordkalifornien siedelten die *Konomihus*, *Atsugewis* und *Modokes* in der Region um den Mount Shasta. Die friedlichen *Miwok* und *Ohlone*, die an der Bay von San Francisco wohnten, waren Sammler und Jäger. Gesammelt wurden hauptsächlich Eicheln, aus denen man Mehl herstellte, daneben machte man Jagd auf Elche und Hirsche. Wegen der Sammelwirtschaft wurde in diesem

Günstiges Klima

Historischer Überblick

Kalifornien als Insel (Karte von 1638)

Raum die Herstellung von Körben (Flechtwerk) bis zur Meisterschaft entwickelt. In Südkalifornien ließen sich die *Chumash* in der Gegend von Santa Barbara nieder. Ihren Lebensunterhalt bestritten sie zum größten Teil mit Fischfang. Einige ihrer kunstvoll geknüpften Netze, Angelhaken aus Muschelschalen oder Reusen sind noch erhalten und Schmuckstücke verschiedener Museen, ebenso wie die aus Redwood und Zedernholz gearbeiteten Kanus. Weitere größere der rund 80 kalifornischen Stämme waren die *Yokuts* im Central Valley, die *Cahuilla* in den südlichen Wüstengebieten sowie die *Wintun, Maidu, Costano, Pomo, Salina, Gabrielino, Diegueno* und *Luiseno*.

Nach der „Entdeckung" Amerikas im Jahre 1492 durch Kolumbus zerstörten die Europäer die **amerikanischen Hochkulturen** und errichteten ein riesiges spanisches Kolonialreich, das im Westen auch große Teile der heutigen USA mit einschloss. Die im damaligen weißen Selbstverständnis immer wieder geäußerte Behauptung, der „Wilde Westen" sei ein mehr oder weniger leeres Land gewesen, stimmte natürlich nicht. Insgesamt wird die Zahl der Indianer, die im heutigen Staatsgebiet der USA lebten, auf 1–2 Mio. geschätzt, wobei allein zu Kolumbus Zeiten Kalifornien rund 300.000 Bewohner gehabt haben dürfte.

Europäischer Vorstoß und Kolonisation

Nach Kolumbus Entdeckungsfahrten konzentrierte sich das Interesse der europäischen Kolonialmächte ab 1492 auf die dichtbesiedelten und hochentwickelten Gebiete Mittel- und Südamerikas, etwas später auch auf die nordamerikanische Ostküste, während der größte Teil des Nordwestens lange Zeit unerforscht blieb und einfach **terra incognita** (unbekanntes Land) war. Dabei hatten bereits zu Anfang des 16. Jh. erste spanische, portugiesische und englische Expeditionen stattgefunden, die von der mexikanischen Pazifikküste in den Norden gingen und sämtlich von der Suche nach Gold und Edelsteinen geleitet wurden. Denn dass es im Westen etwas zu holen gab – daran bestand nie Zweifel: Etwa 1510 war zum ersten Mal von einem Gerücht über die Insel California zu hören, auf der schwarze Amazonen lebten und Goldschätze horteten.

Unbekanntes Land

Und auch die Mär vom **sagenhaften Goldland** El Dorado wurde von einigen Seefahrern auf den Westen der heutigen USA bezogen. Unter diesen befanden sich der Eroberer *Hernán Cortéz*, sein spanischer Landsmann *Francisco Vásquez de Coronado* (der 1540 das heutige New Mexico erforschte) und der Portugiese *João Rodríguez Cabrillo*, der 1542 von Mexiko aus entlang der pazifischen Küste nach Norden segelte und als erster Europäer in Kalifornien vor Anker ging. Auch der **englische Seeheld** Sir *Francis Drake* landete mit seinem Schiff *The Golden Hind* in Kalifornien – irgendwo nördlich der San Francisco Bay – und reklamierte das Gebiet für die britische Krone. Und noch im Jahre 1638 malte der **Holländer** *Johannes Jansson* Kalifornien als Insel. Es dauerte also eine ganze Weile, bis das kalifornische Gebiet wirklich erforscht und unter die Kontrolle der **Spanier** geraten war – gleichbedeutend mit Zwangsmaßnahmen gegen die Einheimischen, die ihr altes Leben aufzugeben hatten. Die südwestlichen Pueblo-Indianer waren zu dieser Zeit bereits Einwohner der Provinz Nueva México, die seit 1606 von der Hauptstadt Villa Real de la Santa Fé de San Francisco (Santa Fe) verwaltet wurde; zur gleichen Zeit gründeten Jesuiten, später auch Franziskaner, dort ihre Missionen und gesellten der weltlichen Ausbeutung der Indianer eine neue Variante hinzu.

Erste Entdecker

Spanische Kolonisation

Erst sehr viel später, nämlich im Jahre 1769, begann die **spanische Kolonisation Kaliforniens**. Um den von Norden her vorstoßenden Russen zuvorzukommen, drängte König *Karl III.* zu einer raschen Einverleibung des Gebietes. Der dazu losgeschickten Expedition des *Gaspar de Portalá* folgten, wie schon in Nueva México, christliche Missionare. Entlang der Küste wurden dabei unter dem Franziskaner *Junipero Serra*, dem sog. „Apostel Kaliforniens", bis 1823 insgesamt 21 Missionsstationen gegründet, die erste davon 1769 in San Diego (vgl. S. 458). Die Missionen, deren Bauwerke heute als geschichtsträchtige Attraktionen Ziel touristischer Ausflüge sind, waren nicht nur geistige Institutionen, sondern auch enorm reiche landwirtschaftliche Unternehmen, deren ökonomische Basis die Indianerarbeit war. Die Franziskaner zwangen die Eingeborenen zu unbedingtem Gehorsam, zur radikalen Änderung ihrer Lebensweise oder zur Sklavenarbeit. Nur selten fanden die Indianer die Kraft, gegen das System zu revoltieren, wie z.B. 1775 in San Diego, wobei ein Padre ermordet wurde. Den Schutz der Franziskaner übernahmen die Soldaten, deren befestigte Forts (*Presidios*) die militärische Herrschaft der Spanier sicherten, während die politische in der Provinzhauptstadt Monterey ausgeübt wurde.

Die Spanier waren nicht die einzigen Europäer, die nach Kalifornien vordrangen: An der Pazifikküste trat als weitere fremde Großmacht das Zaren-

Glockenturm der ersten spanischen Missionsstation in San Diego

Kaliforniens Geschichte auf einem Wandmosaik in Monterey

reich in Erscheinung, das seit 1788 (bis 1867) in Alaska bereits amerikanisches Land in Besitz hatte. Schon 1794 segelten von den Aleuten und Alaska aus russische Pelzhändler und Siedler in den Süden. 1812 gründeten **Russen** aus Alaska im kalifornischen Fort Ross eine befestigte Station mit Kommandantur, Kirche, landwirtschaftlichen Betrieben und einer Pelzhandelsfirma. Obwohl diese Kolonie 1844 wegen wirtschaftlicher Schwierigkeiten aufgeben musste und die Russen alle ihre kalifornischen Besitzungen verkauften und das Land verließen, sollten noch häufiger Robben- und Seeotterjäger, Pelztierfänger und Händler aus dem Zarenreich bis weit in den Süden vorstoßen. Sie lebten, wenn man so will, lange vor den „Amerikanern" in Washington, Oregon und Nordkalifornien.

Diese hatten in der Revolution und im **Unabhängigkeitskrieg** gegen England (1776–1783) in den 13 Ostkolonien zum ersten Mal die staatliche Autonomie erkämpft und die Basis der heutigen Vereinigten Staaten geschaffen. Sie ließen keinen Zweifel daran, dass sie den gesamten Subkontinent, vom Atlantik bis zum Pazifik, als ihre alleinige Interessensphäre betrachteten. So kauften die USA unter Präsident *Jefferson* 1803 *Napoleon* für 15 Mio. Dollar das französische Gebiet westlich des Mississippi ab, und den Engländern machten sie durch eine Expedition in das sog. Oregon-Territorium (Washington, Idaho, Oregon) in den Jahren 1804–1806 ihre Ansprüche auf den amerikanischen Nordwesten bis hin zur Pazifikküste klar. Der formale politische Besitz der ehemaligen französischen Kolonie reizte immer mehr Menschen zum Überqueren der Appalachen und zum Zug in den „Wilden Westen". Auf der sog. Wilderness Road folgte Treck auf Treck, und in kürzester Zeit war alles vereinnahmt, was an fruchtbarem Boden vorhanden war, alles vermessen, was sich zur Besiedlung anbot, und alles abgeschossen, was in der Prärie als Großwild lebte.

Louisiana wird amerikanisch

Die Besiedlung des Westens und der Amerikanisch-Mexikanische Krieg

Die Indianerstämme, die bisher das Land im Osten genutzt hatten, wurden im Jahre 1830 sämtlich zwangsenteignet, und vor der Menschenwelle, die da auf sie zukam, flohen etwa 100.000 recht- und heimatlos gewordene Indianer über den Mississippi nach Westen. Doch auch hier folgten die Weißen in breiter Front, zuerst die Pelzhändler, dann die Holzfäller, Landvermesser, Viehzüchter, Bergleute und am Schluss die Farmer. Diese stetig vorrückende Front, bei der es freilich vorspringende und zurückweichende Ausbuchtungen gab (etwa wegen Indianerkämpfen, natürlichen Hindernissen oder Naturkatastrophen), war ein dynamischer, gesetzloser Raum, in dem Menschen unterschiedlichster Herkunft allein und gemeinsam immense Schwierigkeiten bewältigen mussten.

Eine eigentliche Grenze hat es in dieser Zeit nicht gegeben, auch nicht, als die Weißen um 1840 bei etwa 98° westlicher Länge die ausgetrockneten und wüstenartigen Landstriche erreicht hatten, in denen Ackerbau nicht mehr möglich war. Gleichzeitig bot das Vordringen nach Westen auch gescheiterten Charakteren eine Chance zur Existenzsicherung, die sich sogar mehrfach wiederholte, wenn man die Völkerwanderung nur weiter mitmachte. Auf diese wandernde Grenze, die im Amerikanischen *Frontier* genannt und im Deutschen am besten mit „Pionierfront" wiedergegeben wird, ist wohl der Begriff vom **Land der unbegrenzten Möglichkeiten** zurückzuführen. Sicher ist auch, dass sie viele Generationen von Amerikanern bis auf den heutigen Tag geprägt hat.

Ein weiteres Erbe haben die Landvermesser hinterlassen, die der vorrückenden *Frontier* folgten und das gesamte Land in quadratische, nach Himmelsrichtungen geordnete Felder aufteilten.

Spanisches Kulturerbe: Wandkacheln in Santa Barbara

Überall, wo die Geländeverhältnisse es erlaubten, wurde diese schematische Landvermessung durchgeführt, und das Rastersystem der Städte genau wie die **schnurgeraden Straßen** auf dem Land gehen darauf zurück. Jeder Besucher San Franciscos erkennt, wie das Rastersystem selbst über die dortige steile Hügellandschaft gestülpt wurde.

Der amerikanische Vorstoß in den Westen wurde durch die politische Schwäche und organisatorische Unfähigkeit der europäischen Kolonialmächte in hohem Maße unterstützt. In Kalifornien herrschte, so *Stefan Zweig* in seinen „Sternstunden der Menschheit": „Spanische Unordnung, gesteigert durch Abwesenheit jeder Autorität, Revolten, Mangel an Arbeitstieren und Menschen, Mangel an zupackender Energie". Als

Kurze Selbstständigkeit Kaliforniens

1821 **Mexiko** die **Unabhängigkeit** vom spanischen Mutterland erklärte, sollte sich dieser Zustand nicht wesentlich ändern, sondern wurde nur unter anderen Vorzeichen weitergeführt. General *Vallejo* nutzte die Gunst der Stunde und schwang sich de facto zum Alleinherrscher der Provinz Alta California auf. Gegen sein Regime rebellierten **1846** in Sonoma amerikanische Siedler: Sie nahmen den General gefangen, hissten die Flagge mit dem Grizzly-Bären (die auch heute noch in Gebrauch ist) und erklärten Kalifornien zur **selbstständigen Republik**.

Als unmittelbar danach US-Präsident *James Polk* **Mexiko** den **Krieg** erklärte, wurde ein weiterer Schritt auf dem Weg zur staatlichen Einheit vollzogen. Der Krieg endete **1848** mit dem Frieden von Guadelupe, in dem Mexiko riesige Gebiete an die USA verlor (die heutigen Staaten Kalifornien, Nevada, Utah, New Mexico und den größten Teil Arizonas). Damit war auch das Ende der Republik Kalifornien besiegelt, die nun im größeren amerikanischen Staatswesen aufging. Dass in diese entfernte Region überhaupt Menschen kamen, dafür sorgten in hohem Maße die **Goldfunde in Kalifornien** (1848). Der ständige Nachschub an Glücksrittern bedeutete einen sprunghaften Anstieg der Bevölkerung des Westens. Währenddessen wurden viele Indianerstämme enteignet und zu verzweifelten Aufständen getrieben.

Der kalifornische Goldrausch

In der Zeit, in der der Amerikanisch-Mexikanische Krieg zu Ende ging, lief die Neuigkeit wie ein Lauffeuer um die Welt: Gold in Kalifornien! Kaum hat ein Wort in so kurzer Zeit solche Menschenhorden über so große Entfernungen gebracht wie dieses „Gold!". Aus England, Frankreich, Spanien und Deutschland machten sich **Tausende von Glücksrittern** auf, oft armselige Hungerleider, und von New York segelten fast täglich Schiffe ab: Der Seeweg um Kap Hoorn war zeitsparender als der Zug durch den Wilden Westen. Andere setzten an der Landenge von Panama zum Pazifik über – mit einer eigens zu diesem Zweck gebauten Eisenbahn. In den Jahren 1848–51 stieg an der Westküste die Zahl der Bevölkerung sprunghaft an und mit ihr die Zahl der Verbrechen und der tragischen Schicksale. Beispielhaft dafür steht das bewegte Leben *Johann August Sutters*.

info

Johann August Sutter

Der 1803 geborene Schweizer führte schon in Europa ein unruhiges Leben. Als er wegen Bankrott mittellos und wegen verschiedener Delikte von der Polizei gesucht wird, verlässt er seine Frau und fünf Kinder und schifft sich 1834 in Le Havre nach New York ein. Hier kommt er durch seine Arbeit u.a. als Drogist, Zahnarzt und Wirt zu bescheidenem Wohlstand. Aber ihn hält es nicht lange in der Metropole, sondern er setzt sich, dem Zug nach Westen folgend, als Landwirt in Missouri nieder. Kurze Zeit später (1837) packt ihn erneut die Abenteuerlust, er verkauft sein Anwesen und schließt sich einer Expedition in den Wilden Westen an – zusammen mit zwei Offizieren, drei Frauen und fünf Missionaren. Nach beschwerlicher Reise erreicht man Vancouver. Von hier befährt *Sutter* mit einem Boot den Pazifik, u.a. segelt er nach Alaska und Hawaii, von wo er Arbeiter mitbringt. Schließlich landet er in San Francisco, wo er 1839 von Gouverneur *Alva-*

Der kalifornische Goldrausch

rado neben einer 20.000 ha großen Ranch im Sacramento Valley die mexikanische Staatsbürgerschaft und Regierungsgewalt in seinem Territorium erhält. Mit angeworbenen Knechten rodet *Sutter* den Urwald und schafft es, aus dem Land einen fruchtbaren Garten zu machen, sein **„Neu-Helvetien"**, das ihm schnell zu ungeheurem Reichtum verhilft. Mit seinem Wein- und Obstanbau legt er dabei den Grundstock zu heute noch blühenden Wirtschaftszweigen. 1841 erwirbt er schließlich Fort Ross von der sich zurückziehenden Amerikanisch-Russischen Gesellschaft (S. 18). So wächst sein Neu-Helvetien dank seiner hawaiianischen Arbeiter und bis zu 400 Indianer rasch zu einer stattlichen Ranch heran, er selbst steigt zum geachteten Pionier und Regenten, Viehzüchter, Bauern, Jäger, Händler und Armeeführer auf, der mehreren hundert Amerikanern hilft, als Farmer nach Kalifornien zu ziehen. Im verhängnisvollen Januar des Jahres 1848 aber, sechs Tage bevor jener Vertrag unterzeichnet wird, der den Amerikanisch-Mexikanischen Krieg beendet und durch den Kalifornien offiziell an die USA abgetreten wird, findet *Sutters* Schreiner *James Wilson Marshall* in Coloma beim Bau einer Sägemühle Gold im American River. Beide versuchen, den sensationellen Fund geheim zu halten – vergebens. Und schon bald führen die Goldfunde zu dem berühmten *Rush*, wie man ihn weder vorher noch nachher erlebt hat. Mit der Idylle ist es indes nach dem Goldfund schlagartig vorbei.

Johann August Sutter – Denkmal in Sacramento

Da das Gold auf dem Grund und Boden *Sutters* gefunden wird, ist der Schweizer nun tatsächlich der reichste Mann der Welt, was aber die Desperados, Abenteurer und Glücksritter nicht davon abhält, seine Güter zu zerstören, das Vieh zu schlachten und das Gold auf eigene Faust zu schürfen. Von seinen Arbeitern im Stich gelassen, verkommt sein Besitz zusehends, sodass er bald pleite macht, zudem zweifeln die amerikanischen Gerichte seinen Landbesitz an. Im Herbst 1849, rund zehn Jahre nach seiner Ankunft, verkauft *Sutter* sein Fort für 7.000 Dollar. Zwar holte er 1850 noch seine Frau Anette und drei Kinder aus der Schweiz in sein Neu-Helvetien (sein ältester Sohn war bereits 1848 gekommen, sein jüngster Sohn in der Schweiz gestorben), doch kehrt er 1865 dem Westen für immer den Rücken und zieht mit seiner Frau zunächst nach Washington, D.C. und dann in die Nähe von Philadelphia, wo er fortan einen – letztendlich vergebenen – Kampf um Entschädigung für seinen verlorenen Besitz führt. Zurück bleibt eine tragische Gestalt der Geschichte, auf deren Grund und Boden heute Sacramento, die Hauptstadt Kaliforniens steht.

Am 18. Juni 1880 versagt dem gebrochenen Mann in einem Hotel das Herz – und ein Mensch stirbt, der wie kaum ein anderer Abenteuerlust und Tatkraft verbunden und sowohl höchste Genugtuung als auch tiefstes Leid erfahren hat.

Goldfieber

Insgesamt schwemmte der **California Gold Rush** rund 300.000 Menschen aus aller Welt auf dem See- und Landweg ins Land, von denen die meisten San Francisco als Einfallstor auf ihrem Weg zum Sacramento River nutzten. In der Folge schnellt die Einwohnerzahl der *City of Gold* explosionsartig in die Höhe – von nur 600 im Jahre 1848 auf 25.000 Ende 1849. Schulen, Banken und ein Postamt entstehen, auch Theater, Spielsalons und Bordelle lassen nicht lange auf sich warten. Für die passenden Hosen, die den Anforderungen des harten Schürferalltags gewachsen sind, sorgt *Levi Strauss*, ein zwanzigjähriger Immigrant aus Bayern. Trotz aller Legenden von riesigen Nuggets und ungeheurem Reichtum: Die Nutznießer des Goldrausches sind nicht die Goldgräber, sondern Banken, Händler und Ladenbesitzer, die die Preise für Unterkunft, Lebensmittel, Ausrüstungsgegenstände und Dienstleistungen nach Belieben diktieren können. Während die Schürfer für eine Unze (28,365 g) Goldstaub gerade einmal 16 Dollar erhielten, mussten sie andererseits z. B. für eine einzige Holzplanke rund 20 Dollar, für ein Ei im günstigsten Fall einen Dollar, für ein Pfund Kaffee fünf Dollar, für eine Flasche Bourbon 30 Dollar und für ein Paar Stiefel mehr als 100 Dollar bezahlen.

Das alles jedoch konnte den Zustrom an Glücksrittern nicht eindämmen, zu verführerisch waren die Gerüchte vom schnell erworbenen Reichtum, für den viele alles stehen und liegen ließen. Selbst die Besatzungen der 626 in der San Francisco Bay ankernden Schiffe konnten dem nicht widerstehen und strömten zum Sacramento River. Die verlassenen Schiffe wandelte man kurzerhand in Hotels und Warenlager um, andere versenkte man direkt vor der Küste, um damit Neuland zu gewinnen, das der Bauboom dringend benötigte. Im Jahr **1852** wurde die Wells Fargo & Company gegründet, die mit Schiffen und Kutschen Postgut bis nach New York transportierte.

Dasselbe Jahr stellte jedoch gleichzeitig den Höhe- und Wendepunkt des Goldrausches dar, in dem allein die Digger eine Rekordsumme von 81 Mio. Dollar aus den Minen hol-

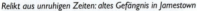
Relikt aus unruhigen Zeiten: altes Gefängnis in Jamestown

ten. Doch waren spätestens **1854** die Schürfgründe erschöpft, und der Rausch verflog fast so schnell, wie er gekommen war. Die Goldsucher, die sich nun anderen Zielen zuwandten, wurden (sofern es sie nicht zu den eben entdeckten Goldadern Neuseelands zog) in anderen Gebieten fündig (Gold in Colorado, Alaska und Kanada, Silber in Nevada und Colorado). Andere aber wurden sesshaft. Es folgten Händler und Rancher, und aus den chaotischen Verhältnissen erwuchs langsam ein zivilisiertes Gemeinwesen. Die Infrastruktur dazu wurde praktisch nachgeliefert. Man installierte Postkutschenlinien, richtete feste Stationen ein, ließ Städte und Dörfer entstehen. Und der Indianergefahr begegnete man mit drastischen Maßnahmen und brutaler Konsequenz.

Den Kartografen folgten die Vermesser der **Eisenbahngesellschaften**, und bald begannen die Bauarbeiten. Unaufhörlich schob sich der Schienenstrang gegen Westen, bis **1869** die erste transkontinentale Strecke fertig gestellt werden konnte. Für die immensen Bauvorhaben griff man auf **chinesische Arbeiter** zurück, von denen etliche starben und andere im Lande blieben. Deren Nachkommen haben mit China Town in San Francisco ihre inoffizielle amerikanische Hauptstadt.

Seit 1850 Hauptstadt des Bundesstaates: Sacramento

Auf der Suche nach einem neuen Leben, Arbeit oder Land führten die neugebauten Eisenbahnlinien Tausende von Einwanderern aus Europa und den Staaten östlich des Mississippi in den Westen. Damals kostete eine Zugfahrkarte für die mehrtägige Fahrt in der komfortlosen 3. Klasse weniger als 40 Dollar. Und an den Verkehrsknotenpunkten der Eisenbahnlinien entstanden, genau wie an Stelle der alten Forts, wieder neue Orte, die neue Immigranten anzogen.

Zu diesem Zeitpunkt war der **Amerikanische Bürgerkrieg** (1861–65) bereits zu Ende gegangen. Dabei kämpfte Kalifornien auf Seiten der siegreichen Nordstaaten, war aber insgesamt nicht so betroffen wie die Bundesstaaten auf der anderen Seite des Kontinents.

Von der Provinz zum Hightech-Zentrum

Um die Wende zum 20. Jh. begann man im Westen, den Anschluss an den fortschrittlicheren Osten zu suchen und zu finden. Neue, aufstrebende Städte entwickelten sich in atemberaubender Geschwindigkeit und liefen schon nach wenigen Jahrzehnten San Francisco den Rang ab. Entscheidend waren dabei an der Küste die Verkehrsverhältnisse, die einen Ort für den transpazifischen Handel prädestinierten oder nicht. So profitierte z. B. **Los Angeles** einerseits vom Anschluss an das amerikanische Eisenbahnnetz im Jahre 1885 und andererseits von den Bauarbeiten, mit denen in den Jahren 1899–1914 einer der größten künstlichen Häfen der Welt geschaffen wurde. Von 1890 bis 1900 stieg hier die Einwohnerzahl von 50.000 auf 102.000 Menschen (im gleichen Jahr hatten New York 3,4 Millionen und San Francisco mehr als 300.000 Einwohner).

Ausbau der Infrastruktur

Als ab **1908**, durch das ewig sonnige Klima Südkaliforniens angelockt, auch die **Filmindustrie** in Los Angeles Fuß fasste (den Beginn markierten die Dreharbeiten zum „Graf von Monte Christo"), wurde der zukünftige Stellenwert der heutigen „Megalopolis" deutlich. Entscheidend für das Aufblühen der südkalifornischen Küste zur heute am meisten verstädterten Region der USA war eine Umverteilung des Wassers. Denn während auf den Norden des Bundesstaates 70 % der Niederschläge fallen, werden im Süden 80 % des gesamten Wassers benötigt. Deshalb wurde das Wasser der Sierra Nevada und des Colorado River in Stauseen gesammelt, der örtlichen Landwirtschaft zugeführt und in extrem langen Aquädukten zu den Metropolen geführt. Die Wasserversorgung des expandierenden Los Angeles wurde durch den 1908 eröffneten und 550 km langen Owens River-Aquädukt sichergestellt (heute gibt es allein in Kalifornien ca. 200 Stauseen). Aufsehenerregend war in diesem Zusammenhang die Einweihung des Hoover-Staudamms im Jahre 1936, der in der Nähe von Las Vegas den Colorado River zum Lake Mead aufstaut und einer der größten Staudämme der Welt ist.

Metropole Los Angeles

Zu diesem Zeitpunkt war die Bevölkerung von Los Angeles auf etwa 1,4 Mio. gestiegen und damit San Francisco überflügelt worden. Als weiteres Zeichen für die steigende Bedeutung der Metropole können die **1932** abgehaltenen **Olympischen Sommerspiele** gedeutet werden.

Die Entwicklung der Rivalin **San Francisco** erfuhr zwar durch das **Erdbeben** und die anschließende Feuersbrunst im Jahre **1906** einen tiefen Einschnitt, der bis heute psychologische Folgen hat. Die Stadt wurde aber in ihrer Substanz nicht vernichtet und blühte kurze Zeit später wieder auf. Durch den Menschenzustrom in die erste Großstadt des Westens stieg 1900–1920 sogar die Bevölkerung von 340.000 auf 506.000. Trotz der südkalifornischen Konkurrenz blieb die Stadt am Goldenen Tor zunächst das Banken- und Handelszentrum des Westens, ablesbar an vielen bedeutenden internationalen Ausstellungen und Messen. Die Infrastruktur der Bay Area wurde, u.a. durch spektakuläre Brückenbauten (1936: San Francisco-Oakland Bay Bridge; 1937: Golden Gate Bridge) vorbildlich modernisiert.

Im Hinterland lebte (und lebt) man hauptsächlich von der **Landwirtschaft**, die allerdings einen mehrfachen **Strukturwandel** erfuhr. Noch um 1870 zählte Kalifornien zu den weltweit führenden Weizenproduzenten. Durch die Eisenbahn und die Einführung von Kühlwaggons (1880) war es dann aber möglich, auf bewässerten Feldern Zitrusfrüchte und anderes Obst zu pflanzen und die Produkte in den Osten zu exportieren. Bis heute ist der Bundesstaat einer der größten Exporteure der Welt von Gemüse, Obst und Früchten. Daneben wurde im Napa und Sonoma Valley der Weinanbau ein führender Wirtschaftszweig (vgl. S. 271).

Auch die **Fischerei** (Sardinen-Konserven in Monterey, heute besonders Thunfisch in San Diego) war und ist ein wichtiger Faktor. Ab den 1920er Jahren drängten jedoch immer mehr **Industriebetriebe** in den Vordergrund. Die Ölfunde in Südkalifornien, Automobilindustrie, Flugzeugbau und Rüstungsindustrie wurden insbesondere nach dem Zweiten Weltkrieg zu den bestimmenden Wirtschaftszweigen.

Apfelverkauf im Santa Ynez Valley

Noch mehr Arbeitsplätze wurden allerdings in der Verwaltung und im **Dienstleistungssektor** geschaffen. Und als außergewöhnlich müssen die Steigerungszahlen im **Tourismus** bezeichnet werden, der sich von bescheidenen Anfängen im 19. Jh. in einigen Countys zum prosperierendsten Wirtschaftszweig gemausert hat. Er lebt von den unter Naturschutz gestellten landschaftlichen Attraktionen ebenso wie von den Sehenswürdigkeiten der Städte, z. B. dem 1955 in Anaheim eröffneten Vergnügungspark Disneyland.

Als im Jahre **1980** der Republikaner und ehemalige Gouverneur von Kalifornien, *Ronald Reagan*, Präsident der Vereinigten Staaten wurde, konnte man daran eine gewisse Verschiebung der regionalen Kräfte innerhalb der USA ablesen. Auf einmal war es nicht mehr der europanahe Osten mit seinen Eliteuniversitäten und dem Beziehungsgeflecht aus Banken, Politik und Wirtschaft, der die Führung Amerikas repräsentierte. Das neue politische Selbstbewusstsein des Westens wurde unterstützt durch wirtschaftliche Tendenzen ab den 1970ern. Hochtechnologische Entwicklungssysteme, Mikrochips und die Computertechnologie fanden ihr Forschungszentrum im Silicon Valley in der Nähe von San Francisco.

Bodybuilder, Schauspieler, Gouverneur: Arnold Schwarzenegger

In idealtypischer Weise verkörpert der aus Österreich stammende *Schwarzenegger* die Aufstiegschancen im „Land der unbegrenzten Möglichkeiten" und ist nach *Ronald Reagan* der zweite Schauspieler, der den direkten Weg aus den Hollywood-Studios ins Capitol von Sacramento gegangen ist. Geboren wurde *Arnold Alois Schwarzenegger* am 30. Juli 1947 in Thal (Steiermark) und war bereits in seiner Jugend sowohl ein begeisterter Sportler (Fußball, Schwimmen, Boxen) als auch ein Fan von Helden- und Sandalenfilmen. Mit 15 Jahren betrat er zum ersten Mal ein Bodybuilding- und Gewichtheberstudio, bestritt dann in den nächsten fünf Jahren mehrere Wettkämpfe und wurde schließlich der bis dahin jüngste „Mister Universum". Da damals das Bodybuilding in den USA und vor allem in Kalifornien deutlich professioneller ausgeübt wurde als in Europa, war seine Emigration im Jahre 1968 ein folgerichtiger Schritt. Hier perfektionierte er seine Trainingsmethoden, wurde mehrfach Weltmeister und sammelte viele weitere Titel. Daneben startete er ebenfalls erfolgreich eine Karriere als **Immobilienmakler** und studierte zusätzlich an verschiedenen Universitäten Betriebswirtschaft. *Arnold Schwarzenegger*, der bis zu seinem endgültigen Rücktritt vom Leistungssport im Jahre 1980 insgesamt sieben „Mr. Olympia"- und fünf „Mr. Universum"-Titel sammelte und zum **erfolgreichsten Bodybuilder seiner Zeit** wurde, geriet aufgrund seiner eindrucksvollen Erscheinung schnell auf diverse Magazintitelblätter, zum Werbeträger und in den Focus der **Filmindustrie**. Schon 1970 hatte er – zunächst noch unter dem Pseudonym *Arnold Strong* – die Hauptrolle im Film „Hercules in New York" gespielt, wobei seine Stimme wegen des starken Akzents synchronisiert werden musste. Einen bedeutenderen internationalen Erfolg erzielte *Schwarzenegger* aber zwölf Jahre später durch seine Hauptrolle in der Comic-Verfilmung „Conan der Barbar" und der Fortsetzung „Conan der Zerstörer" (1984). Im gleichen Jahr bedeutete der Science-Fiction „Terminator" sowohl für ihn als auch für den Regisseur James Cameron den endgültigen Durchbruch. In den folgenden Jahren spielte er, der inzwischen neben seiner österreichischen auch die amerikanische Staatsbürgerschaft angenommen hatte, in vielen spektakulären Streifen des Actionkinos mit, u.a. in Red Sonja (1985), Predator (1987), Red Heat (1988), Total Recall (1990), Terminator II (1991), Last Action Hero (1993) und Terminator III (2003).

Arnold Schwarzenegger und Maria Shriver

Dass er außer martialischen und wortkargen Rollen auch komödiantisches Talent besaß, bewiesen Produktionen wie Twins (1988) oder Kindergarten Cop (1990). Zu dieser Zeit gehörte er längst schon zu den meistverdienenden Schauspielern überhaupt, dessen Akzent nun zu einem Markenzeichen geworden war. Doch nicht nur als Schauspieler fasste Schwarzenegger in Hollywood Fuß, sondern auch als **Regisseur**. U.a. zeichnete er für einzelne TV-Episoden verantwortlich, aber auch für eigene Filme wie „Christmas in Connecticut" mit Kris Kristofferson und Tony Curtis (1992). Seinen Ruhm als Filmstar machte er sich außerdem für andere Projekte zu Nutze: jahrelang war er als **Restaurantbesitzer** des „Schatzi on Main" in Santa Monica erfolgreich, und 1991 eröffnete er zusammen mit *Bruce Willis, Demi Moore, Jackie Chan* und *Sylvester Stallone* in New York die Fast-Food-Kette „Planet Hollywood".

Politisch trat *Arnold Schwarzenegger*, der früh Mitglied der Republikanischen Partei geworden war, bis 2003 nur gelegentlich in Erscheinung, wenn es auch seine Heirat mit der Journalistin Maria Shriver (am 26. April 1986) in die politischen Schlagzeilen brachte. Denn immerhin ist diese die Nichte von John F. Kennedy und damit quasi per Geburt eine politische Persönlichkeit. Als aber 2003 der demokratische Gouverneur Kaliforniens, *Gray Davis*, wegen der Wirtschaftsmisere und des enormen Haushaltsdefizits abgewählt wurde (recall), bewarb sich Schwarzenegger zusammen mit 134 anderen Kandidaten für das Amt. Seit der Ankündigung seiner Kandidatur lag er in den Umfragen stets vorne und wurde bei einer für Amerika sehr hohen

Wahlbeteiligung von 60% schließlich zum **38. Gouverneur des** Bundesstaates Kalifornien gewählt. Als Politiker stieß der „Governator" vor allem in Europa zunächst auf Spott und später auf harsche Kritik wegen seiner unnachgiebigen Haltung zur Todesstrafe. Auch in Kalifornien selbst war seine Amtsführung längst nicht unumstritten. Zweifellos konnte sich Schwarzenegger aber deutlich besser in Szene setzen als er viele Kritiker erwartet hatten. Dazu trugen sein Sinn für Humor, sein Familienleben und seine Volksnähe ebenso bei wie tatkräftiges, schnelles Handeln bei mehreren Naturkatastrophen. Vor allem aber kam in Kalifornien die eigenständige Politik, insbesondere im Umweltschutz gut an, bei der er sich oft genug von seiner Republikanischen Partei und dem damaligen US-Präsidenten George W. Bush distanzierte. Beispielsweise unterzeichnete er im Alleingang 2005 eine Verordnung, die eine Reduzierung der Treibhausgase vorschreibt, obwohl die USA das Kyoto-Protokoll nicht ratifiziert haben. Inzwischen hat *Schwarzenegger* die Ehrendoktorwürde und wurde für sein karitatives Engagement ebenso ausgezeichnet wie für seine Unterstützung der Holocaust-Forschung. Schwarzenegger wurde bei den Gouverneurswahlen vom November 2006 im Amt bestätigt – laut Gesetz ist seine zweite Amtszeit gleichzeitig die letzte. Sie lief im Januar 2011 aus, sein Nachfolger ist der Demokrat Jerry Brown.

Zeittafel

ab ca. 35000 v. Chr. Beginn der Einwanderung von asiatischen Volksstämmen nach Amerika

ab ca. 8000 v. Chr. Erste Gruppen von differenzierten Jäger-, Fischer- und Sammlerkulturen tauchen auf

ab ca. 5000 v. Chr. Anfänge von Ackerbau

ab ca. 2000 v. Chr. Sog. neo-indianische Periode. Von Mexiko aus wird in den Basketmaker-Kulturen der Maisanbau eingeführt

ca. 500 n. Chr. Die Stammesbildung der etwa 80 historisch bekannten kalifornischen Indianerstämme beginnt

1492 *Kolumbus* „entdeckt" Amerika. In der Folge zerstören die Europäer die mittel- und südamerikanischen Hochkulturen und errichten im Westen ein riesiges spanisches Kolonialreich

ab 1528 Auf der Suche nach Gold und Edelsteinen unternehmen kleinere Gruppen von Spaniern immer wieder Vorstöße in den amerikanischen Südwesten, so z.B. 1540 *Francisco Vásquez Coronado*, der das heutige New Mexico erforscht.

1542 Der Portugiese *João Rodríguez Cabrillo* segelt von Mexiko entlang der pazifischen Küste nach Norden und entdeckt dabei Kalifornien; am 28. September erreicht er die Stelle des heutigen San Diego, anschließend Catalina Island und Santa Monica.

1579 Der englische Seeheld Sir *Francis Drake* gelangt an die San Francisco Bay.

1606 Als Hauptstadt der neuen spanischen Kolonie Nueva México wird Santa Fe gegründet.

1769 Beginn der spanischen Missionierung Kaliforniens unter dem Franziskaner *Junípero Serra*. Als erste Missionsstation wird San Diego gegründet, die damit die Keimzelle der späteren Stadt ist. Gleichzeitig installieren die Spanier unter *Gaspar de Portolá* ihre Provinz Alta California und machen 1777 Monterey zu deren Hauptstadt.

Historischer Überblick

1776	An der Stelle des heutigen San Francisco gründen die Spanier das Fort Presidio und in der Nähe die Missionsstation San Francisco de Asis
1776–83	Durch die amerikanische Revolution der 13 Ostkolonien und den Unabhängigkeitskrieg gegen England wird die Basis der Vereinigten Staaten geschaffen.
1794	Mit dem ersten russischen Schiff beginnt für die Spanier an der kalifornischen Küste die Zeit der politischen und wirtschaftlichen Konkurrenz
1812	Russische Siedler aus Alaska gründen in Fort Ross ein Fort mit Kommandantur, Kirche, landwirtschaftlichen Betrieben und einer Pelzhandelsfirma.
1821	Mexiko erklärt die Unabhängigkeit vom spanischen Mutterland, in die auch die Provinz Alta California eingeschlossen ist.
1839	Der Schweizer *Johann August Sutter* lässt sich in Neu-Helvetien am Sacramento River nieder.
1844	Wegen wirtschaftlicher Schwierigkeiten verkaufen die Russen ihre kalifornischen Besitzungen und verlassen das Land.
1846	In Sonoma rebellieren amerikanische Siedler gegen Mexiko, hissen die Bärenflagge und erklären Kalifornien zur selbständigen Republik. Kurze Zeit später erklärt Präsident *James Polk* Mexiko den Krieg (bis 1848).
1848	Im Frieden von Guadelupe-Hidalgo verliert Mexiko das Gebiet der heutigen Staaten Kalifornien, Nevada, Utah, Arizona und New Mexico an die USA. Im gleichen Jahr sorgen die Goldfunde in Kalifornien für weltweites Aufsehen und führen im amerikanischen Westen zu einem sprunghaften Anstieg der Bevölkerung. Währenddessen werden viele Indianerstämme enteignet und zu verzweifelten Aufständen getrieben.
1850	Am 9. September wird Kalifornien als 31. Staat in die USA eingegliedert und Sacramento zu dessen Hauptstadt bestimmt.
1861–65	Im Amerikanischen Bürgerkrieg (Civil War) kämpft Kalifornien auf der Seite der siegreichen Nordstaaten.
1869	Die erste transkontinentale Eisenbahn wird fertig gestellt und damit Kalifornien wirtschaftlich an die Oststaaten angeschlossen. Viele chinesische Vertragsarbeiter werden in San Francisco sesshaft.
1899	Die Bauarbeiten (bis 1914) im Los Angeles Harbor beginnen, die einen der größten künstlichen Häfen der Erde schaffen.
1906	Ein schweres Erdbeben und das folgende Großfeuer vernichten große Teile San Franciscos.
1908	Mit dem Film „Der Graf von Monte Christo" beginnt in Hollywood die Ära der Kinogeschichte; zwei Jahre später entsteht das erste Studio.
1915	Die Panama-Pacific-Weltausstellung findet im wiederaufgebauten San Francisco statt.
1929	Der Zusammenbruch der New Yorker Börse am Schwarzen Freitag führt zu einer tiefgehenden Wirtschaftskrise im gesamten Land.
1932	Los Angeles ist Austragungsort der Olympischen Sommerspiele.
1936	Nach nur fünfjähriger Bauzeit wird der Hoover Dam, der in der Nähe von Las Vegas den Colorado River zum Lake Mead aufstaut, als einer der größten Staudämme der Welt eingeweiht.
1937	In San Francisco wird die Golden Gate Bridge fertig gestellt.
1941	Der japanische Angriff auf Pearl Harbor hat den Eintritt der USA in den Zweiten Weltkrieg zur Folge. Die Häfen von San Diego und San Francisco werden zu wichtigsten Marinestützpunkten am Pazifik. In Kalifornien entstehen große Rüstungsfirmen.

1955	In Anaheim bei Los Angeles eröffnet Walt Disney seinen Vergnügungspark Disneyland.
1960	Mit über 16 Mio. Einwohnern ist Kalifornien erstmalig der bevölkerungsreichste US-Bundesstaat.
1964	Ein schweres Erdbeben in Alaska fordert 115 Todesopfer und verursacht große Schäden u.a. in Anchorage; die durch das Beben ausgelöste Flutwelle zerstört Teile der kalifornischen Küste (Crescent City) und Hawaiis (Hilo).
1967–69	Das Viertel Haight-Ashbury in San Francisco ist die inoffizielle Hauptstadt der weltweiten Hippie-Bewegung. Gleichzeitig werden die Studentenunruhen von Berkeley bei San Francisco zum Sinnbild der Jugendrevolten auf der ganzen Welt. Auch die schwarze Bevölkerung radikalisiert sich und gründet in Oakland die Black Panther-Bewegung.
1980	Der Republikaner und ehemalige Gouverneur von Kalifornien, *Ronald Reagan*, wird Präsident der Vereinigten Staaten. In seiner Regierungszeit bekommt der Westen ein immenses politisches und wirtschaftliches Gewicht.
1984	Los Angeles ist zum zweiten Mal Schauplatz der Olympischen Spiele, die allerdings von vielen Ostblockstaaten boykottiert werden.
1989	In San Francisco und Umgebung fordert ein Erdbeben viele Tote und Verletzte und verursacht erhebliche Sachschäden.
1992	Rassenunruhen in Los Angeles fordern 51 Todesopfer und mehr als 2.000 Verletzte.
1994	Ein schweres Erdbeben erschüttert Los Angeles, 56 Menschen sterben dabei, rund 200.000 werden obdachlos.
1998	Das Klimaphänomen El Niño führt an der kalifornischen Küste zu den wärmsten Wassertemperaturen seit Jahrzehnten, gleichzeitig suchen schwere Stürmen und Überschwemmungen die Bevölkerung heim.
2000	An der Börse fallen die Kurse der sog. Dotcom-Unternehmen ins Bodenlose, die Wirtschaftskrise betrifft vor allem auch Kalifornien mit seiner Vielzahl an Hightech-Firmen.
2001	Die Terroranschläge vom 11. September auf das New Yorker World Trade Center und das Pentagon in Washington werden zu einem amerikanischen Trauma. Die Auswirkungen auf Politik und Wirtschaft sind immens.
2003	Der aus Österreich stammende Schauspieler *Arnold Schwarzenegger* gewinnt die Gouverneurswahlen; 2006 wird er wieder gewählt.
2008	Im Herbst kollabieren Teile des globalen Finanzsystems, ausgehend von den USA. Die Banken- und Wirtschaftskrise führt zu einem rapiden Anstieg der Arbeitslosigkeit, einer starken Rezession und einem beängstigend schnellen Verfall der Immobilienpreise. Andererseits können Zehntausende überschuldeter Familien ihre Hauskredite nicht mehr bezahlen.
2009	Die Wirtschaftskrise, der Irak-Krieg, die Rentenproblematik und die Krankenversicherung sind die Themen, mit denen der Demokrat *Barack Obama* 2008 die Wahl gegen *George W. Bush* gewonnen hat. Im Januar 2009 tritt er sein Amt als erster schwarzer Präsident der USA an. Im März steigt die Arbeitslosigkeit in Kalifornien erstmals seit Jahrzehnten wieder auf über 10%.
2010	Im August zieht ein Großteil der amerikanischen Truppen aus dem Irak ab. Im November Wahl des neuen Gouverneurs von Kalifornien, der von 2011–2015 im Amt sein wird. Zur Wahl stehen neben kleineren Parteien Meg Whitman (Republikaner) und Jerry Brown (Demokraten).
2011	Jerry Brown (Demokrat) wird neuer Gouverneur von Kalifornien.

Geografischer Überblick

Größe und Lage

Mit einer Fläche von **423.970 km²** steht Kalifornien innerhalb der USA an dritter Stelle, nur die Bundesstaaten Alaska und Texas sind größer. Läge Kalifornien in der Alten Welt, wäre es einer der größten europäischen Staaten und würde u.a. Italien, Deutschland oder Großbritannien klar übertreffen.

Südliches Land

In der Länge misst der Bundesstaat rund 1.200 km, in der Breite 250–400 km. Auf unsere Verhältnisse übertragen, ist Kalifornien außerdem ein südliches Land: Seine Nordgrenze nach Oregon liegt ungefähr auf dem 42. Grad nördlicher Breite, d.h. auf der Höhe von Rom. San Diego liegt so weit südlich wie z.B. das marokkanische Casablanca, etwa auf dem 33. Breitengrad.

Zum Westen hin begrenzt der Pazifische Ozean den Staat, rechnet man alle Buchten und Inseln mit ein, beträgt die Küstenlinie gut 2.000 km. Auf der Landseite ist nur die Grenze nach Arizona im Südosten eine natürliche: Sie folgt dem Ufer des Colorado River. Ansonsten sind die Grenzen (nach Oregon, Nevada und Mexiko) ein Produkt der politischen Geometrie, erkennbar an ihrem schnurgeraden Verlauf.

Das Landschaftsprofil weist z.T. beträchtliche Höhen mit mehreren Drei- und Viertausendern auf, wobei der Mount Whitney in der Sierra Nevada mit 4.421 m ü.d.M. den kalifornischen Rekord hält. Gleichzeitig befindet sich bei Badwater im Death Valley nicht nur der tiefste Punkt der USA, sondern des gesamten amerikanischen Kontinents: Er liegt 86 m unter Meeresspiegelniveau!

Geologische Entwicklung

Die amerikanischen Landschaften sind ein Produkt der erdgeschichtlichen Prozesse, die in den letzten 500 Mio. Jahren die Lage der Urkontinente mehrfach veränderten, sie zusammenstoßen und wieder auseinanderdriften ließen. Als vor etwa 200 Mio. Jahren der

Entstehung der Appalachen

Superkontinent Pangea (All-Erde), in dem zeitweilig alle Landflächen der Welt vereinigt waren, horizontal auseinanderbrach, glitt der alte nordamerikanische Festlandskern (Laurentischer Schild) mit der Landmasse Laurasia nach Norden ab, löste sich schließlich durch die Öffnung des Atlantiks (die Nahtstelle sind die Gebirge von Norwegen und Schottland sowie die Appalachen, die alle aus identischem Gestein bestehen) und wanderte nach Westen.

Das Wachsen des Festlandskerns vollzog sich nun durch die Angliederung anderer Erdschollen und durch die Ablagerung mächtiger Sedimentschichten. Gegen die Westbewegung der nordamerikanischen Platte stieß auf der anderen Seite aber die (weniger dicke) Pazifische Platte. Bei dem Aufprall, der sich in mehreren Schüben über einen Millionen Jahre währenden Zeitraum hinweg ereignete, türmten sich von Alaska bis nach Feuerland **mächtige Gebirgsstöcke** auf, die man insgesamt die Kordilleren nennt. Deren östlicher Strang, die Rocky Mountains, sind demnach älteren und das Pazifische Gebirgssystem jüngeren Ursprungs.

Für das Klima Nordamerikas ist wichtig, dass, anders als in Europa und Asien, die geologische Entwicklung hier nur längsgerichtete Gebirgszüge entstehen ließ. Weder die Appalachen noch die Kordilleren können die von Norden vordringenden Kaltluftströme oder die vom Süden ausgehenden Hitzewellen aufhalten.

Mit dem Auffaltungsprozess gingen in den letzten 60 Mio. Jahren gleichzeitig Vulkanismus und eine intensive Erdbebentätigkeit einher, weil die Pazifische Platte unter die Amerikanische Platte tauchte (Subduktionszone). An allen Rändern des Pazifiks, auf einer Länge von 45.000 km, gibt es diese Vulkan- und Erdbebentätigkeit, weswegen man auch vom „Ring aus Feuer" spricht. In diesem 178 Mio. km² großen Gebiet liegen 75 % aller tätigen Vulkane der Welt.

Aktive Vulkane

In Kalifornien werden die Verhältnisse noch komplizierter durch weitere Erdkrusten-Bewegungen. Erst einmal rumoren die verschluckten Teile der Pazifischen Platte unter der amerikanischen Kruste weiter und machen sich durch heiße Quellen, Geysire und Vul-

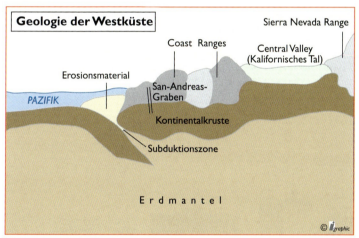

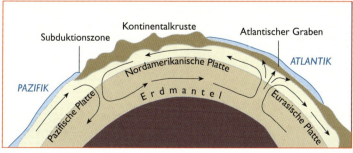

kane noch weit im Landesinneren bemerkbar. Zweitens hat sich zwischen die beiden großen Plattensysteme ein schmaler Krustensplitter geschoben, der mit hoher Geschwindigkeit (800 km in 25 Mio. Jahren) von Süden nach Norden vorstößt und sich zzt. entlang der Küste Kaliforniens bewegt.

Erdbeben

Durch diese vertikalen und horizontalen Bewegungen werden die Erdbeben verursacht, die immer wieder die Bevölkerung des Golden State in Angst und Schrecken versetzen. Hinzu kommt eine sehr labile Struktur des Festlandes, für die die vielen Risse in der Kruste (St. Andreas-, Garlock- und Hayward-Spalte) der beste Beweis sind. Schon immer hat es an der gesamten Pazifikküste Naturkatastrophen gegeben, die seit den Anfängen der weißen Besiedlung des Landes gut dokumentiert sind (Fort-Tejon-Beben, 1854) und von denen die schlimmsten folgende waren:

Zahlreiche Erdbeben

- 1906 vernichteten das **schwere Erdbeben** (8,5 der Richter-Skala) von San Francisco (wohl das bekannteste der Neuen Welt) und das folgende Großfeuer große Teile der Stadt und forderten etwa 700 Todesopfer.
- **1964** forderte ein schweres Erdbeben in Alaska (8,5 der Richter-Skala) 115 Todesopfer und vernichtete in Anchorage und Umgebung den Hafen sowie weite Landstriche (Schaden: 300 Mio. US$). Eine durch das Erdbeben ausgelöste Flutwelle (Tsunami) bewegte sich nach Westen und Süden, traf auf die nordkalifornische Küste, wo es u.a. in der Stadt Crescent City elf Tote gab, und zerstörte schließlich die im Osten der Insel Hawaii gelegene Hafenstadt Hilo.

San Franciscos Innenstadt nach dem Erdbeben von 1906

- **1971** wäre beim San-Fernando-Beben fast ein Staudamm gebrochen, was für Los Angeles eine schlimme Katastrophe bedeutet hätte. 80.000 Menschen mussten evakuiert werden. Aber auch so war der Schaden groß genug: Zerstörte Brücken und Straßen, der Ausfall der Stromversorgung, Sachschäden von 1 Mrd. US$ und nicht zuletzt 64 Menschenleben waren der bislang höchste Preis, den die Großstadt zu zahlen hatte. *Große Schäden*
- **1989** zerstörte in San Francisco und Umgebung ein Erdbeben einige Häuser, Straßen und Brücken, forderte etwa 40 Todesopfer und Hunderte von Verletzten. Besonders schlimm waren die Schäden auf der San Francisco-Oakland Bay Bridge.
- Im Januar **1994** wurde erneut Los Angeles von schweren Erdbeben heimgesucht, die insgesamt 56 Todesopfer und rund 200.000 Obdachlose forderten. Wochenlang campierten ca. 18.000 Menschen im Freien. Lange Zeit kam die Erde wegen einer Serie heftiger Nachbeben nicht zur Ruhe: Noch zwei Wochen später gab es innerhalb von 21 Minuten sieben Nachbeben bis zur Stärke 4,7 auf der Richter-Skala.

Warten auf den „Großen Knall"

info

Im Juli 1992 wurde die kalifornische Mojave-Wüste wieder einmal von Erdbeben erschüttert. Die Erdstöße von Landers (7,4 nach der Richter-Skala) und Big Bear (6,5) waren insofern von ungewöhnlicher Bedeutung, als sie offensichtlich die Situation in Kalifornien grundlegend veränderten. Wie Wissenschaftler in der New York Times berichteten, hat sich das Beben quer über vier bestehende Erdspalten hingezogen und eine neue, weitaus größere Spalte gerissen. Ein Gebiet in der Form eines Dreiecks mit den Eckpunkten Landers, Big Bear und Joshua Tree hat sich dabei vom St. Andreas-Graben entfernt. Geologen sehen darin Hinweise für den „Großen Knall" (The Big One; Big Bang), der in den nächsten Jahren eintreten könnte und das Schlimmste befürchten lasse. Dieses Beben, so der Direktor des südkalifornischen Erdbebenzentrums, werde auf der Richter-Skala über dem Wert 8,0 liegen und mindestens drei Minuten dauern. Sein Epizentrum wird vermutlich im Süden der St. Andreas-Verwerfung liegen und die Städte San Bernardino, Riverside und Palm Springs existentiell betreffen. Zum 100. Jahrestag des Bebens von 1906 äußerten Experten sogar die Meinung, die Wahrscheinlichkeit eines großen Erdbebens in den nächsten 30 Jahren liege bei über 60 %. Milliarden werden investiert, um im Fall aller Fälle die Wasserversorgung zu sichern und Häuser erdbebenresistenter zu bauen.

Diese beunruhigenden Expertenmeinungen haben auf die Psyche der Menschen in den betroffenen Gebieten kaum Auswirkungen. Inzwischen hat man gelernt, mit der Erdbebengefahr umzugehen, sich so gut wie möglich darauf einzustellen und – z.B. auf dem architektonischen Sektor – Vorkehrungen zu treffen. Damit kann eine mögliche Naturkatastrophe zwar nicht verhindert, aber in ihren Folgen gemildert werden, was gerade in jüngerer Vergangenheit unter Beweis gestellt wurde. Und solch verheerenden Bränden wie 1906 in San Francisco hofft man, durch die erfolgte Installierung mehrerer voneinander unabhängiger Löschwasser- und Hydrantensysteme vorgebeugt zu haben. Entscheidend aber ist, dass die Einwohner der erdbebengefährdeten Gebiete es nicht zulassen, dass die Angst vor dem nächsten Erdstoß oder gar dem Großen Knall in ihr Leben eingreift. Geübt in der Technik des Verdrängens, gehen sie fatalistisch davon aus, dass das Unvermeidliche irgendwann einmal kommen wird, aber es zählt nicht für das Hier und Jetzt.

Geografischer Überblick

In der **jüngeren Vergangenheit** blieben zwar die ganz großen Katastrophen aus, dafür aber bebte die kalifornische Erde in schöner Regelmäßigkeit, sodass fast jedes Jahr deutlich spürbare tektonische Bewegungen zu vermelden waren:

- **1999** wurde ein Erdstoß von der Stärke 7,1 registriert, der allerdings ohne negative Folgen blieb, da sein Epizentrum in der Wüste bei Joshua Tree lag.
- Zwischen San Francisco und Los Angeles sorgte **2003** ein Beben der Stärke 6,5 in Städten wie Cambria, San Simeon und besonders Paso Robles für Panik. Zwei Frauen wurden von Dachtrümmern erschlagen, in mehreren tausend Haushalten fiel der Strom aus, die Sachschäden gingen in die Millionen. Auch im Atomkraftwerk Diablo Canyon waren die Erdstöße deutlich spürbar. Innerhalb einer halben Stunde nach dem Beben wurden 30 Nachbeben registriert, darunter eines von der Stärke 4,7.
- Im September **2004** erschütterte ein Erdbeben von der Stärke 6,0 die Region um die Ortschaft Parkfield, wegen der geringen Bevölkerungsdichte kam es aber kaum zu nennenswerten Schäden.
- Im Juni **2005** gab es etwa 130 km vor der Küste ein Erdbeben von der Stärke 7,0. Das Beben war in vielen kalifornischen Küstenorten zu merken, vor allem in Crescent City. Hier wurden auch einige Hotels evakuiert, nachdem vorübergehend Tsunami-Alarm ausgelöst worden war.
- Im November **2006** sorgte ein Seebeben im Pazifik für eine kleinere Tsunami-Welle, die die kalifornische Küste wieder mal bei Crescent City traf und dort Hafenanlagen zerstörte.
- Die tektonisch labile Situation wurde durch Erdbeben auch **2007** (in San Francisco, Stärke 5,6), **2008** (in San Bernardino und Los Angeles, Stärke 5,4), **2009** (in Los Angeles, Stärke 5,3) und **2010** (bei Borrego Springs, Stärke 5,4) dokumentiert.

Jedes Jahr kleinere Beben

Die Landschaften

Etwa 2.000–3.000 m tiefe Seegräben begrenzen im Westen jene Erdplatte, die Kalifornien trägt (Amerikanische Platte) und die in einem rund 30 km breiten Schelfgürtel in den Stillen Ozean hineinragt. Dahinter steigt an der 1.200 km langen **pazifischen Küste** das Land unvermittelt und oft in Terrassen aus dem Ozean. Der eigentliche Küstenstreifen ist relativ schmal, die Uferlinie mit Ausnahme der Bays von San Francisco und San Diego vergleichsweise gerade, oft von erstaunlich langen Sandstränden gesäumt und nicht sehr differenziert.

Der erste Gebirgsstrang, der wie er-

Lembert Dome und Mount Dana (Yosemite NP)

Landschaften

Wüstenvegetation vor dem Lake Mead

wähnt in Nord-Süd-Richtung das Land durchzieht, ist das **pazifische Gebirgssystem** (Coast Ranges), das den westlichen Strang der nordamerikanischen Kordilleren bildet und teilweise über 3.000 m hoch ist. Die Coast Ranges sind wiederum in mehrere Bergketten gegliedert und beginnen oft nur wenige Kilometer hinter der Küste; an manchen Stellen, wie zwischen Los Angeles und San Francisco, reichen sie aber direkt bis an den Ozean.

Während sich im Norden der zweite Gebirgszug fast unmittelbar östlich an die Coast Ranges anschließt, dehnt sich im südlichen Teil des Bundesstaates zwischen Redding und Bakersfield das 600 km lange und 60 km breite **Kalifornische Längstal** (Central Valley, Great Valley) aus, ein z.T. äußerst fruchtbares Schwemmland-Tal, das die bedeutendste landwirtschaftlich genutzte Region des amerikanischen Westens überhaupt darstellt und zur San Francisco Bay hin entwässert wird. Östlich wird das Central Valley von der **Sierra Nevada** begrenzt, die im Mount Whitney (4.421 m) ihren höchsten Punkt hat. Dieses hochalpine Gebirge setzt sich noch eindrucksvoller in Szene als die Coast Ranges, und hier findet man z. B. den herrlichen Yosemite National Park genauso wie stimmungsvolle Gebirgsseen wie den Lake Tahoe.

Fruchtbare Täler

Weiter südöstlich dehnen sich die beiden Täler Death Valley und Imperial Valley aus, die als Grabenbrüche vollkommen von Bergen eingeschlossen sind und keine Verbindung zum Meer haben. Trocken, abweisend und im Sommer glühend heiß sind die großen **Wüsten** Kaliforniens.

Ganz anders stellt sich der Osten von Nordkalifornien dar, wo der Sierra Nevada im Süden die **Cascade Mountains** entsprechen. Dieses vulkanische Gebirgsland ist wasserreich, dicht bewaldet und wird von mehreren schneebedeckten Gipfeln wie dem Mount Lassen und als höchstem dem Mount Shasta (4.316 m) überragt.

Überwiegend an diese natürlichen Gegebenheiten angelehnt ist die Aufteilung des Bundesstaates in **zwölf Regionen**, die u.a. bei der touristischen Vermarktung eine Rolle spielen. **An der Küste** sind dies (von Norden nach Süden):

- **North Coast:** u.a. mit dem Redwood National Park, der Avenue of the Giants, der Küstenszenerie zwischen Crescent City und Bodega Bay sowie den Seen Lake Berryessa und Clear Lake
- **San Francisco Bay Area:** u.a. mit dem Point Reyes National Park, den Muir Woods und den Städten San Francisco, Oakland, Berkeley, San Jose und Santa Cruz
- **Central Coast:** u.a. mit dem Channel Islands National Park, der Küstenszenerie zwischen der Monterey Bay und den Santa Monica Mountains sowie den Städten Monterey, Carmel, Santa Barbara und Ventura
- **Los Angeles County:** u.a. mit den Stränden zwischen Malibu und Long Beach, den Santa Monica Mountains sowie den Inseln Catalina und Santa Barbara
- **Orange County:** u.a. mit den Stränden zwischen Sunset Beach und San Clemente sowie den Santa Ana Mountains
- **San Diego County:** u.a. mit den Stränden zwischen Oceanside und Imperial Beach, den Palomar Mountains sowie den Seen Lake Hodges, El Capitan Lake und Lake Henshaw

Im Inland sind dies (von Norden nach Süden)
- **Shasta Cascade:** u.a. mit dem Lassen Volcanic National Park, den Trinity Alps, dem Mount Shasta sowie den Seen Lake Oroville, Shasta Lake, Klamath Lake, Whiskeytown Lake und Clair Engle Lake
- **Gold Country:** u.a. mit der Hauptstadt Sacramento und den Goldgräberstädten Coloma, Columbia und Jamestown
- **High Sierra:** u.a. mit den Nationalparks Yosemite, Sequoia und Kings Canyon, den Seen Lake Tahoe und Mono Lake sowie den Mammoth Mountains
- **Central Valley:** u.a. mit den Städten Bakersfield, Fresno und Modesto
- **Desert:** u.a. mit den Nationalparks Death Valley und Joshua Tree, der Mojave-Wüste, dem Anza-Borrego Desert State Park sowie dem Salton Sea
- **Inland Empire:** u.a. mit den San Bernardino Mountains und den Seen Lake Arrowhead, Lake Elsinore, Silverwood Lake und Big Bear Lake.

Klima und Reisezeit

Allgemein ist das Wetter im Westen der Vereinigten Staaten trockener und sonnenreicher als im Osten. Die Größe des Raumes aber bringt es mit sich, dass zwischen Rio Grande und Pazifik und zwischen Oregon und Mexiko **sehr unterschiedliche klimatische Gegebenheiten** herrschen.

Das westamerikanische Klima wird maßgeblich durch den Pazifischen Ozean, die Nord-Süd-Richtung der Kordilleren sowie die sich dadurch ergebende Verteilung von Niederschlägen beeinflusst. Schroffe Wetterwechsel und plötzliche Temperaturänderungen werden in erster Linie dadurch verursacht, dass durch das Fehlen von querlaufenden Gebirgszügen Kalt- und Warmluftströme ungehindert nach Süden bzw. Norden fließen können. Besonders im Winter macht sich dies bemerkbar: Die als Cold Waves (oder Northers) bezeichneten **Kaltlufteinbrüche** wirken sich bis zur mexikanischen Grenze und darüber hinaus aus.

Den **Hitzerekord** hält das Death Valley, wo die Quecksilbersäule einmal auf 56,7 °C stieg. Selbst mitten im Winter kann es im Death Valley oder in Kalifornien richtig warm sein. An der Küste jedoch sind die Temperaturen normalerweise weitaus ausgeglichener. Verantwortlich dafür ist der Pazifik. Dessen im Sommer nordwärts gerichtete kalte Strömung (Kalifornienstrom) und im Winter südwärts gerichtete warme Strömung (Kuro Schio) bringen nicht nur dem Nordwesten die höheren Niederschläge, sondern sorgen auch für die berühmten **Sommernebel**, die selten mehr als 2 km ins Landesinnere hineinreichen. Sie sind übrigens nicht auf San Francisco beschränkt: In San Diego treten sie um den Monat Juni auf, von Mitte Juni bis Juli an der Monterey Bay, von Juli bis August an der San Francisco Bay und der nördlicheren Küste. Dies sind natürlich nur Durchschnittswerte, mit nebeligen Perioden muss man an der Küste das ganze Jahr über rechnen.

Glühende Hitze im Death Valley

Gleichzeitig ist der Ozean für die ganzjährig **milden Temperaturen** bis hinauf nach Seattle verantwortlich. San Francisco z.B. hat ein Jahresmittel von 13,6 °C (das auf ähnlicher Breite gelegene Neapel 19,4 °C und New York 11,7 °C), wobei nur 6,7 °C zwi-

Geografischer Überblick

Am Strand von Santa Barbara

Im Winter Schneefall

schen dem kältesten (Januar) und wärmsten Monat (September) liegen (im Vergleich dazu sind es bei Neapel 19,5 °C und bei New York 24,4 °C Differenz).

Hinsichtlich der **Niederschläge** hat der Staueffekt des Pazifischen Gebirgssystems zur Folge, dass es an der Westküste ausreichend bis viel regnet, während auf den Hochebenen zwischen den Gebirgszügen Dürre und wüstenhaftes Klima vorherrschen. Die höchsten amerikanischen Niederschläge überhaupt liegen mit mehr als 4.000 mm im jährlichen Durchschnitt an der Pazifikküste Alaskas, aber auch in Washington, Oregon und Nordkalifornien können noch Werte von etwa 2.000 mm erreicht werden. Eine Ausnahme bildet die trockene Küstenregion Südkaliforniens. Da sich mit Los Angeles, San Diego, Long Beach und Dutzenden anderer Städte ausgerechnet hier die größte urbane Konzentration herausgebildet hat, macht dieser Umstand eine Umverteilung des Wassers durch Stauseen und Aquädukte notwendig.

Zwischen den Coastal Ranges und der Sierra Nevada und jenseits der Gebirgsstränge nimmt die Trockenheit zu. Hier werden manchmal nur Durchschnittswerte von 100–30 mm Niederschlag erreicht.

Grob vereinfacht, ergibt sich aus dem Gesagten für das Reisegebiet folgendes:
- An der **nordkalifornischen Küste** sind ganzjährig Niederschläge zu erwarten, bei ausgeglichen-milden Temperaturen sowohl im Sommer als auch im Winter. In San Francisco z. B. ist es nie kälter als 10 °C und selten wärmer als 17 °C. Die Niederschlagsmenge beträgt hier durchschnittlich 530 mm im Jahr. Bereisen kann man diese Region ganzjährig, allerdings ist im Winter der Himmel zwischen San Francisco und Crescent City oft grau, und es regnet häufig.
- Im **nordkalifornischen Bergland** ist es im Winter oft bitter kalt, und viele Straßen sind wegen Schneeverwehungen geschlossen – das betrifft auch die Nationalparks. Sofern man nicht Wintersport betreiben möchte, sollte man in dieser Zeit die Region meiden. Ab Mai meldet sich die Natur mit einem wahren Blütenmeer zurück. Am schönsten ist es von Juli bis Anfang September. Für die Weinanbaugebiete nahe der Bay ist aber auch der Oktober noch eine gute Reisezeit. Hier fängt außerdem der Frühling deutlich früher an, sodass man im Napa Valley schon um Ostern ausgesprochen warme Tage erwarten kann.
- An der **südkalifornischen Küste** ist es im Sommer warm und im Winter mäßig warm, es fällt außerdem nur wenig Niederschlag (im Sommer fast nie). In Los Angeles z. B. ist es in den kältesten Monaten nicht kälter als 13 °C und in den wärmsten selten heißer als 28 °C. Die Durchschnittstemperatur beträgt hier 17,7 °C und die Niederschlagsmenge 370 mm. Baden ist jedoch nur im Sommer und zwischen

Santa Barbara und San Diego möglich, wobei die Wassertemperaturen so gut wie nie 22 °C übersteigen.

- Im **südkalifornischen Inland** ist es im Sommer je nach Höhenlage warm bis heiß: In der Sierra Nevada sind Juli und August die angenehmsten Monate, in der gleichen Zeit ist es in der Wüste (besonders im Death Valley) kaum auszuhalten. Dorthin fährt man am besten im März/April, wenn Wildblumen und Kakteen blühen. Auch der Winter ist im Südosten angenehm warm und trocken – in der gleichen Zeit tummeln sich die Wintersportler auf den schneebedeckten Hängen der Sierra. Die hochgelegenen Passstrecken sind allerdings regelmäßig gesperrt und werden z.T. erst Anfang Juni wieder geöffnet.

Regional unterschiedliches Klima

Die klimatischen Bedingungen verhindern also ein ganzjähriges, problemloses Bereisen von Kalifornien, wenn man etwa eine große Rundfahrt unternehmen möchte, wie auf S. 119 skizziert ist. Ein **idealer Zeitraum** dafür wäre entweder **Ende Mai bis Mitte Juni**, wenn es in der Wüste noch nicht zu heiß ist, andererseits aber die Pass-Strecken befahrbar sind. Oder man wählt den Zeitraum von **Mitte August bis Anfang Oktober**, wenn es in San Francisco am wärmsten ist und die Nächte im Gebirge noch frostfrei sind.

> ### Hinweis
>
> Eine Umrechnungstabelle Fahrenheit-Celsius finden Sie auf den Gelben Seiten unter dem Stichwort Maßeinheiten, S. 89.

Nicht selten: Dürre, Waldbrände und Überflutungen

Wer nach Kalifornien reist, sollte sich darüber im Klaren sein, dass diese Region für ihre Wetterkapriolen berüchtigt ist. Gerade in den letzten Jahren litten die kalifornische Vegetation, aber auch die Fauna, die Menschen und die Landwirtschaft häufig unter Naturkatastrophen. Es gibt hier zwar nicht die berüchtigten Hurricans, die regelmäßig die Südostküste der Vereinigten Staaten heimsuchen, dafür richteten Dürre, Waldbrände und Überflutungen Schäden an, die denen der Wirbelstürme in nichts nachstehen und die neben den Erdbeben zur größten natürlichen Gefährdung des Landesteiles gehören.

Entgegen der landläufigen Meinung vom immer sonnigen Wetter Kaliforniens kann es bisweilen auch im Süden des Bundesstaates wie aus Kübeln schütten, sodass Flüsse über die Ufer treten und weite Teile des Landes unter Wasser gesetzt werden. In ihrer schlimmsten Form gingen solche Unwetter in den vergangenen Jahren auf das periodisch auftretende Naturphänomen **El Niño** zurück. El Niño (spanisch für „der Junge", „das Kind", weil es meist in der Weihnachtszeit auftritt) sorgte im Pazifik für deutlich höhere Wassertemperaturen, verursacht gleichzeitig aber ungewöhnlich heftige Stürme und starke Niederschläge. 1995 musste die kalifornische Küste deswegen zum Notstandsgebiet erklärt werden. Damals hatte sturzflutartiger Regen das gesamte Napa Valley und die Gegend um Carmel und Monterey in eine Seenlandschaft verwandelt; Zehntausende von Einwohnern und Touristen mussten evakuiert werden, fast die gesamte Ernte an Wein und Gemüse wurde vernichtet. Ende des gleichen Jahres fegte ein

Naturkatastrophen

Abgebrannter Wald in der Sierra Nevada

Sturm mit Windgeschwindigkeiten von mehr als 160 km/h über die Westküste hinweg. 6 Menschen kamen dabei ums Leben, und Stromausfälle in Nordkalifornien und Südoregon ließen 2 Mio. Menschen im Dunkeln sitzen. Auch im Januar 1998 und im Dezember 2002 wurde Kalifornien ebenso wie die mexikanische Pazifikküste vom Naturphänomen El Niño in Mitleidenschaft gezogen. Auch in diesen Jahren musste deswegen für einige kalifornische Regionen jeweils der Notstand ausgerufen werden. Gleichzeitig wurden an der kalifornischen Küste die wärmsten Wassertemperaturen seit Jahrzehnten gemessen.

Häufiger aber noch leiden die Kalifornier unter dem Gegenteil starker Niederschläge, nämlich einer lang anhaltenden **Dürre**. Viele Monate ohne jegliche Niederschläge fügen der Landwirtschaft großen Schaden zu, zumal die Dürre stets begleitet wird von verheerenden **Waldbränden**. 1993 und 94 drangen Brände bis in die Villenviertel von Los Angeles vor, schon damals gingen Bilder von ausgebrannten Domizilen verschiedener Hollywood-Stars um die ganze Welt. Doch dies war nur der Auftakt einer beispiellosen Serie von Großbränden, die den Bundesstaat in Regelmäßigkeit, aber immer schlimmeren Dimensionen heimsuchten. Im August 1996 führten Wald- und Buschbrände zur Ausrufung von Notstandsgebieten, allein in der Region nördlich von Los Angeles befanden sich 19.000 Feuerwehrleute im Einsatz, um die 52 größeren Brände zu löschen. 2004 erfassten die Brände binnen weniger Tage eine Fläche von insgesamt 7.500 ha. Damals suchte das größte Feuer Coronado im Bezirk Riverside heim, wo alleine etwa 1.000 Menschen evakuiert werden mussten.

Verheerende Waldbrände

2006 wurde wiederum Malibu in Mitleidenschaft gezogen. Mit weiteren heftigen Buschfeuern hatten die Feuerwehren in den Bezirken Santa Barbara und San Diego zu tun und schließlich musste der ehemalige Gouverneur *Schwarzenegger* den Notstand ausrufen, nachdem sich zwei Brände im San Bernardino National Forest zu einem Großfeuer vereinigt hatten. Erneut verzeichnete 2007 Malibu zwei Phasen schlimmer Brände, bei denen rund 2.000 Häuser zerstört wurden und 17 Menschen ums Leben kamen. Da auch die Villen einiger Hollywood-Stars abbrannten, sorgten diese Brände weltweit für großes Aufsehen. Ein Jahr später wüteten im Herbst erneut Brände, die durch Blitzschlag, manchmal aber auch durch Brandstiftung entstanden, sie vernichteten mehrere tausend Häuser und kosteten acht Menschen das Leben.

Die von der Fläche her **schlimmsten Waldbrände** seit Jahrzehnten wüteten aber im November 2008 und hinterließen eine 100.000 km² große Schneise der Verwüstung. Betroffen waren weite Gebiete in Südkalifornien, insbesondere das Orange County, die Vororte von Los Angeles, das Waldgebiet bei Santa Barbara, der Bezirk San Bernardino und Ortschaften wie Sylmar, Big Sur und Diamond Bar. Farmen, Plantagen, Reihenhäuser und ganze Wohncontainersiedlungen wurden ebenso ein Raub der Flammen wie Luxusvillen, 26.000 Menschen mussten evakuiert werden und insgesamt flohen mehr als 640.000 vor der heranrückenden Feuerwalze. Der Grund für das verheerende Ausmaß der Brände war einerseits die lange Dürreperiode und andererseits die hurrikanartigen Santa-Ana-Winde, die die Brände immer wieder aufs Neue anfachten. Trotz der Arbeit von mehr als 19.000 Feuerwehrleuten aus 41 Bundesstaaten und des Einsatzes der Nationalgarde dauerte es wochenlang, bis die über 1.400 lodernden Einzelbrände unter Kontrolle gebracht werden konnten.

Flucht vor den Flammen

Die Trockenheit zog sich bis ins Frühjahr 2009 hin, sodass im März erneut der Notstand ausgerufen werden musste, nun allerdings wegen des immer dramatischer werdenden Wassermangels. Die Trinkwasserreserven schrumpften zusehends, auch für Laien und Touristen deutlich ablesbar an den extrem niedrigen Pegelständen in den Stauseen. Die durch die anhaltende Dürre verursachten Schäden für die Landwirtschaft wurden auf mindestens zwei Milliarden Dollar geschätzt. Auch 2010 blieb Kalifornien nicht verschont: Unter anderem gingen im Juli 4.500 Hektar des Sequoia National Parks in Flammen auf.

Gesellschaftlicher Überblick

Bevölkerung und Siedlungsstruktur

In den USA leben auf rund 9,8 Mio. km² zusammen gut 311 Mio. Menschen (Stand Juni 2011), darunter 79,9 % Weiße (davon 15 % Hispanics), 12,8 % Afroamerikaner, 4,4 % Asiaten und 1,1 % Indianer, Inuit und Hawaiianer. Nach wie vor sind die USA ein Einwanderungsland, in den letzten 15 Jahren sogar in höherem Maße als in der Zeit nach dem Zweiten Weltkrieg. Die Einwanderung führte dazu, dass beispielsweise in Kalifornien rund 28 % der Einwohner keine geborenen Amerikaner sind und dass in manchen Bundesstaaten der Anteil der Bürger, die nicht Englisch sprechen, zwischen 15 und 40 % beträgt.

Spanisch weit verbreitet

Schon seit 1960 ist Kalifornien der bevölkerungsreichste Bundesstaat. 2010 wurden rund **37 Mio. Einwohner** gezählt, was fast 13 % der amerikanischen Gesamtpopulation ausmacht. Dabei bilden die **Indianer**, die ersten Bewohner des Landes, heute die kleinste Gruppe. Ihr Anteil wird nach der letzten Volkszählung mit 1 % angegeben (rund 380.000 Personen). Davon leben viele in den 96 kalifornischen Reservationen, die jedoch längst nicht so groß sind wie in Arizona oder anderen Südwest-Bundesstaaten.

Indianerkinder bei Bodie

Ein Großteil der Indianer ist jedoch aus anderen Staaten eingewandert und wohnt in den Städten.

Mit knapp 78 % stellen die **Weißen** in Kalifornien (wie in den USA) die mit Abstand größte Gruppe dar. Hier unterscheidet man in Amerika zwischen den Weißen süd-, mittelamerikanischer bzw. mexikanischer Herkunft (*Hispanics*, der diskriminierende Begriff *Chicanos* für Mexikaner wird heute zunehmend von ihnen selbst als Bezeichnung der amerikanisch-mexikanischen Kultur verwendet), deren Zahl inzwischen bei 34 % liegt, und den Weißen nord-, mittel- und osteuropäischer Abstammung, die man *Caucasians* nennt und deren Anteil auf 44 % zurückgegangen ist. Die Immigration dieser Europäer, die seit der Pionierzeit bis zu den 1930ern in mehreren Schüben verlief, brachte zunächst vorwiegend Briten, Iren, Deutsche, Skandinavier und Franzosen auf den Subkontinent.

Heute sind, auf das ganze Land bezogen, 21,8 % der Weißen englischer, 21,7 % deutscher und 17,7 % irischer Abstammung. In der zweiten Phase folgte die Einwanderung hauptsächlich aus Süd- und Osteuropa. Insgesamt sind die europäischen Weißen diejenigen, die sich untereinander am schnellsten und nachhaltigsten assimiliert haben. Trotzdem gibt es auch hier noch große ethnische und religiöse Unterschiede.

Hispanics

Immigranten aus Mexiko

In Kalifornien existieren noch kleine Kolonien, die Sprache und Kultur ihres Herkunftslandes bewahren – beispielsweise viele deutsche Vereinigungen, eine beachtliche russische Minorität in San Francisco oder das dänische Dorf Solvang. Andererseits wird der „europäische" Bevölkerungsanteil durch die massive Immigration der Mexikaner immer kleiner und hat in vielen Stadtteilen nur noch Minderheitenstatus. Nach der jüngsten Volkszählung bleibt als Fazit, dass in diesen Gemeinden der protestantische, weiße Mittelschichtsangehörige nicht mehr das „normale Amerika" repräsentieren kann. Amerikaner mexikanischer Herkunft, die häufig einen starken indianischen Einschlag haben, leben hauptsächlich im Südwesten. In New Mexico sind sie z. B. mit knapp 50 % an der Gesamtbevölkerung beteiligt. Das rapide Anwachsen dieser Gruppe auch in Kalifornien speist sich aus dem ständigen Nachzug weiterer junger und kinderreicher Familien aus Mexiko, außerdem liegt deren Geburtenrate über dem US-Durchschnitt. An der Zahl von etwa 20 Mio. Menschen in den USA, die kein Englisch beherrschen, ist diese Gruppe entscheidend beteiligt. Deswegen hat sich jetzt schon in einigen südkalifornischen Gemeinden eine Zweisprachigkeit durchgesetzt – sowohl im Privaten (Speisekarten, Läden) als auch bei öffentlichen Institutionen. In East Los Angeles gibt es ganze Stadtteile, die geschlossen spanischsprachig sind, ebenso in San Diego.

Bedingt durch die schlechten wirtschaftlichen Verhältnisse in Mexiko und die relativ lange Grenze (über 3.000 km) zwischen diesem Staat und den USA, die sich in ihrer Gesamtheit trotz eines Grenzzaunes, dessen Ausbau 2006 auf eine Länge von 1.200 km beschlossen wurde, und Grenzpatrouillen schlecht überwachen lässt, sehen viele Mexikaner in einem illegalen Grenzübertritt in Richtung USA eine Chance, ihre Lebensqualität zu verbessern. Jährlich werden ca. ½ Mio. illegale Grenzgänger auf dem Weg von Mexiko in die USA aufgegriffen und zurückgeschickt, jährlich sterben mehrere Hundert bei dem Versuch, die Grenze zu überqueren. Schätzungsweise ist im gleichen Zeitraum aber weitaus mehr Mexikanern der Grenzübertritt geglückt.

Diejenigen, die es geschafft haben, versuchen, bei Landsleuten am Stadtrand von Los Angeles, San Diego, Tucson, San Antonio oder Phoenix Unterschlupf zu finden, um sich dann eine Arbeit zu suchen. Ohne Aufenthalts- und Arbeitsgenehmigung sind sie gezwungen, für verhältnismäßig wenig Geld zu arbeiten, doch verdienen sie immer noch mehr als in ihrem Heimatland.

Afroamerikaner

Der Prozentsatz der kalifornischen **Afroamerikaner** ist mit 6,2 % niedriger als im Landesdurchschnitt, aber höher als in den benachbarten West-Staaten. Allerdings beträgt in Kalifornien der Verstädterungsgrad der Schwarzen 100 %, sodass diese Bevölkerungsgruppe nahezu ausschließlich

Viele ausländische Arbeitskräfte, meist aus Mexiko, arbeiten in der Landwirtschaft

in zwei Großräumen konzentriert ist: in Los Angeles, wo sie etwa 20 % der Bevölkerung stellt, und in der Bay Area gegenüber von San Francisco, so z. B. in Berkeley (20 %) und besonders in Oakland (47 %). Ein nicht unerheblicher Anteil dieser Bevölkerungsgruppe lebt nach wie vor in Gegenden mit hoher Arbeitslosigkeit und Kriminalität. 30 % aller Afroamerikaner leben sogar unter der offiziellen Armutsgrenze. Proteste gegen die ungleichen Verhältnisse nehmen seit Beginn der 1990er Jahre wieder deutlich zu, entladen sich bisweilen auch in blutigen Unruhen. Am schlimmsten waren die von 1992 im Stadtteil South Central von Los Angeles, die 51 Tote und mehr als 2.000 z. T. schwer Verletzte forderten (vgl. S. 205).

Asiaten

Ebenfalls stark angestiegen ist die Zahl der in Kalifornien lebenden **Asiaten**, deren Prozentsatz inzwischen 12,3 % (in den USA 2,3 %) der Gesamtbevölkerung erreicht hat und durch einen ständigen Nachzug weiter ansteigt. Allein in Kalifornien und Hawaii lebt die Hälfte aller eingebürgerten Asiaten. Darunter stellen die **Chinesen** die älteste Einwanderergruppe, deren Vorfahren z.T. im 19. Jh. in den amerikanischen Westen kamen, wo sie in den 1860–70er Jahren beim Bau der transkontinentalen Eisenbahn massenhaft (Sklaven-)Arbeit fanden. Als der Zustrom der Chinesen auch nach der Fertigstellung der Eisenbahn nicht abebbte und in den 1870ern durchschnittlich 15.000 von ihnen jährlich nach Kalifornien einwanderten, wurde der Begriff der „gelben Gefahr" geprägt. 1882 beugte sich der Kongress der öffentlichen Meinung und erließ den *Chinese Exclusion Act*, der der chinesischen Einwanderung zunächst ein Ende setzte. Die im Lande lebenden Chinesen mussten fast 60 Jahre auf ernstzunehmende Schritte in Richtung Gleichberechtigung warten.

Ausbeutung der Chinesen

Neujahr in Chinatown, San Francisco

Erst während des Zweiten Weltkrieges wurde der *Chinese Exclusion Act* aufgehoben. Ab 1947 wurde ihnen gestattet, auch außerhalb der Chinatowns Grund und Boden zu erwerben, 1948 hob Kalifornien das Gesetz gegen Mischehen zwischen Chinesen und Weißen auf. In der Nachkriegszeit kamen, auch verursacht durch die Ereignisse in der Volksrepublik China und in Hongkong, wieder sehr viele Chinesen ins Land, diesmal jedoch mehrheitlich kapitalkräftige Einwanderer, die oft ins Immobiliengeschäft einstiegen. In San Francisco z. B. sind mehr als 10 % der Wolkenkratzer des Financial District fest in chinesischer Hand. Hinsichtlich des Bildungsstands und Einkommens liegen die Chinesen längst über dem nationalen Durchschnitt, und trotz des Anwachsens krimineller chinesischer Banden gelten sie wegen ihres Fleißes und ihrer Strebsamkeit als *Model Minority*.

Die **Japaner** (heute insgesamt etwa 820.000) folgten in der zweiten Einwanderungsphase und haben sich zu 34 % in Hawaii und zu 37 % in Kalifornien niedergelassen. Wie die Chinesen hatten auch sie lange Zeit unter dem amerikanischen Rassismus zu leiden, der in Sondergesetze und ein Einwanderungsverbot mündete. Erst seit dem Zweiten

Weltkrieg ist diesen Gruppen wieder der Zuzug in die Vereinigten Staaten erlaubt. Die **Philippinos** waren von diesem Verbot nie betroffen. Sie stellen mit etwa 890.000 Menschen auch die zweitgrößte asiatische Gruppe und leben zu 46 % in Kalifornien.

Durch die amerikanischen Kriege im Fernen Osten sind weiter Hunderttausende von **Koreanern** (ca. 380.000) und **Vietnamesen** (ca. 700.000) ins Land gekommen. Viele davon zog es nach New York, 11 % der Vietnamesen auch nach Texas, aber der größte Prozentsatz blieb in Kalifornien. Relativ gleichmäßig verstreut leben die ca. 380.000 **Inder** (zu 17 % in New York, zu 16 % in Kalifornien).

Siedlungsstruktur

Allgemein in den USA zeigt die **Siedlungsstruktur** eine weitgehende Verstädterung. Lebten 1900 noch 60,4 % der Menschen auf dem Land, waren es 1950 nur noch 46 % und 1970 nur noch 26,4 %. Seit dieser Zeit nahm die städtische Bevölkerung nicht mehr so rapide zu, was auf die Abwanderung vieler Städter in benachbarte ländliche Gemeinden (*Counterurbanization*) zurückzuführen ist. Die ländlichsten Gebiete der Vereinigten Staaten liegen aber im Osten, sodass die Verstädterung im Westen noch viel weiter fortgeschritten ist: In Kalifornien beträgt sie etwa 95 %.

Starke Verstädterung

Am bevölkerungsreichsten sind hier die Städte an der Pazifikküste, unter denen der Großraum Los Angeles/Long Beach mit 17,8 Mio. Einwohnern inzwischen nach dem Großraum New York (18,9 Mio.) und vor Chicago (9,7 Mio.) auf dem zweiten Platz liegt. Es folgen die Großräume (Metropolitan Areas) von San Francisco/Oakland mit 7,5 Mio. und von San Diego mit 5,3 Mio. Menschen.

Innerhalb und zwischen den Großräumen haben sich vor allem an der südlichen Küste die endlosen Satelliten- und „Rentner"-städte ausgebreitet. Dies hat zu einer bedeutenden Zersiedlung (*urban sprawl*) der Landschaft geführt, die zum monotonen Erscheinungsbild der amerikanischen Städte erheblich beiträgt. Auch die immer gleiche **schachbrettartige Anordnung** der Straßen und Häuserblocks ist für Europäer ungewohnt und nur selten attraktiv. Viele dieser Metropolen bestehen aus einem oder mehreren Zentren, in denen sich die verspiegelten Hochhäuser der Banken und Versicherungen auftürmen und die Skyline bestimmen. Hier wird allerdings hauptsächlich gearbeitet und in den seltensten Fällen auch gewohnt, weswegen man nicht von einer Innenstadt im europäischen Sinn sprechen kann.

Die Lage der sozial differenzierten Wohnquartiere zueinander und zum Zentrum orientiert sich natürlich auch an den Industriestandorten, Windverhältnissen etc. Entscheidend ist außerdem, dass es innerhalb der Schichten zu Ghettobildungen kommt, am häufigsten nach Gesichtspunkten der Hautfarbe bzw. Nationalität. So leben die Afroamerikaner und Immigranten mexikanischer Herkunft, deren Verstädterungsgrad nahezu 100 % beträgt, häufig unter sich. In San Franciscos Chinatown leben ärmere und reiche Chinesen zusammen.

Aufgelockert und durchbrochen wird das monotone Stadtbild immer da, wo noch Teile der kolonialen Bausubstanz oder Viertel der Jahrhundertwende erhalten sind. Dies ist insbesondere in San Francisco, San Diego und Monterey der Fall. Aber auch der neuspanische Baustil der 1920er Jahre macht viele Städte selbst dann anheimelnd, wenn sie dem üblichen Straßenraster unterliegen. Beste Beispiele dafür sind Santa Barbara und Palm Springs. Ansonsten können topografische Gegebenheiten, Parkanlagen, Seepromenaden, victorianische Holzhausviertel etc. das Gesamtbild auflockern. Die postmoderne Hochhausarchitektur hat vielen Zentren auch gut getan hat und ist zu einer der Hauptattraktionen bei Stadtbesichtigungen geworden.

Soziale Lage

Auch wenn es auf einer Rundreise durch Kalifornien meist nicht ins Auge springt, nimmt ein zweiter Blick doch die ärmeren Menschen in den Innenstädten wahr, erkennt die höchst unterschiedliche Wohnstruktur, die eben auch Baracken- und Wohnwagensiedlungen aufweist, macht sensibel für die missliche Lage in den Indianerreservationen, entdeckt einige der rund 55.000 Obdachlosen oder der rund 2 Mio. Menschen, die in Kalifornien täglich auf Suppenküchen angewiesen sind. Kein Zweifel: Auch hinsichtlich der sozialen Lage sind die USA ein Land der Kontraste.

Viele Obdachlose

In den USA ist vor allem die zunehmend **ungleiche Verteilung** von Einkommen von sozialer Sprengkraft. Während vor einigen Jahren der Dow Jones Index um 30 % stieg, große US-Firmen ihre Gewinne im Schnitt um 20 % steigerten und Manager bei ihren Einkommen um 13 % zulegten, stagnierten die Löhne bei den mittleren und niedrigen Einkommen. Andererseits stiegen die Lebenshaltungskosten stetig an, sodass selbst in Mittelklasse-Familien das Einkommen eines Verdieners oftmals nicht mehr ausreicht – für Schulgeld für die Kinder, Ratenzahlungen für den Wagen oder Fernseher, für Hypothekenzinsen.

In der Amtszeit von Präsident *Bill Clinton* war die Schaffung neuer Arbeitsplätze eines der wichtigsten innenpolitischen Ziele, was Regierung und Wirtschaft mit außerordentlichem Erfolg schafften. Ende 1996 war die Arbeitslosenquote auf 5,1 % gesenkt worden, dem niedrigsten Stand seit sieben Jahren. An der grundsätzlichen sozialen Situation hatte dieser Erfolg jedoch nichts ändern können. Der Grund: Neue Arbeitsplätze entstanden hauptsächlich in den Niedriglohngruppen des Dienstleistungssektors, in denen oft nur der gesetzlich vorgeschriebene Mindestlohn von US$ 7,25 (seit Mitte 2009, vorher US$ 6,55) bezahlt wird. Das Phänomen, dass sich trotz festem Job in dieser Branche der Lebensstandard verschlechtert, nennt man in Amerika *working poor*. Gerade Kalifornien und die Südwest-Staaten sind hier besonders betroffen, da Arbeitgeber und Arbeitnehmer gleichermaßen in Konkurrenzdruck zu den Immigranten aus dem Süden geraten: An der Grenze nach Mexiko bieten viele legale oder illegale Einwanderer ihre Arbeitskraft für US$ 3 pro Stunde an.

Schlecht bezahlte Arbeit

Viel sozialen Zündstoff bergen in den urbanen Regionen von Kalifornien zudem die stetig steigenden **Miet- und Grundstückspreise**. Denn immer weniger Menschen sind bereit oder können es sich leisten, die durchschnittlich US$ 270.000 für ein gar nicht mal so großes Haus in San Francisco hinzulegen. Durch Sozialleistungen wie Medicaid, Mietzuschüsse und Ausgabe von Lebensmittelmarken können sozial bedingte Missstände nicht behoben werden. Oft fehlt trotzdem das Geld fürs Nötigste und auch zunehmend Jugendliche sind gezwungen, Geld zu verdienen oder zu stehlen, um die Familie durchzubringen, anstatt zur Schule zu gehen. Der Teufelskreis sozialer Verelendung nimmt so seinen Lauf, da Analphabeten oder Jugendliche mit einer schlechten Schulausbildung gar keine oder eine nur schlecht bezahlte Arbeit bekommen. Am Ende der Spirale steht die Obdachlosigkeit, die während der Reagan-Ära und später auch unter der Regierung *Georg W. Bush* dramatische Formen angenommen hat – vor allem in den Großstädten.

Durch die **Finanz- und Immobilienkrise** 2008–2010, als unzählige überschuldete Familien ihre Eigenheime verloren, wuchs die Obdachlosenzahl nochmals signifikant an. Und es stünde auch um diesen Personenkreis noch weitaus schlechter, würden nicht viele karitative Organisationen mit Armenküchen oder anderer Hilfe der explosionsartig gestiegenen Zahl der Obdachlosen zur Seite stehen. Wesentlich größer als in anderen Industrieländern ist hierbei der Anteil der Kirchen.

Kalifornien von Wirtschaftskrise besonders stark betroffen

Von den Amerikanern lebten im Jahre 2008 insgesamt 13,2 % unter der **Armutsgrenze (poverty line)**, was einen Anstieg auf 39,8 Mio. Menschen bedeutete (2007: 37,3 Mio.). Als offizielle Armutsgrenze ist dabei 2009 ein verfügbares Einkommen von US$ 10.830 im Jahr (plus US$ 3.600 für jede weitere Person im Haushalt) definiert. Die Zahl der Armen hat sich dabei in allen ethnischen Gruppen vergrößert, allerdings am stärksten bei den Spanischsprachigen und Afroamerikanern. Unter dem gesetzlichen definierten Existenzminimum leben ca. 25 % der Afroamerikaner, ca. 23 % der Latinos und 8,6 % der Weißen. Statistiken belegen, dass etwa 19 % aller Kinder in Verhältnissen unterhalb der Armutsgrenze aufwachsen müssen. Zwar geht es Kalifornien im Landesdurchschnitt noch recht gut, doch wurde auch hier seit Mitte der 1990er die Kluft zwischen Arm und Reich immer größer.

Inzwischen gehören 1 % der Haushalte 40 % des amerikanischen Reichtums, und die Zahl der Milliardäre ist seit 1982 von 13 auf über 320 im Jahre 2008 gewachsen. Gleichzeitig stieg das Durchschnittseinkommen während des letzten Booms nur geringfügig. Von sozialer Sprengkraft ist, auch in Kalifornien, die zunehmend ungleiche Verteilung von Einkommen, die unter den Industriestaaten beispiellos ist und die sich in den letzten beiden Dekaden noch drastisch verschärft hat. Das reichste Prozent der Bevölkerung konnte in 20 Jahren sein Einkommen im Schnitt um 120 % (nach Steuern) steigern und erzielte im Jahr unmittelbar vor der Finanzkrise von 2008 ca. 534 Mrd. Dollar. Das sind 37 % mehr, als die ärmsten 20 % der Bevölkerung zur Verfügung hatten. Und die Reallöhne des überwiegenden Teils der Arbeitnehmer sanken im gleichen Zeitraum um 20 %.

Ungleiche Einkommensverteilung

Ein weiteres Thema von sozialer Sprengkraft ist die **Krankenversicherung**. Denn für den Krankheitsfall sind in den Vereinigten Staaten nur Beamte durch entsprechende Gesetze automatisch abgesichert. Im Übrigen besteht keine gesetzliche Krankenversicherung, sodass nur die Möglichkeit einer privaten Versicherung übrig bleibt, die recht teuer ist und entsprechend der Leistungen, die sie tragen muss, individuell den Jahresbeitrag anpasst. Noch im Jahre 2008 waren knapp 16 % der Amerikaner (rund 47 Millionen Einwohner) überhaupt nicht, und 27,8 % nur unzureichend krankenversichert. Ein großer Teil der US-Bürger ist nicht in der Lage, die hohen Kosten für eine angemessene Krankenversicherung aufzubringen. Im März 2010 setzte Obama gegen massiven Widerstand, auch in seiner eigenen Partei, seine Gesundheitsreform im Kongress durch. Sie soll bis 2018 allen Amerikanern den Zugang zu einer Krankenversicherung ermöglichen. Für alle Kinder soll in Zukunft eine Krankenversicherung auf jeden Fall zwingend vorgeschrieben sein.

Der Californian Way of Life

In Kalifornien fallen dem Besucher schnell gewisse Unterschiede auf, die sich im alltäglichen zwischenmenschlichen Umgang äußern und nicht selten einem bestimmten Lebensgefühl entspringen. Allgemein gelten die Amerikaner als unkompliziert, freundlich und hilfsbereit. Es ist einfach, mit ihnen in Kontakt zu kommen, sehr schnell werden Adressen getauscht und Einladungen ausgesprochen. Bemerkenswert auch, dass viele Amerikaner eine äußerst optimistische, manchmal geradezu euphorische Grundstimmung haben, die die Bereitschaft mit einschließt, erst einmal möglichst viel uneingeschränkt *great*, *marvellous* oder *phantastic* zu finden. Allgemein üblich ist es, auch Fremden einen schönen Tag (*have a nice day*) oder viel Spaß und Lebensfreude (*enjoy it*, *have fun*) zu wünschen. Diese auf Anhieb angenehme Atmosphäre scheint das direkte Resultat der gesellschaftlichen Forderung *Think positive!* zu sein.

Freundliche Umgangsformen

Teilweise sind diese Bekundungen allerdings auch eher Floskeln. Auch die Begrüßungsformel *How are you?* ist mehr eine Art der Anrede als der Ausdruck von ernsthaftem persönlichem Interesse. *Thank you, fine* oder *great* sollte also in jedem Fall die Antwort lauten – selbst wenn dem nicht so ist.

Relaxen, Surfen, Strandleben: der Californian Way of Life

Weiter gehört es zur kalifornischen Lebensart, Fremde oft schon nach dem ersten Kontakt wie einen alten Freund zu behandeln. Dabei redet man sich mit dem Vornamen und mit *my friend* an, erzählt von seiner Familie und erkundigt sich recht ungezwungen nach den persönlichen Verhältnissen des Gesprächspartners. Streitbare Themen wie Politik und Religion werden beim Small Talk allerdings eher vermieden.

Zu solch familiären Umgangsformen passt die betont legere Kleidung. So sieht man vor dem Frühstück häufig Menschen mit Morgenmänteln auf den Straßen, und Frauen tragen öffentlich ihre Lockenwickler im Haar. Jeans, Baseballmützen, Jogging-Anzüge und Turnschuhe gehören zum ganz normalen Outfit, auch bei älteren Menschen. Wer nicht gerade in einer offiziellen Funktion ist, kann eigentlich tragen, was er will. Und die meisten entscheiden sich dann für das Bequeme und das Praktische. Auch daran wird das Bestreben der Amerikaner offensichtlich, ein angenehmes, unkompliziertes *feeling* zu erzeugen, bei dem der Genuss im Vordergrund steht. Drei Dinge sind dabei entscheidend: *Legeres Outfit*

- Das Leben muss leicht sein: *Take it easy!* Grüblerische Gedanken, Hektik, Ungemütlichkeit stören nur. Deswegen heißt im Alltag, beim Straßenverkehr, beim Einkaufen usw. die Maxime *Easy going*.
- Probleme sind dabei hinderlich und sollen, wenn man sie schon nicht aus dem Weg räumen kann, am besten ignoriert werden. Daher versichert man sich immer wieder: *No problem* und *Don't worry!*
- Individualität wird groß geschrieben. Da die Menschen nicht gleich sind, muss man jedem das Recht zur Verwirklichung seines persönlichen Glücks zugestehen.

Natürlich sind solche Aussagen zu pauschal, als dass sie die ganze Wirklichkeit treffen könnten. Auch in Kalifornien gibt es mürrische Schalterbeamte, unfreundliche Kellner und griesgrämige Zeitgenossen. Allgemein aber gilt, dass die soeben skizzierte Lebensweise eine amerikanische und ganz besonders eine kalifornische ist. Überhaupt scheint der Westen einiges vom „typisch Amerikanischen" zu repräsentieren als der europanahe Osten. Während man am Atlantik noch häufig englisches Understatement, deutsche Reserviertheit oder skandinavische Zurückhaltung erlebt, stößt man in San Francisco und Los Angeles weit eher auf die aus unzähligen Filmen bekannten Amerikanismen.

Noch aus der Tradition der *Frontier* (vgl. S. 19) stammt wohl der unbedingte Freiheitsdrang, der eines der Kennzeichen des *American Way of Life* ist. Das Gefühl für Selbstverantwortlichkeit, das Vertrauen auf die eigene Kraft und die Ablehnung zu starker staatlicher Eingriffe sind damit gekoppelt. Ein diskussionswürdiges, aber sehr deutliches Beispiel dafür ist die Unmenge an Waffen, die in Hunderttausenden amerikanischer Haushalte gelagert wird. *Selbstbestimmung*

Es war aber gerade dieses Zugestehen einer Individualität, das Pochen auf dem persönlichen Glück, das in der weltweiten Jugendbewegung den Westen der USA zum Mekka für Hippies und Alternative werden ließ. Ab Mitte der 1960er Jahre zog es ganze Heerscharen von Jugendlichen an die kalifornische Küste, wo sie ihre Vorstellung von Freiheit ausleben konnten. Die Rock- und Popkultur „entdeckte" San Francisco, das in etlichen Songs als Kapitale der **Flower-Power-Bewegung** gefeiert wurde. Allerorten wurden Kommunen gegründet und alternative Formen des Zusammenlebens ausprobiert. Der Konsum von Marihuana wurde so selbstverständlich wie der von Alkohol, und Drogenapostel wie *Timothy Leary* verkündeten die Bewusstseinserweiterung durch LSD. Und während die Hippie-Kultur im wahren Wortsinn Blüten trieb, nahm auch der politische Jugendprotest seinen Anfang und verbreitete sich von der Universität Berkeley aus über das ganze Land.

Längst nicht alles aus dieser Zeit ist vergessen. Erhalten haben sich verschiedentlich alternative Lebensformen, die sich z.B. in Wohngemeinschaften, Hausbooten und experimenteller Architektur äußern. Erhalten haben sich auch die Lebenslust der wilden 60er, die Popularität von San Francisco, die Legenden der Musikgeschichte. So ist innerhalb der Vereinigten Staaten Kalifornien zum Sinnbild geworden für Liberalität, Freizügigkeit und unkonventionelle Lebensentfaltung.

Dem widersprechen ein oft überraschend puritanischer Zug und eine restriktive Gesetzgebung. Nicht nur im Mormonenstaat Utah, sondern auch in Kalifornien äußert sich das Erbe der streng-religiösen Pioniere auf vielfältige Weise. Konservativer als in Mitteleuropa gibt man sich auch bei folgenden Dingen:

Konservative Ansichten

- **Nacktheit**: Amerikaner sind im Durchschnitt weitaus prüder als Mitteleuropäer. Mag der Playboy auch aus den USA stammen, Nacktszenen im Fernsehen, wie man sie bei uns schon im Vorabendprogramm bringt, sind in den Staaten undenkbar und allenfalls auf Pay-TV-Kanälen zu sehen, wobei in den Programmzeitschriften vor den Sexszenen gewarnt wird (X-rated). Nacktheit in der Öffentlichkeit gilt als obszön und sollte daher tunlichst unterlassen werden, auch das „Oben ohne"-Baden.
- **Toiletten**: Im Gegensatz zu Worten wie *shit* und *fuck*, die allenthalben zu hören sind, versucht man das Wort *toilet* geflissentlich zu vermeiden. Stattdessen sagt man *Rest Room*, zu Damentoiletten auch *Powder Room* oder *Ladies' Room* und zu Herrentoiletten *Men's Room, Gents, Little Boy's Room* oder *Lavatory*.
- **Glücksspiele**: Jedem Wildwest-Klischee zum Trotz gibt es in den meisten Staaten zum Pokern, Black Jack etc. keine legale Gelegenheit. Und in Nevada erklärt sich der Erfolg von Städten wie Reno und Las Vegas allein durch die entsprechenden Glücksspiel-Verbote in den Nachbarstaaten.
- **Kleidung**: Zwar geben sich die Amerikaner bei den meisten Gelegenheiten sehr leger. In teureren Restaurants jedoch, in denen ausdrücklich *Coat and Tie* verlangt wird, ist dieser Hinweis als obligatorisch anzusehen; ohne Sacko und Krawatte bzw. ein elegantes Erscheinungsbild der Damen läuft in solchen Fällen nichts. Das Gleiche gilt vielfach auch in Diskotheken, immer aber bei Wohltätigkeitsveranstaltungen und Galaabenden (Männer in Smoking und Fliege). Wer in offizieller Funktion unterwegs ist, sollte sein äußeres Erscheinungsbild danach ausrichten, ansonsten zieht man das Bequeme vor. Dabei muss man jedoch gewisse Anstandsregeln einhalten: In Restaurants und Geschäften, auch in den weniger vornehmen und auch bei sehr heißem Wetter, heißt es oft: *No shoes, no shirt, no service*.

Wirtschaftlicher Überblick

Allgemeines

Nicht nur hinsichtlich seiner Größe und Einwohnerzahl, sondern auch hinsichtlich seiner Ökonomie ist Kalifornien selbst im weltweiten Maßstab ein bedeutender Faktor. Wäre das Land ein unabhängiger Staat, würde seine Wirtschaftskraft immer noch unter den acht größten Märkten der Erde zu finden sein. Es wäre außerdem ein Land, das zu den reichsten und wohlhabendsten zählen würde, mit einem durchschnittlichen Jahresverdienst von über 43.000 US$. Mit einem Anteil von US$ 1.559 Mrd. trägt Kalifornien zum Bruttosozialprodukt der Vereinigten Staaten zu 14 % bei. Sehr vorteilhaft wirkt sich die Tatsache aus, dass es keine eindeutige Bevorzugung bestimmter Branchen gibt, sondern dass Tourismus, Industrie, Landwirtschaft, Energiegewinnung, Hightech und Gentechnologie gleichermaßen zu den wirtschaftlichen Standbeinen gehören.

Hohe Wirtschaftskraft

In der Gesamtübersicht der letzten Dekade kann also Kalifornien durchaus als boomender Industriestandort bezeichnet werden, allerdings überwogen dabei doch die Schattenseiten. Schon 1989–1992 gab es eine Finanzkrise, die in eine für kalifornische Verhältnisse sehr hohe Arbeitslosigkeit von 9,5 % führte. Sieben Jahre später kam es zum sog. **Dotcom-Crash**, in dem das Paradestück der kalifornischen Wirtschaft Federn lassen musste, die IT-Industrie des Silicon Valley. Diese Krisen mündeten in eine mehr als flaue Konjunktur, wurden begleitet von Energieproblemen mit vielfachen Unterbrechungen in der Stromversorgung und sorgten für ein Rekordhoch bei den Spritpreisen. Besonders schlimm aber war das Haushaltsdefizit des Bundesstaates, das 2003 stolze 38 Mrd. Dollar betrug und schließlich sogar zu einem Verfahren zur Abberufung des Gouverneurs führte, dem sog. *recall* (S. 26).

Doch alle Schwierigkeiten konnten überwunden werden, und Anfang 2007 stand der Golden State wieder glänzend dar, u.a. mit einer Arbeitslosigkeit von weniger als 4,9 %. Dann aber kam die Wirtschafts- und Finanzkrise von 2008–09, der Kalifornien nichts entgegenzusetzen hatte. Das Haushaltdefizit, das auch unter dem von 2004–2011 amtierenden Gouverneur *Schwarzenegger* nie ausgeglichen werden konnte, wuchs an und belauft sich auf rd. 60 Mrd. US$. Nachdem Beamte von Sacramento auf Kurzarbeit gesetzt und viele staatlichen Zahlungen eingestellt worden waren, konnte man in manchen Zeitungen sogar lesen, Kalifornien sei quasi insolvent. Inzwischen ist auch die kalifornische Arbeitslosenquote enorm angestiegen und lag 2010 bei knapp 12 %. Instrumente zur Gegensteuerung sind u.a. eine Steuererhöhung, eine weitere Neuverschuldung von 12 Mrd. US$ und eine Ausgabenkürzung um etwa 15 Mrd. US$, vor allem im sozialen Bereich.

Riesiges Haushaltsdefizit

Wirtschaftsmentalität

Der Kalifornien-Besucher wird durch Beobachtungen oder Gespräche im Reisegebiet schnell bemerken, dass sich nicht nur die wirtschaftliche Struktur oder Einzelaspekte von europäischen Verhältnissen unterscheiden, sondern in hohem Maße auch die zu-

Anerkennung wirtschaftlichen Erfolgs

grundeliegende Mentalität. Gilt es in vielen europäischen Ländern nicht gerade als fein, über den Verdienst oder Gewinnspannen bei Geschäften zu reden, berührt in Amerika oft schon die erste Frage persönliche Finanzangelegenheiten. Während man in Europa Spitzenverdienern oft ambivalent, wenn nicht unverhohlen neidisch gegenübertritt, gehört ihnen gerade in Kalifornien die öffentliche Anerkennung und Bewunderung. Warum der wirtschaftliche Erfolg einen solchen Stellenwert hat, kann mit dem historischen Erbe der frühen puritanischen Siedler erklärt werden, mit der Pionierzeit, die alle materiellen Werte aus eigener Kraft geschaffen hatte. Deswegen ist der Respekt auch am größten für diejenigen, die ohne einen Cent in der Tasche Karriere machten und vom legendären Tellerwäscher zum Topmanager oder Ölbaron aufgestiegen sind. Allerdings gerieten im Zuge der Finanzkrise 2009 auch die hochbezahlten Manager, vor allem die im Bankensektor, stark in die Kritik.

Wirtschaftsmentalität meint aber mehr als nur die Einstellung zum Erfolg. Sie sagt auch etwas über die Einstellung zum Job aus, zu dessen Anforderungen und der Bereitschaft, diesen Anforderungen zu genügen. Im Vergleich zur Alten Welt fallen hier einige Dinge sofort ins Auge:

- Es gibt kaum sichere Arbeitsplätze. Nach dem Prinzip des *hire and fire* können Kandidaten für nahezu jeden Job kurzfristig eingestellt und genauso schnell wieder entlassen werden. Es zählen der akute wirtschaftliche Erfolg und der persönliche Einsatz, nicht etwa Loyalität oder Verantwortung dem Mitarbeiter gegenüber. Sehr viel schneller als in Europa werden in den USA auch hochrangige Manager oder ganze Spezialabteilungen entlassen.
- Jeder Mitarbeiter ist Repräsentant der Firma. Deswegen werden von allen strenge Arbeitsdisziplin, korrekte Kleidung und höfliche Umgangsformen erwartet.
- Das Qualifikationsniveau ist niedriger, der Spezialisierungsgrad höher. Komplexe Arbeitsvorgänge, die bei uns zum Repertoire eines bestimmten Berufsstandes gehören, werden in den USA eher unterteilt und an mehrere Personen delegiert. Der Vorteil liegt in der schnelleren Erlernbarkeit der Handgriffe – man muss nicht zum Maurer, Dachdecker, Verkäufer etc. ausgebildet werden, sondern nur zum Vernageln der Dachpappe, Anbringen der Regenrinne, Bedienen der Geschäftskasse usw. Der Nachteil ist das fehlende berufsspezifische Allgemeinwissen.
- Der Prestigewert bestimmter Arbeiten ist unerheblich. Es gibt keine „guten" oder „schlechten" Berufe an sich, sondern nur Jobs, mit denen man Erfolg haben kann oder nicht. Deswegen ist das gesellschaftliche Ansehen für einen Lehrer oder Piloten nicht größer als etwa für einen Lageristen oder Lastwagenfahrer. Dementsprechend bunt kann die Palette der Arbeiten sein, die ein und dieselbe Person im Laufe ihres Lebens ausgeführt hat.

Hohe Mobilität

- Die Fluktuation ist entsprechend groß. Da der Verlust des Arbeitsplatzes schneller möglich ist, Prestige ohnehin eine geringere Rolle spielt als Erfolg und man bei lukrativen Angeboten unsentimental zugreift, wechseln die Amerikaner ihren Arbeitsplatz viel häufiger als ihre europäischen Kollegen.
- Die Mobilität ist enorm. Von ihren Firmen auf einen Außenposten versetzt oder auf der Suche nach höheren Löhnen, ziehen manche Familien quer durch die Vereinigten Staaten. Es gilt nicht als unzumutbar, wegen einer Arbeitsstelle von einer Stadt in eine andere, von einem Staat in einen anderen zu ziehen. Der Besitz von Grund und Boden spielt dabei keine Rolle: Amerikaner sind viel eher bereit, ihr Eigenheim auch kurzfristig aufzugeben und sich ein neues Haus zu suchen.

Fischerei, Land- und Forstwirtschaft

Mit Erlösen von rund 32 Mrd. US$ ist die kalifornische **Landwirtschaft** von sehr großer Bedeutung: Einer von fünf Jobs des Bundesstaates ist direkt oder indirekt an diesen Erwerbszweig gekoppelt. Das kalifornische Agrarland, also vor allem das Central Valley, stellt insgesamt nur 3 % des landwirtschaftlich genutzten Areals der USA, dennoch gedeihen darauf immerhin mehr als die Hälfte aller in den USA produzierten landwirtschaftlichen Produkte. Nur beim Mais- und Getreideanbau können andere Bundesstaaten Kalifornien überflügeln, während Wein, Zitrusfrüchte, Nüsse, Birnen, Melonen usw. aus Kalifornien zu rund 80 % den gesamtamerikanischen Bedarf decken. Beim Anbau von Artischocken, Datteln, Feigen, Granatäpfeln, Kiwis, Mandeln, Pflaumen, Pistazien und Walnüssen ist Kalifornien sogar konkurrenzlos, da diese Waren nirgendwo sonst in den USA produziert werden.

Gleiches gilt für viele Gemüsesorten wie Tomaten, Brokkoli, Spinat Möhren, Blumenkohl etc. Eine Nische mit steigenden Produktions- und Exportwerten ist die Blumenzucht, die vor allem zwischen Monterey und San Diego betrieben wird. Auch als Produzent von Wein (S. 271), Baumwolle, Reis, Weizen sowie Fleisch- und Milchprodukten ist Kalifornien in den USA an führender Stelle zu finden. Davon lebt natürlich auch eine bedeutende **Nahrungsmittelindustrie**.

Zu den bevorzugten **Landwirtschafts-Regionen** gehören die langgestreckten und weiten Täler wie San Joaquin Valley, Sacramento Valley, Imperial Valley, Napa Valley, Sonoma Valley, Santa Ynez Valley und Santa Clara Valley. Obwohl diese Anbaugebiete immer noch glänzend dastehen, kann nicht verschwiegen werden, dass die amerikanischen Farmer vor große Probleme gestellt sind. Die Konzentration landwirtschaftlicher Betriebe (immer weniger Farmen mit immer mehr Hektar), Überproduktion, Fortfall von Subventionen, gesunkene Weltmarktpreise und reihenweise Bankrotte wegen nicht zurückzahlbarer Kredite hatten schon in den 1990ern ein landesweites Farmensterben ausgelöst. Innenpolitisch war und ist dies ein Thema mit großer sozialer Sprengkraft, vor allem auch wieder nach der Finanz- und Wirtschaftskrise 2008/09. Wie viele der etwa 77.000 Farmen, die es 2007 noch gab, überleben werden, ist ungewiss.

Kalifornien ist Amerikas Agrarland Nummer Eins, entsprechend gut das Angebot (hier auf dem Thursday Night Market in San Luis Obispo)

Lebenswichtig nicht nur für die Landwirtschaft: die Wasserversorgung

Ein Grundproblem von Kalifornien ist die **ungleiche Verteilung der Niederschläge** und des Wasserverbrauchs. An der klimatisch begünstigten Pazifikküste und vor allem im Norden des Bundesstaates fallen eigentlich genügend Niederschläge, nur gibt es dort weder die großen Bevölkerungskonglomerate noch die intensive Landwirtschaft, die von diesen Wassermengen profitieren könnten. Im Süden hingegen, wo die Sonne und fruchtbare Böden Landwirtschaft besonders interessant machen, fehlt das Wasser, auch die Megalopolis von Los Angeles muss sehen, wo sie ihre Vorräte für Industrie- und Trinkwasservorräte auffüllen kann. Eine existentiell wichtige Aufgabe ist also die effektive und bezahlbare Umverteilung von Wasser vom Norden, wo drei Viertel der Gesamtniederschläge fallen, nach Süden, wo mehr als drei Viertel des gesamten Wasserbedarfs anfallen. Schon seit Anfang des 20. Jh. wird an dieser Aufgabe gearbeitet, wobei es auch zu empfindlichen ökologischen Katastrophen kam. Z.B. hatte man 1913 damit begonnen, den 40 km langen und 70 m tiefen Owens Lake an der Sierra Nevada mit einem 375 km langen Kanal anzuzapfen, um Los Angeles mit Trinkwasser zu versorgen. Die Folge war, dass erstens der Owens Lake in relativ kurzer Zeit völlig verschwand und dass zweitens das gesamte, ehemals fruchtbare und landwirtschaftlich intensiv genutzte Tal Owens Valley zu einer öden Wüste verkam. Danach wurde ein ganzes System von Stauseen und Aquädukten installiert, auch der Colorado River mit seinen verschiedenen Staustufen (Lake Powell, Lake Mead) wurde zum Wasserlieferanten für Südkalifornien degradiert.

Nahezu zwei Drittel der 38,2 Millionen Einwohner des Bundesstaates beziehen ihr Trinkwasser aus dem großen Inlanddelta des Sacramento-Flusses östlich der Bucht von San Francisco. Dass in Zeiten längerer Dürreperioden (wie 2007-09) dieses System vom Kollaps bedroht ist, macht ein Blick auf die enorm niedrigen Pegelstände dieser Stauseen deutlich. Neben den Einwohnern der Millionenmetropolen, die gerade in San Diego und Los Angeles oft nicht auf Pools und bewässerte Golfplätze verzichten können, benötigt die Landwirtschaft riesige Mengen an Wasser. Sie ist existentiell auf flächendeckende Bewässerungstechniken angewiesen, die in jüngster Zeit auch mit Innovationen unterstützt werden, die durch die Gentechnologie möglich geworden sind. Dabei wurden riesige Erfolge erzielt und Wüsten buchstäblich zum Blühen gebracht, trotzdem ist die Not der Farmer groß. Kritiker werfen der Landwirtschaft allerdings auch vor, dass sie trotz der Knappheit des Rohstoffs weiterhin wasserintensive Plantagen wie z.B. für Baumwolle betreibe. Landwirte im Central Valley haben nämlich das Recht, große Wassermengen preiswert einzukaufen, um damit im Sommer ihre Felder zu bewässern – ein Umstand, der von Umweltschützern und den Großstädten gleichermaßen kritisiert wird.

Schon seit vielen Jahrzehnten gibt es diesen Dauerstreit um das Trinkwasser in Kalifornien, der z.T. noch auf die Zeiten des Goldrausches zurück geht. Damals wurde ein hoch kompliziertes System von Wasserrechten eingerichtet, das zum Teil vom Bundesstaat, zum Teil vom Innenministerium in Washington verwaltet wird. Umweltschützer und die Trinkwasserversorger für die Großstädte an der Küste versuchen seit Jahren, dieses Monopol zu brechen. Als erster kalifornischer Gouverneur mischte sich *Arnold Schwarzenegger* in diesen Streit ein und versuchte, effektive Maßnahmen zum Wassersparen einführen.

Jeder Bundesstaat ist für den Schutz seiner Landwirtschaft selbst verantwortlich und setzt dazu umfangreiche Maßnahmen ein. Besonders in Kalifornien bemüht man sich, alles Obst oder andere Lebensmittel, die Schädlinge für die heimische Landwirtschaft tragen könnten, nicht über die Grenze gelangen zu lassen. Wer mit einem Schiff oder Flugzeug in Kalifornien einreist, darf solche Waren nicht mit sich führen. Ebenfalls gibt es an den großen Straßen in die Nachbarstaaten insgesamt 16 Kontrollstationen der Landwirtschaftsbehörde (*Agricultural Inspection Station*), die Lebensmittelkontrollen durchführen.

Neben Oregon und Washington ist Kalifornien auch der US-Bundesstaat mit der größten **forstwirtschaftlichen** Bedeutung. Insgesamt bedecken die pazifischen Wälder knapp 87 Mio. ha und stellen damit mit 29 % den Löwenanteil aller forstwirtschaftlichen Nutzflächen in den USA. Da hier außerdem die Bäume besonders hoch wachsen und voluminös sind, bergen diese Wälder sogar 33 % der gesamten Holzvorräte der Union. Andererseits wird dieses Potenzial wegen der schwierigen topografischen Bedingungen nur zu 15 % genutzt, was weit unter dem US-Durchschnitt liegt. Im Gegensatz zum Osten, dessen Laubwälder vorwiegend harte Nutzhölzer für die Bau- und Möbelindustrie liefern, wandern die Nadelhölzer des Westens hauptsächlich in die Zellulose- und Papierindustrie.

Die Forstwirtschaft ist überwiegend auf den Nordteil des Bundesstaates konzentriert. Dort stehen einer möglichen Ausweitung des Holzeinschlages allerdings mehrere Faktoren entgegen. Zwar sind die Wälder nur selten in privater Hand, sondern fast ausschließlich Staatswälder und Forste der Holzindustrie. Andererseits aber sind riesige Areale in Nationalparks geschützt und können forstwirtschaftlich kaum genutzt werden. Außerdem verhindern Auseinandersetzungen mit Naturschützern einen noch tiefergehenden Kahlschlag. Insgesamt sind die Aktivitäten der Holzindustrie also rückläufig; in verschiedenen Gemeinden und beim Berufsstand der Holzfäller hat das zu einer ähnlichen Krisenstimmung geführt, wie es sie in der Landwirtschaft bei den Farmern gibt.

Angesichts der langen kalifornischen Küste ist verständlich, dass der **Fischerei** ein wichtiger Stellenwert zukommt, zumal die Fischanlandungen am Pazifik größer geworden sind und die Fänge im Vergleich zur atlantischen Küste ständig steigende Werte bringen. Dies vor allem, weil man in Kalifornien (wie in Washington und Alaska) vorherrschend teure Arten wie Lachs, Garnelen, Hummer und Krabben anlandet. Ein weiterer Aktivposten ist die Thunfischjagd, die u.a. in San Diego betrieben wird. Demgegenüber ist die Bedeutung anderer Fischarten zurückgegangen. Die einstmals übermächtige Sardinenfischerei (Monterey) wurde durch das Ausbleiben der Sardinenschwärme vernichtet; die von Heilbutt und Makrelen litt unter der Überfischung der nordpazifischen Gewässer. Eine Gesundung der Bestände erhofft man sich von den stark heruntergesetzten Fangquoten.

Bergbau und Industrie

Im Gegensatz zum oft vorherrschenden Eindruck einer weitgehend naturbelassenen Landschaft ist Kalifornien auch ein hochentwickelter Industriestandort mit einer inzwischen langen Tradition. Bereits die Indianer kannten die Metallverarbeitung, und die **Bodenschätze**, die es in den verschiedensten Landesteilen gab und gibt, konnten von den weißen Pionieren schon im 19. Jh. intensiv ausgebeutet werden. Ihnen kam entgegen, dass die großen Wälder für das nötige Baumaterial sorgten und dass die Flüsse nicht

Goldene Vergangenheit

nur vorzügliche Transportwege boten, sondern auch ein großes Potenzial an Energie, nutzbar in der Anfangsphase für Mühlen, später dann immer mehr zur Stromerzeugung. Die ersten Bodenschätze, die im Westen der USA gefördert wurden, waren die reichen Lagerstätten an Mineralien und Metallen, die zur Mitte des 19. Jh. durch den *Gold Rush* von Kalifornien für weltweites Aufsehen sorgten. Heute erinnern nurmehr *Ghost towns* an die turbulenten Zeiten der Vergangenheit, als Kalifornien in der Förderung von Gold und Silber führend war.

Zwar ist der Westen der Vereinigten Staaten überproportional daran beteiligt, dass die USA in der Produktion von Uran, Kupfer, Kohle, Blei und Phosphat die globale Rangliste anführen, doch ist hier Kalifornien gegenüber den Bundesstaaten Arizona, Colorado, Idaho, Montana, Nevada, New Mexico und Wyoming klar benachteiligt. Immerhin können mehrere Mineralien wie z.B. Borax (im Death Valley und anderswo), Quecksilber, Mangan oder Blei aus kalifornischem Boden geholt werden. Und bereits seit Anfang des 20. Jh. wird in Südkalifornien **Erdöl** und **Erdgas** gefördert und in den Raffinerien bzw. petrochemischen Anlagen verarbeitet – u.a. im Großraum L.A. und bei Bakersfield. Inzwischen ist klar, dass es auch weiter nördlich Erdöl zu fördern gäbe, doch wurden in den letzten Jahren Bohrungen etwa bei Fort Bragg oder Mendocino aus Gründen des Umweltschutzes verhindert.

Als **Industrienation** stellen die USA etwa ein Drittel der weltweiten Produktion. Ihr alter Standort – der als *Manufacturing Belt* bezeichnete Gürtel zwischen Atlantik und unteren Großen Seen – ist inzwischen aber längst nicht mehr das alleinige industrielle Standbein der Staaten und musste vor allem auch durch die Krise des Automobilbaus 2008-09 einen weiteren Bedeutungsverlust hinnehmen. In dem Maße, in dem die Industriezweige der Elektronik und Feinmechanik wuchsen, wurde auch der Westen und hier vor allem Kalifornien für das Bruttoinlandsprodukt immer wichtiger. Insbesondere ab den 1970er Jahren, als die Branchen der Halbleiter- und Computerproduktion ungeheure Steigerungsraten erfuhren, avancierte das kalifornische **Silicon Valley** zur bedeutendsten Hightech-Konzentration in der Welt (S. 372). Die Krisen der Jahre 1985 und 2000, hervorgerufen durch den Preissturz bei der japanischen Konkurrenz bzw. dem sog. Dotcom-Crash und jeweils begleitet von Massenentlassungen, konnte man durch Gesundschrumpfen meistern. Noch 2005-07 konnten Firmen wie Ebay, Google, Intel, IBM oder Hewlett-Packard Milliardengewinne einfahren und wurden im Silicon Valley Umsätze von über 360 Mrd. Dollar gemacht. Inzwischen hat aber die Wirtschaftskrise auch diesen bedeutenden Zweig der kalifornischen Ökonomie eingeholt. Ansonsten werden in Kalifornien u.a. Nutzfahrzeuge, Flugzeuge, Raumfahrt-Bau-

Im Intel Museum in Santa Clara

teile und Maschinen hergestellt. Und schließlich ist allein der Bundesstaat Kalifornien einer der größten Waffenproduzenten und -exporteure der Welt!

Ein Wirtschaftszweig ganz anderer Art ist die sog. **Entertainment Industry**, die allein in Los Angeles 300.000 Arbeitsplätze stellt. Darunter darf man aber nicht nur die Hollywood-Filmindustrie verstehen, sondern auch die Produktion von Schallplatten und CDs, Videos und Fernsehserien – ein ständig prosperierender Markt, in dem sich neben den Giganten der Unterhaltungsbranche unzählige kleine, unabhängige Firmen tummeln.

Wirtschaftskraft der Unterhaltungsindustrie

Energie und Umweltschutz

Nicht nur in der Energiegewinnung, sondern leider auch im **Pro-Kopf-Verbrauch** nehmen die USA eine Spitzenstellung ein. Trotz eines inzwischen veränderten Bewusstseins trägt der amerikanische Lebensstil weitgehend zum hohen Verbrauch bei und muss als **Energieverschwendung** bezeichnet werden. Derzeit sind die Vereinigten Staaten mit 5.430 Mio. t energiebedingter Kohlendioxid-Emission der weltweit größte Umweltsünder (Vergleich: Deutschland 1.030 Mio. t; Frankreich 400 Mio. t). Die Amerikaner stellen 5% der Weltbevölkerung, sind aber mit 25% am globalen Energieverbrauch beteiligt. Der Wert von 12.1000 verbrauchter Kilowatt pro Einwohner ist ebenso wie die ca. 19,9 t **Kohlendioxid-Ausstoß** pro US-Amerikaner und Jahr doppelt so hoch wie in Europa (und 19mal so hoch wie in Indien)! Der **Benzinverbrauch** ist mit 1.740 l pro Einwohner und Jahr (Deutschland: 530 l) einfach zu hoch, was u.a. daran liegt, dass lange Zeit fast die Hälfte der neu zugelassenen Fahrzeuge Geländewagen und Pickups waren. Erst mit der Explosion der Benzinpreise wuchs das Interesse an kleineren, benzinsparenderen Autos und verschärfte die Krise der amerikanischen Autohersteller. Eine ähnlich schlimme Umweltbilanz betrifft den **Wasserverbrauch**: 295 l gönnen sich die Amerikaner pro Tag, im Vergleich dazu nehmen sich die 129 l Wasser pro Tag der auch nicht gerade sparsamen Deutschen sehr bescheiden aus.

Andererseits spielt **Umweltschutz** in Vergangenheit und Gegenwart durchaus eine große Rolle in den USA, insbesondere in Kalifornien. Seltsamerweise war es gerade der republikanische Ex-Gouverneur *Schwarzenegger*, der diese grüne Politik weiterführte und stärkte. Noch während des Wahlkampfes 2003 wurde er oft von Umweltschützern angegriffen, die natürlich seine Schwäche für schwere, benzinschluckende Geländewagen kannten. In der praktischen Politik zeigte sich dann aber, dass Schwarzeneggers umweltpolitisches Programm, mit dem er in starkem Gegensatz zur Umweltpolitik des damaligen Präsidenten *Bush* stand, nach und nach umgesetzt wurde. U.a. wurden von Schwarzenegger entscheidende Schritte zum Einsatz von Wasserstoff-Brennstoffzellen bei Autos getan, ebenso wie der CO_2-Ausstoß bei Industrie und Kraftfahrzeugen schrittweise, aber deutlich verringert werden soll – gegen den Widerstand der Automobilindustrie. Sein Clean-Air-Programm zur Eindämmung der **Luftverschmutzung** ist das weitest gehende in den Vereinigten Staaten, und auch beim Küstenschutz hat sich Schwarzenegger klar gegen jede weitere Erdölsuche und -förderung vor der kalifornischen Küste ausgesprochen. Bereits 2005 hatte der damalige Gouverneur eine Verordnung unterzeichnet, die verbindliche Zielwerte zur Reduzierung der Treibhausgase in

Vorreiter beim Umweltschutz

Kalifornien festlegte – getreu dem Kyoto-Protokoll, das von der US-Regierung ja nicht ratifiziert wurde. Danach sollten bis 2010 die Treibhausgas-Emissionen in Kalifornien auf das Niveau des Jahres 2000 und bis 2020 auf das von 1990 reduziert, 2050 dürfen die Emissionswerte schließlich noch 20 % von denen im Jahr 1990 betragen.

Förderung erneuerbarer Energien

Außerdem setzte sich Schwarzenegger massiv für die Förderung erneuerbarer Energien in Kalifornien ein und ebnete den Weg für ein Förderprogramm, das stark an das deutsche Erneuerbare-Energien-Gesetz erinnert. Seit 2005 soll mindestens die Hälfte aller Neubauten mit Sonnenzellen zur Eigenversorgung ausgerüstet werden, außerdem soll der Ausbau von Windfarmen ebenso vorangetrieben werden wie die stärkere Nutzung geothermaler Energiequellen. Heute soll ein Fünftel des kalifornischen Stroms aus erneuerbaren Energiequellen stammen, was in den folgenden zehn Jahren sogar auf 33 % gesteigert werden soll. Schwarzeneggers erklärtes Ziel war es, Kalifornien auf dem globalen Spitzenplatz in der Entwicklung von Umweltverkehrstechniken und alternativen Treibstoffen zu etablieren. Bereits jetzt ist der Bundesstaat in vielerlei Hinsicht „grün":

- Nirgendwo sonst in der Welt drehen sich so viele Windmühlen zur Energiegewinnung oder gibt es so viele „Sonnenfarmen".
- Das *Electric Power Research Institute* (EPRI) in Palo Alto ist das führende Forschungsinstitut in der Welt.
- Das geothermische Kraftwerk The Geysers bei San Francisco ist das weltweit größte.
- Das Kohlekraftwerk Cool Water nahe Barstow in der Mojave-Wüste ist das modernste und umweltfreundlichste, das es gibt.
- Ebenfalls zählen die acht Solarkraftwerke an drei Standorten an der I-40 bei Dagget zum innovativsten und fortschrittlichsten weltweit.

Seit 2009 fand Schwarzeneggers Umweltpolitik die Unterstützung des neuen Präsidenten *Barack Obama*, der die konservative Linie von Präsident *George W. Bush* nicht weiter verfolgt und eine Stärkung des Umweltschutzes vorsieht.

Tourismus

Der Tourismus besitzt einen ständig wachsenden Stellenwert in den USA, wo neben Florida besonders der Südwesten und die pazifische Küstenregion zu den Spitzenreitern zählen. In den Zeiten der Wirtschaftsflaute, als es Einbrüche vor allem im industriellen Sektor gab und selbst der Dienstleistungssektor stagnierte, konnte allein die Tourismusbranche zulegen. Sie profitierte Anfang der **1990er** Jahre vom niedrigen Dollarkurs, durch den viele ausländische Besucher angelockt wurden. Einen ähnlichen Effekt hatte zum Ende des Jahrhunderts der Preiskampf der Airlines, der Tickets in die USA plötzlich für jedermann erschwinglich werden ließ. Dass aber auch dieser Sektor von anderen Entwicklungen negativ beeinflusst werden kann, zeigte sich zu Beginn des neuen Jahrtausends: zunächst brachte die ungünstige Entwicklung des Dollar-Umtauschkurses für den Euro dem transatlantischen Fremdenverkehr erhebliche Einbußen, gefolgt von den Terroranschlägen im Jahre **2001** und dem Irak-Krieg von **2003**, der besorgte Naturen von einem Amerika-Besuch abhielt. Dies änderte sich schlagartig, als der Dollar Anfang 2008 von Rekordtief zu Rekordtief trudelte, verstärkt noch durch die Finanzkrise. Nie waren für europäische Touristen die USA günstiger, was diese mit stark steigenden Besucherzahlen honorierten. Allein aus Deutschland reisten in dieser Saison 1½ Millionen Gäste über den Atlantik, auf dem Weg zu einem recht preisgünstigen Urlaub, auf der Suche nach Schnäppchen oder sogar zu einer Shoppingtour auf dem Immobilienmarkt. Auch in der Saison 2009/2010 hielten die hohen Besucherzahlen an.

Günstige Wechselkurse

Für Kalifornien ist der Fremdenverkehr mit insgesamt rund 900.000 Arbeitsplätzen und alljährlich über 50 Mio. Besuchern eine der Top-Branchen, für die außerdem in absehbarer Zeit kein Ende des Booms abzusehen ist. Das betrifft sowohl den internationalen Tourismus als auch den inneramerikanischen Reiseverkehr – für US-Bürger ist Kalifornien die Lieblings-Destination –, der seinen Höhepunkt in den Sommerferien und als Naherholungsverkehr an Wochenenden hat, seit den 1950er Jahren aber auch zunehmend vom Wintersport profitiert. Zu den ganzjährig warmen Gebieten, die vor allem auch ältere Menschen nach Südkalifornien locken (mit großen Auswirkungen auf den Immobilienmarkt), üben die Nationalparks, Seen und Berge hier die größte Anziehungskraft aus. Überhaupt ist im gesamten Reisegebiet der Tourismus vor allem für die kleinen, günstig gelegenen Orte (z.B. Palm Springs) von entscheidender wirtschaftlicher Bedeutung. Aber auch einige Großstädte können aufgrund ihrer allgemeinen Popularität (z.B. San Francisco) oder wegen bestimmter Attraktionen (z.B. Los Angeles) vom ganzjährigen Fremdenverkehr profitieren.

Daneben tritt eine steigende Bedeutung des Messe- und Kongresstourismus. Auch die Zahlen der ausländischen Besucher sind seit Jahrzehnten steigend. Neben dem grenzüberschreitenden Nahverkehr von Mexikanern (ca. 6 Mio.) und Kanadiern (1,5 Mio.) und sind es besonders Japaner (1,6 Mio.), Briten und Deutsche, die den Löwenanteil der Kalifornien-Besucher stellen.

Die Statistik verrät auch, welche unterschiedlichen Attraktionen im Golden State die meisten Touristen anziehen. Bei den **Vergnügungs-** und **Themenparks** liegt Disneyland in Anaheim mit 14,9 Mio. Besuchern klar an erster Stelle, es folgen die Universal Studios Hollywood, Sea World San Diego, Knott's Berry Farm und Six Flags Magic Mountain. Und bei den **Nationalparks** ist Yosemite weit vorne, der alljährlich von über 3,4 Mio. Menschen aufgesucht wird. Es folgen die Nationalparks Point Reyes (2,3 Mio.), Sequoia (1,5 Mio.), Lassen Volcanic (1,2 Mio.), Joshua Tree (1,2 Mio.), Death Valley (1,1 Mio.) und Redwood (430.000).

Rancho Las Palmas Resort & Spa in Rancho Mirage bei Palm Springs

2. KALIFORNIEN ALS REISEZIEL

Allgemeine Reisetipps A–Z

 Hinweis

In den **Allgemeinen Reisetipps** finden Sie - alphabetisch geordnet - reisepraktische Hinweise für die Vorbereitung Ihrer Reise und für Ihren Aufenthalt in Kalifornien. In den Kapiteln 3-5 finden Sie dann bei den jeweiligen Orten und Routenbeschreibungen detailliert Auskunft über Infostellen, Sehenswürdigkeiten, Adressen und Öffnungszeiten, Unterkünfte, Essen und Trinken, Verkehrsmittel, Einkaufen und Sportmöglichkeiten.

Abkürzungen	62		**M**aßeinheiten	89
Alkohol	62			
Anreise siehe Einreise und Flüge			**N**ationalparks	90
Auto fahren	63		Notfall/Unfall/Notruf	92
Automobilclub	65			
Autovermietung	65		**Ö**ffnungszeiten	92
Banken und Wechselstuben	68		**P**ost	92
Behinderte	68		Preisermäßigungen	93
Benzin / Tankstellen	68			
Busse	68		**R**auchen	94
			Reisezeit	94
Camper/Motorhomes	69		Restaurants	95
Camping	71			
			Sicherheit	96
Diplomatische Vertretungen	72		Sport	97
			Sprache	99
Einreise	74		Strände	100
Essen und Trinken	75		Strom	101
Fahrrad fahren	78		**T**elekommunikation	101
Feiertage und Events	79		Trinkgeld	103
Flüge	82			
Fotografieren	83		**U**nterkunft	104
Geld/Geldumtausch/			**V**ersicherung	108
Zahlungsmittel	83		Visum	108
Gesundheit	85			
			Zeit	108
Informationen	87		Zoll	109
			Züge	109
Kartenmaterial	87			
Kinder	88			
Kleidung	88			

Abkürzungen

Häufige Abkürzungen, die in Kalifornien (etwa in Broschüren, auf Landkarten, Straßenschildern usw.) und in diesem Buch gebraucht werden:

a.m.: ante meridiem (vormittags)
ATM: Automatic Teller Machine (Geldautomat)
Ave.: Avenue
Bldg.: Building
Blvd.: Boulevard
CA: California
Cr.: Creek (Bach)
Dept.: Department
Dr: Drive
E: East
Ft.: Fort
Fwy.: Freeway
Hwy.: Highway
I: Interstate (oder Island)
Ln.: Lane
N: North
ID: Identification (Personalausweis etc.)
Ind.Res.: Indian Reservation
mph: miles per hour
Mt., Mtn.: Mountain
Mts.: Mountains
Nat'l.Rec.A. (NRA): National Recreation Area
Nat'l.For.: National Forest
NM: National Monument
NP: National Park
Pk.: Peak
Plgd: Playground
p.m.: post meridiem (nachmittags)
Rd.: Road
Res.: Reservoir (Stausee)
RV: Recreational Vehicle (Wohn- und Freizeitmobil)
RV Park: Recreational Vehicles Park (Wohnmobilabstellplatz)
S: South
St.: Street
W: West

Alkohol

Der Verkauf und Ausschank von Spirituosen ist in den USA bundesstaatlich geregelt. In Kalifornien liegt das Mindestalter für Alkoholkonsum bei 21 Jahren. Dies wird streng eingehalten, und selbst weitaus Ältere müssen damit rechnen, vor dem Ausschank oder sogar vor dem Betreten des Lokals ihren Ausweis vorzeigen zu müssen („*We I.D. you!*"). In der Öffentlichkeit ist der Konsum von Alkoholika (einschließlich Bier) verboten, eine Vorschrift, an die man sich auch halten sollte, da andernfalls mit einem Bußgeld zu rechnen ist. Zur Vermeidung von Missverständnissen empfiehlt es sich daher, gekaufte Dosen und Flaschen in den Papiertüten (*brown bagging*) zu lassen, in denen man die erstandene Ware eingepackt hat. Bier und Wein bekommt man in Supermärkten und Geschäften, stärkere Spirituosen in den **Liquor Stores**. Inzwischen verfügen aber viele Drugstores, Supermärkte und kleine Läden ebenfalls über eine Lizenz für den Verkauf von Alkohol. In Cafés und Rasthäusern entlang der Highways werden nur selten Alkoholika ausgeschenkt, aber auch nicht alle Restaurants und Hotels besitzen eine volle Alkohollizenz (d.h. Lizenz für Alkoholika über 17 % bzw. 20 % Alkoholgehalt) – diese sind mit *fully licensed* gekennzeichnet.

 Tipp

Falls man abends noch ein Bier oder einen Wein trinken möchte, ist es ratsam, bei Überlandfahrten – vor allem beim Besuch der großen Nationalparks – einen kleinen Vorrat bei sich zu haben. Eis zum Kühlen findet man in fast allen Hotels.

Auto fahren

Jedem, der zum ersten Mal in den USA weilt, werden im Vergleich zu Europa sofort bestimmte Unterschiede im Straßenverkehr auffallen: etwa dass man durchgängig entspannter, langsamer, weniger hektisch und Fußgängern gegenüber freundlicher fährt. Gleichzeitig aber sind viele Amerikaner unaufmerksam und auch ziemlich stur, wenn man auf ihre Spur einwechseln möchte. Am besten fährt man auf dem Highway, wenn man sich dem Verkehrsfluss anpasst. Bei drei- oder mehrspurigen Bahnen ist die zweite Spur von rechts stets am unverfänglichsten, während die rechte oft (und manchmal ziemlich unvermittelt!) zur Rechtsabbiegerspur wird (*this lane must turn right*). Diverse Straßen, vor allem aber Brücken, Tunnels und ähnliches, sind in den USA mautpflichtig.

- **Geschwindigkeitsbeschränkungen**: Seit 1995 gibt es in den USA anstelle eines landesweiten Tempolimits von 55 Meilen auf Autobahnen je nach Bundesstaat unterschiedliche Regelungen. In Kalifornien beträgt die Höchstgeschwindigkeit auf den Interstate Highways 70 mph (113 km/h). Auf Freeways und Landstraßen sind 45 mph (72 km/h) erlaubt, in der Stadt und innerhalb geschlossener Ortschaften 35 mph (56 km/h), in reinen Wohngebieten 20 mph (32 km/h) und vor Schulen, Altenheimen oder Krankenhäusern oft nur 15 mph (24 km/h). Wo Geschwindigkeitsbegrenzungen bestehen, werden diese meist auch beachtet. Neuerdings gibt es jedoch auch in den Staaten immer häufiger Raser – vor allem dort, wo mittelamerikanische Einwanderer andere Sitten kennen und ein anderes Temperament besitzen. Dem Übertreter winken deftige Geldstrafen, zahlbar cash an Ort und Stelle. Die Radarkontrollen der Polizei dürfen allerdings nicht versteckt sein – der Verkehrsteilnehmer muss den Polizeiwagen sehen können.
- **Verkehrsregeln**
1. Generell gilt **rechts vor links**. Steht an Kreuzungen an jeder Ecke ein Stopp-Schild, gilt die Regel, dass der als erster fahren kann, der zuerst an der Kreuzung gehalten hat.
2. Im Schulbereich gelten stark herabgesetzte Höchstgeschwindigkeiten. An **Schulbussen** mit blinkender Warnanlage darf nicht vorbeigefahren werden, auch nicht auf der Gegenspur.
3. In Amerika stehen die Ampeln hinter der Kreuzung. Sofern kein Fahrzeug behindert wird, ist bei rotem Ampellicht das **Rechtsabbiegen** generell erlaubt, es sei denn, es wird mit Hinweisen wie *No right turn*, *No right on red* bzw. *Right turn only at green arrow* die Ausnahme von der Regel angezeigt.
4. Auf einer mehrspurigen Straße ist das **Rechts-Überholen** erlaubt.
5. Vor Bergkuppen, an Kreuzungen und in Kurven darf nicht überholt werden.
6. In der Morgen- und Abenddämmerung, bei diesigem Wetter und auf den langen Überlandstraßen mit Gegenverkehr muss mit **Abblendlicht** gefahren werden.
7. Die **Polizei** fordert einen zum Anhalten auf, indem sie mit Blaulicht und Sirene hinter und nicht vor einem fährt. Man sollte dann zur Seite fahren, den Motor abstellen und keine überhasteten Bewegungen machen. Man sollte erst dann aussteigen, wenn der Polizeibeamte dazu auffordert; in jedem Fall sollte man freundlich und sachlich bleiben, Diskussionen haben sowieso keinen Sinn.
- **Park- und Haltevorschriften**: Strikt sollten die Einschränkungen fürs Parken beachtet werden. Zu einem saftigen Strafzettel oder zum rigorosen Abschleppen führt das Parken vor Hydranten, Feuerwehrausfahrten, an Bushaltestellen sowie in *Towaway Zones* und im Bereich eines *No Parking* oder *No Stopping or Standing*-Schildes. Falls der Wagen abgeschleppt wurde, wendet man sich an das nächstgelegene District Police Dept., nach der Zahlung einer Strafe von mindestens US$ 250 kann man seinen Wagen anschließend bei der Abschleppfirma abholen.

Die **Farbe des Randsteines** gibt Aufschluss darüber, ob und wie lange man parken/ halten darf:

roter Randstein	= absolutes Halteverbot
gelber Randstein	= Ladezone für Pkw (30 Minuten) mit entsprechender Plakette; zwischen 18 und 7 Uhr sowie sonntags darf hier geparkt werden
gelb/schwarzer Randstein	= Ladezone für Lkw (30 Minuten) mit entsprechender Plakette; zwischen 18 und 7 Uhr sowie sonntags darf hier geparkt werden
weißer Randstein	= 5-minütiges Halten während der Geschäftszeiten erlaubt
grüner Randstein	= von 9-18 Uhr Parken für 10 Minuten erlaubt
blauer Randstein	= Parken nur für Behinderte erlaubt; entsprechender Nachweis erforderlich
grün/gelb/schwarzer Randstein	= Taxi-Zone

Parkuhren schlucken Nickels, Dimes und Quarters, das Überschreiten der Parkzeit kostet mindestens US$ 30 Strafe. Im Vergleich dazu sind Parkhäuser die billigere Alternative. Für eine Stunde zahlt man durchschnittlich US$ 2–6, für den ganzen Tag US$ 15–40.

- **Verkehrsschilder**: Häufiger tragen Schilder Worte als Symbole und Farben signalisieren zudem, um welche Art von Regel es sich grundsätzlich handelt.

Gelb: Warnung (Kurvengeschwindigkeit, Kreuzung etc.)
Weiß: Gebot (Höchstgeschwindigkeit, vorgeschriebene Fahrtrichtung, Abbiegeverbot etc.)
Braun: Hinweise (Sehenswürdigkeiten, Naturparks etc.)

Grün: Hinweise, z.B. nächste Ausfahrten oder Entfernungen
Blau: Hinweis auf offizielle und Serviceeinrichtungen (Rastplätze, Tankstellen etc.)

Vielfach erfolgen Warnungen nicht in Symbol-, sondern in Schriftform:

Yield - Vorfahrt achten
Stop - Halt
Speed Limit/Maximum Speed - Höchstgeschwindigkeit
MPH - Miles per hour (Meilen pro Stunde; 1 mi = 1,6 km)
Dead End - Sackgasse
Merge - Einfädeln, die Spuren laufen zusammen
No U-Turn - Wenden verboten
No Passing/Do not pass - Überholverbot

Road Construction (next ... miles) oder Men working - Baustelle auf den nächsten ... km
Detour - Umleitung
Alt Route - Alternative Route oder Umleitungsstrecke
RV - Recreation Van (alle Arten von Wohnmobilen, Campern)
Railroad X-ing (= Crossing) - Bahnübergang
Ped X-ing - Fußgängerüberweg

- **Führerschein**: Für die Dauer von einem Jahr wird in den USA bei Westeuropäern der nationale Führerschein akzeptiert, dies gilt in der Regel auch für Mietwagen oder Autoüberführungen. Um allen Eventualitäten aus dem Wege zu gehen, sollte man sich aber einen Internationalen Führerschein besorgen, den die zuständigen Behörden daheim ausstellen.
- **Pannenhilfe**: Notrufsäulen (*Call Boxes*) sind in den USA noch wenig verbreitet. Wer mit einem Mietwagen unterwegs ist, sollte im Falle einer Panne zunächst den Autovermieter verständigen und dessen Instruktionen befolgen. Ansonsten wende man sich an die Polizei oder Highway Patrol. Ist das Fahrzeug noch fahrtüchtig, sollte man sich notfalls aus den Yellow Pages die nächste Werkstatt heraussuchen; man findet sie unter *Automobile Repairing & Service*. Mitglieder einiger europäischer Automobilklubs können Dienstleistungen, wie Abschleppen oder Reparatur, der AAA kostenlos in Anspruch nehmen (Mitgliedsausweis nicht vergessen!), für Nicht-Mitglieder kann dies ziemlich teuer werden.

Automobilclub

Der größte amerikanische Automobilclub heißt **American Automobile Association**, abgekürzt AAA oder Triple A. Im Falle einer Panne hilft der AAA dem ausländischen Touristen vor allem dann, wenn er Mitglied eines assoziierten heimischen Automobilclubs ist (z.B. ADAC, AvD, TCS oder ÖAMTC; Mitgliedsausweis nicht vergessen!). Über die gebührenfreie Telefonnummer 1-888-222-1373 erhalten Sie in deutscher Sprache Hinweise auf die nächste AAA-Pannenhilfe. Bei den AAA-Hauptniederlassungen und Geschäftsstellen, die es in jeder größeren Stadt gibt, bekommt man ausgezeichnetes Kartenmaterial, Verzeichnisse von Zelt- und Campingplätzen, exzellente Routenbeschreibungen und eine Liste mit zuverlässigen Kfz-Werkstätten. Besonders informativ sind die alljährlich neu aufgelegten Handbücher über die einzelnen US-Bundesstaaten, die Sehenswürdigkeiten, Hotels, Restaurants u. a. im Überblick bringen. Informationsmaterial wird jedoch nicht nach Europa verschickt. Lokale AAA-Adressen findet man im Internet unter www.aaa.com.

Autovermietung

Die Erkundung Kaliforniens mit einem gemieteten Wagen ist die wohl üblichste Reiseart der in- und ausländischen Touristen. Bei der grundsätzlichen Frage, ob man den Mietwagen oder das Campmobil vorziehen soll, spricht für den Mietwagen der geringere Benzinverbrauch, die größere Beweglichkeit (vor allem auch im innerstädtischen Bereich) und – sofern man in den billigen Motels oder auf Zeltplätzen übernachtet – sogar ein günstigerer Gesamtpreis. Letztendlich ist es aber die jeweils grundverschiedene Art des Reisens, die den Ausschlag gibt.

Die Preise der Automieten sind von der Größe des Fahrzeuges, der Mietdauer und besonderer Vereinbarungen (Meilenlimitierung, Einwegmiete etc.) abhängig. Die Fahrzeugflotten der großen Verleihfirmen haben eine breit gefächerte und immer neuwertige Angebotspalette. Die häufigsten Typen sind hier:

Subcompact (SC):	Kleinwagen (z.B. Chevrolet Aveo)
Economy (E):	untere Mittelklasse (z.B. Hyundai Accent)
Compact (C):	Mittelklasse (z.B. Chevrolet Cobalt)
Intermediate (M):	obere Mittelklasse (z.B. Pontiac G6)
Full size (F):	Oberklasse (z.B. Pontiac Grand Prix)
Station Wagon (SW):	Kombiwagen (z.B. Kia Sportage)
Van (V):	Kleinbus; 7 Sitzplätze (z.B. Dodge Grand Caravan)

Zusätzlich gibt es noch Luxury-Class (Luxuswagen), Cabriolets und Allradfahrzeuge. Für diese Typen werden z.T. andere Bezeichnungen oder Kürzel benutzt, daneben haben die größeren Anbieter noch weitere Kategorien im Programm. Alle Mietwagen sind ausgestattet mit Automatik und Radio, oft auch mit Klimaanlage, Tempostat und elektrischen Fensterhebern. Falls man **Automatikwagen** nicht gewohnt ist, muss man daran denken, auf keinen Fall zu „kuppeln", denn die Fußbewegung könnte das Bremspedal treffen. Man stellt zum Start das Automatikgetriebe auf D (= Drive), und löst die Handbremse. Bei mittleren Steigungen kann man während der Fahrt auf Stufe 2, bei steilen Steigungen auf Stufe 1 umschalten. Zum Anhalten stellt man auf Stufe P (= Parking), nur in dieser Stufe kann der Zündschlüssel abgezogen werden. Die Kürzel N und R stehen für den Leerlauf und den Rückwärtsgang. Zum Beschleunigen, etwa im Überholvorgang, tritt man das Gaspedal ganz hinunter (kick down), damit das Getriebe automatisch in den nächstunteren Gang schaltet.

Bei feststehenden Terminen für eine längere Mietdauer ist es empfehlenswert, den entsprechenden Wagen schon im Heimatland zu buchen, und zwar zusammen mit dem Flug und/oder der Unterkunft. Erstens kommen dabei günstigere Tarife zur Anwendung, zweitens hat man eine Garantie, dass das Auto am Flughafen bereitsteht (auch in der Hochsaison!), und drittens hat man bei evtl. auftauchenden Schwierigkeiten das deutsche Reiserecht auf seiner Seite. Den vom Reisebüro erhaltenen Voucher (Gutschein) legt man dann vor Ort bei der Mietwagenfirma vor.

Die meisten Verleihfirmen verlangen den **internationalen Führerschein** und ein Mindestalter von 21 Jahren, einige berechnen noch einen Zuschlag von ca. US$ 8–15/Tag, wenn der Fahrer zwischen 21 und 25 Jahre alt ist. Ebenfalls wird manchmal für einen zweiten Fahrer eine geringe Gebühr erhoben (US$ 2/Tag oder pauschal US$ 25), die sich erhöht, falls dieser jünger als 25 Jahre ist (US$ 7/Tag). Ohne Kreditkarte ist das Mieten eines Autos in den USA nicht möglich. Auch der Zusatzfahrer sollte im Besitz einer Kreditkarte sein.

Die **großen Anbieter** wie Alamo, Avis, Budget, Hertz und National haben ihre Niederlassungen in fast jeder Stadt und immer in der Nähe der Flughäfen. In Los Angeles und anderen großen Städten werden Sie durch ständig verkehrende und kostenlose Shuttle-Busse zu den Stationen gebracht. Daneben gibt es eine Vielzahl lokaler Anbieter, die manchmal billiger sind; ihre Adressen findet man in den Yellow Pages (*car rental, automobile rentals*) oder den touristischen Werbebroschüren. Auf solche Angebote sollte man aber nur bei einer kurzfristigen Wagenmiete eingehen, etwa für die Besichtigungen in und um Los Angeles. Denn das weiter gespannte Netz der größeren Firmen garantiert im Fall einer Panne die schnellere Bereitstellung eines Ersatzfahrzeuges und ermöglicht vielfach auch Einwegmieten.

> **Hinweis**
>
> Die billigsten Wagenangebote haben übrigens die Rent-A-Wreck-Filialen, bei denen man ältere Autos, die längst nicht immer „Wracks" sind, mieten kann. Die Firma ist derzeit in 15 kalifornischen Städten vertreten, die Anschriften der lokalen Büros finden Sie in den in den Yellow Pages oder unter: Rent-A-Wreck, ① (877) 877-0700; www.rent-a-wreck.com.

Für Europäer etwas verwirrend sind die verschiedenen **Versicherungen**, die man abschließen kann/sollte/muss. Dabei unterscheidet man folgende:

1. **LDW** (Loss Damage Waiver), **CDW** (Collision Damage Waiver): Vollkasko mit Haftungsbefreiung für Schäden am Mietwagen, auch bei Diebstahl. Abschluss dringend empfohlen und meist Pflicht.
2. Zusatzversicherungen zu LDW/CDW:
   - **ALI** (Additional Liability Insurance): Pauschale Erhöhung der Haftpflicht-Deckungssumme (zzt. auf eine bzw. zwei Millionen Dollar).
   - **LIS** (Liability Insurance Supplement): Analog zu ALI, zusätzlich bis zzt. 100.000 Dollar Deckung für Personenschäden (Alamo, Hertz, Dollar) bei unterversicherten Unfallgegnern.
3. **UMP** (Uninsured Motorist Protection): Zusatzversicherung bei Unfall, Verletzung oder Tod durch unterversicherte/flüchtige Unfallgegner.
4. **PAI** (Personal Accident Insurance): Insassenversicherung bei Verletzung oder Tod bis zzt. maximal 250.000 US$ (variiert nach Anbieter)
5. **PEP** (Personal Effects Protection), PEC (Personal Effects Coverage): Gepäckversicherung bis zzt. 600 Dollar (New York: 500 US$) pro Person. Auf 1.800 US$ pro Fahrzeug begrenzt. Nur zusammen mit PAI buchbar. Alle Schäden unterliegen aber einer Selbstbeteiligung.
6. **PERSPRO/CCP** (Carefree Personal Protection): Personen- und Gepäckversicherung, nur USA. Schutz für Mieter und Mitfahrende sowie beim Ein- und Aussteigen. Zudem Deckung für

einige Notfalldienste. Lohnt i.d.R. nicht, da o.g. Versicherungen bzw. die zu Hause abgeschlossene Auslandskranken- u. Gepäckversicherungen diese Fälle abdecken.
7. **VFL** (Vehicle License Fee): Obligatorische Zusatzgebühr für Mietwagen, die in Kalifornien übernommen werden. Deutsche Veranstalter versprechen aber, diese Gebühr im Mietpreis bereits mit einzuschließen.

Grundsätzlich: Folgende Versicherungen sollte man abschließen: CDW/LDW, ALI (bzw. LIS) und PAI. Wichtig ist, dass man sich schon in Europa beim Reisebüro darüber erkundigt, welche Versicherungen man bereits beim Anmieten mitbekommen hat und ob eine Zusatzversicherung überhaupt nötig ist. Leicht versichert man sich doppelt. Und manche Kreditkarten beinhalten auch einige Versicherungen für Mietwagen. I.d.R. muss man den Wagen dann aber mit dieser Karte auch bezahlen.

 Hinweis

Die hier angegebenen Höhen der Deckungssummen können nur als Richtwert angesehen werden. Änderungen treten häufig ein, und jede Mietwagenfirma bietet oft auch weitere Versicherungen an.

Bei einem **Preisvergleich** ist nur der Endpreis maßgebend, der sich auch aus u.a. folgenden Faktoren zusammensetzt:
- Hat der Wagen eine **unbegrenzte Kilometerleistung** (*unlimited mileage*) oder nicht? Da man oft die amerikanischen Entfernungen unterschätzt, ist es unbedingt anzuraten, nur Wagen mit freier Meilenzahl zu nehmen. Sonst wird ein Zuschlag von ca. 30 Cent pro Meile erhoben, der unterm Strich teurer kommt als die höhere Miete für die *unlimited mileage*.
- Welche **Steuern** sind enthalten oder zu entrichten? Die staatlichen Steuern sind obligatorisch und betragen je nach Staat US$ 6–14.
- Welche **Versicherungen** (s. o.) sind im Preis enthalten oder noch zu entrichten? Basis-Versicherungen sind bei den größeren Autovermietern meist im Preis eingeschlossen (sonst ca. US$ 12 pro Tag).
- In **welchen Staaten** gilt die Versicherung? Vor allem bei kleineren Mietwagenfirmen ist man nur in dem Staat versichert, in dem das Auto angemietet wurde.

Weiterhin ist wichtig,
- dass alle Fahrzeuge mit voller Tankfüllung übergeben werden und auch mit gefülltem Tank wieder abgegeben werden müssen,
- dass bei verspäteter Abgabe drastische Kosten auf den Mieter zukommen können,
- dass es besonders billige Wochenend-, Wochen- oder Monatstarife gibt,
- dass je nach Firma und je nach Länge der Strecke für Einwegmieten gar keine Kosten oder Gebühren bis über US$ 600 entstehen,
- dass es im Frühjahr und Herbst für Überführungsstrecken von Küste zu Küste (oder Norden nach Süden) außerordentlich günstige Sondertarife gibt.

Die wichtigsten überregionalen Autovermieter sind (zentrale Reservierungen – gebührenfreie Telefonnummern innerhalb der USA außer Alaska und Hawaii, gelten oft auch für Kanada):
    Alamo Rent-A-Car: 1-877-222-9075; www.alamo.com
    Avis Reservations Center: 1-800-331-1212; www.avis.com
    Budget Rent-A-Car: 1-800-527-0700; www.budget.com
    Dollar Rent-A-Car: 1-800-800-3665; www.dollar.com

Hertz Corporation:	1-800-654-3131; www.hertz.com
National Car Rental:	1-877-222-9058; www.nationalcar.com
Payless-Rent-A-Car:	1-800-729-5377; www.paylesscar.com
Thrifty Rent-A-Car:	1-800-847-4389; www.thrifty.com

Banken und Wechselstuben *s. auch Stichpunkt Geld/Geldumtausch*

Normalerweise sind Banken Mo–Fr 8.30–15 Uhr und an einem Tag (meist Fr) bis 18 Uhr geöffnet, aber es gibt viele Ausnahmen. Über Öffnungszeiten informieren auch die Fremdenverkehrsbüros in den einzelnen Städten. **24-Stunden-Wechselstuben** findet man in den Ankunftshallen der internationalen Flughäfen. In den Großstädten gibt es Wechselstuben, die über die normalen Bankzeiten hinaus geöffnet sind.

Behinderte

Wie überall in den USA sind auch in Kalifornien Verkehrsmittel, Beherbergungsbetriebe und Attraktionen in **vorbildlicher Weise** für Reisende mit Behinderungen tauglich gemacht worden. Auch bei vielen Autovermietern kann man, ein rechtzeitiges Reservieren vorausgesetzt, Wagen bekommen, die auf Rollstuhlfahrer eingestellt sind. Ähnliches gilt für Verleiher von Mobilhomes, die Modelle mit Heberampen und besonders breiten Türen im Angebot haben.

Benzin / Tankstellen

In den USA unterscheidet man neben Diesel zwischen Regular oder Normal (87 Oktan), Plus oder Mid Grade (89 Oktan) und Premium, Super, Supreme (92 Oktan). Die **Preise variieren** stärker als bei uns innerhalb eines Staates und sogar einer Stadt. Trotz erheblichen Preissteigerungen in den letzten Jahren liegt der durchschnittliche Benzinpreis immer noch deutlich unter mitteleuropäischem Niveau. **1 Gallone** des für die meisten Mietwagen ausreichenden Normalbenzins (gas) kostete Anfang 2012 zwischen US$ 3 und 4. Aktuelle Preise unter www.gasbuddy.com.

Selbsttanken ist rund 10 % billiger als der Tankservice, Trinkgelder für den Tankwart sind unüblich. An den meisten Tankstellen gibt es neben Kleinigkeiten zum Essen und Trinken diverses Infomaterial, z.B. Straßenkarten und Ortspläne. Viele verfügen auch über einen kleinen Supermarkt, ebenfalls stehen Toiletten zur Verfügung. Preisgünstig sind im Allgemeinen die Arco-Tankstellen. Fast überall kann man mit Reiseschecks oder Kreditkarten bezahlen, allerdings verlangen einige Tankstellen dann einen höheren Betrag als bei Barzahlung. Bei der Bezahlung mit Kreditkarte muss der ZIP-Code (PLZ) angegeben werden, was bei ausländischen Karten nicht funktioniert. Das kann mit der Eingabe von fünf Nullen (00000) umgangen werden.

Busse

Busreisen sind eine vergleichsweise unkomfortable, aber auch billigere und populäre Alternative zu Flügen und Zugreisen. Landesweit operiert **Greyhound**, dessen Busnetz eigentlich jede Stadt berührt. Die Greyhound-Stationen liegen oft in der Nähe der Bahnhöfe, haben manchmal einen Coffee-Shop, sanitäre Einrichtungen und Schließfächer. Für Verpflegung während der Fahrt wird nicht gesorgt, aber etwa alle 3 Stunden ein längerer Stopp eingelegt, bei dem man in einem Fast-Food-Restaurant einkehren kann. Im Südwesten bedient Greyhound auch die Strecken zu einigen Nationalparks.

Preisgünstiges Busfahren mit der Gesellschaft Greyhound ermöglicht der **Discovery Pass**, den man nur im außeramerikanischen Ausland erwerben kann. Die Pässe werden für 5, 7, 15, 30, 45 oder 60 Tage ausgestellt, können aber an Ort und Stelle verlängert werden und gelten z. T. auch in Kanada. Der Kauf kann sich selbst dann lohnen, wenn man nur eine Teilstrecke (z.B. Portland–Los Angeles) mit dem Bus zurücklegen will.

Weitere Informationen über Routen, Fahrpreise und -pläne sowie Pauschalangebote samt Jugendherbergs-Unterkunft geben die Spezialreisebüros oder erhält man direkt bei **Greyhound Lines of America Inc.**, ① 1-800-231-2222, oder über die Internet-Adresse www.discoverypass.com und hierbei sind auch Direktbuchungen möglich. Infos zu allen weiteren Verbindungen unter www.greyhound.com.

Daneben gibt es etliche lokale und überregionale Busunternehmen (z.B. Continental Trailways) für den Personennahverkehr oder Sightseeing-Ausflüge. Das innerstädtische Busnetz ist oft nur rudimentär. Ausstattung und Komfort der Busse entsprechen nicht immer dem europ. Standard.

Camper/Motorhomes

Überall in Nordamerika, besonders aber in der Weite des Westens, hat sich die Idee durchgesetzt, das Land mit einem voll ausgerüsteten „fahrenden Haus" zu bereisen. Dabei unterscheidet man zwischen Camper(vans) und Motorhomes. Unter **Campervans** versteht man kompakte, 5–6 m lange Fahrzeuge mit eingebautem Herd, Toilette, z.T. Dusche und mindestens zwei Schlafliegen. Diese Autos sind ideal für zwei Erwachsene, evtl. mit Kind oder Zusatzperson. Am günstigsten, aber längst nicht überall zu bekommen, sind die VW-Camper mit ihrem geringen Benzinverbrauch und ausgeklügelten Verstauungssystem. Andere Campervans, z.B. von Ford oder Chevrolet, sind größer, stärker motorisiert und schlucken mehr Sprit.

Motorhomes, auch RV (*recreational vehicle*) abgekürzt, sind fahrende Wohnungen mit Klimaanlage, Warmwasser, Dusche, Toilette, Herd, Kühlschrank und Betten für mindestens 3 Personen. Durch *RV hookups* (das sind Wasser-, Elektrizitäts- und Abwasserverbindungen) können sie auf den Camping-Stellplätzen auch von außen versorgt werden. Das Wasser reicht für ca. drei Tage, Gas für mindestens eine Woche, und der Abwassertank muss etwa alle drei Tage geleert werden. Einige Plätze (RV-Parks) sind ganz auf Wohnmobile eingestellt.

Die einzelnen Motorhome-Typen unterscheidet man nach der Längenangabe in feet (1 foot = 30,5 cm). Die häufigsten sind:

Motorhome	Länge	Breite	Höhe	Frischwassertank	ideale Belegung
18–19 feet	5,50 m	2,25 m	1,93 m	130 l	2 Personen
19–21 feet	5,80 m	2,25 m	1,95 m	130 l	2 ½ Personen
21–23 feet	6,40 m	2,30 m	1,95 m	130 l	3 ½ Personen
23–25 feet	7,00 m	2,30 m	1,95 m	130 l	4 Personen
26–28 feet	7,90 m	2,30 m	1,95 m	170 l	5 Personen

Wie bei normalen Mietwagen ist eine CDW (= Collision Damage Waiver) bzw. LDW (= Loss Damage Waiver) Versicherung im Mietpreis eingeschlossen, wenn Sie über einen guten deutschen Veranstalter buchen, meist auch eine Kfz-Zusatzversicherung mit einer höheren Haftungs-

Allgemeine Reisetipps A–Z

summe. Bestimmte Schäden sind bei Wohnmobilen jedoch von der Haftung der CDW ausgenommen, z. B. Schäden am Dach, am Dachaufbau, an der Inneneinrichtung, am Unterbau, inkl. Reifen und Räder, sowie solche, die durch Rückwärtsfahren oder durch fahrlässiges Handeln herbeigeführt werden. Empfehlenswert ist hier der Abschluss der **Zusatzversicherung VIP**, die die Selbstbeteiligung bei selbstverschuldeten Unfällen, Diebstahl oder Vandalismus auf US$ 100–350 reduziert.

Ob man nun einen Mietwagen oder ein Motorhome (Campervan) mietet, ist letztlich eine Frage der „Weltanschauung", weil jeder Wagentyp eine andere Art des Reisens repräsentiert. Die Vorteile eines Motorhomes sind die, dass man, einmal eingerichtet, keinen Koffer mehr zu packen und kein Zelt aufzubauen hat. Man kann in der freien Natur anhalten und übernachten (in den Nationalparks aber nur auf den dafür vorgesehenen Stellplätzen). Andererseits ist das Leben mit dem Motorhome auch zeitaufwändig: Durch das ständige Kontrollieren und Auffüllen der Tanks, das Saubermachen, die Suche nach geeigneten Stellplätzen und ein allgemein langsameres Vorwärtskommen geht wertvolle Zeit verloren. Hinzu kommt, dass einen die Polizei immer häufiger von den Parkplätzen der Städte vertreibt und dass abgestellte Fahrzeuge zunehmend von Dieben heimgesucht werden.

Hinweis

Wer sich vorab über Modelle, Angebote, Saisonzeiten etc. informieren oder online buchen möchte, kann das u.a. bei folgenden Internet-Adressen tun: www.adventuretouring.com, www.cruiseamerica.com, www.elmonte.com, www.rvamerica.com.

Es ist auch ein Irrtum, dass die Wahl eines Motorhomes **billiger sei** als das Reisen mit dem Mietwagen. Erstens ist der Mietpreis selbst deutlich höher, zweitens schlägt der z.T. enorme Spritverbrauch (20–35 l auf 100 km) zu Buche, und drittens muss man zum Auffüllen bzw. Ablassen von (Ab)wasser etc. regelmäßig zu Campingplätzen mit *RV hookups*. Die Gebühr ist hier ähnlich hoch wie ein mittleres Motelzimmer, das ja ebenfalls mit mehreren Personen belegt werden kann.

Aber, wie gesagt, als Motorhomefahrer reist man anders als mit einem Mietwagen und erfährt hautnah das „Gefühl von Freiheit und Abenteuer". Hat man sich also zur Wahl dieses Verkehrsmittels entschieden, sollte man an eine frühzeitige Buchung über ein heimisches Reisebüro denken, insbesondere wenn man in der Hochsaison reisen will. Eine spontane Wagenmiete in den USA zu günstigeren Preisen ist auch möglich, aber wegen der Ungewissheit, ob ein RV verfügbar ist, nicht ratsam.

Bei der Mobilhome-Miete sind im Vorfeld und an der Mietstation folgende **Überlegungen** und Verhaltensweisen wichtig:
- Man sollte die Route **sorgfältig planen** und daran denken, dass mehr als 200 km Fahrstrecke pro Tag nicht sinnvoll sind.
- Durch eine Terminierung der Reise auf die **Nebensaison** kann man sehr viel Geld an Wagenmiete sparen.
- Die Motorhomes sind großzügig bemessen, aber man sollte nicht deren Kapazität überschätzen, indem man **zu viele Personen** dort unterbringen will. Ein 19/21-feet-Motorhome verträgt zwei Erwachsene mit Kind, aber mehrere Erwachsene sollten eine größere Kategorie (oder zwei kleine Motorhomes) buchen.

- Badehandtücher, Putzlappen und Arbeitshandschuhe (für den Abwasseranschluss) müssen mitgenommen oder nach der Ankunft gekauft werden.
- Die Übernahme erfolgt an der Mietstation zwischen 12 und 15 Uhr. Da die Transatlantikflüge meist abends im Westen landen, ist also eine erste Übernachtung am Zielort notwendig. Auch der nächste Tag wird ausgefüllt sein mit organisatorischen Dingen, Kennenlernen des Wohnmobils und Einkäufen, sodass er noch nicht als eigentlicher Reisetag eingeplant werden darf.
- Bei der **Übernahme** muss zunächst einmal gezahlt werden: ein Ausrüstungspaket (*convenience kit*) mit Schlafsack, Handtüchern, Kochtöpfen etc. (ca. US$ 40–60 p.P.), eine Gebühr für die erste Gasfüllung und Toilettenreinigung (ca. US$ 40–70) und, falls gewünscht, eine Zusatzversicherung. Außerdem muss eine Kaution hinterlegt werden (Kreditkartenabzug über ca. 500 US$.
- Man sollte sich bei der Fahrzeugübergabe alles genau erklären lassen, insbesondere die Systeme der Abwasser- und Wassertanks, die Heizung, Warmwasserzubereitung und den Kühlschrank, die Klimaanlage und Gasversorgung.
- Verschmutzungen oder etwaige **Mängel** (vor allem im Dach- und Bodenbereich) sollten im Vertrag notiert werden, oder man besteht auf einem Ersatzfahrzeug.
- Man sollte es sich von Anfang an gemütlich machen, evtl. sperrige Sachen im Schließfach der Vermietstation lassen und die Reise langsam und ohne Hektik beginnen.
- **Geschwindigkeitsempfehlungen** einhalten und möglichst nicht schneller als 50 mph fahren: Der Benzinverbrauch steigt dann enorm, und Bodenwellen können schlagartig die Ordnung im Wagen zerstören.
- Bei der Abgabe darauf achten, dass man den verabredeten Termin einhält (meist 9–11 Uhr, Verspätungen kosten ca. US$ 30–40/Stunde oder US$ 350/Tag!) und das Fahrzeug besenrein und mit entleerten Tanks zurückgeben (bei Abgabe eines ungereinigten Motorhomes kann eine Gebühr von bis zu US$ 100 fällig werden!).

Camping

In den warmen Monaten ist Camping für viele eine **ideale Unterkunftsart**, bei der man den besten Kontakt zur Natur des Landes hat und außerdem billig reist. Die Campingplätze (*campgrounds*) sind i.d.R. immer sauber und haben sehr große Zelt- und Stellplätze (*campsites*), sind aber höchst unterschiedlich ausgestattet. Vom luxuriösen und teuren Platz mit Sauna, Swimmingpool, Cafeteria etc. bis hin zum kargen und anspruchslosen campground ohne Duschen ist im Westen alles vertreten.

Mit dem Mietwagen zu reisen und zu zelten ist gegenüber dem Wohnmobil sicher die billigere Alternative. Wildes Campen ist jedoch nicht erlaubt. Und im Winter sind viele Campingplätze geschlossen.

Zu den besser ausgestatteten Plätzen gehören die rund 550 Kampgrounds of America (KOA), deren „KOA Directory" man gegen eine Gebühr anfordern kann unter www.koa.com. Alle Plätze sind auch online einsehbar. Die gute Internetseite www.koa.com hat einen Button für „International Guests" mit u. a. deutschsprachigen Seiten. Auf Anfrage erhalten Sie außerdem eine Infobroschüre in deutscher Sprache. Den von KOA herausgegebenen Campingführer gibt es in ausgesuchten europäischen Reisebuchgeschäften. Gute und detaillierte Campingführer halten auch die AAA-Geschäftsstellen bereit (siehe unter „Automobilklub"). Als umfangreichstes und komplettestes Buch über alle Campingplätze gilt Woodall's Campground Directory, das man ebenfalls in gut sortierten mitteleuropäischen Buchhandlungen bekommen kann (www.woodalls.com). Die genannten Werke sind allerdings teurer als in den USA und außerdem stellt sich die Frage auf, ob man solche oder andere „schwergewichtigen" Bücher auf die Reise mitnehmen oder nicht besser in den Vereinigten Staaten kaufen soll. Gleiches gilt übrigens für die gesamte Campingausrüstung: Das Equipment ist in den USA billiger als bei uns, und man kann auf diese Art und Weise Fluggepäck einsparen!

In den **Nationalparks** gibt es parkeigene Campingplätze, die ausnahmslos schön gelegen und großzügig dimensioniert sind. Fast überall gilt das first come, first service-Prinzip. Das bedeutet in der Hochsaison manchmal, dass man bei Misserfolg bei der Suche nach einem freien Stellplatz das Nationalparkgelände wieder verlassen muss.

Man unterscheidet hier zwischen folgenden Plätzen:

- **Typ A:** bezeichnet Campingplätze, die direkten Zugang zur Autostraße haben und auch über Stellplätze für Wohnmobile verfügen. Feuerstellen, Tische und Bänke, Waschbecken und Toiletten (nicht immer aber Duschen) gehören zur Standardausstattung solcher Plätze.
- **Typ B**: bezeichnet nur zu Fuß erreichbare und sehr einfache Plätze, oft nur mit einer Trockentoilette (pit toilet) ausgestattet.

Diplomatische Vertretungen

Bei den diplomatischen Vertretungen der USA, also den Botschaften oder Konsulaten, erhält man u. a. Visaanträge und Auskünfte bezüglich der Einreise bzw. der Aufenthalts- oder Arbeitsbedingungen. Wer in den Staaten seinen Pass, Führerschein oder sonstige wichtige Dokumente verliert oder anderweitig in Schwierigkeiten gerät bzw. Hilfe benötigt, der kann sich im Westen der Vereinigten Staaten an die diplomatische Vertretung seines Landes wenden.
Neben den Botschaften in Washington D.C. unterhalten Deutschland, Österreich und die Schweiz im Westen der USA konsularische Vertretungen.

Botschaften

Die **amerikanischen Botschaften** sind in
- **Deutschland:** Pariser Platz, D-10117 Berlin, ☏ (030) 8305–0, http://german.germany.usembassy.gov. Aktuelle Visainformationen erhalten Sie unter der kostenpflichtigen Telefonnummer 0900 1-850055 (1,86 EUR/min. aus dem dt. Festnetz).
- **Österreich:** Boltzmanngasse 16, A-1090 Wien, ☏ (01) 31339-0; www.usembassy.at. Visainformation und Termine: ☏ 0900-510300 (2,17 EUR/min.). Konsularabteilung: Parkring 12a, 1010 Wien
- **Schweiz:** Sulgeneckstraße 19, CH-3007 Bern, ☏ 031-357 70 11, 0900-878472 (2,50 Fr./min); http://bern.usembassy.gov.

Die Adressen der **ausländischen Botschaften in den USA** sind:
- **Embassy of the Federal Republic of Germany**, 4645 Reservoir Rd. NW, Washington, D.C. 20007-1998, ☏ (202) 298-4000, www.germany.info

Allgemeine Reisetipps A–Z

- **Austrian Embassy**, 3524 International Court NW, Washington, D.C. 20008, ☎ (202) 895-6700, 🖷 895-6750; www.austria.org, im Internet gibt es genauere Infos zu den österreichischen Vertretungen im Ausland unter www.bmeia.gv.at.
- **Swiss Embassy**, 2900 Cathedral Ave. NW, Washington, D.C. 20008-3499, ☎ (202) 745-7900, 🖷 387-2564; www.swissemb.org

Amerikanische Botschaften in anderen Ländern im Internet unter: www.travel.state.gov.

Generalkonsulate der USA

in Deutschland:
- **Frankfurt**: Gießener Str. 30, 60435 Frankfurt am Main, ☎ (069) 7535-0; zuständig für Hessen, Rheinland-Pfalz, Saarland, http://german.frankfurt.usconsulate.gov
- **Hamburg**: Alsteruferr 27–28, 20354 Hamburg, ☎ (040) 41171-100; zuständig für Hamburg, Bremen, Schleswig-Holstein und Niedersachsen; keine Visaabteilung! http://german.hamburg.usconsulate.gov
- **Leipzig**: Wilhelm-Seyffert-Straße 4, 04107 Leipzig, ☎ (0341) 213840; zuständig für die neuen Bundesländer, http://german.leipzig.usconsulate.gov
- **München**: Königinstraße 5, 80539 München, ☎ (089) 28880; zuständig für Bayern, http://german.munich.usconsulate.gov
- **Düsseldorf**: Willi-Becker-Allee 10, 40227 Düsseldorf, ☎ (0211) 788-8927; zuständig für Nordrhein-Westfalen, http://german.duesseldorf.usconsulate.gov

in der Schweiz:
- **Generalkonsulat der USA**, c/o Zurich America Center, Dufourstraße 101, 8008 Zürich; ☎ (043) 4992960
- **U.S. Consular Agency**, Rue Versonnex 7, 1207 Genève, ☎ (022) 8405160

Deutsche Konsulate (Consulate General of the Federal Republic of Germany)
In Kalifornien gibt es Konsulate in 6222 Wilshire Blvd., Suite 500, **Los Angeles**, CA 90048, ☎ (323) 930-2703; www.los-angeles.diplo.de, und 1960 Jackson St., **San Francisco**, CA 94109, ☎ (415) 775-1061, www.san-francisco.diplo.de. Weitere Adressen und Telefonnummern anderer diplomatischer Vertretungen, u. a. Honorarkonsulate in San Diego und Las Vegas, unter www.auswaertiges-amt.de (bei den „Länder- und Reiseinformationen") oder vor Ort in den Yellow Pages unter *Consulates*.

Schweizer Konsulate (Consulate General of Switzerland)
Im Kalifornien gibt es Konsulate in 11766 Wilshire Blvd., Suite 1400, Los Angeles, CA 90025, ☎ (310) 5751145, www.eda.admin.ch/la, und 456 Montgomery St., Suite 1500, San Francisco, CA 94104-1233, ☎ (415) 788-2272, www.eda.admin.ch/sf. Infos zu weiteren Schweizer Vertretungen unter www.eda.admin.ch.

Österreichische Konsulate (Austrian Consulate General)
Für Kalifornien zuständig ist das Generalkonsulat, 11859 Wilshire Blvd., Suite 501, Los Angeles, CA 90025, ☎ (310) 4449310, www.austria-la.org. Ein Honorarkonsulat befindet sich in: 580, California Street, Suite 1500, San Francisco, CA 94104, ☎ (415) 7659576. Infos zu den Botschaften und Konsulaten Österreichs unter www.bmeia.gv.at.

Allgemeine Reisetipps A–Z

Einreise

Für den Neuankömmling gelten folgende **Einreisebestimmungen**:
- Bürger der Bundesrepublik Deutschland, Österreichs und der Schweiz benötigen einen Reisepass, der noch mindestens für die Dauer des Aufenthaltes gültig ist und außerdem maschinenlesbar sein muss – die alten, grünen Reisepässe werden nicht akzeptiert!
- Es ist unbedingt empfehlenswert, rechtzeitig vor der Reise für Kinder einen eigenen, regulären Reisepass (e-Pass) zu beantragen. **Kinderreisepässe** werden zur visumfreien Einreise nur dann anerkannt, wenn sie vor dem 26.10.2006 ausgestellt und ab diesem Datum nicht verlängert wurden und ein Foto enthalten.
- Ein Visum ist nicht erforderlich – solange der Aufenthalt drei Monate nicht überschreitet *(siehe auch unter „Visum")*.

> **!!! Wichtig!**
>
> Seit Anfang 2009 müssen sich Bürger, die ohne Visum in die USA einreisen (auch Kinder), als Teil des Visa Waiver Program (VWP) spätestens 72 Stunden vor Abflug **online registrieren** (**ESTA**, Electronic System for Travel Authorization). Das kann bereits im Reisebüro oder im Internet auf einer speziellen Homepage erfolgen (auf Deutsch): https://esta.cbp.dhs.gov
>
> Dabei werden dieselben Angaben eingefordert, die USA-Besucher bisher auf dem im Flugzeug ausgeteilten, grünen I-94 W-Formular zur Befreiung von der Visumspflicht machen mussten: Name, Geburtsdatum, Adresse, Passnummer, Aufenthaltsort, Zweck und Dauer der Reise etc. Wer einmal registriert ist, kann innerhalb von zwei Jahren mehrfach einreisen, sofern der Pass gültig ist. Nach der Registrierung erfolgt im Allgemeinen sofort eine Mitteilung (*Authorization Approved*). Bei Besitz eines Visums ist keine Registrierung nötig.
>
> Die zunächst kostenlose ESTA-Registrierung kostet seit dem 8. September 2010 US$ 14. Damit trifft die neue Gebühr alle, die sich nicht länger als 90 Tage im Land aufhalten. Vier Dollar sollen die ESTA-Kosten decken, die restlichen zehn in einen „Travel Promotion Fund" fließen, um den Tourismus in die USA anzukurbeln. Die Gebühr wird einmalig mit der ESTA-Registrierung erhoben und diese ist für zwei Jahre und beliebige USA-Reisen gültig. Die Bezahlung der neu erhobenen Gebühr muss über Kreditkarte oder im Reisebüro per Überweisung/Barzahlung etc. erfolgen.

Zu beachten ist:
- Ob mit oder ohne Touristenvisum; niemand darf sich – ohne Sondererlaubnis – länger als sechs Monate in den USA aufhalten.
- Vor der Einreise sind folgende Formulare auszufüllen, die man am Abflugflughafen oder im Flugzeug erhält:
  A: Die Immigration Card, die für Touristen ohne Visum aus dem grünen Formular I-94 W Form besteht, soll in Zukunft durch die ESTA-Genehmigung (s.o.) ersetzt werden.
  B: Die **Zollerklärung** (*Customs Declaration*), die bei der anschließenden Zollkontrolle eingesammelt wird. Auch diese muss auf Englisch und mit Großbuchstaben ausgefüllt, außerdem unterschrieben und mit dem Datum versehen werden.
- Wer aus einem Seuchengebiet kommt oder zuvor durch ein solches gereist ist, muss ein Gesundheitszeugnis vorlegen.
- Die Einfuhr von Obst, Gemüse, Fleisch- und Wurstwaren sowie Pflanzen, pflanzlichen Produkten (z.B. Samen), Erde und lebenden Tieren ist strengstens untersagt, daher Punkt 9 der Zollerklärung sorgfältig beantworten.

Der erste amerikanische Flughafen (bei Zwischenaufenthalt also auch evtl. New York o. a.) ist der Einreiseflughafen, an dem ein **umfangreicher Sicherheitscheck** zu überstehen ist, bei dem man dem *immigration officer* mitunter ziemlich hartnäckig Fragen nach Zweck, Dauer, Weiterreise, Mitbringen von Lebensmitteln und finanzieller Basis der Reise beantworten muss. Beantworten Sie alle Fragen geduldig, höflich und gewissenhaft, und vermeiden Sie Witze dem *Officer* gegenüber. Als Adresse gibt man am besten die Hotelanschrift an, ist man mit dem Wohnmobil unterwegs, so weist man den Beamten mit dem Hinweis *Roundtrip by Recreational Vehicle* darauf hin.

Der Sicherheitscheck mit Durchsuchung des Handgepäcks, z. T. auch Leibesvisitation, das Einscannen der Pässe, die Erstellung **digitaler Porträtfotos** und die Abnahme von **Fingerabdrücken** gehören zu den weiteren Schritten bei der Einreise. Dieses Verfahren ist naturgemäß zeitaufwändig und es kann zu langen Schlangen vor den entsprechenden Einreiseschaltern kommen.

Auch wenn man nach dem Anflug rechtschaffen müde ist, muss man doch für diese Prozedur eine gehörige Portion Geduld mitbringen. Vom *immigration officer* geht es zum *baggage claim*, wo man das Gepäck abholt, dann nochmals durch eine Zollkontrolle, und dann ist man schließlich in Amerika bzw. in einem hektischen und lauten amerikanischen Flughafengebäude! Wer von hier aus ein Taxi benutzen will sollte darauf achten, nur in ein autorisiertes *yellow cab* mit Erkennungsnummer und Taxameter einzusteigen. Wer zu einem fest gebuchten Hotel oder einer der großen Mietwagenstationen (z.B. Avis, Budget) will, sollte auf die kostenlosen Shuttle-Busse achten.

Die Ein- und Ausfuhr von fremden Währungen und US$ sind unbeschränkt möglich. Bei der Einreise müssen allerdings Zahlungsmittel (Bargeld, Schecks) im Wert von über US$ 10.000 deklariert werden.

Essen und Trinken

Es ist klar, dass ein so vielseitiger Landesteil wie Amerikas Westen auch eine äußerst **abwechslungsreiche Küche** zu bieten hat. Immerhin haben sich hier Einwanderer aus allen Ländern Europas, aus China, Japan, den Philippinen und aus vielen amerikanischen Staaten niedergelassen. Zwar stimmen z. T. die Vorurteile gegenüber den Essensgewohnheiten in der Neuen Welt: Die Amerikaner essen zu fett und zu cholesterinhaltig; als Restaurants sind Fast-Food-Ketten vorherrschend usw.

Aber dies ist nur eine Facette der Wirklichkeit, denn es gibt natürlich auch **erstklassige Restaurants**, die keinen Vergleich mit der europäischen Haute Cuisine zu scheuen brauchen. Das Fantastische ist die ethnische und damit auch kulinarische Vielfalt. Natürlich trifft man in den Großstädten (besonders an der Pazifikküste) auf die größte Bandbreite im Essensangebot. Hier sind die Städte San Francisco, Los Angeles, San Diego, Sacramento und Santa Barbara (in dieser Reihenfolge!) zu nennen, wo die Urlaubsreise leicht zu einer kulinarischen Offenbarung geraten kann. Unbedingt besuchen sollte man eine der zahlreichen japanischen Sushi-Bars und China-Restaurants, und die **Neue Amerikanische Küche** mit ihren leichten Seafood-, Wild- und Rindfleischgerichten ist ebenfalls einen Versuch wert! Wer möchte, kann genauso gut aber auch deutsch, dänisch, russisch, italienisch, griechisch, brasilianisch usw. essen.

Speisen mit Aussicht im Nepenth Restaurant bei Big Sur

Auch im Hinterland wird man immer wieder überrascht sein über kleine Lokale, die mit **bodenständiger Qualität** oder raffinierten Arrangements aus dem Einerlei der normierten Fast-Food-Ketten und Hamburger-Restaurants herausragen. Besonders im Süden sollte man wenigstens ab und zu typische Spezialitäten der Texmex-Küche probieren, die sich aus texanischen und vor allem mexikanischen Gerichten zusammensetzt. Und im Landesinneren kann es nie verkehrt sein, eines der besseren Steakhäuser aufzusuchen, in denen man ebenfalls gute Hamburger (das muss nämlich kein Gegensatz sein!) bekommt. Immer häufiger trifft man außerdem auf Restaurants mit biologisch unbedenklichem *Health Food*, auf Salatbuffets und herrliche Früchte.

Gutes Essen hat natürlich auch in Amerika seinen (hohen!) Preis. Als Faustregel kann gelten, dass europäische oder neu-amerikanische Gourmet-Küche übermäßig teuer ist (vor allem, wenn ein „französischer" Koch am Herd steht oder die Speisekarte auf Französisch abgefasst ist), die nicht minder reizvolle Küche der ethnischen Gruppen ist aber günstiger als bei uns.

Der folgende Überblick will die einzelnen Mahlzeiten im Tagesablauf vorstellen und eine kleine Auswahl an typischen Gerichten auflisten:

Frühstück
Da das Frühstück in den seltensten Fällen im Übernachtungspreis eingeschlossen ist, nimmt man es vielfach in einem der reichlich zur Verfügung stehenden Coffee Shops ein, die deutlich billiger als die Hotelrestaurants sind. In den Großstädten öffnen die Coffee Shops oft schon um 6 Uhr oder noch früher ihre Pforten und sind z.T. sogar rund um die Uhr geöffnet. Das Amerikanische Frühstück ist eine der beiden **Hauptmahlzeiten** und für die Leibesfülle vieler US-Bürger mitverantwortlich. Weitaus üppiger als bei uns wird in den Morgenstunden gespeist: mindestens zwei Eier, Schinken oder Speck, Kartoffeln, Brot, Marmelade und reichlich Ketchup gehören unverzichtbar dazu. Wer es ganz deftig möchte, bestellt ein Western Breakfast, das gleich mit einem ausgewachsenen Steak daherkommt. Bescheidener gibt sich das Continental Breakfast, das als Konzession an die Europäer nur Toast, Muffins oder Croissants, Marmelade u.ä. beinhaltet, aber selten wohlschmeckend ist.

Brunch
Weit verbreitet ist in den städtischen Restaurants und größeren Hotels der Brunch, der an Sonn- und Feiertagen i.d.R. zwischen 11 und 14.30 Uhr angeboten wird. Die Abfolge der kalten und warmen Speisen pflegt man sich an einem üppigen Buffet selbst zusammenzustellen.

Lunch
Das Mittagessen fällt im Gegensatz zum deutschsprachigen Raum eher bescheiden aus. Meistens suchen die Amerikaner in der kurzen Mittagspause einen Coffeeshop, eines der Fast-Food-Restaurants oder eine Cafeteria auf und begnügen sich mit Hamburgern, Pommes Frites oder Sandwiches. Wer als Tourist nicht auf das gewohnte „größere" Mittagessen verzichten will, findet in vielen Gaststätten schon zur Mittagszeit das Angebot an Speisen, auf das man sich in Amerika normalerweise fürs Abendessen freut, die aber mittags als *Lunch Specials* oder *Daily Specials* deutlich preiswerter sind.

Dinner
Das Abendessen ist die Hauptmahlzeit des Tages und wird etwas früher als bei uns eingenommen, etwa zwischen 18 und 21 Uhr. Viele Restaurants schließen bereits um 22 Uhr. Immer häufiger wird in den Vereinigten Staaten das Dinner als gesellschaftliche Angelegenheit zelebriert, die mindestens aus Vorspeise, Hauptgericht und Nachspeise besteht und zu der man gerne Freunde und Geschäftspartner einlädt. Den Wandel der amerikanischen Küche hin zu mehr Qualität und Raffinesse haben die Konsumenten durch häufigere Restaurantbesuche honoriert.

Viele Gaststätten werben mit so genannten *early bird discounts*, bei denen es sich um Preisabschläge für Kunden handelt, die ihr Abendessen vor 19 Uhr einnehmen. Die Restaurants verdienen besonders an ihren Weinen, wobei man eine Flasche kalifornischen ab etwa US$ 10 erhält – nach oben fast ohne Limit.

Siehe auch unter Stichwort „Restaurants", S. 95.

Getränke (beverages)
In Amerika liebt man Erfrischungsgetränke eiskalt. Deswegen werden Softdrinks (Limonaden, Gemüsesäfte, Orange Juices usw.), aber z.T. auch Bier, Milch und Wein mit Eisstücken serviert, und in den meisten Hotels hat jede Etage ihren Eiswürfel-Automaten. Auch Dosengetränke haben in der Regel eine magenunfreundliche Temperatur in Gefrierpunktnähe. Weiter fällt beim Kauf von Getränken auf, dass Plastikflaschen, Aluminiumdosen und Pappbehälter überwiegen.

- **Kaffee und Tee**

Kaffee- und Tee-Trinker können in den Vereinigten Staaten nicht überall die von zu Hause gewohnte Qualität erwarten. Zwar findet man immer öfter Cafés im europäischen Stil, in denen man auch gute Cappuccinos oder Espressos bekommt. Populär sind große Kaffeehaus-Ketten wie Starbucks, die über das übliche Kaffee-Programm hinaus zahlreiche aromatisierte Sorten (z.B. mit Zimt, Nuss oder Amaretto) im Angebot haben. Der Regelfall ist jedoch immer noch der schwach geröstete „American Coffee", der schal schmeckt und bedenkenlos zu jeder Tages- und Nachtzeit getrunken werden kann. Angenehm ist, dass in Coffeeshops der Kaffee ohne weiteren Aufpreis nachgeschenkt wird. Tee gibt es fast ausschließlich als Beutel-Tee. Köstlich und erfrischend ist im Sommer der Eistee (*iced tea*), der in großen Flaschen lange gezogen ist und dann mit Eiswürfeln, Zitrone und Zucker serviert wird.

- **Softdrinks**

Bei der Produktion alkoholfreier Getränke sind die USA führend und haben eine weltumspannende „Coca-Cola-Kultur" etabliert, daneben gibt es etliche andere Produkte ebenfalls weltweit bekannter Konkurrenzfirmen. Origineller ist da das traditionelle *Root Beer* (Wurzelbier), das allerdings nichts mit Bier zu tun hat. Es hat einen süß-sauren, an Medizin erinnernden Geschmack.

Allgemeine Reisetipps A–Z

- **Milchshakes und Säfte**

Äußerst beliebt und z.T. von enormer Größe sind die Milchshakes, die es u. a. in jedem Fast-Food-Restaurant gibt und die zum Standardgetränk der Kinder gehören. In Kalifornien werden außerdem Mineralwasser sowie vorzüglicher Frucht- und Obstsaft hergestellt. I.d.R. sind die angebotenen Säfte (*juices*) jedoch nicht sehr schmackhaft. Selbst ein bestellter *fresh juice* ist oft nicht frisch gepresst, sondern entpuppt sich als mit Nektar versüßtes Trinkwasser.

- **Bier**

Bier ist in den Vereinigten Staaten das beliebteste Getränk und wird im Mittleren Westen und in Colorado gebraut; es ist alkoholarm, sehr kohlensäurehaltig und meist in Dosen erhältlich. Sehr beliebt ist auch das noch schwächere Light-Bier. Trotz europäischer Markennamen (Budweiser, Löwenbräu etc.) sind die Brauereien rein amerikanische Unternehmen, die z.T. eigene Braumethoden und Ingredienzien (Mais, Reis, Konservierungsstoffe) haben. Außer den genannten sind die Marken Coors, Miller u. a. sehr populär. Besser schmeckt das amerikanische Bier, wenn es in Bars als Fassbier (*American draft*) bestellt wird. Bei einer Trinkrunde greift man gerne auf die größeren Bierkrüge (*pitcher, tankard, mug*) zurück. Erfreulicherweise haben in letzter Zeit die Microbreweries enorm zugenommen, die jährliche Wachstumsraten von rund 50 % erzielen. Diese Mini-Brauereien befinden sich meist in dem Lokal, das das Bier exklusiv anbietet (*brewpub*), und je nach Ausbildung und Experimentierfreude des Braumeisters stößt man dabei auf unerwartet gute Gerstensäfte – abgesehen davon, dass viele nach dem deutschen Reinheitsgebot gebraut werden. In mehreren Großstädten wird heute bereits die Kneipenszene von den **Microbreweries** bestimmt, insbesondere in Seattle, Portland und San Francisco. Einige dieser „Mini-Biere" haben inzwischen sogar die Hürde des überregionalen Marktes mit Bravour genommen und sind zu Nobelmarken aufgestiegen, die fast überall in den USA verkauft werden – allen voran die Sorte *Samuel Adams* aus der Brauerei Boston Beer. Wem aber die einheimische Produktion partout nicht schmecken will, der kann im Süden auf das mexikanische Bier (u. a. Corona) zurückgreifen oder auf die europäischen Importbiere (Flaschenbier, z. B. Guinness, Heineken, Becks, Tuborg).

- **Wein**

Die Erkenntnis, dass Amerika hervorragende Weine herstellt, ist inzwischen nach Europa gedrungen. Auch quantitativ sind die USA auf dem Vormarsch und nehmen mittlerweile bereits den sechsten Rang in der Weinproduktion ein. Und unter den Weinbaugebieten Nordamerikas genießt Kalifornien die unangefochtene Spitzenstellung (vgl. S. 271).

- **Cocktails und Spirituosen**

Nirgendwo sonst ist die Kunst des Mixens von Longdrinks und Cocktails so verbreitet wie in den USA. Dabei trinkt man gerne ein Gläschen direkt nach Feierabend, wenn in den Bars die *happy hour* eingeläutet wird: von 17–19 Uhr bekommt man Cocktails günstiger bzw. zwei Getränke zum Preis von einem. Außer den international bekannten Cocktails sind im Westen unter mexikanischem Einfluss die Mixgetränke Piña Colada (Rum, Kokosnusscreme, Ananassaft) und Margarita (Tequila mit Zitrone, im Glas mit Salzrand serviert) sehr beliebt geworden. An puren Spirituosen stehen Brandy, Whisky (Bourbon) und Wodka obenan.

Fahrrad fahren

In vielen Touristenorten und Städten kann man über spezielle Vermieter oder Hotels Fahrräder und Mopeds leihen. Längere Fahrradtouren sind angesichts der kalifornischen Dimensionen und der Schwierigkeiten des Geländes nur für trainierte und geübte Fahrer geeignet. Eine Liste der Fahrrad-Organisationen, Clubs und Vereine, die Infos und Material zur Verfügung stellen, versendet **PRO BIKE**, *The Bicycle Federation of America*, info@bikewalk.org, www.bikewalk.org. Gut sortiert und informiert zum Thema Fahrradfahren sind zudem die lokalen Touristenbüros. Oft gibt es eigene Broschüren mit Routenvorschlägen. Für kurze Ausflüge bekommt man vor Ort Fahrräder in fast jedem Ort, oft auch in Hotels.

Interessante Programme für junge Leute und Familien über mehrtägige Mountain-Bike-Touren bieten inzwischen mehrere Spezialreiseveranstalter an. Lokale Anbieter sind unter anderem www.winecountrybikes.com, www.udctours.com, www.bicycleadventures.com oder www.napavalleybiketours.com.

Feiertage und Events

Im Vergleich zu uns haben Amerikaner weniger **Feiertage (*public holidays*)**. Dafür wird in einer arbeitnehmerfreundlichen Regelung die Mehrzahl der weltlichen Feiertage – mit Ausnahme des Unabhängigkeitstags – alljährlich neu datiert, und zwar so, dass sie auf den Montag vor oder nach dem eigentlichen Feiertag fallen, wodurch jeweils ein verlängertes Wochenende entsteht. An christlichen Feiertagen (Weihnachten und Ostern) kennt man keinen zweiten Feiertag, ebenso wenig Silvester. An diversen Feiertagen haben zahlreiche Geschäfte und Restaurants geöffnet, während Banken, Museen, Börse, Post, Schulen und andere öffentliche Institutionen geschlossen bleiben.

Feiertage, an denen auch sämtliche Geschäfte geschlossen sind, werden im Folgenden mit einem (G) gekennzeichnet:

New Years Day (Neujahr) (G)	1. Januar
Washington's (President's) Day	dritter Montag im Februar
Good Friday (Karfreitag)	März/April
Easter (Ostersonntag) (G)	März/April
Memorial Day	letzter Montag im Mai
Independence Day (Unabhängigkeitstag)	4. Juli
Labor Day (Tag der Arbeit)	erster Montag im September
Veteran's Day (Soldatengedenktag)	11. November
Thanksgiving Day (Erntedankfest) (G)	vierter Donnerstag im November
Christmas Day (Weihnachten) (G)	25. Dezember

Weitere Feiertage, die zwar in Kalifornien, aber nicht in allen Bundesstaaten gelten, sind:

Martin Luther King Day	dritter Montag im Januar
Abraham Lincoln's Birthday	12. Februar
Columbus Day	zweiter Montag im Oktober

Bei einer solch heterogenen Bevölkerung wie der kalifornischen ist es klar, dass es neben den offiziellen Feiertagen eine ganze Reihe Anlässe gibt, auf interessante, farbenfrohe, quirlige oder witzige Art und Weise bestimmte Tage zu begehen. Angesichts der vielen **Feste und Events**, die im gesamten Bundesstaat gefeiert werden, stehen die Chancen daher nicht schlecht, während der Reise durch Kalifornien irgendwo in den Trubel eines solchen Ereignisses einzutauchen und eine Portion Lokalkolorit mitnehmen zu können. Auf den Websites der lokalen Touristenbüros sind die spektakulärsten Events oft lange im Voraus mit detailliertem Programm angegeben, sodass Sie evtl. Ihre Reiseroute danach ausrichten können. Vor Ort lohnt es sich besonders in den Großstädten, sich beim Touristenbüro, bei Einheimischen oder in der Presse danach zu erkundigen, wann und in welchem Stadtteil was gefeiert wird.

Im Folgenden ist eine nur sehr bescheidene Auswahl überregional bedeutender sportlicher und kultureller Events aufgelistet:

Januar: Das vielleicht schönste Neujahrsfest im Bundesstaat ist die **Tournament of Roses Parade** in **Pasadena** mit Umzügen von Fußgruppen und Blumenwagen. Am Ende des Monats treffen sich Geiger aus der ganzen Welt zum **Old Time Fiddle Festival** in **Cloverdale**, einer seit 1975 alljährlich abgehaltene Institution.

Februar: Ende Januar/Anfang Februar feiern die Chinatowns von **San Francisco** und **Los Angeles** das **chinesische Neujahrsfest** mit Knallereien, Papierdrachen und Umzügen. Am Salzsee von **Indio** findet das ungewöhnliche Dattelfest **National Date Festival** mit u.a. Kamel-Wettrennen und Kürung der Dattelkönigin statt. **Karneval (Mardi Gras)** wird hauptsächlich am Veilchendienstag begangen, besonders farbenfroh in **San Luis Obispo** und **West Hollywood**.

März: Der **LA Marathon** in **Los Angeles**, begleitet von über 100 Livemusikgruppen an der Strecke, ist der erste große Marathon des Jahres. In **Clovis** treffen sich Antiquitäten-Händler aus nah und fern zur **Old Town Antique & Collectible Street Fairs**, dem größten Markt dieser Art. Ein zweiter Termin findet im Oktober statt. Und das **Snowfest** in **Tahoe City** gilt als größter Winterkarneval im Westen der USA.

April: In **Bodega Bay** findet das **Fishermen's Festival** statt, ein zünftiges Volksfest mit Imbissbuden, Livemusik und der Segnung der Fischerflotte. Ein kultureller Höhepunkt des Veranstaltungskalenders ist das **San Francisco International Film Festival**, auf dem viele kommerzielle und Avantgardefilme gezeigt werden, ebenso wie das **LA Times Festival of Books**, das jährlich über 350 Autoren und mehr als 130.000 Besucher anzieht. Es findet seit 1980 auf dem Uni-Campus der University of California in **Los Angeles** statt.

Mai: Am **Cinco de Mayo** gedenken die *Californios* genannten mexikanischen Einwanderer der Schlacht von Puebla (5. Mai 1862), als ein mexikanisches Heer die Truppen Napoleons III. zurückwarfen. Dieses bedeutendste Fest der spanischsprachigen Immigranten wird eine Woche lang mit Paraden, Mariachi-Musik, Straßenkarneval und Feuerwerk gefeiert, besonders farbenfroh in der Altstadt von **Los Angeles** und in **San Diego**. Ebenfalls turbulent und stimmungsvoll geht es am Memorial Day Weekend in **San Francisco** zu, denn dann ist der Stadtteil Mission District Schauplatz des **Carnaval**, der über eine Million Zuschauer anzieht. In **Sacramento** werden 30 verschiedene Locations, u.a. in der Downtown und in Old Sacramento, während des **Sacramento Jazz Jubilee** zur Freilichtbühne für über 100 Bands, die Jazz, Blues, Swing, Country und Mainstream einem Publikum von mehr als 100.000 Menschen darbieten. Ein großes Publikum zieht es in diesem Monat aber auch nach **Paso Robles** zum **Wine Festival** mit seinen Weinverkostungen, Leckereien und einem bunten Rahmenprogramm.

Juni: Um Wein geht es auch bei der **Napa Valley Wine Auction** in **St. Helena**, bei der die besten Weine der Westküste meistbietend versteigert werden. Und am Ende des Monats feiern in **San Francisco** die Schwulen und Lesben Amerikas mit tollen Paraden und Kostümen ihren **Pride Day**, zu dessen Umzügen mehr als 500.000 Besucher anreisen. Zur gleichen Zeit hat die spanischsprachige Gemeinde von **Los**

Angeles ihr **Mariachi Festival**, das größte der USA, und in **San Diego** wird die Landwirtschaftsmesse **County Fair** drei Wochen lang mit vielen Veranstaltungen und Produktshows begangen.

Juli: Der Unabhängigkeitstag am 4. Juli wird überall mit Paraden und Musik gefeiert. Sportlich geht es während des **International Surf Festival** in **Manhattan Beach** und **Redondo Beach** zu, wenn sich die besten Surfer der Welt messen. Mitte Juli spielen beim **Mammoth Lakes Jazz Jubilee** mehr als 20 Bands vor mehr als 20.000 Zuschauern und einer beeindruckenden Bergkulisse auf. Etwa zur gleichen Zeit stehen Besucher in **San Diego** staunend vor den kurzlebigen Sandskulpturen der **U.S. Open Sandcastle Competition**. Und in **Sonoma** starten jede Menge Heißluftballonfahrer zur berühmten **Hot Air Balloon Classic**. Am Ende des Monats werden schließlich in **Laguna Beach** während des **Pageant of the Masters** berühmte Kunstwerke von Laienschauspielern zum Leben erweckt, begleitet von Orchestermusik und artistischen Vorstellungen.

August: Mit Paraden, Kostümen und viel Essen würdigt die **Old Spanish Days Fiesta** fünf Tage lang die Gründung der Stadt **Santa Barbara.** Ebenfalls zu Anfang des Monats findet in **North Lake Tahoe** ein weiteres Musikfestival statt, nämlich das renommierte **Lake Tahoe Music Festival** mit Openair-Musik von der Klassik bis zu Jazz, Blues und Rock. Bleibt man in **Lake Tahoe**, sollte man sich im August die vom örtlichen Yacht Club in der Carnelian Bay durchgeführte **Concours d'Elegance** anschauen, eine Vorführung der schönsten historischen Holzboote der USA. Am Labor Day Wochenende kommen in **Millbrae** über 100.000 Besucher zum alljährlichen **Art & Wine Festival** mit etlichen Soul-, Funk-, Rock'n Roll- oder Jazzgruppen, Kunstausstellungen, großem kulinarischen Angebot und Volksfeststimmung zusammen.

September: In **Monterey** lockt eines der ältesten und bekanntesten Jazzfestivals der Welt, während es in diesem Monat Blues-Liebhaber zum **San Francisco Blues Festival** zieht. Und Freunde zeitgenössischer und traditioneller lateinamerikanischer Musik haben beim **Mariachi Festival** in **San Jose** ein absolutes Highlight, bei dem auf der Mexican Heritage Plaza u.a. auch Grammy Gewinner auf der Bühne stehen. Ebenfalls im September präsentiert das **Sausalito Art Festival** Künstler aus aller Welt. Ende des Monats werden im Gas Lamp Quarter von **San Diego** mehr als 100 Spiel-, Kurz- und Dokumentarfilme während des renommierten Internationale**n Film Festivals** gezeigt. Und in **San Bernardino** stoßen beim **Route 66 Rendezvous** Oldtimer, auffällige Trucks und andere interessante Fahrzeuge auf ein starkes Echo der großen Fangemeinde.

Oktober: Überall in Amerika wird **Halloween** gefeiert, besonders schrill und ausgelassen im Schwulenviertel Castro in **San Francisco** und in **West Hollywood**. Das **Half Moon Bay Art & Pumpkin Festival** steht ganz im Zeichen des Kürbis. In einer ganz und gar unschottischen Umgebung, nämlich in **Ventura**, finden im Oktober während dreier Tage die **Seaside Highland Games** nach gälischem Vorbild statt.

November: In **Los Angeles** beginnen die Weihnachtsfeierlichkeiten bereits Anfang November mit der **Hollywood Christmas Parade**, bei der auch viel Hollywood-Prominenz vertreten ist.

Dezember: Anfang des Monats strahlt der Balboa Park in **San Diego** während eines Wochenendes im Lichterglanz der **Balboa Park December Nights**, mit unzähligen Lampions und mit zauberhaften Musikkonzerten. Architekturinteressierte, die im Dezember zu Besuch in Palm Springs sind, sollten sich nicht den **Palm Springs Walk of the Inns** entgehen lassen, bei dem man vom Art Museum aus durch die historischen Inns zieht. Die Silvesternacht in einer amerikanischen Großstadt zu feiern ist aufgrund der enormen Feuerwerke immer ein besonderes Erlebnis. Besonders toll fällt dieses natürlich in **Las Vegas** aus, sodass sich der Abstecher nach Nevada durchaus lohnen würde. Auf dem Land kann man an außergewöhnlichen Aktionen u.a. in **Big Bear Lake** teilnehmen, wo auf den Schneehängen traditionell eine Vielzahl von Fackelläufern zu Tal fährt.

Flüge

Das **Angebot an Transatlantikflügen** ist dank des Preiskampfes der einzelnen Airlines mitunter recht unübersichtlich geworden. Dies umso mehr, als sich nicht nur die offiziellen Flugpreise ständig ändern (bei Inlandverbindungen in den USA fast stündlich!), sondern dazu eine Vielzahl an Sonder- und Last-Minute-Angeboten, unterschiedliche Saisonzeiten, evtl. Wochenendzuschläge u.v.m. kommt. Gerade deshalb ist es sinnvoll, sich vor der Buchung über Routen, Preise und Bedingungen (Steuern/Kerosinzuschläge) zu informieren.

Unerlässlich ist ein **Preisvergleich**, u. a. mit den Angeboten eines Reisebüros mit einem der diversen Billigfluganbieter, die z. B. in den überregionalen Tageszeitungen annoncieren, oder mit einem Internetanbieter (z.B.: www.ebookers.com, www.followme.de, www.orbitz.com, www.expedia.de, www.cheaptickets.com, www.travelcity.com, www.flug.de). Letztgenannte Möglichkeiten sind oft 50–100 € billiger – wer aber mehr als nur den Transatlantik-Flug buchen möchte (z. B. Anschlussflüge, Mietwagen, Unterkünfte etc.), sollte lieber auf ein Reisebüro zurückgreifen.

Nach Kalifornien fliegen z. B. Lufthansa, Continental, United Airlines, Delta, KLM, British Airways, Swiss und Air Berlin. Von Deutschland aus werden u. a. Los Angeles, San Diego, San Francisco und Las Vegas direkt angeflogen. Ein Direktflug wird aber natürlich nicht in jedem Fall gewünscht, denn ein vorheriger Aufenthalt in New York, Chicago, Washington, Florida oder sogar Island kann Bestandteil eines interessanten Flugplanes sein. Auf die Möglichkeit von Gabelflügen sei an dieser Stelle ausdrücklich hingewiesen. Dabei handelt es sich um Transatlantik-Linienflüge, die zum Holiday-Tarif (ohne Mehrkosten) nicht identische amerikanische Ziel- und Abflugorte beinhalten. So kann man z. B. von Deutschland aus nach Los Angeles fliegen und in Vancouver wieder zurückstarten.

Man sollte, obwohl es keine Pflicht mehr ist, den Flug vor Rückflugtermin rückbestätigen (*reconfirmation*), vor allem, um sich über die Flugzeiten zu vergewissern. Dies kann im Internet oder durch Anruf der Fluggesellschaft geschehen. Telefonnummern von Airlines sind über die Hotelrezeptionen oder die Gelben Seiten erfragbar.

Wer mehrere Inlandsflüge plant, für den lohnt sich in den allermeisten Fällen der Kauf eines **Air Pass** oder Coupon Air Pass, der zu einer bestimmten Anzahl an Flügen innerhalb einer begrenzten Zeit berechtigt. Genau vergleichen sollte man den jeweiligen Leistungsumfang der einzelnen Pakete, die von Airline zu Airline sehr variieren. Erworben werden muss der Air Pass in jedem Fall bereits vor der Reise im Heimatland. Unbedingt nachfragen sollte man, von welchem Flughafen der Weiterflug startet, da die großen amerikanischen Städte i.d.R. mehrere

 Tipp

America Unlimited, Leonhardtstraße 10, 30175 Hannover, ☎ 0511-37 44 47 50; Buchenstraße 3, 22299 Hamburg (Winterhuder Markt), ☎ 040-53 03 48 34; www.america-unlimited.de. Dieser kleine Nordamerika-Spezialist bietet ungewöhnliche Mietwagen- sowie Wohnmobilrundreisen an. Seine Stärke sind individuelle Zusammenstellungen von Reisen nach Kundenwünschen.

internationale und regionale Airports haben. Die internationale Vorschrift, dass der Fluggast bis spätestens eine Stunde vor dem Abflug eingecheckt haben sollte, wird in den USA nicht ganz so eng gesehen: Bis 30 Minuten vor dem Abflug werden die Sitzplätze auf keinen Fall anderweitig vergeben. Zu-Spät-Gekommene haben notfalls die Möglichkeit, am Flugsteig direkt einzuchecken.

Fotografieren

Speicherkarten und Akkus für Digitalkameras sind in Fotoläden, Elektronikshops und mittlerweile auch in Fotoabteilungen von Drugstores und Supermärkten zu bekommen. Dort gibt es häufig auch digitale Druckservices, *photo kiosks*. Mitgebrachte Ladegeräte müssen „reisetauglich" sein, d.h. der anderen Spannung angepasst werden können, zudem ist ein **Adapter** für die anderen Steckdosen nötig, gleiches gilt für ein evtl. mitgebrachtes Kartenlesegerät. Kleinbildfilme – vor allem der Firma Kodak – sind ebenso wie Wegwerfkameras in jedem Supermarkt, Drugstore oder Souvenirladen erhältlich, und preiswerter Entwicklungs-Schnellservice steht zur Verfügung.

In Museen und manchen anderen Sehenswürdigkeiten sowie im Umkreis von militärischen Anlagen ist Fotografieren verboten bzw. nur zu Privatzwecken erlaubt, ohne Blitz und Stativ. Bei Personenaufnahmen ist Respekt oberstes Gebot (ggf. vorher Fotografiererlaubnis einholen).

Kameras und Zubehör sind in den USA preiswerter als hierzulande, beim Kauf ist allerdings zu prüfen, ob die Garantie weltweit gilt und ob die Stromspannung von Netzgerät und sonstigem Zubehör passen bzw. angepasst werden können. Zum annoncierten Preis addiert werden muss meistens noch die Steuer, außerdem u.U. Zoll am deutschen Einreiseflughafen.

Geld/Geldumtausch/Zahlungsmittel

Währung

Die amerikanische Währungseinheit ist der US-Dollar (US$), wobei 1 US$ aus 100 Cents besteht. Folgende Nennwerte werden ausgegeben (in Klammern die gebräuchlichen Bezeichnungen):
Münzen: 1 Cent (Penny), 5 Cents (Nickel), 10 Cents (Dime), 25 Cents (Quarter), 50 Cents (Half Dollar) und 1 Dollar. Die beiden letztgenannten Münzen sind selten und spielen für Automaten, Telefonapparate etc. keine Rolle. Der wertlosere Nickel ist größer als der Dime.
Banknoten: 1-, 2-, 5-, 10-, 20-, 50-, 100-, 500- und 1.000-Dollar-Scheine (die beiden letzten sind sehr selten).

Alle Dollar-Noten sind **gleich groß** und haben die **gleiche Farbe**, d.h., sie unterscheiden sich nur durch den Nennwert und die aufgedruckten Bilder auf der schwarzen Vorder- und grünen Rückseite (daher im Volksmund auch *Green backs* genannt; umgangssprachlich redet man von *Bucks*). Das hat sich im Wesentlichen nicht verändert, deshalb sollte man beim Bezahlen, Trinkgeldgeben oder beim Rückgeldempfang ganz genau aufpassen! Inzwischen haben die Dollar-Noten ein neues und fälschungssicheres Gesicht, u. a. durch eine zusätzliche Randlinie von Strichen und Punkten, das Format ist allerdings das gleiche wie früher.

Geldumtausch

Da beim Geldumtausch in den USA höhere Provisionen berechnet werden als in Europa, sollte man sich seine Dollar bereits zu Hause besorgen. Dabei empfiehlt es sich, sich eine Menge kleiner Noten (1-, 2-, 5- und 10-Dollar-Noten) geben zu lassen, die einem bei der Ankunft gute Dienste leisten können, denn z. B. Taxifahrer führen aus Sicherheitsgründen wenig Wechselgeld bei sich. Bargeld und nicht in US-Dollar ausgestellte Reiseschecks kann man vor Ort auf einigen Banken, bei einigen Wechselstuben (erheben meist eine höhere Provision als Banken) oder in den größeren Hotels wechseln, jedoch kassieren letztere saftige Provisionen. Geschäfte und Restaurants indes verweigern die Annahme ausländischer Währungen grundsätzlich.

Am einfachsten ist es, sich mit einer Kreditkarte am Geldautomaten (ATM) an Banken und Supermärkten mit Hilfe der Pin-Nummer Bargeld abzuheben, dabei fallen bei einigen Anbietern gar keine, bei anderen bis zu 5,5% Gebühr an. Am besten vor Abflug bei der Hausbank erkundigen. Geld abheben geht auch mit der EC-Karte (mit einem Cirrus- oder Maestrozeichen) für eine Gebühr von 2–5 €.

Wechselkurs

Der Wechselkurs des US-Dollars zum EURO war und ist sehr starken Schwankungen ausgesetzt. Im März 2012 lag er bei:
 1 € = 1,31 US$, 1 US$ = 0,76 €

Aktuelle Wechselkurse im Internet u.a. unter www.oanda.com.

Kreditkarten

Wichtiger als Bargeld ist dem Amerikaner aber die Kreditkarte, von der er meistens mehrere Exemplare unterschiedlicher Firmen besitzt. Auch kleinere Beträge können problemlos mit Karte bezahlt werden, einen Wagen zu mieten ist ohne Kreditkarte gar nicht möglich. Manche bieten zudem in vielen Fällen Versicherungsschutz. Nicht nur deswegen ist der Tourist gut beraten, ebenfalls (wenigstens) eine Kreditkarte in die Staaten mitzunehmen. Denn ein Mensch ohne „Plastikgeld" ist dort sozusagen nicht gesellschaftsfähig, zumindest aber sehr suspekt. Am weitesten verbreitet sind MasterCard und Visa, American Express (Amexco) wird in vielen Geschäften und Restaurants akzeptiert, Diner's Club hingegen seltener.

Kreditkarten sind versichert und bei Verlust oder Diebstahl sorgt die Gesellschaft nach einem Anruf unter ihrer Notfallnummer (s. Kartenrückseite bzw. Merkblatt, Nummer vor der Reise notieren!) für Sperrung und raschen Ersatz (siehe auch: www.kartensicherheit.de). In Deutschland gibt es seit 2005 die **einheitliche Sperrnummer** 0049-116116, im Ausland zusätzlich 0049 (30) 4050-4050. Sie gilt mit wenigen Ausnahmen (siehe www.sperr-notruf.de) für alle Arten von Karten (auch Maestro/EC-Karten) bzw. Banken.

Reiseschecks

Außer der Kreditkarte sollten die ebenfalls versicherten Reiseschecks mit in die Brieftasche. Am gebräuchlichsten sind die Traveller Checks (TC) von American Express, Travelex/Thomas Cook oder Citibank. Diese sind bei jeder Bank erhältlich und sollten am besten in kleinen Stückelungen von US$ 20 oder 50 bestellt werden. Sie verhelfen vor Ort schnell zu Bargeld, z. B. bei American-Express- oder Travelex/Thomas Cook-Schaltern, aber auch in Hotels (meist bis max. $ 50 pro Tag „*to cash a cheque*") und gelten als Zahlungsmittel in Läden und Supermärkten, wobei die Restsumme bar herausgegeben wird.

Die Seriennummern der ausgegebenen Schecks sollte man immer notieren, da sie bei Verlust oder Diebstahl mit der Kopie der Empfangsbestätigung von der Bank verlangt werden. Bei Verlust oder Diebstahl ist umgehend Meldung bei American Express bzw. Travelex nötig: Telefonnummern und Hinweise erhält man zusammen mit den gekauften Schecks bzw. der Traveller Check Card (vorher notieren!). Schecks werden dann innerhalb von 24 Stunden ersetzt. Zusätzlich ist gegebenenfalls ein Polizeiprotokoll erforderlich und muss ein Rückerstattungsformular ausgefüllt werden.

Telefonnummern zur Sperrung von Reiseschecks:
- **AmEx** in **Deutschland**: 0800-101-2362; in **Österreich** 0800-232340, in der **Schweiz**: 0800-255-200 ; in den **USA** 1-800-221-7282
- **Travelex/Thomas Cook**: mehrsprachiger 24-Stunden-Computer für alle Länder: 0800-1859930

Gesundheit

Besondere **Gesundheitsrisiken** für eine Reise nach Kalifornien gibt es nicht. Ernährungsbedingte Umstellungsprobleme sind selten, das Leitungswasser kann unbesorgt getrunken werden, besondere Impfungen sind nicht nötig. Häufig sind Erkältungen aufgrund der Vollklimatisierung der Räume (*Air Conditioning* oder *AC*). Evtl. Gesundheitsrisiken ergeben sich ansonsten allein aus der touristischen Aktivität (z.B. Bergsteigen, Sonnenbaden) oder durch Ausflüge, auf denen man mit Klapperschlangen, Skorpionen oder Bären konfrontiert wird.

Sauberkeit wird groß geschrieben und ein eigenes Badezimmer gehört zu jedem noch so billigen Motel, ein passables WC zu jeder Raststätte oder Tankstelle. Allerdings sollte man nie nach der *toilet* fragen, ein WC heißt *restroom, ladies'* oder *men's room, bathroom* oder *powder room*.

Im **Notfall** ruft man die Ambulanz (911) oder fährt zur Notaufnahme eines Hospitals (Emergency Room). Weiter hilft auch die Touristenorganisation Traveler's Aid (www.travelersaid.org, s. Gelbe Seiten des Telefonbuchs). Im Krankheitsfall ist in den USA für rasche und effektive Behandlung gesorgt.

An qualifizierten **Ärzten** (*physicians*) bzw. **Zahnärzten** (*dentists*) besteht kein Mangel; der Spezialisierungsgrad ist hoch, die Konkurrenz groß. Namen und Adressen von Ärzten können leicht über die Hotelrezeption bzw. die Gelben Seiten des Telefonbuchs herausgefunden werden. Hausbesuche sind unüblich und meist sind die in größeren Orten bzw. Städten existierenden *Health Care* oder *Family Centers*, Gemeinschaftspraxen, die ohne Terminvereinbarung (walk-in) weiterhelfen, die bequemste Version des Arztbesuchs. Arzt-, Medikamenten- und Krankenhauskosten sind hoch und jeder Patient wird systembedingt als „Privatpatient" behandelt. Das setzt auch beim Besucher einen Nachweis der Zahlungsfähigkeit (Kreditkarte) voraus. Zudem muss für jeden Arztbesuch sofort und häufig bar bezahlt werden.

Da zwischen Deutschland und den USA kein Sozialversicherungsabkommen besteht, müssen gesetzlich Krankenversicherte ihre Kosten selbst tragen, lediglich bei beruflich bedingten Reisen erfolgt die Erstattung seitens des Arbeitgebers. Privat Versicherten werden die Kosten in der Regel im Nachhinein erstattet, doch sollten auch sie sich diesbezüglich rechtzeitig erkundigen. Gleiches gilt für die Bürger Österreichs und der Schweiz. Eine Reise- bzw. **Auslands-Krankenversicherung** ist daher unbedingt ratsam!

Zu Hause erstattet die Versicherung dann gegen ausführliche Bescheinigung und Quittungen über Diagnose, Behandlungsmaßnahmen und Medikamente die Kosten zurück. Bei schweren Erkrankungen oder Unfällen zusätzlich den Notfallservice der Versicherung und ggf. Botschaft bzw. Konsulat informieren. Außer den dringend benötigten (**rezeptpflichtigen**) **Medikamenten** (bei größeren Mengen ist eine englischsprachige Bescheinigung für den Zoll nötig) sollte auch die übliche kleine **Reiseapotheke** mit dabei sein. Dazu gehören (außer evtl. regelmäßig zu nehmenden Medikamenten) ein Mittel gegen Durchfall, Pflaster, elastische Binden, ein Thermometer, ein leichtes fiebersenkendes Mittel, Antiseptikum und ein Mittel gegen Halsschmerzen.

> ### Hinweis
>
> Risiken vermeidet man, indem man
> - auf die richtige Bekleidung achtet. In der Sierra Nevada und in den Übergangszeiten kann es nachts sehr kalt werden, und auch auf die gefürchteten Kaltluftvorstöße muss man vorbereitet sein. Bei Wanderungen vor allem auf das richtige Schuhwerk achten. Klapperschlangen beißen immer in die Regionen unterhalb des Knöchels, deshalb auf keinen Fall mit Sandalen oder barfuß Wüstenwanderungen unternehmen. Im nördlichen Kaskadengebirge an Regenschutz denken.
> - sich vor UV-Strahlung schützt. Die Sonne Kaliforniens hat es in sich, auch wenn der Himmel bedeckt ist. Empfehlenswert ist daher ein Sonnenschutzmittel mit hohem Schutzfaktor.
> - Sicherheitsbestimmungen ernst nehmen. An Stränden, in Nationalparks oder State Forests in jedem Fall den Empfehlungen der Hinweisschilder oder des Aufsichtspersonals folgen.
> - sich auf das amerikanische System mit Klimaanlagen und Heizungen einstellt. Im Sommer sind Restaurants, Hotelzimmer und andere klimatisierte Räume oft sehr kalt, im Winter in der Regel überheizt. Man sollte niemals im direkten Gebläsestrom der Klimaanlagen schlafen. Während des Aufenthaltes im Zimmer schaltet man sie am besten auf die kleinste Stufe oder ganz ab.

Apotheken in unserem Sinn gibt es nicht, sondern Medikamente erhält man in den *pharmacies*, die sich in *drugstores* befinden, wo auch andere Waren verkauft werden. Harmlosere Medikamente sind hier ohne weiteres zu bekommen, nicht aber rezeptpflichtige! Sofern man solche Medikamente benötigt, sollte man diese von zu Hause mitbringen (und sich für eventuelle Fragen des Zolls dafür ein Arztattest ausstellen lassen).

Impfvorschriften bestehen für die USA nur, wenn man sich kurz zuvor in Seuchengebieten aufgehalten hat. Um sicherzugehen, fragt man in solchen Fällen bei den diplomatischen Vertretungen nach. Allgemein sollte man sich vergewissern, dass die letzte Tetanus-Impfung nicht länger als neun Jahre zurückliegt, denn kleine Ursachen können oft unangenehme Wirkungen haben.

Informationen

Allgemeine reisepraktische Infos finden sich unter www.vusa-germany.de und www.discoveramerica.com, der offiziellen Tourismus-Seite der USA. Wer vorab Detailinformationen, Landkarten, Unterkunftsnachweise etc. für bestimmte Städte oder Regionen braucht, muss sich bei den Fremdenverkehrsämtern der einzelnen Städte melden. In einigen Fällen werden diese durch deutsche PR-Firmen repräsentiert, bei denen man zunächst ausführliches Infomaterial anfordern kann (z.T. nur schriftlich oder per Fax, z.T. gegen Gebühr).

Für Kalifornien ist die **California Division of Tourism** zuständig, P.O.Box 1499, Sacramento, CA 95812, ① (916) 444-4429; www.visitcalifornia.com. Infos in Deutschland: Von Touristikdienst Truber bekommt man auf Anfrage unter TouristikdienstTruber@t-online.de ein kostenloses Infopaket zu Kalifornien zugesendet. Weitere Infos auf Deutsch unter www.visitcalifornia.de.

Hinweis

Kalifornien verfügt wie viele andere Bundesstaaten an allen wesentlichen Einfallstraßen (Interstates und US-Highways) - meist kurz hinter der Grenze - über gesonderte Informationszentren (= California Welcome Centers), die meist bis 17 Uhr geöffnet sind. Hier erhalten Sie Karten, haufenweise Prospektmaterial und auch die beliebten Couponhefte, mit denen man in vielen Hotels und Motels günstiger übernachten kann.

Vor Ort gibt es **Besucherinformationen (Visitor Bureaus)** in jeder größeren oder touristisch interessanten Gemeinde, in jedem Nationalpark und selbst in großen Einkaufszentren, wo man mit einer wahren Informationsflut eingedeckt wird. Ebenfalls kann man sich vor der Reise bei den **Amerika-Häusern** bzw. **Deutsch-Amerikanischen Instituten** informieren, die man in Berlin, Darmstadt, Frankfurt/M., Freiburg, Hamburg, Hannover, Heidelberg, Kiel, Köln, München, Nürnberg, Regensburg, Saarbrücken, Stuttgart und Tübingen findet. Daneben halten die ADAC-Stellen (Touristikabteilung) gutes Infomaterial über das Reiseziel bereit.

Kartenmaterial

Für den amerikanischen Westen gibt es unzählige Straßen- und topografische Karten sowie Stadtpläne. Eine Reisekarte liegt diesem Buch bei. Vor der Reise kann man sich meist kostenlos beim Fremdenverkehrsamt von Kalifornien und den Touristenbüros der Städte mit entsprechendem Material eindecken. Als sehr praktisch haben sich außerdem die Rand McNally-Straßenkarten erwiesen, die in Deutschland vom Hallwag-Verlag herausgegeben werden. Es gibt sie sowohl für die einzelnen Bundesstaaten als auch für das gesamte Reisegebiet (Central & Western United States; Maßstab 1:1.100.000). Ebenfalls gut ist Hildebrand's Straßenatlas USA–Der Westen (K&G Verlagsgesellschaft Frankfurt/M.), der u. a. Stadtpläne, Verzeichnisse von Sehenswürdigkeiten und Entfernungstabellen sowie 40 Seiten Reiseinformationen enthält. Im glei-

Tipp

Wer Spezialkarten nicht unbedingt zur Vorbereitung benötigt, sollte sie am Reiseziel selbst kaufen, wo sie erheblich preisgünstiger sind als in Europa.

chen Verlag wird die Hildebrand's Urlaubskarte über die westlichen USA herausgegeben, die als Übersichtskarte für das gesamte Reisegebiet (mit Eintrag der wesentlichen Sehenswürdigkeiten) für die Vorabplanung zu Hause geeignet ist. Weiter verkauft auch der ADAC (Touring-Abteilungen) Karten und aktuelle Infos für Autofahrer zu den einzelnen Großregionen der USA.

Von der Internetseite www.nationalatlas.gov kann man zahlreiche Spezialkarten runterladen bzw. interaktive Karten betreiben (nicht besonders übersichtlich). Weitere Websites mit Kartenmaterial sind u.a. www.randmcnally.com und www.mapquest.com.

Kinder

Wie alle anderen US-Bundesstaaten ist auch Kalifornien **kinderfreundlich** und auf Reisende mit Kindern eingestellt. Das betrifft z.B. die Unterkünfte, wo Kinderbetten gegen einen geringen Aufpreis (oder gratis) im Elternzimmer aufgestellt werden, dies betrifft Restaurants, in denen Kindermenüs angeboten werden und Kinderstühle bereitstehen. Allgemein gibt es in Amerika viele Spielplätze (Playgrounds), und auch in den Nationalparks oder Museen hat man sich auf den Besuch der kleinen Gäste durch didaktisch aufbereitete Ausstellungen oder Sonderführungen eingestellt. Ein Amerika-Urlaub ist für Kinder außerdem allein deshalb ein Erlebnis, weil man in diesem Land ein riesiges Angebot an Zoos, Attraktionen wie Disneyland oder ähnliche Freizeitparks für Jung und Alt findet.

Kleidung

So hemdsärmelig sich manchmal die Amerikaner auch geben und Freizeitkleidung selbst in besseren Hotels und da sogar zum Abendessen tragen, so förmlich geht es bei offiziellen Treffen, geschäftlichen Besprechungen etc. zu: für Männer ist dabei ein Anzug (am besten dunkel und natürlich mit Schlips und Kragen) absolutes Muss. Wer als Tourist nicht repräsentieren muss, kann auf legere Kleidung zurückgreifen. Allerdings sollte man schon beim Packen des Koffers an die **klimatischen Voraussetzungen** denken. Im Sommer ist es i.d.R. im Inland nicht nur sehr trocken, sondern auch ausgesprochen heiß. Lockere, luftige Kleidung, am besten aus Baumwolle oder Leinen, darf im Reisegepäck deshalb genauso wenig fehlen wie eine Kopfbedeckung. Wer wandern möchte, sollte Bergschuhe dabei haben, für Wanderungen in den Nationalparks an der Pazifikküste oder in den Rockies ist ein Regenschutz sinnvoll.

Nachts kann es auch in den tagsüber glühend heißen Wüstengebieten extrem abkühlen, sogar bis an den Gefrierpunkt! Für Camper und Outdoor-Fans ist also die Mitnahme zumindest eines dünnen Pullovers oder einer Allzweckjacke anzuraten.

Bei all dem sollte man sich aber überlegen, ob ein Teil der benötigten Kleidung nicht vor Ort eingekauft werden sollte. Denn in den Shopping Malls der größeren Städte bzw. an den Interstates finden Sie ausgesuchte Spezialgeschäfte für qualitätsvolle Ware, und die Preise sind selbst bei hohem Dollarkurs meist günstiger als bei uns.

Allgemeine Reisetipps A–Z

Maßeinheiten

Hohlmaße
1 fluid ounce = 29,57 ml
1 pint = 16 fl. oz. = 0,47 l
1 quart = 2 pints = 0,95 l
1 gallon = 4 quarts = 3,79 l
1 barrel = 42 gallons = 158,97 l

Flächen
1 square inch (sq.in.) = 6,45 qcm
1 sq.ft. = 929 qcm
1 sq.yd. = 0,84 qm
1 acre = 4840 squ.yd. = 4046,8 qm oder 0,405 ha
1 sq.mi. = 640 acres = 2,59 qkm

Längen
1 inch (in.) = 2,54 cm
1 foot (ft.) = 12 in. = 30,48 cm
1 yard (yd.) = 3 ft. = 0,91 m
1 mile = 1760 yd. = 1,61 km

Gewichte
1 ounce = 28,35 g
1 pound (lb.) = 16 oz. = 453,59 g
1 ton = 2000 lb = 907 kg

Temperaturen
Umrechnung: (Grad F - 32) x 0,56 = Grad C

°F	°C	°F	°C	°F	°C	°F	°C
23 °F	-5 °C	32 °F	0 °C	41 °F	5 °C	50 °F	10 °C
59 °F	15 °C	68 °F	20 °C	77 °F	25 °C	86 °F	30 °C
95 °F	35 °C	104 °F	40 °C				

Größentabelle

Herrenbekleidung:
Deutsche Größe (z. B. 50) minus 10 ergibt amerikanische Größe (40)

Herrenhemden:

D	36	37	38	39	40/41	42	43
USA	14	14,5	15	15,5	16	16,5	17

Herrenschuhe:

D	39	40	41	42	43	44	45
USA	6,5	7,5	8,5	9	10	10,5	11

Damenbekleidung:

D	36	38	40	42	44	46
USA	6	8	10	12	14	16

Damenschuhe:

D	36	37	38	39	40	41	42
USA	5,5	6	7	7,5	8,5	9	9,5

Kinderbekleidung:

D	98	104	110	116	122
USA	3	4	5	6	6x

Allgemeine Reisetipps A–Z

Nationalparks

Die Nationalparks sind nur über wenige Straßen zu erreichen und kosten meistens ein **Eintrittsgeld**. Dieses wird pro Wagen entrichtet und kostet zwischen US$ 10–25 für einen Aufenthalt bis zu sieben Tagen. Bei einer Reise in den Westen der USA ist es allemal lohnend, sich an der ersten Eingangsstation für US$ 80 den **„America the Beautiful" Annual Pass** zu besorgen, der ein Jahr lang zum freien Zutritt zu allen Nationalparks, National Wildlife Refuges sowie alle ähnlich gearteten öffentlichen Einrichtungen berechtigt. Diesen Pass gibt es seit 2007; er ersetzt die früher gebräuchlichen Annual Pass, National Park Pass oder Golden Eagle Pass. Er gilt für alle Insassen eines Fahrzeugs, ist aber nicht übertragbar. Sie können ihn auch online über www.nationalparks.org bestellen. Der Pass gewährt zusätzlich Zutritt zu Gebieten, die dem U.S. Fish and Wildlife Service, dem U.S. Forest Service oder dem Bureau of Land Management unterstehen.

Jeder Nationalpark ist mit mindestens einem **Besucherzentrum** (Visitor Center) ausgestattet, in dem man alle notwendigen Informationen, Kartenmaterial usw. erhält. Im Allgemeinen ist das Gelände ganzjährig geöffnet, was aber nicht mit permanenter **Befahrbarkeit** der Stra-

Traumhafte Natur im Yosemite National Park

ßen oder ungehindertem **Zugang** gleichgesetzt werden darf. So sind viele hoch gelegene Zufahrtsstraßen (z.B. Tioga Pass/Yosemite NP) oder auch ganze Parkteile im Winter regelmäßig geschlossen.

Fast jeder Park hat ein **Veranstaltungsprogramm**, über das man sich vorab, an Ort und Stelle in den Visitor Centers und manchmal in eigens dafür aufgelegten Zeitungen informieren kann. Die lehrreichen Veranstaltungen werden von Rangern durchgeführt, finden oft in entspannter Atmosphäre am Lagerfeuer statt und beinhalten außerdem Kurse, Exkursionen, Spaziergänge, Diskussionen u.a. Viele Programme sind besonders auf Kinder ausgerichtet. In jedem Fall empfehlenswert ist es, sich zu Beginn eines Parkbesuches die Dia- oder Filmvorführung im Visitor Center anzuschauen. So hat man von Anfang an ein solides Grundwissen über die spezifischen geologischen, historischen oder anderen Hintergründe der Region.

Tierbeobachtung: In den Nationalparks sind nicht nur Landschaften von einmaliger Schönheit geschützt, sondern auch alle darin lebenden Tiere. Über weite Strecken muten sie deswegen wie riesige Wildfreigehege an, in denen sich viele Tiere an die Anwesenheit von Menschen gewöhnt haben – die besten Voraussetzungen also für Tierbeobachtungen. In den Visitor Centers erhalten Sie eine Checkliste der vorkommenden Arten, erfahren die besten Standorte zur Beobachtung und die jeweils günstigsten Tages- oder Jahreszeiten. Natürlich sollte man es unterlassen, die Tiere zu füttern. Und außer Teleobjektiv und Fernglas sollte man – besonders für die seltenen Exemplare – immer auch Geduld mitbringen!

Angeln: In vielen Nationalparks kann man gut angeln, benötigt dafür aber eine Lizenz (*fishing licence*). Diese ist i.d.R. bei der Parkverwaltung erhältlich und oft sogar kostenlos. Natürlich muss man sich an die Vorschriften über Schonzeiten, Fanggrößen, Angelgerät etc. halten.

i Informationen

Eigentlich ist das Informationssystem vor Ort so gut, dass es für den durchschnittlichen Besucher vollkommen ausreicht. Wer aber tiefergehende Interessen hat, z.B. seinen Urlaub ausschließlich in den Nationalparks des Westens bzw. einer Region oder einem ganz bestimmten Park verbringen möchte, kann vorab Informationen einholen, mit denen sich dann besser planen lässt. Dazu wende man sich schriftlich an den zuständigen Superintendent des jeweiligen Nationalparks; dessen Adresse finden Sie jeweils in den Reisekapiteln.

Generelle Informationen über das System der Nationalparks in den USA gibt das **United States Office of Public Inquiries**, National Parks Service, P.O. Box 37127, Washington, D.C. 20013-7127, ① (202) 208-4747, www.nps.gov.

Alle in den **einzelnen Nationalparks vorhandenen Einrichtungen** listet die Broschüre National Parks Visitor Facilities and Services auf. Sie ist erhältlich bei der National Park Hospitality Association, P.O. Box 27, Mammoth Cave, Kentucky 42259. Bei dieser Stelle kann man sich auch über Reservierungen von Unterkünften informieren.

Einen **National Park Camping Guide** für die USA erhält man gegen US$ 0.50 bei R. Woods Consumer Information Center, P.O. Box 100, Pueblo, Colorado, CO 81002.

Falls Sie Ihren Besuch auf die Nationalparks im **Westen Kanadas** ausdehnen möchten, können Sie sich an folgende Stelle wenden: Parks Canada, Western Regional Office, Room 520, 220 4th Ave. SE, Box 2989, Station M, Calgary, Alberta T2P 3H8, ① (403) 292-4401, www.pc.gc.ca.

Die **Internet-Adresse** www.nps.gov ist geeignet, Basisinfos über die Nationalparks einzuholen und dort Unterkünfte zu buchen. Demgegenüber dient die Website www.recreation.gov als Suchmaschine für alle staatlichen Erholungseinrichtungen. Hier können Sie jedes noch so kleine Historic Monument oder -Park eingeben und erhalten dann eine gute Kurzinformation und evtl. einen entsprechenden Link auf die erstgenannte Internetadresse. Einfacher gestaltet ist die Seite www.areaparks.com mit vielen wichtigen Infos zu den Parks. Gut ist hier z. B., dass Unterkünfte auch im weiteren Umfeld der Parks zu finden sind. Nachteil: Werbebanner und außer der Adresse keine Zusatzinfos zu den Unterkünften. Unter www.reserveamerica.com und www.reserveusa.com gibt es eine Online-Buchungsmöglichkeit für Campingplätze in den Nationalparks und State Parks. Und natürlich hat auch jeder größere Park seine eigenen Web-Seiten (z.B. der Yosemite NP unter www.yosemitepark.com).

Buchtipp

Über die Nationalparks des amerikanischen Westens informiert präzise und zuverlässig **Fodor's National Parks of the West**, Fodor's Travel Publications Inc., New York, Toronto, London, Sydney, Auckland, ca. 450 Seiten mit vielen praktischen Tipps, Adressen und informativen Karten.

Notfall/Unfall/Notruf

Im Fall eines Unfalls oder einer Autopanne empfiehlt es sich, an der nächsten Telefonzelle über den *operator* Hilfe anzufordern, der Sie mit Ambulanz, Abschleppdienst, Polizei, Automobilclub etc. verbindet. Bei Schwierigkeiten mit dem Mietwagen sollte unbedingt auch der Mietstation Bescheid gegeben werden. Unfälle mit Personen- oder Sachschaden muss man der Polizei bzw. der Highway Patrol mitteilen.

Der allgemeine **Notruf** in den Vereinigten Staaten ist **911**.

Öffnungszeiten

Ämter und öffentliche Einrichtungen: i.d.R. Mo–Fr 9–17 Uhr und Sa 9–13 Uhr.
Banken: Die Schalter sind im Allgemeinen Mo–Fr 9–17 Uhr für die Abwicklung der üblichen Bankgeschäfte geöffnet, den Kauf von Dollars hingegen tätigen nur einige Geldinstitute. Viele Banken öffnen auch Samstagvormittag.
Büros: Gewöhnlich Mo–Fr 9–18 Uhr.
Restaurants: Die Öffnungszeiten der einzelnen Lokale sind sehr unterschiedlich. In Großstädten beginnen die meisten den neuen Geschäftstag vor dem Mittag und schließen zwischen Mitternacht und 1 Uhr morgens. Hat man ein spezielles Restaurant im Auge, sollte man dessen Öffnungszeiten notfalls telefonisch erfragen. Einige Lokale halten ihre Pforten indes rund um die Uhr geöffnet, insbesondere Fast Food-Anbieter.

Post

Im Staatsgebiet der USA gibt es etwa 40.000 Ämter des U.S. Postal Service. Wegen der langen Zustelldauer sowohl innerhalb der Vereinigten Staaten als auch ins Ausland (z.T. über eine Woche) nehmen viele Kunden die Dienste privater Zustell- und Kurierdienste in Anspruch. Deren Adressen und Telefonnummern findet man in den Yellow Pages unter Mail Services oder in den Business White Pages.

Auf dem Land wird die Post nicht bis an die Haustür gebracht

Die **Postämter** des U.S. Postal Service sind i.d.R. Mo–Fr 9–17 Uhr und Sa 9–12 Uhr geöffnet. Hier kauft man am besten Briefmarken, da in den Hotels, Geschäften usw. hohe Aufschläge genommen werden; das gilt auch für die dort aufgestellten Briefmarkenautomaten! Amerikanische Briefkästen sind blau und tragen die Aufschrift *U.S. Mail*. Bei der postalischen Anschrift für die USA ist zu beachten, dass zunächst der Wohnort, dann das Kürzel für den Bundesstaat und am Schluss die **Postleitzahl** (Zip Code) geschrieben werden. Eine Internet-Suchmaschine für Postleitzahlen in den USA bietet www.w3logistics.com/infopool/plz-usa/.

Postlagernde Sendungen kann man sich auf seinen Namen auf jedes Postamt mit dem Vermerk *General Delivery* schicken lassen, wobei die Anschrift des Postamtes die genaue Postleitzahl enthalten muss. Die Sendungen müssen persönlich unter Vorlage eines Ausweispapiers abgeholt werden.

Das **Porto** für eine Postkarte per Luftpost nach Europa kostet derzeit US$ 0,98, ebenso wie ein Standardbrief, man muss mit einer Beförderungszeit von knapp einer Woche rechnen. Weitere **Infos** über die US-Post und ihre aktuellen Beförderungstarife unter www.usps.com.

Preisermäßigungen

In den USA gibt es jede Menge Möglichkeiten, Preisnachlässe oder Rabattangebote wahrzunehmen. Wer sich damit beschäftigt, kann durchaus viel Geld sparen. **Schüler**, **Studenten**, **Rentner** und **Behinderte** sollten einen internationalen Ausweis mitnehmen. Mit diesem sind erhebliche Preisnachlässe möglich. **Kinder** zahlen fast durchweg weniger, in vielen Fällen – je nach Alter – auch nichts.

Bei den **Hotels/Motels** sind die Zimmerpreise kein Dogma. Hartnäckiges Nachfragen nach einem billigeren Zimmer führt nicht selten zum Erfolg. Viele Hotels bieten auch Sonderpreise für AAA-Mitglieder. ADAC- sowie Mitglieder anderer europäischer Automobilclubs erhalten einen kostenlosen AAA-Pass in der Touristikabteilung ihres Automobilclubs in Europa.

Eine weitere Sparmöglichkeit sind die zahlreichen **Coupons**, die man in den Touristenbüros, den Infoständen an den Grenzen der Bundesstaaten, den Büros der Autovermieter, in Zeitungen oder Werbeprospekten findet und mit denen Restaurants, Hotels und Geschäfte mit Preisnachlässen um Kunden und Gäste buhlen. Mit diesen Coupons kann man mitunter deutlich billiger übernachten oder erhält Rabatte bei Einkäufen. Fährt man in einen neuen Bundesstaat hinein, kann man diese Couponheftchen beim staatlichen Infocenter (am Interstate/Highway) einsammeln.

Immer mehr Firmen/Kaufhausketten etc. versuchen, ihre Kunden dadurch an sich zu binden, indem sie „Mitgliedern" erhebliche Rabatte gewähren. Der Erwerb einer **Mitgliedskarte** kostet i.d.R. nichts, ist einfach (an der Kasse) zu bewerkstelligen und gutes Geld wert!

Auch **Airlines** bieten in Verbindung mit den Flugtickets häufig verbilligte Eintritte zu Vergnügungsparks o. ä. und Rabatte bei der Unterkunft in bestimmten Hotelketten oder bei der Wagenmiete bei bestimmten Firmen.

Rauchen

In Kalifornien ist das Rauchen in öffentlichen Gebäuden genauso **streng untersagt** wie in allen Büros, in den Restaurants und Bars, auf allen Flügen, in Bussen und an Bushaltestellen. In Malibu und anderen Seebädern ist zudem das Rauchen am Strand verboten, die Strafe für Raucher beträgt bis zu US$ 500!

Hotels, Motels und B&Bs sind – abgesehen von einem kleinen Kontingent an *smoking rooms* – überwiegend rauchfrei. Wer in *non smoking rooms* dennoch raucht, muss damit rechnen, dass bei bzw. nach Abreise (Kreditkartenabbuchung) die Reinigung und Desinfizierung des Zimmers mit mindestens US$ 25 in Rechnung gestellt wird.

Auch in den Mietwagen ist das Rauchen ungern gesehen. Nahezu in allen Fahrzeugen hängt ein Nichtraucherschild und sind die Aschenbecher ausgebaut.

Reisezeit

Die geeignete Reisezeit hängt natürlich in erster Linie von dem Gebiet ab, das man bereisen möchte. Ganzjährig zu empfehlen ist die südkalifornische Küstenregion und die Stadt San Francisco, während man im Hochsommer (Juli, August) im südwestlichen Binnenland bei Temperaturen von 35 °C gehörig ins Schwitzen kommt. Zwischen Ende November und Mitte März können hier bitterkalte Temperaturen herrschen, und auch im Oktober und im April sind noch Kaltluftvorstöße möglich. Der kühlere Nordwesten ist zwischen Mai und Ende September zu empfehlen. Ein fantastisches Farbenspiel bietet in den dortigen Wäldern der herbstliche Indian Summer, wenn zwischen dunklen Koniferen das Laub von Ahorn, Eiche und Wildkirsche fast glühend erscheint. Für den Wintersport sind die kalifornischen Skigebiete bestens zu empfehlen, schließlich fällt in den USA nirgendwo mehr Schnee als in der Sierra Nevada!

 Hinweis

Näheres zum Thema „Klima" finden Sie ab S. 37, eine Umrechnungstabelle Fahrenheit-Celsius auf S. 89.

Restaurants

Überall in Kalifornien kann man nicht nur landschaftliche, sondern auch kulinarische Höhepunkte erleben, und es ist unbedingt anzuraten, selbst bei schmalem Budget wenigstens ab und zu auf die mal raffinierte, mal bodenständige Küche des Reisegebietes zurückzugreifen. Fantastisch sind Fischgerichte (Lachs), Crabs und Lobster an der gesamten Pazifikküste, besonders aber im nördlichen Kalifornien. San Francisco hat sich schon früh als **Gourmet-Metropole** Amerikas etabliert, in der italienische, französische, deutsche und amerikanische Meisterköche wetteifern und in der angeblich kein fernöstliches Gericht fehlt, das es überhaupt gibt. Aber auch San Diego und Los Angeles haben aufgeholt, wobei die Megalopolis vor allem durch ihre ethnische Vielfalt den Feinschmecker reizt.

Im Süden lohnen kulinarische Abstecher zu den Kochtöpfen der Texmex, die texanische und vor allem spanisch-mexikanische Spezialitäten bereithalten. Mehr im Landesinneren lohnen die Steakhäuser und überall die fantastisch frischen Salate und Früchte, die man wohl nur in einem so produktiven Bundesstaat wie Kalifornien erwarten kann. Auch in den Indianerreservaten gibt es lokale Spezialitäten.

Internationales Einerlei, daneben aber auch sowohl preisgünstige als auch recht gute Kost mit Texmex- oder mexikanischen Spezialitäten, bieten diverse **Fast-Food-** und Restaurant-Ketten. Die bekanntesten sind: Burger King (Hamburger), Denny's (Texmex-Küche), Kentucky Fried Chicken (Hühnchen), McDonald's (Hamburger), Pizza Hut (Pizzen), Ponderosa (Steaks), Popeye's (Hühnchen), Sambo's (mexikanische Küche), Subway (Baguettes), Taco Bell (mexikanische Küche) und Wendy's (Hamburger). Diese Ketten sind für den Mittags-Snack allemal geeignet, zudem liegen sie verkehrsgünstig an den wichtigsten Straßen und sind jeweils gut zu finden. Zu den gehobeneren Gaststätten zählen die (wenigen) Häuser der Cheesecake Factory, die immer sehr schmackhafte Speisen bereithält. Und selbst in den recht billigen Sizzler-Häusern, deren Angebotspalette hauptsächlich Steaks und Meeresfrüchte enthält, kann man bei den guten Buffets mit ihren knackigen Salaten nichts falsch machen. Das Charthouse ist nicht nur bekannt für gute Steaks und Seafood, sondern wegen seiner Architektur auch interessant. Sehr gute Steaks gibt es außerdem in den Filialen der Stuart Anderson's Black Angus-Kette, wo ein 500-g-Steak samt Beilagen rund US$ 17 kostet.

Bei den genannten Häusern sind die Restaurants in den Städten stets gut besucht, und ab 18 Uhr kann es zu Wartezeiten kommen.

Insgesamt sind die **Preisdifferenzen** zwischen einer Fastfood-Gaststätte und einem Restaurant gewaltig. In ersterer kann man sich für US$ 4–6 satt essen (inkl. eines Getränkes), wäh-

Allgemeine Reisetipps A–Z

rend ein Restaurantbesuch mit mindestens US$ 15 p.P. (plus Getränke und Trinkgeld) zu Buche schlägt. Gutbürgerliche Gaststätten oder Studentenrestaurants, die bei uns die mittlere Preisklasse abdecken, findet man nur vereinzelt in größeren Städten.

Zu den in den Speisekarten angegebenen Preisen muss man noch die Steuern (sales tax) hinzurechnen, die in Kalifornien 8,25 % betragen, und das Trinkgeld; erwartet werden 15–20 % des Rechnungsbetrages vor Steuer. Dies gilt selbst dann, wenn das Trinkgeld bereits auf die Rechnung aufgeschlagen wurde (*tips/gratuity/service charge included*). Das Geld lässt man beim Gehen einfach am Tisch liegen oder legt es der Bedienung in die gereichte Rechnungsmappe. In Fast-Food-Läden gibt man kein Trinkgeld.

Bei einem Restaurantbesuch ist es üblich, auf einen **zugewiesenen Platz** zu warten (*wait to be seated*). Dies gilt auch, wenn gerade das Personal, das für die Platzanweisung zuständig ist, nicht da ist und jede Menge freier Tische vorhanden sind. Für den Fall, dass alle Plätze momentan besetzt sind, kann man sich in eine Warteliste eintragen lassen. Die Bedienung weiß im Normalfall, wann ein Tisch frei wird, sodass man entweder (z. B. an der Bar) warten oder – bei längerer Wartezeit – noch spazieren gehen kann. Besondere Tagesgerichte (*daily specials*) werden meist mündlich empfohlen. Die Rechnung (*check*, bei getrennter Bezahlung: *separate check*) zahlt man häufig an einer Kasse am Ausgang, während das Trinkgeld (*tip*) auf dem Tisch liegen bleibt.

Weiterhin wissenswert:
- Die Amerikaner haben z.T. eigene **Tischsitten**: Sie benutzen beim Essen nur die Gabel (das Messer wird nach dem Schneiden der Speisen wieder hingelegt, die linke Hand bleibt untätig); Gemüse balancieren sie gerne auf der rückwärtigen Seite der Gabel.
- Zu einem vornehmen Essen gehören in Amerika eine dunkle Umgebung und gedämpfte Musik. Die Dining Rooms zeichnen sich deshalb generell durch **Lichtarmut** aus. Trotz der Versuche, eine gemütliche Atmosphäre zu schaffen, verweilen die Amerikaner aber meist sehr viel kürzer im Restaurant als die Europäer.
- Außer in den Restaurants mit französischer oder neuer amerikanischer Küche haben die **Portionen** oft riesiges Format. Wer seine Portion nicht schafft, sollte sich nicht scheuen, sich den Rest als *doggie bag* einpacken zu lassen. Diese Verfahrensweise ist selbst in Nobelrestaurants durchaus üblich.

s. auch Stichpunkt Essen & Trinken

Sicherheit

Bekanntermaßen besitzen die Vereinigten Staaten eine relativ hohe Kriminalitätsrate. Deshalb sollte man stets seine Augen offen halten, damit einem der Urlaub nicht durch Diebstahl oder Schlimmeres verdorben wird. Durch umsichtiges Verhalten minimiert man das Risiko auf jenen Rest, der sich niemals und nirgendwo ausräumen lässt:
- Vor der Reise **Fotokopien** aller wichtigen Unterlagen und Papiere anfertigen, dazu zählen neben Reisepass und Personalausweis auch Führerschein, Flugticket, Kreditkarte u.ä.
- Kein Gepäck, Filmkameras oder Wertsachen **unbeaufsichtigt im Wagen** liegen lassen. Den Mietwagen stellt man nachts am besten in einer Tiefgarage, auf einem bewachten Parkplatz oder notfalls auch an einem beleuchteten Ort ab.
- **Wertsachen** (dazu gehören auch die Flugtickets und der Reisepass) sollten grundsätzlich im Hotel gelassen werden. Fast alle Hotels haben eine Safe Deposit Box an der Re-

zeption, manche auch Safes auf den Zimmern, wo die Benutzung häufig eine Gebühr von US$ 3–6 pro Tag kostet.
- Wenn man das Hotel verlässt, nimmt man den Zimmerschlüssel mit – nur wenn man ganz sicher ist, dass kein Unbefugter an den Schlüssel kommt, an der Rezeption abgeben.
- Nur so viel Geld mitnehmen, wie man wirklich benötigt, vor allem niemandem zeigen, wie viel man bei sich hat. Es ist immer besser, mit Reiseschecks oder Kreditkarte zu zahlen.
- Erkunden Sie sich vorher über **unsichere Stadtviertel** (*bad neighborhoods*), die natürlich gemieden werden sollten. Falls man sich dennoch in eine solche Gegend verirrt hat, die man u.a. an menschenleeren Straßen, verfallenen Häusern, Schrottautos und dubiosen Gestalten erkennt, sollte man am besten schnurstracks weiterfahren bzw. -gehen, bis man wieder in ein belebteres Areal kommt, wo man z.B. in einem Laden nach dem Weg fragen kann.
- Nach Einbruch der Dunkelheit sollte man dunkle Straßen und Plätze, Parkanlagen oder Unterführungen meiden und lieber Umwege oder Taxikosten in Kauf nehmen.
- In U-Bahn-Stationen sollte man die meist gesondert gekennzeichneten und kameraüberwachten Sicherheitsbereiche (*off-hour waiting areas*) aufsuchen. In den Zügen haben die Zugbegleiter (*attendants*) ihre eigenen Abteile in der Mitte.
- Für den Fall, dass man bedroht wird, sollte man stets zehn oder zwanzig Dollar separat vom restlichen Geld in einer Hosentasche bei sich haben, denn in vielen Fällen handelt es sich um Junkies, die Geld für den nächsten Schuss brauchen und die sich mit dieser Summe begnügen. Man sollte nicht den Helden spielen, sondern das Geforderte unverzüglich herausgeben.

Sport

Dass die US-Amerikaner ganz allgemein und die Kalifornier im besonderen sportbegeistert sind, ist eine Binsenweisheit. Und kein Gebiet in den USA bietet eine solche Bandbreite an Sportmöglichkeiten wie der Westen, wo man allenthalben Jogger, Fahrradfahrer oder Walker sieht. Auch Touristen sind eingeladen, die vielfältigen Möglichkeiten wahrzunehmen, ihren Urlaub sportlich-aktiv zu gestalten. **Tennisplätze** etwa sind bei fast allen guten Hotels zu finden, daneben wird dieser Volkssport auf unzähligen privaten und öffentlichen Plätzen ausgeübt. An der kalifornischen Südküste sind außer Surfen selbstverständlich auch alle anderen **Wassersportarten** möglich, passionierte Segler haben zudem in der San Francisco Bay ein wahres Eldorado. In San Diego oder Palm Springs locken Flüge mit Heißluft-Ballons. Für **Golfer** ist Kalifornien ein wahres Eldorado, befinden sich doch hier einige der weltweit besten Courses (vor allem

Ein Traum für jeden Golfer

in Palm Springs, Los Angeles, Carmel und San Diego). Man kann aber auch z. B. bergsteigen und Ausritte unternehmen oder auf den Seen und Flüssen an Kanu-, Schlauchboot- und Bootsfahrten teilnehmen. Im Folgenden sollen einige Sport-Themen erwähnt werden, die besonders mit Kalifornien verknüpft sind:

Surfen
Die ursprünglich aus Hawaii kommende Sportart hat im Westen der USA begeisterte Anhänger, sind doch Brandungslänge und -höhe an der Pazifikküste ideal. Als „Hauptstadt der Surfer" gilt Huntington Beach bei Los Angeles, wo das Wellenreiten 1907 erstmalig an der Westküste eingeführt wurde und wo alljährlich Anfang September die Surfing Championships stattfinden. Auch an den anderen, nächstgelegenen Stränden wie Hermosa Beach sind die Surf-Bedingungen gut, und im Juli sind Manhattan Beach und Redondo Beach Schauplatz des International Surf Festivals, bei dem sich die besten Surfer der Welt messen. Ebenfalls ein heißer Spot: Oceanside, wo sich nicht zufällig das California Surf Museum befindet. Ein Mekka für Surffreunde stellt Santa Cruz dar, erstens wegen der guten Bedingungen am Cowell Beach, zweitens wegen des Surfing Museums, dem ersten weltweit. Auch in San Simeon und Umgebung kommen Surfer auf ihre Kosten, vor allem nahe dem Point Piedras Blancas. Weiter im Norden haben in San Francisco Surfer am Ocean Beach nahe der Golden Gate Bridge beste Verhältnisse, ebenso wie am Stinson Beach, bei Daly City, bei Pacifica und am Montara State Beach.

Wintersport
Was viele nicht wissen: Auch Ski-Enthusiasten finden in Kalifornien paradiesische Verhältnisse vor. Die besten Pisten sind die von Squaw Valley, Heavenly, Northstar und Alpine Meadows am Lake Tahoe, die Skigebiete am Mount Shasta, im Bear Valley und bei Mammoth Lakes, wo überall die Gesamtbreite des Wintersports samt zugehöriger Infrastruktur vorhanden ist. Die Liftpreise bewegen sich zwischen US$ 30–60 pro Tag. Skiresorts findet man im Internet unter www.goski.com, wo fast alle Skigebiete nach Bundesstaaten sortiert sind, oder für Kalifornien direkt unter www.visitcaliforniasnow.com. Weitere Infos u.a. unter www.visitmammoth.com, www.squaw.com, www.visitinglaketahoe.com oder www.skiheavenly.com.

Den Skiurlaub pauschal über einen europäischen Veranstalter zu buchen ist erheblich billiger und erspart die Organisation vor Ort. Ein gutes Wintersport-Programm hat u. a. Airtours, www.airtours.de.

Wandern
In ganz Kalifornien, sowohl an der Küste als auch im Binnenland, steht ein ausgedehntes Netz an Wanderwegen zur Verfügung, das man sogar in den Zentren der Großstädte finden kann. Erst recht natürlich in den Naturschutzgebieten und Nationalparks, deren größten natürlichen Schätze meist nur zu Fuß erkundet werden können. Entsprechend umfangreich ist auch das Infomaterial über Wanderwege, das man in jedem Visitor Center erhalten kann.

Sport ansehen
Nicht nur Sport treiben, sondern auch das Miterleben eines sportlichen Ereignisses als Zuschauer kann ein Erlebnis sein. Diese Veranstaltungen geraten bei wichtigen Spielen zu einem regelrechten Happening. Bei Zeit, Interesse und dem Glück eines nicht ausverkauften Stadions sollte man mal ein Baseball-Spiel etwa der Erstliga-Mannschaften Los Angeles Dodgers oder San Francisco Giants anschauen. Oder ein Football Match der Oakland Riders, oder ein Basketball-Spiel aus der Profiliga NBA, in der u.a. die kalifornischen Mannschaften Sacramento Kings

und Los Angeles Lakers vertreten sind. Falls gerade kein Stadion in der Nähe ist, könnte man einen Pub-Besuch als Ersatz ins Auge fassen, wo Spiele live übertragen werden und wo ebenfalls gute Stimmung garantiert ist.

Sprache

Amerikanisch ist nicht gleich Englisch und umgekehrt. Trotz aller grundsätzlichen Gemeinsamkeiten in Grammatik, Aussprache und Vokabular haben sich in den letzten zweihundert Jahren doch z. T. erhebliche Unterschiede herausgebildet. Mit etwas Gewöhnung ist die amerikanische Sprache aber leicht zu verstehen und zu lernen. Nur besondere mexikanisch-englische Dialekte oder manchmal auch der Slang von Schwarzen führen zu enormen Verständigungsschwierigkeiten. Es fällt auf, dass die Amerikaner zu Wortneuschöpfungen neigen (z.B. U für You, 4sale für for sale, xing für crossing, Xmas für Christmas) und immer häufiger so ähnlich schreiben, wie sie sprechen (z.B. *center* für *centre*, *color* für *colour*, *nite* für *night*). Im Folgenden sind einige Wörter aufgeführt, die sich im britischen und im amerikanischen Englisch erheblich unterscheiden:

Amerikanisch	Britisch	Deutsch
after	past	nach (zeitlich)
aisle	gangway	Durchgang
apartment	flat	Wohnung
baggage	luggage	Gepäck
bumper	buffer	Stoßstange
billion	milliard	Milliarde
booth	kiosk	Kiosk
to call	to ring up	anrufen
can	tin	Konservendose
candy	sweets	Süßigkeiten
check	bill	Rechnung
checkroom	cloakroom	Garderobe, Gepäckraum
closet	cupboard	Schrank
comforter	eiderdown	Daunendecke
commencement	graduation	Schulabschluss
cookies	biscuits	Plätzchen
cop	policeman (bobby)	Polizist
corn	maize	Mais
cute	attractive	niedlich, reizend
date	appointment	Verabredung, Termin
daylight savings time	summer time	Sommerzeit
diaper	nappy	Windel
drugstore	chemist	Drogerie
elevator	lift	Fahrstuhl
eraser	rubber	Radiergummi
fall	autumn	Herbst
faucet	tap	Wasserhahn
first floor	ground floor	Erdgeschoss
first name	Christian name	Vorname
to fix	to repair	reparieren
flashlight	torch	Taschenlampe
freeway	motorway	Autobahn

french fries	chips	Pommes Frites
gas (gasoline)	petrol	Benzin
grain	corn	Weizen
guy	chap	Kerl
hood	bonnet	Motorhaube
icebox	refrigerator	Kühlschrank
kid	child	Kind
last name	surname	Nachname
line	queue	Schlange
to line up	to queue up	sich anstellen
loafer	slipper, slip-on	Slipper, Mokassin
long distance call	trunk call	Ferngespräch
mail	post	Post
motorhome	caravan	Wohnwagen
movie	cinema	Kino
observatory	view tower	Aussichtsturm
one way ticket	single ticket	einfache Fahrt
package	parcel	Paket
pants	trousers	Hose
pavement	road surface	Straßenoberfläche
Pentecost	Whitsuntide	Pfingsten
purse	handbag	Handtasche
round trip ticket	return ticket	Rückfahrkarte
shoe shine	boot polish	Schuhputz
sidewalk	pavement	Bürgersteig
sticker	label	Etikett, Anhänger
stick shift	gear stick	Schaltknüppel
store	shop	Geschäft
streetcar	tram	Straßenbahn
subway	underground	U-Bahn
suspenders	braces	Hosenträger
tenderloin	undercut	Rinderfilet
thread	cotton	Baumwolle
trailer	caravan	Wohnwagen
truck	lorry	Lastwagen
trunk	boot	Kofferraum
underpass	subway	Fußgängerunterführung
vacation	holiday	Ferien, Urlaub
vest	waistcoat	Weste
wrench	spanner	Schraubenschlüssel
zip code	postcode	Postleitzahl

Strände

An der gesamten kalifornischen Küste gibt es ausgezeichnete Sandstrände mit einem herrlichen Hinterland. So schön die menschenleeren Strände im Nordteil des Bundesstaates aber auch sein mögen – zum Baden sind sie nur für Abgebrühte geeignet, die sich von Wassertemperaturen von unter 16 °C nicht schrecken lassen. Das gilt auch noch für den Großraum San Francisco, wo z. B. der **Stinson Beach** nördlich der Golden Gate Bridge (vgl. S. 186) eine besonders schöne Szenerie, aber leider auch keine angenehmeren Wassertemperaturen bietet.

Allgemeine Reisetipps A–Z

Demgegenüber bieten die Strände Südkaliforniens nicht nur Sonne, sondern auch warmes Wasser. Vor allem an den Stadtstränden von Santa Cruz, Santa Barbara, Los Angeles, Malibu, Venice, Laguna Beach, Long Beach und San Diego hat sich deshalb ein lebhaftes Badeleben entwickelt. Sehr populär sind auch die grenznahen Strände der Baja California.

Im Landesinneren locken die unzähligen Seen und Flüsse z.T. ebenfalls mit feinsandigen Uferabschnitten. Bei Abstechern nach Nevada sind besonders die großen Stauseen Lake Powell und Lake Mead für alle Wassersportarten, einschließlich Schwimmen, zu empfehlen.

Strom

Die USA haben eine Netzspannung von **110/115 Volt** Wechselstrom (60 Hz). Deswegen und wegen der amerikanischen Flachstecker ist ein **Adapter** notwendig, den man sich noch vor Reiseantritt im Fachhandel besorgen sollte. Falls man

Surferparadies: Pismo Beach nördlich von Santa Barbara

das vergessen haben sollte, schaut man am besten in Hardware Stores, Drugstores, Elektrogeschäften oder Kaufhäusern unter *Appliance* nach.

Telekommunikation

Das Telefonwesen ist in den USA in den Händen privater Gesellschaften und das Telefonnetz ist das dichteste der Welt. Es gibt grundsätzlich mehrere Arten, von den USA nach Europa zu telefonieren: von öffentlichen Apparaten (was sich nur für Ortsgespräche bzw. mit Calling Card (s. unten) anbietet, da sonst viel Kleingeld nötig ist), vom Hotel aus (was ohne Calling Card, mit Ausnahme von local calls, teuer kommen bzw. unmöglich sein kann) oder per „Handy" (korrekt: *Mobile* oder *Cell Phone*). An Airports, Bahnhöfen oder in Malls ist es häufig möglich, direkt mit Kreditkarte zu telefonieren, wobei die Preise höher sind als mit Calling Card.

Formal wird unterschieden zwischen local calls (25–50 cent für ca. 4 Min.), non-local oder zone calls, long-distance und oversea calls. 1-900-Nummern sind nicht gebührenfrei, sondern gehen im Gegenteil sehr ins Geld. Gebührenfrei, aber regional (meist auf den Bundesstaat) begrenzt, sind 1-800-, 1-888- oder 1-877-Nummern. Von Hotels aus kosten diese wie ein Ortsgespräch, vielfach sind Ortsgespräche frei. Ein internationales Gespräch kostet im Schnitt US$ 1,50–2,50 pro Minute. Anrufe von Deutschland in die USA sind häufig günstiger als andersherum.

In jedem Hotelzimmer gibt es Telefonbücher: ein General Directory (Weiße Seiten) und ein Classified Directory (Yellow Pages – Gelbe Seiten). Um eine Außenleitung zu bekommen muss

im Allgemeinen 9 oder 8 vorgewählt werden. Bei US-Telefonnummern folgt einem dreistelliger Area Code, der in manchen Bundesstaaten einheitlich ist, die normalerweise siebenstellige Rufnummer, manchmal als werbewirksame Buchstabenkombination angegeben:
2 – ABC 3 – DEF 4 – GHI 5 – JKL
6 – MNO 7 – PRS 8 – TUV 9 – WXY

Telefonkarten aller Art sind zur schwer durchschaubaren Wissenschaft geworden. Grundsätzlich wird zwischen Calling Cards und Prepaid oder Phone Cards unterschieden. Um eine **Calling Card** zu bekommen, muss vor der Reise mit einem Calling-Card-Anbieter ein Vertrag geschlossen werden. Die zugeteilte persönliche Geheimnummer (PIN) macht es zusammen mit der Einwahlnummer (USA: 1-800-…, kostenfrei) einfach, von jedem Apparat aus zu telefonieren. Telefongebühren werden nachträglich und ohne Aufschlag über die Kreditkarte abgerechnet. Die Karten können bei Verlust gesperrt und ersetzt werden. Calling Cards gibt es vor allem von den großen Telefongesellschaften wie AT&T (www.att.com), Sprint (www.sprint.com) oder MCI (www.mci.com).

Wichtige Telefonnummern

von den **USA**
   nach **Deutschland**: 01149 + Ortsvorwahl (ohne 0) + Teilnehmernummer
   nach **Österreich**: Ländervorwahl 01143
   in die **Schweiz**: Ländervorwahl 01141
von **Deutschland** in die **USA**: 001
Operator: 0
internationale Fernsprechauskunft: 00
internationale Vermittlung: 01

Günstige Tarife bieten z.B. folgende Karten: www.us-callingcard.info/index.html oder www.minutepass.com. **Prepaid Cards** bzw. **Phone Cards** sind mit einem festen, im Voraus bezahlten Guthaben (z. B. US$ 20 oder 50) geladen. Sie können meist über eine Hotline – gegen Belastung der Kreditkarte – jederzeit nachgeladen werden. Anbieter solcher Karten finden sich z. B. auf den Webpages www.long-distance-phone-cards.info/callingcards oder www.fonecards.de. In den USA gibt es auch Telefonkarten in Supermärkten oder Tankstellen zu kaufen. Die Bedingungen bzw. Einsatzmöglichkeiten unterscheiden sich gravierend und viele sind für Überseegespräche ungeeignet. Auf alle Fälle sollte die Eignung für internationale Gespräche, evtl. anfallende Einwahlgebühren und Zuschläge, die Höhe der Telefongebühren und die Gültigkeitsdauer geprüft werden.

In Amerika spricht man von **Mobile Phone** oder **Cell(ular) Phone**; der Begriff „Handy" (wörtlich für „nützlich, praktisch, geschickt") existiert im Englischen nicht! Diese funktionieren in der mittlerweile verbreiteten Triband-Version mit dem in den USA nötigen 1900-Mhz-Band gut, vor allem im Einzugsbereich der großen Metropolen. In weniger dicht besiedelten Regionen benötigt man evtl. ein Quadband-Handy. Die Kosten mit einem deutschen Vertrag können bei Anrufen in und aus den USA ins Geld gehen, die Roaminggebühren liegen oft bei € 2–3 pro Minute. Man sollte sich auf jeden Fall vor der Abreise bei seinem Anbieter über Handykosten in den USA erkundigen. Passive Kosten entstehen bei Anrufen von zu Hause, da die Rufweiterleitung von Deutschland in die USA immer auf Kosten des Angerufenen geht. Zudem sollte dringend die Rufumleitung auf die Mailbox deaktiviert werden. Die hohen Roamingkosten können mit einer eigenen **amerikanischen SIM-Karte** vermieden werden. Die Call-Company GmbH vermittelt amerikanische SIM-Karten zum Einsetzen in das eigene Handy, das jedoch nicht für andere Anbieter gesperrt sein darf. Die USA SIM-Karte gibt es ohne Grundgebühren, Mindestumsatzverpflichtungen oder Aktivierungsgebühren, mit kostenloser UniversalCard Calling Card. Man erhält eine amerikanische Rufnummer, unter der man für jeden erreichbar ist. Anrufer aus Deutschland können bereits für wenige Cent zu einer amerikanischen Cellion-Handynummer telefonieren (www.cellion.de). Falls das Mobiltelefon verloren geht oder gestohlen wird, sollte man die Nutzung der SIM sofort beim Provider sperren lassen. Die an sich preiswerte Möglichkeit, **SMS** zu schicken, funktioniert in den USA nicht immer und ist abhängig vom Anbieter, Vertrag und/oder SIM-Karte.

Internetnutzung mit privaten Laptops stellt mit internem Modem und dem richtigen Provider selten ein Problem dar, außerdem ermöglichen Internetcafés oder Businesszentren in Hotels (gegen Gebühr) bzw. öffentliche Bibliotheken, Buchläden und Elektronikshops sogar gratis Internetzugang. Vermehrt stellen Hotels/Motels eine kostengünstige oder freie WLAN-Verbindung zur Verfügung.

Trinkgeld

Dienstleistungen werden in den USA üblicherweise mit einem Trinkgeld (*tip, gratuity*) belohnt. Man sollte immer bedenken, dass die Grundgehälter im Dienstleistungsgewerbe oft sehr niedrig sind, sodass die Trinkgelder für die hier Tätigen das eigentliche Einkommen darstellen. Die unterste Grenze für einen Tip sind 50 Cents. In **Restaurants** waren Trinkgelder früher nur äußerst selten in der Rechnung enthalten, doch gehen mehr und mehr dazu über, diese mit zu verrechnen. Findet man auf seiner Rechnung den Hinweis Tips included (*Gratuity included, Service Charge included*), ist im Prinzip alles erledigt, trotzdem gehört es zum guten Ton, 5–10 % des Endbetrages als Trinkgeld zu geben. Für den Fall, dass das Trinkgeld nicht in der Rechnung eingeschlossen ist, gibt man bei anständigem Service 15–20 % des Netto-Rechnungspreises. In besseren Restaurants ist es üblich, auch dem Oberkellner (Maître d'hotel) ein Trinkgeld von mindestens US$ 5 zu geben, dem Getränkekellner lässt man pro Flasche Wein US$ 2–3 zukommen. In Lokalen wird das Trinkgeld beim Verlassen auf dem Tisch bzw. in der gereichten Rechnungsmappe zurückgelassen.

Taxifahrer, **Friseure** usw. erhalten durchschnittlich 15 % Trinkgeld, **Gepäckträger** erwarten pro Gepäckstück US$ 1, ebenso der **Portier** für den persönlichen Taxiruf, das **Zimmermädchen** pro Tag ca. US$ 2, **Garderobefrau** pro Kleidungsstück und der **Barkeeper** pro Getränk etwa US$ 1. Den Angestellten, die einem beim Restaurant oder Hotel den Wagen einparken und wieder holen, drückt man ebenfalls US$ 2–3 in die Hände. Das Trinkgeld bezieht sich übrigens nur auf die Dienstleistung der entsprechenden Person, z. B. kann der Kellner nichts dafür, wenn das Essen schlecht ist. Andererseits sollte man nichts geben, wenn der

Hinweis

Ist die Rubrik Tips auf dem Rechnungsbeleg der Kreditkarte offen gelassen, sollte man diese entsprechend seiner Wertschätzung ausfüllen und die Gesamtsumme eintragen, da dies ansonsten der Abrechnende nach eigenem Gutdünken tut, was mitunter zu bösen Überraschungen führen kann.

Service nicht stimmt, dies aber mit Begründung: No service, no tip! In Fast Food-Restaurants und ähnlichen Einrichtungen gibt man kein Trinkgeld.

Unterkunft

Der Tourist kann auf ein dichtes Netz an Unterkunftsmöglichkeiten jeder Art zurückgreifen, das die Vereinigten Staaten als Reiseland par excellence schon früh gespannt haben. Die Wahl einer bestimmten Unterkunft richtet sich nach der Verfügbarkeit, der Art des Reisens und nach dem Komfortanspruch. Bei der Frage, ob man in einem Hotel oder einem Motel einkehren soll, gilt die Regel, dass für Stadtbesichtigungen ein zentral gelegenes Hotel günstiger ist. Wer nur ein bequemes Nachtquartier sucht, ist mit einem Motel am Wegesrand genauso gut bedient. In jedem Fall kann man in den USA eigentlich immer saubere Zimmer erwarten.

Bei der Ankunft ist ein Anmeldeformular auszufüllen und i.d.R. auch der Übernachtungspreis zu entrichten (Kreditkartenabzug). In manchen Hotels/Motels muss man an der Rezeption angeben, ob man das Telefon benutzen möchte, das in diesem Fall freigeschaltet wird. Wer vorhat, an einem der nächsten Tage in einem Hotel/Motel der gleichen Kette zu übernachten, sollte von der Rezeption aus die gewünschte Kategorie reservieren lassen. Auch sonst sollte man während der Reise Vorab-Reservierungen mit Hilfe der kostenlosen 800er-Nummern vornehmen. Wichtig ist, dass die reservierte Unterkunft bis spätestens um 18 Uhr in Anspruch genommen oder die Verspätung telefonisch mitgeteilt wird. Hat man keinerlei Reservierung, ist es besonders in der Hochsaison ratsam, sich sofort bei Ankunft am Zielort (möglichst gegen 15 Uhr) um eine Übernachtungsmöglichkeit zu kümmern und erst anschließend die Besichtigungen vorzunehmen. Hilfreich bei der spontanen Zimmersuche sind auch die Visitor Bureaus, die es in jedem größeren Ort gibt.

Angesichts des enormen Angebotes an Unterkünften aller Art können in diesem Buch nur einige wenige Adressen genannt werden; dabei wurde versucht, einen repräsentativen Querschnitt zu geben. Die Auswahl und die bewertenden Aussagen entstammen allein dem subjektiven Empfinden des Autors; Häuser, die in diese Auswahl nicht aufgenommen wurden, müssen deswegen nicht schlechter sein! Die jeweilige Preiskategorie der meisten Unterkünfte ist mit Dollarsymbolen gekennzeichnet. Da durch Saisonzeiten, Sondertarife, unterschiedliche Zimmerkategorien, allgemeine Preisentwicklung etc. gerade auf diesem Sektor verlässliche Anga-

---

 Hinweis

Wer sich von zu Hause aus via Internet eine Unterkunft in einer größeren Stadt reservieren möchte, kann das u.a. über folgende Broker tun:
www.crshotels.com – kostenloser Hotelreservierungs-Service
www.hotel.de – über 210.000 Hotels weltweit
www.hotelbook.com – sofortige Hotelreservierung in verschiedenen amerikanischen Städten
www.hrs.de – weltweite Hotelreservierungen, außerdem Auskünfte zu Airports, Fluggesellschaften etc.
www.quikbook.com – landesweite Hotel-„Schnäppchen" zum Sofortbuchen
www.booking.com – Zimmersuche und allgemeine Infos (Sightseeing, Restaurants, Stadtpläne usw.)
www.worldres.com – mehr als 40.000 Hotels weltweit

> **Klassifizierung der Unterkünfte**
>
> Die Preiskategorien der Unterkünfte verstehen sich pro Standard-Doppelzimmer (DZ), sofern nicht anders angegeben, ohne Frühstück und Tax. An Wochenenden, in der Nebensaison, mit Rabattcoupons, bei Sonderaktionen usw. können z.T. erheblich abweichende Tarife gelten.
>
> | | |
> |---|---|
> | $ | unter US$ 60 (= einfacher Standard) |
> | $$ | US$ 60-100 (= Mittelklasse-Hotel) |
> | $$$ | US$ 100-200 (= Hotel der gehobenen Mittelklasse) |
> | $$$$ | US$ 200-300 (= First-Class-Hotel) |
> | $$$$$ | über US$ 300 (= Luxushotel) |

ben schwer zu machen sind, können die Symbole nicht mehr als eine vage Richtschnur sein, ein eigenes Nachfragen ist unerlässlich.

Hotels: Zur Standardeinrichtung eines moderneren Hotels gehören heutzutage ein Bad mit WC und Dusche, Farb-TV, Ventilator oder Klimaanlage, sehr häufig sind aber auch Minibar, Safe, Kaffeemaschine und Kühlschrank selbst in den billigeren Zimmern vorhanden, bei besseren Häusern auch ein Swimmingpool, Restaurant, Bar etc. Der Zimmerpreis, der i.d.R. immer für 2 Personen gilt, ist nicht bindend, sondern kann durch Nachfragen mitunter nach unten gesenkt werden. Oft bieten die Hotels von sich aus Spezialtarife an (Wochenenden oder Ferienzeiten, wenn die Geschäftsreisenden ausbleiben). Daneben gibt es die üblichen saisonbedingten Schwankungen. Natürlich bestimmen auch Lage, Ort und Qualität der Unterkunft über den Zimmerpreis. Mann sollte bei der Buchung auf die Zimmerkategorie und die eingeschlossene Verpflegungsleistung achten. Zimmer werden eingeteilt in die Kategorien Standard, Superior, Deluxe und Suite, die sich hinsichtlich ihrer Größe, Lage innerhalb des Hotels und Ausstattung unterscheiden. Selbst Standard-Zimmer bieten i.d.R. aber drei Personen Platz, und ein Zustellbett kostet meist nur einen geringen Aufpreis.

Hinsichtlich der Verpflegungsleistung werden am häufigsten in den Programmen Unterkünfte nach dem sog. *European Plan* (EP) mit bloßer Übernachtung, also ohne Frühstück, angeboten. Im *Continental Plan* (CP) ist das Frühstück eingeschlossen, beim *Modified American Plan* (MAP) Halbpension und beim *American Plan* (AP) Vollpension.

Trotz des großen Hotelangebots können viele Häuser in den touristischen Brennpunkten und in der Hochsaison ausgebucht sein, weswegen sich eine rechtzeitige Anmeldung empfiehlt. Ein weiterer Grund spricht für die Vorreservierung vom Heimatort aus: Zusammen mit einer Flug-

Historisches Wawona Hotel im Yosemite National Park

> **Hinweis**
>
> Möchte man telefonisch ein Zimmer reservieren, sollte man immer die Kreditkarte bereit halten, häufig wird man nach der Nummer gefragt. Falls man dann nämlich nicht erscheint, rechnet man den Zimmerpreis trotzdem an! Man sollte Bescheid sagen, falls man nach 16 oder besonders nach 18 Uhr ankommen wird. Sonst wird das Zimmer evtl. weitervergeben! Bevor man ein Hotel fest bucht, kann man nach einem Sondertarif frageb, der häufig gewährt wird, besonders an Wochenenden (Stadtbereich), Wochentarif (in der Nähe der Nationalparks), mit Hilfe der AAA-Karte oder in der Nebensaison (vgl. auch Stichwort „Preisermäßigung", S. 93).

buchung oder anderen touristischen Leistungen (Pauschalangebote) bekommt man das gewünschte Hotelzimmer zu erheblich günstigeren Preisen als vor Ort, hat außerdem keine Sucherei, kann sich auf die Prospektbeschreibung berufen und hat im Fall von Reklamationen das kundenfreundliche deutsche Reiserecht auf seiner Seite.

Motels: Motels gibt es an jeder größeren Straße und an den Ausfallwegen eines jeden größeren Ortes, oft werden sie auf Reklameschildern weit im Voraus entlang der Highways angepriesen und sind nicht zu verfehlen. Häufig werden auch Preis und Ausstattungsdetails (z. B. Swimmingpool, Kabel-TV) rechtzeitig mitgeteilt. Kennzeichen eines Motels (aus: motor hotels) ist der Autoparkplatz direkt vor dem Zimmer. Die Standardausrüstung unterscheidet sich nicht sehr von der eines Hotels, und auch sonst sind die Grenzen fließend. Günstig ist, dass man in den Motels durch Mehrfachbelegung der Zimmer viel Geld sparen kann und dass einige Kochgelegenheiten anbieten.

Auswahl von Hotel- und Motelketten mit US-Rufnummern und Internet-Adressen:

Name	☎-Nr.	Internet-Adresse	Preiskategorie
Adam's Mark	1-716-845-5100	www.adamsmark.com	hoch
America's Best Value	1-888-315-2378	www.americasbestvalueinn.com	niedrig
Best Western	1-800-780-7234	www.bestwestern.com	mittel
Budget Host	1-800-BUD-HOST	www.budgethost.com	niedrig
Clarion Hotels	1-877-424-6423	www.clarionhotel.com	mittel
Comfort Inns	1-877-424-6423	www.comfortinn.com	mittel/ teilweise niedrig
Crowne Plaza	1-800-181-6068	www.crowneplaza.com	mittel
Days Inn	1-800-225-3297	www.daysinn.com	mittel
Doubletree	1-800-222-8733	www.doubletree1.hilton.com	hoch
Econo Lodges	1-877-424-6423	www.econolodge.com	niedrig
Embassy Suites	1-800-362-2779	www.embassysuites1.hilton.com	mittel bis hoch
Fairmont Hotels	1-800-257-7544	www.fairmont.com	mittel
Four Seasons Hotels	1-800-819-5053	www.fourseasons.com	hoch
Hampton Inn	1-800-HAMPTON	www.hamptoninn1.hilton.com	niedrig bis mittel
Hilton Hotels	1-800-HILTONS	www.hilton.com	teuer
Holiday Inns	1-800-181-6068	www.ichotels.com	mittel bis hoch
Howard Johnson	1-800-221-5801	www.hojo.com	niedrig bis mittel
Hyatt	1-888-591-1234	www.hyatt.com	hoch
Inns of America	1-760-929-8200	www.innsofamerica.com	mittel
Intercontinental	1-800-181-6068	www.ichotelsgroup.com	hoch
La Quinta	1-800-SLEEP-LQ	www.lq.com	niedrig bis mittel
Le Meridien	1-800-543-4300	www.starwoodhotels.com/lemeridien	mittel bis hoch
Marriott Hotels	1-888-236-2427	www.marriott.com	hoch
Motel 6	1-800-4-MOTEL-6	www.motel6.com	niedrig
Omni Hotels	1-800-THE-OMNI	www.omnihotels.com	hoch
Quality Inns	1-877-424-6423	www.qualityinn.com	niedrig bis mittel

Radisson Hotel	1-800-967-9033	www.radisson.com	mittel bis hoch
Ramada Inns	1-800-854-9517	www.ramada.com	mittel
Red Carpet Inn und Scottish Inn	1-800-251-1962	www.bookroomsnow.com	niedrig
Red Roof Inn	1-800-RED-ROOF	www.redroof.com	niedrig, teilweise mittel
Renaissance	1-888-236-2427	www.marriott.com/renaissance-hotels	hoch
Residence Inns by Mariotts	1-888-236-2427	www.marriott.com/residenceinn	hoch
Ritz-Carlton	1-800-542-8680	www.ritzcarlton.com	hoch
Rodeway Inns	1-877-424-6423		niedrig bis mittel
Sheraton	1-800-325-3535	www.starwood.com/sheraton	hoch
Sleep Inn	1-877-424-6423	www.sleepinn.com	niedrig
Super 8 Motels	1-800-454-3213	www.super8.com	niedrig
Travelodge	1-800-525-4055	www.travelodge.com	niedrig bis mittel
Vagabond Inn	1-800-522-1555	www.vagabondinn.com	niedrig
Westin	1-800-937-8461	www.starwood.com/westin	hoch
Wyndham	1-877-999-3223	www.wyndham.com	hoch

Gästehäuser/Bed & Breakfast: Noch billiger und vor allem einfacher sind die *guest houses*, auf die man durch Werbeschilder (*rooms, tourist home*) aufmerksam gemacht wird oder die man über die örtlichen Visitor Bureaus erfährt. Oft bieten die guest houses als B&B (Bed & Breakfast) auch Frühstück oder weitere Mahlzeiten an. In einer ungezwungenen Atmosphäre kommt man hier besser als in den Hotels/Motels mit der lokalen Bevölkerung in Kontakt. Eleganter und selbstverständlich auch (viel) teurer sind die meisten Bed & Breakfast Inns, die man vor allem in den Innenstädten antrifft. Hier handelt es sich in der überwiegenden Zahl um luxuriöse Unterkünfte, die oft in vorzüglich restaurierten Villen oder denkmalgeschützten Stadthäusern untergebracht sind. Einige von ihnen, insbesondere in San Francisco, gehören zu den besten Unterkünften überhaupt.

Rund 300 B&B-Adressen im gesamten Bundesstaat gehören der California Association of Bed & Breakfast Inns an, 414 Twenty-Ninth St., Sacramento, CA 95816-3211, ☏ (800) 373-9251, www.cabbi.com. Die Häuser werden im Internet einzeln vorgestellt und sind individuell buchbar.

YMCA/YWCA: Die Young Men's (Women's) Christian Association betreibt in vielen amerikanischen Großstädten Häuser mit billigen, aber sauberen Zimmern und einem sehr guten Preis-Leistungsverhältnis, da nicht selten auch Sportanlagen, Küchen etc. zum Hotelbetrieb gehören. Es gibt Einzel-, Doppel- und Dreibettzimmer, keine Altersbeschränkungen, und bei den meisten YMCAs können auch Frauen übernachten. Infos gibt YMCA of the USA, 101 N. Wacker Dr., Chicago, IL 60606, ☏ (800) 872-9622, www.ymca.net. In Deutschland kann man Infos über YMCAs bei den CVJM-Reisen einholen: Bundeshöhe 6, D-42285 Wuppertal, Tel. (0202) 574221, www.cvjm-reisen.de.

Jugendherbergen: In Kalifornien gibt es Häuser der American Youth Hostels (AYH), die dem Internationalen Jugendherbergsverband angeschlossen sind, in Cambria, Los Altos, Los Angeles (3), Merced, Midpines (Yosemite), Montara, Monterey, Pescadero, Point Reyes Station, Redwood National Park, Sacramento, San Diego (2), San Francisco (3), San Luis Obispo, Santa Cruz und Sausalito. Es handelt sich um einfache, oft in historischen Gebäuden untergebrachte und äußerst preiswerte Unterkünfte mit Kochgelegenheit, Waschräumen und Schlafsälen (nach Geschlechtern getrennt). Die maximale Aufenthaltsdauer beträgt jeweils drei Nächte. Eine Voranmeldung ist in jedem Fall empfehlenswert, an Wochenenden und Feiertagen sowie zu Ferienzeiten sogar unerlässlich. Weitere Infos bei: Hostelling International USA, National Administrative Office, 8401 Colesville Rd., Suite 600, Silver Spring, MD 20910, ☏ (301) 495-1240; www.hiusa.org. Für Auskünfte oder Anträge auf Mitgliedschaft im Internationalen Jugendherbergsverband wende man sich in Deutschland an: Deutsches Jugendherbergswerk, Bismarckstraße 8, D-32756 Detmold, ☏ 05231-74010, www.jugendherberge.de.

Versicherung

Wegen der hohen Arzt- und Behandlungskosten in den USA ist für die Dauer des Amerika-Urlaubs der Abschluss Reisekranken- und Reiseunfallversicherung anzuraten. Entsprechende Policen kann man praktisch bei jeder Versicherung abschließen. Diese sind in der Regel auf 31 Tage beschränkt, bei einem längeren Aufenthalt kommt eine Jahresversicherung oftmals günstiger. Beim Abschluss einer Unfallversicherung sollte man darauf achten, dass diese eine Rücktransportversicherung enthält. Für ihren Leistungsumfang recht preiswert sind Versicherungspakete, die die Versicherung touristischer Beistandsleistungen (z.B. Rechtsanwalt) und Rücktransportkosten, eine Reisekranken- und Unfallversicherung, eine Haftpflicht- und Reisegepäckversicherung beinhalten. Bei Buchung einer Pauschalreise ist der Abschluss einer Reiserücktrittskostenversicherung ratsam.

Visum

Wer einen über dreimonatigen Urlaub plant oder nicht genügend Geld zur Finanzierung des USA-Aufenthaltes nachweisen kann, braucht ebenso ein Visum wie alle, die in den Vereinigten Staaten arbeiten oder studieren möchten. Informationen zur Visaerteilung bei den amerikanischen Botschaften und unter www.travel.state.gov.

Hinweis

Die Bestimmungen zur Visumspflicht können sich jederzeit ändern. Deswegen ist es ratsam, sich vor Reiseantritt bei Reisebüros, den zuständigen Botschaften/Konsulaten oder im Internet unter www.us-botschaft.de nach dem aktuellen Stand zu erkundigen! S. auch unter „Einreise".

Zeit

In Kalifornien gilt wie an der gesamten Westküste der USA sowie in Nevada und im nördlichen Idaho die **Pacific Time** (MEZ -9 Stunden). Ein Beispiel: Wenn es in San Francisco 12 Uhr ist, ist es in Berlin, Bern und Wien 21 Uhr.

Zwischen Ende April und November gibt es auch in den USA die **Sommerzeit** (*daylight savings time*), mit Ausnahme allerdings von Arizona! Die Stunden zwischen 0 und 12 Uhr tragen den Zusatz **a.m.** (ante meridiem = vormittags), die zwischen 12 und 24 Uhr **p.m.** (post meridiem = nachmittags). Also meint 8 a.m. 8 Uhr und 8 p.m. 20 Uhr. Das **Datum** wird i.d.R. in der Reihenfolge Monat-Tag-Jahr angegeben, z.B.: June 21, 2010 oder kurz: 6-21-10.
Wichtig bei Ausflügen in andere Weststaaten: In Montana, Wyoming, Utah, Colorado, Arizona, New Mexico und in Teilen von Idaho, North Dakota, South Dakota und Nebraska herrscht die Mountain Time (MEZ -8 Stunden).

Zoll

Bei der **Einreise in die USA** dürfen **zollfrei** eingeführt werden: alle persönlichen Dinge (Kleidung, Kamera, Radio etc.), außerdem: 2 kg Tabak oder 200 Zigaretten oder 100 Zigarren (keine kubanischen), 1 Liter alkoholische Getränke (für Personen ab 21 Jahren), Geschenke im Gegenwert bis zu US$ 100. Geldbeträge über US$ 10.000 müssen deklariert werden. **Nicht eingeführt** werden dürfen: Lebensmittel (Schokolade ist erlaubt), Pflanzen, Erde, lebende Tiere, Sprengstoff, Schusswaffen, Munition, Feuerwerkskörper, Springmesser, Drogen und Betäubungsmittel, rechts- oder linksradikale Schriften, Pornographie, gefährliche und giftige Waren. Details finden sich unter www.cbp.gov.

Bei der **Wiedereinreise nach Deutschland**, **Österreich** oder andere EU-Staaten sind p.P. zollfrei: 200 Zigaretten oder 100 Zigarillos oder 50 Zigarren oder 250 g Tabak, Alkohol (Personen über 17 Jahre): 1 Liter über 22 Vol.-% oder 2 Liter bis 22 Vol.-% und zusätzlich 2 Liter nichtschäumende Weine, 200 ml Eau de Toilette, 500 g Kaffee oder 200 g Kaffee-Extrakt, 100 g Tee oder 40 g Tee-Extrakt sowie sonstige Waren im Gegenwert von € 430.
Bei der **Wiedereinreise in die Schweiz** sind zollfrei: 200 Zigaretten oder 100 Zigarren oder 500 g Tabak (Personen über 17 Jahre); 2 l alkoholische Getränke bis zu 15 Vol.-% (Personen über 17 Jahre); 1 l alkoholische Getränke über 15 Vol.-% (Personen über 17 Jahre); Geschenke bis zu einem Wert von 300 SFR. Personen unter 17 Jahren können Geschenke im Wert von bis zu 50 SFR zollfrei einführen.

Für Betäubungsmittel, Elfenbein, Absinth, Schusswaffen und Munition herrscht Einfuhrverbot. Strenge Regelungen bestehen für die Einfuhr von Fleisch und Fleischwaren, Medikamenten, Butter und Lebensmitteln.

Auskünfte über die **aktuellen Zollbestimmungen** in **Deutschland**: ① 069-46997600, www.zoll.de, in **Österreich**: ① 04242-33233, www.bmf.gv.at und in der **Schweiz**: ① 061-2871111, www.zoll.admin.ch.

Züge

Eine wenig bekannte, aber interessante und sehr komfortable Art, Kalifornien kennen zu lernen, bieten die Eisenbahnverbindungen der AMTRAK (*America's National Railroad Passenger Corporation*). Auf mehreren berühmten und landschaftlich reizvollen Strecken kann man zu jeder größeren Stadt im Reisegebiet gelangen – und das in Zügen, die über gute bis luxuriöse Schlafwagen (z.T. Abteile mit eigenem Bad), Ankleideräume, zweistöckige Speisewagen mit Panoramafenstern, Gesellschaftswagen, saubere Toiletten u.ä.m. verfügen. Viele Züge bieten außerdem die Möglichkeit, ein Fahrrad mitzunehmen. Einige der bekanntesten Strecken:
- Der **California Zephyr** verkehrt täglich auf einer zweitägigen Bahnfahrt zwischen Chicago und Emeryville/San Francisco durch herrliche Landschaften und über Denver, Salt Lake City, Reno und Sacramento.
- Ähnlich der **Southwest Chief**, der ebenfalls in Chicago startet und auf einer südlicheren Route über Kansas City und Albuquerque zur Pazifikküste (Los Angeles) fährt; dabei kommt er u. a. in der Nähe des Monument Valley und des Grand Canyon vorbei (Buszubringer zu diesen Attraktionen).
- Der **Sunset Limited**, der einen auf der südlichsten Route der USA von New Orleans über Texas, die Wüsten New Mexicos und Arizonas bis nach Los Angeles bringt.

Allgemeine Reisetipps A–Z

- Der **Coast Starlight** auf seiner abwechslungsreichen Küstenroute zwischen Seattle und Los Angeles, u.a. über Eugene und Oakland.

Zu den weniger langen und ausschließlich innerkalifornischen AMTRAK-Strecken gehören:
- Der **Capitol Corridor**, der mehrmals täglich auf der Strecke zwischen San Jose im Süden und Auburn im Norden verkehrt; Stationen unterwegs sind u.a. Santa Clara, Oakland, Berkeley, Richmond, Sacramento und Rocklin.
- Der **Pacific Surfliner**, der täglich 12 Mal auf der Küstenstrecke zwischen San Diego im Süden und San Luis Obispo im Norden verkehrt; Stationen unterwegs sind u.a. Oceanside, San Clemente, Anaheim, Los Angeles, Burbank, Ventura, Santa Barbara, Surf und Grover Beach.
- Der **San Joaquin**, der mehrmals täglich zwischen Bakersfield im Süden und durch Kaliforniens Central Valley bis Sacramento im Norden verkehrt; Stationen unterwegs sind u.a. Hanford, Fresno, Merced, Modesto, Stockton, Richmond und Oakland.

Wer an Zugreisen durch und in Kalifornien interessiert ist, sollte frühzeitig bei Reisebüros, in den Reisecentern der Bundesbahn oder direkt bei AMTRAK Informationen einholen: ☎ 1-800-872-7245; www.amtrak.com (Fahrpläne, Streckenpläne, Reservierungen und Last Minute-Tickets). AMTRAK-Agenturen mit Informationen, Buchungen und Reservierungen, auch für Schlaf- und Liegewagen, sind:

In **Deutschland**:
- **MESO Amerika-Kanada-Reisen GmbH**, Wilmersdorfer Str. 94, 10629 Berlin, ☎ (030) 2123419-0, info@meso-berlin.de, www.meso-berlin.de.
- **CRD-International-Reisedienst**: North America House, Fleethof, Stadthausbrücke 1–3, ☎ (040) 3006160, www.crd.de/amtrak
- **Reisebüro Hauns**: Taunusstr. 2, 35510 Butzbach, ☎ (06033) 921113, www.hauns.de/usa.htm

In der **Schweiz**:
- **Kuoni Travel** (und ca. 70 angeschlossene Reisebüros), Neue Hard, Neugasse 231, CH-Zürich, ☎ (044) 277410, www.kuoni.ch.
- **SSR TRAVEL**, Eggbühlstr., Postfach, CH-8050 Zürich, ☎ (0900) 450402, www.ssr.ch

In **Österreich**:
- **Austria Reiseservice** (sowie angeschlossene Reisebüros), Westbahnstr. 26, 4300 St. Valentin, ☎ (07435) 54333, www.reiseservice.at

Günstige Preise erhält man bei Benutzung eines **Amtrak-Railpass**, der für einen Zeitraum von 15, 30 oder 45 Tagen gültig ist. Die Railpässe werden nur außerhalb der USA verkauft und vor Ort an den AMTRAK-Schaltern gegen Bahnfahrkarten eingetauscht. Sie sind auf dem gesamten Streckennetz von Amtrak und für maximal 180 Tage gültig. 2012 kostet ein Amtrak-Railpass für 8 Bahnsegmente (Reisedauer 15 Tage) US$ 429, für 12 Bahnsegmente (Reisedauer 30 Tage) US$ 649 und für 18 Bahnsegmente (Reisedauer 45 Tage) US$ 829. Als Segment gilt dabei jede Bahnstrecke zwischen 2 Stopover-Punkten. Der Amtrak-Railpass wird gegen eine Bearbeitungsgebühr von US$ 13 p.P. ausgestellt, Reservierungen kosten ebenfalls US$ 13 p.P.

Entfernungstabelle

in Meilen	Bakersfield	Chico	Crescent City	Eureka	Fresno	Los Angeles	Monterey	Oakland	Palm Springs	Sacramento	San Diego	San Francisco	Santa Barbara
Bakersfield	-	336	657	579	107	108	224	285	209	275	235	295	151
Chico	366	-	291	228	259	474	280	172	575	91	601	178	496
Crescent City	657	291	-	84	550	743	477	372	872	382	892	362	683
Eureka	579	228	84	-	472	659	393	288	788	304	776	278	599
Fresno	107	259	550	472	-	215	152	178	316	168	342	188	258
Los Angeles	108	474	743	659	215	-	332	393	103	383	127	403	96
Monterey	224	280	477	393	152	332	-	111	433	185	459	115	236
Oakland	285	172	372	288	178	393	111	-	494	81	520	10	317
Palm Springs	209	575	872	788	316	103	433	494	-	484	135	504	199
Sacramento	275	91	382	304	168	383	185	81	484	-	510	87	391
San Diego	235	601	892	776	342	127	459	520	135	510	-	548	228
San Francisco	295	178	362	278	188	403	115	10	504	87	548	-	321
Santa Barbara	151	496	683	599	258	96	236	317	199	391	228	321	-

Das kostet Sie das Reisen in Kalifornien

- Stand März 2012 -

Die Grünen Seiten wollen Ihnen Preisbeispiele für den Urlaub in Kalifornien geben, damit Sie sich ein realistisches Bild über die Kosten einer Reise und eines Aufenthaltes machen können. Natürlich sollte man die Preise nur als vage **Richtschnur** auffassen.

Beachten Sie, dass viele Waren einer **regionalen Verkaufssteuer** unterliegen, die je nach Bundesstaat unterschiedlich und i.d.R. nicht im ausgeschilderten Preis enthalten ist. 2012 betrug sie in Kalifornien 7,25 %. Zusätzlich können noch **lokale Steuern** (etwa in San Francisco oder Los Angeles) auf Waren erhoben werden.

Aktueller Wechselkurs: 1 € = 1,31 US$, 1 US$ = 0,76 € (aktuelle Kurse unter www.oanda.com)

Beförderung

Flüge

Als Richtlinie kann gelten, dass während der Hauptsaison die Preise nach Los Angeles, Seattle oder San Francisco bei ca. 600–1.000 € liegen. Während der Zwischensaison und besonders in der Nebensaison können die Preise dann um ca. 100–150 € niedriger sein.
Wer auf Sonderangebote achtet, kann ebenfalls oft unter dem offiziellen Tarif fliegen. Insgesamt machen sich Preisvergleiche in alle Richtungen immer bezahlt. Achten Sie dabei besonders auf die Zusatzleistungen – z.T. gibt es mit einem bestimmten und etwas teureren Airline-Ticket nicht nur vergünstigte Mietwagen, sondern auch Rabatte in Hotelketten.
Bei **Inlandsflügen** kann eine Kombination mit dem Transatlantikflug z.T. erhebliche Ermäßigungen mit sich bringen, so z.B. mit dem *Visit USA*-Ticket der *Northwest Airlines*.
Einen guten Überblick und günstige Angebote im Internet erhalten Sie u.a. auf den Webseiten von *www.orbitz.com*, *www.expedia.com*, *www.travelocity.com*, *www.cheaptickets.com* und *www.kayak.com*.

Mietwagen

Die genannten Preise beinhalten in der Regel alle gefahrenen Kilometer – nur bei Campern wird häufig ab einer bestimmten Kilometerleistung extra abgerechnet (siehe unten). Alle größeren Mietwagenfirmen in Kalifornien liegen in etwa im gleichen Preisniveau, und die Unterschiede sind minimal.
Gelegentlich ist es günstiger, Flug und Mietwagen als Kombination zu buchen. Ein Wagen der beiden unteren Klassen *(Economy, Subcompact, Compact,* etwa VW-Golf-Größe) kostet dabei ab 160 € pro Woche mit unbegrenzter Kilometerleistung. Allerdings sind solche Autos in der Regel zu klein für einen Urlaub mit dem nötigen Gepäck. Empfehlenswert wäre eher ein *Intermediate* (mit 4 Türen), der Platz und ausreichenden Fahrkomfort auf den langen Strecken in den USA bietet. Diese Klasse kostet etwa 200 € pro Woche. Wer noch mehr Platz braucht, weil er mit Familie und Kind reist, sollte sich für eine Limousine *(Full-Size-Car)* oder am besten einen Kombi *(Station Wagon)* – die Tarife liegen hier bei knapp 300 € pro Woche. Für eine große Familie bzw. Reisegesellschaft am geeignetsten, jedoch auch am teuersten sind Kleinbusse *(Mini-Vans)*, die Sie deutlich über ab 400 € pro Woche kosten.
Alle hier genannten Preise sind nur Anhaltswerte. Mit etwas Glück erhalten Sie Fahrzeuge zu Holidaytarifen auch um etwas günstiger. Achten Sie auch darauf, dass bei Abgabe des Fahrzeugs an einem anderen Ort als dem Empfangsort manchmal Rückführungsgebühren verlangt werden. Diese liegen bei 500 km bei ca. US$ 100, bei 1.500 km bei US$ 300 und mehr.

Tipp
Bedenken Sie, dass zu den in Deutschland berechneten Mietwagenpreisen oft noch die **vor Ort** zu zahlenden Versicherungskosten hinzukommen. Bei einer empfehlenswerten Rundumversicherung müssen Sie dann noch mit über US$ 20 pro Tag rechnen. Also: Bei der Buchung von Deutschland aus unbedingt nach den Versicherungen fragen! Mitunter sind Broker wie www.adac.de/autovermietung oder www.holidayautos.de günstiger, als direkt beim Anbieter zu buchen.

Camper

Generell sprechen die komplizierten Miet-, Versicherungs- und Haftungsbedingungen für eine Buchung zu Hause. Wohnmobile oder „RVs" kosten je nach Größe, Ausstattung und Saison zwischen etwa 60 und 250 € pro Tag. Der Preis hängt stark von den unterschiedlichen Modellen (Motorhome, Van und Pick-up-Camper bzw. Truck-Camper), ein wenig von den diversen Anbietern (wie El Monte, Cruise America etc.) und – stärker – von der Saison ab. Als Hauptsaison gilt im Allgemeinen die Zeit von Anfang Juli bis Mitte August, am preiswertesten sind die Fahrzeuge von November bis März. So genannte Flex-Tarife zielen auf frühzeitige Buchung ab und senken dabei den Tagessatz.

Zum Grundpreis addieren sich **beträchtliche Nebenkosten** – für Zusatzausstattung, Endreinigung und gelegentlich Übergabe, ggf. auch für Zusatzversicherungen, Wochenendzuschläge und gefahrene Meilen (meist keine oder nur wenige inklusive). Die Campingplätze schlagen gesondert zu Buche: Für ein Campmobil inklusive zwei Personen sind mindestens US$ 20 für den Stellplatz zu rechnen, auf Top-Plätzen auch mehr. Bedenkt man auch den ziemlich hohen Spritverbrauch, ergibt sich eine Kostenersparnis gegenüber einem „normalen" Mietwagen und Übernachtungen in Motels mit Sicherheit nicht.

Taxi

I.d.R. sind im Taxi neben einer Grundgebühr von US$ 1–1,50 ca. US$ 2–3 pro Meile und US$ 0,50 pro zusätzlichem Insassen zu zahlen. Staus und verzögerte Fahrten werden etwas höher berechnet. Besonders in Großstädten ist es ratsam, auf einwandfreies Funktionieren und Einstellen der Taxameter zu achten, wobei der Missbrauch durch die Taxiunternehmen deutlich nachgelassen hat. Eine Preisliste ist im oder am Taxi angebracht.

Züge

Günstige Preise erhält man bei Benutzung eines **Amtrak-Railpass**, der für einen Zeitraum von 15, 30 oder 45 Tagen gültig ist. Die Railpässe werden nur außerhalb der USA verkauft und vor Ort an den AMTRAK-Schaltern gegen Bahnfahrkarten eingetauscht. Sie sind auf dem gesamten Streckennetz von Amtrak und für maximal 180 Tage gültig. 2012 kostet ein Amtrak-Railpass für 8 Bahnsegmente (Reisedauer 15 Tage) US$ 429, für 12 Bahnsegmente (Reisedauer 30 Tage) US$ 649 und für 18 Bahnsegmente (Reisedauer 45 Tage) US$ 829. Als Segment gilt dabei jede Bahnstrecke zwischen 2 Stopover-Punkten.

Bus

Greyhound bietet eine Gesamt-Netzkarte namens Greyhound Discovery Pass für eine Reisedauer von 7 bis 60 Tagen an. Der Pass gilt in den gesamten USA (außer Alaska), Teilen Kanadas und bis in Grenzgebiete Mexikos. Er kostet ca.: 7 Tage = US$ 246, 15 Tage = US$ 356, 30 Tage = US$ 456, 60 Tage = US$ 556.

Aufenthaltskosten

Übernachtung

☞ **Hinweis**
In den meisten Tankstellen, McDonald's-Restaurants und Visitor bzw. Welcome Center erhalten Sie kostenlose Travelling Coupons, also Hefte mit Informationen zu örtlichen Motels, Hotels oder anderer Unterkünfte. Hier finden Sie – neben einer Übersicht über Preise und Ausstattung des jeweiligen Hauses und hilfreichen Anfahrtsskizzen – vor allem Rabattcoupons. Bei Vorlage eines Coupons können man mitunter mit erheblichen Preisnachlässen (bis zu 50 %!) rechnen. Allerdings steht immer nur ein gewisses Kontingent an ermäßigten Zimmern zur Verfügung. Im Internet kann man sich diese Coupons unter www.hotelcoupons.com ansehen.

Hotels/Motels/Lodges
Generell muss man als unterste Grenze ca. US$ 50 pro Nacht für ein Doppelzimmer eines günstigen Franchise-Motels (z.B. Motel 6, Super 8) rechnen, wobei die Regel eher bei US$ 60–80 liegt. Mittelklassehotels (private oder z.B. Holiday Inns und andere bessere Franchise-Motels) verlangen US$ 80–130 für ein Doppelzimmer, wobei besonders in größeren Städten große Unterschiede zwischen den Werktagen und Wochenendtarifen bestehen können (US$ 50–70). Luxushotels, besonders die mit historischem Ambiente oder die, die zusätzliche Einrichtungen bieten (Golfplatz, Tennisplatz etc.), liegen eher bei US$ 150–300 pro Tag im Doppelzimmer.
Als Tipp gilt, dass besonders in den Großstädten die Übernachtung in einem teureren Franchise-Hotel (z.B. Radisson, Holiday Inn) wenig Sinn macht, da der etwas höhere Standard nicht durch den großen Preisunterschied zu den viel günstigeren Motels wettgemacht wird. Eine Alternative für das Buchen vor Ort stellen Hotelgutscheine dar, die einige Hotelketten anbieten, die meist aber vor der Abreise im Ausland gebucht werden müssen.

Bed & Breakfast
Wegen des speziellen Service sind diese Unterkünfte etwas teurer und kosten ab US$ 80 pro Person, beinhalten dafür aber auch ein gutes Frühstück. Besonders in den größeren Städten befinden sich häufig sehr vornehme Häuser unter den B&Bs, die schon mal US$ 120 und mehr pro Person berechnen.

Lebensmittelpreise
Hier können Sie das eine oder andere Schnäppchen machen, wenn Sie den unzähligen Sonderpreisangeboten folgen. Insgesamt aber liegen die Preise des „Warenkorbes" auf europäischem Niveau. Käse ist meist teurer, Fertiggerichte (die man im Camper oder auch in dem einen oder anderen Residence-Hotel mit Mikrowelle/Küche selbst zubereiten können) sind billiger, ebenso Fleisch und Fisch. Grundnahrungsmittel, wie z.B. Milch, Frischgemüse und Säfte, sind etwas teurer. Früchte kosten, je nach Herkunftsland, etwa das gleiche wie bei uns. Deutlich billiger sind Softdrinks, alkoholische Getränke sind i.d.R. teurer.

Benzin
Die Preise lagen bei der Jahrtausendwende noch bei knapp über einem Dollar pro Gallone (= 3,78 l), stiegen dann aber im Lauf der Jahre 2007–2008 unaufhaltsam in die Höhe und kostete zeitweise fast US$ 4 pro Gallone. Durch den Preisverfall im Zuge der Finanz- und Wirtschaftskrise 2009 sank der Preis wieder, 2012 zahlt man zwischen US$ 3,10 und US$ 3,50 für die Gallone Regular, wobei regional erhebliche Unterschiede auftreten können.

Hinweis

An vielen Tankstellen muss man im Voraus bezahlen. Man zahlen an der Kasse z. B. US$ 20 und die Zapfsäule wird dann für diesen Betrag freigeschaltet. Nicht „vertankte" Beträge werden erstattet. Zudem sollte man daran denken, dass im Autoland Amerika das Tankstellennetz gerade in etwas abgelegenen Gegenden nicht allzu dicht gesteckt ist und sich dort die Tankwarte ihre Exklusivität zudem teuer bezahlen lassen. So kostet der Sprit z.B. vor der Einfahrt ins Death Valley oder in Big Sur mindestens einen Dollar mehr als in den Ballungszentren – ein rechtzeitig gefüllter Tank schont Nerven und Geldbeutel.

Restaurants

Fastfood in entsprechenden Ketten ist um einiges billiger als in Europa, und einen einfachen Hamburger erhalten Sie hier oft schon für unter US$ 1,50. Restaurants des gehobeneren Standards sind aber besonders abends teuer, vor allem, da Sie auf die ausgezeichneten Preise noch die Steuer (5–14 %) und das obligatorische Trinkgeld (15–20 %) hinzurechnen müssen. Inklusive eines Bier, eines normalen Hauptgerichts (oft inkl. Salat oder Suppe), Tax und Trinkgeld muss man mit etwa US$ 25 pro Person rechnen, wobei elegantere Restaurants um nochmals US$ 10–20 teurer sein können. Am billigsten sind Familien- und China-Restaurants. Bei einem Vergleich mit dem Preisniveau des Heimatlandes darf nicht vergessen werden, dass die Portionen in den USA meist deutlich größer sind, vor allem bei Steaks.

Eintritte und Parkgebühren

Wer viel im Westen der USA herumfährt und sich viele Attraktionen anschauen möchte, muss damit rechnen, dass die Ausgaben für Eintritte in Nationalparks, Museen, Vergnügungsparks, Filmstudios etc. einen großen Teil der Reisekasse verschlingen. Kulturinteressierte wird freuen, dass viele Museen keinen Eintritt erheben (jedoch manchmal Empfehlungen für eine „freiwillige Spende" geben), dafür langen die berühmtesten und interessantesten Museen umso kräftiger zu. Der Eintrittspreis liegt dabei i.d.R. bei US$ 3–10 p. P., z. T. auch darüber. Bei den **Nationalparks** schwanken die Eintrittspreise pro Fahrzeug mit zwei Insassen zwischen US$ 5 und 25. Am teuersten sind die viel besuchten Parks wie der Yosemite NP, denn mit dem hohen Preis möchte man die Lawine der Wochenendbesucher abschrecken.

Für den Besuch mehrerer Parks ist der Interagency Annual Pass für US$ 80 empfehlenswert, mit dem Sie und alle Fahrzeuginsassen ein ganzes Kalenderjahr in allen Nationalparks der USA und anderen staatlichen Parks (z. B. auch vielen Nat. Monuments und Nat. Historic Sites) freien Eintritt haben. Dieser gilt aber nicht in den State Parks, die den Behörden der einzelnen Bundesstaaten unterstehen und gesondert berechnen.

Wer sich für Tiere interessiert und deswegen einige der berühmtesten Zoos oder Tiershows anschauen möchte, muss über entsprechend großzügiges Budget verfügen. Der Eintritt in die Zoos von San Francisco, Los Angeles oder San Diego kosten US$ 15–42, und der San Diego Wild Animal Park, das wohl schönste Freigehege im Westen der USA, schlägt ebenfalls mit US$ 42 zu Buche. Ein Besuch der Sea World in San Diego kommt auf US$ 73 und der des Bay Aquarium in Monterey auf US$ 33.

Keine billige Angelegenheit sind natürlich auch die Filmstudios oder die Vergnügungs- und Themenparks, von denen es gerade in Kalifornien eine ganze Menge gibt. Wer bei einem Filmstudio wie den Universal Studios rund US$ 77 bezahlt hat, muss nicht auch noch US$ 56 für die Paramounts Great America in Santa Clara ausgeben. Und wer einen Vergnügungspark wie Disneyland Resort (US$ 80) gesehen hat, kann eigentlich auf Knott's Berry Farm oder Six Flags California verzichten, will man die Aufenthaltskosten nicht in astronomische Höhen treiben.

Hinweis

Alle genannten Preise beziehen sich auf den Eintritt eines Erwachsenen; Kinderermäßigungen sind üblich, oft gibt es auch stark reduzierte Eintrittspreise für Familien oder Senioren (ab 65 Jahren)!

3. Gesamtkostenplanung

Dem folgenden Versuch einer Kostenplanung, die mehr oder weniger alle anfallenden Reisekosten für eine Reise zusammenfasst, liegt ein Umrechnungskurs US$ 1 = € 0,76 zugrunde. Bei einer Abweichung des Dollarkurses von € 0,05 sollten Sie mit jeweils 5 % Differenz nach oben oder unten rechnen (bedenken Sie, dass ein Großteil der Kosten bereits über die Veranstalter in europäischer Währung berechnet wird).

Die Gesamtkostenplanung ist für ein Paar bzw. eine 3-köpfige Familie kalkuliert, die 3 bzw. 5 Wochen unterwegs sind und bei den Übernachtungen auf recht günstige Mittelklasse-Motels zurückgreifen (Angaben in Euro und gerundet):

Sparen kann man vor allem am Essen, aber nur teilweise bei den Übernachtungen. Geben Sie sich fast nur mit Fastfood bzw. Familien-Restaurant-Ketten ab, liegen die Essenskosten um ca. 30 % unter den o.g. Preisen. Sollten Sie im Gegenteil nicht so sehr auf die Reisekasse achten müssen, können Sie mit guten Restaurants Ihre Essensausgaben um bis zu 150 % steigern.

Aufenthalt:	3 Wochen	5 Wochen
An- und Abfahrt zum europäischen Flughafen	100 €	100 €
2 Flugtickets	1.500 €	1.500 €
Gepäck- und Krankenversicherung	100 €	130 €
Mietwagen (mittlere Klasse, inkl. Versicherungen)	1.200 €	2.000 €
Benzin (5.500 bzw. 8.000 km)	330 €	500 €
Übernachtungen (à US$ 70/DZ)	1.130 €	1.900 €
Amerik. Frühstücke (à US$ 12 p.P.)	390 €	650 €
Mittagessen (Fastfood, günstiges Restaurant, à US$ 12 p.P.)	390 €	650 €
Abendessen (à US$ 20 p.P.)	650 €	1.100 €
Getränke zwischendurch (US$ 7 p.P./Tag)	230 €	380 €
Eintritte	300 €	500 €
Telefonate, Briefmarken etc.	70 €	100 €
Sonstiges (z.B. Kleidung)	240 €	300 €
Gesamt:	**6.630 €**	**9.810 €**
Für ein **zusätzliches Kind** im Alter von unter 11 Jahren kämen noch folgende Kosten hinzu (Übernachtung im Zimmer der Eltern):		
Flugticket	650 €	650 €
Krankenversicherung	30 €	50 €
Übernachtung (zusätzlich US$ 12/Tag)	215 €	360 €
Mahlzeiten (inkl. Zusatzgetränke)	1.000 €	1.750 €
Eintritte	60 €	90 €
Sonstiges	110 €	150 €
Gesamt (Eltern und Kind):	**8.695 €**	**12.860 €**
Sondertarife für Kleinstkinder sind u.a. bei Flügen, Unterkünften und Eintritten möglich.		

Rundreisen / Routen

Kalifornien stellt mit Sicherheit ein Traumziel dar, das einige der schönsten Landschaften der USA in sich vereinigt und außerdem problemlos zu bereisen ist. Oft allerdings werden die räumlichen Dimensionen unterschätzt. Die Vorstellung, man könne in 2 Wochen nicht nur die Nationalparks und die berühmten Küstenstädte erleben, sondern auch noch Abstecher bis nach Nevada, Arizona und nach Mexiko unternehmen, geht einfach am Machbaren vorbei.

Diese Tatsache hat für den Kalifornien-Reisenden mehrere Konsequenzen:
- Entweder nimmt man von vornherein genug Zeit im Reisegepäck mit und erfüllt sich den Traum einer umfassenden Rundfahrt, die auch Wanderungen, Baden, Shopping und Abenteuer umfasst. Mit etwa 5 Wochen kann man da schon eine ganze Menge sehen und unternehmen und alle in diesem Reiseführer beschriebenen Rundfahrten bequem nachvollziehen.
- Oder man konzentriert sich auf ein bestimmtes Gebiet, für das man sich immer schon besonders interessiert hat (z.B. Nord- oder Südkalifornien), das man in 2-3 Wochen intensiv erforscht.
- Oder man versucht, auf einer Kurzreise einen ersten Eindruck (z.B. der Städte San Francisco und Los Angeles) zu gewinnen, den man später vielleicht einmal vertiefen und mit anderen Zielen kombinieren wird.

Das individuelle Reiseprogramm richtet sich aber nicht nur nach der zur Verfügung stehenden Zeit, sondern natürlich auch nach der Wahl des Transportmittels. Wer, eventuell in Verbindung mit Motelgutscheinen, einen Pkw oder ein Motorrad gemietet hat, kann größere Strecken zurücklegen als die Fahrer von Motorhomes. Wer mit Bussen oder der Eisenbahn unterwegs ist, muss den manchmal zeitaufwändigen Transport von den Städten zu den Nationalparks o.ä. in Rechnung stellen. Und wer schließlich mit inneramerikanischen Flügen operiert, kann Rundreisen in jeweils weit entfernte Gebiete miteinander kombinieren. Die wenigsten Sorgen über einen einzuhaltenden Zeitplan brauchen sich diejenigen zu machen, die sich von vornherein einer Gruppenreise anschließen. Ein Blick in die Prospekte der Reiseveranstalter zeigt, dass es hier eine Vielzahl von Angeboten gibt, die i.d.R. ein weitgespanntes Routennetz zu den wichtigsten Sehenswürdigkeiten enthalten. Wer sich überblicksartig informieren, Schwierigkeiten aus dem Weg gehen und leicht Kontakt finden möchte, hat hier im Land der Individualisten eine durchaus empfehlenswerte Alternative zum Reisen auf eigene Faust.

Das weite Land des Westens mit seinen Seen und Wüsten, seinen Gebirgen und Schluchten, seinen Küsten und Urwäldern, seiner Menschenleere und seinen Millionenstädten – auch heute noch will dieses Land erobert werden. Obwohl allerdings der Planwagen der frühen Siedler längst durch motorisierte Transportmittel ersetzt ist und die Wege dem Touristen im wahren Wortsinn geebnet worden sind, bedeutet das eine gute Vorbereitung, eine Auswahl der Zielpunkte und die frühzeitige Festlegung der ungefähren Route. Dabei ist der Zahl der möglichen Rundreisen kaum eine Grenze gesetzt. Es ist heutzutage einfach, von Europa aus zu jeder größeren Stadt in Kalifornien zu fliegen, ab wo sich, in einem Radius von vielleicht 200 km, in jedem Fall imposante Naturerscheinungen und andere Attraktionen besuchen lassen. Die Auswahl ist hier eine Frage der Vorliebe für den Norden oder den Süden, für Amüsement oder pures Naturerleben.

Kleinere Rundreisen

Der Begriff „Kleinere Rundreisen" bedeutet in einem solch großen Bundesstaat wie Kalifornien natürlich keinen Wochenendausflug, sondern selbst ein zwei- bis dreiwöchiger Trip fällt angesichts der Reisemöglichkeiten, die die Destination bietet, noch unter diese Kategorie. Aber auch **einwöchige** Rundreisen können einiges bringen, nämlich dann, wenn sie mit einem Städteaufenthalt oder mit anderen Kurzreisen kombiniert werden. So kann beispielsweise eine gebuchte einwöchige San Francisco-Reise, während der man die Stadt und ihre Umgebung recht gut kennen gelernt hat, mit einer der im Reisekapitel aufgeführten Routen (z.B. zu den nordkalifornischen Highlights oder zum Yosemite NP) komplettiert werden.

Wer nur **zwei bis drei Wochen** zur Verfügung hat, sollte sich schwerpunktmäßig auf Nord- oder Südkalifornien oder das Gebiet zwischen San Francisco und Los Angeles konzentrieren. Vorstellbar sind dabei u.a. folgende Kombinationen der im Reisekapitel skizzierten Routen ab/bis San Francisco oder ab/bis Los Angeles:

Nordkalifornien
1.–3. Tag:	San Francisco und Umgebung
4.–8. Tag:	Rundfahrt zum Yosemite NP über Sacramento – Lake Tahoe – Mono Lake – Tioga Pass Road – Yosemite Valley – Gold Country. Besichtigung von und Aufenthalt in Sacramento legt man hierbei am besten auf die Rückfahrt (Route 2).
9.–15. Tag:	Von Sacramento aus Fahrt zu den nordkalifornischen Highlights mit Napa Valley, Lassen Volcanic NP, Redwood NP und Hwy. 1 (Route 1).

Mittelkalifornien
1.–3. Tag:	San Francisco
4.–6. Tag:	San Francisco – Napa Valley – Sacramento – Gold Country (Teile der Routen 1 und 2)
7.–10. Tag:	Gold Country – Yosemite NP – Fresno – Sequoia und Kings Canyon NP – Bakersfield – Los Angeles (Teile der Routen 2 und 3)
11.–13. Tag:	Los Angeles
14.–17. Tag:	Entlang der Küste mit den Stationen Santa Barbara – San Simeon – Big Sur – Monterey – San Francisco (Teile der Route 3).

Südkalifornien
1.–3. Tag:	Los Angeles und Umgebung
4.–10. Tag:	Fahrt zu den südkalifornischen Highlights und nach Las Vegas über San Diego – Palm Springs – Joshua Tree NP – Las Vegas – Lake Mead – Death Valley NP (Route 4).
11.–15. Tag:	Man verlässt das Death Valley am Nordausgang und setzt die Fahrt über Mono Lake und Yosemite NP nach San Francisco fort (Teile der Route 2).
16.–18. Tag:	San Francisco.
19.–22. Tag:	Entlang der Küste mit den Stationen Monterey – Big Sur – San Simeon – Santa Barbara – Los Angeles (Teile der Route 3). Evtl. zwei zusätzliche Tage für den Abstecher nach Tijuana und weitere Besichtigungen in San Francisco einplanen.

Große Kalifornien-Rundreise

Will man alle wichtigen natürlichen und kulturellen Sehenswürdigkeiten Kaliforniens auf einer großen Rundreise vereinen, sollte man **mindestens vier Wochen** Zeit haben. Und für die Abstecher nach Las Vegas, evtl. Tijuana und einige Tage, an denen man an der Küste relaxed oder die Natur erwandernd genießt, sollte eine weitere Woche eingeplant werden.

Der Versuch, den Besuch der beiden Millionenstädte am Pazifik und die vier Routen dieses Reiseführers zu einer Gesamtreise ab/bis Los Angeles zu kombinieren, könnte folgendes Aussehen haben:

1.–3. Tag:	Los Angeles und Umgebung
4.–10. Tag:	Fahrt zu den südkalifornischen Highlights und nach Las Vegas über San Diego – Palm Springs – Joshua Tree NP – Las Vegas – Lake Mead – Death Valley NP (Route 4).
11.–13. Tag:	Death Valley – Bakersfield – Sequoia und Kings Canyon NP (Teile der Route 3)
14.–18. Tag:	Sequoia – Fresno – Yosemite NP – Tioga Pass – Mono Lake – Lake Tahoe – Sacramento (Teile der Route 2).
19.–25. Tag:	Von Sacramento aus Fahrt zu den nordkalifornischen Highlights mit Napa Valley – Lassen Volcanic NP – Redwood NP – Hwy. 1 (Route 1).
26.–28. Tag:	San Francisco
29.–32. Tag:	Entlang der Küste mit den Stationen Monterey – Big Sur – San Simeon – Santa Barbara – Los Angeles (Teile der Route 3).

3. SAN FRANCISCO UND UMGEBUNG

Überblick: die Stadtviertel

San Francisco befindet sich auf der **Nordspitze einer Halbinsel**, ist also von drei Seiten vom Wasser umgeben: Westlich liegt der Pazifik, östlich die San Francisco Bay, und im Norden reicht das „Goldene Tor" nah an die Gegenküste heran. Die eigentliche City hat ihren Stadtkern am Ufer der Bay, dort, wo schon das alte Yerba Buena der Spanier lag. Einer der wichtigsten Punkte ist hier das Ferry Building, von dem die Market St. ausgeht und schnurgerade in Richtung Twin Peaks führt. Sie teilt das Straßenraster, das man ohne Rücksicht auf die Topografie San Francisco übergestülpt hat, in *South of Market St.* (SoMa) und *North of Market St.* (NoMa).

Während die im spitzen Winkel nördlich abgehenden Straßen Namen tragen, werden viele der rechtwinklig abgehenden im Süden durchnummeriert (von 1st bis 12th St). Am nächsten zum Ferry Bldg. liegt der **Financial District** mit der größten Bankenkonzentration der amerikanischen Westküste. Westlich wird es durch den Union Square abgeschlossen, im Norden von der berühmten **Chinatown** begrenzt. Westlich von Chinatown liegt das elegante Wohnviertel **Nob Hill** und nördlich davon **North Beach**. Die benachbarten Stadtviertel (Neighborhoods) von

In den Straßen von San Francisco ...

North Beach wiederum sind im Westen Russian Hill, im Osten Telegraph Hill und im Norden schließlich **Fisherman's Wharf**.

Weitere Gemeinden sind vom Zentrum (Downtown) etwas weiter entfernt. Folgt man der Market St. nach Südwesten, passiert man das **Civic Center**, den administrativen und politischen Nabel der Stadt, dann erreicht man Mission, einen der historischen Kristallisationspunkte, und schließlich **Castro**, das bekannte Viertel der Homosexuellen. Als Grüne Lungen sind der Harding Park (mit dem Zoo) im Südwesten, der Golden

Gate Park im Westen und im Norden das Presidio von Bedeutung. Über 40 Hügel sind im Stadtareal verteilt, wovon (wie bei jeder bedeutenden Stadt) sieben besonders herausragen. Wegen des schwierigen Geländes können Spaziergänge wie auch Autofahrten anstrengend sein, was aber durch die stets überraschenden Perspektiven und grandiosen Ausblicke mehr als aufgewogen wird.

Zum Großraum San Francisco (Metropolitan-Area) zählt man darüber hinaus die Countys Marin (im Norden), San Mateo (im Süden), Alameda und Contra Costa (beide im Osten). Wirtschaftlich sind allerdings auch die autonomen Gemeinden auf der anderen Seite der Bay mit der Stadt verknüpft, die z.T. mehr Einwohner haben als San Francisco selbst. Insgesamt leben rund 7,3 Mio. Menschen in der Bay Area.

Ein kurzer Blick in die Vergangenheit

Abgesehen davon, dass die meisten Besucher (und die Einheimischen sowieso) San Francisco für die **schönste Großstadt** der USA halten, ist sie gleichzeitig eine Gemeinde von großer historischer Bedeutung und hat eine der erstaunlichsten urbanen Karrieren des Landes hinter sich. Dabei fing die Zeit der weißen Entdeckung dieses paradiesischen Fleckens Erde erst sehr spät an. Obwohl schon im 16. Jh. von *Juan Rodriguez Cabrillo* und wohl auch von *Sir Francis Drake* gesichtet, konnte das Gebiet am Goldenen Tor zunächst keine Europäer anlocken.

Späte Besiedlung

Von Mitte des 18. Jh. bis 1846 bestand die spanisch-mexikanische Bevölkerung aus gerade einmal 350 Menschen. 1846 wurde die kleine Gemeinde, die bis dahin Yerba Buena hieß, Teil der Vereinigten Staaten und erhielt ihren heutigen Namen. Zwei Jahre später allerdings bedeuteten die **kalifornischen Goldfunde** den Startschuss für eine stürmische, z.T. chaotische Entwicklung. Aus einem unbedeutenden Hafenort mit wenigen tausend Einwohnern entwickelte sich binnen weniger Jahre eine richtige Stadt.

1850:	25.000 Einwohner	1860:	56.000 Einwohner
1870:	150.000 Einwohner	1900:	342.000 Einwohner
1950:	775.000 Einwohner	1960:	741.000 Einwohner
1980:	678.000 Einwohner	2010:	810.000 Einwohner

Vom Bevölkerungs-Rückgang in den 1960/70ern erholte die Metropole wieder und übertraf im Jahre 2000 die ehemalige Höchstmarke von 1950. Auf das Anwachsen der Population reagierte die technische Entwicklung, insbesondere des Transportwesens. Schon 1873 gab es die erste (allerdings nur 100 m lange) Fahrt eines **Cable Car**, seit 1876 verband die *Southern Pacific Railroad* die Stadt mit Los Angeles, und 1898 wurde das Ferry Building eröffnet und damit die Entwicklung der gesamten Bay Area vorangetrieben. 1903 schließlich erreichte zum ersten Mal ein in New York gestartetes Auto San Francisco.

Drei Jahre später kam es zu einer kurzen, aber einschneidenden Zäsur durch das berüchtigte **Erdbeben von 1906**. Das Beben, das um 5.13 Uhr begann und eine Minute und fünfzehn Sekunden dauerte, lieferte den Stoff für mindestens ein halbes Dutzend Katastrophenfilme. Aber obwohl von dem Erdstoß selbst mächtige Häuser zum Einsturz gebracht wurden, war das Beben – im Vergleich zu anderen am Pazifik – sehr bescheiden. Zwar wurde der Sänger *Enrico Caruso*, der gerade in der Stadt gastierte, zu Tode erschreckt, und es gab einen beträchtlichen Sachschaden, aber die Opfer an Menschenleben oder Verletzungen blieben gering. Es war vielmehr ein durch einen defekten Kamin ausgelöster **Großbrand**, der das Beben zur Katastrophe werden ließ. In Minutenschnelle breitete sich das Feuer über die weitgehend aus Holz gebaute Stadt aus. Die Feuerwehr war machtlos. Als sich die Rauchschwaden verzogen hatten, sah man das Ausmaß des Desasters: über 700 Tote, 250.000 Obdachlose und Schäden in Höhe von 500 Mio. Dollar. Um Plünderungen vorzubeugen, musste in San Francisco das Kriegsrecht ausgerufen werden. Es waren also nicht die Zerstörungen des Erdbebens, sondern die des Brandes, die *Jack London* am 5. Mai des gleichen Jahres in der Zeitschrift *Colliers* schreiben ließen: „*Not in history has a modern imperial city so completely been destroyed. San Francisco is gone…*"

San Franciscos Innenstadt kurz nach dem Erdbeben
(historische Aufnahme)

Mit einer bewundernswerten Energie ging die Stadt an den Wiederaufbau. Der englische Schriftsteller *H.G. Wells* hatte noch im Unglücksjahr geschrieben: „*Nirgends wird ein Zweifel darüber laut, dass San Francisco größer, besser und in kürzester Zeit wieder erstehen wird*". Und recht hatte er: Tatsächlich sah bereits 1915 die große *Panama-Pacific International Exposition* eine neu erstrahlte Metropole an der Bay. Und zwanzig Jahre später, in der Zeit der wirtschaftlichen Rezession, bescherte *Roosevelts* Wirtschaftspolitik der Stadt zwei weitere Wahrzeichen: Fast gleichzeitig konnten 1936/37 die **Golden Gate** und **Bay Bridge** eröffnet werden. Nach dem Zweiten Weltkrieg, der in San Francisco hysterische Ängste vor einer japanischen Invasion produzierte und den Einwohnern verdunkelte Nächte bescherte, versammelten sich 1945 die Vertreter der Völkergemeinschaft im *War Memorial Opera House* und gründeten hier die UNO. Es sollte nicht das letzte Mal sein, dass die Augen der Welt auf die Bay gerichtet waren. Besonders in den 1950er und 1960er Jahren, als Beatniks und Hippies den Aufbruch zum alternativen Leben proklamierten, hatten sie ihre heimliche Hauptstadt längst gefunden. 1968 schließlich wurden die Studentenunruhen an der Universität von Berkeley zum Fanal für die gesamte westliche Welt.

Wegen ihrer Dynamik war, ist und bleibt die Stadt eine der ganz großen Attraktionen, die man in den USA erleben kann. In Amerika sieht man das übrigens genauso: Neun von zehn US-Amerikanern haben den Wunsch, wenigstens einmal in ihrem Leben die Stadt an der Bay zu sehen. Und wie oft ist San Francisco in Liedern und Gedichten verewigt worden: Ob *Frank Sinatra* oder *Otis Redding* von der Stadt sangen, ob die Hippies mit *flowers in their hair* hierhin pilgerten, ob man mit *Eric Burdon* von einer *Warm San Franciscan Night* schwärmte – die Zahl ihrer Liebhaber ist zahlreich. Außer der landschaftlichen Umgebung, den Sehenswürdigkeiten, der kosmopolitischen Weite und der liberalen Atmosphäre ist es natürlich auch das stets milde, nie zu warme und nie zu kalte Wetter, das die Besucher fasziniert. Erst einmal, im Jahre 1887, war San Francisco von Schnee bedeckt.

Besichtigungsvorschläge

Besondere Atmosphäre

Der Erlebniswert San Franciscos besteht bereits im Spaziergang durch die diversen *Neighborhoods*. Es geht nicht nur um die Attraktionen, sondern hauptsächlich um die unverwechselbare Atmosphäre dieser Stadt. Das absolute Minimum für einen Stadt-Aufenthalt sollten **zwei Tage** sein. Wer darüber hinaus noch Ausflüge in die Umgebung oder Museumsbesuche einschließen oder einfach die Stadt in ihren vielen Facetten näher kennen lernen möchte, sollte mindestens vier Tage Zeit mitbringen. Selbst damit gehörte man noch zu den Kurzbesuchern: Der durchschnittliche Tourist bleibt nämlich 4,4 Tage in der Metropole.

Wer tatsächlich nur **einen Tag** zur Verfügung hat, kann eine Stadtrundfahrt oder den 49-Mile Scenic Drive nutzen, die Stadt übersichtsartig kennen zu lernen. Ein Stopp sollte dabei zumindest bei folgenden Punkten eingelegt werden: *Telegraph Hill, Palace of Fine Arts, Fort Point mit Golden Gate Bridge, Legion of Honor, Cliff House, Golden Gate Park, Twin Peaks, Mission Dolores, Embarcadero Center*. Abends sollte man sich einen Besuch samt Dinner entweder an der Fisherman's Wharf oder in Chinatown nicht entgehen lassen, wobei natürlich auch eine Fahrt mit dem Cable Car zum touristischen Muss zählt.

Victorianische Häuserfront

Bei nur **zwei Tagen** kann man sich mehr Zeit für die Downtown lassen und auf den Mietwagen weitgehend verzichten. Am ersten Tag könnte es mit dem Cable Car bis zur Lombard St. gehen, dann die Erkundung des Stadtteils North Beach zu Fuß, den Telegraph Hill besteigen und anschließend zur Fisherman's Wharf. Von dort kann man am Ufer entlang nach Fort Mason wandern und dort den Bus zur Golden Gate Bridge nehmen (einschl. Überquerung). Am Nachmittag stünde je nach Interesse die Mission Dolores oder das neue Viertel am Yerba Buena Park mit modernem Museum auf dem Programm, am Abend könnte man eine der hochgelegenen Hotelbars mit Blick auf das Lichtermeer aufsuchen. Der Vormittag des zweiten Tages gehört dem Golden Gate Park, von wo aus man mit dem Bus zum Legion of Honor fährt, dann weiter zum Ferry Bldg. und dem Embarcadero Center. Am Abend schlendert man durch den Financial District bis zur Chinatown, wo man in eines der zahlreichen Restaurants einkehren kann.

Zahlreiche Attraktionen

Wenn sich bei einem Aufenthalt von **drei Tagen** nur auf die Stadt konzentrieren möchten, sollte das unten skizzierte viertägige Programm um den letzten Tag kürzen, dabei aber die Besichtigung am zweiten Tag um einige Punkte zwischen Fisherman's Wharf und Fort Mason erweitern.

Ein **viertägiges Besichtigungsprogramm** könnte folgendes Aussehen haben:
1. **Tag:** Orientierende Stadtrundfahrt mit dem Wagen oder in einer geführten Gruppe (49-Miles Scenic Dr., einschließlich Twin Peaks, Sea Cliff House, Mission Dolores, Golden Gate Bridge, Legion of Honor; S. 160), dann zum Golden Gate Park (S. 152).
2. **Tag:** Stadtrundgang „Vom Union Square zur Fisherman's Wharf und zurück" (S. 126) mit Besuch der Chinatown und Cable-Car-Fahrt. Nach Einbruch der Dunkelheit Tagesausklang in einer der hochgelegenen Hotelbars.
3. **Tag:** Stadtrundgang „Vom Civic Center zum Ferry Building" mit Museumsbesuchen und Einkaufsbummel (S. 136). Abends Fahrt mit der AC T oder T2 vom Transbay Terminal zum Treasure Island in der Mitte der Bay.
4. **Tag:** Entweder Stadtrundgang „Von Fisherman's Wharf bis zur Golden Gate Bridge" (S. 146), oder Ausflug je nach Interesse in die Umgebung der Stadt bzw. Kreuzfahrten in der Bay. Vorstellbar sind u.a. ein ganztägiger Ausflug ins Wine Country (mit dem Pkw oder innerhalb einer geführten Gruppe), eine Bay-Kreuzfahrt mit oder ohne Besichtigung von Alcatraz bzw. die Fährüberfahrt nach Sausalito. Ein herrlicher Ausflug für Selbstfahrer ist der Besuch von Sausalito, den Muir Woods, und, falls noch Zeit, einem Abstecher nach Tiburon oder zum Mt. Tamalpais. Auf dem Rückweg sollte man unbedingt die Conzelman Rd. nördlich der Golden Gate Bridge befahren, um den Panoramblick bei Sonnenuntergang zu genießen.

Vorschläge zur Besichtigung

Rundfahrten und Rundgänge

Im Folgenden sollen einige der bekanntesten Sehenswürdigkeiten des städtischen Zentrums vorgestellt werden. Die einzelnen Unterkapitel können dabei gleichzeitig als Vorschläge für Stadtspaziergänge dienen. Auf dem 49-Mile Scenic Drive werden viele dieser Stationen nochmals berührt. Diese Rundstrecke ist für Selbstfahrer gedacht; allerdings verlaufen die halbtägigen Bustouren, die von verschiedenen Unternehmen angeboten werden, auf einer ganz ähnlichen Route.

Vom Union Square zur Fisherman's Wharf und zurück

> **Hinweis**
>
> Die Vorwahl für San Francisco und Umgebung lautet 415, soweit nicht anders angegeben.

Die **Hallidie Plaza (1)**, an der die Powell St. in die Market St. einmündet, ist ein guter Start für Besichtigungstouren. Von diesem zentralen Punkt aus kann man das Ferry Building, Civic Center und die nördlichen Neighborhoods gleichermaßen gut erreichen, zudem befindet sich hier (Untergeschoss der Hallidie Plaza) die *Tourist Information*, und man ist hier an das Verkehrsnetz von BART, MUNI und Cable Car angeschlossen. Die Strecke zur Fisherman's Wharf führt mehr oder weniger parallel zu den Cable-Car-Linien Powell-Mason und Powell-Hyde, sodass man bei Müdigkeit darauf zurückgreifen kann.

Straßenmusikanten, Schaulustige und meistens eine Schlange von Reisewilligen markieren am Anfang der Powell St. den *turntable*, wo der Schaffner und Wagenführer eines Cable Car das Gefährt umdre-

Redaktionstipps

▶ Viele gute Pizzerien und **italienische Restaurants** findet man rund um den Washington Square in Little Italy, die besten **China-Restaurants** gibt es natürlich in Chinatown (z.B. Wu Kong, Empress of China) und vorzügliche **japanische Küche** in Japantown.

▶ Am Pier 39 und der **Fisherman's Wharf** isst man besonders gut Fisch und Seafood – nicht nur in den Restaurants, sondern auch an den Imbiss-Ständen.

▶ Ein tolles Erlebnis ist eine Wanderung entlang der **Golden Gate Promenade** (S. 149), dem **Coastal Trail** (S. 152), in der Golden Gate National Recreation Area nördlich der Golden Gate Bridge (S. 181) oder im **Mt. Tamalpais State Park** (S. 186).

▶ Lohnend: eine **Mini-Kreuzfahrt** durch die Bay oder per **Fähre** nach Sausalito (S. 182).

Ein Muss: Fahrt mit dem Cable Car

Vom Union Square zur Fisherman's Wharf und zurück **127**

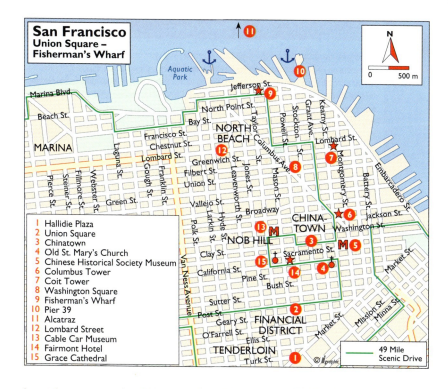

hen und zum erneuten Start klarmachen. Zweifellos gehören die **Cable Cars** zu den herausragenden Sehenswürdigkeiten der Stadt, denn schließlich ist San Francisco der Ort, *„where little cable cars climb halfway to the stars …"*

Die Strecke zwischen Fisherman's Wharf und Downtown kann ganz oder teilweise mit der Cable Car zurückgelegt werden. Wenigstens für den Rücktransport ist dies zu empfehlen; da aber ein Ticket (US$ 5) für zwei Stunden gültig ist, ist auch ein mehrfaches Ein- und Aussteigen erlaubt. Auf einen Sitzplatz freilich kann man nur an den Endstationen (*turntables*) spekulieren.

Union Square (2)

Geht man die Powell St. bergan, erreicht man nach drei Blocks den Union Square. Der palmenbestandene, rechteckige Platz kann als der **Hauptplatz** der Stadt gelten. Dies nicht wegen seiner Größe (die ist mit rund 1 ha eher bescheiden), sondern wegen seiner historischen Rolle, seiner Funktion als Verkehrsknotenpunkt und wegen der bedeutenden Kaufhäuser, Edelboutiquen, Hotels, Restaurants und Theater, die sich an seinem Rand angesiedelt haben. Seinen Namen hat der Union Square von den Kundgebungen während des Bürgerkrieges (damals kämpfte Kalifornien an der Seite der Nordstaaten).

Verkehrsknotenpunkt

Andrew Hallidie und die Cable Cars

San Franciscos steile Hügel, auf die das rasterförmige Wegnetz überhaupt keine Rücksicht nahm, machten von Anfang an das alltägliche Leben beschwerlich, die verkehrsmäßige Erschließung kompliziert und den Transport von Waren gefährlich. Immer wieder kam es auf den Straßen (Gefälle bis zu 21 %) zu folgenschweren Unfällen, wenn Pferde ins Rutschen gerieten und Wagen talwärts stürzten.

Da hatte der Engländer **Andrew Smith Hallidie**, der während des Goldrausches Stahlkabel für die kalifornischen Minen hergestellt hatte, eine im wahren Wortsinn bahnbrechende Idee: In einem Schlitz unter den Straßen sollten endlose Kabel verlegt werden, die an bestimmten Depotstationen von Motorwinden ständig in Bewegung gehalten wurden. An dieses Seil brauchten nur speziell konstruierte Wagen zum Transport angeschlossen werden, zum Halten musste man dann die Verbindung lockern und den Wagen abbremsen. 1873 stellte *Hallidie* nach dreijähriger Arbeit das neue Verkehrsmittel vor und hatte sofort durchschlagenden Erfolg. Am Ende des 19. Jh. waren bereits die meisten Straßen in San Francisco mit Cable Cars zu befahren, das Streckennetz betrug nicht weniger als 190 km, und der Fuhrpark umfasste etwa 600 Wagen. Durch die Erfindung des Automobils sind davon jedoch im Lauf der Zeit nur noch 37 Wagen übriggeblieben, und das Streckennetz ist auf 16 Kilometer geschrumpft. Auf Bürgerproteste hin konnte ein endgültiges Verschwinden der Cable Cars verhindert werden, und nach zweijähriger Stilllegung (1982-84) hatte die Stadt ihr Wahrzeichen wieder. Heute sind die Cable Cars das einzige Verkehrsmittel, das in den USA unter **Denkmalschutz** steht. Im Cable Car Barn Museum (Ecke Washington/Mason St., s.u.) wird dessen Geschichte und Konstruktionsweise geschildert.

Da die 6 t schweren Kabelwagen selbst antriebslos sind, hat die wichtigste Aufgabe der *gripman* (Greifer-Mann), der den Seilgreiferhebel (*grip*) bedient. Damit wird das Cabel Car an das mit ca. 15 km/h fortlaufende Seil angeschlossen oder die Verbindung wird gelockert bzw. unterbrochen. Dass dies keine leichte Aufgabe ist, kann jeder Fahrgast beobachten. Genauso wichtig wie der Seilgreiferhebel sind natürlich die Bremsen: Vier verschiedene gibt es davon in jedem Wagen, sodass bei den Talfahrten keiner Angst zu haben braucht.

John W. Geary, San Franciscos erster Bürgermeister, schenkte 1850 seiner Heimatstadt den Platz, unter dem sich seit 1942 eine Großgarage verbirgt. Älteren Datums ist die 33 m hohe korinthische **Siegessäule** in der Mitte mit der Göttin Victoria: Sie stammt aus dem Jahr 1902.

Beste Shoppingbedingungen Touristen, die an Shopping interessiert sind, finden rund um den Platz Filialen einiger der größten amerikanischen Kaufhausketten wie *Macy's* oder *Saks Fifth Avenue* ebenso wie Luxusgeschäfte wie *Tiffany*. Besonders in den östlich abgehenden Seitenstraßen haben sich auch Zweigstellen der bekanntesten Nobelmarken (hauptsächlich Mode) niedergelassen. Das dominierende Gebäude am Union Square ist jedoch kein Kaufhaus, sondern ein Luxushotel, nämlich das **Westin St. Francis**. Beachtung verdient hier die schöne Buntglaskuppel, die man aus einem alten Kaufhaus gerettet hat. Wer den Platz aus erhöhter Perspektive überblicken möchte, sollte sich einen Platz im Restaurant *The Rotunda at Neiman Marcus* (*150 Stockton St.*) sichern.

Chinatown (3)

Folgt man vom Union Square der nördlichen Längsseite (Post St. oder Maiden Lane) nach rechts, erreicht man nach zwei Blocks die Grant Ave., die bergan geradewegs in die berühmte Chinatown führt. Dieses Areal, das insgesamt 24 Blocks umfasst, wurde bereits 1847 von Chinesen besiedelt und entwickelte sich zur größten **chinesischen Siedlung** außerhalb Asiens. Durch das Großfeuer von 1906 fast völlig zerstört, wurde das Viertel anschließend im ostasiatischen Stil und schöner wiederaufgebaut. Sein Kern wird von den Straßen Kearny St., Bush St., Stockton St. und Broadway begrenzt. Mit ca. 20.000 Einwohnern (insgesamt leben etwa 80.000 Chinesen in San Francisco) ist Chinatown die am dichtesten besiedelte Gegend der Stadt. Sehr viel Geld ist durch Hongkong-Emigranten nach Chinatown geflossen. Die farbenprächtigsten Feiern der hiesigen Gemeinde erlebt man während des Chinesischen Neujahrsfestes, das – je nach Mondkalender – im Januar oder Februar stattfindet und dessen Höhepunkt die dreistündige Parade ist. Den Mittelpunkt des Zuges bildet dabei ein ca. 18 m langer Drache, in dem 12 Männer stecken und der oftmals in Hongkong gefertigt wird.

Prächtiges Neujahrsfest

Bei einem Spaziergang entlang der Grant Ave., die als wichtigste touristische Meile Chinatowns gelten kann (die Chinesen selbst bezeichnen die Stockton St. als ihre Hauptstraße), kommt man auf Höhe der Bush St. zunächst zum grün-roten **Chinatown Gate** von 1970, das eindrucksvoll den Financial District abschließt. Ein weiteres Eingangsportal in diese andere Welt ist das **Dragon Gate** an der Ecke Grant Ave./Bush St. Hier, wie in den meisten Straßen des Viertels, sieht man die typische Pagodenarchitektur selbst der Telefonzellen, und chinesische Schriftzeichen sind allerorten zu entdecken. Wer in die wirkliche Chinatown eintauchen möchte, sollte jedoch die Grant Ave. verlassen und sich in den Nebenstraßen umschauen.

Beim chinesischen Neujahrsfest

Beim Spaziergang über die Grant Ave. kann man zunächst rechts in die Pine St. abbiegen, die zum Saint Mary's Square führt. Auf dem stillen Platz erhebt sich seit 1938 eine 4 m hohe Granit- und Stahlstatue von Dr. *Sun Yatsen* (1866–1925). Er war Gründer und erster Präsident der Republik China und verbrachte zu Beginn des 20. Jh. mehrere Jahre als politischer Asylant in San Francisco. Nördlich des Platzes ragt jenseits der California St. der Backsteinturm der **Old St. Mary's Church (4)** auf. Diese überwiegend von Chinesen erbaute katholische Kirche, die 1854–91 die Kathedrale der Stadt war, hat nach mehreren Restaurierungsarbeiten wieder ihr ursprüngliches Aussehen bekommen.

Weitere interessante Punkte sind u.a. die **Bank of Canton** an der Ecke Grant Ave./Washington St., die 1909 als Telefonamt gebaut wurde und sich mit ihren drei kaskadenhaften Dächern als „typisch-chinesisch" darstellt. Es war das erste Gebäude in diesem Stil, das nach dem Erdbeben in San Francisco errichtet wurde. Hinter der Washington St. und vor der Sacramento St. lohnt ein Abstecher in die schmale Gasse Waverly Place, die mit ihren dicht gedrängten Läden, bemalten Balkons und ziegelgekachelten Hausdächern noch am ehesten das „alte China" widerspiegelt.

Typische Gebäude

Auch **zwei Tempel** sind hier beheimatet, die allerdings nicht ebenerdig, sondern in den oberen Stockwerken zu finden sind. Zum einen ist das der stimmungsvolle Tien Hou Tempel (Nr. 125), der mit seinen Lampions und Räucherstäbchen nicht nur Zeugnis der Volksfrömmigkeit ablegt, sondern von der Terrasse auch einen hübschen Blick auf den Coit Tower bietet. Und zum andern befindet sich gleich daneben der Norras-Tempel (Nr. 109) mit seinem eindrucksvollen Altar.
Tien Hou Tempel, *125 Waverly Place, oberste Etage, tgl. 9–17 und 19–21 Uhr.*
Norras-Tempel, *109 Waverly Place, tgl. 9–16 Uhr. Jeweils freier Eintritt, aber Spende erbeten.*

 Tipp

Eine interessante Art, Chinatown kennen zu lernen, stellen die zweistündigen geführten Rundgänge des Unternehmens **All about Chinatown** (✆ 982-8839, www.allaboutchinatown.com) dar. Sie starten um 10 Uhr an der Old St. Mary's Cathedral und kosten US$ 30 p.P. (mit Lunch US$ 45 p.P.)

Ganz in der Nähe stellt das **Clarion Music Center** eine vorzügliche Adresse für alle dar, die sich für Musikinstrumente aus aller Welt interessieren. Besucher können in diesem „lebenden Museum" exotische Instrumente in Aktion erleben und viele davon im großen Shop auch kaufen. Außerdem gibt es regelmäßig Konzerte für Liebhaber ethnischer Musik.
Clarion Music Center, *816 Sacramento St., ✆ 391-1317, www.clarionmusic.com, Mo–Fr 11–18, Sa 9–17 Uhr.*

Interessante Museen

Als nächstes Straße quert die Sacramento St. die Grant Ave., die einen nördlich zur Commercial St. bringt. Auf dieser Straße, die z.T. noch ihr altes Kopfsteinpflaster besitzt, lohnt der Besuch zweier Museen: Das **Chinese Historical Society Museum (5)** bereitet die Geschichte des Viertels und der Chinesen in Amerika didaktisch auf und besitzt außerdem eine sehr schöne Sammlung chinesischer Kunst.
Chinese Historical Society Museum, *965 Clay St., ✆ 391-1188, www.chsa.org, Di–Fr 12–17, Sa 11–17 Uhr, Eintritt US$ 5.*
Unmittelbar daneben liegt das **Pacific Heritage Museum** (*608 Commercial St., Di–Sa 10–16 Uhr*), das auf zwei Ebenen ostasiatische Kunstgegenstände und Wechselausstellungen zum Thema präsentiert. Das Museum ist im gemauerten Tresorraum des einstigen Münzamtes der Vereinigten Staaten untergebracht, das 1854 eröffnet worden war.

Von der Commercial St. aus kann man den Rundgang in nördlicher Richtung über die Kearny St. fortsetzen, wobei ein etwas längeres und z.T. ansteigendes Wegstück zu bewältigen ist. An der Ecke der Columbus Ave., die bis zur Cannery hin das Straßenraster diagonal durchkreuzt, stößt man auf den kuriosen **Columbus Tower (6)**, ein grünes Eckhaus aus dem Jahr 1907, das in den 1970er Jahren vom Filmemacher *Francis Coppola* gekauft wurde. Je weiter man der Kearny St. aufwärts folgt, desto besser kann man in der Rückschau den Columbus Tower betrachten, der vor der im Hintergrund aufragenden Transamerica Pyramid (S. 144) einen überaus reizvollen – und dementsprechend oft fotografierten – Kontrast aus 65 Jahren Baugeschichte bildet.

Hinter der Kreuzung mit dem Broadway geht es auf der Kearny St. an vielen Restaurants, Cafés, Pasta-Läden, Szene-Kneipen, Bäckereien und Eiscafés vorbei, von denen viele italienische Namen tragen. Kein Zweifel: Hier befindet man sich im Einzugsbereich von **Little Italy**, wo etwa 50.000 Italiener leben. Vom Großbrand des Jahres 1906 blieb der italienische Distrikt übrigens relativ verschont. Hier lagerten in Flaschen und Fässern mehrere hundert Gallonen Wein – als sich das Feuer näherte, stiegen die Italoamerikaner auf ihre Häuser und gossen den Wein über die Dachziegel, sodass kein Funke Schaden anrichten konnte. Zu diesem Viertel, in das immer mehr Chinesen ziehen, gehört auch der Bezirk **North Beach**, der mit seinen Bars, Striplokalen u.ä. als bekannteste Amüsiermeile der Stadt gilt.

Kontrast: Transamerica Pyramid und Columbus Tower

Telegraph Hill

Richtig steil wird es, wenn man von der Kearny St. rechts auf die kreuzende Filbert St. einbiegt und sich über die Filbert Steps (Hinweisschilder: *Stairs to Coit Tower*) dem Coit Tower nähert, vorbei an schönen victorianischen Holzhäusern. Der „Berg" ist der **Telegraph Hill**, der seinen Namen einem 1850 auf seinem Gipfel aufgestellten optischen Telegrafen verdankt, der damals den Kaufleuten unten in der Stadt die Ankunft von Schiffen signalisierte. Während von dem Telegrafen nichts mehr zu sehen ist, breitet sich auf der Kuppe des knapp 90 m hohen Telegraph Hill der baumreiche Pioneer Park aus. In dessen Mitte ragt über einem Freiplatz 64 m hoch der zylindrische **Coit Tower (7)**. Der Aussichtsturm, der 1934 als Denkmal für die Freiwillige Feuerwehr und im Stil des Art déco errichtet wurde, ist mit monumentalen Fresken geschmückt und bietet wegen seiner zentralen Lage eine der besten Panoramen überhaupt. Auf die verglaste Aussichtsterrasse geht es mit einem Fahrstuhl, dessen Eingang sich mitten im engen Souvenirladen befindet. Falls man das Geld sparen möchte, kann man auch die prächtige Aussicht vom Parkplatz aus genießen. Das dortige Standbild von *Christoph Kolumbus* stammt aus dem Jahre 1957, den Podest stiftete die Stadt Genua.   *Tolle Aussicht*
Coit Tower, 1 Telegraph Hill Blvd., ☏ 362-0808, tgl. 10–17 Uhr, Eintritt US$ 4,50.

Nach dem Besuch des Coit Towers geht es auf der Filbert St. wieder abwärts bis zum **Washington Square (8)**. Dieser Platz, eine schöne grüne Oase, ist der Kristallisations-

Rundfahrten und Rundgänge in San Francisco

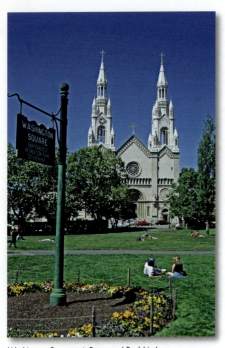

Washington Square mit Peter- und Paulskirche

punkt des italienischen Viertels. Überragt wird der Platz von den weißen Türmen der katholischen Kirche Saints Peter and Paul aus dem Jahre 1922. Die Messen in diesem Gotteshaus werden auf Italienisch gelesen, sonntags allerdings auch auf Englisch und Chinesisch. Die italienische Gemeinde ist in North Beach immer noch tonangebend, aber das Viertel befindet in einer Umstrukturierung: immer mehr Japaner, Chinesen und Mexikaner werden hier ansässig.

Rund um den Washington Square gibt es Pizzerien und Trattorias, und auf dem Grün verdienen mehrere Statuen Beachtung. Besonders hübsch ist die „Statue des stillen Zechers", die sich westlich der *Columbus Ave.* in einem kleinen, eingezäunten dreieckigen Park befindet.

Fisherman's Wharf (9)

Vom Washington Square ist es auf der Powell St. nicht mehr weit bis zum „Fischerhafen", wie das Gebiet von 12 Blocks zwischen Powell St., Bay St. und Columbus Ave. bezeichnet wird. Dort hat sich einer der bekanntesten, deswegen aber auch überlaufenen Anziehungspunkte der Stadt etabliert. Wer hier allerdings einen noch intakten Fischerhafen sucht, wird enttäuscht sein: Schon längst ist das Gelände von Hotels, Geschäften, Restaurants, Shops etc. erobert und in einen Rummelplatz verwandelt worden. Trotzdem steht allein wegen ihres Bekanntheitsgrades die Wharf auf dem festen Programm eines jeden San Francisco-Besuchers – rund 13 Millionen Touristen sind es, die sich hier jährlich einfinden.

Touristenmagnet

Es lohnt sich, die fangfrischen Krabben, Krebse etc. zu probieren, die an Ständen als Imbiss angeboten werden. Auf keinen Fall versäumen sollte man einen **Spaziergang am Meer** entlang, wo man an den Piers etliche eindrucksvolle Schiffe liegen sieht. Von Westen nach Osten ist der **Pier 45** ein geeigneter Startpunkt, der nicht nur gute Seafood-Restaurants beherbergt, sondern an der Ostseite auch das U-Boot *USS Pampanito*, das 1943 gebaut wurde und während des Zweiten Weltkrieges fünf japanische Schiffe versenkte (Besichtigung möglich). Daneben sieht man ein von der Stanford University 1989 gebautes Zweimanntauchboot. Wer rechtzeitig auf den Beinen ist, kann im Morgengrauen südlich des Piers den Fischern beim Anlanden ihrer Fänge zuschauen, während tagsüber deren Kutter und Trawler ruhig im Hafenbecken dümpeln. Vorbei an den Fährterminals nach Sausalito, Tiburon und Angel Island gelangt man zum **Pier 43½** und **Pier 43** mit seinem Seafood-Restaurant Franciscan, dann zum **Pier 41**, an dem die Fähren und Ausflugsboote der Red and White Fleet starten.

Alcatraz

Yachten an der Fisherman's Wharf

Zur Landseite hin haben sich einige Attraktionen angesiedelt, die jedoch nicht unbedingt zum touristischen Pflichtprogramm gehören. Beispielsweise wäre da das **Wax Museum at Fisherman's Wharf** (*145 Jefferson St., ☎ 202-0402, www.waxmuseum.com; tgl. 10–21 Uhr, Eintritt US$ 14*), in dem auf vier Etagen rund 300 aus England importierte Wachsfiguren prominenter Persönlichkeiten zusammengetragen sind. Nahebei kann man im **Ripley's Believe it or not! Museum** (*175 Jefferson St., ☎ 202-9850, www.ripleys.com/san francisco; Mitte Juni bis Anfang September So–Do 9–23 und Fr und Sa 9–24 Uhr, Rest des Jahres So–Do 10–22 und Fr und Sa 10–24 Uhr, Eintritt US$ 20*) alle möglichen und unmöglichen Kuriositäten und Rekorde aus aller Welt bestaunen.

Auf Höhe des schmalen North Point Park schließlich ragt 300 m weit der 1978 auf einem verlassenen Landungssteg im „alten Stil" neuerbaute **Pier 39 (10)** ins Wasser. Der 18 ha große Komplex beherbergt auf zwei Ebenen eine Vielzahl von Fischrestaurants (empfehlenswert u.a. *Neptune's Palace* und *Eagle Cafe*), Imbisse, Läden und Boutiquen verschiedenster Art. Eine der beliebtesten Attraktionen des Piers ist die Seelöwenkolonie, deren rund 1.700 Bewohner Ende 2009 über Nacht verschwanden und im Frühjahr plötzlich wieder auftauchten – allerdings in etwas geringerer Zahl. Ansonsten ist mit Straßenmusikanten, einer großen Spielhalle (*Players Arcade*), einem wunderschönen, nostalgischen *San Francisco Carousel* oder einem rasanten *3-D-Turbo Ride* immer etwas los auf dem Pier. Und wer keine Zeit für die größeren Aquarien wie z. B. das von Monterey oder die Academy of Sciences im Golden Gate Park (S. 156) hat, kann hier das **Aquarium of the Bay** aufsuchen, ein über- und unterseeisches 38-Mio.-Dollar-Projekt, bei dem Besucher u.a. durch einen Acrylglastunnel die Wunderwelt der Meeresflora und -fauna erleben sowie an einer simulierten Tauchfahrt in die Tiefsee teilnehmen können (*Infos unter ☎ 623-5300, www.aquariumofthebay.com*).

Seelöwen

Alcatraz (11)

Eine weitere Attraktion liegt in Sichtweite, 2½ km von Fisherman's Wharf entfernt, mitten in der Bay: Alcatraz. Vom Pier 41 aus kann man mit einem Boot dorthin übersetzen,

Alcatraz Island

in kurzer Distanz fahren überdies die Ausflugsboote bei ihren Bay-Kreuzfahrten hier vorbei. Auf dem ursprünglich völlig kahlen Felsen errichtete man nacheinander einen Leuchtturm, Befestigungsanlagen und, während des Bürgerkriegs, ein Militärgefängnis. 1933 baute man dann die ehemalige *Isla de los Alcatraces* (Insel der Pelikane) zum wohl bekanntesten und berüchtigtsten Zuchthaus der Welt um. Bis 1963 saßen hier Schwerverbrecher wie z.B. *Al Capone* ein. Nachdem das Zuchthaus geschlossen wurde, besetzten Indianer die Insel und demonstrierten jahrelang ihren Anspruch auf das Land.

Berühmtes Gefängnis

Seit 1973 sind Besucher auf Alcatraz zugelassen, die an Führungen von Rangern des National Parks Service teilnehmen oder auf eigene Faust die Insel erkunden (auch per Kopfhörer in deutscher Sprache). Manchmal trifft man ehemalige Gefangene, die „Autogramme" geben und signierte Bücher über ihr Leben verkaufen. Die Gäste scheinen allerdings von der Unwirtlichkeit der Insel, dem Stacheldraht und den bedrückenden Ruinen weitgehend unbeeindruckt zu bleiben und allenfalls ein angenehmes Gruseln zu verspüren.

Alcatraz Island, *Fährdienste tgl. ab 9 Uhr, Führungen ca. 1 Std., Infos zum Nationalpark unter www.nps.gov/alcatraz, zu Fähren und Touren unter www.alcatrazcruises.com oder www.alcatraz.us.*

Lombard Street und Cable Car Museum

Nach dem langen Spaziergang bietet sich für die Rückkehr zum Ausgangspunkt natürlich das Cable Car an, das auf zwei Linien (Powell-Mason und Powell-Hyde) nach Süden fährt, beide treffen sich unterwegs am Cable Car Barn Museum (s.u.). Zwar weiter westlich, dafür aber in schönerer Umgebung liegt die Abfahrtsstelle der Powell-Hyde-Linie, auf der man nach einigen Blocks an der **Lombard Street (12)** die Fahrt unterbrechen sollte. Denn direkt neben der Cable Car-Station windet sich die Straße auf einem kurzen Abschnitt in zehn Haarnadelkurven mit 40 % Steigung hinunter und wird so zur „krummsten Straße der Welt". Auch wegen der hübschen Häuser und den Vorgärten mit Hortensien gibt dieses Straßenstück ein oft fotografiertes Bild ab.

Ein ganzes Stück weiter südlich befindet sich an der Ecke Mason St./Washington St. im Kreuzungspunkt zweier Cable Car-Linien das **Cable Car Museum (13)**. In dem roten Ziegelsteingebäude, das gleichzeitig als das Maschinen- und Kontrollzentrum der drei heutigen Linien dient, können Besucher von einer Galerie aus die Funktionsweise der Cable Cars, die seit der Inbetriebnahme im Jahre 1873 kaum geändert wurde, beobachten: Vier Motoren mit jeweils 510 PS halten mittels mächtiger Räder das Gewirr der Stahlseile in Bewegung. Interessant ist auch der Blick durch das Fenster im Untergeschoss, wo man die Kabelführung unter der Straße sieht. Außerdem präsentiert das Museum drei originale Wagen (darunter das erste Cable Car überhaupt), Fotos von allen bisherigen Modellen sowie einen dokumentarischen 15-Minuten-Film.

Alles über Cable Cars

Cable Car Barn Museum, *Ecke Washington/1201 Mason St., ① 474-1887, www.cable carmuseum.org, tgl. 10–18 Uhr, im Winter bis 17 Uhr, freier Eintritt.*

Nob Hill

Wer anschließend noch Lust und Zeit zu einem weiteren interessanten Abstecher hat, dem sei das Nobelviertel **Nob Hill** empfohlen. Dorthin geht es in drei Blocks über die Washington St. und Taylor St. oder, wieder mit dem Cable Car, die steile California St. hinauf. Der Stadtteil, dessen Name nach einer Version von *Nabob* (indische Prinzen) abgeleitet wird, nach einer anderen von *Snob* und nach einer dritten von *Knob* (abgerundeter Berg, Hügel), war seit dem Bau des Cable Car die vornehmste Gegend San Franciscos, in der sich vorzugsweise die Silberminen- und Eisenbahn-Barone oder reiche Immigranten ihre Prachtvillen errichten ließen. Obwohl der meiste Luxus dieses „Hügels der Paläste", wie *Robert Louis Stevenson* Nob Hill nannte, in den Flammen des Jahres 1906 aufging, ist das Viertel immer noch gleichbedeutend mit Reichtum und Noblesse sowie Standort einiger der feinsten Hotels Kaliforniens. Prächtige Stadthäuser findet man hier an der Taylor St. (besonders der 1100er Block) und entlang der Sacramento St., während man auf der California St. zunächst das Stouffer Stanford Court Hotel (Ecke Powell St.) und dann an der Ecke zur Mason St. das hochherrschaftliche **Fairmont Hotel (14)** passiert, das gleichermaßen eine architektonische Sehenswürdigkeit und eine der ersten Adressen der Stadt ist. Der 1907 eröffnete Hotelpalast mit seiner prunkvollen Eingangshalle war Drehort der Fernsehserie „Hotel". Wer Zeit, Lust und das nötige Kleingeld hat, der sollte sich eine Mahlzeit im *Laurel Court* gönnen, dessen überkuppelter Saal zu den schönsten kalifornischen Restaurants zählt. Das dem Fairmont Hotel an der California St. gegenüber gelegene Luxushotel Intercontinental Mark Hopkins besitzt in seinem *Top of the Mark* eine nicht minder berühmte Panorama-Bar in der 19. Etage.

Nobelviertel

Einen Block weiter aufwärts bringt einen die California St. am schönen **Huntington Park** sowie der 1886 erbauten *Flood Mansion* vorbei, San Franciscos exklusivstem Herrenklub. Schließlich geht es zur hoch aufragenden, neugotischen Domkirche **Grace Cathedral (15)**. An diesem prächtigsten protestantischen Gotteshaus der Stadt, dessen Vorbild eindeutig Notre Dame ist, baute man 53 Jahre, bis es 1964 eingeweiht werden konnte. Anders als beim französischen Vorbild nahm man hier der Erdbebengefahr wegen jedoch Stahlbeton. Die gut 75 m hohe, 49 m breite und 100 m lange Kathedrale hat innen wie außen einige bemerkenswerte Details aufzuweisen, so z. B. die Portale, die Nachbildungen derer des Doms von Florenz sind, die große, in Chartres gefertigte Fensterrose, das Fußboden-Labyrinth und mehrere originale, aus Europa importierte Einrichtungsgegenstände.

Auf der anderen Seite der California St. steht der 1958 erbauten California Masonic Memorial Temple und daneben das Huntington Hotel aus dem Jahre 1924.

Vom Civic Center zum Ferry Building

Zwischen dem Civic Center und dem Ferry Building, verbunden durch die Achse der Market St., dehnt sich das aus, was man in Amerika **Downtown** nennt, was aber nicht unbedingt mit „Zentrum" oder gar mit „Altstadt" übersetzt werden kann. Vor allem der etwas heruntergekommene Bereich südlich der Market St. ist nicht gerade ein Schmuckstück des Stadtbildes, obwohl man in letzter Zeit versuchte, durch den Bau von Hotels, Museen und Messezentren das Image ein wenig aufzupolieren. Aus diesem Grund ist es ratsam, die nicht unbeträchtliche Entfernung zum Civic Center wenigstens in einer Richtung mit öffentlichen Verkehrsmitteln zurückzulegen.
Dazu nehmen Sie die **Buslinien 6, 9, 21, 71**, *die* **Streetcar F** *oder eine der MUNI-Metro- oder BART-Linien (Station Civic Center).*

Beschrieben ist im Folgenden der Weg vom Civic Center zum Ferry Building, also in nordöstlicher Richtung.

Civic Center und Asian Art Museum

Verwaltungszentrum

Das Behörden- und Verwaltungszentrum der Stadt macht einen eigenen Stadtteil aus, wobei die acht wichtigsten Gebäude symmetrisch um die Civic Center Plaza gruppiert sind. Der Gesamtplanung, die sofort nach dem Erdbeben von 1906 realisiert wurde, merkt man das Bestreben nach Großzügigkeit und Repräsentation an und ist in den USA einmalig.

Von der Market St. aus überquert man zunächst die vorgelagerte United Nations Plaza, auf der u.a. ein Standbild des südamerikanischen Freiheitshelden *Simón Bolívar* zu sehen ist. Mittwochs und samstags fungiert die Plaza als Standort des **Farmer's Market**. Zur Rechten wird die Plaza vom Federal Building flankiert, während man am Westende durch zwei Gebäude hindurch zur Civic Center Plaza gelangt.

Zur Rechten passiert man die ehemalige Stadtbibliothek, ein üppiger Bau aus dem Jahre 1917. Seit dem Jahr 2003 beherbergt das vom Architekten *Gae Aulenti* genial umgeformte Gebäude das **Asian Art Museum (1)**. Die Sammlungen dieses ungewöhnlichen Baus entstammen dem Besitz des Geschäftsmannes *Avery Brundage*, langjähriger Präsident des Internationalen Olympischen Komitees. Den Großteil des Museums machen die Exponate aus China aus, die alle Perioden der chinesischen Kunst umfassen. Außerdem sind Kunstgegenstände aus Ländern des Nahen Ostens und aus Afghanistan, Indien, Pakistan, Mongolei, Korea, Indonesien und – besonders wertvoll – aus Japan ausgestellt

Civic Center und Asian Art Museum

1 Asian Art Museum	9 Hallidie Plaza	17 Bank of America
2 Main Public Library	10 Old U.S. Mint	18 Wells Fargo Bank
3 City Hall	11 Center for the Arts	19 Bank of California
4 Veterans Building War Memorial	12 Moscone Convention Center	20 Transamerica Pyramid
5 War Memorial Opera House	13 San Francisco Museum of Modern Art	21 Embarcadero Center
6 M. Davies Symphony Hall	14 Metreon	22 Ferry Building
7 St. Mary's Cathedral	15 Jewish Museum of San Francisco	23 San Francisco – Oakland Bay Bridge
8 Japantown	16 Cartoon Art Museum	

– insgesamt rund 15.000 Schätze, die sechstausend Jahre Kunstgeschichte umspannen. Bei speziellem Interesse können Sie auch die Fachbibliothek nutzen, in der in rund 12.000 Bänden alles Wissenswerte über die Kunst des Nahen und Fernen Ostens gesammelt ist.

Asian Art Museum, 200 Larkin St., ① 581-3500, www.asianart.org, Di–So 10–16.45 Uhr, im Sommer Do bis 21 Uhr.

Dem Gebäude gegenüber befindet sich die von *J.I. Freed* entworfene, sechsstöckige **Main Public Library (2)**, die 1996 eingeweiht wurde und einen Bestand von über 1,7 Mio. Bänden hat. Besucher können dort an über 300 Computerterminals arbeiten, des weiteren gibt es einen Raum für 1.100 Laptops, einen eigenen Gebäudeflügel für Kinder und die Abteilung Magazines & Newspapers Center auch mit deutschsprachigen Zeitungen. Wer an der Geschichte der Stadt interessiert ist, findet im San Francisco History Center und in der San Francisco Photo Collection ein vielfältiges Material an Fotodokumenten, Karten, Literatur und anderen Exponaten. Die Bücherei ist tgl. geöffnet, Infos unter www.sfpl.org.

City Hall (3) und San Francisco War Memorial

Hinter der Bücherei erstreckt sich die Civic Center Plaza mit ihren Grünanlagen und bildet einen würdigen Rahmen für die dahinter aufragende City Hall, über die *Joseph Strauss* sagte: „*Sie haben in San Francisco dieses hervorragende Civic Center, gekrönt von einem Rathaus, wie ich es ähnlich nirgendwo sonst gesehen habe!*" Der Kuppelbau der City Hall wurde 1912–15 als fünftes Rathaus an dieser Stelle erbaut (der Vorgängerbau wurde ein Opfer des Erdbebens). Seine ausladende Architektur erinnert an das Washingtoner Capitol – tatsächlich wird jenes durch diese 94 m hohe Kuppel, die fünftgrößte der Welt, noch überragt.

Mit ihren um einen Innenhof gruppierten Büroflügeln hat die City Hall auch sonst wahrhaft gewaltige Ausmaße (Länge 119 m, Breite 83 m, Grundfläche 46.000 m²). Das Gebäude ist dabei nicht nur wuchtig, sondern besitzt auch einige schöne Details, etwa die Rotunda mit dem Treppenhaus oder die Portale mit ihrem allegorischen Figurenschmuck. 1989 wurde das Rathaus vom Erdbeben in Mitleidenschaft gezogen, erst nach zehnjährigen Renovierungsarbeiten konnte das Rathaus wieder besichtigt werden.

San Francisco City Hall, *1 Dr. Carlton B. Goodlett Place, www.sfgov.org/cityhall, öffentlich zugänglich Mo–Fr 8–20 Uhr.*

Hinter der City Hall (also westlich davon) stößt man auf ein Ensemble von Gebäuden, die insgesamt unter dem Titel **San Francisco War Memorial and Performing Arts Center** (www.sfwmpac.org) firmieren und einen der größten kulturellen Komplexe in den USA darstellen. Neben vielen Galas, Vorlesungen und Filmvorführungen haben hier die Oper, das Symphonieorchester, Theater, Ballett sowie klassischer und moderner Tanz ihre ständige Adresse. Die Reihe der Gebäude beginnt mit dem **Veterans Building War Memorial (4)**, in dem die Vertreter von 43 Nationen am 26. Juni 1945 die Gründungscharta der Vereinten Na-

City Hall

tionen (UNO) unterzeichneten. Zzt. beherbergt das Gebäude das Herbst Theatre. Sofort daneben liegt südlich sein 1932 eingeweihter Vorgängerbau, das **War Memorial Opera House (5)**, das die 1923 gegründete San Francisco Opera und das Ballett beherbergt. Südlich an das Opernhaus schließt sich die 1980 eingeweihte **M. Davies Symphony Hall (6)** an, ein mit 3.000 Plätzen ausgestatteter Konzertsaal des San Francisco Symphony Orchestra. Das Haus hebt sich angenehm

Henry Moores Plastik vor dem M. Davies Symphony Hall

von der oft aufdringlichen Architektur der Postmoderne ab; es ist ein Bau mit schön fließenden Linien, ohne Überflüssigkeiten und der Umgebung sehr gut angepasst. Zu dem Eindruck trägt auch die Bronzeplastik des britischen Bildhauers *Henry Moore* bei.

Zur Market St. zurück geht es über die Grove St., wobei man das Civic Auditorium von 1915, das als Ausstellungs- und Konzerthalle genutzt wird, sowie die 1958 unterirdisch angebaute Brooks Hall (Kongresszentrum) passiert.

Der einfachste und schnellste Weg vom Civic Center in Richtung Ferry Bldg. führt über die Market St., wobei man unterwegs an der einen oder anderen Sehenswürdigkeit vorbeikommt. Dieser Weg wird weiter unten beschrieben. Mit genügend Zeit bieten sich allerdings ab dem Civic Center noch weitere **Abstecher** an. So könnte man z. B. mit der Metro zur historischen Mission Dolores weiterfahren (vgl. S. 161), oder man macht einen Spaziergang zu den interessanten nördlichen Stadtvierteln: Wer dabei der Franklin St. hinter dem Kunstmuseum stadteinwärts folgt, erreicht nach ca. 400 m die Ellis St., die nach links zur einen Block entfernten Marienkathedrale führt.

Besichtigungsmöglichkeiten

St. Mary's Cathedral (7)

Das den Cathedral Hill dominierende Gotteshaus, ein Werk der italienischen Architekten *Pier Luigi Nervi* und *Pietro Belluschi*, zählt zu den eindrucksvollsten Sakralbauwerken der modernen Zeit und wurde 1971 vollendet. Von besonderem Interesse ist der 60 m hohe Innenraum, der von einem farbigen Glaskreuz beleuchtet wird. In dem katholischen Bischofssitz zelebrierte Papst *Johannes* Paul II. bei seinem Besuch in den USA 1986 eine Messe.
Cathedral of Saint Mary's of the Assumption, *1111 Gough St., Ecke Geary Blvd., www.stmarycathedralsf.org, Mo–Sa 6.45–17, So 7.30–17 Uhr.*

Japantown (8)

Nicht weit von hier entfernt und über den Geary Blvd. in 200 m zu erreichen, liegt das Viertel Japantown, das von knapp tausend Japanern bewohnt wird. Mit Chinatown ist der Stadtteil insofern nicht zu vergleichen, als er viel großzügiger angelegt und die Architektur durchweg modern ist. Durch die vielen Restaurants, Tempel, Läden und Schreine wird *Nippon machi*, wie die Japaner ihre „Stadt" nennen, aber trotzdem zu einem Erlebnis. Am markantesten ist die fünfstöckige Pagode auf dem Platz des Friedens, um die herum sich zwischen Post St. und Geary Blvd. das nüchterne **Japanese Cultural & Trade Center** ausbreitet, ein 1968 fertig gestellter und 2 ha großer Komplex mit Einkaufszentren, Hotels und Fußgängerzone.

Traditionelle Feste

Am interessantesten ist ein Besuch der Japantown, wenn hier eines der traditionellen Feste gefeiert wird – Ende April etwa das Kirschblütenfest, bei dem Taiko-Trommler und farbenfroh gekleidete Tänzer das Viertel bevölkern. Vom Japan Center bzw. der St. Mary's Cathedral aus gelangt man mit dem Bus oder auf einem längeren Marsch über die Ellis St., Geary St. oder O'Farrell St. zu den Besichtigungspunkten auf Höhe der Hallidie Plaza zurück (die nächste Cable Car Station der California Line ist über die Van Ness Ave. in etwa 500 m zu erreichen).

Der direktere Weg entlang der Market St. ist von der United Nations Plaza bis zur Hallidie Plaza rund 500 m lang und führt an nicht sehr attraktiven Kaufhäusern und Discount-Läden vorbei. Beachtung verdient aber die sehr schöne, 1892 errichtete **Hibernia Bank**, die man an der Ecke zur Jones St./McAllister St. findet. Schließlich hat man die **Hallidie Plaza (9)** erreicht (s. S. 126).

Auf der gegenüberliegenden Seite der Market St. befindet sich das **San Francisco Shopping Centre**. Ein weiteres Einkaufszentrum, das **Emporium**, hat sich gleich nebenan in einem kuppelbekrönten Bau von 1908 niedergelassen.

Wenn man vor dem Shopping Centre von der Market St. links in die 5th St. einbiegt, entdeckt man nach wenigen Metern die **Old U.S. Mint (10)**, die 1869–74 im neoklassizistischen Stil erbaut wurde. In dem massigen Granitgebäude wurden bis 1937 kalifornisches Gold und Silber zu Münzen geprägt.

Yerba Buena Gardens

Über die Mission St. gelangt man anschließend in ein Gebiet, das nach dem Erdbeben von 1989 grundlegend neugestaltet wurde. Auffälligste Landmarke ist hier das 1989 eröffnete postmoderne Hotel San Francisco Marriott, das wegen seiner abgerundeten Glasflächen „Jukebox" genannt wird. Es lohnt ein Blicks ins Atrium oder ein Drink in der Bar *The View Lounge* im 39. Stock, die nicht umsonst diesen Namen trägt.

Bar mit Ausblick

Fast direkter Nachbar des Hotels ist die katholische **St. Patrick's Church**, ein 1872 erbautes und nach dem Erdbeben 1909 wiedererrichtetes rotes Ziegelsteingebäude.

Östlich der Mission St. dehnt sich das 2 ha große Gelände der Yerba Buena Gardens mit Grünflächen, Wasserspielen, Terrassen und Stufengängen aus. Der Park ist Mittelpunkt eines architektonisch anspruchsvollen Ensembles von Museen und Messezentren. Spektakulärster Teil ist ein 12 m hoher und 15 m langer künstlicher Wasserfall, der mit eingravierten und beleuchteten Zitaten an den Bürgerrechtler Dr. *Martin Luther King* erinnert. Nördlich wird die Parkanlage vom **Center for the Arts (11)** begrenzt, einem

Yerba Buena Gardens

Yerba Buena Park

knapp 9 ha großen Projekt, das u.a. eine Open Air-Bühne, ein Zentrum für visuelle Kunst, Galerien und ein Theater umfasst.
Center for the Arts, *701 Mission St.,* ① *978-2787, www.ybca.org, Do–Sa 12–20, So 12–18 Uhr, Eintritt US$ 7, sowie jeden ersten Di des Monats 12–20 Uhr frei.*

Von den Yerba Buena Gardens führt eine Fußgängerbrücke hinüber zum 1981 erbauten und 1991 erweiterten **Moscone Convention Center (12)**, das einen ganzen Block einnimmt und das wichtigste Kongresszentrum der Stadt darstellt. Das architektonische Meisterstück des 126 Mio. US$ teuren Komplexes ist eine 28.000 m² große, unterirdische Halle. Daneben verfügt das Convention Center noch über 41 Konferenzräume sowie einen 3.000 Menschen fassenden Ballsaal. Benannt wurde das Kongresszentrum nach dem ehemaligen Bürgermeister *George Moscone*, der im November 1978 im Rathaus erschossen wurde.

Wer sich für die Kunst der Fotografie interessiert, darf einen Besuch des **Ansel Adams Center** nicht versäumen, das jenseits der 4th St. dem Kongresszentrum gegenüberliegt. Eine noch wichtigere Adresse für Kunst- und Architekturfreunde ist jedoch das hinter dem Center for the Arts und der 3rd St. befindliche (Fußgängerbrücke) **San Francisco Museum of Modern Art (13)**. Das nach Plänen des Architekten *Mario Botta* errichtete Museum zeigt ausschließlich Kunst des 20. Jh. und ist mit seiner zylindrischen, schwarz-weiß gestreiften und abgeschrägten Rotunde ein von weitem sichtbarer städtebaulicher Akzent, der Kritiker im In- und Ausland zu Begeisterungsstürmen hinriss. Auch das Innere wird von der spektakulär in Szene gesetzten Architektur (u.a. das edle Treppenhaus und die transparente Brücke im fünften Stock) mindestens ebenso geprägt wie von den mehr als 15.000 Kunstwerken. Die Ausstellungsräume im zweiten Stock zeigen Dauer- und Wechselausstellungen aus den Museumsbeständen, und zwar Exponate aus den Bereichen Architektur, Design, Malerei und Skulptur. In den Etagen

Auch architektonisch sehenswert

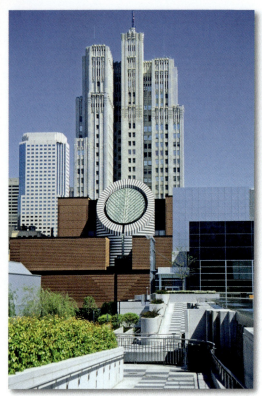
Museum of Modern Art

darüber sieht man Zeichnungen, Fotokunst, Leihgaben und Sonderausstellungen. Darüber hinaus umfasst der Komplex u.a. zwei große Künstlerateliers, Multifunktionsräume, ein Auditorium, Café, Bücherei, Museumsladen und einen Lehrsaal.

San Francisco Museum of Modern Art, *151 3rd St., ☏ 357-4000, www.sfmoma.org, Mo–So 10–17.45 (im Winter ab 11 Uhr), Do bis 20.45 Uhr, Mi geschlossen, Eintritt.*

Zur anderen, südwestlichen Seite der Yerba Buena Gardens sind in jüngerer Zeit weitere Kulturinstitutionen eröffnet oder moderne Gebäude errichtet worden. Dazu zählt u.a. das hochmoderne, vierstöckige Einkaufszentrum **Metreon (14)**, das nicht nur eine Vielzahl von Geschäften und Restaurants aufweist, sondern auch interaktive Attraktionen und ein IMAX-Kino. Im Metreon, das nachts grell beleuchtet wird, sind die Geschäfte tgl. 10.30–20.30 Uhr geöffnet, am Wochenende bis 21.30 Uhr; weitere Infos unter *www.westfield.com/metreon.*

Vom Metreon und den Yerba Buena Gardens durch die Mission St. getrennt, befindet sich hinter dem Jessie Square das **Contemporary Jewish Museum of San Francisco (15)**, das im Jahre 2005 seine Pforten öffnete. Teile der Sammlung, die die Kultur und Geschichte der amerikanischen Juden beleuchtet, sind in einem denkmalgeschützten Trafo-Gebäude von 1907 untergebracht. Hinter dessen neuklassizistischer Fassade schwingen sich aber zwei von dem in Berlin lebenden Stararchitekten *Daniel Libeskind* entworfene Gebäudeteile nach oben, die dem ganzen Ensemble ein unverwechselbares, futuristisches Aussehen geben. Eingerahmt von den Hotels Four Seasons, Westin und Marriott, sowie Seite an Seite mit der katholischen St. Patrick's Church, ist das Museum allein schon wegen seiner Außen- und Innenarchitektur erlebenswert.

Contemporary Jewish Museum, *736 Mission St., ☏ 655-7800, www.thecjm.org, tgl. außer Mi 11–17, Do 13–20 Uhr, Eintritt US$ 12.*

In eine ganz andere Welt entführt einen das baulich unauffällige **Cartoon Art Museum (16)**, das seit 1987 besteht und das einzige seiner Art im Westen der Vereinigten Staaten ist. Nicht nur der „Peanuts"-Erschaffer *Charles M. Schulz*, sondern viele Vertreter der quirligen kalifornischen Cartoon-Szene sind hier mit ca. 6.000 Originalzeichnungen vertreten, daneben gibt es immer wieder interessante Sonderausstellungen zu sehen. **Cartoon Art Museum**, 655 Mission St., ① 227-8666, www.cartoonart.org; tgl. außer Mo 11–17 Uhr, Eintritt US$ 7.

Zahlreiche Originalzeichnungen

Von diesem Ensemble kehrt man am besten über die Howard St. und New Montgomery St. zur Market St. zurück. Unterwegs passiert man das Gebäude von Pacific Bell (Ecke Natoma St.), in dem das Telephone Pioneers Communications Museum untergebracht ist. Kurz darauf steht man an der New Montgomery St. vor dem 1909 gebauten **Sheraton Palace Hotel**, dessen pompöser Garden Court mit seiner Bleiglas-Kuppel das vielleicht eleganteste Café/Restaurant von San Francisco ist.

Financial District

Jenseits der Market St. ist die Welt des sog. Financial District die letzte Station des Rundgangs. Dieses Viertel liegt auf der Grundlinie der Market St. als Dreieck zwischen Union Square, Chinatown und dem Embarcadero Center. Wie überall auf der Welt werden Macht und Reichtum der Banken vorzugsweise in Architektur ausgedrückt. Natürlich konnte man wegen der Erdbebengefahr nicht ganz so in den Himmel bauen wie die Oststaatler, aber ohne Zweifel ist dies der Stadtteil, auf den am ehesten das Wort von der *Manhattanization* zutrifft. Dort, wo Post St. und Montgomery St. bei der Market St. zusammenstoßen, hebt sich der 212 m hohe **Crocker Bank Tower**  aus dem internationalen Einerlei der Hochhaus-Architektur hervor. Insbesondere die spektakuläre **Crocker Galleria**, ein 1985 angebauter Konsumtempel für gehobene Ansprüche, lockt das Publikum an. Wer vom Shopping müde geworden ist, findet vielleicht im hübschen Dachgarten Entspannung, zu dem man von der dritten Etage aus Zugang hat. Ihren Namen hat die vierstöckige Galerie durch das gewölbte Glasdach verdient.

Panoramablick auf den Financial District (links Bank of America, rechts Transamerica Pyramid)

Rundfahrten und Rundgänge in San Francisco

Bankenriese

Die anderen steingewordenen Wahrzeichen der Finanzkraft entdeckt man gut bei einem kurzen Spaziergang die Montgomery St. hinauf. Dabei passiert man zunächst linker Hand das granitverkleidete Hauptquartier der **Bank of America (17)**, einen gut 237 m hohen Wolkenkratzer. Bei der Einweihung im Jahre 1971 war das Gebäude mit 52 Stockwerken, in denen über 5.000 Menschen arbeiten, das größte Bankhaus der Welt. Vor der Finanzkrise 2008/09 war die Bank of America mit einem geschätzten Kapital von 30 Mrd. Dollar die größte Bank der USA und größte Privatbank der Welt.

Das feine Restaurant im obersten Stockwerk, von dem man einen unglaublichen Blick auf die Stadt hatte, musste 2010 seine Türen schließen. Ein Nachfolger steht noch nicht fest.

An der Plaza vor dem Bankgebäude, die von einer aus schwarzem Marmor gefertigten modernen Großplastik dominiert wird, geht es zurück auf die Montgomery St., wo man wenige Schritte entfernt im Museum der **Wells Fargo Bank (18)** einen Blick in die Geschichte werfen kann. Eine originale Postkutsche, Nuggets, Bankdokumente, Briefmarken etc. sind Inhalt der Sammlung: Hier werden Erinnerungen an den Wilden Westen wach, insbesondere beim Anblick der alten Concord-Postkutsche.
Wells Fargo History Museum, *420 Montgomery St., ☏ 396-2619, www.wellsfargo history.com, Mo–Fr 9–17 Uhr, freier Eintritt.*

Kurz darauf gelangt man zur California St., an der sich die **Bank of California (19)** befindet, die älteste Bank des Bundesstaates. Neben dem neuen Wolkenkratzer entdeckt man das 1908 im griechischen Tempelstil errichtete alte Bankgebäude, das im Kellergeschoss das **Museum of Money of the American West** unterhält. Hier können Sie eine ansehnliche Sammlung von Nuggets, Geldstücken und -noten, Karten, Fotodokumenten, Münzprägegeräten und historischen Waffen bewundern (*Mo–Fr 10–17 Uhr, freier Eintritt*).

Luxushotel mit Aussicht

Unweit davon, zwischen der Sansome St. und Battery St., erhebt sich im wahren Wortsinn das 1987 fertig gestellte **First Interstate Center** (*345 California St.*), mit rund 221 m das dritthöchste Gebäude der Stadt, das leicht an seinen beiden nadelartigen Türmen zu identifizieren ist. In den Etagen 38–48 beherbergt der Wolkenkratzer das Luxushotel Mandarin Oriental.

Noch höher hinauf geht es bei der **Transamerica Pyramid (20)**, die sich zwei Blocks weiter, wo die Columbus Ave. und Montgomery St. aufeinandertreffen, am höchsten in den Himmel von San Francisco erhebt. Kein anderes Gebäude bestimmt so auffällig die moderne Skyline der Stadt wie dieses 1972 fertig gestellte, 260 m hohe Bürohochhaus (48 Stockwerke). Über einem quadratischen Grundriss laufen die einzelnen Seiten in einer pyramidalen Spitze aus; diese ist über 65 m hoch und innen hohl. Ein Drittel des Turms, in dem rund 1.500 Menschen arbeiten und der 6.000 Fenster hat, ist von der Transamerica-Versicherung belegt, den Rest teilen sich 50 weitere Firmen, Banken und Kanzleien. Die Transamerica Pyramid ist nicht nur wegen ihrer Höhe so weit zu sehen, sondern auch, weil sie in der Fluchtlinie der diagonalen Columbus Ave. liegt. Auf der Ostseite wird man von einem kleinen, aus 80 Bäumen bestehenden Redwood-Wäldchen überrascht.

Embarcadero Center und Ferry Building

Von der Transamerica Pyramid weiter in östlicher Richtung entlang der Clay St., gelangt man zu einem weiteren Hochhaus-Projekt, dem **Embarcadero Center (21)**. Dieses 3½ ha große Einkaufs-, Büro-, Vergnügungs- und Hotelzentrum ist nicht nur eine kleine Stadt für sich, sondern stellt einen der bemerkenswertesten Versuche dar, mit modernen Architekturmitteln sog. Erlebniswelten zu schaffen. Der 375-Millionen-Dollar-Komplex umfasst vier Wolkenkratzer (1971–82), deren beiden höchsten Türme jeweils 173 m hoch aufragen, den 1988 eingeweihten Büroturm Embarcadero Center West, das 24-stöckige Park Hyatt-Hotel (1988) und das 20-stöckige Hyatt Regency-Hotel (1973).

Hotels, Restaurants, Geschäfte

Auf mehreren Ebenen, die über Treppen und Fußgängerbrücken miteinander verbunden sind, stehen den Kunden mehr als 175 Läden und Restaurants zur Verfügung. Die öffentlichen Räume wurden mit Plastiken geschmückt, und gelegentliche Konzerte sorgen für Unterhaltung. Besonders eindrucksvoll ist die hohe Lobby im Hyatt Regency, die sich keiner entgehen lassen sollte und laut Guinness-Buch der Rekorde als größte Hotelhalle der Welt gilt.

Östlich begrenzt wird das Embarcadero Center von der Justin Herman Plaza mit ihrer eigenwilligen Brunnenanlage Vaillancourt Fountain (1971), die von geknickten Stahlträgern und kunterbunt gewürfelten Steinquadern bestimmt wird und besonders zur Mittagszeit von den Bankangestellten des Viertels stark frequentiert wird.

Von hier aus ist der Endpunkt des Rundganges in wenigen Minuten erreicht: das **Ferry Building (22)**. Da die Market St. eine wichtige Achse ist, kommt auch dem an ih-

Blick vom Coit Tower auf den Financial District und Ferry Building

Ehemaliger Fährhafen

rem Ende aufragenden Ferry Bldg. eine besondere Bedeutung zu. Tatsächlich war das neoromanische Gebäude mit seinem 70 m hohen Turm einmal das höchste der Stadt. Nirgendwo besser als hier – im Schatten der Bankhochhäuser des Financial District – kann man beurteilen, wie sehr sich die Zeiten geändert haben. Seinen Stellenwert erhielt das Ferry Bldg. durch den unbeschreiblich lebhaften Fährverkehr vor dem Bau der großen Brücken. Hunderte von Schiffen und Fähren transportierten damals Waren und Menschen quer über die Bay und trugen zur Entwicklung der Region wesentlich bei. Das 1896–1903 erbaute Ferry Bldg. wurde übrigens vom Erdbeben 1906 verschont. Mit mehr als 50 Mio. Passagieren jährlich war das Gebäude das (nach der Londoner Charing Cross Station) zweitwichtigste Fährterminal der Welt. Als beim letzten großen Erdbeben am 17. Oktober 1989 die Zeiger der Uhr exakt um 4 Minuten nach 5 Uhr stehen blieben, gelangte der Turm noch einmal in die Schlagzeilen der Weltpresse.

Das historische Ferry Building wurde 1998–2003 wunderschön renoviert und in ein lebhaftes Zentrum mit Marktständen, Bio- und Feinkost-Läden sowie Straßencafés umgewandelt. Der bei Einheimischen und Touristen gleichermaßen beliebte **Ferry Building Marketplace** ist Mo–Fr 10–18, Sa 9–18 und So 11–17 Uhr geöffnet, der benachbarte Blumen-, Obst- und Gemüsemarkt Ferry Plaza Farmer Market Di und Do 10–14 und Sa 8–14 Uhr. Weitere Infos unter *www.ferrybuildingmarketplace.com*.

Man sollte den geschichtsträchtigen Platz nicht verlassen, ohne auch dem Pier hinter dem Ferry Bldg., auf dem sich u.a. eine lebensgroße Mahatma Gandhi-Statue befindet, zu besuchen, die Aussicht auf die Bay zu genießen oder von der Ferry Plaza aus das bunte Treiben auf dem Wasser anzuschauen. Hier ist außerdem die große **San Francisco – Oakland Bay Bridge (23)** gut zu sehen, die zu Unrecht immer ein wenig im Schatten ihrer berühmteren Kollegin am Golden Gate gestanden hat (S. 188).

Von der Fisherman's Wharf bis zur Golden Gate Bridge

Der knapp 6 km lange Weg von der Wharf zur Golden Gate Bridge, dem Wahrzeichen der Stadt, eignet sich für eine geruhsame Wanderung bei sonnigem Wetter, wobei man sich immer in Wassernähe aufhält und fast immer die mächtige Brücke vor Augen hat.

Startpunkt ist die Waterfront der **Fisherman's Wharf (1)** (S. 132), wo u.a. die Ausflugsboote der blau-goldenen Flotte ablegen. Zwischen Jefferson St, Beach St, Leavenworth St. und Jones St. sieht man dabei zunächst **The Anchorage (2)**, wo in einem Neubau auf mehreren Etagen ein Hotel sowie etwa 50 Geschäfte und Restaurants untergebracht sind. Das Kennzeichen dieses Zentrums ist die riesige, blaue Anker-Skulptur, die aus dem Straßenpflaster aufragt. Als gelungen kann man den Innenhof bezeichnen. Auf der anderen Straßenseite (633 Beach St.) kann das *American Carousel Museum* mit einer hübschen Sammlung von geschnitzten Karussellfiguren aufwarten.

Im nächsten Block nach Westen lockt **The Cannery (3)** Touristen und Einheimische an. Das 1907–09 errichtete Backsteingebäude war ursprünglich eine Fabrik für Pfirsich-Konserven und einer der ersten Industriebauten, die man in ein Einkaufs- und Vergnü-

Maritime National Historical Park

gungszentrum umgebaut hat. Auf drei Etagen findet man hier zahlreiche Boutiquen, Galerien und Restaurants sowie ein Visitor Center und einen schönen Innenhof, in dem oft Straßenkünstler agieren. Im dritten Stockwerk hat sich das **Museum of the City of San Francisco** niedergelassen, das mit Karten, Gemälden, Fotos und anderen Ausstellungsstücken die Stadtgeschichte dokumentiert und außerdem mit einer sehenswerten Sammlung alter Filmprojektoren aufwarten kann.
Museum of the City of San Francisco, *2801 Leavenworth St., 3rd Floor, The Cannery, www.sfmuseum.org, Mi–Sa 10–16 Uhr, freier Eintritt.*

Maritime National Historical Park

Jenseits der Hyde St. gelangt man von der Cannery zum 1960 angelegten Victorian Park, in dem sich auch die Endhaltestelle (*turntable*) des Cable Car befindet, vor der fast immer eine Menschenschlange auf die nächste Abfahrt wartet. Zur Seeseite hin erstreckt sich hier der **Maritime National Historical Park**, zu dem historische Schiffe, eine Bücherei und ein Seefahrtsmuseum gehören. Am **Pier 45** und am **Hyde Street Pier (4)** liegen alte Schiffe vertäut, u.a. der 1890 von Stapel gelaufene Schaufelraddampfer Eureka, der Dreimastschoner C.A. Thayer von 1895 und der 1914 gebaute britische Schaufelradschlepper Paddle Eppleton Hall. Das Prunkstück dieser Sammlung ist die Balclutha, ein Dreimaster mit Stahlrumpf, der 1886 in Glasgow gebaut wurde und allein 17 Mal das Kap Hoorn umrundete. Das Schiff, das die Filmkulisse für „Die Meuterei auf der Bounty" lieferte, kann samt Kabinen und Laderäumen besichtigt werden, ebenso die anderen Museumsstücke (s.u.).

Historische Schiffe

Entlang der Beach St. weiter nach Westen fällt zur Rechten das 1866 entstandene, rote Ziegelsteingebäude einer ehemaligen Schokoladenfabrik ins Auge, in dem sich seit 1964 das Vergnügungs- und Einkaufszentrum des **Ghirardelli Square (5)** befindet. Der große Komplex mit seinen Promenaden, Innenhöfen, Springbrunnen sowie Cafeterien,

Restaurants, Läden und Galerien ist heute ein äußerst beliebter Treffpunkt. In einem Spezialgeschäft verkauft die Traditionsfirma Ghirardelli immer noch ihre in ganz Amerika bekannte Schokolade.

Nördlich davon, jenseits der Beach St., hat der von zwei Piers geschützte **San Francisco Maritime National Historical Park (6)** mit seinem Hafen und kleinem Sandstrand einen erheblichen Freizeitwert. Hier liegen am **Hyde Street Pier** mehrere historische Schiffe (s. S. 147). Im Visitor Center, das sich nahe dem Cable Car Turnaround (Ecke Beach St./Hyde St.) in einer alten Ziegelstein-Fabrikhalle befindet, kann man Filmvorführungen besuchen und das tägliche Programm sondieren. Wer die Wasserfahrzeuge näher und auch von innen besichtigen möchte, muss an der Pforte zum Pier Eintritt zahlen. Ebenfalls zum Historical Park gehört das **Aquatic Park Bathhouse Building** (an der Beach St.), das wie ein riesiges gestrandetes weißes Schiff am Strand vor dem Blau der Bay liegt. Die Lobby und Veranda des Baus aus dem Jahre 1939, ein gutes Beispiel für den Art-déco-Stil, kann tgl. von 10–16 Uhr besichtigt werden.

Hoher Freizeitwert

San Francisco Maritime NHP, *900 Beach St., Aquatic Park, ☏ 447-5000, www.nps.gov/safr, tgl. 9.30–17, im Sommer bis 17.30 Uhr, Eintritt US$ 5.*

Vor dem Verlassen des Museumsgeländes sollte man unbedingt noch einen Spaziergang auf dem 565 m langen **Municipal Pier (7)** unternehmen. Der halbkreisförmige, meist

Nächtlicher Blick vom Pier 7

ziemlich windige Steg wurde 1929–34 angelegt und schützt den Aquatic Park vor den Wellen. Am Ende des Piers ergibt sich ein herrlicher Blick auf die Skyline der Stadt und im Westen bis hin zur Golden Gate Bridge.

Von hier aus ist es nur ein kurzes Stück über den asphaltierten Fußgängerweg zum **Fort Mason (8)**, dessen ehemalige militärische Funktion heute in die zivile eines National Recreation Area Headquarter umgewandelt wurde. In den alten Kasernen und Offizierskasinos des Forts wurden rund 50 Institutionen der Kulturarbeit, ein vorzügliches vegetarisches Restaurant, Theater und Museen einquartiert, und auch eine Jugendherberge hat hier eine (schön gelegene) Heimat gefunden.

Ziviles Innenleben

Insgesamt hat man die Wahl unter drei Museen, die in den verschiedenen umgebauten Lagerhäusern ihre Exponate zeigen. Diese sind die **San Francisco Museum of Modern Art Artists Gallery** (Gebäude A; Wechsel- und Verkaufsausstellung lokaler Künstler), das **Museo Italoamericano** (Gebäude C; italienische und italo-amerikanische Gegenwartskünstler) sowie das **Mexican Museum** (Gebäude D; Kunst und Kultur Mexikos).

Aber auch die zahlreichen Theater sind einen Besuch wert. So bietet Chinese Cultural Productions Auftritte der Lily Cai Dance Company *(www.lilycaidance.org)*, das Magic Theatre Stücke neuer Autoren *(www.magictheatre.org)* und das Young Performance Theatre bringt Nachwuchstalente auf die Bühne *(www.ypt.org)*. Im westlichen Teil des Erholungsparks informiert das Fort Mason Center (① 345-7500, www.fortmason.org) über die vielfältigen kulturellen Aktivitäten.

Golden Gate Promenade

Nach der geballten Ladung an Kultur und Shoppingzentren geht es im weiteren Verlauf des Spazierganges gemächlicher zu. Auf der asphaltierten **Golden Gate Promenade**, die direkt am Ufer entlang bis zur Golden Gate Bridge führt, gelangt man dabei zunächst zur flachen Rasenfläche des **Marina Green (9)**, einem Teil des Marina District, der z. T. auf aufgeschüttetem Land entstanden ist. Das Grün ist beliebt für Freizeit-Aktivitäten: es wird gejoggt, gepicknickt und gesonnt. Vor allem auf den unzähligen Booten des St. Francis Yacht Clubs und Golden Gate Yacht Clubs herrscht an schönen Tagen reges Treiben. Am westlichen Ende des Parks lohnt sich der kleine Abstecher entlang der Hafenmole (West Harbor Jetty), an deren Ende das merkwürdige Musikinstrument Wave Organ (Wellenorgel) installiert wurde. Der „Organist" dieses Instrumentes ist das Meer selbst, dessen Wellen die Luft aus den Orgelpfeifen pressen und so die Geräusche erzeugen.

Meeresinstrument

Am Ende des Hafenbeckens wartet dann an der Lyon St., jenseits des Marina Blvd., eine weitere, unbedingt lohnende Attraktion: der **Palace of Fine Arts (10)**. Das monumentale Gebäude mit seiner Rotunde, Kolonnaden und einem wunderschönen Teich war im Jahr 1915 Mittelpunkt der Panama-Pacific-Weltausstellung. In seinem Innern ist das 1969 gegründete Exploratorium untergebracht, eines der besten naturwissenschaftlichen Museen weltweit, das sich mit seinen Lasershows, technischen Geräten und Spielen nicht museal, sondern eher spektakulär in Szene setzt. In diesem sog. *hands-on museum* lautet das Motto „Ausprobieren" – Naturgesetze sollen nicht abstrakt vermittelt,

Zum Anfassen

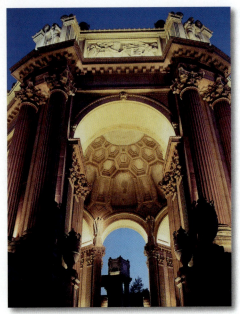
Der Palace of Fine Arts

sondern praktisch und spielerisch erforscht werden. Die Besucher – Erwachsene genauso wie Kinder – werden zum Betasten und Experimentieren mit den rund 650 Objekten eingeladen, die auf 10.000 m² Ausstellungsfläche dargeboten werden. Mit genügend Zeit kann man alle 226 Experimente durchführen. Nicht nur naturwissenschaftliche Phänomene wie Elektrizität, Licht, Farben, Schall und Rauch, sondern auch das Verhalten von Tieren und Pflanzen sind Thema des Exploratorium. Unbestrittene Highlights sind der Tactile Dome, eine schalldichte, abgedunkelte Kuppel, in der man seine Reaktionen testen kann, und die 65 m lange Echo-Röhre.

Exploratorium/Palace of Fine Arts, *3601 Lyon St., ① 561-0360, www.exploratorium.edu, Di–So 10–17, Eintritt US$ 15 (am ersten Mi im Monat frei).*

Vom Palace of Fine Arts aus ist es möglich, den Rundgang über die Lyon St. und Lombard St. bis zum **Presidio** (S. 159) auszudehnen. Da das jedoch den Zeitrahmen der meisten sprengen würde, geht es zurück ans Ufer, wo die Golden Gate Promenade an einem schönen Parkgebiet, dem ehemaligen Stadtflughafen Crissy Field und an der alten U.S. Coast Guard Station vorbei nach Westen auf die Golden Gate Bridge zuführt.

Fort Point (11)

Am Ende des Weges, direkt unter dem alles überragenden roten Brückenbau, bietet sich zunächst noch die Besichtigung des Fort Point an. Ein Besuch der historischen Verteidigungsanlage lohnt sich: Erstens ist das Fort eines der frühesten Militärgebäude des Westens. Es wurde 1853–61 gebaut und war mit seinen 600 Soldaten und 126 Kanonen (Reichweite: 3 km) ein nahezu unüberwindliches Bollwerk am Eingang der Bay. Zu kriegerischen Auseinandersetzungen ist es jedoch nie gekommen, und 1896 gab man deswegen das Fort auf.

Ungenutztes Bollwerk

Zudem ist die Architektur des rundlichen Bauwerks interessant. Dreistöckige, massive Bogenkasematten umschließen einen großen Innenhof. Die drei Stockwerke mit einer Mauerdicke von bis zu 4 m sind untereinander mit großen Wendeltreppen aus Granit verbunden, auf jeder Etage befinden sich 30 Geschützstände. Das Material der gesamten Anlage sind Ziegel – immerhin galt im 19. Jh. Fort Point als das größte Ziegelsteingebäude westlich des Mississippi. Und die Aussicht ist einfach fantastisch: Im Vordergrund hat man den spannenden Kontrast zwischen den roten Ziegelsteinen und dem 1864 aufgesetzten kleinen weißen Leuchtturm des Forts, darüber spannt sich mit mäch-

tigem Eisenskelett ein Bogen, mit dem die Golden Gate Bridge das Fort überbrückt, und im Hintergrund erheben sich die Berge des Marine County und leuchtet das Blau des Meeres.
Fort Point National Historic Site, Marine Dr., ① 556-1693, www.nps.gov/fopo, Fr–So 10–17 Uhr, freier Eintritt (Spende erbeten).

Ab dem Fort Point muss man einige Minuten auf der Long Ave. zurückgehen, bis man einen L-förmigen Pier entdeckt, von dem man nochmals einen fantastischen Ausblick auf die Brücke hat. Auf dessen Höhe führt rechts ein ungepflasterter Pfad den Berghang hinauf, der die 1876 angelegte Battery East trägt. Von hier aus sind es nur wenige Gehminuten, bis man die Brückenzoll-Station (Toll Plaza) der Golden Gate Bridge erreicht hat.

Blick auf Fort Point 1933
(die Golden Gate Bridge wird gerade gebaut)

Golden Gate Bridge (12)

Die fast 3 km lange Hängebrücke ist zwar nicht mehr die längste der Welt, aber mit Sicherheit eine der schönsten Brücken, die es überhaupt gibt. Das Wahrzeichen San Franciscos wurde nach vier Jahren Bauzeit unter Leitung des Ingenieurs *Joseph Baerman Strauss* am 28. Mai 1937 fertig gestellt.

Fußgänger (bis 21 Uhr) und Fahrradfahrer dürfen die Brücke ohne weiteres passieren. Für Autos, die in die Stadt fahren, wird ein Brückenzoll von zzt. US$ 6 erhoben, die

Die Golden Gate Bridge in Zahlen

- Die Brücke ist 2.739 m lang und 27½ m breit. Die Pfeiler ragen 227½ m über dem Meeresspiegel auf und reichen 33½ m unter Wasser. Der Hauptbogen zwischen den beiden Pylonen ist 1.281 m lang. Die Fahrbahn befindet sich 67 m ü.d.M.
- Die Länge aller Einzeldrähte, aus denen die die Fahrbahn haltenden Stahlseile gefertigt sind, beträgt 129.000 km, ihr Gesamtgewicht beträgt 22.226 t.
- Seit ihrer Einweihung 1937 haben 1.825.872.270 Autos die Brücke überquert (Stand: August 2008)
- Die meisten Menschen befanden sich am Tag ihres 50. Jubiläums (1987) auf der damals für den Autoverkehr gesperrten Fahrbahn: über 250.000.
- Tagtäglich arbeiten hier ca. 60 Elektriker, Schlosser, Klempner, Maler und andere Handwerker, um Rost und Materialermüdung vorzubeugen.
- Es gibt 4 Nebelhörner, die genau unter der Mitte der achtspurigen Autobahn montiert sind. Kapitäne sagen, dies seien die einzigen Nebelhörner der Welt, auf die man zu- und nicht von ihnen wegsteuern müsse.
- Jährlich werden rund 20.000 l der Farbe International Orange verstrichen.

Die berühmteste Hängebrücke der Welt

Fahrt nach Norden ist abgabenfrei. Auf beiden Seiten der Brücke bestehen Parkmöglichkeiten, wobei es sich außerordentlich lohnt, auf das jenseitige Ufer hinüberzugehen. Auf der San-Francisco-Seite steht in dem kleinen Park beim Vista Point eine Statue von *Joseph B. Strauss*, der über 400 große Brücken in aller Welt errichtet hat. Daneben sieht man einen Querschnitt durch ein Stück Kabel, aus dem der Aufbau der beiden stählernen Hauptseile ersichtlich wird.

An der Golden Gate Bridge endet der Rundgang, und für die Rückkehr in die Innenstadt empfiehlt es sich, die öffentlichen Verkehrsmittel zu nutzen. Vom Toll Plaza bringt einen die Buslinie 28 (in Chestnut & Fillmore oder am Fort Mason in Bus 30 umsteigen) wieder in die Stadt zurück, während die Linie 29 von hier bis zum Golden Gate Park fährt.

Wer noch Zeit und Kondition hat kann diese nutzen, um entweder über die Golden Gate Bridge zu gehen oder auf der San Francisco-Seite jenseits des Hwy. 101 die Wanderung auf dem Coastal Trail fortzusetzen. Dieser Pfad folgt dem Geländerücken an der Pazifikküste und bringt einen von der Golden Gate Bridge bis zum Cliff House (www.cliffhouse.com, S. 160). Unterwegs entdeckt man noch die eine oder andere Kanonenbatterie und kann dem unterhalb des Trails liegenden Baker Beach einen Besuch abstatten. Das Cliff House ist durch die Buslinien 1, 38, 38 AX und 38L mit Downtown verbunden.

Spaziergang durch den Golden Gate Park

Unbedingt sehenswert

Der etwa 6 km lange und 1 km breite Stadtpark ist eine der herausragenden Sehenswürdigkeiten San Franciscos. Aus drei Gründen sollte sich keiner einen Besuch entgehen lassen: Die **landschaftliche Gestaltung** mit ihren Blumen, Bäumen, Seen, Teichen und Tieren ist wunderschön. Dabei befand sich hier bis 1870 nur trockenes Dünenland. Unter der Leitung von *John McLaren*, der 1887–1943 Parkkommissar war und von vielen Bürgern der Stadt immer noch liebevoll *Uncle John* genannt wird, begann man, das Gebiet zur größten von Menschenhand geformten Grünanlage umzugestalten. Dazu wurden aus allen Teilen der Welt Pflanzen und Samen eingeführt, die in dem feuchten und milden Klima gut gediehen. Zur Bewässerung sind täglich mehr als 15 Mio. l Wasser nötig. Der rund 411,5 ha große Golden Gate Park ist bevorzugter Ort der Entspannung und des Sports für die Einwohner der Stadt. Hier erlebt man sie beim Rudern, Golfen, Wandern, Radfahren, Rollschuhlaufen, Joggen, Fußballspielen usw. Nicht zuletzt hat der Park eine sehr **vielfältige Kulturlandschaft**. Einige der wichtigsten Museen sind hier versammelt.

Eigentlich ist es selbst in mehreren Tagen nicht möglich, alle interessanten Punkte des Golden Gate Park kennen zu lernen. Immerhin wird die Anlage von nicht weniger als 45 km Fuß- und 12 km Reitwegen durchzogen, abgesehen von den Autostraßen. Trotzdem kann man bei einem halbtägigen Spaziergang schon eine ganze Menge sehen; besser noch ist ein ganzer Tag. Allerdings verlangen allein die Museumsbesuche schon einen relativ großen Zeitaufwand. Schneller unterwegs ist man mit einem Fahrrad oder Skateboard, das man sich am Parkeingang mieten kann. Bei einer individuellen Stadtrundfahrt per Auto, z. B. auf dem Scenic Drive, ist zu bedenken, dass sonntags die meisten Straßen gesperrt sind. Mit nur ganz wenig Zeit sollte man wenigstens einen Blick in den Japanischen Teegarten werfen und das prächtige Palmenhaus bewundern. Die organisierten Stadtrundfahrten haben den Park i.d.R. auf ihrem Programm.

Große Auswahl an Aktivitäten

Im Folgenden sind einige der Sehenswürdigkeiten erwähnt, und zwar von Osten nach Westen. Dabei können sich Fußgänger wie Autofahrer an der Achse des *J.F. Kennedy Dr.* (erreichbar über die Fell St.) orientieren. Wer vorher noch eine Sehenswürdigkeit in unmittelbarer Parknähe anschauen möchte, dem sei die **University of San Francisco** empfohlen, von der man in wenigen hundert Metern auf dem J.F. Kennedy Dr. den Parkeingang erreicht. Die 1855 von Jesuiten gegründete Universität ist die älteste der Stadt, allerdings wurde sie erst nach dreimaligem Umzug an der heutigen Stelle auf dem Lone Mountain errichtet. Besonders sehenswert an dem Komplex ist die 1914 erbaute, kuppelbekrönte St. Ignatius Church mit ihrem 66 m hohen Turmpaar und dem Campanile.

 Infos zur Besichtigung

Bus
Der Golden Gate Park ist ab Downtown (Market St.) problemlos unter anderem mit den Buslinien MUNI 5, 21, 28, 28L, 29, 33, 44 und 71 zu erreichen. Wer zur Nordseite möchte (Japanischer Teegarten etc.), nimmt dabei am besten MUNI 5 und 21, zur Südseite (Hall of Flowers etc.) nimmt man MUNI 71 und zum Osteingang MUNI 5, 21, 44 oder 71. Die Universität wird ab der Market St. von der Buslinie 31 bedient.

Hinweis
Wer an den Museen interessiert ist, sollte beachten, dass diese jeweils am ersten Mittwoch eines Monats länger geöffnet haben (bis 20.45 Uhr); an diesem Tag ist gleichzeitig freier Eintritt. Am 2., 3. und 4. Mittwoch eines Monats zahlt man nach 17 Uhr nur den halben Preis. Außerdem braucht man für die Museen De Young Memorial und das außerhalb gelegene Legion of Honors bei Besuch am gleichen Tag nur einmal Eintritt zu zahlen.

Rundfahrten und Rundgänge in San Francisco

1 McLaren Lodge	4 Japanischer Teegarten	6 Strybing Arboretum & Botanical Gardens
2 Conservatory of Flowers	5 California Academy of Sciences	
3 De Young Museum		7 San Francisco County Fair Building

Sofort hinter dem Parkeingang ist die **McLaren Lodge (1)** die erste Anlaufstation für Besucher. In dem schönen Gebäude von 1896, in dem die Parkverwaltung untergebracht ist, kann man sich Infos und Karten besorgen (*geöffnet Mo–Fr 8–17 Uhr*). Vor der Lodge steht eine Monterey-Zypresse, die unter dem Namen *Uncle John McLaren's Christmas Tree* bekannt ist und in der Weihnachtszeit festlich beleuchtet wird.

Conservatory of Flowers (2)

Pflanzen- vielfalt

Anschließend geht es an den Fuchsia Gardens und dem Succulent Garden vorbei zu den herrlichen Gewächshäusern des Conservatory of Flowers. Dieses älteste Gebäude des Parks wurde in England angefertigt, dann in Einzelteilen um Kap Hoorn herum nach San Francisco transportiert und hier 1879 aufgebaut. Es gilt als das beste Beispiel für den viktorianischen Stil. Im Inneren des von einer achteckigen Kuppel bekrönten und feuchtwarmen Palmenhauses kann man eine tropische Pflanzenvielfalt von knapp 15.000 Orchideen, Farnen, Seerosen und weiteren exotischen Blüten und Pflanzen bewundern. Auch außerhalb des Gewächshauses breitet sich eine üppige Vegetation aus, wo insbesondere die John McLaren Rhododendron Dell mit über 3.000 Rhododendren Beachtung verdient.

Conservatory of Flowers, *Golden Gate Park, Kennedy Dr., ① 831-2090, www.conservatoryofflowers.org, Di–So 10–16.30 Uhr, Eintritt US$ 7, der erste Di im Monat ist frei.*

Etwa 500 m hinter dem Glasbau geht vom J.F. Kennedy Dr. eine Straße nach links ab, die zu dem ovalen Platz Music Concourse führt. Auf ihm können sich bis zu 20.000 Zuschauer versammeln und Musik- oder Theaterdarbietungen beiwohnen. Im Musikpavillon (*Spreckels Music Temple*) geben verschiedene Orchester sonntags oft kostenlose Konzerte.

Außer einer ganzen Reihe von Denkmälern und Statuen und dem 1917 entstandenen „Zauberteich" *Pool of Enchantment* (mit der Skulptur eines Indianerjungen samt Puma-

Japanischer Teegarten

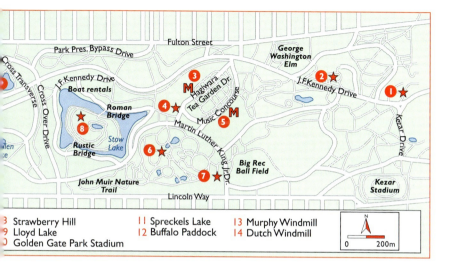

3 Strawberry Hill	11 Spreckels Lake	13 Murphy Windmill
9 Lloyd Lake	12 Buffalo Paddock	14 Dutch Windmill
10 Golden Gate Park Stadium		

Pärchen) lockt der Platz wegen seiner Museen und Gärten die Touristen an. Im Einzelnen sind dies (entgegen dem Uhrzeigersinn):

De Young Museum (3)

Dieses ehemals älteste Museum des Parks und von ganz San Francisco wurde Ende 2005 nach langer Bauzeit neu eröffnet – ein langgestrecktes, aufsehenerregendes Bauwerk der Schweizer Architekten *Herzog & de Meuron*. Im Innern sieht man Kunstgegenstände aus aller Welt, die zum großen Teil aus privaten Sammlungen zur Verfügung gestellt wurden, wobei *John D. Rockefeller* und die Großverleger *William Hearst* und *M.H. de Young* wesentlich zum internationalen Ruf des Museums beitrugen. Hauptakzente der Sammlungen sind Antike Kunst (Exponate aus Ägypten, Griechenland und Rom), Kunst der Naturvölker (z. B. Neuguinea, besonders interessant die Exponate zur indianischen Kunst), Europäische Malerei (u.a. Tizian, El Greco, Goya, Rembrandt), Möbel und Inneneinrichtung (Zimmer im Stil der Zeit; Möbel aus Europa) sowie Amerikanische Malerei des 18. und 19. Jh. Zusammen mit dem *Palace of the Legion* (s.u.) bildet dieses Museum die **Fine Arts Museums of San Francisco**.

Weltweit renommiertes Museum

De Young Museum, *50 Hagiwara Tea Garden Dr., Golden Gate Park, ① 750-3600, www.famsf.org, tgl. außer Mo 9.30–17.15, Fr bis 20.45 Uhr, Eintritt US$ 10 (Ticket gilt am gleichen Tag auch für Legion of Honor), erster Di im Monat freier Eintritt.*

Japanischer Teegarten (4)

An das Museum für asiatische Kunst schließt sich die wohl meistfotografierte Attraktion des Golden Gate Park an, der Japanische Teegarten. Bereits 1894 als „japanisches Dorf" im Park installiert, ist der Teegarten von japanischen Landschaftsgärtnern in der ersten Hälfte des 20. Jh. zu einem spirituellen Erlebnis (Zen-Garten) umgestaltet worden. Mit seinen kunstvoll arrangierten Teichen, Pflanzen, Steinen und Wegen, mit seinen

Buddha-Statuen, Brücken (u.a. die kaum zu begehende Mondbrücke) und Pagoden verbreitet der Garten am eindrucksvollsten in Kalifornien eine fernöstliche Atmosphäre.

Natürlich kann man im Teegarten auch die üblichen Souvenirs kaufen und Erfrischungen zu sich nehmen: Im kleinen Tea House werden grüner Tee und Glückskekse angeboten. Das mit 2 ha nicht allzu große Gelände leidet allerdings unter dem Massenandrang der Besucher. Da hier die Busse der Sightseeing-Touren meistens in den Vormittagsstunden einen Halt einlegen, sollte bei freier Zeiteinteilung ein anderer Besuchstermin angepeilt werden.

Japanese Tea Garden, *Golden Gate Park, www.japaneseteagardensf.com, Okt.–Feb. tgl. 9–16.45, sonst 9–18 Uhr, Eintritt US$ 7.*

California Academy of Sciences (5)

Japanischer Teegarten im Golden Gate Park in San Francisco

Auf der gegenüberliegenden, also südlichen Seite des Concourse wartet eine Attraktion ganz anderer Qualität. Die verschiedenen Institutionen der 1853 eröffneten California Academy of Sciences zählen zu den bedeutendsten naturwissenschaftlichen Einrichtungen Kaliforniens. Und dies in einem modernen, vom italienischen Stararchitekten *Renzo Piano* gezeichneten Kleid, das nach zehn Jahren Planung und einem Kostenaufwand von US$ 500 Mio. im Jahre 2008 der Welt vorgestellt wurde. Seitdem reißt der Strom der Besucher nicht ab, die sich einerseits an den spektakulären Sammlungen, andererseits aber auch an diesem **Musterprojekt** für nachhaltiges Bauen interessiert sind.

Naturverträgliches Museum

Dass die Presse vom „grünsten Museum der Welt" sprach, liegt sowohl an dem begrünten und markant geschwungenen Dach als auch an der umweltverträglichen Architektur, z. B. der Photovoltaik-Anlage, die mit ihren 55.000 Solarzellen knapp 10 % des Stromverbrauches abdeckt.

Der neue Komplex, in dem auch große Teile der alten Fassade bewahrt sind, ist im Übrigen weltweit die einzige Institution, die ein Aquarium, ein Naturkundemuseum und ein

Planetarium unter einem Dach beherbergt. Der Aufbau wird von mehreren Besucherebenen bestimmt:
- Durch den Haupteingang gelangt man zum Erdgeschoss (Level 1) mit seiner riesigen Piazza, um die u.a. ein großes Café, ein Bücher- und Souvenirshop sowie verschiedene Ausstellungen angeordnet sind. Zu den wichtigsten gehört die African Hall, in der die afrikanische Tierwelt in Dioramen und mit gezielten Soundeffekten z.T. spektakulär in Szene gesetzt wird. Ihr Prunkstück ist eine kleine Kolonie südafrikanischer Pinguine. Auch ein Foucaultsches Pendel, das hypermoderne, digitalisierte Planetarium, eine große Ausstellung zum Klimawandel in Kalifornien und, als absolutes Highlight, ein dreistöckiger Regenwald (*Rainforests of the World*) sind auf dieser Ebene zu finden.
- Im Stockwerk darunter (Lower Level) befindet sich das **Steinhart Aquarium**, eine unbedingt lohnende Attraktion, mit mehr als 38.000 Tieren, die 900 verschiedene Arten repräsentieren. Zu seinen fantastisch konzipierten Abteilungen gehören das „Philippinische Korallenriff", die Multimedia-Präsentation „Planet Wasser", ein riesiger Tank mit Flora und Fauna der nordkalifornischen Küste und die Grube „The Swamp", in der sich ansehnliche und furchterregende Alligatoren-Exemplare tummeln, darunter auch ein Alligator-Albino. Durch einen verglasten Aufzug und einen Tunnel aus Acrylglas kann man hier auch die überfluteten Regionen des Amazonas-Regenwaldes mit Schlangen, Piranhas und anderem Getier kennen lernen.
- In den oberen Stockwerken (Upper Levels) sind u.a. ein Forschungszentrum, Räume für Wechselausstellungen und das Forum mit dem 3-D-Theater untergebracht.
- Ganz oben (Observation Deck) ist es möglich, von der Dachterrasse aus das begrünte Living Roof mit seinen futuristischen Kuppeln zu bestaunen und die Aussicht auf den Golden Gate Park zu genießen.

Neben dem Bau schließlich findet man Themengärten und ein Goethe-Schiller-Denkmal, das deutsche Einwanderer 1901 stifteten.
California Academy of Sciences, *Golden Gate Park, 55 Music Concourse,* ☏ *379-8000, www.calacademy.org, Mo–Sa 9.30–17, So 11–17 Uhr, Eintritt US$ 30.*

Strybing Arboretum & Botanical Gardens (6)

Von hier aus erreicht man in wenigen Minuten die südlich am Martin Luther King Jr. Dr. gelegenen und nach der Stifterin *Helen Strybing* benannten Botanischen Gärten. In der 1937 eröffneten Parkanlage werden auf 28 ha mehr als 7.500 Pflanzenarten gezeigt, darunter viele seltene und exotische Exemplare. Außer Themengärten, die der Vegetation Nord- und Südamerikas, Australiens, Neuseelands, Asiens und Afrikas gewidmet sind, enthält der Park auch den speziell für Blinde konzipierten *Garden of Fragrance*, den stillen *Moon View Garden* im asiatischen Stil und einen naturbelassenen *Redwood-Hain*. Zusätzlich wird die Szenerie durch Enten, Schwäne und Pfauen belebt.

Tausende Pflanzenarten

Strybing Arboretum, Golden Gate Park, *9th Ave./Lincoln Way,* ☏ *661-1316, www.sf botanicalgarden.org, tgl. 9–18, im Winter 9–17 Uhr, Eintritt US$ 7.*

San Francisco County Fair Building (7)

Vom Strybing Arboretum aus kann man den Park über den Luther King Jr. Dr. und die 9th Ave. verlassen, wobei man das County Fair Bldg. passiert, das mit rund 3.000 ausgestellten Pflanzenarten eine der besten Adressen für Blumenliebhaber ist. Im gleichen Gebäude wird auch die **Helen Crocker Russell Library of Horticulture** untergebracht, die 12.000 Bände botanischer Fachliteratur umfasst (*M–Sa 10–16 Uhr geöffnet*).

Wer noch Zeit und Muße hat, kann den Spaziergang um folgende Stationen verlängern, die an dieser Stelle nur stichwortartig genannt werden:

Verlängerungsmöglichkeiten

Über den Luther King Jr. Dr. nach Westen gelangt man zum Stow Lake, dem größten See und Hauptwasserreservoir des Parks. In seiner Mitte erhebt sich die 130 m hohe Insel **Strawberry Hill (8)**, die man auf zwei Brücken erreichen oder per Ruderboot umrunden kann. Der Bootsverleih befindet sich am *Boat House* an der Nordwestseite des Sees. Weiter auf dem John F. Kennedy Dr. passiert man die künstlichen *Rainbow Falls*, dann das 17 m hohe *Prayer Book Cross* (die Kopie eines keltischen Kreuzes) und gelangt schließlich zum idyllischen **Lloyd Lake (9)**. Hier ist man bereits in der deutlich ruhigeren westlichen Parkhälfte, die von einem ganzen Kranz von Seen geprägt wird. Auf dem John F. Kennedy Dr. kommt man im weiteren Verlauf nahe am **Golden Gate Park Stadium (10)** und den angeschlossenen Reitställen vorbei, sodann zum **Spreckels Lake (11)**, der oft von den Minibooten des Modell Boat Club bevölkert wird. Westlich davon schließt sich das **Buffalo Paddock (12)** an, ein Freigehege u.a. für sechzehn Bisons. Der Fly Casting Pool gegenüber ist ein beliebtes Ziel der Freizeitangler. Am Golden Gate Park Golf Course, wo der John F. Kennedy Dr. eine scharfe Rechtskurve macht, lohnt der Abstecher auf dem kleinen Pfad zur Linken, der einen parallel zum Martin Luther King Jr. Dr. zur 1905 erbauten **Murphy Windmill (13)** bringt. Nach Jahrzehnten des Verfalls konnte diese Mühle – angeblich die größte ihrer Art weltweit – 2006 restauriert werden. Dahinter kann man zwischen den Fußballplätzen und dem Great Highway nach Norden wandern, vorbei am Beach Chalet, das im Erdgeschoss schöne Wandmalereien (1936–37) aufweist. Schließlich gelangt man wieder auf den John F. Kennedy Dr., an dem als letzte Station die 1902 erbaute **Dutch Windmill (14)** liegt. Zum holländischen Ambiente passt hier der nach der Königin Wilhelmina benannte *Queen Wilhelmina Tulip Garden*, in dem jedes Frühjahr rund 14.000 Tulpen und Narzissen blühen.

Man verlässt den Golden Gate Park in Richtung Great Highway, wo man mit der Buslinie 18 zurück in die Innenstadt kommt.

Entlang dem 49-Mile Scenic Drive

 Hinweis

Der Verlauf des 49-Mile Scenic Drive ist auf der hinteren Umschlagklappe eingezeichnet.

Die Rundfahrt berührt die berühmtesten Sehenswürdigkeiten der Stadt. Über die Fahrstrecke gibt es beim Visitor Information Center auf der Hallidie Plaza eine kostenlose Spezial-Karte; es ist aber auch möglich, die Strecke auf eigene Faust zu finden. Den Weg weisen blaue Schilder mit einer weißen Seemöwe und der Aufschrift **49-Mile Scenic Drive**. Man muss allerdings nicht die gesamte Strecke abfahren, denn vor allem in Chinatown und anderen Stadtvierteln des Zentrums verhindert an Werktagen zwischen 8–18 Uhr der starke Verkehr ein unbeschwertes Weiterkommen. Diese Viertel sollte man sich für Stadtspaziergänge aufheben. Eine weitere Abkürzungsmöglichkeit besteht darin, den südlichen Harding Park auszulassen, sodass es insgesamt möglich ist, die Route auf etwa 30 Kilometer zu reduzieren und in der Hälfte der Zeit zu bewältigen.

Es folgt eine Kurzbeschreibung der Stationen; auf schon beschriebene Sehenswürdigkeiten wird dabei nicht näher eingegangen.

Startpunkt ist das leicht zu findende und markante **Civic Center**. Von hier aus geht es über die Van Ness Ave. in nördlicher Richtung bis zur Geary St., in die man links einbiegt. Es folgt eine kurze Schleife durch das Japan Center und zurück über die Post St. bis zur Van Ness Ave. (Hwy. 101). Der ausgeschilderte Scenic Drive nimmt nun folgende Route: Post St. – Union Square –

Blick auf Alcatraz

Chinatown – Nob Hill – Cable Car Barn Museum – Portsmouth Square – Jackson Square – North Beach – Coit Tower (Telegraph Hill) – Pier 39 – Fisherman's Wharf – Aquatic Park – The Cannery – Ghirardelli Square – Marina Green – Palace of Fine Arts – Lincoln Blvd.

Presidio of San Francisco

Aus oben genannten Gründen empfiehlt sich, selbst für eine erste Orientierungsfahrt, der Van Ness Ave. bis zur Lombard St. zu folgen und in diese nach links einzubiegen. Diese Strecke entspricht dem Verlauf des Hwy. 101 und ist auch entsprechend ausgeschildert. Am Ende der Straße, wo die 101 in einer Rechtsbiegung zur Golden Gate Bridge weitergeführt wird, fährt man weiter geradeaus und ist damit wieder auf dem

Ehemaliges Militärgelände

beschilderten Scenic Drive. Der Lincoln Blvd. führt dabei durch das 6 km² große Areal des **Presidio of San Francisco**. Mit Presidio bezeichnet man ein Fort, das die Spanier in Mexiko und Kalifornien anlegten. Das von San Francisco wurde im Jahr 1776 etabliert und kam dann 1846 zusammen mit der Provinz in die Hände der US-Amerikaner. Nach einer langen Nutzung – u.a. als Hauptquartier der Sechsten Armee – verließ 1994 das Militär das Presidio, das heute der Nationalparkverwaltung untersteht und der Öffentlichkeit zugänglich ist. Bei einem Besuch kann man sich die großzügigen Parks, den Kriegsgräberfriedhof für etwa 15.000 Gefallene des Ersten Weltkrieges und z.T. historisch bedeutsame Militärgebäude anschauen, die nun rund 150 kulturelle, gemeinnützige und gewerbliche Unternehmen beherbergen. Der finanzstärkste Mieter ist *George Lucas*, der seit 2005 im ehemaligen Militärkrankenhaus (Letterman General Hospital) Computerspiele und Animationsfilme entwickeln lässt. Die alten Offiziersquartiere sind aber auch als Mietwohnungen in bester Lage sehr begehrt, etwa 2.500 Menschen leben dauerhaft im Presidio.

Legion of Honor

Weiter führt der Scenic Drive zum Fort Point, dann unter der Rampe der Golden Gate Bridge hindurch und am Baker Beach vorbei zum China Beach und schließlich zum Lincoln Park. Hier lohnt sich ein Besuch des unlängst renovierten Museums des **Legion of Honor**, das zusammen mit dem de Young Museum (S. 155) die Fine Arts Museums of San Francisco bildet. Im Inneren des palastartigen Komplexes, der 1924 einem Pariser Vorbild nachgebaut wurde, befindet sich die größte Sammlung französischer Kunst des 15.–18. Jh., die es außerhalb Frankreichs gibt, viele Skulpturen von *Auguste Rodin* und Exponate europäischer Malerei. Fantastische Ausblicke auf die Golden Gate Bridge bietet auch der hochgelegene Park mit seinem Golfplatz.

Legion of Honor

Legion of Honor, *Lincoln Park, 34th Ave./Clement St., ☏ 750-3600, www.famsf.org/legion, Di–So 9.30–17.15 Uhr, Eintritt US$ 10 (Ticket gilt am gleichen Tag auch für das de Young Museum), am ersten Di im Monat freier Eintritt.*

Cliff House

Die nächste Station ist das **Cliff House** (*1090 Point Lobos Ave., ☏ 386-3330, www.cliffhouse.com, tgl. ab 9 Uhr geöffnet, So ab 8.30 Uhr*), das freilich nicht mit der altehrwürdigen Vergnügungsstätte San Franciscos identisch ist. Vom alten, abgebrannten Cliff House sind im heutigen Restaurant nurmehr historische Aufnahmen zu sehen. In den beiden Etagen des stets gut besuchten Hauses befinden sich ein Bistro, das Feinschmeckerlokal Sutro's und ein Souvenirladen. Ein Stopp lohnt sich aber nicht wegen der Souvenirs, sondern wegen der prächtigen Aussicht auf den langgestreckten **Ocean Beach** und die Klippen vor der Küste, auf denen sich oft Robben in der Sonne aalen. Am hinteren Ende des großen Parkplatzes führt ein Fußweg in wenigen hundert Metern zu einem Aussichtspunkt, von dem aus die Golden Gate Bridge nochmals gut zu sehen ist.

San Francisco Zoo

Ein kurzes Stück auf dem Great Hwy. entlang der Küste erreicht man den Beginn des Golden Gate Parks. Hier kann man über den J.F. Kennedy Dr. einfahren; bei den schon beschriebenen Attraktionen stößt man dann wieder auf den ausgeschilderten Verlauf des Scenic Drive. Dessen offizielle Route folgt dem Great Hwy. in südlicher Richtung, immer entlang der Küstenlinie. Etwa 3½ km hinter dem Golden Gate Park kommt man zum Gelände des großangelegten **San Francisco Zoo**. Er ist einer der sechs bedeutendsten Tiergärten der USA und hinter den zoologischen Gärten von San Diego und Los Angeles der wichtigste des Westens. Das Affenhaus mit seinem *Primate Discovery Center* und der *Gorilla World* genießt weltweite Reputation; auch für seine Koalas und Vögel ist der Zoo berühmt. Wer seine Füße schonen möchte, kann mit den Zebra Zephyr-Wagen auf Besichtigungsfahrt gehen. Familien mit Kindern dürfen nicht den Children's Zoo versäumen.

Berühmter Zoo

San Francisco Zoo, *Sloat Blvd./45th Ave.,* ☏ *753-7080, www.sfzoo.org, tgl. 10–17 Uhr, im Winter bis 16 Uhr, Eintritt US$ 15.*

In nächster Nachbarschaft zum Zoo erstreckt sich der **Lake Merced**, ein hübscher und großer See innerhalb der Stadtgrenzen, auf dem Segel- und Ruderboote fahren und Forellen geangelt werden können. Der Scenic Drive umrundet über den Hwy. 35 (Skyline Blvd.) und den John Muir Dr. das südliche Ende des Sees, dann geht es über den Lake Merced Blvd. wieder in nördliche Richtung. Dabei passiert man die beiden Buchten des östlichen Ufers, gegenüber dann das Gelände der Universität, stößt schließlich auf den Sunset Blvd. und fährt nun schnurgerade auf den Golden Gate Park zu. Hier hat man Gelegenheit, Attraktionen wie den Japanischen Teegarten oder die verschiedenen Museen zu besichtigen, bevor man ihn am östlichen Ende verlässt.

Twin Peaks und Mission Dolores

Hier biegt man sofort rechts auf die Stanyan St. ein, nach einer kurzen Weile wieder nach rechts auf die Parnassus Ave., nach etwa 600 m dann nach links auf die 7th Ave. und schließlich, über die Woodside Ave. und den Twin Peaks Blvd. zum Doppelberg der **Twin Peaks**. Kaum anderswo hat man einen besseren Überblick über Stadt und Umland als auf den knapp 300 m hohen Hügeln, die niemals bebaut waren (mit Ausnahme der heutigen Sendeanlagen). Die perfekt geformten Zwillingshügel hießen bei den Spaniern übrigens „Die Brüste des Indianermädchens" (*Los pechos de la Chola*). Ein Ausflug hierhin lohnt sich nicht nur bei Tag, sondern besonders auch nach Einbruch der Dunkelheit, wenn sich San Franciscos Lichtermeer unter dem Betrachter ausbreitet.

Fantastischer Überblick

Vom hochgelegenen Aussichtspunkt führen einen die blau-weißen Schilder über gewundene Straßen bergab; über den Roosevelt Way und die 14th St. erreicht man schließlich die Market St. und kurz die **Mission Dolores**. Das älteste Gebäude der Stadt lohnt aus vielen Gründen den Besuch, nicht zuletzt wegen der schönen Stimmung des Kirchgartens und des Friedhofes sowie der farbenprächtigen Inneneinrichtung. Die später umbenannte Mission San Francisco de Asis wurde als sechste der kalifornischen Missionen von Pater Junipero Serra (vgl. S. 458) 1776 gegründet. Das kleine, gedrungene Gebäude (34 m lang, 6½ m breit) besteht aus nur einem Schiff, an das sich im Westen ein kleines Museum anschließt. Sehenswert sind besonders die originalen Deckenbalken und der reich geschmückte Tabernakel, der von den Philippinen stammt. Auf dem Friedhof liegen viele Pioniere der Goldgräberzeit, aber auch Tausende von Indianern sind hier begraben worden. Rechts neben der Mission erhebt sich die Basilika aus dem Jahre 1918 im Stil des spanischen Neo-Barock.

Mission Dolores (La Misión de San Francisco de Asís), *Dolores St./3321 16th St., ① 621-8203, www.missiondolores.org, tgl. 9–16 Uhr, freier Eintritt (es wird eine Spende von ca. US$ 3 erwartet).*

Über die nahe Market St. kommt man in wenigen Fahrminuten zum Civic Center zurück, dem Ausgangspunkt der Rundfahrt. Der ausgeschilderte Scenic Drive allerdings macht einen großen Bogen durch den Stadtteil **Castro** (Dolores St.), dann über die Army St. bis zum Hwy. 280 und schließlich nach Downtown, an den Rampen der San Francisco Oakland Bay Bridge vorbei bis zum Ferry Bldg. Die weiteren Stationen sind das Embarcadero Center und andere Teile des Financial District.

Reisepraktische Informationen San Francisco

Vorwahl 415

Information

San Francisco Visitor Information Center, *Hallidie Plaza, Lower Level, 900 Market St./Powell St., ① 391-2000, www.sfvisitor.org; Mo–Fr 9–17 Uhr, Sa–So 9–15 Uhr, im Winter So geschlossen. Die zentrale Besucher-Information liegt unmittelbar an der BART-Station Powell St. bzw. am Cable-Car-Wendeplatz. Es gibt reichlich Karten- und Infomaterial über die Stadt bzw. die aktuellen Geschehnisse und Veranstaltungen, zudem deutschsprachiges Personal und Prospekte in deutscher Sprache. Hilfreich sind die kostenlose Stadtbroschüre „The San Francisco Book" und der Hotelführer „Lodging Guide San Francisco" sowie „The Official San Francisco Street & Transit Map". Über aktuelle Veranstaltungen informiert der Tag- und-Nacht-Anrufbeantworter unter den Nummern ① 391-2001 (Englisch) und 391-2004 (Deutsch).*
Fluggäste können sich bereits am **Flughafen** *in jedem Terminal auf der Ankunftsebene (lower level) an den Airport Information Booths erste Informationen besorgen (tgl. 8–24 Uhr).*

Hinweis

Wer sich länger in San Francisco aufhält, sollte sich einen **MUNI-Passport** *besorgen, der für 1 (US$ 14), 3 (US$ 21) oder 7 Tage (US$ 27) erhältlich ist und für alle MUNI-Strecken, Cable Cars, Metro und Streetcars gilt sowie für viele Museen einen Rabatt bietet. Alternativ gibt es den* **San Francisco City Pass** *besorgen. Für US$ 69 kann man damit sieben Tage lang auf dem gesamten MUNI-Streckennetz einschließlich der Cable Cars fahren und hat freien Eintritt in viele Museen bzw. Attraktionen. Den City Pass gibt es u.a. im Visitor Information Center. Infos und Kauf unter www.citypass.com.*

Eine andere Sparmöglichkeit ist die **Go San Francisco Card** (www.gosanfranciscocard.com), die es für 1, 2, 3, 5 oder 7 Tage gibt und die ebenfalls freie Eintritte zu fast allen Museen, außerdem Sightseeingtouren, Fahrradverleih, Vergnügungsparks, Alcatraz, Weinverkostungen etc., aber keine öffentlichen Verkehrsmittel beinhaltet.

Wichtige Telefon-Nummern
Vorwahl in San Francisco und Umgebung sowie im Marin County: *(415)*
Notfall *(Polizei, Ambulanz, Feuer):* 911
Polizeiauskunft: 553-1234
Wettervorhersage *für die Bay Area:* 936-1212
Zeitansage: 767-8900
Veranstaltungskalender *der Woche:* 391-2004
Straßenzustandsbericht: 557-3755
Ortsauskunft *(Directory assistance):* 411

Im Krankheitsfall
Notkrankenhaus Current Health, 490 Post St., Suite 710, ① 732-7029, www.currenthealth.com, auch Hausbesuche
Zahnärztlicher Notdienst *(San Francisco Dental Office),* 6332 Geary Blvd, ① 640-6004, www.sfurgentdental.com.
Bitte daran denken, dass in der Regel bei allen ärztlichen Leistungen die Behandlung sofort per Kreditkarte beglichen werden muss. Da diese sehr teuer sind, ist eine Auslandskrankenversicherung dringend zu empfehlen.

Konsulate
s. S. 73

Organisierte Touren
Bustouren starten außer am Union Square und am Pier 43 auch an weiteren Orten in der Innenstadt, viele Veranstalter holen ihre Gäste von großen Hotels ab. Auf dem Programm stehen halbtägige Stadtrundfahrten, Tagesausflüge nach Yosemite, ins Napa Valley sowie nach Sausalito und den Muir Woods. Anbieter sind zahlreich, u. a. **All SF Tours** (www.allsanfranciscotours.com) und **Gray Line Tours** (www.sanfranciscosightseeing.com, auch deutschsprachig).
Für **Stadtrundgänge** braucht man i.d.R. gute Englischkenntnisse, dafür wird man von Insidern durch bestimmte Stadtviertel und zu Sehenswürdigkeiten geführt, die man sonst kaum finden würde. Aus der breiten Angebotspalette seien hier nur genannt:

Tipp: Sightseeing für Selbstfahrer mit dem „sprechenden Auto"

Eine ungewöhnliche und recht witzige Art, die Stadt zu erkunden, sind die kleinen gelben und offenen GoCart-Miniautos mit Navigationssystem für Selbstfahrer. Sie sind GPS-gesteuert und leiten einen auf verschiedenen Routen, wobei der eingebaute Reiseführer die Sehenswürdigkeiten kommentiert – auch in deutscher Sprache. Das nicht gerade billige Vergnügen ist vor Ort buchbar, empfehlenswert aber ist eine Online-Reservierungen. Weitere Infos, auch auf Deutsch, auf der Website. **GoCar Rentals**, 2715 Hyde St., Fisherman's Wharf, ① 1-800-91-GoCar, www.gocartours.com; tgl. 8 Uhr bis zum Sonnenuntergang.

Chinatown Adventure Tours with the Wok Wiz, 250 King St., ① 212-209-3370, www.wokwiz.com; Rundgänge durch Chinatown, mit oder ohne Essen.

The City Guides, 100 Larkin St., ① 557-4266, www.sfcityguides.org; Rundgänge zu architektonischen und kulturellen Highlights.

Flower Power Haight-Ashbury Walking Tour, ① 1-800-979-3370, www.haightashburytour.com; Spaziergang auf den Spuren der Hippies der Flower-Power-Ära.

Precita Eyes Mural Arts Center, 2981 24th St., ① 285-2287, www.precitaeyes.org; Führung entlang der Wandmalereien im Mission District, das Visitor Center ist Mo–Fr 10–17, Sa 10–16 und So 12–16 Uhr geöffnet.

Auf **Helikopter-Rundflügen** erlebt man Stadt und Bay aus der Vogelperspektive. Ein bewährter Anbieter sind hier die San Francisco Helicopter Tours in San Bruno (www.sfhelicoptertours.com), die u. a. 30minütige Rundflüge über Golden Gate Bridge, Alcatraz, Fisherman's Wharf und Oakland Bay Bridge oder eine Halbtagestour ins Wine Country mit Lunch und Weinprobe im Programm haben.

Unterkünfte

Mit etwa **38.000 Hotel-/Motelzimmern** in allen Preisklassen dürfte es kaum ein Problem sein, in San Francisco eine geeignete Unterkunft zu bekommen. Es empfiehlt sich, ein Zimmer in der Innenstadt zu buchen, da man i.d.R. viel zu Fuß unterwegs ist. Sehr günstig ist die Gegend um den Union Square, wo die Mehrzahl der Hotels zu finden ist, sowie das Hafengebiet bei Fisherman's Wharf, **preiswertere Unterkünfte** bekommt man entlang der Van Ness Ave. und der Lombard St., vor allem unter den 1500-1700er- bzw. 2000-2300-Nummern. Auf dem Nob Hill befinden sich etliche Luxus-Herbergen. Außerhalb der Downtown gibt es viele reizvolle Gegenden, so z. B. das Stadtviertel Castro mit schönen victorianischen Häusern und der Community der Homosexuellen oder die Haight St. mit vielen Reminiszenzen an die Flower-Power-Zeit der 1960er. Wer außerhalb der Stadt wohnen möchte: In Sausalito hat man die Atmosphäre eines eleganten Seebads und ist mit der Fähre trotzdem schnell in San Francisco. Auf alle angegebenen Preise muss man in San Francisco noch eine **Übernachtungssteuer** von 12 % hinzurechnen (in Oakland 11 %, in anderen Orten 8,5–12 %). In der Nebensaison offerieren die meisten Hotels Sonderangebote, bei denen man mitunter ganz erheblich sparen kann – also unbedingt danach fragen, das gilt auch für längere Aufenthalte (long-term staying).

Ohne vorgebuchtes Hotel wende man sich am besten an das Touristen-Büro oder lässt sich von der Agentur **San Francisco Reservations** (22 2nd St.) unter ① 1-800-677-1570, www.hotelres.com, kostenlos ein Quartier vermitteln. Zu buchen auch unter www.hotelsanfrancisco.com.

Hotels

Dakota Hotel $$, 606 Post St., ① 931-7475; zentrales, historisches Haus von 1920, 2 Blocks vom Union Square entfernt, 1993 als Hotel eröffnet, 41 Zimmer.

Grant Plaza $$, 465 Grant Ave., ① 434-3883, www.grantplaza.com; angenehme Unterkunft zu guten Preisen im Herzen von Chinatown, 72 saubere Zimmer, alle mit eigenem Bad.

Capri $$–$$$, 2015 Greenwich St., ① 346-4667, www.motelcaprisfo.com; praktisches Motel, einfach, aber sauber, freies Parken.

The Nob Hill Hotel $$$, 835 Hyde St., ① 885-2987, www.nobhillhotel.com; kleines, viktorianisches Haus von 1906 auf dem Nob Hill, 50 liebevoll und zeittypisch renovierte Zimmer mit allem Komfort, italienisches Bistro.

Hinweis

Soweit nicht anders angegeben, gilt immer die Vorwahl 415.

Best Western-Americania Lodge $$$, 121 7th St., Seventh Ave., ① 626-0200, www.bestwesterncalifornia.com; gepflegtes Mittelklasse-Hotel südlich der Market St., 111 geräumige und familiengeeignete Zimmer und 32 Suiten; Pool, Sauna, kleiner Fitnessraum.

King George Hotel $$$, 334 Mason St., ① 781-5050, www.kinggeorge.com; nettes, zentral gelegenes Mittelklasse-Hotel mit europäischem Ambiente, 153 gut ausgestattete Zimmer, jeden Nachmittag gemütlicher English Afternoon Tea mit Pianospiel.

The Handlery Union Square Hotel $$$, 351 Geary St., ① 781-7800, www.handlery.com; älteres, vollkommen renoviertes und großes Familienhotel mit gutem Service und in superzentraler Lage am Union Square, 376 Zimmer und Suiten, Pool, Restaurant, viele Reisegruppen.

Triton $$$, 342 Grant Ave., ① 391 0500, www.hoteltriton.com; in Chinatown gelegenes durchgestyltes Designer-Hotel mit orientalischem Flair, 140 Zimmer, jeden Abend wird in der Lobby zum Wein geladen.

Hotel Del Sol $$$, 3100 Webster St., ① 921-5520, www.jdvhotels.com; schönes, durchgestyltes Motel mit Pool, freies Parken, im Marina District gelegen.

Holiday Inn Fisherman's Wharf $$$–$$$$, 1300 Columbus Ave., ① 1-888-470-0159, www.hifishermanswharf.com; günstig zur turbulenten Fisherman's Wharf gelegenes modernes Hotel im internationalen Stil, 585 großzügige Zimmer, Pool, Restaurant, Cocktail Lounge etc., viele Reisegruppen.

**Sir Francis Drake $$$$**, 450 Powell St., ① 392-7755, www.sirfrancisdrake.com; elegantes Stadthotel der oberen Mittelklasse im britischen Stil, komplett renoviert, 405 Zimmer und 12 Suiten ($$$$$), ideale Lage am Union Square, schönes Café und Restaurant, ab 16.30 Uhr tgl. Live-Musik im Starlite Roof.

Holiday Inn Golden Gateway $$$$, 1500 Van Ness Ave., ① 441-4000, www.goldengatewayhotel.com; bestes Holiday Inn in San Francisco, in Downtown und in Fußnähe zu vielen Sehenswürdigkeiten gelegen, 499 Zimmer mit allen Annehmlichkeiten, Pool, Restaurant, Bars, Shops, tolle Aussicht vom 26. Stock (Dachterrasse).

Orchard Garden Hotel $$$$, 466 Bush St., ① 399-9807, www.theorchardgardenhotel.com; 2006 eröffnetes erstes komplett „grünes" Hotel in der Stadt, Verzicht auf chemische Produkte. 28 Zimmer und vier Suiten, Dachgarten, Restaurant und Bar.

Hilton Financial District $$$$–$$$$$, 750 Kearny St., ① 433-6600, www.sanfranciscohiltonhotel.com; First-Class-Hotel (das beste Haus der Kette in der Stadt) mitten im Finanzdistrikt und nahe Chinatown gelegen, alle Annehmlichkeiten, 543 großzügige Zimmer und Suiten, fantastischer Blick vom 27. Stock (Dachterrasse, Swimmingpool).

Hotel Kabuki $$$$–$$$$$, 1625 Post St., ① 922-3200, www.jdvhotels.com; exquisites japanisches Hotel mit entsprechendem Ambiente von Architektur, Design und Essen, 218 luxuriöse Zimmer, im Japan Center (Japantown) zentral gelegen, perfekter Service.

San Francisco Marriott Marquis $$$$–$$$$$, 55 4th St., ① 896-1600, www.marriott.com; Ende 1989 eröffnetes, markantes Hochhaus im postmodernen Stil, das aufgrund seiner Architektur „Musikbox" genannt wird, direkt am Convention Center gelegene, 1.500 Zimmer mit allen Annehmlichkeiten und prächtiger Aussicht in den oberen Etagen, Pool, Fitness-Center, mehrere Restaurants, Lounges und Shops, riesiges Atrium, im 39. Stock Bar mit unglaublichem Panoramablick!

San Francisco Hilton & Towers $$$$–$$$$$, 333 O'Farrell St., ☏ 771-1400, www.hilton.com; mit 1.900 Zimmern und Suiten das größte Hotel der Westküste, First-Class-Haus mit untadeligem Hilton-Standard, mehrere Restaurants, Bars und Sportangebote, herrlicher Ausblick aus den oberen Etagen (Hilton Towers), verkehrsgünstig nahe Union Square gelegen.

Palace Hotel–Luxury Collection $$$$$, 2 New Montgomery St., ☏ 512-1111, www.sfpalace.com; Luxushotel aus dem Jahre 1875, mitten im Financial District gelegen, 553 Zimmer und Suiten, alle Annehmlichkeiten wie Pool, Sauna etc., das fantastische Glas-überkuppelte Restaurant Garden Court ist eines der schönsten weit und breit.

Stanford Court Renaissance Hotel $$$$$, 905 California St., ☏ 989-3500, www.marriott.com; historisches First-Class-Haus in Nob Hill mit 402 großzügig bemessenen Zimmern und Suiten, alle im europäischen Stil des 19. Jh. eingerichtet, wunderschöne Lobby mit Springbrunnen und Kuppel aus Tiffany-Glas, sehr gutes Restaurant Aurea.

Clift Hotel $$$$$, 495 Geary St., Ecke Taylor St., ☏ 775-4700, www.clifthotel.com; nahe am Union Square gelegenes, luxuriöses und elegantes Haus mit europäischer Atmosphäre, seit mehr als 80 Jahren eine der herausragenden Adressen der Stadt, 329 Zimmer und 32 Suiten, alle Annehmlichkeiten mit altehrwürdigem Ambiente.

Fairmont Hotel & Tower $$$$$, 950 Mason St., ☏ 772-5000, www.fairmont.com; das Hotel auf dem Nob Hill (weltbekannt aus der Fernsehserie „Hotel") ist immer noch eine der ersten Adressen der Stadt und besitzt altehrwürdigen Charme, 591 Zimmer und Suiten mit allem Komfort, mehrere Bars und Gourmet-Restaurants.

Mandarin Oriental $$$$$, 222 Sansome St., ☏ 276-9888, www.mandarinoriental.com; Luxushotel im Financial District, das die 38.–48. Etage des zweitürmigen First Interstate Center einnimmt, dementsprechend verfügen alle 158 luxuriös eingerichteten Gästezimmer über eine fantastische Aussicht, gläserne Fußgängerbrücken zwischen den einzelnen Etagen der beiden Türme, tadelloser Service, alle Annehmlichkeiten, sportlich Aktive haben Zugang zu zwei Privatklubs außerhalb des Hauses. Das Mitglied der „Leading Hotels of the World" gehört zu den allerbesten Adressen der Stadt.

Bed & Breakfast-Unterkünfte

Eine Alternative zum Hotel bieten die Bed & Breakfast-Inns (B&B), die sich zumeist in alten restaurierten Häusern befinden und sich in der Regel durch individuellen und sehr herzlichen Service auszeichnen, zudem ist – wie der Name schon zu erkennen gibt – das Frühstück im Übernachtungspreis eingeschlossen. Hinweise gibt die Organisation Bed & Breakfast San Francisco unter ☏ 899-0060 oder 1-800-452-8249, www.bbsf.com.

Stanyan Park Hotel $$–$$$$, 750 Stanyan St., Haight-Ashbury, ☏ 751-1000, www.stanyanpark.com; sehr schöne, traditionsreiche B&B-Unterkunft am Golden Gate Park mit 32 Zimmern und 4 Suiten; freundliches Personal.

The Red Victorian $$$, 1665 Haight St., ☏ 864-1978, www.redvic.com; Bed & Breakfast-Hotel im ehemaligen Hippie-Viertel mit Kultstatus, einfache, aber individuell im Stil der späten 1960er Jahre eingerichtete Zimmer, Kunstausstellungen, Lesungen.

The Golden Gate Hotel $$$, 775 Bush St., ☏ 392-3702, www.goldengatehotel.com; sehr zentrales Haus nahe dem Union Square mit 25 im edwardianischen Stil eingerichteten Zimmern, deutschsprachige Inhaberin, freundliche Atmosphäre.

The Grove Inn $$$, 890 Grove St., ☏ 929-0780, www.grovinn.com; viktorianisches Ziegelstein-Haus nahe dem Alamo Square, 18 komfortable Zimmer, deutschsprachiges Inhaberpaar.

Sleep over Sauce $$$, 135 Gough St., ☏ 621-0896, www.sleepsf.com; angenehmes B&B im boomenden Hayes Valley mit 8 unterschiedlich eingerichteten Zimmern. Unten im Haus befindet sich das nette Restaurant „Sauce" – daher der Name (www.saucesf.com, Gerichte US$ 10–20). Moderne amerikanische Küche, angeschlossene Bar.

Alamo Square Inn $$$–$$$$, 719 Scott St., ① 922-2055; wunderschönes B&B-Haus in zwei alten Gebäuden – eines im Queen-Anne-Stil und eines im Tudor-Stil – mit viel Liebe zum Detail, einer der Besitzer ist ein aus Deutschland ausgewanderter Chef-Koch.

Chateau Tivoli Bed & Breakfast $$$–$$$$, 1057 Steiner St, zw. Golden Gate Avenue und McCallister St., ① 776-5462, www.chateautivoli.com. Charmante B&B-Unterkunft, dekoriert mit zahlreichen Antiquitäten und Kristallleuchtern. Jedes der fünf Zimmer ist unterschiedlich eingerichtet, zwei davon teilen sich ein Bad (Jack London und Joaquin Miller Room).

Petit Auberge $$$–$$$$, 863 Bush St., ① 928-6000, www.jdvhotels.com; gemütliche B&B-Unterkunft im französischen Landhausstil, intime Atmosphäre und schöner Garten, 26 liebevoll gestaltete Gästezimmer.

Washington Square Inn $$$$, 1660 Stockton St., ① 981-4220, www.wsisf.com; gemütliche B&B-Unterkunft im alten Stil, aber mit modernster Technik, 16 individuell und victorianisch eingerichtete Zimmer, nahe zum Coit Tower und zu Fisherman's Wharf gelegen.

YMCA/Jugendherbergen

Shih-Yu-Lang Central YMCA $$, 387 Golden Gate Ave., ① 885-0460, www.ymcasf.org/Central/. 102 Einzel-, Doppel- und Mehrbettzimmer für Männer und Frauen, Sauna, Schwimmbad.

Weitere YMCAs/YWCAs, alle recht einfach:
YMCA Embarcadero $$, 169 Stuart St., ① 957-9622; www.ymcasf.org/embarcadero/; **YMCA Chinatown $**, 855 Sacramento St., Chinatown, ① 576-9622, www.ymcasf.org/chinatown/; **YMCA Mission $$**, 4080 Mission St., ① 586-6900, www.ymcasf.org/mission/; **YMCA Richmond District $$**, 360 18th Ave., ① 666-9622, www.ymcasf.org/richmond/.

Fisherman's Wharf Hostel $, Bldg. 240, Fort Mason, Bay & Franklin St., ① 771-7277, http://sfhostels.com/fishermans-wharf/; angenehme Herberge mit 150 Betten (in Schlafsälen, Einzel- und Doppelzimmern), Café, freies Frühstück, freies Parken, Infos über andere Jugendherbergen in Nordkalifornien.

San Francisco Downtown Hostel $, 312 Mason St., ① 788-5604, www.sfhostels.com/downtown/; 100 Betten, außer 11–12 Uhr immer geöffnet.

San Francisco City Center Hostel $, 685 Ellis St., ① 474-5721, www.sfhostels.com/citycenter/; zentral gelegenes ehemaliges Hotel, 2005 komplett renovierte Herberge mit 75 Zimmern (Schlafsäle, Einzel- u. Doppelzimmer), Frühstück inkl., viele Restaurants und Clubs in der Nähe.

Camping/R.V. Parks

In der Nähe der Metropole gibt es Camping- und Wohnmobilplätze u. a. im Napa Valley, an der Westküste und im Marin County. In San Francisco selbst befindet sich nur der (teure) **Candlestick R.V. Park** an der 650 Gilman St., ① 822-2299, www.sanfranciscorvpark.com; Man erreicht ihn vom Hwy. 101 über die Abfahrt 429A (COM Park), der Platz liegt dann gegenüber dem Gate 4 des Stadions.

Restaurants

Kaum etwas anderes spiegelt den kosmopolitischen Charakter der Stadt derart eindrucksvoll wider wie die Gastronomie, die mit gut **4.600 Restaurants** so ziemlich mit allen auf dieser Welt vertretenen Regionalküchen aufwarten kann. Gemessen an der Einwohnerzahl ist die Anzahl, aber auch die Vielfalt der Restaurants in San Francisco am reichhaltigsten in der Neuen Welt. Von Anfang an war hier die Gourmet-Metropole der Vereinigten Staaten, und die Küchen aller Herren Länder wetteifern um die Gunst der Kunden. Besonders stark vertreten sind Chinesen, Italiener, Franzosen und Lateinamerikaner, wobei jede Gruppe für sich in zahlreiche Regionalküchen gesplittet ist, die alle ihr Erbe so original wie möglich fortzuführen versuchen, um neben den Touristen vor allem auch den hohen Ansprüchen der Einheimischen gerecht zu werden.

Es fällt nicht schwer, bei einem Stadtbummel genau das zu finden, was man sucht. Auch für den kleinen Hunger gibt es unzählige Gaststätten, von der üblichen Hamburger-Bude bis zur vornehmen Sushi-Bar. Eine Konzentration solcher Lokale gibt es an der Fisherman's Wharf/ Pier 39 oder am Ghirardelli Square. Achten Sie auf die Early Bird-Angebote mit ihren reduzierten Preisen und an Wochenenden auf die blühende Brunch-Szene. Wer die japanische oder chinesische Küche ausprobieren möchte, hat die größte Auswahl in den entsprechenden Stadtvierteln. Weitere Tipps finden sich u.a. bei www.sanfrancisco.com/restaurants und www.sanfrancisco.diningguide.com.

Die Hotel-Restaurants der Nobelherbergen bieten **Haute Cuisine** zu einem entsprechend hohen Preis. An der Spitze steht hier m. E. der Ritz-Carlton Dining Room, der keine Gourmet-Wünsche offen lässt. Aber auch das preiswertere Essen auf der großen Freiterrasse The Ritz-Carlton Terrace (tgl. 6.30–23 Uhr) kann alle Erwartungen erfüllen und ist ein idealer Platz zum Sonntags-Brunch. Zusätzlich zur Qualität der dargebotenen Speisen kann der Laurel Court im Fairmont Hotel einen grandiosen Raumeindruck mit drei Kuppeln bieten. Ebenfalls mit gediegener, wunderbarer Architektur wartet das Michael Mina im Westin St. Francis Hotel auf, das seinen Namen nach dem Starkoch trägt und dessen kalifornische Nouvelle Cuisine mit zwei Michelin-Sternen ausgezeichnet ist. Ein Abendessen hier kann allerdings auch mit US$ 500 zu Buche schlagen.

Außerhalb der Hotels findet man die gehobene bis sehr gute Küche gleichmäßig in allen Stadtteilen verteilt. Hier eine ganz kleine Auswahl:

Kalifornische und amerikanische Küche:
Carême 350, 350 Rhode Island Street Ecke 16th Street, ① 216-4415; das Lokal der „Kochschule" California Culinary Academy wird von den Studenten betrieben, ist relativ preiswert und abwechslungsreich mit einem französischen Einschlag. Di–Fr 11.30–13 und 18–20 Uhr, in den Schulferien geschlossen (vorher anrufen).
Quince Restaurant, 470 Pacific Ave./Montgomery St., ① 775-8500, www.quincerestaurant.com. Das Restaurant ist in einem schönen alten Haus aus dem Jahr 1907 untergebracht. Italienisch-kalifornische Küche in schicker, aber angenehmer Atmosphäre; super Service, große Bar und viele Weine.
John's Grill, 63 Ellis St., ① 986-3274, www.johnsgrill.com; historisches Restaurant mit rustikaler amerikanischer Küche und Seafood-Gerichten, seit 1908 ununterbrochen als Gaststätte in Funktion und Cineasten als Drehort von Szenen aus „Der Malteser Falke" bekannt, schöne Inneneinrichtung, moderate Preise. Mitten in der Downtown nahe Market Street und Union Square gelegen. Mo–Sa 11–22, So 12–22 Uhr.
Zuni Café, 1658 Market St., ① 552-2522, www.zunicafe.com; alteingesessenes und gleichbleibend beliebtes Lokal im Castro-Viertel, frische kalifornische Küche zu moderaten Preisen. Die Menüs mit italienischem und französischem Einschlag ändern sich täglich und werden fast ausschließlich aus biologischen Zutaten zubereitet. Di–Fr 11.30–23, Fr–Sa 11.30–24 und So 11–23 Uhr.

Reisepraktische Informationen San Francisco

Asiatische Küche:
Empress of China, 838 Grant Ave., ☏ 434-1345, www.empressofchinasf.com; kulinarische Institution im Herzen von Chinatown mit sehr viel Andrang, aber immer noch atmosphärisch und ein schöner Blick auf den Telegraph Hill aus dem sechsten Stock, moderat bis teuer, Mo–Fr 11.30–15 Uhr und 17–22 Uhr, Sa/So 11.30–22 Uhr.
Tommy Toy's Haute Cuisine Chinoise, 655 Montgomery St., ☏ 397-4888, www.tommytoys.com; sehr gute chinesische Küche mit französischem Einfluss, mit vielen Kunstgegenständen und modern ausgestatteter Inneneinrichtung, teuer, empfehlenswert: „Special Signature Dinner" mit sechs Gängen, Mo–Fr 11.30–14 und 17.30–21.30, Sa/So 17.30–21.30 Uhr.
Umami Japanese Restaurant, 2909 Webster St./Union St., ☏ 346-3431, www.umamisf.com; japanisches Restaurant mit großer Auswahl, oft preisgekrönte Küche, vegetarische Gerichte, moderate Preise; Di–So 17.30–22 Uhr.
Roy's San Francisco, 575 Mission/1st-2nd St., ☏ 777-0277, www.roysrestaurant.com; interessantes Lokal mit hawaiisch-asiatisch-europäischen Kreationen, viel Fisch und günstigem Drei-Gänge-Menü. Mo–Fr 11.30–14 und 17.30–22, Sa/So 17–22 Uhr.

Fisch & Seafood:
McCormick & Kuleto's, 900 North Point St., ☏ 929-1730, www.mccormickandschmicks.com; nahe der Fisherman's Wharf gelegene Gaststätte mit guten Steak- und Seafood-Gerichten, gute Aussicht, moderat bis teuer. Tgl. 11.30–22, Fr/Sa bis 23 Uhr.
Scomas, Pier 47 am Al Scoma Way, Ende Jones St. und Jefferson St., ☏ 771-4383, www.scomas.com; auf einem Pier an der Fisherman's Wharf gelegenes Fisch- und Seafood-Restaurant mit italienischer Note, sehr populär (auf längere Wartezeiten einstellen, Reservierung nicht möglich!), tgl. geöffnet, noch moderate Preise. Eine Zweigstelle des Lokals gibt es in Sausalito an der Waterfront.
Café Maritime Seafood & Spirits, 2417 Lombard St., ☏ 885-2530, ww.cafemaritimesf.com; Seafood-Restaurant mit Brunch am Wochenende sowie „Late-Night Bar Menu" bis 1 Uhr mit Austern und Bier zu Sonderpreisen.
Farallon, 450 Post St., ☏ 956-6969, www.farallonrestaurant.com; Mo–Sa Lunch, tgl. Dinner. Schickes, teures und ungewöhnlich gestaltetes Restaurant, Spezialität sind Seafood-Gerichte.

Lokale Spezialität: Krabben

Italienisches/Cafés/Hangouts:
Caffè Roma, 526 Columbus Ave., ① 296-7942, www.cafferoma.com; traditionsreiche Kaffeerösterei im North-Beach-Viertel und beliebter Hangout, weitere Lokale der Familie Azzollini befinden sich in SoMa (885 Bryant St.) und Millbrae (143 S. El Camino Real).
Caffe Trieste, 601 Vallejo St./Columbus Ave., ① 392-6739, www.caffetrieste.com; legendäres Café mit eigener Kaffeerösterei und italienischen Opern aus der Musikbox.
Liguria Bakery, 1700 Stockton St. Ecke Filbert St., ① 421-3786; winzige und schlichte, aber ausgesprochen gute Bäckerei mit Spezialität Focaccia, seit 1906 im Familienbesitz.

Hispano-Küche:
Casa Sanchez, 2778 24th St., Ecke York St, ① 282-2400; traditionell bestellt man hier direkt am Tresen seine Tamales, Tacos oder Burritos, Plätze im Freien und Laden. Eine weitere Casa Sanchez gibt es nicht weit entfernt auf 250 Napoleon St.
La Taqueria, 2889 Mission, ① 285-7117; der Adobe-Bau an der Ecke zur 25th St. präsentiert sich mit offener Küche und Wandmalereien, das preiswerte mexikanische Essen ist so gut, dass sich oft lange Schlangen bilden.

Breweries und Pubs:
Daneben gibt es eine große Bandbreite preiswerterer Gaststätten, Pubs und anderer Lokale.
21st Amendment, 563 2nd St., ① 369-0900, www.21st-amendment.com; gemütliche und recht preiswerte Microbrewery (und Sports Bar) in einem alten Lagerhaus in SoMa mit sehr guter Bierauswahl und bodenständiger Küche.
The Thirsty Bear Brewing Co., 661 Howard St., ① 974-0905, www.thirstybear.com; Kleinbrauerei, die bekannt ist für Tapas und Paellas; ungezwungene Atmosphäre und günstige Preise. Am Sonntagabend steht Live-Flamenco auf dem Programm.
E&O Trading Co., 314 Sutter St., ① 693-0303, www.eotrading.com; Restaurant mit südostasiatischen Gerichten und Microbrewery, die auch eigenes rootbeer im Angebot hat, buntlaute Atmosphäre mit Livemusik.
Tommy's Joynt, 1101 Geary St./Van Ness Ave., ① 775-4216, www.tommysjoynt.com; urige Kneipe mit gutem Bier und leckeren Buffalo-Gerichten.
Vesuvio, 255 Columbus Ave./Kerouac St., ① 362-3370, www.vesuvio.com; in North Beach gelegene legendäre Bohème-Bar seit 1948, auffälliges Dekor, gute Cocktails, viele europäische Besucher und jede Menge Erinnerungen an die Beatnik-Ära.
Mario's Bohemian Cigar Store Café, 566 Columbus Ave., ① 362-0536; ebenfalls in North Beach gelegenes und ebenfalls legendäres Café mit eigener Kaffeerösterei.

 Nachtleben
Als Zentren des Nachtlebens gelten vor allem SoMa (11th St. zwischen Folsom und Harrison, außerdem rund um SBC Park/South Park und China Basin) und Mission/Castro sowie die Viertel Hayes Valley, Cow Hollow und Polk Gulch. Auch in North Beach (bodenständiger) und Haight-Ashbury lässt sich zum Ausgehen etwas finden. Wer sich vorab informieren möchte, sollte die Webseiten www.sanfrancisco.com/nightlife oder www.sanfrancisco.citysearch.com besuchen (Clubs, Diskos, Livemusik, Bars). Hier nur einige wenige Tipps:
Café du Nord, 2170 Market St. Ecke Sanchez St., ① 861-5016, www.cafedunord.com; Club in historischem Bau von 1907, Live-Rock und Jazz im Castro.
The Great American Music Hall, 859 O'Farrell St. Ecke Polk St., ① 885-0750, www.musichallsf.com; Ballhaus im Stil der Jahrhundertwende mit Livemusik aller Richtungen und bekannten Interpreten.

Purple Onion, 140 Columbus Ave., ☎ 956-1653, www.purpleonionlive.com; Livemusik auf einer der legendären Bühnen im Untergeschoss des Caffe Macaroni.
Nickies, 466 Haight St. Ecke Fillmore St., ☎ 255-0300, www.nickies.com; Club mit DJ-Musik und Tanzfläche, tgl. wechselnde Musikrichtungen.

Einkaufen

Man kann in San Francisco hervorragend einkaufen, seien es Souvenirs, fernöstliche Waren, elegante Mode oder Kunst. Lokale Zentren mit einem jeweils charakteristischen Angebot (Restaurants, Souvenirs, Alltagswaren, Kitsch) gibt es im Japan Center und in Chinatown. Ein buntes, auf Touristen abgestimmtes Angebot bieten die Boutiquen und Shops in Nähe der Fisherman's Wharf, insbesondere am Pier 39, am Ghirardelli Square, in der Cannery und im Anchorage Shopping Center. Von anderem Gepräge sind die hypermodernen Einkaufszentren des Embarcadero Center (Ecke Sacramento/Battery St.), des San Francisco Center (Ecke Fifth/Market St.) und der Crocker Galleria (Ecke Post/Kearny St.). Diese Glitzerpaläste mit anspruchsvoller Architektur wollen „Erlebniswelten" schaffen, liegen sämtlich in Downtown und bieten eine Konzentration feinster Geschäfte, Cafés und Restaurants.

Seinen Namen als Modestadt erfüllt San Francisco vor allem auf der Union St., und zwar in den acht Blocks zwischen der Van Ness Ave. bis zur Steiner St. In Downtown finden Sie in der Nähe des Union Square Neiman Marcus (150 Stockton St.), ein ehrwürdiges Einkaufszentrum mit Mode, Geschenken, Glas; schönem Rotunda-Restaurant, luxuriösem Lichthof etc. Ganz in der Nähe befinden sich weitere berühmte Modegeschäfte bzw. Kaufhäuser, wie z. B. das Macy's (685 Market St.), Saks Fifth Avenue (348 Post St.) und Nordstrom (865 Market St.).

Weniger vornehm, dafür aber turbulent geht es auf den regelmäßigen **Wochenmärkten** zu, die in vielen Stadtteilen abgehalten werden und auf denen die Farmer der Umgebung Gemüse und Obst anbieten, so z. B. im Ferry Building Marketplace. Richtige Schnäppchen – etwa auf der Suche nach den preiswertesten Jeans – macht man in den Outlets (Verkauf von Restposten) und Discountläden (Restposten und leicht beschädigte Ware). Über diese Läden gibt es regelrechte Straßenkarten, die man in vielen Bücherläden und Drugstores erhält.

Sport

Auskünfte über Freizeitmöglichkeiten und die entsprechenden Lokalitäten erteilt das **San Francisco Recreation and Park Department**, ☎ 831-2700 oder 666-7090 (Bandansage), www.sfrecpark.org. Diese Behörde informiert über aktuelle Geschehnisse in den Bereichen Baseball, Basketball, Bogenschießen, Bootfahren, Fahrradfahren, Fischen, Football, Fußball, Golf, Pferderennen, Reiten, Schwimmen, Segeln, Softball, Tennis und Zielscheibenschießen. Die besten Möglichkeiten, seinen Lieblingssport auszuüben, bietet die 176 km² große Golden Gate National Recreation Area, in der u. a. der Aquatic Park, Baker Beach, China Beach, Fort Funston, Golden Gate Promenade, Land's End, Marin Headlands, Marina Green und Ocean Beach zusammengeschlossen sind. Die Palette der sportlichen Aktivitäten umfasst hier u. a. Laufen, Schwimmen, Wandern, Fahrradfahren, Fischen, Gymnastik, Joggen und Drachenfliegen.

Golfer finden im Stadtgebiet und Umgebung sieben Plätze, an denen man sich auch Equipments ausleihen kann. Die bekanntesten sind:
Golden Gate Park Golf Course: 47th Ave., Ecke Fulton St., 9 Loch, 27 Par (www.goldengateparkgolf.com).

Harding Park Golf Course: Lake Merced Blvd., Parkmerced, mit zwei Plätzen in Fleming, 9 Loch, 32 Par; und Harding, 18 Loch, 72 Par (www.tpc.com/tpc-harding-park).
Lincoln Park Golf Course: 34th Ave., Ecke Clement St., Richmond District (www.lincolnparkgc.com), 18 Loch, 68 Par. Dies ist der wohl schönste öffentliche Platz: auf einer Klippe gelegen, mit fantastischem Blick auf die Golden Gate Bridge und die Bucht.

Strände

Es gibt sehr schöne Sandstrände, vor allem an der Westseite. Am nächsten zur Golden Gate Bridge liegt der **Bakers Beach**, eindrucksvoller noch ist südwestlich des Golden Gate Parks der lang gezogene **Ocean Beach**. Im Süden werden hinter Daly City und besonders Pacifica die Strände noch breiter und sind dort wildromantisch. Überall sind die Surfbedingungen sehr gut. Das Wasser jedoch erreicht selbst im August selten 15 °C, und somit sind die Strände allenfalls zum Sonnenbaden geeignet. Zur Bay-Seite hin hat der Aquatic Park (hinter dem Maritime Museum, Beach St.) einen kleinen Sandstrand. Wärmer ist das Wasser hier aber auch nicht.

Wer im Ozean schwimmen möchte, sollte südwärts mindestens bis Santa Cruz fahren, besser noch bis Carmel, oder aber ca. 30 km nordwärts ins Marin County an den Stinson Beach.

Rad fahren

Trotz des schwierigen, hügeligen Geländes sind in San Francisco einige **scenic bike routes** ausgeschildert, deren Strecken grüne Schilder kennzeichnen. Eine ganze Reihe Fahrradvermieter findet man in der Stanyan St. beim Golden Gate Park und rund um Fisherman's Wharf, von denen einige einen Transportservice zur Golden Gate Bridge unterhalten. Hilfreich für eine Erkundung der Stadt zu Fuß oder per Fahrrad ist der „San Francisco Biking/Hiking Guide", den man an der Visitor Information sowie in vielen Buchläden und Kiosken erstehen können. Eine große Auswahl an Rädern unterschiedlichster Art hat **Blazing Saddles**, (① 202-8888, www.blazingsaddles.com) mit vielen Stationen, u.a.: Pier 41, 2715 Hyde St. (Hauptstation), 465 Jefferson St., 433 Mason St. (Union Square), 721 Beach Street, 2555 Powell St. und 1095 Columbus St., sowie **Bay City Bike**, ① 346-2453, www.baycitybike.com, mit Stationen u.a. 1325 Columbus Ave & 501 Bay Street und Fisherman's Wharf. Beide bieten auch geführte Touren an.

Veranstaltungen

Eigentlich findet an jedem Tag irgendwo in San Francisco irgendeine größere Veranstaltung statt. Besonders sehenswert ist aber das **chinesische Neujahrsfest**, das in der Chinatown Ende Januar/Anfang Februar mit Umzügen, Knallereien und Papierdrachen gefeiert wird. Ebenfalls turbulent und stimmungsvoll geht es im Mai am Memorial Day Weekend zu, wenn man im Stadtteil Mission District den hiesigen **Karneval** begeht. Teils bizarr, teils schräg, aber immer fröhlich feiert die große schwule und lesbische Gemeinde ihren **Pride Day**, natürlich vor allem im Szene-Viertel Castro.

Wetter/Kleidung

In San Francisco ist es gleichmäßig mild. Temperaturen unter 10 °C und über 25 °C sind äußerst selten. Da sich aber die berüchtigten Nebelschwaden (vor allem im Sommer) plötzlich auf das Land zu bewegen und sich durch das Goldene Tor in die Bay drängen, kann es binnen weniger Minuten spürbar kälter werden. Am besten nimmt man immer eine leichte Jacke o. ä. mit.

! Sicherheit

San Francisco stellt unter Amerikas Städten hinsichtlich der Kriminalität keine Ausnahme dar. Durch die hohe Zahl an Obdachlosen und Drogensüchtigen ist die Situation in gewissen Stadtvierteln nicht ungefährlich. Erhöhte Aufmerksamkeit ist insbesondere in folgenden Vierteln angebracht:

Hunter's Point: die gesamte Halbinsel nördlich des Candlestick Park.

Mission District: Vorsicht in den engen, unbeleuchteten Gassen zwischen Dolores St. und Potrero Ave. sowie 10th und Army St.

South of Market: das gesamte Gebiet zwischen Embarcadero St. und Church St., vor allem um die 6th St. herum, nach Einbruch der Dunkelheit meiden.

Tenderloin: die Grenzen hier sind fließend und liegen etwa zwischen Bush St., Powell St., Polk St. und Market St. Das genannte Gebiet, das sich u.a. durch zwielichtige Bars, Sex-Shops, und Drogendealer auszeichnet, sollte man nachts, Frauen ohne Begleitung auch tagsüber, meiden.

Western Addition: dieses Viertel zwischen Hayes St. (Süden), Geary St. (Norden), Gough St. (Osten) und Divisadero St. (Westen) besitzt schlimme, Slum-ähnliche Wohngebiete und eine sehr aktive Drogenszene. Überfälle auf Touristen sind bereits häufiger vorgekommen. Hier wie überhaupt gilt: Falls Sie bedroht werden, händigen Sie den Angreifern ohne Widerstände und schnell 10–20 Dollar, die Sie immer separat vom restlichen Geld bei sich führen sollten, aus; meistens handelt es sich um Junkies, die sich mit dieser Summe begnügen.

 ## Verkehrsmittel

Flüge

Die meisten ausländischen Fluggäste kommen auf dem **San Francisco International Airport** (SFO), rund 23 km südlich der City, an. Mit rund 34 Mio. Fluggästen im Jahr ist er einer der größten der USA. Größere Gepäckstücke kann man bei der Luggage Storage (tgl. 7–23 Uhr) abgeben, der sich im oberen Stockwerk (Upper level) im Verbindungsgang zwischen South und International Terminal befindet. Sollten Sie noch keine Unterkunft gebucht haben, so können Sie dies bei Travel Agency tun (in allen Terminals, jeweils im oberen Stockwerk, tgl. 9–23 Uhr, ☏ (650) 877-0422). Den Airport erreicht man telefonisch unter ☏ 1-800-435-9736 (allgemeine Auskunft) bzw. (650) 821-7900 (Parkplatzauskunft), www.flysfo.com.

Für den **Transport in die Innenstadt** benötigt man, je nach Verkehrslage und -mittel, 10–60 Minuten. Die schnellste Verbindung ist die **BART**, die seit 2003 zwischen dem Airport und der Innenstadt bzw. Oakland und anderen Orten verkehrt. Die BART-Haltestelle befindet sich im International Terminal, Departure-Level. Der **AirTrain** verbindet mit seiner Red Line die vier Terminals mit den Parkhäusern und der BART Station sowie mit seiner Blue Line die genannten Stationen mit dem Rental Car Center – maximale Wartezeit: 5 Minuten. Deutlich langsamer ist eine Fahrt mit dem **Taxi**, für die man außerdem mit ca. US$ 45 plus Trinkgeld rechnen muss. Sie können den Preis aber oft auch im Voraus aushandeln. Steigen Sie nur in ein autorisiertes „Cab" mit Erkennungsnummer und Taxameter. Billiger wird es mit einem der Airporter-Kleinbusse, die auf einer festen Route verkehren. Ähnlich wie die Airporter-Kleinbusse bringen Sie die Shuttle-Busse der **Door-to-Door Van Services** recht preiswert in die City und sogar bis vor die Haustür. Diese Sammeltaxen sind rund um die Uhr im Einsatz und fahren etwa alle 20 Minuten ab; die Fahrt nach Downtown kostet US$ 17–25. Es gibt etwa ein Dutzend verschiedener Shuttle Services, die die Stadt unter sich in einzelne Regionen aufgeteilt haben; Hinweise vor Ort erteilen die einzelnen Fahrer. Im Gegensatz dazu bieten viele Hotels der gehobenen Kategorien einen Hotel-Shuttle-Service an, der für ihre Gäste bestimmt und kostenlos ist; der Fahrer erwartet jedoch pro Gast US$ 2–3 Trinkgeld. Am billigsten ist der Transport per Linienbus der SamTrans (☏ 1-800-660-4287), wobei das Liniennetz sehr weit gespannt ist. Bei den Information Booths gibt es Fahrpläne und Infos zur jeweils günstigsten Linie. Der Nachteil der Linienbusse besteht darin, dass keine Koffer oder Rucksäcke, sondern nur Handgepäck (Aktenkoffergröße) akzeptiert wird. Unterwegs kann man an verschiedenen Stellen zu- und aussteigen. Der Fahrpreis ist jeweils passend zu bezahlen, da der Fahrer über kein Wechselgeld verfügt. Verlangen Sie beim Bezahlen den Fahrschein und bewahren Sie diesen bis zum Zielort auf, da es mitunter vorkommt, dass der Fahrer in einer neuen Zone die Tickets kontrolliert.

Zur **Rückbestätigung** oder anderen Information hier die Telefonnummern einiger wichtiger Fluggesellschaften, die SFO anfliegen (weitere Nummern und Anschriften findet man in den Yellow Pages unter „Airlines"):
Air France, ☏ 1-800-237-2747
Air New Zealand, ☏ 1-800-262-1234
American Airlines, ☏ 1-800-433-7300
British Airways, ☏ 1-800-247-9297
Delta Air Lines, ☏ 1-800-221-1212
KLM, ☏ 1-800-225-2525
Lufthansa, ☏ 1-800-645-3880
Qantas, ☏ 1-800-227-4500
Singapore Airlines, ☏ 1-800-742-3333
Swiss Airlines, ☏ 1-877-359-7949
United Airlines, ☏ 1-800-538-2929
USAirways, ☏ 1-800-428-4322

Mietwagen
Die Stadt bietet sich für Erkundungen zu Fuß an, und längere Strecken können mit den öffentlichen Verkehrsmitteln zurückgelegt werden. Ein Mietwagen lohnt sich eigentlich nur für Ausflüge in die Umgebung (z. B. Monterey, Santa Cruz, Wine Country, rund um die Bay). Alle großen Mietwagenfirmen sind am Flughafen vertreten; der zentrale Stellplatz ist gut ausgeschildert und heißt Rental Car Center (780 N. McDonnell Rd.). Vom Flughafen ist er am besten mit dem AirTrain, Blaue Linie, zu erreichen; ebenso von Downtown aus via BART zum Flughafen. Mitunter gibt es günstige Wochenendtarife. Nachstehend die wichtigsten Verleihfirmen, wobei die erste Telefonnummer diejenige des Stadtbüros (bei mehreren Filialen diejenige der am zentralsten gelegenen), die zweite die des Flughafenbüros und die 800-Nummer diejenige ist, die man von außerhalb San Franciscos kostenlos anrufen kann – eine vollständige Liste aller Mietwagenfirmen findet man in den Yellow Pages unter „Automobile Renting" (alle Nummern mit Vorwahl 415):
Alamo, u.a. 750 Bush Street (Union Square), ☏ (650) 238-5303 ext: 2285, (888)826-6893 ext: MAIN und 1-877-222-9075
Avis, u. a. 675 Post St., ☏ 929-2555, (650) 877-6780 und 1-800-230-4898
Budget, u.a. 821 Howard St., ☏ 957-9998 und 1-800-527-0700
Dollar, 364 O'Farrell St., ☏ 866-434-2226 und 1-800-800-3665
Enterprise, 222 Mason St., ☏ 837-1700 und 1-800-261-7331
Hertz, 550 O'Farrell St., ☏ 923-1590 und 1-800-654-3131
National, 320 O'Farrell St., ☏ (650) 238-5300 ext: 2290 und 1-877-222-9058
Thrifty, 350 O'Farrell St., ☏ 788-8111 und 259-1315.

Autoclubs/Pannenhilfsdienste
AAA, 160 Sutter St., ☏ 773-1900 oder 1-800-922-8228, www.csaa.com, Mo–Fr 7–21, Sa–So 7–19 Uhr; Notruf und Pannendienst des AAA: 1-800-222-4357
Straßenhilfsdienst: 565-2012

Parken
Bei den steilen Straßen der Stadt ist es besonders wichtig, auf eine gute Parksicherung zu achten. Gesetzlich vorgeschrieben ist das **Einschlagen der Vorderräder in Richtung Bordstein**. Achten Sie auch auf farbige Bordsteinränder – die einzelnen Farben bedeuten jeweils: **rot** = absolutes Halteverbot; **gelb** = Ladezone für Pkw (30 Minuten) mit entsprechender Plakette; **blau** = Parken nur für Behinderte; **weiß** = während der Geschäftszeiten Parken für 5 Minuten erlaubt; **grün** = Zwischen 9 und 18 Uhr Parken für 10 Minuten erlaubt; grün/gelb/schwarz = Taxi-Zone.

Motorrad fahren
Mietstationen für Motorräder, Mopeds und z. T. auch Fahrräder sind u. a.:
Dubbelju Motorcycle Rentals, 689 A Bryant St., ☏ 495-2774, www.dubbelju.com; u.a. BMW und Harley Davidson, Mo–Sa 9–13 Uhr und nach Vereinbarung.
San Francisco Scooter Centre, 127 10th St., ☏ 558-9854, www.sfscootercentre.com; u.a. Vespa-Roller, Di–Sa 10–18 Uhr.

MUNI: Busse/Metro/Straßenbahn
Auf 73 verschiedenen Linien verkehren die Busse sowie die Metro, zusammengeschlossen in der San Francisco Municipal Railway (MUNI). Diese ist außerdem für die Cable Cars und die Streetcars (s.u.) zuständig. Dank dieses eng gewobenen Bus- und Schienennetzes ist es möglich, alle touristischen Attraktionen der Innenstadt problemlos auch ohne Auto zu erreichen. Die derzeitige Gebühr beträgt US$ 2 pro Fahrt bzw. als **MUNI-Passport**, mit dem man alle Busse, Straßenbahnen und Cable Cars benutzen kann, für einen Tag US$ 14, für drei Tage US$ 21 und für sieben Tage US$ 27. Die Ticket-Automaten akzeptieren Geldscheine und Münzen, wobei der Fahrpreis passend bezahlt werden muss, dies gilt auch bei Bezahlung beim Fahrer selbst, der kein Wechselgeld mit sich führt. Eingestiegen wird grundsätzlich vorne beim Fahrer. Netzkarten gibt es u. a. beim Visitor Information Center, Tageskarten auch an den Automaten.
Neben den Bussen sind 5 Metro-Linien und die Streetcars dem System angeschlossen. Erstere sind mit den Buchstaben J, K, L, M, N gekennzeichnet und verlaufen von Downtown aus in südlicher Richtung unterirdisch. Für Touristen interessanter sind die oberirdischen Strecken F und E der Streetcar, die entlang der Market St. bzw. Embarcadero entlang und bis zur Fisherman's Wharf verkehren, dabei werden historische Wagen aus aller Welt eingesetzt.

Alle Verkehrsmittel verkehren i.d.R. zwischen 6 und 24 Uhr in kurzen Minuten-Intervallen verkehren. Die Welcher Bus/welche Metro wohin fährt, entnimmt man am besten der detaillierten Official San Francisco Street & Transit Map, die es in vielen Metro-Bahnhöfen, bei allen Zei-

Wichtig

Auch im City-Pass (s. S. 162) ist ein 7-Tage-Ticket der MUNI enthalten. Weitere Infos zum MUNI-System unter www.sfmuni.com.

tungskiosken und im Visitors Information Center gibt (für US$ 3) oder online unter www.sfmta.com/maps. Für einen Kurzbesuch reicht meist die Abbildung des MUNI-Streckennetzes aus, die die meisten Stadtpläne enthalten. Ein vollständiger Buslinienplan befindet sich auch auf einer der vorderen Seiten der Yellow Pages, Übersichtskarten zudem an allen Bushaltestellen.

BART – die U-Bahn

Das 5 Mrd. Dollar teure, 1967-74 erbaute und 2003-09 erweiterte BART-System (**Bay Area Rapid Transit**) transportiert mit einer Spitzengeschwindigkeit von 129 km/h täglich Hunderttausende und ist somit das schnellste Verkehrssystem innerhalb der Bay Area. Die Gleise

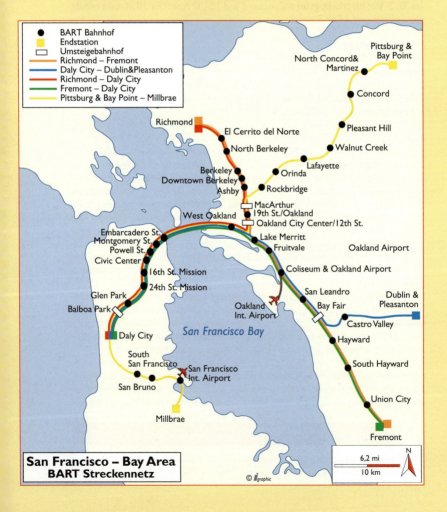

verlaufen teils unterirdisch, teils oberirdisch und passieren mittels einem der längsten Unterwassertunnel der Welt die Bay von San Francisco. Das über 115 km lange Streckennetz verfügt über fünf Linien mit insgesamt 43 Stationen und bedient neben den Städten San Francisco, Oakland und Berkeley 17 Vororte in drei Counties. Die Stationen der sauberen und vollautomatischen Züge sind mit einem blau-weißen „ba"-Zeichen gekennzeichnet. In San Francisco fährt die BART entlang der Market St. noch unterhalb der MUNI Metro. Die Züge verkehren tgl. 4–24, Sa ab 6, So ab 8 Uhr, und zwar im 15-/20-Minuten-Takt. In allen Stationen hängen Übersichtskarten aus, die einen über nahe gelegene Touristenattraktionen, Einkaufszentren und geeignete Busverbindungen informieren. Fahrkarten erhält man an Automaten, die alle Münzen sowie 1-, 5-, 10- und 20-Dollar-Scheine akzeptieren. Die Tarife für Einzelfahrten bewegen sich zzt. zwischen US$ 2 und 8. Es gibt mehrere Vergünstigungen und Kombitickets, über die das Infoblatt „BART Tickets" informiert, das genauso wie die Broschüre „All about BART" in allen BART-Stationen kostenlos erhältlich ist. Strecken- und Fahrpläne sowie weitere Infos auch unter www.bart.gov.

Cable Car
Die wohl berühmteste Kabelbahn der Welt verkehrt noch auf folgenden drei Linien:
1. Powell-Hyde: Von der Powell St./Market St. via Hyde St. bis zur Beach St. nahe dem Aquatic Park und Fisherman's Wharf. Die spektakulärste Trasse mit bis zu über 21 % Steigung.
2. Powell-Mason: Von Powell St./Market St. auf z. T. identischer Strecke über Mason St., Columbus St. und Taylor St. – vorbei an Chinatown und North Beach, bis zur Bay St. nahe Fisherman's Wharf.
3. California: Von California St./Market St. entlang der California St. (Chinatown) und durch Nob Hill bis zur Van Ness Ave.
Die Cable Cars operieren tgl. zwischen 6–1 Uhr, der Fahrpreis beträgt US$ 5, die Tickets werden an Self-Service-Automaten gezogen oder beim Schaffner gekauft. Die Fahrkarte ist zwei Stunden lang auf allen drei Cable Car-Strecken und auf dem MUNI-Netz gültig, und zwar für beliebig viele Fahrten.

Regional- und Fernbusse
Außer den MUNI-Bussen gibt es mehrere Busunternehmen, die Reiseziele in der näheren oder weiteren Umgebung bedienen. Die wichtigsten davon haben ihren zentralen Busbahnhof am **Transbay Terminal**, Ecke 425 Mission St./1st St.
Im Einzelnen sind dies:
Golden Gate Transit: Unterhält Verbindungen nach Norden in die Counties Marin und Sonoma, u. a. also auch nach Sausalito. Die grün-blau-weiß markierten Haltestellen findet man u. a. entlang der Lombard St., Van Ness Ave. und der Geary St. Die Fahrpreise sind entfernungsabhängig. Infos unter ☎ 455-2000, www.goldengatetransit.org.
SamTrans: Bedient das südlich gelegene San Mateo County bis hinunter nach Palo Alto. Der Fahrpreis beträgt US$ 2–5,50. Infos unter ☎ 1-800-660-4287, www.samtrans.com.
AC Transit: Bedient die meisten Städte der East Bay und die Alameda und Contra Costa Counties. Infos unter ☎ (510) 891-4700, www.actransit.org.
Greyhound: Mit den silbergrauen Bussen des größten Busunternehmens der USA gelangt man in alle Teile des Landes. Infos unter ☎ 558-6711, www.greyhound.com.

Fähren
Folgende vier regelmäßig verkehrende Fährlinien gibt es, die wegen der guten Sicht auf Stadt und Bucht auch von touristischem Interesse sind:

Golden Gate Ferries (② 455-2000, www.goldengateferry.org): Die Fähren starten mehrmals tgl. am östlichen Ende der Market St. am Ferry Bldg. Die Ziele sind Sausalito (30 Minuten) und Larkspur (45 Minuten).

Red & White Fleet (www.redandwhite.com, ② 673-2900): Die Schiffe legen an der Fisherman's Wharf bei den Piers 41 und 43½ ab. Die beliebte 45minütige Golden Gate Bridge Cruise startet tgl. alle 30–45 Minuten. Etwa alle 1½ Stunden verlässt eine Fähre nach Sausalito und Tiburon den Pier 43½, im Sommer zusätzlich nach Angel Island. Außerdem werden noch Ausflüge zu den Muir Woods, ins Sonoma-Napa Wine County und zu Paramount's Great America angeboten. Auf den Fähren dürfen Fahrräder mitgenommen werden.

Blue & Gold Fleet (www.blueandgoldfleet.com, ② 705-8200): Die Schiffe dieses Unternehmens verlassen San Francisco entweder ab Fisherman's Wharf, Pier 39, oder ab dem Ferry Bldg. Mehrmals tgl. wird eine Rundfahrt (75 Minuten) zur Oakland Bay Bridge, Golden Gate Bridge und rund um Alcatraz angeboten (ab Pier 39). An gleicher Stelle setzt auch die Fähre nach Vallejo über, wo der Freizeitpark Marine World Africa USA besucht werden kann. Eine zusätzliche Verbindung besteht zwischen Vallejo und Angel Island.

Ab dem Ferry Bldg. kommt man zudem mehrmals tgl. via Alameda nach Oakland zur Jack London Waterfront.

Harbor Bay Maritime Ferry & Charter Service (www.harborbay.com, ② (510) 769-5500): täglicher Fährdienst zwischen dem Ferry Bldg. und Harbor Bay Island (Business Park) in Alameda.

Taxis

Die zahlreichen Taxen hält man in San Francisco an der Straße durch Winken an. Taxistände gibt es am Flughafen, am Union Square, am Downtown Air Terminal sowie vor größeren Hotels, Kaufhäusern, etc. Die Fahrpreise sind in der Innenstadt recht günstig und bei allen Unternehmen gleich; Taxifahrer erwarten 15 % Trinkgeld. Die Anschriften und Rufnummern sämtlicher Taxiunternehmen findet man in den Yellow Pages unter „Taxicabs". Nachstehend nur die größten, die rund um die Uhr rufbereit sind:

Regents Cab Co, ② 487-1004	**Arrow Cab Co**, ② 648-3181
De Soto Cab Co., ② 970-1300	**Veteran's Taxicab**, ② (415) 648-4119
Luxor Cab Co., ② 282-4141	**Yellow Cab Co.**, ② 333-3333

Züge

Die nächsten **AMTRAK-Stationen** in der Bay Area sind in Emeryville, Oakland und San José; Auskünfte erhält man unter ② 1-800-872-7245 oder www.amtrakcalifornia.com. Zu den Zügen, die in Emeryville und im Oaklander Bahnhof (16th St./Wood St.) enden, verkehrt ein kostenloser Zubringer ab dem Ferry Building und der CalTrain Station Ecke 4th St./Townsend St.

Rund um die San Francisco Bay

Weitere Attraktionen warten in den Städten und Ortschaften jenseits der Bay. Vor dem überwältigenden Namen San Franciscos hat es die Tourismus-Industrie dieser Städte schwer, deren Bevölkerungszahl immerhin deutlich höher liegt, sie ausländischen Besuchern schmackhaft zu machen. Zwar ist San Francisco die Hauptattraktion, hat man aber einen freien Tag zur Verfügung oder möchte auf dem Weg nach Sausalito, Sacramento oder dem Napa Valley zusätzliche Highlights einplanen, ist der Sprung über die Bay sehr zu empfehlen. Beispielsweise ist eine Rundfahrt möglich, bei der man morgens über die Golden Gate Bridge nach Sausalito und den Muir Woods aufbricht, nach der Mittagspause über die San Rafael-Richmond Bridge (Hwy. 580) nach Richmond, Berkeley und Oakland übersetzt (oder die San Pablo Bay in weitem Bogen umfährt und sich den Reisezielen über die Carquinez Bridge von Norden her nähert). Abends kehrt man dann über die San Francisco-Oakland-Bay-Bridge zum Ausgangspunkt zurück.

Entfernungen

Die Entfernungen ab San Francisco Downtown (in Klammern: Meilen):

Sausalito	13 km	(8)
Oakland Downtown	16 km	(10)
Berkeley	19 km	(12)
Muir Woods	26 km	(16)
Sonoma Wine County	69 km	(43)
Napa Wine County	74 km	(46)
San José	80 km	(50)
Calistoga	122 km	(75)
Monterey	214 km	(133)
Mendocino	251 km	(156)
Lake Tahoe	314 km	(195)
Reno	374 km	(230)
Yosemite National Park	338 km	(210)
Las Vegas	946 km	(582)

Nördlich der Golden Gate Bridge

Ganz in der Nähe der Metropole lohnt ein Ausflug in das waldreiche Gebiet des Marin County, wobei man auch dem schön gelegenen Sausalito einen Besuch abstatten kann. Dieser Ausflug wird von fast allen Sightseeing-Unternehmen als halbtägige Exkursion organisiert und ist natürlich auch für Selbstfahrer durchführbar. Besonders schön ist, dass man dabei über die Golden Gate Bridge fährt und auf der nördlichen Seite die spektakuläre Aussicht genießen kann.

Das National Monument der Muir Woods ist eindrucksvoll genug, aber Reisende, die bereits im Redwood oder Sequoia National Park waren oder die Avenue of the Giants kennen lernten (bzw. dorthin fahren werden), sollten sich die knapp bemessene Zeit für andere Attraktionen in und um San Francisco aufsparen.

Hinweis Anfahrt

Einen Besuch von Sausalito kann man auch mit öffentlichen Verkehrsmitteln durchführen: Dazu fährt man mit der Linie 10, 20 oder 50 des Golden Gate Transit Bus ab dem Transbay Terminal. Die Busse halten i.d.R. auch beim Vista Point auf der anderen Seite der Golden Gate Bridge. Nach einer Besichtigung des Städtchens Sausalito bringt einen die Fähre zurück zur Fisherman's Wharf. Dabei ergeben sich herrliche Ausblicke auf die Bay und die umgebenden Ufer.

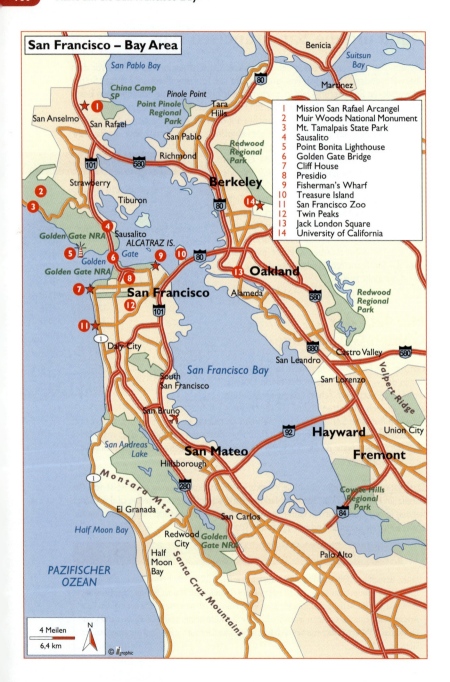

Mit dem Wagen kommt man aus dem Stadtgebiet über die Hwys. 1 und 101 zur und auf die **Golden Gate Bridge** (S. 151). Anschließend nimmt man die erste Ausfahrt zum Vista Point, wo nicht nur die hochaufragende Brücke und oft auch der berühmte Durchzug der Nebelschwaden die Blicke auf sich ziehen, sondern auch anhand von aufgestellten Schildern viele Informationen zur Natur und Geologie der Region gegeben werden. Eindrucksvoll ist das Segment eines Redwood-Baumstammes.

Golden Gate National Recreation Area

Ein weiterer, noch besserer Aussichtspunkt befindet sich auf der jenseitigen Straßenseite in den Bergen der Golden Gate National Recreation Area. Verlässt man hinter der Brücke an der ersten Ausfahrt den Hwy. 101, sieht man unter sich das an der Horseshoe Bay gelegene **Fort Baker**, das nördliche Gegenstück zum Fort Point und wie jenes schon längst als militärischer Posten aufgegeben. Stattdessen sind in den alten Kadetten- und Offizierswohnungen luxuriöse Zimmer und Suiten der Nobelherberge Cavallo Point eingerichtet worden, die auch über eines der besten Restaurants weit und breit verfügt. In anderen Gebäuden ist das **Bay Area Discovery Museum** (Infos unter www.baykidsmuseum.org) untergebracht, das sich vor allem an Kinder und Jugendliche richtet. Wer die übermächtige Brücke aus einer ungewöhnlichen Perspektive sehen möchte, sollte vom Fort über die Sommerville Rd. zum Lime Point Lighthouse spazieren, wo sich einem die Unterseite der gewaltigen Konstruktion darbietet.

Blick auf die Brücke

Weiter geht es unter der Golden Bridge hindurch auf die westliche Seite und dann auf der Conzelman Rd. immer höher hinauf. Auch diese Seite war einst militärisches Sperrgebiet und lange Zeit nicht öffentlich zugänglich, heute jedoch ist es als Recreation Area eines der beliebtesten Naherholungsziele, das als zusätzliches Plus immer den großartigen Blick auf Brücke und Stadt besitzt. Eine der **besten Perspektiven** ergibt sich am Kirby Beach, zu dem man auf einem steilen Fußpfad an der Battery Spencer hinabsteigt. Vielleicht noch eindrucksvoller ist der Panoramablick von der Artilleriestellung Battery 129, einem im Zweiten Weltkrieg erbauten Fort.

Beliebtes Naherholungsgebiet

Die Conzelman Rd. wird ab der Battery 129 als Einbahnstraße weitergeführt, die einen an weiteren Geschützstellungen vorbei zu einem Parkplatz in der Nähe des Visitor Center bringt, von wo aus man zu Fuß zum etwa 40 m hohen **Point Bonita Lighthouse** gelangt. Der spektakuläre Pfad mit vielen Stufen und einem Tunnel, der 1877 in die Felsen gehauen wurde, endet an einer Steilklippe hoch über dem Pazifik. Hier kann man nur auf einer schwindelerregenden Holzbrücke, die maximal 5 Personen gleichzeitig trägt, zum Leuchtturm gelangen. *Tunnel und Brücke zum Leuchtturm sind nur Sa–Mo 12.30–15.30 Uhr geöffnet, nicht jedoch bei stürmischem Wetter.*

Fototipp

Die Aussicht ist zu jeder Tages- und Nachtzeit fantastisch. Fast schon kitschig-schön wird es jedoch beim Sonnenuntergang, wenn die Abendsonne die Golden Gate Bridge und die Skyline von San Francisco in ein tiefrotes Licht taucht. Ebenso werden Fotoprofis und -laien vom Lichtermeer nach Einbruch der Dunkelheit begeistert sein oder vom oft zu beobachtenden Phänomen der hereinziehenden Nebelbänke.

Aufzuchtstation
Am Ende der Straße (jetzt Field Rd.) gelangt man zur Battery Mendell und an weiteren Stellungen vorbei zu einer bei Ornithologen beliebten Lagune. Oberhalb davon kann man sich das **Marine Mammal Center** anschauen, eine Aufzuchtstation für kranke, verletzte und elternlose Walrosse, Robben und Seelöwen. Das Zentrum bezog 2009 sein komplett neu gebautes Quartier neben der alten Station (*www.marinemammalcenter.org; tgl. 10–17 Uhr, freier Eintritt*).

Über die Bunker Rd. und McCullough Rd. stößt man wieder auf die Conzelman Rd., die einen zur Golden Gate Bridge zurück bringt. Hier muss man darauf achten, sich nicht in den fließenden Verkehr nach San Francisco einzufädeln, sondern erneut die Brücke zu unterqueren. Auch auf der östlichen Seite ist es nicht nötig, auf den Hwy. 101 zurückzukehren, der in einem Tunnel Richtung Marin County verschwindet. Man bleibt stattdessen auf der East Coastal Rd., auf der man später via Alexander Ave. und Bridgeway geradewegs ins Zentrum von Sausalito findet.

Sausalito

Mondäner Vorort
Der spanische Name (ursprünglich *Saucelito*) bedeutet übersetzt „kleiner Weidenhain" und leitet sich von der ersten Ranch des Gebietes (Rancho Saucelito) ab, die 1838 dem in London geborenen *William A. Richardson* vom mexikanischen Gouverneur *José Figueroa* überschrieben wurde. Die Zeiten jedoch sind lange vorbei, auch die Epoche, in der Sausalito nichts anderes war als ein kleines, idyllisches Fischerdorf. Durch die Golden Gate Bridge nur noch wenige Fahrminuten von San Francisco entfernt, hat es sich seit den 1930er Jahren zu einem beliebten und in letzter Zeit sogar mondänen Vorort (7.800 Ew.) entwickelt. Der Besucher darf also teure Boutiquen, Schmuckgeschäfte und vorzügliche Fischrestaurants erwarten. Ein Highlight des örtlichen Eventkalenders ist das **Sausalito Art Festival**, das alljährlich im September Künstler aus aller Welt präsentiert. Darüber hinaus ist Sausalito wegen seiner südländischen Architektur und Atmosphäre einen Besuch wert; es ist angenehm, über die palmenbestandene Uferstraße zu promenieren und den fantastischen Blick auf die Skyline von San Francisco zu genießen.

Springbrunnen in der Altstadt von Sausalito

Die in den 1960ern zugewanderten Hippies, daneben auch eine ganze Menge von Freigeistern, Künstlern und sonstigen Kreativen haben den Ort trotz allen neuzeitlichen Wohlstandes geprägt und für manch überraschende, unkonventionelle Entscheidungen gesorgt. Beispielsweise wurde 1973 *Sally Stanford* zur Bürgermeisterin gewählt, die früher eine der bekanntesten Prostituierten von San Francisco war. Natürlich erklärte sich

Reisepraktische Informationen Sausalito

Vorwahl 415

Information
Sausalito Visitor Center and Historical Exhibit, 780 Bridgeway, ① 332-0505, 331-7262, www.sausalito.org, Mo–Fr 9–17 Uhr. Ein Visitor Information Kiosk befindet sich am Fährterminal neben dem „Inn Above the Tide".

Hotels
Inn Above the Tide $$$-$$$$$, 30 El Portal, ① 332-9535, www.innabovetide.com; schön gelegenes, kleines Hotel direkt am Hafen mit 29 luxuriös ausgestatteten Zimmern und Suiten.
Casa Madrona Hotel & Spa $$$$$, 801 Bridgeway, ① 332-0502, www.casamadrona.com; das Luxus-Inn am Hang über Sausalito mit seinen 32 traumhaften Zimmern hat seinen Preis, aber Ausblick, Service, der angeschlossene Wellness-Bereich und der gesamte Luxus sind ihn wert!
Cavallo Point – the Lodge at the Golden Gate $$$$$, 601 Murray Circle, Fort Baker, ① 339-4700, www.cavallopoint.com; im historischen Fort Baker gelegenes, ganz besonderes Haus mit wunderbarer Aussicht auf San Francisco, die Bay und die Golden Gate Bridge, 68 historische, liebevoll restaurierte Zimmer in ehemaligen Offizierswohnungen, daneben 74 Zimmer und Suiten im modernen Trakt, Gourmet-Restaurant „Murray Circle" des preisgekrönten Küchenchefs Joseph Humphrey (Michelin-Stern), Bar, Spa & Wellness Center, Kreativangebote, Verleih von Fahrrädern und Kajaks.

Restaurants
Bridgeway Cafe, 633 Bridgeway, ① 332-3426; nettes Lokal mit schöner Aussicht, opulentes, ganztägig serviertes Frühstück, Sandwiches, Salate, Pasta, Hamburger, ideal für einen schnellen Imbiss.
Angelino, 621 Bridgeway, ① 331-5225, www.angelinorestaurant.com; Familienrestaurant, bekannt für seine Pizzen mit Zutaten aus organischem Anbau, guten Fettuccine und großer Weinkarte. Die Familie betreibt auch das ebenfalls empfehlenswerte Lokal CIBO (1201 Bridgeway), das tgl. zum Frühstück und Lunch geöffnet ist.
Saylor's Restaurant & Bar, 2009 Bridgeway, ① 332-1512, www.saylorsrestaurantandbar.com; gutes Restaurant mit abwechslungsreicher amerikanischer, italienischer und Texmex-Küche, dazu gute Weine, tgl. außer So zu Lunch und Dinner geöffnet, manchmal Livemusik.

Fährverbindungen
Tgl. gibt es mehrmals Fährverbindungen mit der Blue & Gold Fleet und der Golden Gate Ferry zwischen San Francisco und Sausalito. Die Fähren gehen in San Francisco sowohl an der Fisherman's Wharf (Pier 43½ und Pier 39) als auch am Ferry Bldg. ab; die Überfahrt dauert etwa 20 Minuten. Infos unter www.goldengatetransit.org und www.blueandgoldfleet.com.

Sausalito in den 1980ern zur atomwaffenfreien Zone, darüber hinaus aber auch zur cholesterinfreien Zone, wobei der proklamierte Fettgrenzwert nur schwer zu kontrollieren sein dürfte.

Wenn man von Süden über Sausalitos Hauptstraße, den parallel zum Ufer verlaufenden Bridgeway einfährt, sollte man zunächst einen kurzen Stopp beim sogenannten **Bay Model Visitor Center** einlegen. Hier ist in einer Halle eine 1957 von Pionieren der Army konstruierte verkleinerte Nachbildung der gesamten Bay zu sehen, in der mit Hilfe von 120.000 l Wasser Strömungen simuliert werden. Besucher, die sich für die geografische und geologische Situation der Bucht interessieren, werden von der technischen Darbietung begeistert sein, die von erhöhten Plattformen zu erleben ist. Hilfreich sind dabei die Tonbanderklärungen.

Miniatur-Bay

Bay Model Visitor Center, *2100 Bridgeway, ① 332-3871, www.spn.usace.army.mil/bmvc/, im Sommer Di–Fr 9–16, Sa–So 10–17 Uhr, im Winter Di–Sa 9–16 Uhr, Eintritt frei, aber Spenden erwünscht.*

Über den Bridgeway gelangt man in das eigentliche und alte Stadtzentrum, das unschwer an der Plaza **Vina del Mar** mit ihren auffälligen steinernen Zwillingselefanten zu erkennen ist. Auf dem großen Parkplatz rechterhand, nahe am Fähr-Terminal mit Touristen-Information, kann man den Wagen abstellen und die mediterrane Atmosphäre Sausalitos zu Fuß kennen lernen. Schön ist auch das Viertel jenseits der Hauptstraße Bridgeway, dessen höher gelegene Wohnbezirke mit ihrem victorianischen Baubestand durch enge Gassen und Treppen verbunden sind und in dem sich herrlich herumschlendern lässt.

Bekannt ist Sausalito auch für seine Kolonie unzähliger **Hausboote**. Sie wurden meist von Hippies aus den Resten des Baumaterials zusammengeschustert, das bei der Stilllegung der Werften nach dem Ende des Zweiten Weltkriegs nicht mehr genutzt wurde. So entstanden z.T. ziemlich verwegene und fantasievolle Gebilde. Die heutigen Besitzer haben ihre Boote teilweise zu schwimmenden Häusern mit jeglichem Komfort ausgebaut, aber ein wenig ist von der Stimmung der 1968er noch übriggeblieben. In seltsamem Kontrast dazu dümpeln sofort neben den Hippie-Hausbooten zahlreiche Luxusyachten, von denen die größten und kostbarsten am Issaquah Dock festgemacht sind. Man erreicht die Hausbootkolonie am Valdo Point, wenn man an der Uferstraße etwa 1 km in nördlicher Richtung geht.

Hausboot-Kolonie

Muir Woods National Monument

Zu den Muir Woods geht es hinter Marin City vom Hwy. 101 zunächst auf den Hwy. 1 und von diesem dann nach rechts auf den Panoramic Hwy. ab. Nach etwa 1½ km geht davon die Nebenstraße zu den Muir Woods ab. Der Weg ist gut ausgeschildert und führt über enge und kurvenreiche Straßen. Die Vielzahl der Eukalyptus-Bäume ist dabei auffallend: Anstelle der extensiv abgeholzten Redwoods nahm man erfolgreich diese schnell wachsenden australischen Importe zur Aufforstung.

Der Park selbst ist ein beliebtes Ausflugsziel und vor allem am Wochenende stark frequentiert. Wer die Redwoods nahezu allein genießen möchte, sollte an einem Werktag und möglichst schon recht früh hier sein. Schon die Spanier waren von den hohen Bäumen an der kalifornischen Küste beeindruckt und nannten sie ihrer roten Farbe

wegen *Palo Colorades*.
Genutzt aber wurden
sie weder von den Indianern noch von den ersten Weißen. Erst als
der kalifornische Goldrausch einen Ansturm
von Menschen und einen enormen Bedarf an
Holz (für Schiffe, Häuser, Bergwerke) mit sich
brachte, wurden die Bestände rund um San
Francisco schnell und
rücksichtslos ausgebeutet. Die Muir-Wälder
entgingen allein deswegen diesem Schicksal, weil sie zu abgeschieden lagen und ein Transport zu schwierig war. Trotzdem blieben auch sie bedroht, bis der Privatier *William Kent* das Gelände aufkaufte und es 1908 der amerikanischen Bundesregierung zum Geschenk machte – unter der Voraussetzung, dass diese das Gelände schützte. Er wählte auch den Namen, und zwar nach *John Muir*, einem Schriftsteller und großen Naturliebhaber (1838–1914).

Mystische Stimmung in den Muir Woods

Die **Mammutbäume** (Sequoia sempervirens; vgl. S. 423) erreichen in diesem Park nicht die Gewaltigkeit der Exemplare von Nordkalifornien, sind aber auch mit einer Höhe von 65 m noch eindrucksvoll genug. Der höchste Baum hat eine Höhe von 76 m, der breiteste eine Dicke von 4 m. Und ihr biblisches Alter wird an einem aufgeschnittenen Segment am Visitor Center verdeutlicht, wo in die Jahresringe Daten der Weltgeschichte eingeschrieben sind.

Ein Spaziergang in den Muir Woods beginnt am Visitor Center, wo man Pläne erhält; angeschlossen sind eine Cafeteria und ein Souvenirladen. Ab hier hat man Gelegenheit, bis zu 7 km in den Wald hineinzugehen, aber bei wenig Zeit lohnt es sich schon, nur bis zur Brücke bei der Cathedral Grove zu spazieren, hier den Redwood Creek zu überqueren und auf der anderen Seite zurückzugehen (insgesamt knapp 3 km). **Wanderer** werden feststellen, dass sie auf den Trails der umliegenden Hügel fast völlig allein sind, während der Park selbst oft von Besuchermassen überlaufen scheint. Und wer viel Zeit und Wanderlust mitgebracht hat, kann im Übrigen auch lange Märsche unternehmen, z. B. auf dem Ben Johnson Trail bis zum Mount Tamalpais.

Gute Wandermöglichkeiten

Die Hauptattraktion aber bleiben die uralten und mächtigen Baumriesen. Vielleicht empfindet man bei einem Besuch wie der englische Dichter *John Masefield* (1930–67), der schrieb: *Sie muten einem gar nicht wie Bäume an, sondern eher wie Geister. Man könnte glauben, dass Zentauren oder Götter ihre bewaldeten Schluchten heimsuchten. Die Bäume erheben sich stolz und majestätisch-ernsthaft, als ob sie schon ewig dort gestanden hätten.*
Muir Woods National Monument, *Mill Valley*, ① 388-2596, www.nps.gov/muwo; der Park ist tgl. von 8 Uhr bis zum Sonnenuntergang geöffnet, das Visitor Center tgl. 9–18 Uhr, Eintritt US$ 7.

Mount Tamalpais State Park

Von den Muir Woods aus gibt es noch weitere Ausflugsmöglichkeiten in die landschaftlich reizvolle Szenerie des Marin County, die ohne weiteres auch bis zur Pazifikküste auszudehnen sind. Besonders lohnend ist dabei der Kontrast der Strände wie Muir Beach oder Stinson Beach zu dem hoch aufragenden Hinterland des Mt. Tamalpais State Park. Den Muir Beach erreicht man relativ schnell auf dem Shoreline Hwy. bzw. der Muir Woods Rd., während der Panoramic Hwy. eine weitaus schwierigere, sehr kurvenreiche, dafür aber mit **prächtigen Panoramablicken** aufwartende Route bildet. Auf ihm gelangt man auf Höhe des Stinson Beach an den Pazifik. Auf dem Hwy. 1 geht es dann jeweils in nördliche Richtung, bis es vor Bolinas nach rechts auf die Bolinas Rd. in Richtung Fairfax geht. Von dieser engen und ebenfalls sehr kurvigen Nebenstraße zweigt rechts die Stichstraße Ridgecrest Blvd. ab, die einen zum Gipfel des Mount Tamalpais bringt. *Mount Tam*, wie der Berg von den Einheimischen genannt wird, ist mit 784 m ü.d.M. der höchste Berg in der Nähe von San Francisco und bietet einen großartigen Rundum-Blick über die Wälder, den Ozean und die Bay sowie an klaren Tagen bis hin zur 30 km entfernten Metropole.

Der Stinson Beach

Der von den Miwok-Indianern als heilig verehrte Mt. Tamalpais und seine nähere Umgebung wurde in den 1770ern zum ersten Mal von Weißen erkundet. Gut hundert Jahre später (1896) war die Region so weit zivilisiert, dass man sogar eine Eisenbahnlinie bis auf den Gipfel fertig gestellt hatte, die bald als *crookedest Railroad in the World* bekannt wurde. Nach einem Feuer wurde die Linie jedoch 1930 stillgelegt und abmontiert.

Heute dient das 25,5 km² große Naturschutzgebiet Wanderern und Mountainbikern zur stadtnahen Erholung. Hier findet man eine Vielzahl einheimischer Vogelarten sowie Hirsche, Rehe und meist harmlose Schlangen, während die Fauna durch riesige Redwoods und mehr als 750 Pflanzenarten repräsentiert ist. Unangenehm kann dabei eine Berührung der eichenblättrigen Poison Oak-Büsche sein, deren rötlich-grüne Blätter ein oft Tage andauerndes Jucken verursachen. Daher sollten Wanderer nicht nur an festes Schuhwerk, sondern auch an lange Hosen denken! Bei den Bay-Anwohnern ist der Park ein sehr beliebtes Naherholungsgebiet, das vor allem wegen der ausgezeichneten Wanderbedingungen geschätzt wird (80 km markierte Trails!). Auch wenn die wenigsten die Zeit mitbringen, das Angebot voll auszunutzen, sollte man es doch nicht versäumen, vom Visitor Center aus eine Viertelstunde für den Pfad zum Gardner Overlook hinauf zu investieren.

Mount Tamalpais State Park, *801 Panoramic Hwy., Mill Valley, ☏ (415) 388-2070, www.parks.ca.gov; tgl. von 7 Uhr bis Sonnenuntergang geöffnet, freier Eintritt, Parkgebühr.*

Auf dem Sir Francis Drake Blvd. geht es in östlicher Richtung bis zum Hwy. 101, der zurück nach San Francisco führt oder den man als kurzen Anfahrtsweg z.B. zum Besuch des idyllischen Städtchens Mill Valley bzw. von Tiburon nutzen kann.

Tiburon, Angel Island und Mill Valley

Vom Hwy. 101 locken in unmittelbarer Nähe weitere Sehenswürdigkeiten. Nach Osten zweigt beispielsweise der Hwy. 131 ab, der später in den Paradise Dr. übergeht und einen an der Küste entlang nach **Tiburon** auf der gleichnamigen Halbinsel bringt. Das sympathische Hafenstädtchen (8.600 Ew), dessen Name aus dem Spanischen kommt und Haifisch bedeutet, konnte viel von seinem ursprünglichen Charakter bewahren und besitzt eindeutig mehr Charme als das manchmal zu überlaufene Sausalito. Die Uferpromenade der Main St. lädt ein zu einem Bummel. Der Name nimmt auf die Hausboote (*arks*) Bezug, in denen vor den 1920ern die meisten Einwohner lebten. Der heutige Ort ist so richtig geeignet, die Seele baumeln zu lassen, die schöne Stimmung zu genießen oder sich auf Wanderungen bzw. Radtouren sportlich zu betätigen – z.B. auf dem San Francisco Bay Trail, der der ehemaligen Bahntrasse folgt. Wer trotzdem auf Besichtigungen nicht verzichten möchte, sollte sich z.B. die neugotische Old St. Hilary's anschauen. Die **Tiburon Peninsula** wird durch eine gute, auf der Ostseite aber sehr kurvenreiche und schmale Straße erschlossen, die eine schöne Rundfahrt ermöglicht. Dabei gelangt man, vorbei an ausgedehnten Lagunen, auch zum hübschen Ort **Belvedere** am Südpunkt der Halbinsel.

Städtchen mit Charme

Belvedere gegenüber liegt die 301 ha große, bewaldete **Angel Island**, die man ab dem Pier von Tiburon mit einer regelmäßigen Fähre in 20 Minuten erreicht. Die größte Insel in der Bucht, die einst von Miwok-Indianern besiedelt war, ist heute autofreies Naturschutzgebiet und beliebtes Ausflugsziel, das auf einem rund 8 km langen Rundgang erwandert, auf einer Tram-Tour durchfahren oder mit dem Fahrrad erkundet werden kann. Die 301 ha große, bewaldete „Engelsinsel", deren Hügel bis auf 238 m ü.d.M. ansteigen, wird heute nur noch von rund 200 Stück Rotwild bewohnt. Es gibt Picknickplätze, aber kein Restaurant, und wer hier die letzte Fähre verpasst, muss notgedrungen auf der Insel campieren.

Naturidylle

Im Gegensatz zur heutigen idyllischen Ruhe steht die sehr **lebhafte Geschichte**, die Angel Island hintereinander als Quarantänestation des 19. Jh. (damals wurde San Francisco von einer Pocken-Epidemie heimgesucht), als Stützpunkt während des amerikanischen Bürgerkriegs, als Internierungslager für Indianer und schließlich 1910–40 als Quarantänestation für asiatische Einwanderer sah. Daran erinnert die kleine Angel Island Immigration Station (China Cove), die Besuchern zugänglich ist; chinesische Schriftzeichen an den Wänden der Station wurden zum Teil übersetzt. Im Zweiten Weltkrieg diente sie als Gefängnis für deutsche Kriegsgefangene und der Spionage Verdächtige, gleichzeitig aber auch als Luftabwehrstation. Und nach dem Krieg waren zeitweilig Nike-Raketen auf der Insel stationiert. An all diese historischen Intermezzos erinnern heute nur noch Ruinen, die einen merkwürdig-makabren Kontrast zur Stille und Schönheit der Landschaft bilden.

Auf Höhe von Tiburon, doch auf der jenseitigen, westlichen Seite des Hwy. 101 (Abfahrt Almonte Blvd./Miller Ave.) kommen Sie zum wunderschönen Städtchen **Mill Valley**

(14.000 Ew), das sich am Südwesthang des Mt. Tamalpais ausbreitet. Das von Redwoods umstandene Zentrum dieses ehemaligen Holzfäller-Camps ist der Downtown Square (Miller Ave./Throckmorton St.), um den herum man etliche gemütliche Läden, Lokale und Kunstgalerien findet.

Fährverbindung
Von San Francisco aus (Fisherman's Wharf, Pier 43½) erreicht man Tiburon mit den regelmäßigen Fähren der Blue & Gold Fleet (① 705-8200, www.blueandgoldfleet.com). Auch Angel Island wird von dieser Gesellschaft angelaufen. Zwischen den beiden Punkten verkehren die Fähren der Tiburon-Angel Island Ferry (① 435-2131, www.angelislandferry.com). In Tiburon selbst bieten einige Unternehmen Hafenrundfahrten und Sunset Cruises an.

Östlich der Bay

Oakland und Berkeley, die bedeutendsten Städte östlich der San Francisco Bay, könnten Stationen einer Rundfahrt um die gesamte Bucht sein. In diesem Fall würde man, von Norden kommend, zuerst Berkeley einen Besuch abstatten. Die meisten Touristen nähern sich dem östlichen Buchtufer aber direkt ab San Francisco über die Bay Bridge.

San Francisco – Oakland Bay Bridge

Sicher hat der weltweite Ruhm der Golden Gate Bridge ihrer landschaftlichen Lage und ihrer Schönheit wegen seine Berechtigung, doch darf darüber die viel längere, in einer ungeheuren Ingenieursleistung errichtete und ein halbes Jahr eher eröffnete Bay Bridge nicht vergessen werden. Als die von *Charles H. Purcell* konstruierte Brücke nach nur dreijähriger Bauzeit am 12.11.1936 dem Verkehr übergeben wurde, galt sie als technisches Wunderwerk: Nie zuvor war eine Länge von 13,3 km (davon 6,8 km über Wasser) *Technische* überbrückt worden. Und noch immer trägt sie den Rekord der größten Hoch-Niveau-*Meister-* Stahlbrücke der Welt. Das damals 70 Mio. Dollar teure Gesamtbauwerk besteht auf der *leistung* San Francisco-Seite aus einer Hängebrücke mit vier Zwillingstürmen, die im Einzelnen von 28 Stützpfeilern getragen und mit 119.000 km Stahlkabel zusammengehalten wird. Zusätzliche Stütze und zentrale Verankerung ist der Betonpfeiler in der Mitte, der 80 m unter der Wasseroberfläche in den Grund der Bucht eingegossen ist. An die Hängebrücke schließt sich auf Yerba Buena Island ein Tunnel an, durch den man wiederum zur Oakland-Seite hin auf eine Gitterträgerbrücke gelangt. Alle 7 Jahre gönnt man diesem Wunderwerk einen neuen Anstrich, wozu jeweils 1½ Mio. l Farbe benötigt werden. Ein besonderer Clou der Ingenieure war die 2-Etagen-Lösung, sodass die Brücke eigentlich nicht fünf, sondern insgesamt zehn Fahrspuren hat, wobei die obere Ebene für den Verkehr nach San Francisco, die untere für den nach Oakland reserviert ist.

Hinweis

Die San Francisco-Oakland Bay Bridge ist gebührenpflichtig, jedoch nur in Richtung San Francisco. Sie entfällt bei mehr als drei mitreisenden Passagieren. Für Fahrradfahrer und Fußgänger ist die Brückenbenutzung verboten.

Während des Erdbebens im Jahre 1989 gelangte die Bay Bridge zu trauriger Berühmtheit, als Segmente des oberen Fahrdecks abbrachen. Glücklicherweise kam dabei nur ein Fahrer ums Leben, und bereits nach einem Monat waren die Schäden an der überaus wichtigen Verkehrsader behoben. Eine andere Katastrophe war der Unfall eines mit 32.000 l Benzin beladenen Tanklasters, der 2007 in Brand geriet und die Brücke auf einem 70 m langen Teilstück zerstörte. Sicherheitsgründe waren es auch in erster Linie, die für eine grundlegende Renovierung bzw. den Neubau des östlichen Teils der Bay Bridge sprachen. Von der Oaklandseite aus wird die Trasse nördlich der heutigen Konstruktion auf Betonpfeilern immer höher geleitet, bis kurz vor Yerba Buena Island eine riesige „unechte Hängebrücke" (mit nur einem Pylonen) aus Stahl die Bucht überspannt. Anders als bisher sind die Fahrspuren dann nicht doppelgeschossig, sondern nebeneinander angeordnet. Das Projekt soll 2012 abgeschlossen sein, die Kosten belaufen sich auf ca. 6,3 Mrd. Dollar.

Benutzer der Brücke (I-80) gelangen etwa auf halbem Wege zum Tunnel auf **Yerba Buena Island**, die sich zum großen Teil im Besitz der U.S.Navy befindet. Über eine Ausfahrt ist es möglich, die Insel zu erreichen, was sich wegen des Blicks auf San Francisco lohnt. Allerdings ist für Zivilpersonen das Parken auf Yerba Buena Island nur mit Sondergenehmigung gestattet.

Bay Bridge von Treasure Island

Von der Insel kommt man über einen 300 m langen Damm zu einem weiteren Eiland in der Bay, nämlich nach **Treasure Island**. Dabei handelt es sich um eine 2,3 km² große Insel, die künstlich aufgeschüttet wurde (z.T. aus dem Schuttmaterial des Erdbebens von 1906) und später eine Zeitlang als Flughafen gedient hat. Anschließend wurde sie als Marinestützpunkt genutzt, bis das Militär parallel zum Rückzug aus dem Presidio die Insel 1996 verließ. Die ehemaligen Kasernen wandelte man in Wohnungen für Sozialschwache und Studenten um, insgesamt 1.400 Menschen wohnen nun auf Treasure Island. Die komplett von einer Uferpromenade umschlossene Insel hat Touristen nicht viel zu bieten – außer vielleicht dem **Treasure Island Museum**, in dem u.a. die Geschichte der Navy und der Coast Guard dokumentiert wird und das im ehemaligen Flughafen-Terminal untergebracht ist, sowie natürlich den Blick auf San Francisco und die Bay Bridge. Für die nahe Zukunft existieren Pläne, Treasure Island mit einigen Hochhäusern zu bestücken.

Künstliche Insel

👁 Fototipp

Wenn man es einrichten kann, könnte man von der Brücke nach Einbruch der Dunkelheit einen kurzen Halt auf Yerba Buena Island oder Treasure Island machen. Der Blick auf die erleuchtete Skyline von San Francisco ist fantastisch!

Oakland

Unbekanntes Oakland

Auf den ersten Blick erschließt sich Oakland dem Besucher weit weniger schnell als das berühmtere San Francisco. Anstelle pittoresker Holzhäuser, hochaufragender Bankpaläste, malerischer Viertel und spektakulärer Verkehrsmittel trifft man zunächst auf alle Anzeichen einer typischen Industriestadt, deren hohe Arbeitslosigkeit sich auch im Straßenbild niederschlägt. Doch wer den Versuch der Annäherung wagt, wird nicht enttäuscht werden, denn mit interessanten Sehenswürdigkeiten kann auch diese Stadt aufwarten, selbst nach der verheerenden Feuersbrunst, die 1991 ganze Viertel zerstörte und Sachschäden in Milliardenhöhe verursachte.

Gegründet wurde Oakland im Jahre 1852 von *Horace W. Carpentier*. In den ersten Jahren verlief die Entwicklung nur schleppend, siedelten sich doch zunächst nur Holzfäller an, die die großen Eichen- und Redwood-Bestände in dem bis auf 535 m ansteigenden Hügelland abholzten. Danach kamen Goldsucher, dann Eisenbahnarbeiter, die Oakland 1869 zum Endpunkt der Trans Continental Railroad machten. Das war der Startschuss für einen stürmischen Bevölkerungsanstieg; vor allem nach 1906 zogen viele Obdachlose aus San Francisco hierhin. Arbeitskräfte waren genügend vorhanden, sodass bald schon etliche Industrieunternehmen Oakland zum Standort erwählten. Das hatte den weiteren Bau von Piers, Kanälen und Kaianlagen zur Folge, die der Stadt bis heute den **zweitgrößten Hafen** der USA an der Westküste (nach Long Beach) bescherten. Heute leben etwa 420.000 Menschen in Oakland, damit ist sie die **sechstgrößte Stadt Kaliforniens**. Mit der Stilllegung oder Abwanderung vieler Industriebetriebe

Hohe Arbeitslosigkeit

begannen die Probleme, mit denen die Stadt heute zu kämpfen hat. Die Arbeitslosenrate liegt weit über 20 % und ist mitverantwortlich für eine dramatisch angestiegene Kriminalität. Diese erreichte im Sommer 2008 ihren vorläufigen Höhepunkt, als innerhalb eines Monats 104 Morde und 25 Raubüberfälle gezählt wurden. Betroffen davon ist besonders der schwarze Bevölkerungsanteil, der fast 50 % beträgt.

Stadtrundgang in Oakland Downtown

Als Startpunkt eines Rundgangs empfiehlt sich das Viertel, das sich zwischen Broadway und Washington St. sowie zwischen 8th St. und 10th St. ausdehnt. Es wird wegen der vielen Holz- und Backsteinhäuser des 19. Jh., die freilich stark restauriert sind, **Old Oakland (1)** genannt. Interessant ist die Altstadt aber nicht nur wegen der Anwesen im victorianischer Stil, sondern mindestens genauso wegen der lebhaften **Märkte**, die hier noch ursprünglicher und weniger touristisch sind als in San Francisco – zu nennen wäre hier z. B. der 1917 eröffnete Swan's Market (*Ecke Washington St./10th St.*), den man

Anfahrt

Wer ohne eigenen Wagen Oakland auf einem Tagesausflug ab/bis San Francisco besuchen möchte, nimmt am besten die BART, deren Strecke die gesamte Bay unterquert, und steigt an der Station 19th Street/Broadway aus. Gemütlicher geht es mit einer Fähre der Blue & Gold Fleet, die am Pier 39 ablegt. Autofahrer, die direkt von San Francisco anreisen, benutzen die San Francisco Oakland Bay Bridge (I-80) und fahren in Oakland über die Fwys. 580/980 bis zu einer zentrumsnahen Ausfahrt auf Höhe der 20th St.

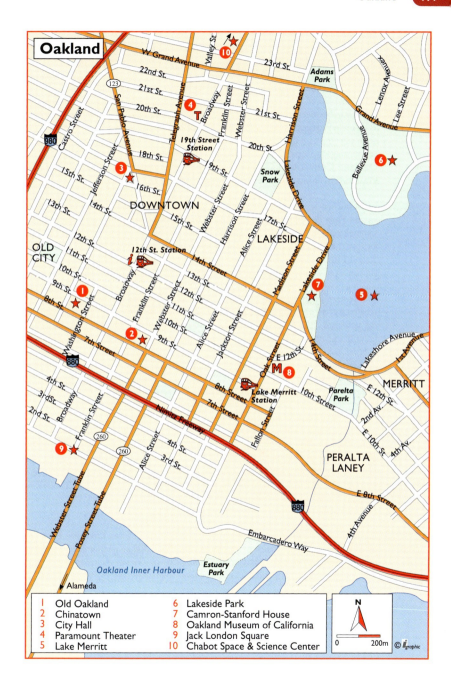

1990 als Central Freemarket wiedereröffnete. Einen Block weiter (*Ecke Clay St./9th St.*) erfreut der Housewives Marketplace als multikultureller Lebensmittelmarkt Augen und Nasen der Kunden.

Lebhafte Märkte
An der Ecke Broadway/9th St. wird jeden Freitag der Farmer's Market abgehalten. Und ein wenig weiter, hinter der Unterquerung des Nimitz Fwy., stößt man östlich des Broadway bei der 3rd St. auf den Lebensmittelgroßmarkt der Stadt, den Oakland Wholesale Produce Market. Wer dessen lebhafte Geschäftigkeit erleben will, muss jedoch sehr früh auf den Beinen sein, da sich ein Großteil des Geschehens bereits vor Sonnenaufgang abspielt. Im Kontrast zur historischen Bausubstanz steht das moderne **Oakland Convention Center**; diesem gegenüber findet man auf der 10th St. den Washington Inn, ein hübsches Lokal aus dem Jahre 1913.

Im westlichen Teil der Old City, zwischen der 14th St. und 12th St., lohnt der **Preservation Park** den Abstecher, in dem u.a. 16 victorianische Holzhäuser (1870–1911) versammelt sind. Auf der anderen, östlichen Seite stößt man auf die **Chinatown (2)**. Das fernöstliche Viertel nimmt die Blocks zwischen den Straßen Broadway, Harrison St., 8th St. und 11th St. ein und zeichnet sich durch eine nüchterne, unverfälschtere und nicht auf Touristen zugeschnittene Atmosphäre aus.

Weiter nördlich zweigt vom Broadway die Frank H. Ogawa Plaza ab, ein lebhaftes Geschäftszentrum im historischen Stil mit hübschen Springbrunnen. An ihrer Westseite ist das auffälligste Gebäude die im Zuckerbäckerstil gehaltene **City Hall (3)**. Das knapp 100 m hohe, blockhafte und mit einer Laterne bekrönte Bauwerk wurde 1914 fertig gestellt.

Wieder zurück auf dem Broadway, der das eigentliche Zentrum des Geschäftslebens und die Einkaufsmeile der Stadt darstellt, gelangt man in nördlicher Richtung an der Kreuzung mit der 20th St. zum 1931 erbauten **Paramount Theater of the Arts (4)**. In dem schönen Art Déco-Gebäude, in dem früher ein Kino untergebracht war, spielt heute das renommierte Oakland Symphony Orchestra (*Infos unter www.paramounttheatre.com*). Drei Blocks weiter östlich kommt man zum 64 ha großen

Schöner See
Lake Merritt (5), einem von Zugvögeln gern aufgesuchter Salzwassersee, der bereits 1870 zum ersten Tierschutzgebiet in Amerika erklärt wurde. Er ist ein wesentliches Element des zentralen Stadtbildes und kann auf einem 5½ km langen, asphaltierten Fuß- und Radweg umrundet werden. Wenn man dem westlichen Ufer des Sees folgt, passiert man u.a. das aus dem Jahre 1876 stammende und hervorragend erhaltene Wohnhaus Camron-Stanford House (1418 Lakeside Dr.).

Die Nordseite des Seeufers schließlich wird von dem charmanten **Lakeside Park (6)** eingenommen, in dem es auch ein hübsches Vogelhaus zu sehen gibt. Inmitten des Parks befindet sich das Lakeside Park Garden Center, das von Gärten verschiedener Kulturkreise (Japan, Polynesien) und mit verschiedenen Themen (Kakteen-, Palmen-, Gewürz-

> ### Hinweis
> Die Vorwahl für Oakland und Berkeley lautet 510.

und Duftgarten) umgeben ist. Bei genügend Zeit kann man es hier gut einige Stunden aushalten, sich evtl. ein Ruderboot mieten oder den Einwohnern zuschauen, für die der Park als grüne Lunge ihrer Stadt einen beliebten Ort des Zusammentreffens, der sportlichen Betätigung oder für Picknicks darstellt.

Am südwestlichen Ufer des Sees kann man einen kleinen Abstecher zum **Camron-Stanford House (7)** unternehmen, einer eleganten Residenz aus dem Jahre 1876, die mitsamt der originalen Inneneinrichtung besichtigt werden kann. Ein anderes, ungleich größeres Museum befindet sich nicht weit entfernt, einen Block vom Südufer des Sees entfernt: das **Oakland Museum of California (8)**. Es ist ausschließlich der Natur- und Kulturgeschichte Kaliforniens gewidmet und gilt als eines der wichtigsten und schönsten des Bundesstaates. Das jetzige Museum, das größtenteils unter der Erde liegt, wurde nach Plänen des Architekten *Kevin Roche* 1969 eröffnet und 2009 erweitert. Jedes Stockwerk ist einem anderen Thema gewidmet, etwa der kalifornischen Malerei und Fotografie, der Geschichte und der Naturgeschichte des Bundesstaates. Zudem verfügt das Museum über eine Cafeteria und einen gut sortierten Buchladen.

Oakland City Center

Sehenswertes Museum

Oakland Museum of California, *1000 Oak St., ℑ 318-8400, www.museumca.org; Mi–So 11–17, Eintritt US$ 12.*

Von hier aus geht es quer durch die Stadt bis zum südlichen Endpunkt des Rundgangs, wo der Broadway schließlich auf den Inner Harbor stößt und sich der **Jack London Square (9)** ausbreitet. Für diese lange Strecke sollte man evtl. auf öffentliche Verkehrsmittel ausweichen. Hier erinnert vieles an den berühmtesten Sohn der Stadt (vgl. S. 280), u.a. eine Büste, das kleine Jack London Museum und sogar die Hütte Jack London's Cabin, in der der Schriftsteller während des Goldrausches am Klondike in den Jahren 1897/98 lebte. 1960 hatte man sie im Yukon Territory (Alaska) wiederentdeckt und hierhin überführt. Und selbst das Stammlokal des Dichters, der **Heinold's Saloon First & Last Chance** ist erhalten geblieben. Wer mehr Informationen zu den Gebäuden an der Plaza benötigt, kann sich in der Visitors Information (*Mi–So 11–17 Uhr*) die hilfreiche Broschüre „Jack London Square" besorgen. Auf jeden Fall ist der Platz den Spazier-

Rund um die San Francisco Bay

Berühmtester Sohn der Stadt

gang wert, sei es, um auf den Spuren *Jack Londons* zu wandeln, sei es, um die gut aufgemachten Warenhäuser und Restaurants aufzusuchen, oder sei es, um die an der Waterfront und der Mole vertäuten Yachten und Schiffe zu bestaunen. Das alles wirkt wie eine kleinere und längst nicht so turbulente Ausgabe von San Franciscos Fisherman's Wharf.

Auf ein Schiff am westlichen Ende der Waterfront sei hier besonders hingewiesen, nämlich die **USS Potomac**. Das Schiff, das besichtigt werden kann, war die einstige Privatyacht des US-Präsidenten *Franklin D. Roosevelt* und befand sich zeitweilig auch im Besitz von *Elvis Presley*. Lohnend ist auch der kurze Gang zum Jack London Village mit seiner Marina, ein neueres Projekt, das sich in seiner Architektur an die Bausubstanz des frühen 19. Jh. anlehnt und in dem Restaurants und Geschäfte untergebracht sind.

Sehenswürdigkeiten außerhalb der Downtown

Weitere Sehenswürdigkeiten der Stadt sind nicht so einfach und nur mit öffentlichen Verkehrsmitteln oder per Wagen zu erreichen. Bei Interesse am besten bei den Visitor Centers nach den entsprechenden Verkehrsverbindungen oder Routenbeschreibungen erkundigen.

Großes Teleskop

Die wohl interessanteste Attraktion, etwas außerhalb des Stadtzentrums und im Redwood Regional Park gelegen, ist dabei das im Jahre 2000 eingeweihte **Chabot Space & Science Center (10)**. Zu seinen Highlights gehören das längste öffentliche Teleskop und das bestausgestattete Planetarium der USA, ein Megamax-3D-Kino mit Riesenleinwand sowie verschiedene multimediale Ausstellungen. U.a. kann man in der Abteilung Planetary Landscapes interaktiv die Oberfläche verschiedener Sterne studieren. Das eigentliche Observarium wurde hier bereits 1915 errichtet. Mit einer Höhe von 500 m über dem Meeresspiegel bietet das Science Center seinen Besuchern natürlich auch eine wunderbare Aussicht auf die Bay mit der Skyline San Franciscos.
Chabot Observatory & Science Center, *10000 Skyline Blvd., Oakland, ① 336-7300, www.chabotspace.org; Mi, Do, So 10–17, Fr–Sa 10–22 Uhr, Eintritt US$ 16.*

Im **Nordosten** ist der weißglänzende, fünftürmige **Oakland Mormon Temple** mit seinen vergoldeten Spitzen eine weithin sichtbare und kaum zu verfehlende Landmarke. Das Monument, das nachts beleuchtet wird, ragt über den Oakland Hills auf und bietet eine fantastische Aussicht über die Bay.
Oakland Mormon Temple, *4770 Lincoln Ave. Oakland, ① 531-3200, www.oakland mormontemple.org; tgl. 9–21 Uhr, kostenlose Führungen.*

Sofort unterhalb des Tempels weist das grüne Kupferdach auf die im byzantinischen Stil erbaute **Griechisch-Orthodoxe Kirche** hin, eines der schönsten Gotteshäuser der Umgebung mit sehenswertem Inneren (*4700 Lincoln Ave., täglich 9–16 Uhr*).

Im **Süden**, rund 11 km von der Stadtmitte entfernt, befindet sich an der Golf Links Rd. der schöne Knowland State Park mit **Oakland's Zoo**, einem der größeren Tierparks der Region. Noch ein Stückchen weiter lohnt sich in den östlichen Oakland Hills ein Besuch des **Dunsmuir House**, ein 37-Zimmer-Anwesen, das mit seinen weißen Säulen und Veranden an den amerikanischen Süden erinnert. In seinem 16 ha großen Garten zählt man mehr als 70 Baum- und Straucharten. Und in Flughafennähe lockt das **Western Aerospace Museum** mit mehreren Raritäten (u.a. ein Flugboot von 1946) und Flugsimulatoren Flugzeugfans aus nah und fern an.

Im **Nordwesten** schließlich und am besten auf einer Fahrt nach Berkeley erreichbar, erhebt sich das palastartige, von Palmen umrahmte **The Claremont Resort**. Der 1915 fertig gestellte, strahlend weiße Prunkbau gilt mit seinen vielen hölzernen Türmchen, Kaminen und Giebeln und seiner exquisiten Innenausstattung immer noch als das schönste Hotel in der Bay Area überhaupt. Das riesige, im britischen Kolonialstil gehaltene Haus ist zwar als Standort für San Francisco-Touristen ungünstig (und für die meisten zu teuer!), doch lohnt es sich, einmal die herrliche Terrasse zu betreten, in der

Das Claremont Resort zwischen Oakland und Berkeley

Reisepraktische Informationen Oakland

Vorwahl 510

Information
Oakland Convention & Visitors Bureau, 463 11th St., Oakland, CA 94607, ② 839-9000, www.oaklandcvb.com; Mo–Fr 8.30–17 Uhr.

Hotels
The Inn at Jack London Square $$$, 233 Broadway, ② 452-4565, www.innatthesquare.com; gutes 100-Zimmer-Mittelklassehotel in zentraler Lage, Pool, Fitnessraum, schöner Innenhof, freier Shuttlebus zur Oldtown.
Jack London Inn $$$, 444 Embarcadero West, ② 1-800-549-8780, www.jacklondoninn.com; älteres Hotel direkt am lebhaften Jack London Square und am Hafen gelegen. 110 geräumige, moderne und komfortable Zimmer, Restaurant.

Restaurant
Kincaid's Fish Chop & Steakhouse, 1 Franklin St., ② 835-8600, www.kincaids.com; tolle Fischgerichte und dazu Blick auf den Hafen; ebenfalls am Jack London Square: der legendäre Heinhold's First and Last Chance Saloon.

Öffentlicher Nahverkehr
Oakland ist an das **BART-System** (S. 176) angeschlossen und hat damit sowohl nach San Francisco als auch nach Berkeley schnelle Verbindungen; im Stadtbereich findet man insgesamt acht BART-Stationen. Außerdem gibt es in Oakland einen Bahnhof der AMTRAK am Jack London Square, ein weiterer Bahnhof befindet sich am Coliseum-Stadion.

Terrace Lounge eine Tasse Kaffee oder Tee zu bestellen und den schönen Blick auf die Bay und die Gartenanlage zu genießen. Das Claremont Resort liegt an der Stadtgrenze zu Berkeley (*Ashby/Domingo Ave.*) und ist mit dem Wagen am besten über den Grove Shafter Fwy. (Fwy. 24), Abfahrt Hwy. 13, zu erreichen.

Berkeley

Ganz anders als Oakland mit seinem „proletarischen Image" gilt das weltberühmte Berkeley (ca. 107.000 Ew.) als **intellektuelles Zentrum** Kaliforniens und als charmantes Städtchen der gutsituierten Mittelschicht, aber auch als Hort der Jugendrevolte und Aushängeschild amerikanischer Liberalität. Viele der Klischees kann der Ort, trotz großer Industriebetriebe, erfüllen, und es sind eindeutig die Universitätsgelände und die rund 35.000 Elite-Studenten, die das kleinstädtische Leben bestimmen. Schon bei der Gründung im Jahre 1866 war Berkeley, das den Namen des irischen Philosophen und Bischofs *George Berkeley* (1685–1753) trägt, als Universitätsstadt geplant. Als solche war sie natürlich nicht vor einigen Katastrophen gefeit, vor allem haben immer wieder Feuersbrünste – besonders schlimm 1923 und zuletzt 1991 – ganze Viertel zerstört.

Berühmte Universität

Von ausschlaggebender Bedeutung für die weltweiten Jugend- und Studentenproteste in den 1960ern war das *Free Speech Movement*, mit dem die Berkeley-Studenten 1964 das Recht der freien Meinungsäußerung auf dem Campus durchsetzen wollten. Die eher harmlose Demonstration schlug bald in einen politischen Protest gegen den Vietnamkrieg um. Zu einer traurigen Zuspitzung kam es 1969, als der damalige Gouverneur von Kalifornien, *Ronald Reagan*, das Campus-Gelände durch die Nationalgarde räumen ließ, wobei ein Student getötet und Hunderte verletzt wurden. Am liberalen Ruf und Verhalten der Berkeleyaner hat das nichts ändern können, bis heute beschäftigen sich Studenten, Professoren und der Stadtrat mit nationalen und internationalen Themen, die sonst im konservativen Amerika nur wenig Gehör finden.

Free Speech Movement

Die erste und wichtigste Anlaufadresse in Berkeley sollte natürlich die **University of California** sein, die schon 1873 als privates College gegründet wurde und deren Areal sich im Laufe der Zeit zu einer riesigen parkähnlichen Anlage (498,5 ha) mit mehr als 320 Gebäuden erweitert hat. Es waren die genialen Leistungen auf dem Gebiet der Natur- und Geisteswissenschaften, die der Universität sowohl zu ihren zahlreichen Nobelpreisträgern (allein acht für Physik und sieben für Chemie) als auch zu ihrem unbestrittenen Weltruf verholfen haben.

Der Haupteingang des Campus-Geländes liegt nahe der BART-Station Berkeley an der Shattuck Ave. Am besten besorgt man sich zunächst im **University Visitor Services**

Anfahrt

Mit dem eigenen Wagen erreicht man Berkeley von Oakland (oder San Francisco) aus am besten über die I-80. Wer mit öffentlichen Verkehrsmitteln anreist, nimmt als günstigste Verbindung die BART-Linie nach Richmond (Station Berkeley). In Berkeley selbst kann man das weitläufige Universitätsgelände mit dem Shuttle Bus (Campus Shuttle) erkunden, der auch an der BART-Station halt macht.

Center (s.o.) eine Übersichtskarte, einen Veranstaltungskalender sowie den Fahrplan der Shuttle-Busse. Wer möchte, kann auch an einer der regelmäßig angebotenen Campus-Führungen teilnehmen, die etwa 1½ Stunden dauern. Das Gelände umfasst mit seinen Parks, Lehrgebäuden und Museen die unterschiedlichsten kulturellen und natürlichen Sehenswürdigkeiten, sodass man sich sein persönliches Programm je nach Interesse zusammenstellen sollte. Am Westeingang (Ende des University Dr.) reizt z.B. die **Eukalyptus Grove** zu einem Besuch, wo die größten Eukalyptusbäume der Welt wachsen sollen.

Campus-Tour

In der Mitte des Campus, durch den der Mining Circle führt, befindet sich die **Bancroft Library**, in der die kostbarsten Bücher und Dokumente der Universität untergebracht sind. In einem kleinen Museum sind besonders interessante Exemplare ausgestellt. Nebenan sieht man die Doe Library, das zentrale Buchlager der Universität, in dessen Obergeschoss der Nachlass von Mark Twain aufbewahrt wird. Östlich davon erhebt sich das weithin sichtbare Wahrzeichen der Universität: der 93,6 m hohe Glockenturm **Sather Tower**, der 1914 in Anlehnung an den Markusturm von Venedig entstand und daher auch „Campanile" genannt wird. Er bietet nicht nur eine prächtige Aussicht über die Bay bis hin zur Golden Gate Bridge (Aufzug), sondern auch ein aus 61 Glocken bestehende Spiel, das mehrmals täglich zu hören ist.

Das älteste Gebäude des Campus, die 1878 im Tudorstil ausgeführte **South Hall**, liegt direkt westlich des Campanile. Und ein wenig weiter südöstlich gelangt man zur Wurster Hall, das College für Umweltdesign, das durch seine außergewöhnliche Architektur auffällt. Daneben kann man sich in der Kroeber Hall die sehenswerten anthropologischen Sammlungen des **Phoebe Apperson Hearst Museum of Anthropology** anschauen. Auf der anderen Seite des Bancroft Way wurde 1970 das eindrucksvolle **University Art Museum** erbaut, das über einen erstaunlich großen Bestand an Gemälden des 19. und 20. Jh. sowie der orientalischen und asiatischen Kunst verfügt. Außerdem beherbergt das Museum das **Pacific Film Archive**, das nicht weniger als 50.000 Filme sein eigen nennt, u.a. viele Raritäten der Stummfilmzeit. Aus dem Bestand werden im 200 Plätze umfassenden Auditorium regelmäßig Filmvorführungen gegeben.

Wenn man direkt westlich des Museums der Bowditch St. zwei Blocks nach Süden folgt und dann nach rechts in die Haste St. einbiegt, gelangt man zum **People's Park**, jenem Grundstück, das 1969 von Studenten, Hippies und Aktivisten besetzt und anschließend von der Nationalgarde gewaltsam geräumt wurde – zentraler Punkt und gleichzeitig Symbol für Berkeleys Rolle des Jugendprotestes.

Zentrum der Jugendproteste

Zurück zum Campus geht man von hier am besten über die Telegraph Ave., die heute von Politclowns, Straßenmusikanten und Würstchenverkäufern dominiert wird. Man erreicht das Unigelände an der Sproul Plaza mit der **Sproul Hall**, wo 1964 das Free Speech Movement begann. Vor der Sproul Hall plätschert die kuriose Ludwick's Fountain, die an den Hund Ludwick van Schwaranburg erinnert, der hier sein tägliches Bad nahm. Ein Stück nördlich davon trifft man auf das 1910 errichtete bronzene **Sather Gate**, das zusammen mit der Plaza das Zentrum des studentischen Lebens bildet und vor 1960 der Südeingang der Universität war. Wenige Schritte davon entfernt beherbergt das Life Sciences Building das **Museum of Paleontology**, in dem man sich die paläontologische Sammlung (u.a. Schädel eines Tyrannosaurus Rex und das Skelett eines prähistorischen Nilpferd-Ahnen), Mineralien und einen interessanten Seismographen anschauen kann.

Wenn man vom Visitor Information Center der Oxford St. nach Norden folgt, gelangt man über die Hearst Ave. und Scenic Ave. zum **Holbrook Bldg.**, dessen Pacific School of Religion eines der größten bemalten Glasfenster der Welt besitzt und dessen Museum u.a. steinzeitliche Funde aus Palästina oder Bibeln aus dem 15.–18. Jh. zeigt.

Wieder auf der Hearst Ave., geht es an der Le Roy Ave. wieder nach rechts zum Campus, wo einen als erstes das **Hearst Mining Building** begrüßt. Das 1907 erbaute Gebäude mit seiner imposanten Kuppelhalle (Mineraliensammlung) zählt zu den schönsten der Universität. Wenige Gehminuten weiter östlich sieht man jenseits der Gayley Rd. das **Hearst Greek Theatre**. Die 8.500-Sitzplatz-Arena, die dem Theater von Epidauros nachgebildet ist, wurde 1903 von *Randolph Hearst* gestiftet und 1957 erweitert. Das riesige California Memorial Stadium ein wenig weiter südlich wurde bereits 1923 erbaut und bietet 76.500 Plätze.

Wissenschaftsmuseum

Mit dem Shuttle-Bus sollte man anschließend zum oberhalb des Campus gelegenen Wissenschaftsmuseum **Lawrence Hall of Science** fahren, das in seinem oktogonalen Aufbau die acht naturwissenschaftlichen Disziplinen widerspiegelt, die an der Universität gelehrt werden: Astronomie, Biologie, Chemie, Geologie, Kernphysik, Mathematik, Physik und Weltraumwissenschaften. Das Gebäude steht Besuchern offen, die die Ausstellungen besuchen, an Experimenten teilnehmen oder sich im Museumsladen umschauen können (*www.lawrencehallofscience.org; tgl. 10–17 Uhr, Eintritt US$ 12*). Anschließend geht es mit dem Shuttle-Bus zu den ca. 14 ha großen **University Botanical Gardens**, in denen rund 12.000 Pflanzenarten in verschiedenen thematischen und geografischen Abteilungen geordnet sind.

Die Universität ist zwar die mit Abstand wichtigste, aber nicht die einzige Attraktion von Berkeley: Das **Judah L. Magnes Memorial Museum** ist ein lohnendes Ziel. Dieses drittgrößte jüdische Museum der westlichen Welt präsentiert Gemälde (u.a. von Max Liebermann und Marc Chagall), Skulpturen und Antiquitäten aus dem jüdischen Kulturkreis.
Judah L. Magnes Memorial Museum, *2121 Allston Way, ✆ 643-2526, www.magnes.org; Mi-So 12–16, Do bis 19 Uhr, Eintritt frei.*

Wer sich eines der schönsten Wohnviertel der Stadt anschauen möchte, sollte das hügelreiche Viertel nördlich des Universitätsgeländes erkunden, wo man entlang der Alleen allenthalben romantische Villen, alte Park und gepflegte Gärten antrifft. Dort, etwa 1½ km nördlich des Campus unterhalb der Euclid St./Eunice St., stößt man auch auf den **Berkeley Municipal Rose Garden**, der sich in Terrassen den Abhang hinunterzieht und in dem im späten Frühling und Frühsommer mehr als 4.000 verschiedene Rosenarten blühen.

Sehr viel größer ist einige Fahrminuten weiter östlich der auf einem Hügel gelegene, 836 ha große **Charles Lee Tilden Regional Park**, dessen Botanic Garden einer der besten Orte ist, um die Pflanzenwelt Kaliforniens kennen zu lernen, wobei die neun Abschnitte die unterschiedlichen klimatischen und geologischen Regionen des Bundesstaates repräsentieren. Besonders lohnenswert ist ein Besuch in den Monaten Februar bis Juni, wenn die Pflanzen blühen. Wer etwas Zeit mitbringt, kann noch eine Wanderung um den zum Park gehörenden Lake Anza machen oder dort schwimmen gehen.

Reisepraktische Informationen Berkeley

Vorwahl 510

Information
Berkeley Convention & Visitors Bureau, 2030 Addison St., #102, ② 549-7040, www.visitberkeley.com; Mo–Fr 9–17 Uhr.
University Visitor Services, 101 Sproul Hall, nahe Ecke Bancroft Way und Telegraph Ave., ② 642-5215, www.berkeley.edu; Mo–Fr 8.30–16.30 Uhr.

Hotels
Berkeley YMCA $-$$, 2001 Allston Way, ② 848-9622, www.baymca.org; seit 1910 bestehende und 2008–09 grundrenovierte Unterkunft mit Einzel- und Doppelzimmern ohne eigenes Bad, in der Downtown gelegen, gut ausgestattete Gästeküche, Internet-Lounge, interessantes Publikum mit vielen Jungakademikern.
**Hotel Durant $$$-$$$$**, 2600 Durant Ave., ② 845-8981, www.hoteldurant.com; altehrwürdiges, renommiertes Hotel nahe dem Unicampus mit 144 gut ausgestatteten Zimmern, zuletzt 2008 mit mehreren Mio US$ renoviert und auf den neusten technischen Stand gebracht.

Restaurants
Chez Panisse, 1517 Shattuck Ave., ② 548-5525, www.chezpanisse.com; Gourmettempel und Geburtsort der kalifornischen Nouvelle Cuisine von Alice Waters, seit vielen Jahren an der Spitze der hiesigen Gastronomie, Reservierung unbedingt notwendig, teuer.
Spenger's Fresh Fish Grotto, 1919 4th St., ② 845-7771, www.spengers.com; exquisites Lokal in einem denkmalgeschützten Gebäude von 1890, Spezialitäten sind Fisch und Meeresfrüchte, Reservierung anzuraten, teuer.
Jupiter, 2181 Shattuck Ave., ② 843-8277, www.jupiterbeer.com; rustikale Kneipe in einem der ältesten Häuser der Downtown mit Biergarten, Salate, Suppen und gute Pizzen, preiswert.

Öffentlicher Nahverkehr
Berkeley ist an das **BART-System** (S. 176) angeschlossen und damit schnell ab San Francisco erreichbar. Es gibt drei BART-Stationen: Ashby Station, Downtown Berkeley Station und North Berkeley Station. Auch Zugreisende sind schnell in Berkeley; eine AMTRAK-Station befindet sich z.B. an der University Ave.

4. LOS ANGELES UND UMGEBUNG

Überblick

Ausländische Besucher erreichen Los Angeles zumeist über den Luftweg. Der Internationale **Flughafen** befindet sich nahe der Pazifikküste, ungefähr in der Mitte von Greater Los Angeles. Dass sein Kürzel LAX nichts mit reLAXen zu tun hat, wird angesichts der Hektik im Terminal und insbesondere auf dem Vorplatz schnell deutlich. Von hier geht es auf den Freeway, und bei einer Fahrt nach Anaheim, Long Beach oder Hollywood wird sehr schnell klar: Diese Stadt ist keine Stadt im üblichen Sinn, und sie ist wie für den Autoverkehr geschaffen. Folgendes ist dabei charakteristisch:

Die „Lebensadern" von Los Angeles sind die breiten, **endlosen Bänder** der Freeways, über die sich permanent eine ungeheure Blechlawine schiebt. Die **Dimensionen** sind dabei von Weitläufigkeit und Unüberschaubarkeit geprägt. Mit 1.291 km² ist L.A. flächenmäßig eine der größten Städte der Welt. Die Entfernungen im Großraum Los Angeles sind mit denen im Ruhrgebiet vergleichbar. Ein **wirkliches Zentrum** gibt allerdings es nicht. Allein die Konzentration von Wolkenkratzern weist Downtown als Herz des Stadtmonsters aus, aber daneben existieren viele andere Zentren, z. T. ebenfalls mit Hochhausbebauung. Durch die urbane Ausdehnung bis zum Horizont wirkt L.A. zersiedelt: eine monotone Aneinanderreihung der immer gleichen Reklameschilder, Straßen, Häuser und Viertel.

Dieses Konglomerat kann Fremden – Selbstfahrern zumal – unübersichtlich erscheinen. Allein durch den Verkehr und durch die räumliche Ausdehnung sieht mancher sich hier vor Probleme gestellt. Das aber ist eigentlich unbegründet, denn hat man das Ordnungssystem erst einmal durchschaut, fällt einem die Orientierung in L.A. an für sich leicht.

Orientierungstipps für Selbstfahrer und Besichtigungen

Für alle, die Los Angeles nicht sofort den Rücken kehren, stellt sich die Frage, was man in der Megalopolis eigentlich zu suchen hat. Lohnt die Stadt den Versuch der Annäherung oder hat sie nur ihren sprichwörtlichen Smog zu bieten? Um diese Frage sofort zu beantworten: L.A. lohnt sich unbedingt! Ohne weiteres könnte man seinen gesamten Urlaub hier verbringen, ohne es zu bereuen. Zusammen mit dem fast immer idealen Wetter garantieren einmalige Attraktionen, ein reges kulturelles Leben, aber auch eine vielseitige Natur (Wüsten, Berge, Sandstrände) einen interessanten Aufenthalt.

Überblick Los Angeles

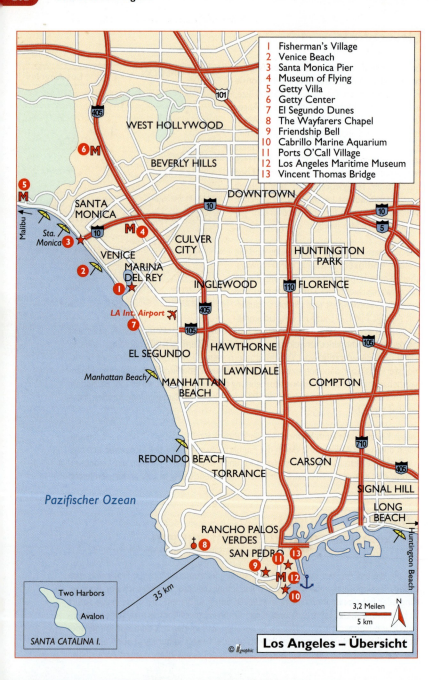

Orientierungstipps für Selbstfahrer und Besichtigungen

- Ortsfremde Autofahrer sollten sich vor dem Start den **Stadtplan** ganz genau anschauen und sich die **Nummern** oder Namen der Freeways merken bzw. die **Himmelsrichtung**, die man einschlagen muss. Das auf Verkehrsschildern genannte „I" steht dabei für „Interstate" (Freeway, der durch mehrere Bundesstaaten geht).
- Meist sind auf den Schildern die größeren Städte (Stadtteile) angegeben, zu denen der Freeway führt, und die Autobahn trägt dann den entsprechenden Namen (z.B. San Diego Freeway). Folgende Namen tauchen am häufigsten auf: San Fernando (Nordosten); Glendale, Pasadena (beide Norden); Hollywood (zwischen Downtown und Pazifik); Santa Monica (Westen); Bernardino (Osten); Long Beach, San Diego (Süden). „Los Angeles" steht nur für die Mitte, also Downtown.
- Auf der Karte die Himmelsrichtung anschauen: Oft nämlich gibt es zusätzlich zum Namen des Freeway nur die Richtungsangabe; beispielsweise führt „San Diego Fwy, North" nicht nach San Diego, sondern in entgegengesetzte Richtung.
- Welche Straßen sind die günstigsten Verbindungen zu welchen Zielen?
- Wer in den **Norden** möchte, sei es zu Vororten wie Marina del Rey, Venice, Santa Monica und Malibu, oder sei es auf dem Küstenweg nach San Francisco über Santa Barbara, biegt sofort am Flughafen LAX auf den Lincoln Blvd. ein, der später in den Hwy. 1 übergeht. Liegen die Ziele weiter landeinwärts (z.B. Bakersfield, Fresno, Yosemite NP), sollte man die I-5 wählen, zu erreichen über den San Diego Fwy. North (405).
- Liegt das Reiseziel im **Osten** (z. B. Palm Springs), dann ist die I-10 (Santa Monica Fwy.) die wichtigste Verbindung. Vom Flughafen aus erreicht man sie, wenn man wie oben zunächst einige Meilen auf dem Lincoln Blvd. nach Norden fährt, von dem die Autobahn abgeht. Die I-10 ist auch die Hauptverbindung nach Hollywood oder Downtown L.A. Andererseits ist dieser Freeway chronisch überlastet, und Staus dort sind nicht mehr die Ausnahme, sondern die Regel. Eine Alternative: ab dem Flughafen LAX zuerst ein Stückchen in südliche Richtung bis zur Auffahrt auf die Autobahn 105 (Glenn Andersdon Fwy., früher Century Fwy. genannt). Mit 11 Jahren Bauzeit und Baukosten von mehr als 2 Mrd. Dollar ist die 1993 eröffnete Straße eine der aufwändigsten der USA. Sie kreuzt nacheinander die wichtigsten Nord-Süd-Verbindungen in Greater Los Angeles: zuerst den San Diego Fwy. (405), dann die Autobahnen Harbor Fwy. (110), Long Beach Fwy. (710) und San Gabriel River Fwy. (605).
- Möchte man in den **Süden** (San Clemente, Oceanside, San Diego) reisen, bringt der San Diego Fwy. South (405) einen am schnellsten zum Ziel, der später auf die I-5 stößt. Für nähere Ziele an der Küste (Redondo Beach, Long Beach, Huntington etc.) ist der Hwy. 1 (Pacific Coast Hwy.) besser geeignet.
- Auf vielen Freeways in Los Angeles ist die linke Spur als sog. car-pool lane oder Spur für high-occupancy-vehicles (HOV) markiert. Hier dürfen nur Fahrzeuge fahren, die - je nach Ausschilderung - mit mindestens zwei oder drei Passagieren besetzt sind. Die Einhaltung wird per Kamera überwacht, die Zuwiderhandlung kostet rund US$ 250!

Bei drei Tagen (die man bei Ziel und Start in LAX natürlich aufteilen könnte) wäre folgendes Programm vorstellbar:

1. Tag: Vormittags Besuch von Beverly Hills, Hollywood und einem der Studios. Am späten Nachmittag Fahrt nach Santa Monica oder Venice und Tagesausklang am Strand.

2. Tag: Besichtigung eines der Museen und Fahrt in die Downtown; dort Bummel durch das Pueblo (Olvera St.) und Panoramablick vom 27. Stock der City Hall. Zum Sonnenuntergang zum Planetarium im Griffith Park mit Blick auf das Lichtermeer.

3. Tag: Ganztägiger Besuch von Disneyland, evtl. vorher Besichtigung der Crystal Cathedral in Garden Grove.

Überblick Los Angeles

Von Malibu bis Long Beach lockt eine Vielzahl wunderbarer Strände

Ersatzweise oder zusätzlich kann ein Tagesprogramm so gestaltet werden: geruhsame Fahrt entlang der Strände südlich des Flughafens mit Badepausen. Umrundung der Palos-Verdes-Halbinsel, evtl. Besuch des Marineland. Weiterfahrt nach Long Beach, Besichtigung der Queen Mary. Weiter entlang der Küste und Dinner bei Sonnenuntergang in Sunset, Huntington, Newport oder Laguna Beach. Oder man besucht das spektakuläre Museum Getty Center und legt vielleicht anschließend eine Badepause in Malibu oder Santa Monica ein.

Geschichtlicher Überblick

Die **Geschichte der Stadt** begann im Jahre 1781, als eine kleine Gruppe spanischer Konquistadoren auf Befehl des Gouverneurs *Felipe de Neve* aus Mexiko hierhin zog und *El Pueblo de Nuestra Señora la Reina de los Angeles de Porciúncula* gründeten. Die Entwicklung dieses Fleckens verlief aber schleppend; fast bis zum Ende des 19. Jh. blieb die „Stadt der Engel" nur ein unbedeutendes Nest. Erst 1850, drei Jahre, nachdem die mexikanische Provinz an die USA gefallen war, erhielt Los Angeles die Stadtrechte. Nachdem dann der Ort 1885 an das amerikanische Eisenbahnnetz angeschlossen wurde und 1899–1914 einen riesigen künstlichen Hafen erhielt, begann seine steile Karriere. Zwischen 1890 und 1900 hat sich die Einwohnerzahl mit 102.000 Personen mehr als verdoppelt. Das dringende Problem der Wasserversorgung wurde mit dem 1908 eröffneten und 550 km langen Owens River-Aquädukt gelöst. Schon in den 1930er Jahren war Los Angeles eine Millionenstadt und damit größer als San Francisco.

Rasantes Wachstum

2009 wohnten in der Stadt (City of Los Angeles) 4 Millionen Menschen; im Großraum (County of Los Angeles) sind es 13 Millionen, und nimmt man den inzwischen zusammengewachsenen Ballungsraum der Counties Los Angeles, Riverside, Ventura, Orange und San Bernard (sog. Five-County Area), dann beträgt die Einwohnerzahl 17,8 Millionen – das sind mehr, als 45 aller Bundesstaaten aufweisen. In der Hierarchie der US-Städte nimmt Los Angeles damit nach New York City und vor Chicago den zweiten Rang ein.

Zweitgrößte Stadt der USA

Diese Megalopolis ist eine **Welt für sich**, in der Menschen aus 140 Ländern und mit etwa 220 verschiedenen Sprachen leben. Nach den statistischen Angaben von 2009 gelten nunmehr 48 % der Bevölkerung als *Hispanics*. Bereits heute sprechen damit in der

Metropole mehr Menschen Spanisch als Englisch – und unter den Städten dieser Welt *Viele*
gibt es nur noch in Mexiko City einen höheren Hispanic-Anteil. Die ehemals beherr- *Hispanics*
schende Gruppe der „Weißen" ist wegen ihrer wesentlich niedrigeren Geburtenrate
seit der Jahrtausendwende auf den zweiten Platz abgerutscht, ihr Anteil beträgt inzwischen 28,4 %. 13 % der Bevölkerung kommen aus asiatischen bzw. pazifischen Ländern,
was in absoluten Zahlen einen amerikanischen Rekord darstellt. Und mit 9,3 % Afro-Amerikanern ist Los Angeles die viertgrößte schwarze Gemeinde in den USA. Indianer und andere ethnische Gruppen schließlich machen in diesem Bevölkerungsmosaik
0,8 % aus.

Dass das Zusammenleben der einzelnen ethnischen und sozialen Gruppen nicht problemlos ist, zeigten die Rassenkrawalle in den 1960er Jahren und im April 1992. In letzterem Fall war der Auslöser der Freispruch von vier angeklagten Polizisten durch eine weiße Jury. Die vier Beamten der Stadtpolizei waren bei der Festnahme des Schwarzen *Rodney King* äußerst brutal vorgegangen, wobei ein Video-Amateur die nächtliche Prügelei von seinem Balkon aus gefilmt hatte. Kaum war der Freispruch bekannt, erhob sich ein Sturm der Entrüstung. Die spontanen Demonstrationen schlugen schließlich in nackte Gewalt der Plünderer, Brandstifter und Heckenschützen um, insbesondere im Gebiet von South Central (vor allem auf dem Martin Luther King Blvd. und der Manchester Ave.). Das Resultat waren 51 Tote, mehr als 2.000 z.T. schwer Verletzte und mehrere tausend Gebäude, die in Flammen aufgingen. Der Verlust an Sachwerten betrug mindestens 1 Mrd. US$. Erst durch die Ausrufung des Ausnahmezustandes, durch den massiven Einsatz von Polizei, Nationalgarde und U.S. Army sowie durch Sperrstunden und Massenfestnahmen konnte die Welle der Zerstörung gestoppt werden. Von Los Angeles griffen die Unruhen auch auf Städte wie San Francisco, Atlanta, Seattle und New York City über, schließlich wurden sogar auch im kanadischen Toronto Autos und Gebäude angezündet.

Nach den Unruhen wurden Aufbauprogramme für die betroffenen Stadtviertel sowie Programme zur Revitalisierung der Innenstädte ins Leben gerufen. Daneben wurden mehrere farbige Randalierer und Plünderer angeklagt, ebenfalls wurde der Prozess gegen die Polizeibeamten wieder aufgenommen. Im August 1993 wurden diese zu verhältnismäßig milden Strafen verurteilt. Auch der von der Weltöffentlichkeit mit großem Interesse beobachtete Prozess gegen den ehemaligen Football-Star und Schauspieler *O.J. Simpson*, der von der Anklage des Mordes an seiner Frau und deren Liebhaber freigesprochen wurde, führte zu einer Polarisierung.

Dies ist heute nur noch Geschichte, doch sollten sich Touristen immer noch im Stadt- *Problema-*
teil South Central nicht länger als nötig und vor allem nicht nachts aufhalten. Auch das *tische*
Viertel Watts sowie die Vororte Lynwood und Compton haben eine Mord- und Kri- *Viertel*
minalitätsrate, die deutlich über dem städtischen und achtfach über dem Landesdurchschnitt liegt.

Rundgänge und Fahrten durch Los Angeles und Umgebung

Sehenswürdigkeiten in Downtown Los Angeles

El Pueblo (1)

Redaktionstipps

▶ **Hollywood** mit dem „Walk of Fame", ein Studiobesuch - am besten in den **Universal Studios** (S. 218)
▶ Das Strandleben von **Santa Monica** und am **Venice Beach** (S. 238)
▶ **Griffith Park** mit Observatorium und Gene Autry Western Heritage Museum. (S. 219)
▶ Auf dem **South Bay Bicycle Trail** an der Pazifikküste entlang radeln (S. 238)
▶ Wandern in den **Santa Monica Mountains** (S. 240)
▶ Ein- oder mehrtägiger Ausflug nach **Catalina Island** (S. 265)
▶ Neben dem überragenden **Getty Center** (S. 243) sind die interessantesten Museen der Stadt das **LA County Museum of Modern Art** (S. 223), das **Museum of Tolerance** (S. 224) und das **George C. Page Museum** (S. 223)

Was liegt näher, als eine Erkundung von Los Angeles da zu beginnen, wo auch die Ursprünge dieser Stadt liegen: mitten in Downtown, auf der Plaza, dem **historischen Hauptplatz**. Man erreicht die Keimzelle der Stadt der Engel über die Metrostation „El Pueblo" oder über die Hollywood Fwy. (101), zu dem man wiederum über die Hwys. 110, 10 und 5 gelangt. Bei der Ausfahrt Civic Center ist dann das Historical Monument von **El Pueblo** ausgeschildert. Hier war es, wo 1781 eine Gruppe von elf spanischen Familien, Mischlingen und schwarzen Sklaven nach einem hundertägigen Fußmarsch aus Mexiko eintraf und ihr Pueblo errichtete.

Während der ganzen spanischen und mexikanischen Epoche war das denn auch der offizielle Name für Los Angeles. Heute steht das Gelände unter Denkmalschutz, obwohl kaum noch etwas original aus der ersten Zeit erhalten ist. Die Missionskirche **Nuestra Señora la Reina de los Angeles** etwa (an der Ecke N. Main St./Sunset Blvd.) hatte zwei Vorgängerinnen und stammt erst aus den Jahren nach 1860. Interessant ist sie trotzdem, insbesondere das Innere verdient Beachtung.

Touristisches Kernstück des geschichtsträchtigen Platzes ist die kurze **Olvera Street**, die von der Plaza nach Norden führt. Einiges der Bausubstanz kann noch ins 18. Jh. datiert werden, während das meiste (manchmal mehr schlecht als recht) nach alten Vorbildern gestaltet wurde. Am interessantesten wirkt

Mexikanisches Ambiente auf der Olvera Street

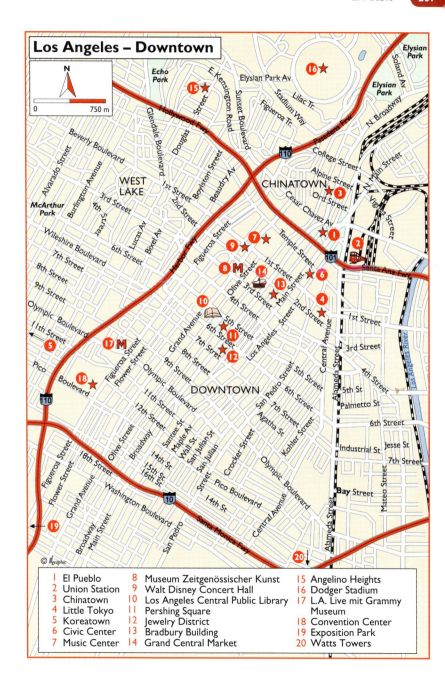

Mexikanisches Flair hier das Marktgeschehen, wo es eigentlich immer turbulent zugeht. Neben einer Vielzahl von kleinen Läden und Straßenhändlern gibt es mehrere Restaurants, in denen man hausgemachte Tortillas und andere Spezialitäten der mexikanischen Küche probieren kann. Abends, wenn auch Tequila und das gute mexikanische Bier für Stimmung sorgen, spielen Mariachi-Musikgruppen an den Tischen. Wem das zu folkloristisch scheint, kann in den Straßen von East L.A. authentischeres Leben der Einwanderer aufspüren: Fast alle, die hier wohnen, sind mexikanische Immigranten.

El Pueblo de Los Angeles Historical Monument, *125 Paseo De La Paz 400, www.ci.la.ca.us/ELP/, 10–22 Uhr (im Winter 10–19.30 Uhr).*

Union Station (2)

Genau östlich des Parks befindet sich die aus vielen Hollywood-Filmen bekannte AMTRAK-Eisenbahnstation, die architektonisch sehr interessant ist. 1939 als letzter der großen Bahnhöfe der USA erbaut, spricht das mächtige Gebäude die Formensprache des sog. *Mission Style* mit leichten Anklängen an Art Déco. Die Union Station wird als eines der schönsten Gebäude dieser Zeit in Kalifornien bezeichnet. Durch die Installation der neuen Metro-Linien ist die Union Station außerdem zu einem wichtigen Knotenpunkt des öffentlichen Nahverkehrs geworden.

Chinatown (3)

In der Nähe des mexikanischen Pueblo liegen weitere originelle Viertel, die ohne weiteres zu Fuß zu erreichen sind. Folgt man dem Broadway, der die Plaza begrenzt, etwa 500 m in nördlicher Richtung, sieht man schon an den Reklameschildern und den typischen Einrichtungsstücken, dass man sich in der Chinatown (Block des North Broadway mit den 900-Hausnummern) befindet. Zwar kann dieses Viertel nicht mit der berühmteren Schwester in San Francisco konkurrieren, doch lebt hier immerhin die zweitgrößte Chinesengemeinde der US-Westküste, und man bemüht sich, die Erinnerung an das Alte China wach zu halten.

Eingang zur Chinatown

Am chinesischen Neujahrsfest etwa (erster Neumond zwischen 21. Januar und 19. Februar) gibt es hier das entsprechende Feuerwerk und den berühmten Drachentanz. In den Läden werden Waren aus China, Taiwan und Hongkong verkauft, und die vielen Restaurants bieten alle Köstlichkeiten des Fernen Ostens, hauptsächlich aber die kantonesische Küche.

Little Tokyo (4)

Die zweite fernöstliche Gemeinde lebt südlich vom State Historic Park, wo die 2nd St. von der San Pedro St. geschnitten wird. Little Tokyo ist das religiöse, kulturelle und wirtschaftliche Zentrum der Japaner, von denen es hier so viele gibt wie sonst nirgends in den USA (Hawaii ausgenommen). Einen Besuch wert ist besonders die Japanese Village Plaza (*335 E.Second St., ① (213) 617-1900*) mit ihren zahlreichen Geschäften und Restaurants. Die meisten Läden sind von 10–19 Uhr geöffnet. *— Asiatische Viertel*

Wer übrigens auch der dritten ethnischen Konzentration aus dem Fernen Osten einen Besuch abstatten möchte, sollte nach **Koreatown (5)** fahren, die sich an der westlichen Peripherie der Downtown befindet. Dort haben koreanische Emigranten ein quirliges Zentrum mit Kultureinrichtungen, Geschäften und Restaurants aufgebaut.

Civic Center (6)

Auf halbem Weg zwischen Little Tokyo und El Pueblo breiten sich die Gebäude des mit Grünanlagen durchsetzten Civic Center aus. Am augenfälligsten erhebt sich in seinem Zentrum die **City Hall**, die 1928 fertig gestellt wurde. Damals überragte das weiße Rathaus mit 27 Stockwerken alle anderen Gebäude der Stadt, für die eine Obergrenze von 13 Etagen galt. In seiner ruhigen, blockhaften Architektur strahlt es gleichzeitig Würde und Selbstbewusstsein aus. Die obere Aussichtsterrasse bietet einen imposanten Panoramablick auf das Geschäftszentrum der Downtown und das ausufernde Häusermeer von Greater Los Angeles, dessen Ende mit bloßem Auge nicht auszumachen ist (*nur Mo–Fr geöffnet*).

Etwas entfernt, aber durch einen Park mit der City Hall verbunden, liegt das **Music Center (7)**, das vor allem für abendlichen Musikgenuss eine wichtige Adresse darstellt. In dem Komplex sind drei Häuser zusammengefasst, die allesamt Weltgeltung haben. Bestimmt wird das Gelände durch die eindrucksvolle Architektur der Hollywood Bowl und des Dorothy Chandler Pavilion. In letzterem gibt allabendlich der 120-Stimmen-Chor des **Los Angeles Master Choral** Vorstellungen. Berühmter noch ist das Symphonie-Orchester der Los Angeles Philharmonic, das außer im Juni ständig präsent ist, und schließlich befindet sich hier auch der Los Angeles Music Center Opera. Als viertes Gebäude kam 2003 die Walt Disney Concert Hall (s.u.) hinzu. *— Musikgenuss*
Music Center of Los Angeles, *135 N.Grand Ave., ① (213) 972-7211, www.musiccenter.org.*

Ein vorzügliches Museum liegt zwei Blocks südwestlich der City Hall, nämlich das **Museum Zeitgenössischer Kunst (8)**. Das elegante postmoderne Gebäude aus Rosengranit ist ein Werk des japanischen Architekten *Arata Isozaki* und wurde 1986 fertig gestellt. Es beherbergt eine der wichtigsten amerikanischen Sammlungen an Kunst der Nachkriegszeit, und zwar Gemälde, Skulpturen, Objekte und Fotografien. Eine Zweigstelle des Museums befindet sich im Wolkenkratzer California Plaza am Bunker Hill (s.u.).
Museum of Contemporary Art (MOCA), *250 S. Grand Ave., ① (213) 621-1741, www.moca.org; Mo 11–17, Do bis 20, Fr bis 17, Sa–So 11–18 Uhr, Di und Mi geschlossen, Eintritt US$ 10.*

Bunker Hill

Die Blocks weiter westlich werden von den Wolkenkratzern des Bunker Hill überragt, die seit den 1960ern und bis Mitte der 1990er aus dem Boden gestampft wurden. Damals stellte man in jedem Jahr mindestens ein neues Hochhaus fertig, das höchste davon im Jahre 1990: der **U.S. Bank Tower** (*633 W 5th St.*) hat 73 Etagen und ist mit einer Höhe von **310 m das höchste Gebäude Kaliforniens** und das höchste Gebäude Nordamerikas westlich des Mississippi. Nicht nur tagsüber macht der Tower (früher auch unter dem Namen *Library Tower* und *First Interstate World Center* bekannt) mit seinen abgerundeten Ecken einen gewaltigen Eindruck, sondern auch nachts, wenn die verglaste Krone erleuchtet wird. Darüber übrigens befindet sich der höchstgelegene Heliport der USA.

Imposante Wolkenkratzer

Ein weiteres eindrucksvolles und hochaufragendes Projekt ist die California Plaza, die ursprünglich von drei Wolkenkratzern gesäumt sein sollte. Davon wurden nach zehnjähriger Bauzeit zwei verwirklicht, am bekanntesten der 1992 eingeweihte Turm **Two California Plaza** (*350 S Grand Ave.*). Er ist 229 m hoch und besitzt 54 Stockwerke, in denen u.a. ein 4-Sterne-Hotel und eine Zweigstelle des Museum of Contemporary Art (MOCA, s.o.) untergebracht ist. Seine Höhe wird optisch noch gesteigert, weil der Turm zusammen mit den Hochhäusern Well Fargo Center und One California Plaza den höchsten Punkt des Bunker Hill besetzt hält.

Zwei Blocks entfernt steht der 224 m hohe Turm **Bank of America Plaza** (*333 S Hope St.*), ein einfallsloser Wolkenkratzer von 1975, der sich aber über einem sehenswerten Citypark mit mehreren Bäumen, drei künstlichen Wasserfällen und der 13 m hohen Skulptur „Four Arches" von *Alexander Calder* erhebt. Eine ebenfalls schon etwas ältere Landmarke des Bunker Hill findet man an der Figueroa St. (*Ecke 5th St.*), nämlich das markante, aber nicht unbedingt schöne **Westin Bonaventure Hotel**. An dessen verspiegelter Rundfassade sausen gläserne Aufzüge hoch und bringen (hoffentlich schwindelfreie!) Besucher von einem Wasserbassin zur Top-of-Five-Bar im 35. Stock, die außer gesalzenen Preisen eine faszinierende Aussicht bietet. Auch sonst lohnt das Hotel eine Innenbesichtigung, und sei es nur, um den Begriff Erlebnisarchitektur mit Inhalt zu füllen.

Markante Fassaden

Bei diesem futuristischen Ambiente fällt es schwer zu glauben, dass die Bebauung des Hügels ursprünglich aus zweistöckigen victorianischen Holzvillen bestand, bewohnt von der Upper Class, die von hier aus das ansonsten flache Los Angeles Bassin überblicken konnte. Aus jener Epoche stammt die alte Standseilbahn **Angels Flight** an der Ecke 3rd St. und West St., wo sie auf knapp 100 m und mit 33 % Steigung eine Flanke des Hügels bezwingt. Die Bahn wurde 1901 als *Los Angeles Incline Railway* und „kürzeste Eisenbahn der Welt" eingeweiht, 1969 bei der Umwandlung des Viertels stillgelegt, 1996 wieder eröffnet und unter Denkmalschutz gestellt. Allerdings fuhren die historischen Waggons nach einem schlimmen Unfall im Jahre 2001 nicht mehr, erst 2010 wurde die Bahn wiedereröffnet (*www.angelsflight.com*).

Bei all diesen Gebäuden ist der markanteste Blickfang am Bunker Hill zweifellos die **Walt Disney Concert Hall (9)**, die mit ihren geschwungenen Formen und der Metall-Verkleidung an das Guggenheim-Museum in Bilbao erinnert. Kein Wunder, ist

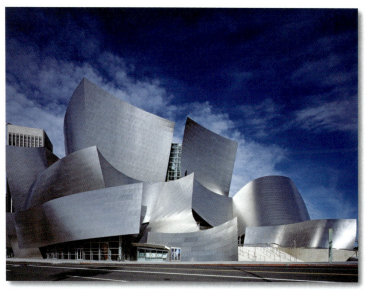
Architektonisches Schmuckstück: die Walt Disney Concert Hall

doch der Architekt in beiden Fällen *Frank O. Gehry*. Die Konzerthalle mit ihrer weltweit gerühmten Akustik ist im Besitz der Stadt Los Angeles und wird als viertes Veranstaltungsgebäude vom Music Center (s.o.) betrieben.
Walt Disney Concert Hall, *111 S. Grand Ave., Infos zu Führungen:* ☎ *(323) 850-2000, www.laphil.com.*

Zum Pershing Square, Broadway und Grand Central Market

Wenige hundert Meter vom Bunker Hill entfernt und in unmittelbarer Nachbarschaft zum himmelstürmenden U.S. Bank Tower (s.o.) gelegen, nimmt die **Los Angeles Central Public Library (10)** den Block zwischen den Straßen Hope und Grand Ave. bzw. 6th und 5th St. ein. Dieses architektonische Meisterwerk aus dem Jahre 1926 mit seinem riesigen Atrium, das nicht weniger als 2,1 Mio. Bücher beherbergt, strahlt eine angenehme Atmosphäre aus, zu der im Außenbereich auch die schattigen Gärten mit Springbrunnen beitragen. Einen Block weiter führt einen das alte Portal an der Olive St. zum futuristischen **Pershing Square (11)**, um den weitere Wolkenkratzer der Stadt gruppiert sind. Der Platz selbst wurde als erster Stadtpark von L.A. bereits 1866 eingerichtet; mit kreisrundem Pool, violetter Riesen-Stele, Palmen und Mini-Wasserfall hätte er auch heute das Zeug zu einem wahren Mittelpunkt der Downtown, wirkt an normalen Tagen allerdings wie ausgestorben. *Erster Stadtpark*

Etwas lebhafter geht es da im **Jewelry District (12)** zu, der sich unmittelbar südlich an den Pershing Square anschließt. Wer auf der Suche nach Edelsteinen, Schmuck und

Viertel der Gold- und Silberhändler anderen Produkten der Gold- und Silberhandwerker ist, wird hier fündig, denn es haben sich rund 3.000 Händler in diesem Distrikt niedergelassen (Infos unter www. lajd.net). Am benachbarten Broadway schließlich brodelt das Leben, hier wurde auch das **Bradbury Building (13)** unter Denkmalschutz gestellt, ein bauliches Prachtstück aus dem Jahre 1893, dessen bizarrer Innenraum als Kulisse für den Film *Blade Runner* gedient hat *(304 Broadway)*. Direkt gegenüber ist der **Grand Central Market (14)**, Los Angeles größter und ältester Markt, quasi der Bauch der Innenstadt: Das multikulturelle Leben ist hier in Verkaufsständen und Restaurants konzentriert, deren Produkte für Augen und Nasen der Besucher einen Hochgenuss darstellen.

Grand Central Market, *317 S. Broadway, www.grandcentralsquare.com; tgl. 9–18 Uhr.*

Die nördliche und südliche Peripherie der Downtown

Ebenfalls noch zur Downtown gehörig, aber schon in weiterer Entfernung (Auto, Bus oder Metro erforderlich), gibt es weitere interessante Parks und Stadtviertel, deren Besuch bei genügend Zeit lohnend ist.

Im Norden erstrecken sich z.B. die **Angelino Heights (15)**, die erste Vorstadt von L.A., die noch durchweg von restaurierten victorianischen Villen und Miethäusern geprägt ist. Einen guten Kilometer weiter östlich befindet sich die großzügige Grünanlage des Elysian Park, der außer viel Natur vor allem das imponierende, nach dem Baseballclub benannte **Dodger Stadium (16)** zu bieten hat.

Im Süden der Downtown Los Angeles wurde 2009 die erste Phase des 2,5 Mrd. US$ teuren Entertainment-Komplexes **L.A. Live (17)** eingeweiht, zu dem unzählige Restaurants (darunter auch ein Gourmet-Lokal) gehören, außerdem das 7.500-Sitze-Theater von Nokia, zwei First-Class-Hotels (Marriott und Ritz Carlton), ein Riesenkino mit 17 Leinwänden und einem 800-Sitze-Saal für Filmpremieren, die Hightech-Bowlinghalle Lucky Strike mit 18 Bahnen, den Nokia Club für Music-Acts angesagter Künstler und der lateinamerikanische Musik- und Nachtclub Conga, der u.a. Jennifer Lopez gehört. *Viel Musik auf einem Raum* In dem Komplex ist auch das **Grammy Museum** untergebracht, ein vierstöckiges und einmaliges Museum für Musik der letzten 40 Jahre. Am besten fährt man von der Lobby in die vierte Etage und beginnt dort mit der Besichtigung. Mit Filmen, Fotos, Videoclips und interaktiven Medien erfährt man hier nicht nur viel über die berühmten Bands und Stars, sondern auch über die verschiedenen Aufnahmetechniken oder die Geschichte der Grammy Awards. Auch komplette Tonstudios können besichtigt bzw. ausprobiert werden. Und da es im Grammy Museum auch Konzerte gibt, kann die Eigenwerbung von L.A. Live stimmen, dass nirgendwo auf der Welt so viel Musik auf einem Raum vereint ist wie hier.

Grammy Museum, *800 W. Olympic Blvd./Ecke Figueroa St., ① (213) 765-6800, www. grammymuseum.org; tgl. 11.30–19.30, Sa–So ab 10 Uhr, Eintritt US$ 13.*

Nicht weit entfernt, stellt die riesige, hypermoderne Glas- und Stahlkonstruktion des **Convention Center (18)** einen unübersehbaren städtebaulichen Akzent dar. Mit 67.000 m² Fläche ist es eines der größten Ausstellungszentren der USA. Daran schließt sich die 1999 eingeweihte Sportarena **Staples Center** an. Noch etwas weiter lockt die urbane Oase des **Exposition Park (19)** am State Dr. mit einem herrlichen Rosengarten (etwa 17.000 Exemplare!). Außerdem sind auf der weitläufigen Anlage, in der

Die nördliche und südliche Peripherie der Downtown

1932 die ersten Olympischen Sommerspiele von Los Angeles stattfanden, mehrere Sportstätten und Museen vereint. Zu den markantesten Gebäuden gehört das **Los Angeles Memorial Coliseum**, ein 94.000-Sitzplatz-Stadion, das Schauplatz der Olympischen Sommerspiele von 1984 war, außerdem zweimaliger Austragungsort des Super Bowl, und in dem die legendäre Football-Mannschaft L.A. Raiders lange ihre Heimspiele austrug. Auch viele ebenso legendäre Konzerte haben hier stattgefunden, u.a. von den Rolling Stones, The Who, Pink Floyd und Bruce Springsteen. Nahebei befindet sich mit der **Los Angeles Memorial Sports Arena** eine überdachte Sporthalle mit 16.000 Sitzplätzen. Ebenfalls ist dort die **University of Southern California (USC)** beheimatet, deren Gebäude um einen schön gestalteten parkähnlichen Campus gruppiert sind.

Convention Center

Daneben vereint der Exposition Park mehrere kulturelle Institutionen und Museen wie z.B. das **California African-American Museum**. Von besonderem Reiz sind dabei aber folgende zwei Adressen:

Das **Naturhistorische Museum** ist ein wichtiger Anlaufpunkt für alle, die sich für Fossilien, versteinerte Dinosaurier-Knochen, Mineralien etc. interessieren. Kinder werden vom Dinosaurier-Encounter und den vielen Tierdarstellungen in Dioramen begeistert sein. Daneben kommen hier auch Liebhaber der (Kunst)Geschichte des vorkolumbianischen Amerika, besonders des Südwestens, voll auf ihre Kosten! Um auch nur einen Bruchteil der 16 Mio. Ausstellungsstücke zu sehen, sollte man mindestens zwei Stunden an Zeit mitbringen.
Natural History Museum, *900 Exposition Blvd., ① (213) 763-3466, www.nhm.org; tgl. 9.30–17 Uhr, Eintritt US$ 12.*

Museen im Exposition Park

Noch populärer ist das **California Science Center**, eine riesige und ebenfalls besonders für Kinder interessante Institution. Im „größten interaktiven Museum des Westens" wird umfassend über die Naturwissenschaften informiert, daneben gibt es Ausstellungen zu Themen der Mathematik, Gesundheit, Ökonomie und Landwirtschaft. Stark besucht sind die *Air & Space Exhibits* mit Filmen, Modellen, Fotos und originalen Ausstellungsstücken zu Luft- und Raumfahrt. Von besonderem Interesse sind in dieser Gegend auch die Dokumentation und Erforschung der Erdbeben. Außerdem werden im IMAX-Theater auf einer Großleinwand spektakuläre Filme z.B. über die Tiefsee (Eintritt) gezeigt.
California Science Center, *Exposition Park, 39th Street & Figueroa Street, ① (323) 724-3623, www.californiasciencecenter.org; tgl. 10–17 Uhr, Eintritt frei.*

Bizarre Kunst

Ganz weit im Süden schließlich sind die 30 m hohen **Watts Towers (20)** ein bizarres Folk-Art-Monument, in das der italienischstämmige Künstler *Sabato Simon Rodia* 33 Jahre Arbeit (ohne jegliche technische Hilfsmittel) gesteckt hatte (*1727 E. 107th St., www.wattstowers.us*). Die Watts Towers erscheinen als ein Sammelsurium von Stahldrähten, Flaschen, Geschirr, Keramikfliesen, Bettenfedern und 70.000 Muscheln. Wer diese merkwürdig-eindrucksvolle Landmarke sehen möchte, muss von Downtown aus auf der Alameda Ave. rund 6 Meilen nach Süden fahren, dann auf der 107th St. ½ Meile nach Westen.

Hollywood und Griffith Park

Der Stadtteil Hollywood liegt westlich der Downtown und nördlich vom Flughafen LAX. Man erreicht ihn am bequemsten von Downtown aus über den Hollywood Fwy. (Hwy. 101) und von West-L.A. über den Santa Monica Blvd.

125 Jahre Hollywood

Hollywood, das 2012 seinen 125. Geburtstag feiert, machte eine der erstaunlichsten Karrieren der Vereinigten Staaten durch. Aus einem kleinen verschlafenen Farm-Bezirk, der erst 1903 in Los Angeles eingemeindet wurde, entwickelte sich der Ort fast explosionsartig – 1907–08 hatten die Filmregisseure und Produzenten die Vorteile des immer sonnigen Klimas für ihr expandierendes Gewerbe entdeckt. Die Dreharbeiten zum *Grafen von Monte Christo* machten den Anfang, später wurde Hollywood zum Synonym für das amerikanische Filmwesen in seiner Gesamtheit. Zwar sind längst viele Studios in die Vorstädte abgewandert und trifft man Stars und Sternchen nicht mehr so häufig an wie früher, doch sind immer noch knapp 150.000 Menschen in diesem Wirtschaftszweig beschäftigt.

Falls man nicht auf einer der vielfach angebotenen geführten Touren nach Hollywood kommt (z.B. mit den offenen Doppeldeckerbussen von Starline Tours, Infos unter *www.starlinetours.com*), empfiehlt es sich, mit dem Wagen bis ins Zentrum des Stadtteils zu fahren und einen Parkplatz auf Höhe des Straßenrasters Hollywood/La Brea/Sunset Blvd. zu suchen. Ab dort kann man die Sehenswürdigkeiten bequem zu Fuß erreichen.

Rundgang durch Hollywood

Natürlich hat auch Alfred Hitchcock einen Stern auf dem Walk of Fame

Man beginnt einen Spaziergang am besten auf dem Hollywood Blvd. in Höhe des Roosevelt-Hotels. Hier ist man schon auf dem **Walk of Fame (1)**, dem vielleicht berühmtesten Bürgersteig der Welt, der sich zwischen den Straßen Gower und Sycamore auf beiden Seiten des Hollywood Blvd. hinzieht. Mehr als 2.300 Persönlichkeiten aus dem Film-, Fernseh- und Show-

Rundgang durch Hollywood

gewerbe sind hier mit einem Stern und ihrem Namen verewigt worden, und jedes Jahr kommen neue Namen hinzu. Es lohnt sich also, die Blicke auf den Boden zu heften und sich an Szenen der Filmgeschichte zu erinnern – dies um so mehr, als die Läden, die man passiert, außer T-Shirts, Hamburgern und Ramsch nichts Nennenswertes anzubieten haben.

Jeder wird seinen persönlichen Filmhelden suchen und mit etwas Glück auch finden; einige Klassiker sind bei folgenden Hausnummern platziert: Rock Hudson = 6116, Bette Davis = 6225, Humphrey Bogart = 6322, Ronald Reagan = 6374, James Cagney = 6504, Frank Sinatra = 6538, Walt Disney = 6747, Charles Chaplin = 6751, Judy Garland

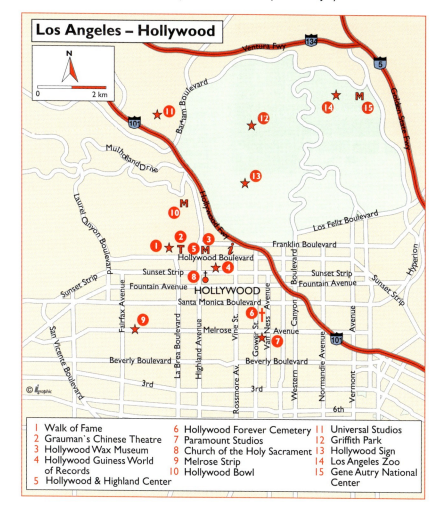

Rundgänge und Fahrten durch Los Angeles und Umgebung

Das Grauman's Chinese Theatre

= 6764, Marilyn Monroe = 6776, Elvis Presley = 6777, Greta Garbo = 6901. Berühmt sind auch die Abdrücke von Arnold Schwarzenegger, der sie am 14.07.1994 mit der prophetischen Inschrift „I'll be back"! signierte.

Nachdem man rechter Hand das Roosevelt-Hotel passiert hat, taucht links des Boulevards das **Hollywood Entertainment Museum** auf, das sich der jungen Geschichte der Vergnügungsindustrie widmet – ein Besuch ist allerdings für Europäer nicht ganz so interessant. Lohnender ist da schon das Unikum des **Grauman's Chinese Theatre (2)**, das sich in seinem skurrilen Architekturkleid daneben erhebt. Seitdem sein Besitzer *Sid Grauman* es 1927 eröffnete, ist dieses Kino das wohl bekannteste der Filmstadt geblieben und trägt seinen Beinamen „King of Theatres" zu Recht. Außer der fernöstlichen Formensprache und den Film-Premieren, die hier gezeigt werden, locken vor allem die Fuß- und Handabdrücke von mehr als 180 Stars die Menschen an. Der Komiker *Bob Hope* ließ es sich nicht nehmen, auch seine Nasenspitze in den frischen Beton zu senken. Wer über genügend Zeit verfügt, sollte sich ruhig in dem ehrwürdigen Lichtspieltheater einen Film anschauen – immer noch gibt's hier viele Erstpräsentationen.
Grauman's Chinese Theatre, *6925 Hollywood Blvd., ① (323) 464-8111, www.chinesetheatres.com; Filmvorführungen mehrmals tgl., Tickets kosten ab US$ 14, es gibt auch Touren (Reservierung unter ① (323) 463-9576).*

Nachdem die Gegend ein wenig heruntergekommen war, wurde ab den späten 1980ern Geld in neue Projekte zur Revitalisierung Hollywoods investiert, so z.B. in die **Hollywood Promenade**, ein 330-Millionen-Dollar-Komplex mit Hotel, Büros, Kinos, Entertainment, Läden, Cafés und Kabaret. Auch das Hollywood Exposition Museum ist dort untergebracht. Wer noch keinen Star aus der Nähe sah, kann das in einem weiteren Museum nachholen, nämlich dem **Hollywood Wax Museum (3)**, das sich kurz hinter dem Grauman's Chinese Theater auf der gleichen Seite befindet: Rund 220 Persönlichkeiten sind hier nachgebildet.
Hollywood Wax Museum, *6767 Hollywood Blvd., ① (323) 462-5991, www.hollywoodwax.com; tgl. 10–24 Uhr, Eintritt US$ 16.*

Schräg gegenüber sind in der **Hollywood Guiness World of Records (4)** alle möglichen und unmöglichen Rekorde präsentiert, die oft unfreiwillig komisch wirken, bisweilen aber die Grenze des guten Geschmacks überschreiten (Eintritt).

Im Block hinter den genannten Attraktionen stößt man auf das moderne **Hollywood & Highland Center (5)**, einen fünfstöckigen Open-Air-Komplex mit jeder Menge Shopping-Möglichkeiten und Restaurants. Auch eine Touristeninformation ist hier untergebracht, und von einem Gang im oberen Stockwerk ergibt sich eine prächtige Aussicht bis hinüber zum Hollywood-Sign (s.u.). Von besonderer Bedeutung ist der Komplex aber für die Filmindustrie, denn im ebenfalls hier untergebrachten **Kodak Theatre** heißt es bei der Oscar-Verleihung alljährlich: *And the winner is...* Wer sich den plüschigen Saal anschauen möchte, in dem dieses Spektakel stattfindet, kann an halbstündigen Führungen teilnehmen; sie starten alle 30 Minuten am Kodak Theatre Box Office im ersten Stock.

Heimat des Oscars

Bei genügend Zeit kann man den Spaziergang von hier aus noch etwas ausdehnen, auch wenn die ganze Gegend nicht unbedingt als Schmuckstück zu bezeichnen ist. Wenn man bis zur Kreuzung mit der Vine St. geht, kann man dort auf dem Bürgersteig die roten oder schwarzen Platten sehen, mit denen weitere Stars (u.a. *Henry Fonda*, *Clark Gable*, *John Wayne*, *Shirley MacLaine*) verewigt worden sind. Folgt man der Vine St. in südlicher Richtung über den Sunset Blvd. hinaus bis zum Santa Monica Blvd. und geht dort ein kleines Stück nach links, dann stößt man zwischen Gower St. und Van Ness Ave. auf ein **Hollywood Forever Cemetery (6)**. Auf diesem Friedhof sieht man die Grabsteine von *Rudolpho Valentino*, *Jayne Mansfield*, *Bugsy Siegel* und anderer Berühmtheiten. Zurück an der Gower St., liegen linkerhand die **Paramount Studios (7)**, das letzte der klassischen Hollywood-Studios, das sich nach wie vor mitten in Hollywood befindet. Von der Straßenseite her wirken die pompösen Portale wie ein Relikt aus längst vergangenen Filmtagen.
Paramount Pictures Corporation, *5555 Melrose Avenue, Hollywood,* ☎ *(323) 965-1777 (Kartenreservierung für Touren), www.paramountstudios.com.*

Für den Rückweg zum Ausgangspunkt kann man zwischen einer näheren und einer weiteren Alternative wählen: Im ersten Fall geht man bis zum **Sunset Boulevard** zurück und auf diesem in westlicher Richtung. Der Boulevard weiß hier als schnurgerade, palmenbestandene Allee alle Klischees von Hollywood zu erfüllen. Man passiert einige schöne Gebäude, u.a. die römisch-katholische **Church of the Holy Sacrament (8)** aus dem Jahre 1928. Der neo-barocke, spanische Stil der Kirche setzt im ansonsten nüchternen Stadtbild einen deutlichen Akzent. Im Innern besticht der offene und schön geschnitzte Dachstuhl. Auch der kleine Platz daneben (*Crossroads of the World*) verdient mit seinem Springbrunnen und dem Globus Beachtung. Die Kirche war bei der Hollywood-Prominenz beliebt, sowohl für Hochzeiten (u.a. von *Bing Crosby*) als auch für Beerdigungen (u.a. von Regisseur *John Ford*), ebenso als Kulisse in manch einem Kinofilm (u.a. in L.A. Confidential).

Prominente Kirche

Die längere Alternative (evtl. besser mit dem Wagen zu erreichen) berührt die weiter südlich gelegene Melrose Ave. mit dem sog. **Melrose Strip (9)**. Dieser Straßenabschnitt liegt jenseits der La Brea Ave. (7000er Hausnummern) und kann all das bieten, was dem Hollywood Blvd. mangelt: viele Cafeterien oder Restaurants, Boutiquen, Läden mit Second-Hand-Waren, Lederwaren und Schmuck sowie ein etwas ausgefallenes Ambiente.

Kaum jemand möchte in Los Angeles den Besuch eines Filmstudios verpassen. Außer den Paramount Studios liegen die großen Studios allerdings etwas weiter entfernt, jenseits des Hollywood Fwy. Die beste Adresse ist hier die sog. Universal City (s.u.), die man von Hollywood aus über die Highland Ave. (Hwy. 170) und den Hwy. 101 erreicht.

Für Cineasten

Auf dem Weg passiert man zunächst, noch an der Ecke zum Hollywood Blvd., das **Hollywood History Museum**. Allein schon das 1935 errichtete Gebäude – das ehemalige Max Factor Building im reinsten Art Déco – beeindruckt, und im Inneren kommen alle Cineasten auf ihre Kosten. Denn hier wird die wohl weltgrößte Sammlung von Kostümen, Postern Fotografien und anderen Memorabilien von Hollywoodstars aufbewahrt – und so manche Rarität. Wer also z.B. *Hannibal Lector's* Gefängniszelle, Originalkleider von *Cameron Diaz*, die Boxhandschuhe von Rocky oder den Pharaonenthron von Kleopatra alias *Elizabeth Taylor* betrachten möchte, ist hier genau richtig.
Hollywood History Museum, 1660 N.Highland Ave., Hollywood, ① (323) 464-7776, www.thehollywoodmuseum.com; Mi–So 10–17 Uhr, Eintritt US$ 15.

Weiter nördlich, wo Highland Ave. und Hwy. 101 zusammen kommen, passiert man die Anlage des **Hollywood Bowl (10)**, ein natürliches Amphitheater und Freiluft-Arena für bis zu 30.000 Zuschauer. Hier werden von Juli bis September vier Mal wöchentlich Nachtkonzerte des Los Angeles Philharmonic Orchestra gegeben.

Universal City

Das nächste Ziel sind die **Universal Studios (11)**, die mit Abstand bekanntesten Filmstudios, die ihren Besuchern ein breites Spektrum an Aktivitäten, Besichtigungen, Shows usw. bieten. Die Zufahrt erfolgt über den Hollywood Fwy. (Hwy. 101), von dem eine eigene Ausfahrt „Universal Studios" abgeht.

Vom obligatorischen und nicht billigen Parkplatz wird man zum **Universal CityWalk** geleitet, einer futuristischen Gehmeile mit Geschäften, Restaurants, Souvenir Shops und Kinos. Einen Besuch wert ist dabei das Hard Rock Café, eine der größten Filialen dieser bekannten Restaurant-Kette. Die Fülle der Erinnerungsstücke an Rockmusiker ist dort so groß, dass sogar ein eigener Hard Rock Guide herausgegeben wurde.

Hinter den Eintrittsschaltern gelangt man dann in die eigentliche Filmstadt, deren Besuch mindestens einen halben Tag verlangt, zumal wegen des starken Andrangs längere Wartezeiten vor den einzelnen Attraktionen einkalkuliert werden müssen. Diese sind nach einem Großbrand von 2008 inzwischen alle wieder zugänglich.

Man sollte nicht zu viel Zeit auf die Teilnahme der verschiedenen Stuntshows, mit einem Kaffee in der originalen Atmosphäre der Pariser Pigalle oder dem Essen in der Bahnhofsbar der Londoner Vic-

Wildwest-Stunts in Hollywood

toria Station verbringen. Am besten beginnt man das Besichtigungsprogramm mit der **Studio Tour**, wo die Besucher mit einer Bahn durch Kulissen von Städten, Häusern und Landschaften fahren, die einem alle irgendwie vertraut vorkommen. Man sieht Bates Hotel aus Hitchcocks Psycho, wird auf einer altersschwachen Brücke fast in die Tiefe gerissen und erlebt einen tropischen Regenschauer unter völlig blauem Himmel. Die spektakulärsten Erlebnisse hat man jedoch, wenn man eine Attacke des Weißen Hais beobachtet und dem brüllenden King Kong ins überdimensionierte Gesicht starrt. Den Höhepunkt der Illusion stellt ein Erdbeben dar (8,3 auf der Richterskala), von dem man in einem U-Bahn-Tunnel erschreckt wird. Das alles ist so perfekt, dass man es für wahr halten könnte, und besonders kleine Kinder sind bei der Bewältigung des Erlebten manchmal schlichtweg überfordert.

Perfekt nachgemachtes Erdbeben

Am besten für Kinder geeignet sind die 3-D-Vorführungen der Animationsfigur Shrek, eine Fahrt durch das Reich der Flintstones oder ein Besuch des riesigen Wasserspielplatzes des Curious George. Ältere Besucher zieht es zu der Feuer speienden Show Backdraft, zum Seekriegsabenteuer Waterworld und zu einer rasanten Achterbahnfahrt, bei der man die *Revenge of the Mummy* fürchten und erleben muss. Weitere Attraktionen sind der Jurassic Park mit seinem riesigen künstlichen Wasserfall und lebensechten Dinosaurier-Ungetümen sowie das weltgrößte 360-Grad-3-D-Kino King Kong. **Universal Studios**, *Universal Studios Blvd., Universal City,* ① *1-800-8648-37725, www.universalstudioshollywood.com; die Homepage informiert über die wechselnden Öffnungszeiten. Eintritt US$ 77.*

Hinter dem Bergrücken in der Ortschaft **Burbank** haben sich andere Filmstudios etabliert, wie die Disney Studios, die Warner Bros. Studios und die von NBC. Die letzteren beiden Gesellschaften bieten ebenfalls Führungen an, die aber weniger auf Show angelegt sind, als vielmehr lehrreich und informativ sein wollen. Die Tour der Warner Bros. Studios (*4301 W. Olive Ave., Burbank,* ① *(818) 972-8687*) ist niemals die gleiche, da sie die Filmproduktion des jeweiligen Tages mit einbezieht. Und bei der NBC lernt man auf einem Rundgang Technik und Verfahrensweisen in einem Fernsehstudio kennen oder erlebt die Tonbühne der Tonight Show.

Von Burbank aus ist es nur ein Katzensprung zum Griffith Park mit dem L.A. Zoo, dem Planetarium und der schönen Aussicht auf die Metropole.

Griffith Park (12)

Östlich der Universal City und nördlich von Hollywood platziert, enthält der hochgelegene Griffith Park ein interessantes Ensemble an Sehenswürdigkeiten. Man erreicht ihn über die Fwy.s 2/101, Abfahrt Western Ave., von Ost-Hollywood direkt über die Vermont Ave. oder über die I-5, von der man auf den Los Feliz Blvd. abbiegt. Der Park selbst, 1896 vom Waliser Zeitungsmann *Griffith J. Griffith* der Stadt zum Geschenk gemacht, hat riesige Ausmaße und ist mit 16 km² der größte öffentliche Stadtpark in den USA. Außerdem fungiert er als beliebtes Naherholungsgebiet der Einwohner von L.A., mit jeder Menge Fußball-, Golf- und Tennisplätzen, Picknick-Areas, Wanderwegen und einer großen Sammlung historischer Dampfloks (*Travel Town Transportation Museum*). Außerdem hat das Open-Air-Amphitheater im griechischen Stil (**Greek Theatre**) mit 4.000 Sitzplätzen seinen festen Platz im sommerlichen Veranstaltungskalender.

Beliebtes Ausflugsziel

Blick in die Sterne

Der Hauptgrund, warum ausländische Besucher den Park besuchen, ist jedoch der hier gebotene Panoramablick über die Stadt, insbesondere bei nächtlicher Beleuchtung. Dazu benutzt man am besten den südlichen Parkeingang (Los Feliz Blvd./Vermont Ave.) und richtet sich immer nach dem Hinweisschild *Observatory*. Auf mehreren Serpentinen gelangt man dabei zum großen Parkplatz vor dem mächtigen, weißen **Griffith Park Observatory**, ein eindrucksvolles Gebäude aus dem Jahre 1930. Das Observatorium beherbergt ein großes Planetarium mit der **Samuel Oschin Planetarium Show**, die Wissenschafts-historische Hall of Science und ein riesiges Zeiss-Doppelteleskop. Der Zugang zum Observatorium und seinen Aussichtsterrassen ist frei, in klaren Nächten wird auch das Teleskop ohne Eintrittsgebühr gezeigt. Daneben werden im Laserium faszinierende, farbenprächtige Lasershows geboten (Eintritt). Zu den Neubauten, die den Eindruck der alten Architektur aber nicht antasten, zählen der gläserne **Gottlieb Transit Corridor**, bei dessen Begehung man über die interkulturelle Bedeutung von Sonne und Mond aufgeklärt wird, sowie das 400-Sitze-Multifunktions-Theater *Leonard Nimoy Event Horizon*. Auch ein Souvenirladen und das *Café at the End of the Universe* gehören zur Anlage.

Griffith Park Observatory & Planetarium, *2800 E. Observatory Rd., ① (213) 473-0800, www.griffithobs.org; Mi–Fr 12–22, Sa–So 10–22 Uhr.*

Auf der anderen Seite des Parkplatzes führt ein Wanderweg auf den Mt. Hollywood. Es lohnt sich aber auch, diesem Weg nur ein kurzes Stückchen zu folgen, wobei man an einem Wegweiser nach Berlin (5795 Meilen) und dem kleinen Wäldchen *Berlin Forest* vorbeikommt: Seit 1967 ist Berlin die Partnerstadt von L.A. Dahinter hat man einen herrlichen Blick auf die Stadt, das Observatorium und den Sonnenuntergang. Ein anderes Denkmal nahe dem Eingang erinnert an den Schauspieler *James Dean*, der an dieser Stelle in einer langen Szene des Films „Denn sie wissen nicht, was sie tun" zu sehen war.

Ebenfalls von hier aus gut zu sehen sind die Hollywood Hills mit dem Mount Lee, an dessen Hängen man das **Hollywood Sign (13)** erkennt – jene weltberühmten Buchstaben, die 1923 aufgerichtet wurden und eigentlich als HOLLYWOODLAND auf Bauland aufmerksam machen wollten. Sie sind so mit der Filmmetropole verschmolzen, dass man sich 1978 entschloss, sie mit einer aufwändigen Restaurierung vor dem Verfall zu retten und abends anzustrahlen. Ein enttäuschtes Starlet stürzte sich Anfang der 1930er vom 16½ m hohen Buchstaben H in den Tod...

Los Angeles Zoo (14)

Ein Besuch des Zoos von L.A., der eigentlich noch im Griffith Park liegt, ist ein grandioses Erlebnis. Aufgrund seiner Dimen-

Buchstaben mit Geschichte

sionen und der hier gezeigten Artenvielfalt wird er als zweitwichtigster Tiergarten des amerikanischen Westens (nach San Diego und vor San Francisco) bezeichnet. Besonders sehenswert sind das große Vogelhaus, das Koala-Haus, das Reptilienhaus und die Abteilung amerikanischer Tiere. Insgesamt zeigt der Zoo mehr als 1.200 seltene Exemplare in weitestgehend natürlicher Umgebung. Und die Kinder werden von den Ritten auf Kamelen und Elefanten sowie dem Adventure Island und einem speziellen Kinderzoo begeistert sein. Natürlich gibt es auch Shows, Souvenirläden und Restaurants.
Greater Los Angeles Zoo, *5333 Zoo Dr., Los Angeles, ① (323) 644-4200, www.lazoo.org; tgl. 10–17 Uhr, Eintritt US$ 16.*

In unmittelbarer Nachbarschaft zum Zoo stellt das 1988 eingeweihte **Gene Autry National Center (15)** für den amerikanischen Westen einen wichtigen kulturellen Akzent innerhalb des Griffith Park dar. Das Museum erläutert in acht Abteilungen die Geschichte und Kultur des westlichen Amerika, zeigt Exponate von der Prähistorie bis zum 20. Jh., verfügt über ein eigenes Theater und organisiert Ausstellungen. Zur Anlage gehören auch ein Restaurant und ein gut ausgestatteter Souvenirshop. Seit 2003 gehören zudem das **Southwest Museum of the American Indian** und das **Women of the West Museum** zum Museumskomplex, sodass das Autry Center mit über 500.000 Ausstellungsstücken zu einer der bedeutendsten Sammlungen des amerikanischen Westens und indianischer Kunst und Kultur zählt.

Museum zur Geschichte des westlichen Amerika

Gene Autry Center of the American West, *Griffith Park, 4700 Western Heritage Way, ① (323) 667-2000, www.theautry.org; tgl. außer Mo 10–16, Sa/So –17 Uhr, Eintritt US$ 10.*

Beverly Hills und Midtown

Beverly Hills und West Hollywood

Im Anschluss an den Besuch von Hollywood werden die wenigsten den Stadtteil verlassen wollen, ohne den berühmten **Sunset Strip** entlanggefahren zu sein. Obwohl von der heißesten Zeit, als hier Nachtclubs wie das Trocadero oder das Mocambo für Furore sorgten, nicht viel übrig ist, macht man doch immer noch gern den Autocorso über den Strip. Da, wo der Sunset Blvd. eine leichte Linkskurve vollzieht und nach rechts der Laurel Canyon Blvd. in die Santa Monica Mountains führt, erhebt sich das Chateau Marmont Hotel wie ein normannisches Schloss. Auch dieses Hotel hat Filmgeschichte zumindest mitgeschrieben: Kaum ein Weltstar, der sich hier nicht von den Dreharbeiten ausruhte…

Erst nach dieser Kurve beginnt der eigentliche Sunset Strip, von dem bald schmale und kurvenreiche Straßen zu beiden Seiten abgehen. Folgt man einer solchen Straße, kommt man unweigerlich an hochherrschaftlichen Villen vorbei, sieht von blühenden Gärten umringte Swimmingpools und kann die abgestellten europäischen Nobelkarossen bewundern. Dann weiß man: Nun befindet man sich in **Beverly Hills**.

Ein Besuch in Beverly Hills sollte nicht aus dem Grund unternommen werden, irgendwelche Berühmtheiten sehen zu wollen. Selbst wenn man sich in Hollywood eine der Spezialkarten (*Map & Guide to Movie Star Homes and Hangouts*) besorgt, wird man kaum

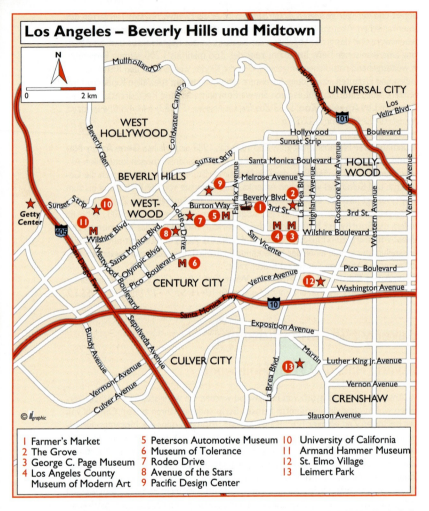

1 Farmer's Market
2 The Grove
3 George C. Page Museum
4 Los Angeles County Museum of Modern Art
5 Peterson Automotive Museum
6 Museum of Tolerance
7 Rodeo Drive
8 Avenue of the Stars
9 Pacific Design Center
10 University of California
11 Armand Hammer Museum
12 St. Elmo Village
13 Leimert Park

einen Blick auf seinen Lieblingsstar erhaschen können. Die herrliche Hügellandschaft, die gute Luft und das ideale Klima und inmitten dieses irdischen Paradieses der fast schon körperlich spürbare Luxus – das macht den Erlebniswert von Beverly Hills aus.

Wer ein wenig tiefer in das Stadtgebilde, das sich aus West Hollywood, Beverly Hills und Westwood Village zusammensetzt und heute oft Midtown genannt wird, eindringen möchte, dem sei zunächst ein Besuch des **Farmer's Market (1)** empfohlen, ein sympathisches Einkaufszentrum mit fast 130 Läden und Restaurants. Seit 1934 verkaufen hier Einzelhändler Früchte, Gemüse, Obst, Blumen und Fleisch. Die besondere Atmosphäre des Marktes ist inzwischen zu einer echten Touristenattraktion geworden, wo-

zu auch die vielen Straßencafés und Restaurants – darunter einige kulinarische Geheimtipps – beitragen.
Farmer's Market, *6333 W. 3rd St./Ecke Fairfax Ave., ① (323) 933-9211, www.farmersmarketla.com; Mo–Fr 9–21, Sa 9–20 und So 10–19 Uhr.*

Sofort hinter dem Farmer's Market dehnt sich das neue Viertel **The Grove (2)** aus, ein richtiges kleines Dorf mit einem enormen Angebot an Shops der höheren Preisklasse, etlichen Restaurants, Straßencafés, Livemusik, vielen Veranstaltungen, Theater und Kino. Über die Hauptstraße (First St.) des Viertels verkehrt eine nostalgische und kostenlose Straßenbahn bis zum Markt. Die heimelige Architektur mit Arkaden, gewunden Gassen und kleinen Plätzen, die grüne Lunge des Pan Pacific Park und der nahe Farmer's Market machen The Grove zu einem sehr populären Ausflugs- und Shoppingziel.

Ausflugsziel

The Grove, *189 The Grove Dr., ① (323) 900-8080, www.thegrovela.com; Mo–Do 10–21, Fr–Sa 10–22, So 11–20 Uhr.*

Museen

Einen Block weiter verläuft parallel zur 3rd St. der lange Wilshire Blvd., dessen 2 Meilen langer Abschnitt hier wegen der wichtigen und vielbesuchten Museen *Museum Row* genannt wird. Vor allem zwei Institutionen lohnen einen intensiveren Besuch:

Das **George C. Page Museum (3)**, das am Rande der Rancho La Brea Teergruben steht, gilt als einer der reichsten Fundorte von Fossilien und Eiszeit-Tieren überhaupt. Wer gerne eine Zeitreise in das Los Angeles vor 25.000 Jahren unternehmen möchte, ist hier genau richtig, auch Kinder wird das Haus interessieren, vor dem dramatisch ein Mammut aus einem Tümpel schaut. Neben den Funden selbst sind Geologie und Zustandekommen der Teergruben Gegenstand des Museums, wobei letztere, aus denen seit 1906 Paläontologen wahre Schätze ans Tageslicht förderten, neben dem Museum zu sehen sind.
George C. Page Museum of La Brea Discoveries, *5801 Wilshire Blvd., ① (323) 857-6300, www.tarpits.org; tgl. 9.30–17 Uhr, Eintritt US$ 11 (am ersten Di im Monat frei).*

Deutlich größer und derart umfangreich, dass man hier gut und gerne einen Tag verbringen kann, ist das nahe **Los Angeles County Museum of Modern Art (4)**, das meist kurz LACMA genannt wird. Es besteht aus mehreren interessanten Gebäuden unterschiedlicher Stile, die um einen Campus gruppiert sind, zu dem auch Grünanlagen, Ruhezonen und ein Amphitheater gehören. Durch einen spektakulären *Grand Entrance*, der die North Piazza von der South Piazza trennt, werden die einzelnen Flügel verbunden. Das LACMA ist bekannt für seine Sonderausstellungen moderner Kunst, aber auch der eigene Bestand ist sehr reich. Daneben aber wird der Kunst und Kultur nahezu der gesamten Welt ausreichend Raum gegeben. Im 2008 neu gestalteten **Art of the Americas Building** werden z. B. vorzügliche Artefakte nord- und mittelamerikanischer Kulturen präsentiert, vor allem der Mayas, aber auch jüngere und jüngste Kunst amerikanischer Länder. Die afrikanische Kunst ist ebenfalls mit einer außergewöhnlich reichhaltigen Sammlung vertreten, weitere Abteilungen sind die Kunst des Nahen Ostens, der Pazifik-Völker, des alten China, des alten Ägypten sowie ausgesuchte europäische Malerei (von El Greco bis Picasso), ein Querschnitt der europäischen Skulptur, eine Abteilung mit griechischer, römischer und etruskischer Kunst, eine Sammlung des deutschen Expressionismus und islamische Kunst. Zudem gibt es eine große Aus-

Kunst aus aller Welt

Neuer Trakt des Los Angeles County Museum of Art

stellung im wunderschönen **Pavilion of Japanese Art** sowie Kunst aus Süd- und Südostasien. Daneben ist die Film- und Fotosammlung beachtlich. Jüngster und aufsehenerregender Bestandteil des Ensembles ist das **Broad Contemporary Art Museum** (BCAM) mit einer futuristisch gestalteten Fassade. Architekt dieses ersten neuen Museums in Los Angeles nach dem Getty Center ist *Renzo Piano*, der durch das Centre Pompidou in Paris weltberühmt wurde. Dieses Haus ist 2008 eingeweiht worden, im gleichen Jahr wie ein anderes bedeutendes, von *Renzo Piano* entworfenes Museum, nämlich die California Academy of Sciences in San Francisco (S. 156). Die Sammlung komplettiert die moderne Abteilung des LACMA und ist von solcher Vielfalt, dass man dem Spruch der Stadtregierung zustimmen kann, dass moderne Kunst derzeit in Los Angeles zu Hause ist wie sonst nirgendwo in der Welt. Sowohl das BCAM als auch das LACMA verfügen über Museumsshops, Cafeteria und Restaurant.

Los Angeles County Museum of Art, *5905 Wilshire Blvd., ✆ (323) 857-6010, www.lacma.org; Mo/Di/Do 12–20, Fr bis 21, Sa/So 11–20 Uhr, Eintritt US$ 15 (nach 17 Uhr „pay what you wish").*

Ein weiteres lohnendes Museum an der Museums Row ist das **Peterson Automotive Museum (5)**, das über viele automobile Raritäten aus Amerika und Europa verfügt (*6060 Wilshire Blvd., www.petersen.org*).

Weiter westlich und auf dem südlichen Pico Blvd. gelegen, sorgte das vierstöckige **Museum of Tolerance (6)** seit seiner Einweihung im Jahre 1993 für weltweites Aufsehen. Der interessante Hightech-Bau auf der Simon Wiesenthal Plaza, der auch Holocaust-Museum genannt und u.a. von Regisseur *Steven Spielberg* (Schindlers Liste) gesponsert wird, dient der Dokumentation und Erforschung von Rassenhass, insbesondere während der Nazi-Zeit. Mittels Videoinstallationen werden daneben aber auch aktuel-

le Konflikte aufgearbeitet. Wegen seines multimedialen Einsatzes war das Museum gerade bei europäischen Kritikern nicht unumstritten. Der Spiegel etwa urteilte *vulgär, klug und geschmacklos* und bemängelte, dass Auschwitz fast wie eine Filmkulisse erscheinen würde. Vom Publikum jedoch ist das Museum angenommen worden und weist sehr hohe Besucherzahlen auf. Gerade Jugendliche zeigen sich äußerst beeindruckt, nachdem sie per Magnetkarte ein jüdisches Kinderschicksal aus dem Holocaust, das im Computernetz des Museums gespeichert ist, ganz individuell verfolgt haben. An verschiedenen Stationen können sie das kurze Leben dieses „Patenkindes" nachvollziehen.
Museum of Tolerance, *9786 W. Pico Blvd., ① (310) 553-8403, www.museumoftolerance.com; Mo–Fr 10–17, So 11–17 Uhr, Eintritt US$ 15,50.*

Einkaufsgegenden

Wenn man vom Museum of Tolerance zwei Blocks nach Norden fährt oder von der sporadischen Exkursion in das Villenviertel Beverly Hills wieder auf den Sunset Blvd. zurückkehrt, stößt man bald auf den **Rodeo Drive (7)**, der den Boulevard kreuzt. Unübersehbar stellt sich das Geschäftszentrum dieser berühmten Straße, die in Amerika oft mit der Fifth Avenue in New York City verglichen wird, als quirliges Zentrum mit exklusiven Boutiquen und Juweliergeschäften dar. Dabei waren die Anfänge der Straße gar nicht auf Luxus angelegt: Der alte spanische Name *Rancho Rodeo de Las Aguas* geht noch darauf ein, dass man hier bei Ölbohrungen zwar nicht auf das „schwarze Gold", dafür aber auf den lebenswichtigen Rohstoff Wasser stieß. Mit dem sprudelnden Nass konnte man Schafzucht betreiben und Bohnenfelder anlegen. An diese Zeit freilich erinnert nun gar nichts mehr am Rodeo Drive. Stattdessen geht die Schickeria hier einkaufen und speisen, und im alten Beverly Hills Hotel am Ende der Straße treffen sich nach wie vor die etablierten Filmproduzenten, Regisseure und Schauspieler. Und solche, die es werden wollen…

Edle Shoppingmeile

Auch im südlichen Stadtteil **Century City** gibt es Shopping-Möglichkeiten in eleganter Umgebung. Das etwa eine Quadratmeile große Areal ist aber im Wesentlichen von Hochhäusern geprägt. Dass das nicht langweilig sein muss, beweist der in einen Landschaftspark eingebettete Komplex **Avenue of the Stars (8)** mit seiner spannenden, von Zwillingstürmen und einer Häuserbrücke dominierten Architektur. Schade nur, dass dafür das ABC-Entertainment Center und das altehrwürdige Shubert Theater abgerissen werden mussten.

Ein anderes Schmuckstück moderner Baukunst ist etwas weiter nordöstlich das **Pacific Design Center (9)** (*8687 Melrose Ave., www.pacificdesigncenter.com, Di–Fr 11–17, Sa–So bis 18 Uhr*), das sich in West-Hollywood nahe dem Santa Monica Blvd. befindet. Hier werden die neuesten Trends in Mode, Innenarchitektur, Möbel und Wohnungseinrichtung erforscht bzw. gestaltet. Die Gärten und Wasserspiele sowie außergewöhnlich konzipierte Gebäude wie der gigantische Glaspalast, der im Volksmund Blauwal genannt wird, machen den Komplex zu einem lohnenden Ziel für Architekturfreunde. Zwei gute Restaurants, ein Café, ein Theater sowie eine Touristeninformation für West Hollywood sind ebenfalls auf dem Gelände zu finden. Zudem ist hier eine Nebenstelle des MOCA (s. S. 209) untergebracht.

Architektonisch interessant

Überhaupt stellt das Viertel **West Hollywood**, in dem sich das Pacific Design Center befindet, einen eigenen, von Hollywood unabhängigen Stadtteil dar, den man vor Ort oft als „WeHo" abkürzt. Hier sind Lebensgefühl und soziale Lage erkennbar anders, es herrscht eine einerseits elegante Atmosphäre mit teuren Boutiquen, modernen Galerien und Gourmet-Restaurants vor, andererseits ein liberales Gemeinwesen mit einer großen Gemeinde homosexueller Paare.

Westwood Village

Gemütliche Atmosphäre

Ein Stückchen weiter südwestlich, jenseits des Santa Monica Blvd. auf Santa Monica und den Pazifik zu, liegt ein weiterer Stadtteil, **Westwood Village**. Er ist zwar nicht so vornehm wie Beverly Hills, dafür aber gemütlicher und ein ausgemachtes Kino-Zentrum. Und in Westwood kann man noch zu Fuß gehen. Gerade an Wochenenden verwandeln sich manche Straßen in Promeniermeilen für das Kinopublikum, das von Musikern und Straßenkünstlern zusätzlich unterhalten wird.

Im Westen des Viertels liegt die Los Angeles-Abteilung der **University of California (10)**, in deren Campus-Gelände man auf gepflegte Parks, botanische Gärten und eine entspannte studentische Atmosphäre trifft. Auch Architektur-Freunden haben die einzelnen Universitäts-Gebäude etwas zu bieten, und wer hinter die Kulissen des Unibetriebes schauen möchte, kann an einer geführten Campus-Tour teilnehmen.

An der Ecke Wilshire/Westwood Blvd. liegt außerdem das der University of California angeschlossene **Armand Hammer Museum (11)**, eines der wichtigsten Museen der Stadt. Es verfügt über eine ausgezeichnete Sammlung europäischer Kunst, u.a. über Meisterwerke von *Daumier, Monet, Picasso* und *Van Gogh*. Seit 2005 wird eine ebenfalls beachtliche Sammlung zeitgenössischer Kunst aufgebaut. Eine eigene Abteilung ist dem französischen Satiriker und Karikaturisten *Honoré Daumier* (19. Jh.) gewidmet, eine der umfangreichsten Kollektionen weltweit. Daneben werden in gewissen Abständen interessante Wechselausstellungen gezeigt. Im oberen Stockwerk ist das UCLA *Grunwald Center for the Graphic Art* untergebracht, in dessen Bestand 45.000 Drucke, Fotografien und Zeichnungen sind. Ein herrlicher Skulpturengarten mit etwa 70 Kunstwerken u.a. von Rodin und Calder, ein gutes Café und ein vorzüglicher Buchladen komplettieren das Angebot.
Armand Hammer Museum, *10899 Wilshire Blvd., ① (310) 443-7000, www.hammer. ucla.edu/; tgl. außer Mo 11–19 Uhr, Do bis 21, So bis 17 Uhr, Eintritt US$ 10.*

Südliche Peripherie

Wandmalereien

Wer sich lange genug in L.A. aufhält, sollte sich auch in die südlichen Randgebiete der Mid-Town aufmachen. Empfehlenswerte Ziele sind hier u.a. das **St. Elmo Village (12)**, ein Viertel der Hispanics und Afroamerikaner, heute Wirkungsstätte vieler Kreativer. Ein Markenzeichen des Viertels sind die großflächigen Wandmalereien, die man vor allem entlang dem St. Elmo Dr. bewundern kann (Infos unter *www.stelmovillage.org*).

Gut 2 km weiter südlich, mehrere Blocks jenseits des Hwy. 10, hat sich der **Leimert Park (13)** zu einem Zentrum mit etlichen Kunst- und Fotogalerien, Boutiquen, Kneipen mit Live-Jazz und Straßencafés gemausert. Mit über 90 % haben die Afroamerikaner hier den höchsten Bevölkerungsanteil überhaupt in Kalifornien.

Reisepraktische Informationen Los Angeles

 Informationen
Downtown
Downtown Los Angeles Visitor Information Center, 695 S.Figueroa St. (zwischen Wilshire Blvd. und 7th St.), Downtown, ① (213) 689-8822, www.discoverlosangeles.com, tgl. 8–17 Uhr.
Hollywood
Hollywood Visitor Information Center, 7018 Hollywood Blvd., Hollywood, ① (323) 469-8311, www.hollywoodchamber.net.
Hollywood Visitor Center, 6801 Hollywood Blvd. (im Hollywood & Highland Center), Hollywood, ① (323) 467-6412, Mo–Sa 10–22, So bis 19 Uhr, www.hollywoodandhighland.com.
Beverly Hills
Beverly Hills Visitors Bureau, 239 S. Beverly Dr., Beverly Hills, ① 1-800-345-2210, (310) 248-1000, www.lovebeverlyhills.com.
West Hollywood Visitors Bureau, 8687 Melrose Ave. (im Pacific Design Center), Suite M 25, ① (310) 289-2525, www.visitwesthollywood.com.

Telefon
Aufgrund der räumlichen Dimension und der hohen Bevölkerungszahl gibt es im Großraum Los Angeles sechs verschiedene Vorwahlnummern, die wie folgt verteilt sind: **(213)** für Downtown Los Angeles; **(323)** für Hollywood; **(310)** für Beverly Hills, Santa Monica, Long Beach, South Bay und Flughafennähe; **(714)** für Orange County und Teile des östlichen Los Angeles; **(818)** für San Fernando, San Gabriel und benachbarte Regionen; **(909)** für die Counties Riverside, San Bernardino und Teile des östlichen Los Angeles, **(562)** für Long Beach. Für Ausländer sind die Grenzen der einzelnen Bezirke nicht immer klar, versuchen Sie es daher gegebenenfalls mit und ohne Vorwahl. Bei jedem Anruf in einen anderen Bezirk muss man zunächst die 1, dann die richtige Vorwahl (oder 800), dann die Teilnehmernummer wählen.

Wichtige Telefonnummern
Ambulanz, Feuerwehr, Polizei 911
Wetternachrichten (213) 554-1212
Highway-Verkehrsnachrichten 800-427-7623

Ausflüge und Besichtigungstouren
Wer keinen Mietwagen hat, kann sich einer geführten Busreise anschließen. Stadtrundfahrten werden in jedem größeren Hotel und von einigen Reiseveranstaltern auch mit deutscher Führung angeboten.
Wings Travel z.B. (① (714) 289-2551, www.wings-travel.de) unternimmt u.a. Sightseeing-Bustouren, Off-Road-Ausflüge, Wanderungen und geführte Fahrradtouren zu den wichtigsten kulturellen und natürlichen Sehenswürdigkeiten.
Wer mit einem Doppeldecker-Bus zu Hollywoods legendären Plätzen der Filmwelt, zu Studios und zu den Villen der Stars von gestern und heute fahren möchte, kann dies u.a. mit **Starline Tours** tun: 6925 Hollywood Blvd., ① (800) 959-3131, www.starlinetours.com.
Auch die Inselwelt vor Los Angeles ist einen Besuch wert, vor allem das sonnige Santa Catalina.

Hotels/Motels

Die Hotel- und Motelszene ist so **unüberschaubar** wie die Stadt selbst, aber bei rund 100.000 Hotelzimmern sollte man eigentlich immer eine Unterkunft finden können. Die Frage ist nur, in welcher Gegend man wohnen möchte. Am praktischsten ist die Flughafennähe, weil man i.d.R. abends ankommt und dann keine Lust auf lange Transferstrecken hat. Andererseits kann diese Gegend außer dem eigenen Hotel keine Attraktionen bieten. L.A. Downtown ist tagsüber zwar pulsierend lebhaft, hat aber, mit Ausnahme der mexikanischen Plaza, auch kein Nachtleben. Wer Trubel möchte, sollte ein Hotel in Hollywood nehmen oder eines in Anaheim/Disneyland. Vor oder nach dem Langstreckenflug bieten sich auch Hotels in Strandnähe an, wo man die Möglichkeit zu einem erfrischenden Bad im Pazifik hat. Hier wäre als Standort besonders Santa Monica oder Marina del Rey geeignet. Im Folgenden eine kleine Auswahl aus dem riesigen Angebot an Hotels in Flughafen-Nähe, in Downtown und Hollywood. Unterkünfte in **Marina del Rey, Malibu, Venice** und **Long Beach** finden sich am Ende der entsprechenden Kapitel.

Hotels in Flughafennähe (alle mit kostenlosem Shuttle-Service ab/bis LAX)
Crowne Plaza $$$, 5985 W. Century Blvd., L.A., ① (310) 642-7500, www.ichotelsgroup.com; *internationales Haus der oberen Mittelklasse, 610 komfortable Zimmer, Restaurant, Bar, Swimmingpool, Spa, Fitnesscenter.*
Radisson Hotel at LAX $$$–$$$$, 6225 W.Century Blvd., L.A., ① (310) 670-9000, www.radisson.com; *12stöckiges First-Class-Hotel mit 594 komfortablen Zimmern, 2 gute Restaurants, Pool, Sauna, Whirlpool, Health Club, Shops.*
Renaissance Montura Hotel Los Angeles $$$–$$$$, 9620 Airport Blvd., L.A., ① (310) 337-2800, www.marriott.com; *First-Class-Hotel mit 505 elegant eingerichteten Zimmern und Suiten, Business Center, Sauna, Außenpool, Fitnesscenter, Whirlpool, Restaurant im europäischen Stil, abends Entertainment.*
Sheraton Gateway Los Angeles Airport $$$$, 6101 W.Century Blvd., L.A., ① (310) 642-1111, www.sheratonlosangeles.com; *großes, erstklassiges Flughafen-Hotel mit 807 luxuriösen Zimmern und Suiten auf 15 Etagen, Außenpool, Spa, Fitness-Center, mehrere Restaurants, Sushi-Bar, Business Center u.a., kostenloser Bus-Service auch zum Strand und zum nächsten Einkaufszentrum.*

Hotels Downtown
Figueroa Hotel $$–$$$, 939 S.Figueroa St., L.A., ① (213) 627-8971, www.figueroahotel.com; *schönes, älteres Hotel im marokkanischen Stil, zwischen Convention Center und Bonaventure Hotel gelegen, 280 zweckmäßig eingerichtete Zimmer, Restaurant, Swimmingpool.*
Westin Bonaventure Hotel & Suites $$$–$$$$, 404 S.Figueroa St., L.A., ① (213) 624-1000, www.thebonaventure.com *First-Class-Hotel als markanter, verspiegelter „Vierzylinder" im Stadtzentrum, gläserne Außenaufzüge, 1.354 Zimmer und Suiten, Außenpool, luxuriöse Innenlandschaft mit viel Wasser und Grün, mehr als 40 Restaurants, Lounges, Gift Shops und Boutiquen, drehende Bar auf der 35. Etage.*
Marriott Downtown $$$$–$$$$$, 333 S.Figueroa St., L.A., ① (213) 617-1133, www.marriott.de; *komfortables First-Class-Hotel im Stadtzentrum, unpersönliche Architektur, aber persönlicher Service, 400 Zimmer und 69 Suiten mit allen Annehmlichkeiten, Restaurants, Bars, Swimmingpool.*
**Millennium Biltmore Hotel $$$$$**, 506 S.Grand Ave., L.A., ① (213) 624-1011, www.millenniumhotels.com; *elegantes Luxushotel im italienischen Renaissance-Stil, in dem schon Oscar-Verleihungen stattfanden, 629 komfortable Zimmer und 61 Suiten jenseits der US$-450-Grenze, Gourmet-Restaurants, Hallenbad, Spa, Fitness-Center; ein besonderes Haus mit viel Atmosphäre und üppigem Prunk.*

Hotels Hollywood und Griffith Park
Hollywood Hotel $$, 1160 N. Vermont Ave., Hollywood, ☏ (323) 315-1800, www.hollywoodhotel.net; praktisches Hotel mit Pool, sauber und zweckmäßig eingerichtet, 121 renovierte Zimmer, zentral.
Hollywood Plaza Inn $$–$$$, 2011 N. Highland Ave., Hollywood, ☏ (323) 851-1800, www.bestwesterncalifornia.com; solides und praktisches Motel der Best Western-Kette, 82 gute Zimmer, Restaurant, Außenpool, freies Parken, nahe zu allen Hollywood-Attraktionen gelegen.
Hollywood Roosevelt Hotel $$$, 7000 Hollywood Blvd., Hollywood, ☏ (323) 466-7000, www.hollywoodroosevelt.com; renoviertes Mittelklasse-Hotel direkt am Walk of Fame, 225 Zimmern, 38 Suiten und 65 Appartements, schöne Art-Déco-Lobby, langer (von David Hockney entworfener) Swimmingpool, Fitness-Center, Spa, Restaurants und Bars.
Holiday Inn Express Hollywood Walk of Fame $$$, 1921 N. Highland Ave., Hollywood, ☏ (323) 850-8151, www.hollywoodholidayinnexpress.com; 2008 eröffnetes, sehr zentral in Hollywood gelegenes Haus von überschaubarer Größe, komfortable und große Zimmer, Außenpool, freies Frühstück.
Chateau Marmont Hotel $$$$–$$$$$, 8221 Sunset Blvd., Hollywood, ☏ (323) 656-1010, www.chateaumarmont.com; 1927 erbautes, elegantes Hotel im europäischen Stil, zentral in Hollywood gelegen, viele berühmte Gäste von Greta Garbo bis Robert de Niro, 63 sehr unterschiedliche Zimmer und Suiten zu sehr unterschiedlichen Preisen, schöner Speisesaal, Außenpool, Fitness-Studio, freies Parken.
The Regent Beverly Wilshire $$$$$, 9500 Wilshire Blvd., Beverly Hills, ☏ (310) 275-5200, www.fourseasons.com; stets von vielen Berühmtheiten frequentierte, ehrwürdige Hotellegende im europäischen Stil, absolute Luxusklasse, 300 Zimmer und Suiten, drei Gourmet-Restaurants, Swimmingpool, Spa, Fitness-Center.
Beverly Hills Hotel $$$$$, 9641 Sunset Blvd., Beverly Hills, ☏ (310) 276-2251, www.thebeverlyhillshotel.com; pinkfarbener Hotelpalast inmitten einer schattigen Parkanlage, aufwändig renoviert, 208 Zimmer und Bungalows mit allen denkbaren Annehmlichkeiten, absolute Luxusklasse mit entsprechendem Preis.

⚠ Camping
Beste Camp-Möglichkeiten, in der Hauptsaison allerdings mit sehr viel Trubel, bestehen in Anaheim, unmittelbar bei Disneyland. Dort gibt es mehrere RV-Parks und Campingplätze. Ansonsten sind noch folgende Plätze in der Umgebung empfehlenswert:
Pomona/Fairplex KOA, 2200 North White Ave. Pomona, CA 91768, ☏ (909) 593-8915, www.koa.com. 35 Meilen östlich von LA, mit Pool. WiFi, es werden auch Touren in die Stadt angeboten.
Leo Carrillo Beach State Park, 35000 W. Pacific Coast Highway, ☏ (818) 880-0363, www.reserveamerica.com, www.leocarrillo.com; am Nordausgang von Malibu, ganzjährig geöffnet. Der Campingplatz liegt ganz in der Nähe des State Parks mit einem schönen Strand

🍴 Restaurants
Los Angeles ist eine der **kulinarischen Metropolen** des Kontinents, und es gibt kaum eine ethnische Küche, die hier nicht ansässig ist. Der Weitläufigkeit der Region wegen (und weil sich die Szene hier noch schneller ändert als anderswo) sollte man mit Tipps vorsichtig sein. Es gibt aber gewisse Orte, an denen sich das Restaurant-Angebot konzentriert hat, und an denen man immer fündig werden wird. Wer in Downtown z. B. über die kurze Olvera St. spaziert, findet dort ein mexikanisches Restaurant neben dem andern. Dabei handelt es sich nirgendwo um Spitzengastronomie, aber um solide und wohlschmeckende Speisen zu akzep-

tablen Preisen und mittelamerikanischem Flair. 500 m weiter nördlich erstreckt sich die Chinatown, eine verkleinerte Ausgabe des Gegenstücks von San Francisco. Die hier versammelten Restaurants gehören zu den besten des Landes – sehr gut ist beispielsweise das riesige Lokal **Empress Pavillon** (988 N. Hill St., www.empresspavilion.com). 500 m südlich der Olvera St. hat sich in Little Tokyo die japanische Küche mit vielen Sushi-Bars ausgebreitet. Einige Blocks westlich davon gibt es gute Italiener.

In den anderen Zentren von Greater Los Angeles gibt es jeweils eigene kulinarische Viertel und Konzentrationen ethnischer Küchen. Die Vielfalt ist besonders in Hollywood/Beverly Hills sehr groß. Ob nun der traditionsreiche **Grill Musso & Frank** (6667 Hollywood Blvd., www.mussoandfrankgrill.com) oder Wolfgang Pucks **Cut Steakhouse** (9500 Wilshire Blvd., www.wolfgangpuck.com) – immer kann man hier Besonderes erwarten. Das Restaurant mit der schönsten Aussicht ist wohl das **Yamashiro** (1999 N.Sycamore Ave., www.yamashirorestaurant.com) – oberhalb Hollywoods gelegen, bietet es einen herrlichen Panoramablick und vor allem auch beste und mehrfach ausgezeichnete japanische Küche (in entsprechender Preislage).

Besonders reizvoll sind die exklusiven oder einfachen Gaststätten direkt am Meer, von denen man den Sonnenuntergang beobachten oder unter freiem Himmel einen üppigen Brunch einnehmen kann. Eine Fahrt entlang der Uferstraße führt einen automatisch an Hunderten solcher Lokale vorbei. In Santa Monica selbst ist das **Border Grill** (1445 4th St., www.bordergrill.com) mit seiner leichten mexikanisch-kalifornischen Cuisine ein beliebter Treffpunkt des meist jüngeren Publikums. In Venice wimmelt es von Szene-Lokalen, die oft genauso verrückt sind wie das Strandpublikum, die aber oft eine Saison nicht überstehen. Eine feste Institution ist hier das **Sidewalk Café** (1410 Ocean Front Walk, www.thesidewalkcafe.com), in dem es vorzugsweise leichte Kost gibt (Sandwiches, Salate, Omelettes). Wer kurz vor dem Flughafen in Marina del Rey nochmals Fisch- und Seafood-Gerichte auf hohem Niveau kosten möchte, sollte es mit dem **Chart House** (13950 Panay Way, www.chart-house.com) versuchen, das direkt am Yachthafen liegt. Viel weiter im Süden hat man in Laguna Beach von der Terrasse des **Las Brisas** (361 Cliff Drive, ✆ (949) 497-5434, www.lasbrisaslagunabeach.com) einen schönen Blick über die weitgeschwungene Bucht, außerdem Gaumenfreuden bei Brunch, Lunch oder Dinner.

Einkaufen

Da es nicht ein, sondern mehrere Stadtzentren gibt, liegen die Einkaufsmöglichkeiten weit auseinander. Dafür aber gibt es kaum Ladenschlusszeiten, und etliche Geschäfte haben täglich 24 Stunden geöffnet. Bekannt für schicke Kleidung, Schmuck und „crazy things" ist in Hollywood die **Melrose Avenue**. Noch teurer und versnobter geben sich die Schmuck- und Modegeschäfte am **Rodeo Dr.** in Beverly Hills. In Downtown ist es auf der Olvera St. mit ihren Buden und Restaurants am lebhaftesten, während in den Ladenpassagen von Hochhäusern wie dem **Atlantic Richfield Plaza** eine etwas unterkühlte Atmosphäre herrscht. Im **Farmers Market** (in West Hollywood, 6333 W.3rd) sind 130 kleine und große Einzelgeschäfte zusammengefasst, außerdem etliche Restaurants und Cafeterien. Zwanglos geht es auf dem Jahrmarkt zu, der manchmal unterhalb der City Hall abgehalten wird. Ein reichhaltiges und differenziertes Angebot findet man in **Westwood Village**, und in der Einkaufszone von **Newport Beach** hat man sich ganz auf die Bedürfnisse der Touristen eingestellt (Bade- und Strandausrüstung, Gemälde, Souvenirs). Sofort daneben lockt in Costa Mesa die elegante **South Coast Plaza** mit einigen der anspruchsvollsten nordamerikanischen Geschäfte und mehreren Dutzend Restaurants. Die wichtigsten und meisten Kunstgalerien befinden sich in West-Hollywood auf der Melrose Ave. und N. La Cienega.

Veranstaltungen

Das vielleicht schönste Neujahrsfest im Bundesstaat ist wohl die **Tournament of Roses Parade** in Pasadena mit Umzügen von Fußgruppen und Blumenwagen. Ende Januar/Anfang Februar feiert die Chinatown das chinesische Neujahrsfest mit Knallereien, Papierdrachen und Umzügen. Karneval (Mardi Gras) wird hauptsächlich am Veilchendienstag begangen, besonders farbenfroh in San Luis Obispo und West Hollywood. Der LA Marathon im März, begleitet von über 100 Livemusikgruppen an der Strecke, ist der erste große Marathon des Jahres. Im April findet seit 1980 das LA Times Festival of Books auf dem Uni-Campus der University of California statt, das jährlich über 350 Autoren und mehr als 130.000 Besucher anzieht. Rund um den 5. Mai (**Cinco de Mayo**) gedenken die „Californios" genannten mexikanischen Einwanderer der Schlacht von Puebla (5. Mai 1862), als ein mexikanisches Heer die Truppen Napoleons III. zurückwarf. Dieses bedeutendste Fest der spanischsprachigen Immigranten wird eine Woche lang mit Paraden, Mariachi-Musik, Straßenkarneval und Feuerwerk gefeiert. Im Juni gibt es in der Altstadt das besonders farbenprächtige Mariachi Festival, zu sehen, sportlich geht es im Juli während des International Surf Festival in Manhattan Beach und Redondo Beach zu, wenn sich die besten Surfer der Welt messen. In einer ganz und gar unschottischen Umgebung, nämlich in Ventura, finden im Oktober während dreier Tage die Seaside Highland Games nach gälischem Vorbild statt. Die Weihnachtsfeierlichkeiten beginnen hier übrigens bereits Anfang November mit der Hollywood Christmas Parade, an der auch viel Hollywood-Prominenz vertreten ist.

Sport

Windsurfing: An allen Stränden sind gute Surf-Bedingungen, besonders aber an denen südlich des Flughafens (LAX): Manhattan, Hermosa und Redondo Beach. Noch besser wird's allerdings am bekannten Surf-Strand von **Huntington Beach** und an der weiteren Küstenlinie in Richtung San Diego oder gar bis zur Baja California.
Golf: Im Großraum Los Angeles gibt es über 100 Golfplätze, die der Öffentlichkeit zugänglich sind. Die City unterhält neben drei 9-Loch-Courses allein sieben 18-Loch-Plätze, wovon der Rancho Park Golf Course (10460 West Pico Blvd.) und der Balboa Golf Course (Encino, Burbank Blvd.) am schönsten sind. Wegen der Popularität empfiehlt sich eine vorherige Anmeldung. Informationen über die städtischen Golfplätze kann man unter Info-① (213) 485-5566 abrufen, solche über die des County L.A. unter Info-① (213) 738-2961.

Wandern

Ist wirkliches Wandern in einer Autostadt möglich? In Los Angeles sehr wohl, das außer Betonwüsten auch Berge, Strände und jede Menge unberührte Natur aufzuweisen hat. Allein im Griffith Park kann man auf 80 km markierter Wege an vielen Stellen kleinere oder längere Wanderungen unternehmen. Bei genügend Zeit ist die Teilnahme an einer geführten Exkursion empfehlenswert, auf denen man in einer Kleingruppe „das andere Los Angeles" kennen lernen kann, u.a. mit Wings Travel.

Strände

Die gesamte Westseite von Greater Los Angeles besitzt zum Pazifik hin kilometerlange und feinsandige Badestrände, von denen viele zum Mythos L.A. gehören. Besonders schön sind die Strände von **Santa Monica** und **Venice** im Norden und **Laguna Beach** im Süden.

Öffentliche Verkehrsmittel

Kaum einer weiß, dass die Freeways von Los Angeles nichts anderes sind als die Nachfolger des einstmals gut funktionierenden Systems öffentlicher Nahverkehrsmittel; die großen Ausfallstraßen sind identisch mit den Hauptlinien der damaligen „red car trolley line". Nachdem inzwischen aber immer häufiger das Autobahnsystem kollabierte, wurde und wird der öffentliche Nahverkehr wiederentdeckt bzw. ausgebaut. Kernstück des Systems ist die Metro (www.metro.net), der 200 Stadt- und Expressbuslinien sowie 6 Stadtbahnen (Metro Rail Lines) angeschlossen sind. Mit diesem System können alle Ziele in Downtown, aber auch die Attraktionen des Countys und der näheren Umgebung gut erreicht werden, u. a. Disneyland, Knott's Berry Farm und die Universal Studios.

Die Linien der Metro Rail sind folgende:
Red Line = *U-Bahn, die von Union Station über Westlake, Hollywood, Universal City nach North Hollywood führt.*
Purple Line = *U-Bahn, die von Union Station unter dem Wilshire Blvd. nach Mid-Wilshire führt. Eine Verlängerung bis nach Beverly Hills ist im Bau.*
Blue Line = *Straßenbahn, die von L.A. Downtown (Metro Center) bis nach Long Beach führt.*
Green Line = *Straßenbahn, die auf einer 20-Meilen Strecke vom östlichen Stadtteil Norwalk zum westlichen El Segundo (mit Anschluss zum Airport LAX) führt, die Trasse ist mit dem Glenn Anderson Fwy. (105) identisch.*
Gold Line = *Straßenbahn, die von L.A. Downtown (Union Station) nach Pasadena führt, eine Erweiterung ist im Bau.*
Expo Line = *eine im Bau befindliche Straßenbahn zwischen L.A. Downtown und Santa Monica, deren erster Abschnitt bis Expo/Crenshaw Station/Culver City 2011 eröffnet wurde, bis 2012 soll die Strecke bis Venice führen.*

Touristen, die das Nahverkehrssystem nutzen möchten, kommen zwar in den Genuss billiger Tickets (Grundpreis US$ 1.50), sollten aber bedenken, dass eine Durchquerung der Stadt angesichts der Entfernungen zu einem zeit- und nervenaufreibenden Abenteuer geraten kann. Bei häufigerer Benutzung des Systems lohnt sich der Kauf eines Day Pass (US$ 5) oder Weekly Pass (US$ 20).

*Der zentrale **Bus-Terminal** der Stadtbusse und von Greyhound liegt in Downtown, 1716 E. 7th St., Routen- und Tarif-Auskünfte unter ① (800) 321-2222, www.greyhound.com. Die Busse für Sightseeingfahrten nehmen ihre Gäste an den größeren Hotels auf. Vom Flughafen LAX zu den größeren Hotels oder Mietwagenfirmen gibt es einen kostenlosen Shuttle-Verkehr. Auch nach Disneyland verkehren vom Flughafen regelmäßig Zubringerbusse.*

Taxis

Anders als in New York kann man in Los Angeles Taxen nicht heranwinken (Ausnahme: Flughafen, AMTRAK-/Greyhound-Station). Stattdessen begibt man sich zu einem der Taxistände, die es u.a. an größeren Hotels und in der Nähe von touristischen Attraktionen gibt, oder bestellt sich telefonisch einen Wagen. Für eine Fahrt von Downtown LA zum Flughafen zahlen Sie ca. 30 Dollar.

Züge

Die (sehenswerte) AMTRAK-Station, von der aus man Verbindung zu allen größeren Städten der USA hat, befindet sich in Downtown LA (Union Station, 800 North Alameda St).

Reisepraktische Informationen Los Angeles

233

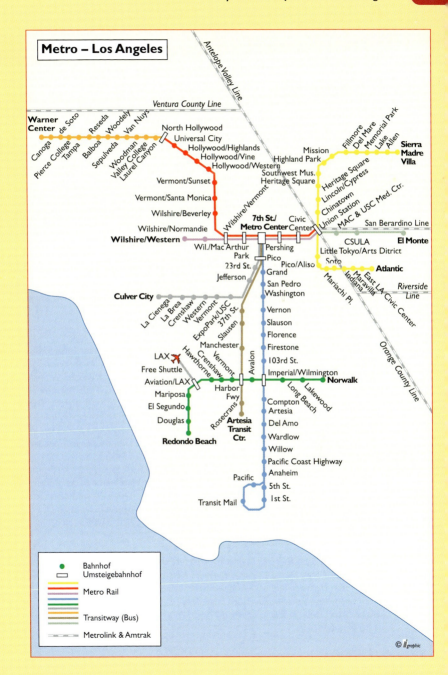

Außer in L.A. Downtown gibt es weitere Stationen mit Fahrkartenschaltern in Glendale, Oxnard, Pasadena, Pomona, Van Nuys, Torrance, Ventura, Long Beach, West L.A. und Santa Monica. Routen- und Tarif-Auskünfte unter ☏ (800) 872-7245, www.amtrak.com.

🚗 Mietwagen

Alle großen Autovermieter sind in der Nähe des Flughafens vertreten und bieten einen Shuttlebus-Service an. Ein wenig billiger kann's zwar in den anderen Stadtteilen sein, der Transfer dorthin ist aber kaum der Mühe wert. Die bekanntesten Anbieter:

Alamo, ☏ *(310) 649-2242, www.alamo.com*
Avis, ☏ *(310) 342-9200, www.avis.com*
Budget, ☏ *(213) 381-2813, www.budget.com*
Dollar, ☏ *(213) 381-1400, www.dollar.com*
Hertz, ☏ *(213) 629-7421, www.hertz.com*
Thrifty, ☏ *(310) 645-1880, www.thrifty.com*

🚗 Wohnmobile

Die Stationen der Wohnmobil-Vermieter sind z.T. weiter vom Flughafen entfernt. Auch hier gibt es i.d.R. aber Shuttlebusse. Die zwei wichtigsten Adressen:
Cruise America Motorhome Rental & Sales, 2233 E. 223rd St., Carson/Long Beach, ☏ *(888) 749-0761, 1-800-671-8042, www.cruiseamerica.com*.
Camper USA, 13820 Hawthorne Blvd., CA 90250, ☏ *(800) 370-1262, www.camperusa.com*.

✈ Flughafen

Die Adresse für fast alle internationalen Fluggäste ist der **Los Angeles International Airport** (LAX), One World Way, L.A., ☏ *(310) 646-5252, www.lawa.org, www.los-angeles-lax.com* und *www.airport-la.com*. Er befindet sich an der Küste im Westen der Stadt, nahe an Venice/Santa Monica und zwischen den Freeways 10, 90, 105 und 405. Mit mehr als 85 Fluggesellschaften und jährlich über 62 Mio. Passagieren ist er zzt. der fünftgrößte Flughafen der Welt. Ankommende Passagiere finden eine Touristenauskunft im Tom Bradley Intl. Terminal. In jedem der neun Terminals sind an der Gepäckausgabe sog. „Quick Aid"-Boxen, die auf wichtige Fragen Auskunft geben – auch in deutscher Sprache. Die einzelnen Terminals sind durch kostenlose Busse (A-Shuttle) miteinander verbunden. Zu den Parkhäusern wird man mit den B- und C-Shuttles gebracht. Die Parkgebühren betragen je nach Standort des Parkhauses US$ 8–30 pro Tag. Neben Taxis und den z.T. kostenlosen Shuttlebusverkehr zu den größeren Hotels sind für den Personentransport die Flyaway-Busse am wichtigsten, die in schnellem Takt nach Downtown (Union Station) oder den Nachbarflughäfen fahren, ein Ticket kostet US$ 6. Kostenlose Shuttlebusse fahren von LAX auch zur Haltestelle Century/Aviation, an der man Anschluss an das System der Stadtbahnen hat (Light Rail, Green Line).

Mit den benachbarten Flughäfen Ontario Intl. Airport (ONT), Van Nuys Airport (VNY) und Palmdale Regional Airport bildet LAX den Zusammenschluss Los Angeles World Airports. Auch die recht großen Flughäfen Burbank-Glendale-Pasadena Airport (BUR) und Long Beach Airport (LGB) sind für den inneramerikanischen Flugverkehr von Bedeutung, vor allem aber der John Wayne Airport (SNA) in Orange County, mit rund 9 Mio. Fluggästen der bedeutendste Airport in der Nachbarschaft.

Sehenswerte Städte nördlich der Downtown

San Marino

Nördlich der Downtown von Los Angeles liegen mehrere, formell unabhängige Städte, die längst schon mit den anderen Ortschaften des Countys zusammengewachsen sind. Einige davon können nicht nur auf eine eigene Geschichte verweisen, sondern besitzen auch ihren jeweils eigenen Charakter und Charme. Da ist z.B. **San Marino**, eine 14.000-Einwohner-Gemeinde, die südlich des Fwy. 210, östlich des Pasadena Fwy. (110), nördlich des Fwy. 10 und westlich des Fwy. 605 liegt. Am besten erreicht man San Marino über den Huntington Drive. Dass die Bewohner mehrheitlich wohlhabend und gut ausgebildet sind, sieht man dem Städtchen an, und angesichts der gepflegten Vorgärten und Eigenheime glaubt man nicht, dass die Millionenmetropole quasi vor San Marinos Haustüre liegt.

Wohlhabende Vorstadt

Die größte Attraktion dieser Gemeinde sind **Bibliothek, Kunstsammlung** und **Botanischer Garten** von **Huntington**, eine äußerst gelungene Mischung unterschiedlichster kultureller und natürlicher Sehenswürdigkeiten. Von der über 400.000 Bände umfassenden Bibliothek werden nicht nur Anglisten (u.a. viele Original-Handschriften der englischen und amerikanischen Literatur) begeistert sein, immerhin gehört auch eine Gutenberg-Bibel zum Bestand. Und der Botanische Garten, einer der schönsten an der Westküste, verfügt über eine außerordentlich große Sukkulenten-Sammlung sowie japanische, subtropische, australische Abteilungen und Rosen-, Kräuter-, Palmen-, Camelien- oder Orangengärten. Die Kunstgalerie ist auf englische und französische Kunst des 17.–18. Jh. spezialisiert, hier sieht man u.a. wertvolle Gobelins, Miniaturen, Gemälde von Gainsborough und Turner, aber auch Porzellan, Möbel und Skulpturen. Das Ganze wird komplettiert durch einen gut sortierten Museumsshop.
The Huntington Library, Art Collections & Botanical Gardens, *1151 Oxford Rd., San Marino, CA 91108, ① (626) 405-2100, www.huntington.org; tgl. außer Di 12–16.30, Sa–So ab 10.30 Uhr, Eintritt US$ 15, freies Parken.*

Pasadena

Deutlich größer als San Marino erstreckt sich nördlich davon, zu beiden Seiten des Fwy. 210 und am Fuß der San Gabriel Mountains die rund 145.000 Einwohner zählende Stadt **Pasadena.** Sie wurde 1873 von Landwirten aus Indiana gegründet, während der Ortsname aus der Sprache der Chippewa-Indianer abgeleitet wird und „Krone des Tals" bedeuten soll. Lange Zeit auf seine Rolle als Zentrum der Landwirtschaft (Zitrusfrüchte) festgelegt, konnte sich Pasadena später auch als Stadt von Forschung und Lehre sowie als Winter-Urlaubsort für begüterte Gäste einen guten Ruf erwerben. Auch für Sportfans ist Pasadena kein unbeschriebenes Blatt – u.a. wegen des 95.000 Zuschauer fassenden **Rose Bowl Stadiums**, in dem fünfmal der Super Bowl, aber auch das Finale der Fußball-WM von 1994 (Brasilien-Italien 3:2) ausgetragen wurde.

Zentrum der Landwirtschaft

Was Pasadena aber für Besucher so wertvoll macht, ist seine anheimelnde, niedrige Architektur, die in starkem Kontrast zu der von Los Angeles steht. Über viele Straßenzüge hinweg findet man hier einen interessanten Stilmix aus Mission Style und Art Déco – dabei haben sich als Architekten vor allem die Brüder *Henry* und *Charles Greene* hervorgetan. Zu den bedeutendsten Bauwerken gehören die weit ausladende und kuppelbekrönte **City Hall** (*100 N Garfield Ave.*) von 1925–27, das alte **YWCA Building** (*78 N. Marengo Ave.*) von 1921, die **All Saints Episcopal Church** (*132 N. Euclid Ave.*) von 1925, das **Chamber of Commerce Building** (*117 E. Colorado Blvd.*) von 1906 und die **Santa Fe Railway Station** (*222 S. Raymond Ave.*) von 1935. Ein großer Teil der Altstadt **(Old Town)** ist autofrei gemacht worden und bietet sich für Spaziergänge auf den Spuren der Architekten Greene an – entsprechende Stadtpläne mit 10 eingezeichneten „Tours of Pasadena" für Fußgänger und Radfahrer sind beim Touristenbüro erhältlich. Der Bummel durch die Altstadt ist aber auch wegen der vielfältigen Möglichkeiten ein Erlebnis, sich hier zu amüsieren. Das Viertel um Colorado Blvd. und Fairoaks Ave. (Abfahrten vom Fwy. 210) hat wegen seines Abend- und Nachtlebens, insbesondere freitags und samstags, einen guten Ruf im gesamten County. Besucher finden hier nahe beieinander eine Vielzahl von edlen Boutiquen und Kinos, Cafés, Restaurants und Pubs mit Livemusik – ein quirliger Stadtteil also, in dem sich Einheimische und Ausländer wohlfühlen und der nach dem Motto „Sehen und gesehen werden" zum Bummeln einlädt. Sollten Sie am Neujahrstag in der Gegend sein, dürfen Sie sich die berühmte Rosenparade **(Tournament of Roses)** nicht entgehen lassen, einen seit 1890 veranstalteten Blumencorso mit riesigen Festwagen, der landesweit im Fernsehen übertragen wird.

Das Rathaus von Pasadena

Außer der schönen Altstadt kann Pasadena auch Kunst- und Museumsfreunden einiges bieten. Vor allem das **Norton Simon Museum of Art** ist eine weltweit bekannte Adresse, wenn es um europäische Malerei geht. Die Liste der hier mit hervorragenden Werken vertretenen italienischen (u.a. *Raffael, Tiepolo*), spanischen (u.a. *Goya, Picasso, Gris*), flämischen (u.a. *Rembrandt, Hals, Memling, Rubens, van Gogh*) und französischen Malern (u.a. *Manet, Cézanne, Renoir, Gauguin, Matisse*) liest sich wie ein Who's Who der Kunstgeschichte. Auch mit Skulpturen, von denen viele im Garten aufgestellt sind, ist das Museum reich gesegnet.
Norton Simon Museum of Art, *411 W. Colorado Blvd., Pasadena, CA 91105,* ① *(626) 449-6840, www.nortonsimon.org; tgl. außer Di 12–18, Fr bis 21 Uhr, Eintritt US$ 10.*

ℹ Informationen
Pasadena Visitor Information, *300 East Green Street, Pasadena, CA 91101,* ① *(626) 795-9311; www.pasadenacal.com; Mo–Fr 8–17, Sa 10–16 Uhr.*

Strände und Sehenswürdigkeiten entlang der Küste (s. Karte S. 202 – LA Übersicht)

Zwischen Flughafen und Malibu

Ein etwa 40 Meilen langer nahezu durchgehender Sandstrand markiert die weit geschwungene Santa Monica Bay. An ihm hat sich ein vielfältiges, mal pulsierendes, mal beschauliches Badeleben entwickelt, das gleichzeitig einen der größten Anziehungspunkte dieses Gebietes darstellt. Die nördlichen Strände erreicht man vom Flughafen LAX aus am besten über den Lincoln Blvd. (Hwy. 1), von dem aus man sich immer wieder dem Ufer nähern kann. Im Folgenden sind die wichtigsten Stationen auf dem Weg in den Norden genannt.

Hauptattraktion Strand

Marina Del Rey

Der erste interessante Stadtteil, ca. 6 km hinter dem Flughafen, ist das knapp 10.000 Einwohner zählende Marina Del Rey. Bekannt ist es u.a. wegen des künstlichen Yachthafens, der Platz für 5.300 Boote bietet und damit angeblich der größte der Welt sein soll. An dessen südlichem Ende hat man mit dem **Fisherman's Village (1)** die Kopie eines Fischerdörfchens der amerikanischen Ostküste einschließlich eines Leuchtturms verwirklicht, dessen pittoreske Holzhäuschen Restaurants, Boutiquen und Jazz-Kneipen beherbergen. Zum Fisherman's Village zweigt man vom Lincoln Blvd. links auf den Fiji Way ab; am Zielort ist jedoch erstmal eine saftige Parkgebühr zu entrichten. Wer einfach nur die Atmosphäre des weitverzweigten Yacht-Hafens genießen möchte, sollte vom Fiji Way in den Admirality Way einbiegen und diesem folgen. Dieser führt auch zum Washington Blvd. bzw. der Uferstraße Pacific Ave., auf der man alle weiteren Ziele erreicht.

Reisepraktische Informationen Marina del Rey

Information
Marina del Rey Visitor Center, 4701 Admirality Way, Marina del Rey, ① (310) 305-9545, www.visitmarinadelrey.com

Hotels
Jamaica Bay Inn $$$, 4175 Admirality Way, Marina del Rey, ① (310) 823-5333, www.jamaicabayinn.com; am Yachthafen von Marina del Rey gelegenes Hotel, das komplett umgebaut wurde und Ende 2010 neu eröffnet. Schöner Blick auf den Hafen.
The Ritz-Carlton $$$$$, 4375 Admirality Way, Marina del Rey, ① (310) 823-1700, www.ritzcarlton.com; 10 Fahrminuten vom Flughafen entferntes 14-stöckiges Luxushotel (Mitglied der Leading Hotels of the World), 306 Gästezimmer und Suiten, davon die meisten mit Blick auf Yachthafen oder Ozean, Gourmet-Restaurant, Swimmingpool, Whirlpool, Fitness-Center, Sauna, 3 beleuchtete Tennisplätze, Verleih von Fahrrädern, Segelbooten und Yachten, Uferpromenade bis nach Venice Beach.

Venice

Einst von Kanälen durchzogen

Nur wenige Fahrminuten nördlich von Marina del Rey erreicht man das turbulente und weithin bekannte Seebad Venice. Es trägt seinen Namen seit 1905, als der Tabakmagnat *Abbot Kinney* die Kunst, Kultur und das Leben seiner italienischen Lieblingsstadt nach Kalifornien bringen wollte. U.a. veranlasste er auch den Bau von Kanälen auf einer Länge von insgesamt 26 km, die z.T. von Gondolieren befahren wurden. 1940 hat man die Kanäle alle wieder zugeschüttet, jedoch sind 1995 einige davon wieder ausgehoben und in ihren alten Zustand versetzt worden; am besten fragt man die Einheimischen, wo man diese versteckten Wasserstraßen finden kann.

Venice und Venice Beach hat besonders für die Pop- und Jugendkultur eine ähnliche Bedeutung wie z.B. das Viertel Haight-Ashbury in San Francisco. Diesen Ruf hat der Ort, seitdem hier in den 1960ern prominente Vertreter der europäischen und amerikanischen Beat Generation lebten, provozierten und Konzerte gaben, u.a. die Band *The Doors*. Während man in Haight-Ashbury aber nostalgisch-verklärt auf die Vergangenheit blickt, erfand sich Venice immer wieder neu und entwickelte sich zu einem boomenden Mekka der Jugendkultur, in dem man alles sein darf, nur nicht langweilig. Vieles von dem, was hier an Mode ausprobiert wird, erlebt man später in New York City und in London. Autofahrer sollten auf einer der verschiedenen Stichstraßen von der Pacific Ave. zur Oceanfront abbiegen und dort den Wagen abstellen, um sich dann in das Leben zu stürzen.

Am Strand von Venice Beach

Besonders turbulent geht es auf dem Abbot Kinney Blvd. zu, während der **Venice Beach (2)** mit seinem Betonpier und feinsandigen Strand die Sonnenanbeter anzieht. Zur Stadtseite hin wird er vom 3 km langen und palmengesäumten **Ocean Front Walk** (auch: Venice Boardwalk) begrenzt, einer Radfahrer- und Fußgängerpromenade, auf der sich Bodybuilder und Strandnixen, Inline-Skater und Alt-Hippies, fliegende Händler und Straßenmusikanten ein Stelldichein geben. Will man es den vielen Bikern gleichtun, kann man sich an jeder Ecke ein Fahrrad mieten und auf dem 35 km langen **South Bay Bicycle Trail** an der Pazifik-Küste entlang radeln. Vielleicht sieht man ja dabei einen der vielen prominenten Einwohner der Stadt.

Besondere Atmosphäre

Im Ort selbst gibt es für Besucher außer diversen Clubs, witzigen und großformatigen Wandmalereien, Galerien, Restaurants und Hotels nicht viel Interessantes. Architekturfreunde sollten aber auf der Main St. auf ein merkwürdig geformtes Gebäudeensemble achten: Das 1985–91 errichtete **Chiat/Day Building** ist einer der früheren Entwürfe von *Frank O. Gehry*, für die Fassadengestaltung des Anbaus in Form eines riesigen Fernglases war der Künstler *Claes Oldenburg* verantwortlich.

Hotel

Cadillac Hotel $–$$, 8 Dudley Ave, Venice, ☏ (310) 399-8876, www.thecadillachotel.com; am lebhaften Venice Beach gelegene, einfache Unterkunft in einem schön renovierten Art-déco-Bau, 40 saubere Zimmer, Sauna, Fitness-Studio.

Santa Monica

Nördlich von Venice erstreckt sich als nächste Ortschaft das unbestrittene Zentrum des Fremdenverkehrs an der Küste von Greater Los Angeles, die 90.000-Einwohner-Stadt Santa Monica. Mit ihren vier strahlend weißen und feinsandigen Stränden (Santa Monica, Will Rogers, Topanga, Las Tunas) zieht sie gestresste Großstädter und Urlauber automatisch an. Mit einem Flughafen und der Kreuzung mehrerer Freeways ist Santa Monica ein bedeutender Verkehrsknotenpunkt – und auch das Ende der legendären Route 66. Innerhalb der Stadtgrenzen gibt es ein gut funktionierendes öffentliches Nahverkehrssystem (Big Blue Bus). Der 1886 gegründete Ort ist von Los Angeles unabhängig und hat deshalb eigenständige Institutionen und auch eigenständige lokale Gesetze. Während der NS-Herrschaft emigrierten viele deutsche Intellektuelle und Künstler nach Santa Monica, u.a. lebten hier *Thomas* und *Heinrich Mann*, letzterer starb auch hier im Jahre 1950.

Ende der Route 66

Die zweifellos aufregendste Shopping-Meile der Stadt ist die **Third Street Promenade**, ein autofreier Straßenabschnitt mit Straßenkünstlern und jeder Menge Mode-, Schmuck- und Schuhgeschäften. Wegen der vielen Kinos hier ist die Promenade auch abends belebt. Das Südende der Promenade bildet das Einkaufszentrum **Santa Monica Place**, das von keinem geringeren als *Frank O. Gehry* entworfen wurde. Der Architekt ist ohnehin mit Santa Monica eng verbunden und hatte lange Zeit hier seinen Wohnsitz und sein Büro. Wer die Third Street Promenade bis zur Colorado Ave. durchgeht und sich dann rechts hält, findet automatisch durch das weiß-blaue Tor zum **Santa Monica Pier (3)** an der Ocean Ave. 1908 gebaut, ist er die älteste ins Meer gebaute Flanierpromenade an der Westküste und immer noch der aktive Mittelpunkt des lebhaften Trubels von Santa Monica. Neben Restaurants, Pubs und Läden sowie einem Fischmarkt strahlt das sog. Hippodrom, ein Karussell mit 56 Holzpferden, den Charme der 1920er Jahre aus. Auch der kleine Pacific Park gehört zum Pier, dessen weithin sichtbare Wahrzeichen eine Achterbahn und ein Riesenrad bilden. Kein Wunder, dass der Pier der nahen Filmindustrie bei vielen Filmen als Kulisse diente und im Laufe der Zeit immer wieder umfassend renoviert wurde.

Berühmter Pier

Daneben ist Santa Monica eine kulturträchtige Stadt: Außer den Galerien ziehen Museen wie das **Museum of Art** (2525 Michigan Ave., www.smmoa.org), das in einem victorianischen Haus untergebrachte Spielzeug- und Puppenmuseum **Angel's Attic** (516 Colorado Ave., www.angelsattic.com) oder das Heimatkunde-Museum **California Heritage Museum** (2612 Main St., www.californiaheritagemuseum.org) die Besucher an. Etwas weiter von der Küste entfernt findet man am gut ausgeschilderten Santa Monica Airport das dreistöckige **Museum of Flying (4)**, ein Hightech-Zentrum, in dem es nicht nur Filme und Dokumente zu sehen gibt, sondern das innen und außen einige der legendärsten Flugapparate der Geschichte besitzt.

The Museum of Flying, 3100 Airport Ave. (am Flughafen), ☏ (310) 398-2500, www.museumofflying.com; Fr–So 10–17 Uhr.

Strände und Sehenswürdigkeiten entlang der Küste

Im Palisades Park von Santa Monica

Hinter Santa Monica neigt sich die Bucht nach Westen. Die Seebäder hier, wie **Palisades Park** und **Topanga Beach**, werden in Kalifornien mit der französischen Riviera verglichen. Dazu passt das gebirgige Hinterland, wo sich die Santa Monica Mountains nah an den Küstenstreifen heranschieben. Hier wurde ein 60.704 ha großes Erholungsgebiet als Santa Monica Mountains National Recreation Area unter Naturschutz gestellt. Das Areal mit seinen steilen Klippen, Wasserfällen, bewaldeten Hügeln und Schluchten ermöglicht Aktivitäten wie Wandern, Bergsteigen, Fischen und Reiten. Und an der Küste flaniert man durch die Palmenallee und genießt den weiten Blick auf den Pazifik und die Berge…

Ideal zum Wandern

Getty Villa

Eine der größten Attraktionen für Touristen in dieser Region, die **J. Paul Getty Villa (5)**, wird oft mit dem nahen Malibu in Verbindung gebracht und bisweilen auch „The Getty Villa Malibu" genannt, obwohl ihr Standort eindeutig Pacific Palisades ist. Dieses in den 1970ern errichtete riesige Anwesen ist eine grandiose Nachbildung der römischen Villa dei Papiri, die 1750 in Herculaneum ausgegraben wurde und dem Schwiegervater Julius Caesars gehört hat. Bei der Rekonstruktion der Innen- und Außenarchitektur, des Amphitheaters sowie der herrlichen Gärten, Teiche und freistehenden Skulpturen standen aber auch andere antike Bauten in Pompeij, Herculaneum und Stabiae Pate. Die Villa und die benachbarte Ranch diente lange Zeit als Ausstellungsräumlichkeit für J. Paul Gettys enorme Kunstsammlung, bis diese in das 1997 eröffnete Getty Center (s.u.) umzog und die Villa einer aufwändigen Restaurierung und Erweiterung unterzogen wurde. Seit 2006 ist nicht nur der spektakuläre Bau, sondern auch die hierhin zurück gebrachte Antikensammlung zu bewundern, die mit 44.000 Exponaten (von denen allerdings immer nur etwa 1.200 gezeigt werden) zu den vollständigsten in Amerika gehört. Einen wichtigen Teil machen dabei die griechischen und römischen Terrakotta- und Marmorskulpturen aus, mit dem Prachtstück einer Herakles-Figur aus dem

Römisches Vorbild

2. Jh. n. Chr. Auch Vasen, Amphoren, Sarkophage, Mumienporträts sowie antike Gold- und Silberarbeiten gehören zur Sammlung. Besucher werden vom spektakulären Eingangspavillon zunächst zum Freilufttheater geleitet, von hier aus geht es zum Café, dem Museumsladen und dem Eingang zur eigentlichen Villa. Dieser hat die 275-Mio-Dollar-Renovierung u.a. neue Oberlichter und 60 neue Fenster gebracht, Terrazzo-Böden, deren Muster von der Antike inspiriert sind, sowie Travertin-Wandverkleidungen. Damit gerät der Rundgang auch zu einem architektonischen Genuss, der die Kunstschätze in ihrer Wirkung noch steigert.

Außergewöhnliche Architektur

The Getty Villa, 17985 Pacific Coast Hwy., Pacific Palisades, ☎ (310) 440-7360 und 440-7300, www.getty.edu; Mi–Mo 10–17 Uhr, freier Eintritt (Reservierung erforderlich, am besten online), Parkgebühr US$ 15. Die Metro-Buslinie 534 stoppt direkt am Eingang der Villa.

Die Getty Villa in Pacific Palisades

Reisepraktische Informationen Santa Monica

Informationen
Santa Monica Visitor Center Kiosk, 1400 Ocean Ave., Santa Monica, ☎ (310) 393-7593, www.santamonica.com; tgl. 10–16, im Sommer 9–17 Uhr geöffnet.

Hotels
Ocean View Hotel $$–$$$, 1447 Ocean Ave, Santa Monica, ☎ (310) 458-4888, www.oceanviewsantamonica.com; nettes, helles Haus in zentraler Lage, 66 gute Zimmer (die Deluxe-Zimmer mit Balkon und Seeblick sind am schönsten), Frühstück.
Holiday Inn at the Pier $$$, 120 Colorado Ave, Santa Monica, ☎ (310) 451-0676, www.hisantamonicahotel.com; ein weiteres empfehlenswertes Haus der Holiday-Inn-Kette, direkt am Pier und dem bunten Treiben des Santa Monica Beach gelegen.

Sheraton Delfina Santa Monica $$$$, *530 Pico Blvd., Santa Monica,* ① *(310) 399-9344, www.sheratondelfina.com; sehr angenehmes Haus der Sheraton-Kette, gutes Restaurant, Café, Bar, 2 Pools, Jacuzzi, nah zum Strand gelegen, schöner Blick auf den Ozean, ideal für erste Badefreuden nach dem Flug, freies Parken, freier Flughafen-Shuttle.*
Shutters on the Beach $$$$$, *1 Pico Blvd., Santa Monica,* ① *(310) 458-0030, www.shuttersonthebeach.com; luxuriöses Hotel mit 198 Zimmern und Suiten, in einem wunderbaren, historischen Gebäude mit Holzveranda untergebracht, weiter Blick entlang der Küste, alle Annehmlichkeiten.*
Loews Santa Monica Beach Hotel $$$$$, *1700 Ocean Ave, Santa Monica,* ① *(310) 458-6700, 1-866-563-9792, www.santamonicaloewshotel.com; Herberge der Deluxe-Kategorie in Gehweite zum Santa Monica Pier, 311 Zimmer und 35 Suiten mit allen Annehmlichkeiten, Restaurants, Bars, Innen- und Außenpool, Spas, Fitness-Studio – ideal für Geschäftsleute mit Zeit zum Relaxen.*

Malibu

Hollywood-Stars und andere Berühmtheiten bleiben in der 15.000-Einwohner-Ortschaft Malibu am liebsten unter sich und riegeln sich in der Malibu Beach Colony hermetisch von Normalsterblichen ab. Ein herber Schlag waren für sie die Brände, die u.a. 2003 und 2007 bis in die Villenviertel vordrangen und Sachschäden in Milliardenhöhe verursachten. Bekannt ist das Seebad Malibu seit den 1920er Jahren und bis heute hat es nur wenig von seiner gediegenen Atmosphäre verloren. Natürlich gibt es auch hier einen **Malibu Pier**, zu dem man auf dem Pacific Coast Hwy. geleitet wird. Nichts ist schöner, als dort den Tag zu beenden, mit dem Blick auf einen dramatischen Sonnenuntergang und auf Delfine, oder mit einem Essen in einem der vorzüglichen Seafood-Restaurants.

Beeindruckender Museumsbau: das Getty Center

Malibu

Das größte Highlight für Kunst- und Architekturfreunde stellt in Malibu das fantastische **Getty Center (6)** dar, das 1997 als Nachfolgerin für die ebenfalls spektakuläre J. Paul Getty Villa (s.o.) eingeweiht wurde. In 275 m Höhe hat hier Stararchitekt *Richard Meier* eine weiß glänzende Kunst-Burg auf den terrassierten Santa Monica Mountains geschaffen, die ihresgleichen sucht. Mit über einer Milliarde Dollar war das Center der welt-

J. Paul Getty und das Getty Center

Ob *J. Paul Getty* angesichts der enormen Baukosten mit dem Kunstcenter, das seinen Namen trägt, zufrieden gewesen wäre? Schließlich galt er Zeit seines Lebens als ausgesprochener Geizkragen, der private Gäste auf seinem englischen Schloss nur auf Münzapparaten telefonieren ließ, kein Lösegeld für entführte Familienmitglieder aufbringen wollte und auf Geschäftsreisen immer in billigen Hotels wohnte. Auch bei seinen Kunstkäufen orientierte er sich nicht nur am eigenen Geschmack, sondern auch am Preis und schlug immer dann zu, wenn Bilder, Möbel oder Skulpturen gerade billig zu haben waren – so in der europäischen Rezession Anfang der 1930er. Dabei galt *Getty* als reichster US-Bürger, dessen Privatvermögen allein 700 Mio. Dollar ausmachte – abgesehen von einem Firmenimperium, das vor allem Ölquellen in Amerika und in Arabien besaß. Außer seinem Hang zur Knauserigkeit hatte der 1976 gestorbene *J. Paul Getty* weitere Charaktereigenschaften, die ihn häufig zum Gespött der Medien machten, etwa sein Hypochondertum, seine panische Angst vor Feuer und vor Flugzeugen oder sein ausschweifendes Sexualleben (er hatte fünf Ehefrauen und unzählige Geliebte).

Die Eingangsfrage ist also berechtigt, was Getty von dem kostenintensiven Museumsbau gehalten hätte – und von der Tatsache, dass Besucher des Kunsttempels noch nicht einmal Eintritt zahlen müssen. Vermutlich wäre er trotzdem zufrieden gewesen, denn der freie Eintritt ist Garant dafür, dass der testamentarisch eingesetzte Getty Trust keine Erbschaftssteuer an das Finanzamt abführen muss.

Dieser Trust nahm seine Arbeit 1982 auf (nach sechsjährigem Rechtsstreit mit der Familie um das Erbe) und hatte ein enormes Startkapital. Das erhöhte sich nochmals, als zwei Jahre später Texaco die Getty Oil Company für 10 Mrd. US$ aufkaufte. Da aber der Trust keine Gewinne erwirtschaften darf, ist das Museum in der angenehmen Zwangslage, alljährlich rund 180 Mio. Dollar zur „Förderung von Kunst und Wissen" ausgeben zu dürfen, damit die Steuerfreiheit nicht verloren geht.

Auf diese Weise ist das Getty Center weltweit das finanziell bestausgestattete Museum, und die Vergangenheit hat gezeigt, dass die Geldmittel rücksichtslos eingesetzt werden. Gegen diese kalifornische Konkurrenz hatten bei Versteigerungen oder Verkäufen etwa europäische Museen, Gemeinden, Provinzen oder Staaten keine Chance, und so wanderte eine Kostbarkeit nach der anderen nach Los Angeles – beispielsweise die einzigartigen mittelalterlichen Schriften der Sammlung Ludwig aus Köln, das Gemälde „Abenddämmerung" von *C.D. Friedrich* für US$ 5,7 Mio. oder die „Schwertlilien" von *van Gogh* für unglaubliche US$ 53,9 Mio. Insofern ist das Getty-Museum typisch auch für die amerikanische Kulturbetrachtung, die durch Geld erworbenen Besitz über Tradition stellt. Damit die kapitalkräftigen Kalifornier nicht über kurz oder lang die Kunstwelt leer kaufen, haben Länder wie Italien inzwischen die Veräußerung ihrer Kulturschätze ins Ausland untersagt.

Strände und Sehenswürdigkeiten entlang der Küste

Teurer Museumsbau

weit teuerste Museumsbau, der gleichzeitig über die reichste Privatsammlung überhaupt verfügt. Für den hellen, luftigen Gebäudekomplex, zu dem vom Eingangsbereich am Fuß des Hügels eine computergesteuerte Kabelbahn hinaufgleitet, war das Beste gerade gut genug: Allein zur Verkleidung der Fundamente wurden 16.000 t römischer Travertin per Schiff aus Italien herangeschafft. Auch sonst hat man mit Teichen und Gärten, Terrassen, Galerien, Restaurant und zwei Cafés alles getan, dass sich Besucher – rund 1,3 Mio. sind es alljährlich – hier wohlfühlen und außer den Kunstwerken auch den herrlichen Blick auf Stadt, Berge und Meer genießen können.

Getty selbst hatte sich als Kunstsammler vornehmlich auf drei Gebiete konzentriert, die antike Kunst (vor allem griechische und römische Skulpturen), die europäische Malerei aus Barock und Renaissance sowie die dekorative Kunst (vor allem der französischen Art Nouveau). Immer noch machen Exponate dieser Sammlungen den Hauptbestand des Museums aus, aber das Direktorenteam hat längst schon neue Akzente gesetzt. Besucher, die die Kabelbahn an der Bergstation verlassen, werden durch mehrere Gebäude und insgesamt 54, nach Epochen gegliederte Galerien geleitet. Die wichtigsten sind rund um die zylindrische Lobby angeordnet. Im Nordpavillon kann man Handschriften aus dem 6.–16. Jh. von unschätzbarem Wert bewundern, im Ost-Pavillon Skulpturen,

Beeindruckende Kunstsammlung

Zeichnungen und Gemälde von 1600 bis 1800 (darunter Werke von *Rembrandt*, *Dürer* und *Rubens*), im West-Pavillon herausragende Werke von Künstlern des 19. und 20. Jh. (u.a. van *Gogh*, *Cézanne*, *Monet*, *Degas* und *Gauguin*). Auch die französischen Möbel, die Sammlung amerikanischer und europäischer Fotografien des 19. Jh. sowie die Kunstbibliothek (eine der größten überhaupt) genießen Weltruf.

The Getty Center, *1200 Getty Center Drive, ✆ (310) 440-7300, www.getty.edu; Di–So 10–17.30, Sa bis 21 Uhr, freier Eintritt. Parkgebühr US$ 15. Der Bus der Metro Rapid Line 761 stoppt direkt am Haupteingang am Sepulveda Blvd. Mit dem Wagen gelangt man am schnellsten über den San Diego Fwy. (I-405) zum Getty Center, das nördlich vom Sunset Blvd. eine eigene Autobahnausfahrt (Getty Center Drive Exit, Main Gate liegt am N. Sepulveda Blvd.) hat. Da in der Nachbarschaft des Museums Parken verboten ist (und dies rigoros kontrolliert und bestraft wird), sollte man tunlichst den Parkplatz nahe der Autobahnausfahrt benutzen, von wo Shuttle-Busse zum Museum fahren. Die Zufahrt von der Wohngegend im Süden des Centers ist nicht möglich. Oder man nimmt von vornherein das Taxi, das Fahrrad oder den Bus (Metro-Bus-Linie 561 bzw. Santa Monica Big Blue Bus 14).*

Reisepraktische Informationen Malibu

i Informationen
Malibu Chamber of Commerce, *23805 Stuart Ranch Rd., Suite 100, ✆ (310) 456-9025, www.malibu.org.*

🛏 Hotel
**Malibu Beach Inn $$$$$**, *22878 Pacific Coast Hwy., Malibu, ✆ (310) 456-6444, www.malibubeachinn.com; 2008 mit Millionenaufwand renovierte Herberge direkt am Wasser, 47 Zimmer und Suiten, einige mit Kamin, alle mit Balkon und Meerblick; der Standard entspricht zwar nicht den hohen Preisen (ab US$ 300), dafür aber befindet man sich in unmittelbarer Nachbarschaft zu den Villen der Hollywood-Stars.*

Zwischen Flughafen und Newport Beach

Wer vom Internationalen Flughafen LAX aus am schnellsten die südlichen Strandgebiete erreichen will, benutzt den Sepulveda Blvd. und biegt dann nach rechts auf den Imperial Hwy. ab. Nach wenigen Fahrminuten entlang dem Flughafengelände sieht man den Pazifik vor sich liegen, an dessen Küste man nun über den Vista del Mar Blvd. entlang fährt. Trotz der Ausdehnung des Airports gibt es hier das Naturschauspiel der **El Segundo Dunes (7)** zu bewundern, die letzten großen Sanddünen der kalifornischen Westküste, die freilich von Landschaftsschützern erst in den letzten Jahren wieder „restauriert" worden sind.

Sanddünen

Ein wenig weiter wird die idyllische Strandstimmung durch ein großes Kraftwerk gestört, doch je weiter man in den Süden fährt, umso schöner wird's. Wie Perlen auf einer Kette sind hier die kleinen Ortschaften und Sandstrände von **Manhattan Beach**, **Hermosa Beach** und **Redondo Beach** aneinandergereiht. Am lebhaftesten ist der südliche Redondo Beach, wo am Harbor Dr. im Yachthafen eine ganze Freizeitflotte vertäut liegt. Hier kann man an Kurzkreuzfahrten, Fischertörns oder der Tragflügel-Fährpassage zur Insel Santa Catalina (am Catalina Express Port) teilnehmen. Aber auch in den anderen Strandorten der Umgebung gibt es Amüsement mit Tanzsälen und Bars, genug Möglichkeiten zum Shopping, und überall laden Restaurants mit Meerblick zum Verweilen ein. Angesichts der breiten Sandstrände zieht mancher bereits hier ein erfrischendes Bad oder einen Strandlauf der Weiterfahrt vor. Das wäre insofern schade, als die größten Sehenswürdigkeiten der Strecke noch auf den Besucher warten.

Palos Verdes Peninsula

Hinter Redondo Beach, wo der Hwy. 1 (Pacific Coast Hwy.) der Küste sehr nah kommt, lohnt eine landschaftlich reizvolle Fahrt entlang der **Halbinsel Palos Verdes**, die wie ein massiger Klotz zwischen der Santa Monica Bay und der San Pedro Bay in den Ozean ragt. Dazu zweigt man auf den Palos Verdes Dr. West ab, der einen in eine wunderschöne und reiche Gegend mit mondänen Villen, Golfplätzen, Geschäften und Restaurants bringt. Von den höher gelegenen Abschnitten hat man eine prächtige Aussicht auf die Sandstrände und an klaren Tagen bis zu den Hochhäusern von L.A. Downtown.

Einen ersten Stopp sollte man am **Point Vicente** einlegen, durch den der Palos Verdes Dr. in einen westlichen und einen südlichen Abschnitt getrennt wird. Hoch über der Steilküste gelegen, hat man von hier aus spektakuläre Blicke auf den

Der Leuchtturm von Point Vicente

Ozean und das nahe Point Vicente Lighthouse. Im Interpretive Center gibt es interessante geologische und kulturhistorische Ausstellungen, ein Videoprogramm über die Wanderung der Grauwale und zwischen Dezember und April von einer Art Amphitheater aus hervorragende Beobachtungsmöglichkeiten der Wale selbst (s. u.).
Point Vicente Interpretive Center, *Palos Verdes Dr., ① (310) 377-5370, www.palosverdes.com; tgl. 10–17 Uhr.*

Blick auf den Pazifik
Folgt man nun weiterhin dem Palos Verdes Drive S., lohnt als nächstes ein Besuch der gläsernen Kapelle **The Wayfarers Chapel (8)**, die von Redwoods umstanden ist und ebenfalls einen herrlichen Blick auf den Pazifik bietet. Der Architekt des 1951 gebauten Gotteshauses war übrigens der Sohn des bedeutenden *Frank Lloyd Wright*.
The Wayfarers Chapel, *5755 Palos Verdes Dr. S, Rancho Palos Verdes, ① (310) 377-1650, www.wayfarerschapel.org; tgl. 9–17 Uhr, Visitor Center 10–17 Uhr.*

An der nächsten Kreuzung hält man sich rechts (Paseo del Mar), passiert den schönen Royal Palms State Beach und kommt schließlich zum **Point Fermin**, dessen von Palmen umstandener Leuchtturm von 1874 bis 1913 Schiffen den Weg durch die schwierigen Gewässer wies. Oberhalb des Kaps liegt der **Angels Gate Park**, in dem außer einem Militärmuseum und dem 1916 errichteten **Fort MacArthur** vor allem ein koreanischer Tempel von 1976 die Blicke auf sich zieht. Darin befindet sich die **Korean Bell of Friendship (9)**, ein Geschenk von Südkorea an die USA.

Pavillon mit der Korean Bell of Friendship

Von hier aus bleibt man auf der Straße entlang der Küste und durchfährt die prosperierende Stadt **San Pedro**. Wer genug Zeit hat, kann einigen der zahlreichen Sehenswürdigkeiten einen Besuch abstatten, z.B. dem Pier mit seinen vielen Sportfischern, dem weit ins Meer hinausgebauten Angels Gate Lighthouse, dem feinsandigen Cabrillo Beach oder dem **Cabrillo Marine Aquarium (10)**. Diese Institution beherbergt 38 Wassertanks mit allen möglichen Formen maritimen Lebens, daneben Ausstellungen über einen Walfriedhof, Multimedia-Shows, Touchpools und saisonale Whalewatching-Touren. Wer allerdings vorhat, das relativ nahe und ungleich größere Aquarium in Long Beach zu besuchen, sollte hier keine zusätzliche Zeit investieren.
Cabrillo Marine Aquarium, *3720 Stephen White Dr., San Pedro, ① (310) 548-7562, www.cabrillomarineaquarium.org; Di–Fr 12–17, Sa–So 10–17 Uhr, freier Eintritt (Spende von US$ 5 wird erwartet).*

Bei der Weiterfahrt gelangt man über die Pacific Ave. und unmittelbar hinter dem **Harbor View Memorial Cemetery** zum Abzweig der W. 22nd St., die kurz darauf zum Harbor Blvd. wird. Ein interessanter Abstecher ist jeweils an der Kreuzung mit der 6th St. möglich, der nach rechts zur Haupteinfahrt des Hafens (L.A. Main Channel) führt. Im Gegensatz zur anheimelnden Downtown Old San Pedro ist der riesige Hafen von industrieller Geschäftigkeit. Genau hier befindet sich auch das **Ports O'Call Village (11)**, ein schmuckes Areal im Neuengland-Stil, in dessen Holzhäuschen Boutiquen und Restaurants zu finden sind. Auch Hafenrundfahrten und Whalewatching-Touren werden im Village angeboten, und den Blick hinauf zur Vincent Thomas Bridge gibt's gratis dazu.

Bootsfahrten und Whale Watching

Etwas weiter südlich stößt man auf das ehemalige Ferry Building am Main Channel, das heutzutage das **Los Angeles Maritime Museum (12)** beherbergt. Es enthält ein breites Sammelsurium an Ausstellungsstücken und Dokumenten zum Hafen und der Geschichte der Seefahrt.
Los Angeles Maritime Museum, *84 Berth, San Pedro, ☏ (310) 548-7618, www.lamaritimemuseum.org; Di–So 10–17 Uhr, Eintritt US$ 3.*

Unmittelbar vor der Brücke, einige Fahrminuten weiter nördlich, kann man ein weiteres Seefahrts-Monument bestaunen, nämlich die **S.S. Lane Victory**. Dabei handelt es sich um ein altes 10.000-Tonnen-Fracht- und -Munitionsschiff, das im Zweiten Weltkrieg, im Koreakrieg und im Vietnamkrieg eingesetzt war und die Kulisse für viele Kriegsfilme bot. Von dieser Stelle starten auch Katamarane und Flugzeuge zur Insel Catalina (vgl. S. 265) und legen häufig Kreuzfahrtschiffe an.

Überragt wird das Hafengebiet von der 1.850 m langen Hängebrücke **Vincent Thomas Bridge (13)**, die man zum Besuch der weiteren Attraktionen überqueren sollte. Die Brücke, deren Hauptspannweite knapp 460 m beträgt, wurde 1963 eingeweiht; in vielen Hollywoodfilmen wurde sie als Schauplatz genutzt. Möchte man sich einige der wichtigsten Sehenswürdigkeiten von Long Beach anschauen, sollte man auf der anderen Seite der Brücke auf dem Ocean Blvd. bis zum Abzweig des Harbor Scenic Dr. fahren und sich nach der Beschilderung Queen Mary richten.

Long Beach

Die touristisch und in der öffentlichen Wahrnehmung oft im Schatten von Los Angeles stehende Stadt ist nicht nur völlig selbstständig, sondern besitzt mit knapp 500.000 Einwohner auch eine beträchtliche Größe – immerhin ist sie damit die **fünftgrößte Stadt Kaliforniens**. Der 1880 gegründete Ort sah in seiner Geschichte ein stetes Auf und Ab, profitierte 1921 von Erdölfunden und hatte 1933 unter einem verheerenden Erdbeben zu leiden, das 120 Todesopfer forderte. Trotz des im Namen verewigten „langen Strandes" waren es lange Zeit nicht das touristische interessante Attribut, Kultur oder Naturschönheiten, die das Bild von Long Beach bestimmten, sondern Industrie (u.a. Flugzeugbau), Wirtschaft (Hafen) und Verkehr. Erst später bemerkte man, dass es sich lohnt, Long Beach zu besuchen – auch verstärkt durch die Anstrengungen der Stadt, Parks und Naherholungsgebiete zu kreieren, Kultur zu fördern und das Stadtbild zu verschönern. Heute ist die Waterfront von Long Beach ein wahres Schmuckstück, zudem hat man für Verschönerung und Ausbau des Rainbow Harbor über 650 Mio. US$ ausgegeben und mit über 5.000 Hotelzimmern das Seebad auch für Gäste interessant

Stadtverschönerung

gemacht, die Los Angeles von hier aus erkunden möchten. Das Ergebnis kann sich sehen lassen: ein Hafen mit Yachten, Dinnercruise- und Angelbooten, Wassertaxis, die Besucher zur Downtown oder zur Queen Mary bringen, ein 10.000-Sitze-Amphitheater, als Paradestück das Aquarium of the Pacific, und in der Downtown renovierte Art-Déco-Gebäude mit zahlreichen Boutiquen und Terrassen-Restaurants.

Wichtiger Hafen

Trotz rasanter Steigerungsraten im Fremdenverkehr und kultureller Einrichtungen wie mehreren Museen, der Philharmonie und der Universität, bleibt das wirtschaftliche Standbein von Long Beach der **L.A.'s World Port (1)** – der mit Abstand größte Hafen von Kaliforniens, der zweitgrößte der USA und der zehntgrößte der Welt. Für die wirtschaftliche Rolle des gesamten Großraums als Im- und Export-Zentrum ist er von entscheidender Bedeutung. Die Zahlen von rund 45 km Kailänge und 270 Anlegestellen, jährlich über 5.000 Anläufen von Containerschiffen und einem Umschlagsvolumen von 66 Mio. t sowie einem Gesamtwert von über US$ 95 Mrd. sprechen für sich (weitere Infos unter *www.portoflosangeles.org*).

Von Westen kommend kann man von der Hängebrücke **Vincent Thomas Bridge** (s.o.) die Dimensionen des Hafens erahnen. Auch auf dem weiteren Weg auf dem

Ocean Blvd. (Fwy. 710), der die Insel **Terminal Island** zur Gänze durchquert, sieht man immer wieder Containerkräne und Kaianlagen. Nach der zweiten Brücke geht es dann rechter Hand auf dem Harbor Scenic Dr. zu den ersten Attraktionen der Stadt.

Queen Mary (2)

Die Straße bringt einen automatisch zur **Queen Mary**, die im Jahre 1934 für 48 Mio. US$ gebaut wurde. Damals war sie auf Anhieb der größte und schnellste Passagierdampfer der Welt. Mit 300 m Länge und 81.000 Tonnen konnte der Ozeanriese diesen Rekord sogar bis zum Jahr 1952 halten. Vor allem im Transatlantik-Verkehr spielte die „Queen" eine überragende Rolle, und im Zweiten Weltkrieg schließlich wurde ihre Größe für Truppentransporte genutzt. Für ihre Versenkung hatte Hitler eine enorm hohe Belohnung ausgesetzt, aber alle U-Boote mussten vor der Schnelligkeit dieses Großschiffes kapitulieren. Nach dem Krieg, als der transatlantische Schiffsverkehr wegen der ausgebauten Flugverbindungen immer mehr zurückging, schlug scheinbar auch für die Queen Mary die letzte Stunde: In Long Beach ging sie zum letzten Mal vor Anker und wartete auf die Verschrottung. Schließlich aber entschied sich der Konzern Wrather Corporation, den Ozeanriesen mit einem Kostenaufwand von US$ 12 Mio. zu restaurieren und als feststationiertes First-Class-Hotel weiter zu nutzen.

Queen Mary

Eine Besichtigung im Rahmen einer Führung zeigt die elegante Welt, wie sie um 1939 auf der Queen Mary geherrscht haben mag. Dabei sieht man u.a. den Salon, den Swimmingpool, den Maschinenraum und die Kommandobrücke, während die Kabinen nunmehr als Luxussuiten für zahlungskräftige Touristen vorgesehen sind. Für Feinschmecker hält die Queen Mary nicht weniger als fünf Restaurants und Cafés bereit, besonders schön renoviert ist die Observation Bar im Art-Déco-Stil. Außer dem Schiff und seiner originalen Einrichtung lassen etliche Boutiquen, Souvenirläden, Zeitungsstände (mit Original-Zeitungen aus den Kriegsjahren) den Aufenthalt kurzweilig werden.

First Class Hotel

Seite an Seite zur „Queen" können sich Interessierte das russische U-Boot **Scorpion** anschauen, das während des Kalten Krieges 1972 vom Stapel lief und 1994 außer Dienst gestellt wurde. Es hatte 78 Mann Besatzung, war mit Nuklear-Torpedos bestückt und gehört zur Foxtrot-Klasse, der größten konventionellen U-Boot-Klasse der Sowjetunion. Das riesige, weiße Kuppelzelt in der Nähe – fast schon ein Wahrzeichen des Hafens – beherbergte bis Mitte der 1990er Jahre die Spruce Goose (Fichtengans), das legendäre hölzerne Wasserflugzeug des exzentrischen Millionärs *Howard Hughes*. Inzwischen

wurde die Attraktion nach Portland, Oregon, ins Evergreen Aviation & Space Museum verlegt und kann dort besichtigt werden.
Queen Mary, Pier J, 1126 Queen's Hwy., Long Beach, ☏ (877) 342-0738, (562) 435-3511, www.queenmary.com; tgl. 10–17 Uhr, Sonderführungen am Abend.
Scorpion (gleiche Adresse), ☏ (562) 432-0424, www.russiansublongbeach.com; tgl. 10–18 Uhr geöffnet. Für beide Schiffe fallen obligatorische Parkgebühren und Eintritte an, es gibt Kombitickets für beide Attraktionen.

Zur eigentlichen Stadt fährt man mit Bus, Wassertaxi oder dem eigenen Wagen in nur wenigen Minuten. Überquert man ca. 800 m nordwestlich der Queen Mary die Queensway Bay über die Queensway Bridge, entdeckt man am anderen Ufer den herrlich gestalteten **Shoreline Aquatic Park**, der mehrere Lagunen, Marinas, Grünflächen und den Rainbow Harbor umfasst. Sofort neben der Brücke hat sich das 1998 eröffnete **Aquarium (3)** zu einem Touristenmagneten entwickelt. Mit insgesamt über 12.500 pazifischen Meerestieren, die 650 verschiedene Arten repräsentieren, ist es eines der größten der USA. Dass es bei dem riesigen Komplex um den Ozean geht, macht schon die äußere Form deutlich, deren Dachkonstruktion an Wellen denken lässt. Im Innern gibt es beeindruckende Wasserbecken und Acryltunnel, Ausstellungen und Außenbecken, geordnet nach den großen geografischen Themen Südkalifornien, Südpazifik und Nordpazifik. Das Konzept mit vielen Veranstaltungen und einer künstlichen Lagune, in der man Haie und Rochen berühren darf, regt alljährlich knapp 1,5 Mio. Menschen zu einem Besuch an.

Tolles Aquarium

Aquarium of the Pacific, 100 Aquarium Way, ☏ (562) 590-3100, www.aquariumofpacific.org; tgl. 9–18 Uhr, Eintritt US$ 25.

Museum of Art und Sehenswertes an der Küste

Gegenüber des Aquariums erhebt sich jenseits des Ocean Blvd. das moderne **Convention Center** mit u.a. der **Touristeninformation**. Wenige Schritte weiter östlich erblickt man das auf einem kleinen Hügel gelegene **Museum of Art (4)**, das mehrere um einen Campus gruppierte Gebäude umfasst. Dazu gehören auch zwei „historische" Ziegelsteinhäuser von 1912. In einem großzügig verglasten, zweistöckigen Pavillon wird hauptsächlich moderne Kunst präsentiert. Ein Besuch lohnt sich auch wegen des herrlichen Blicks auf die Marina und die Queen Mary, außerdem locken ein gut bestückter Museumsshop und das Restaurant Claire's.
Long Beach Museum of Art, 2300 E. Ocean Blvd., ☏ (562) 439-2119, www.lbma.org; Do–So 11–17, Do bis 20 Uhr, Eintritt US$ 7.

Etwas weiter südöstlich bringt einen der Shoreline Dr. und davon abzweigend der Shoreline Village Dr. zur **Marina** mit ihrer Vielzahl an Yachten und zum **Shoreline Village (5)**. Dieses sehr schön gestaltete Areal direkt am Wasser verströmt den Charme eines Neuengland-Dorfes im Stil des 19. Jh. mit schmucken Holzhäusern, Leuchtturm, Cafés, Restaurants und mehr als 40 Shops – ein perfekter Platz für ein Mittagessen.

Neuengland-Charme

Shoreline Village, Shoreline Village Dr., ☏ (562) 435-2668, www.shorelinevillage.com; 10–21 Uhr, im Sommer länger geöffnet.

Folgt man vom Shoreline Village der Straße ostwärts, passiert man den ersten, sehr breiten Sandstrand, der an den Stadtnamen erinnert. Er wird durch den **Ocean Boule-**

vard (6) von der **Downtown** getrennt, in der man auf renovierte, wunderschöne Beispiele des Art Déco ebenso stößt wie auf spiegelverglaste Wolkenkratzer. Nach rund 2 km, auf denen der Ocean Blvd. den grünen **Bluff Park** passiert und zum **City Beach** gelangt, lohnt ein Abstecher nach Nordosten (über E. Livingstone Dr. und E. 2nd St.), wo einer der schönsten Stadtteile von Long Beach wartet: **Naples (7)**, auf drei Inseln in der Alamitos Bay gelegen. Dass Neapel die Patin der Ortschaft ist, sieht man an vielen Läden italienischer Auswanderer, einer z.T. mediterranen Architektur mit dem großen Springbrunnen im Zentrum, und an der Tatsache, dass Straßen hier italienische Namen tragen. Eher an Venedig erinnern die Kanäle, die die Inseln trennen, und die man auf einer romantischen Reise mit einer italienischen Gondel erkunden kann.

Abwechslungsreiche Architektur

Gondola Getaway, *5437 E. Ocean Blvd., ⊙ (562) 433-9595, www.gondolagetawayinc.com; tgl. Abfahrten von 11–23 Uhr.*

Bixby Hill

Möchte man noch andere interessante Gegenden der Halb-Millionen-Stadt kennen lernen, sollte man von Naples nach Norden fahren, durch eine von vielen Kanälen durchzogene Stadtlandschaft, vorbei am Marine Stadium und mehreren Golfplätzen. Hier erreicht man die sanfte Erhebung des Bixby Hill, wo sich eines der ältesten Häuser von Kalifornien befindet, das 1806 in Adobe-Technik errichtet wurde: **Rancho Los Alamitos (8)**. Zu den Besitzern gehörten u.a. der Gouverneur *Jose Figuera* und *John Bixby*. Auf dessen Schwiegertochter *Florence* gehen die herrlichen Gärten zurück, die das Anwesen umgeben und 1920–36 angelegt wurden.

Rancho Los Alamitos Museum, *6400 E.Bixby Hill Rd., ⊙ (562) 431-3541, www.rancholosalamitos.com; Mi–So 13–17 Uhr, geführte Touren durch das Ranch House alle 30 min. von 13–16 Uhr, Eintritt frei.*

Das Pyramid Stadium in Long Beach

Zum Westen hin wird der Bixby Hill vom Campus der Universität **(California State University)** begrenzt. Das wohl auffälligste Gebäude ist hier das 1994 eingeweihte **Pyramid Stadium (9)**, auch „Walter Pyramid" genannt. Der Architekt *Don Gibbs* entwarf sie als wahre Pyramide mit einer Seitenlänge von jeweils 105 m; der fast surreale Eindruck wird durch das blaue Aluminium der äußeren Hülle hervorgerufen. In der 5.000-Zuschauer-Arena finden die Basketball- und Volleyball-Spiele der College Teams statt.

Reisepraktische Informationen Long Beach

Informationen
Long Beach Area Convention & Visitors Bureau, *301 E. Ocean Blvd, Suite 1900, Long Beach CA 90802,* ① *(562) 436-3645, www.golongbeach.org und www.visitlongbeach.com.*

Hotels
Queen Mary $$$, *1126 Queens Hwy., Pier J,* ① *(877) 342-0738, www.queenmary.com; kein Hotel, sondern ein Luxusdampfer aus der glorreichen Zeit der Transatlantikfahrten, keine Zimmer, sondern 365 elegant eingerichtete und nicht zu kleine Kabinen, drei sehr gute Restaurants, Swimmingpool, Art-déco-Bar, schöne Sicht auf die Skyline von Long Beach und viele Besucher: zweifellos eine der ungewöhnlichsten Unterkünfte von Los Angeles.*
Avia Hotel Long Beach $$$, *285 Bay St.,* ① *(562) 436-1047, www.aviahotels.com; sehr angenehmes Haus der Avia-Kette, in der Downtown nahe zu allen Sehenswürdigkeiten und Strand gelegen, gutes Restaurant, schöner Pool auf dem Dach mit Blick hinüber zur Queen Mary.*

Öffentliche Verkehrsmittel
Mit Los Angeles ist Long Beach am einfachsten durch die Metro Rail (Blue Line; s.o.) verbunden. Innerhalb der Stadt stehen die roten Busse von „The Passport" zur Verfügung, die einen kostenlos zu den wichtigsten Attraktionen bringen, nur außerhalb der Downtown fällt eine geringe Gebühr an. Entlang der Küstenlinie verkehrt nach einem festen Fahrplan mindestens einmal pro Stunde das rot-weiße Wassertaxi Aqua-Bus, das an sechs Stationen hält, u.a. Aquarium, Queen Mary, Shoreline Village und Catalina Landing, das Ticket kostet US$ 1.

Südlich von Long Beach

Verlässt man Long Beach südwärts, etwa über die 2nd St., geht es an den glitzernden Fassaden der aufstrebenden Stadt vorbei, bis man wieder auf den Pacific Coast Hwy. (Hwy. 1) stößt. Dieser bringt einen zunächst nach **Seal Beach**, einem 25.000 Einwohner-Seebad, das von den Großstädten Long Beach und Huntington Beach in die Zange genommen wird, sich ihnen gegenüber aber durch seinen ganz eigenen Charme behaupten kann. Auch hier gibt es den breiten, feinsandigen, und von Palmen gesäumten Strand, auch hier gibt es eine nett zurecht gemachte Main Street mit Shopping-Möglichkeiten und vielfältiger Gastronomie, auch hier findet man Hotels und Motels sowie einen Pier mit einer Figur des Stadt-Maskottchens, einer Robbe. Die größere Überschaubarkeit des Ortes aber und seine fußläufigen Entfernungen prädestinieren Seal Beach jedoch als Standort für Besucher, die auf den Trubel der Nachbarorte verzichten können und einen familiäreren Rahmen schöner finden.

Huntington Beach

Deutlich größer und bekannter ist die benachbarte 95.000-Einwohner-Stadt Huntington Beach, die auch die „Hauptstadt der Surfer" genannt wird (Infos unter www.surfcityusa.com). Das Wellenreiten war eigentlich in Hawaii beheimatet und wurde 1907 in Huntington Beach erstmalig an der Westküste eingeführt. Deshalb finden alljährlich große nationale und internationale Surf-Wettbewerbe in Huntington Beach statt, z.B. die *American Surfing Championships* und die *Hurley U.S. Open of Surfing*. Und natürlich gibt es hier auch ein entsprechendes **Surfing Museum**, das schon von außen mit einem riesigen Wandgemälde an diesen Sport erinnert; für Freunde des Surfens, seiner Geschichte und seiner legendären Gestalten ein Muss, sofern man nicht das Kalifornische Surfmuseum in Oceanside vorzieht (S. 254).
International Surfing Museum, *411 Olive Ave., Huntington Beach, ① (714) 960-3483, www.surfingmuseum.org; Mo–Fr 12–17, Di bis 21, Sa–So 11–16 Uhr, Eintritt frei.*

Daneben finden selbstverständlich auch Anhänger anderer Wassersportarten und Sonnenanbeter hier ihr Eldorado. Der populäre Strand ist mit Duschen, Fahrradwegen, Sportstätten und asphaltierten Wegen für Rollstuhlfahrer ausgestattet. Und auf dem herrlichen Pier kann man sensationelle Sonnenuntergänge beobachten.

Ganz andere Attraktionen hält das **Old World Village** (*7561 Center Ave., Huntington Beach*) bereit, das auch German Village genannt wird. Hier gibt es Schwarzwald-Häuser, bayrische Bierkeller, deutsche Straßennamen, ein Oktoberfest und einen „Old World Fussballverein".

Surfer am Huntington Beach

Oceanside

Südlich von Huntington Beach, in **Oceanside**, fängt wieder die ununterbrochene Reihe der Strandbäder an, die sich wie Perlen einer schönen Kette bis zur mexikanischen Grenze hinabziehen. Der Ort, der heute immerhin 175.000 Einwohner hat, geht auf die Gründung des Geschäftsmannes *Andrew Jackson Myer* zurück, der sich hier 1882 niederließ. Damals waren Landwirtschaft und Viehzucht die einzigen Standbeine der lokalen Wirtschaft. Später profitierte Oceanside an der Stationierung eines Marine Corps ab 1942 und natürlich vor allem von dem herrlichen, fast 10 km langen Sandstrand, der sich zur touristischen Vermarktung geradezu anbot. Zu den inzwischen etwas verstaubten Hotels der ersten Phase sind neue und sehr moderne Herbergen getreten, die keine Wünsche offen lassen – 2007 z.B. das Marriott International. Wer in Oceanside etwas Zeit verbringen möchte, sollte sich also hauptsächlich zum Pazifik wenden und dort das typisch kalifornische Strandleben genießen. Auffällig ist der hölzerne **Pier**, dessen Vorgänger bereits 1888 errichtet wurde und der mit knapp 600 m der längste an der amerikanischen Westküste ist. Sollte man am 4. Juli hier sein, darf man einen Besuch nicht verpassen, denn dann treffen sich Zehntausende am Pier, um den Nationalfeiertag mit einem riesigen Feuerwerk zu begehen. Am Strand selbst, der an Szenen der TV-Serie „Bay Watch" erinnert und tatsächlich in mehreren Filmproduktionen als Schauplatz diente, wird man bei entsprechendem Wetter viele Surfer sehen – davon angeregt und wissbegierig geworden, kann man ja das kalifornische **Surf Museum** besuchen, das schon mit seinem geschwungenen Dach an eine Welle erinnert.

Herrlicher Sandstrand

California Surf Museum, *312 Pier View Way, Oceanside, ☏ (760) 721-6876, www.surf museum.org; tgl. 10–16, Do bis 18 Uhr, Eintritt US$ 3.*

Einige Meilen weiter hat man in Newport Beach Anschluss an die ab S. 263 beschriebene Strecke.

Durch das Orange County

Der sich südöstlich an Greater Los Angeles anschließende Verwaltungsbezirk heißt Orange County und ist ein vom Klima bevorzugter Ort. Zu 80 % der Jahreszeit scheint hier die Sonne vom strahlend blauen Himmel, und die Temperatur ist gleichbleibend warm. Seit der spanischen Inbesitznahme war die Region zwischen den Sandstränden des Pazifiks und den Santa-Ana-Bergen immer auch ein äußerst fruchtbares Gebiet, worauf schon der Name hinweist. Die Leute sind wohlhabend, die Wirtschaft floriert, und Forschung und Lehre sind durch zwei anerkannte Universitäten vertreten. Nicht zuletzt ist Orange County auch ein Bezirk voller Museen und Kultur, der allen, die längere Zeit in der Gegend verbringen, viel zu bieten hat.

Interessantes County

Strände, Städte und Sehenswürdigkeiten

Costa Mesa

Zwischen Huntington Beach und Newport Beach, aber ein Stück landeinwärts, liegt das mondäne Costa Mesa (ca. 110.000 Einwohner). Mit der eleganten **South Coast Plaza**, die einige der anspruchsvollsten nordamerikanischen Geschäfte und mehrere Dutzend Restaurants aufzuweisen hat, und mehreren First-Class-Hotels möchte die Stadt zumindest für inneramerikanische Touristen eine größere Rolle spielen, zumal sie mit dem John Wayne Airport Orange County über einen leistungsfähigen Flughafen verfügt. Bekannt ist Costa Mesa für seine kulturelle Vielfalt, für die an dieser Stelle stellvertretend nur das 1986 eröffnete **Orange County Performing Arts Center (1)** genannt sei, dessen markantes Gebäude aus rosa Granit (1986) drei Theater beherbergt. Ebenfalls in Costa Mesa befindet sich das Newport Harbor Art Museum, eine der wichtigsten Adressen für zeitgenössische Kunst im Westen der USA.

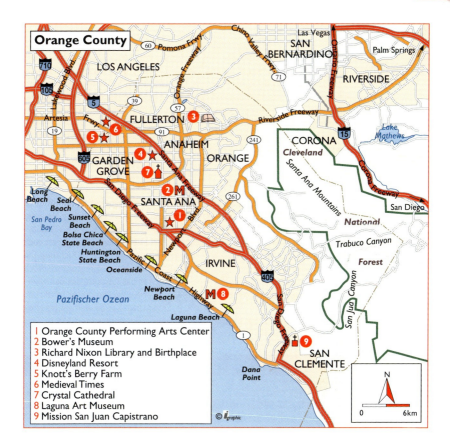

Santa Ana

Nördlich von Costa Mesa und jenseits des Fwy. 405 liegt die Großstadt Santa Ana, deren 355.000 Einwohner zu 75 % spanischsprachiger Herkunft sind. Seit 1889 ist Santa Ana Hauptstadt des Orange County. Die für Touristen größte Sehenswürdigkeit der Stadt stellt das 1932 im sog. Mission Style errichtete Komplex des **Bower's Museum** (2) dar. Es enthält eine völkerkundliche und historische Sammlung von über 130.000 Artefakten, die absoluten Weltruf genießt. Besonders reichhaltig ist die Kunst und Kultur der Indianer Nord- und Südamerikas, der Polynesier und Westafrikas vertreten. Einen Block weiter südlich wurde 1999 als Ableger des Museums das **Kidseum** eingeweiht, ein interaktives Wissenschaftsmuseums für Kinder und Erwachsene, das naturhistorische Phänomene zum Inhalt hat.

Hauptstadt des Orange County

Bowers Museum, 2002 N. Main St., Santa Ana, CA 92706, ① (714) 567-3600, www.bowers.org; Di–So 10–16 Uhr (Kidseum 11–15 Uhr), Eintritt US$ 12.

Yorba Linda

Noch etwas weiter nördlich, am Fuße der Chino Hills, liegt die 65.000-Einwohner-Stadt Yorba Linda. Dort hat sich die **Richard Nixon Library and Birthplace (3)** als Adresse für Geschichtsinteressierte etabliert. Das Leben und Werk des verstorbenen Präsidenten Richard Nixon wird, allerdings in einer etwas beschönigenden Art und Weise, in dessen Geburtshaus dargestellt; ebenso sieht man die Grabstätte des Präsidenten und seiner Frau Pat.
Richard Nixon Library and Birthplace, *18001 Yorba Linda Blvd., ① (714) 993-5075, www.nixonfoundation.org; Mo–Sa 10–17, So 11–17 Uhr, Eintritt US$ 12.*

Anaheim

Der Hauptort des Bezirks, inzwischen mit 346.000 Einwohnern zu beträchtlicher Größe angewachsen, heißt Anaheim und ist eine von Deutschen 1857 gegründete Siedlung. Diese Pioniere, die aus dem Rheinland stammten, etablierten hier das erste Weinbaugebiet, das noch lange der Stammsitz des kalifornischen Weins bleiben sollte. Erst nach einem verheerenden Unwetter verlagerte sich der Weinanbau mehr in Richtung San Francisco (Napa Valley), und in Anaheim wurden von da an Orangen angepflanzt. Noch 1955, als Walt Disney seinen Vergnügungspark schuf, war das Gelände des damaligen Magic Kingdom von Orangenhainen und Farmen umgeben. Wegen dieser ländlichen Umgebung und weil außerdem der Weg von L.A. Downtown aus zu weit sei, bescheinigten dem Projekt damals nur wenige Fachleute gute Erfolgsaussichten. Heute wird Anaheim wirtschaftlich von Disneyland dominiert.

Wirtschaftsfaktor Disneyworld

Reisepraktische Informationen Anaheim

Hotels
Stovall's Inn $–$$$, *1110 W. Katella Ave., Anaheim, ① (714) 778-1880, www.bestwesterncalifornia.com; solides Haus der Best-Western-Kette gegenüber von Disneyland, 290 Zimmer und Suiten, Restaurant, Pool, Spa.*
Ramada Plaza Hotel Anaheim $$$, *515 W. Katella Ave., Anaheim, ① (714) 991-6868, www.ramadaanaheim.com; schönes, 2006 eröffnetes Mittelklasse-Hotel, 15 Fußminuten von Disneyland entfernt, 105 geräumige Zimmer, Fitness-Studio, Restaurant, Coffeeshop, freies Parken.*
Sheraton Anaheim Hotel $$$, *900 South Disneyland Drive, Anaheim, ① (714) 778-1700, www.starwoodhotels.com; Hotel der oberen Mittelklasse in architektonisch ansprechender Form (Burg), Swimmingpool, 491 sehr komfortable Zimmer, nahe zu Disneyland.*
Disney's Grand Californian Hotel & Spa $$$$, *1600 S. Disneyland Dr., Anaheim, ① (714) 956-6425, www.disneyland.com; angenehmes First-Class-Hotel mit direktem Zugang zum Park, 745 großzügigen Zimmern, riesigem Swimmingpool, mehreren Shops, Restaurants und Bars.*

Disneyland Resort (4)

Keine Frage: Das Disneyland Resort ist ein touristisches Muss, das zu Los Angeles gehört wie der Eiffelturm zu Paris und das Weiße Haus zu Washington. Jährlich wird der

Vergnügungspark, der 2010 sein 55jähriges Jubiläum feiert, von knapp 15 Mio. Menschen besucht, damit ist er eine der Hauptattraktion in ganz Amerika. Man erreicht ihn am günstigsten über die I-5, wo er bei der Ausfahrt Anaheim ausgeschildert ist.
Disneyland, 1313 S. Disneyland Drive, Anaheim, ① *(714) 781-4636, (714) 781-4565 (Tonbandansage), www.disneyland.com; nach Jahreszeit und Auslastung wechselnde Öffnungszeiten, hoher Eintritt, in dem alle Attraktionen eingeschlossen sind.*

Praktische Hinweise

In direkter Parknähe sind **Parkplätze** ausreichend vorhanden. Das Park-System funktioniert sehr gut. Nachdem man am Eingang die Gebühr bezahlt hat, wird man zu einem freien Platz geleitet. Von hier aus geht es mit kleinen Transportbahnen zum Eingangsbereich. Vergessen Sie nicht, sich die Nummer Ihres Stellplatzes genau einzuprägen.

Den **Eintritt** bezahlt man an einer der vielen Ticket Booths, die hinter der Main Entrance Mall aufgereiht sind. Es gibt Disneyland Passports für ein, zwei oder drei Tage, außerdem besondere Saison- und Jahreskarten.

Für **Essen** stehen im Disneyland Resort Dutzende von Restaurants und Cafeterien zur Verfügung. Der Verzehr von mitgebrachten Speisen ist im Parkgelände untersagt.

Zeitplanung: Will man die wichtigsten Attraktionen des Disneyland kennen lernen, ist es mit einem halben Tag nicht getan. Am besten nimmt man sich für den Park von morgens bis zum späten Abend Zeit.

Manchmal öffnen die Pforten **vor** der offiziell genannten Zeit. Wer rechtzeitig da ist, hat hier also gewisse Vorteile gegenüber der Masse. Wartezeiten kann man auch vermeiden, wenn man z.B. die empfohlene Rundfahrt mit der Disneyland Railroad später durchführt und zunächst das sonst stark frequentierte Tomorrowland aufsucht. Zeit spart man auch, indem man seine Essenszeit nicht in die übliche Mittagspause oder in die Zeit zwischen 18 und 20 Uhr legt. Während der großen Paraden braucht man ebenfalls keine langen Warteschlangen in den Self-Service-Gaststätten zu befürchten.

Ansonsten ist das Disneyland Resort das ganze Jahr über eigentlich gleichmäßig stark besucht. Wer in den Weihnachtsferien in Los Angeles ist, sollte jedoch lieber vor als nach Weihnachten hierhin kommen.

Disneyland Park

Hinter dem Haupteingang breitet sich die 2001 geschaffene **Downtown Disney** aus, ein großes Areal mit jeder Menge Läden, Showbühnen, Kinos und Restaurants. Am Ende der Downtown geht links die **Main Street** ab, an der entlang sich links und rechts Ladenpassagen und Restaurants im Stil von 1890 befinden. Zwei Attraktio-

Im Reich von Donald Duck

> **Aufbau und Attraktionen**
>
> Als **Transportmittel** stehen zur Verfügung:
> - die Monorail, die geräuscharm und schnell das Disneyland Hotel, den Eingangsbereich (außen) und Tomorrowland (innen) verbindet. Wer mit der Monorail den Park verlässt, muss einen Stempel für den Wiedereintritt haben.
> - die Disneyland Railroad, die eine große Runde um Disneyland (innen) dreht und außer am Haupteingang an den Stationen New Orleans Square, Fantasyland und Tomorrowland hält. Die Fahrt lohnt sich nicht nur wegen des Transports, sondern auch wegen der Ausstellungen (z.B. Dinosaurier), die nur von hier aus zu sehen sind.
> - die Pferdewagen (von Pferden gezogene Straßenbahnen), Repliken aus der Zeit der Jahrhundertwende, die auf der Main St. zwischen Haupteingang und zentraler Plaza verkehren.
> - die Doppeldecker-Busse, die ebenfalls die Main St. entlang fahren.
> - eine Gondelbahn (Skyway), die Tomorrowland und Fantasyland miteinander verbindet.
>
> Im Laufe der Zeit hat es immer wieder Ergänzungen und Erweiterungen gegeben. Die größte war die des Jahres 2001, als südlich des damaligen Disneyland der Themenpark Disney's California Adventure seine Pforten öffnete, beide Parks bilden nun das Disneyland Resort.

nen sind hier ebenfalls untergebracht: das Kino mit alten Zeichentrickfilmen und der Spielsalon. Die Main St. endet an der runden Plaza, die sozusagen als Verteilerkreis für die anderen Bereiche fungiert. Im Uhrzeigersinn sind dies:

Attraktionen

Adventureland: Hier wird der tropische Urwald nach Disneyland geholt. Die Restaurants bieten polynesisches oder indisches Ambiente, und an Attraktionen gibt es u.a. die Bootsfahrt Jungle Cruise über das ausgedehnte Flusssystem, vorbei an computergesteuerten Tieren und Ungeheuern, das Swiss Family Treehouse, ein besteigbarer künstlicher Baum mit Schweizerhaus in der Krone, oder eine Jeepfahrt auf den Spuren von Indiana Jones.
Frontierland: Die Zeit der Cowboys und Indianerkämpfe wird in diesem Bezirk wiederbelebt. In den Restaurants herrscht Wild-West-Atmosphäre, und in den Shops kann man u.a. Lederkleidung und indianische Souvenirs erstehen. Während im Saloon Miss Lily tanzt und auf der Big Thunder Ranch Schießereien im Gang sind, kann man mit dem alten Heckraddampfer Mark Twain Steamboat durch eine bis ins letzte Detail gestaltete Flusslandschaft schippern, sich auf die Big Thunder Mountain Railroad (eine Achterbahn aus der Zeit der Pioniere, nur schneller) wagen sowie eine Replik des ersten amerikanischen Segelschiffs besichtigen, das die Welt umrundete (Columbia).
New Orleans Square: Ein Platz im französischen Kolonialstil mit sehr vielen Restaurants und Shops. Außer einer Kunstgalerie (Disney Gallery) und den Pirates of the Caribbean ist die Hauptattraktion das Geisterhaus (Mansion House), das mit seinen Spezialeffekten einen Besuch wert ist.
Critter Country: Die Shops und Restaurants in der Heimat Winnie Puhs sind ganz auf Trapper eingestellt. Mut muss man auch beweisen beim Splash Mountain, bei dem man mit dem Einbaum einen Wasserfall hinabstürzt. Lange Warteschlangen beweisen, wie populär dieser Nervenkitzel ist. Aktiver geht's zu, wenn man mit dem Kanu die Flüsse Nordamerikas erkundet.

Mickey's Toontown: Dieses Dorf, das in den 1990ern Disneyland hinzugefügt wurde, wird von den bekannten Comic-Figuren wie Mickey Mouse oder Donald Duck bevölkert und stellt eine eigene kleine Welt dar.

Fantasyland: Die Herrscherin dieses Landes ist ohne Zweifel Dornröschen, denn das Sleeping Beauty Castle ist das Herz und die markanteste Landmarke von Disneyland. Während das Schloss offenbar Neuschwanstein nachempfunden wurde, reflektiert die umgebende Architektur das deutsche Mittelalter. In dieser Sektion gibt es weniger Restaurants, dafür aber eine Vielzahl von Attraktionen. Die wichtigsten sind King Arthur Carrousel (ein kunterbuntes Karussell), Dumbo (ein fliegender Elefant), Skyway to Tomorrowland (eine Gondelbahn, die mitten durch das Matterhorn führt), Matterhorn Bobsleds (Achterbahn im und um das Matterhorn), Mad Tea Party (rotierende Tassen), Videopolis (Open-Air-Am-

Das Dornröschen-Schloss im Fantasyland

phitheater mit wechselndem Programm), Casey Jr. Circus Train (gemütliche Rundfahrt mit der Minibahn) und die Motor Boat Cruise.

Tomorrowland: Die zukünftige Welt und ferne Planeten sind das Thema dieser Sektion, deren Astro Orbitor am Eingang eine auffällige Landmarke darstellt. Erreichen kann man Tomorrowland auch mit der Monorail, mit der Disneyland Railroad und der Gondelbahn Skyway.

Disney's California Adventure

Direkt südlich schließt sich ein zweiter, 2001 eröffneter Themenpark an, der sich vor allem an Landschaften und Geschichten Kaliforniens orientiert. Diesen Teil des Resorts betritt man auf einer verkleinerten Nachbildung der Golden Gate Bridge und gelangt zum **Sunshine Plaza** mit seinem Springbrunnen. Davor erheben sich die Berge und Flüsse des **Golden State**, die man u.a. auf rasanten Wildwasserfahrten erkundet. Daneben wird man im **Bug's Land** in die Perspektive eines Käfers versetzt – ein Vergnügen für Kinder, während sich die Erwachsenen vielleicht lieber das Weingut **Golden Vine Winery** anschauen. Turbulent geht es in der Sektion **Hollywood Pictures Backlot** zu, in die Besucher den Filmstudios, Musicalbühnen, Filmkulissen und einer Hightech-Geisterbahn zuströmen. Am **Paradise Pier** schließlich fühlt man sich wie am Pier von Santa Monica – mit Achterbahn, Riesenrad und Karussells.

Kalifornien in Klein

Walt Disney

Wer war jener Mann, der nicht nur als Vater der Mickey Mouse und Schöpfer von Disneyland, sondern auch als beherrschende Figur der amerikanischen Kulturlandschaft in Erscheinung trat? *Walt Elias Disney* wurde im Dezember 1901 als viertes von fünf Kindern in Chicago geboren. Er kam aus einfachen Verhältnissen: Sein Vater, ein Bauer und Zimmermann mit strenger und religiöser Persönlichkeitsstruktur, hatte ständig mit wirtschaftlichen Schwierigkeiten zu kämpfen. Außerdem führte er ein sehr unstetes Leben: Mit seiner vielköpfigen Familie zog er aus Illinois nach Missouri, wo er eine kleine Farm bewirtschaftete, später nach Kansas City, wo er einen Zeitungsvertrieb übernahm, und schließlich wieder nach Chicago, wo er sich als Unternehmer versuchte. In dieser turbulenten Zeit konnte Walt, der schon als kleiner Junge gern zeichnete, seine Talente nur schwer entwickeln. Aber er besuchte Zeichenkurse und illustrierte z.B. eine Schülerzeitung.

Während des Ersten Weltkriegs musste er als Angehöriger des Roten Kreuzes nach Frankreich. Zurück in Amerika beschloss er, als Illustrator zu leben, und machte mehrere glücklose Versuche, so seine Existenz zu sichern. Einmal gründete er mit einem holländischen Zeichner, dann mit seinem Bruder Roy eine eigene Firma, ein andermal verdingte er sich bei der „Kansas City Film Ad Company" und stieg dabei in die Zeichentrick-Filmerei ein. Trotz wirtschaftlichen Misserfolgs konnte Disney einige bahnbrechende Verfahren entwickeln, die dem Trickfilm zu größerer Professionalität verhalfen: Dadurch, dass er dazu überging, jede einzelne, kleinste Bewegungsphase zu zeichnen (anstelle die üblichen beweglichen Glieder der Figuren ab zu fotografieren), wurden die Szenen in ihren Bewegungsabläufen viel harmonischer.

*Walt Disney
auf einem Zeitschriften-Cover*

Nachdem er im Mittleren Westen gescheitert war, zog Walt an die Pazifikküste, wo ihm 1927 schließlich mit der Erfindung der Mickey Mouse auch kommerzieller Erfolg beschieden war. Die Figur, die heute wie McDonalds und Coca Cola das amerikanische Symbol schlechthin darstellt, sollte ursprünglich übrigens *Mortimer* heißen. Als *Mickey Mouse* aber kam sie von Anfang an beim Publikum an und gehörte bald zum Vorprogramm eines jeden guten Kinofilms. Langsam entwickelte der nun populär gewordene Disney eine ganze Gesellschaft von menschenähnlichen Tieren, stellte Mickey die kokette Minnie zur Seite, führte Donald Duck und Onkel Dagobert ein und kreierte Figuren wie Daniel Düsentrieb, die Panzerknacker, Pluto, Goofy und viele mehr. Außer den bekannten Comic Strip- und Trickfilm-Gestalten zeichnete er auch längere Filme, unter denen 1935 Schneewittchen und die Sieben Zwerge mit einem Einspielergebnis von 45 Mio. US$ zu einem riesigen Erfolg wurde. Daneben interessierte sich Disney auch für Fragen der Natur und besonders der Tierwelt und verlegte einen Teil seiner Schaffenskraft auf das Genre der Dokumentation. Besonders die Produktionen Die Wüste lebt (1953), Wunder der Prärie (1954) und 20.000 Meilen unter dem Meer (1955) gerieten zu eindrucksvollen und auch kommerziell erfolgreichen Filmen.

Gleichzeitig reizte ihn die Idee, die Menschen nicht nur durch seine Filme zu begeistern, sondern auch mit Vergnügungsparks, in denen sie sich in einer Welt voller Harmonie und Freundlichkeit wohlfühlen konnten. Seine inzwischen zur Aktiengesellschaft umgewandelte Firma spielte bei diesen Plänen jedoch nicht mit. Und da er seinen Bruder Roy und den Aufsichtsrat der Disney Productions nicht umstimmen konnte, gründete er eine zweite Firma, die das Projekt in Anaheim in die Tat umsetzte: Disneyland war geboren. Der enorme Erfolg ermunterte Disney schließlich, sein Konzept eines Fun Parks auch in Florida durchzusetzen. Hier sollten zudem seine Visionen, die er vom zukünftigen optimalen Leben der Menschheit hatte, in einer Zukunftsgemeinde realisiert werden. Das spätere EPCOT (Experimental Prototype Community of Tomorrow, 1982 eröffnet) neben der Walt Disney World in Orlando ist das – stark verwässerte – Resultat dieser Ideen. Die Vollendung seines Florida-Projekts konnte Walt Disney nicht mehr erleben, ebenso wenig spätere Disneyland-Gründungen in Paris, Tokio und Hongkong: Am 7. November wurde der Kettenraucher an Lungenkrebs operiert, er starb am 15. Dezember 1966.

Persönlich war der Vater der Mickey Mouse ein eher schwieriger Mensch. Obwohl seit 1925 mit *Lillian (Lilly) Bounds* verheiratet, die als Tuscherin in seiner Firma arbeitete, blieb sein Verhältnis zu Frauen zeitlebens gespannt. Symptomatisch ist dafür, dass er als 65jähriger rückblickend sagte: Ich liebe Mickey Mouse mehr als jede Frau, die ich jemals gekannt habe. Und der zunehmende Erfolg veränderte den ursprünglich freundlichen Menschen zum Nachteil: Er wurde arrogant, trank viel und stritt sich häufig mit seinem Bruder. Politisch wandelte er sich zum strammen Konservativen – was einige Analytiker nicht davon abhält, in seinen Donald Duck-Geschichten eine subversive Kritik am Kapitalismus zu erkennen.

Walt Disney hat in seinem Leben nicht nur eine typisch amerikanische Bilderbuchkarriere erlebt, die den Jungen aus ärmlichen Verhältnissen zu einem bekannten und reichen Mann machte. Gleichzeitig war er für die amerikanische Nation eine sehr wichtige Gestalt. Disney befreite das Genre des Comic Strips und des Trickfilms vom Trauma der „niederen Unterhaltung" und machte es gesellschaftsfähig. Außerdem schuf er mit seinen Figuren Symbolgestalten der USA, die man geradezu als Ikonen der amerikanischen Kultur bezeichnen kann.

Während sich die herkömmliche Architektur und Kunst an Europa orientierten, schuf er eine populäre Gegenkultur, die wie keine andere geeignet war, die amerikanische Begeisterungsfähigkeit und Kindlichkeit auszudrücken. Dies sehen heute immer mehr auch seriöse Designer und Architekten: Mit Hilfe der Disney'schen Gestalten, gemixt mit Elementen der europäischen Renaissance, des Barock sowie der Avantgarde, komponieren sie eine eigene postmoderne Formensprache, eine nun völlig „amerikanische Architektur". In Disneyland wird an den Mann, der hinter der Maus steht, auf der Main St. gedacht. Hier erzählt man mit interessanten Exponaten die Walt Disney Story. In der Nähe präsentiert das Stehkino Main St. Cinema auf sechs Bildschirmen die lustigsten Szenen alter Walt Disney-Trickfilme.

Buena Park

Von Disneyland aus erreicht man über den Freeway in nordwestlicher Richtung (Los Angeles) in wenigen Minuten den **Buena Park**, der im Dreieck zwischen den Hwys. 5 und 91 und dem Beach Blvd. liegt. Wo sich früher ein ruhiges Farmland erstreckte, sind heute einige der wichtigsten Attraktionen des Orange County konzentriert. Am bekanntesten ist dabei sicher die **Knott's Berry Farm (5)**. Es ist erstaunlich, wie so nahe zu Disneyland ein weiterer Vergnügungspark existieren kann – und das mit einer ähnlichen Angebotspalette. Der Name „Knott's Berry Farm" leitet sich von einem kleinen Fruchtstand ab, an dem Walter und Cordelia Knott in den 1920er Jahren ihre selbstgemachte Beeren-Marmelade verkauften. Aus diesen bescheidenen Anfängen entwickelte sich später ein Erholungs- und Vergnügungsgelände, das heute immerhin das dritt-

Vom Erdbeerstand zum Vergnügungspark

größte der Vereinigten Staaten (nach Disneyland und Disneyworld) ist. Aber immer noch steht der hölzerne Fruchtstand im Zentrum der Anlage.

Die Farm ist in folgende sechs Themen-Bereiche aufgeteilt: die Ghost Town, das Fiesta Village, der Boardwalk, die Indian Trails, das Camp Snoopy und die Wild Water Wilderness. Die Wild-West-Stadt, eine höchst lebendige Ghost Town übrigens, lockt mit den entsprechenden Kulissen, Saloons, Stunt-Vorführungen usw. Man kann aber auch mit einem authentischen Zug aus den 1880ern fahren oder sein Glück beim Goldwaschen versuchen. Im Camp Snoopy stößt man auf die Verkörperungen der bekannten Peanuts-Figuren, die für die Farm dasselbe bedeuten wie Mickey Mouse für Disneyland und Bugs Bunny für Magic Mountain. Knott's Berry Farm ist stolz darauf, *America's official home for Snoopy and the Peanuts Gang* zu sein. Aber natürlich gibt es noch unzählige weitere Attraktionen. Mehr als 165 Rodeos, Shows, Achterbahnen, Karussells und sonstige Abenteuer versprechen die Werbeprospekte, nervenzerreißende Fahrten, Rafting durch schäumendes Wildwasser und andere Teufelsgeräte. Angesichts dieser geballten Ladung an Ablenkung oder *fun spots* stellt sich die Frage, welchem Vergnügungspark man den Vorzug geben sollte. Wie so oft spricht hier der höhere Bekanntheitsgrad für Walt Disneys Konkurrenzunternehmen, obwohl dies etwas teurer, voller und nicht unbedingt sensationeller ist.
Knott's Berry Farm, *8039 Beach Blvd., Buena Park, ① (714) 220-5200, www.knotts.com; im Winter tgl. 10–18, in der Neben- und Hochsaison bis 20, 22 oder 23 Uhr; Eintritt US$ 58 (online US$ 10 Rabatt), Parkgebühr US$ 14.*

Eine weitere Attraktion des Buena Parks liegt nur wenige Blocks entfernt: Die **Medieval Times (6)**, ein Showzentrum in Form eines angeblich spanischen Palastes aus dem 11. Jh. Das erfolgreiche Konzept (inzwischen gibt es acht weitere Medieval Times-Burgen in den USA und Kanada) nutzt das europäische Mittelalter, um auch Amerikaner in den Genuss einer Ritterburg, von Turnierkämpfen und mittelalterlicher Bankette kommen zu lassen. Zwischen 19 und 20.45 Uhr kann man sich für ca. US$ 58 (Speisen und Getränke eingeschlossen) das manchmal unfreiwillig komische Schauspiel ansehen. Am Wochenende auch tagsüber.

Reise ins Mittelalter

Medieval Times, *7662 Beach Blvd., Buena Park, ① (866) 543-9637, www.medievaltimes.com.*

Garden Grove

Garden Grove heißt die Gemeinde südlich von Anaheim und wenige Meilen nordwestlich von Santa Ana. Man erreicht diesen Bezirk am einfachsten über den Grove Fwy. (22), der den San Diego Fwy. (405) mit dem Santa Ana Fwy. (5) verbindet. Von Disneyland oder dem Buena Park aus fährt man dazu die I-5 in südlicher Richtung. Die größte Sehenswürdigkeit ist hier die gläserne Kathedrale **Crystal Cathedral (7)**. Das Gotteshaus gehört zweifellos zu den interessantesten Sakralbauten der jüngeren Zeit in Amerika. Es besteht aus einer enormen zwölfstöckigen Glas- und Stahlkonstruktion, die eine riesige lichtdurchflutete Halle umgibt.

Trotz des Amerika-üblichen Kitsches der Innengestaltung ist auch der europäische Besucher von den Dimensionen überwältigt. Bis zu 4.000 Gläubige finden sich zu den Messen ein, und dazu passt, dass auch eine der größten Orgeln der Welt installiert wurde. Diese Kirche der Superlative, die in Garden Grove *the most spectacular religious edifice in the world* genannt wird, ist ein Werk des renommierten Architekten *Philip Johnson*. Eine besondere Eigenheit ist, dass sich während des Gottesdienstes die gesamte gläserne Rückwand hinter dem Altar öffnet. So haben auch Autofahrer auf dem dahinterliegenden Parkplatz die Möglichkeit, am Geschehen teilzunehmen. Das hat zwar dem Gotteshaus die respektlose Bezeichnung „Drive-in-Kirche" eingebracht, kann aber bei Überfüllung oder für Behinderte eine sinnvolle Einrichtung sein.

Der Hausherr der Crystal Cathedral ist der eigenwillige Theologe *Robert Schuller*. Seit 1955 sammelte er eine feste Gemeinde um sich, die ihm zu Ansehen und Reichtum verhalf. Inzwischen ist Schuller nicht nur eine weithin bekannte Gestalt der Medien mit eigenen Fernsehauftritten, sondern auch ein schwerreicher Mann, für dessen Heim, ebenfalls in Garden Grove gelegen, der Terminus Luxusvilla eigentlich noch untertrieben ist. Am Anfang traf er sich mit seiner Gemeinde übrigens in einem Autokino. Vielleicht stammt daher die Idee zur Türenkonstruktion in der Glaskirche…
Crystal Cathedral, *13280 Chapman Ave., Garden Grove,* ① *(714) 971-4013, www.crystalcathedral.org; Führungen Mo–Sa 9–15.30 Uhr.*

Zwischen Newport Beach und San Clemente

Die Küstenstraße zwischen Newport und San Clemente (Hwy. 1, Pacific Coast Hwy.) führt an einigen der schönsten Strände Südkaliforniens, an lebhaften Ortschaften, Villen von Hollywood-Stars, Yachtclubs, Inseln und Lagunen vorbei. Das örtliche Fremdenverkehrsamt hat es auf den Punkt gebracht: *Welcome water lovers!* Dieser Weg ist für alle von Interesse, die sich mehr als nur zwei Tage für Los Angeles Zeit nehmen, oder auch für die, die die Küstenstrecke nach San Diego (vgl. S. 430) den Hwys. 5 und 15 vorziehen. Im Grunde ist sie die Verlängerung der weiter oben beschriebenen Route vom Flughafen LAX nach Newport Beach.

Für Wasserliebhaber

Newport Beach

In Newport Beach, der ersten Ortschaft auf dieser Route, kann man südlich des Pacific Coast Highways einen Abstecher zur Balboa Peninsula mit ihren Sandstränden unternehmen. Genauso ist es möglich, mit einer Fähre zur wunderschönen **Balboa Island** überzusetzen. Die Wasserlandschaft um Newport Beach wird ohnehin von einer Vielzahl von Wasserfahrzeugen bevölkert, darunter Fischerboote und die kleinen Schiffe der Hafenkreuzfahrten. An Land laufen diese Aktivitäten im **Balboa Pavillon** zusammen *(400 Main St.)*, ein eleganter victorianischer Bau aus dem Jahr 1905. Er dient heute als Terminal für Fährpassagiere nach Santa Catalina und Hafenkreuzfahrten, aber auch wer vom Wasser aus die Wanderung der Grauwale beobachten oder an einem Fischertörn teilnehmen möchte, ist hier an der richtigen Adresse.

Ausflüge aller Art

Auf dem Weg in den Süden erreicht man als nächstes das hübsche **Corona del Mar** mit seinem feinen Sandstrand, der Einkaufszone und den guten Fischrestaurants. Dann, nachdem man Crystal Cove passiert hat, den **Crystal Cove State Park**, ein Naturschutzgebiet, das sich zwischen dem Pazifik und den San Joaquin Hills ausbreitet. Am Ufer erstrecken sich drei Meilen Sandstrand, und die Unterwasserwelt kann man auf Tauchexpeditionen kennen lernen *(der Park ist von Sonnenauf- bis -untergang geöffnet)*.

Laguna Beach

Mit einem Aussichtspunkt auf den pazifischen Ozean kündigt sich das hübsche Kleinstädtchen an, das zu den beliebtesten Fremdenverkehrsorten Kaliforniens gehört. Mit seinem herrlichen Strand, den anheimelnden Häusern und engen Gassen, den Boutiquen und Galerien ist Laguna Beach für einen gemütlichen Aufenthalt wie geschaffen. In den USA hat es sich überdies einen Namen als Künstlerkolonie gemacht. Deswegen ist es kein Zufall, wenn hier im Sommer und im Februar zwei renommierte Künstlerfestivals abgehalten werden. Besonders bekannt ist das von Orchestermusikern und Artisten begleitete *Pageant of the Masters* Ende Juli, wenn Laienschauspielern berühmte Kunstwerke nachstellen. Wer diese verpasst oder sich an den Galerien sattgesehen hat, kann auch das anerkannte **Laguna Art Museum (8)** besuchen, dessen Höhepunkte die Exponate älterer und zeitgenössischer Kunst sind. Besonders die künstlerische Szene Südkaliforniens ist hier gut dokumentiert.
Laguna Beach Museum of Art, *307 Cliff Dr., ① (949) 494-8971, www.lagunaartmuseum.org; tgl. 11–17, Do bis 21 Uhr geöffnet, Mi geschlossen, Eintritt US$ 7.*

Einen weiteren Sandstrand gibt es in South Laguna, einige Meilen dahinter dann am **Dana Point**. Der malerische Ort bezieht seine Reize hauptsächlich aus dem Ozean und allem, was damit zu tun hat. Zwei lebhafte Yachthäfen mit etwa 2.500 Booten gehören dazu, genauso der Leuchtturm Dana Point Lighthouse und ein Marine-Institut. An der Wharf lässt das Mariner's Village mit seinen altertümlichen Shops und Restaurants die Zeit des 19. Jh. wieder aufleben. Damals, im Jahre 1830, landete hier der Autor und Geschäftsmann Richard Henry Dana, der dem Ort seinen Namen gab. Eine exakte Kopie seines Segelschiffs, der „Pilgrim", können Besucher im Hafen bewundern.

Sofort südlich von Dana Point vereinigen sich am Capistrano Beach die I-5 und der Pacific Coast Hwy. Hier kann man auf der Autobahn schnell nach Los Angeles zurück oder weiter nach San Diego fahren. Der Freeway bringt einen wenige Meilen in nordöstlicher Richtung aber auch zu einer wichtigen historischen und kulturellen Sehenswürdigkeit: Nimmt man die Ausfahrt am Ortega Hwy. und dann die Abzweigung Camina Capistrano, erreicht man die **Mission San Juan Capistrano (9)** im gleichnamigen Ort. Es handelt sich hier um die vierte Missionsgründung des Franziskanerpaters *Junipero Serra* (vgl. S. 458) aus dem Jahre 1776, sieben Jahre nach dem ersten kalifornischen Kloster in San

Laguna Beach

Diego errichtet. Die ursprüngliche große Steinkirche zerstörte 1812 allerdings ein Erdbeben; 1984 wurde sie als Old Stone Church wieder aufgebaut. Demgegenüber gilt die unbeschadete Serra-Kapelle als eines der ältesten Steingebäude Kaliforniens. Ihren Beinamen Mission der Schwalben erhielt die historische Stätte, weil die eleganten Vögel angeblich in jedem Jahr exakt am Namenstag des Heiligen Joseph (19. März) ankommen und am Tag des Heiligen Johannes (23. Oktober) wieder fortfliegen. Die Zehntausende von Touristen und Gläubigen, die jedes Jahr hierhin kommen, werden aber nicht nur von den Schwalben angezogen: Erstens nämlich ist die Station eine der wichtigsten archäologischen Stätten des Landes, zweitens stellt das angeschlossene Museum interessante Exponate indianischer und spanischer Kunst aus, und schließlich lockt neben den Sakralgebäuden auch der wunderschöne blühende Klostergarten zu einem Besuch. **Mission San Juan Capistrano**, 26801 Ortega Hwy., ① (949) 234-1300, www.missionsjc.com; tgl. 8.30–17 Uhr, Eintritt US$ 9.

Eine der zahlreichen Missionen

Lohnender Besuch

Ein weiteres sehenswertes Gebäude von San Juan Capistrano ist die restaurierte AM-TRAK-**Bahnstation** aus dem Jahre 1895, die an die frühesten Zeiten der Santa Fe Railroad erinnert.

Wer noch ein Stück auf der Küstenstraße weiter in Richtung San Diego fährt, kann dem südlichsten Ort des Orange County einen Besuch abstatten: **San Clemente**. Bekannter als durch seine Strände und die schöne landschaftliche Umgebung wurde San Clemente durch die Politik. In der Präsidentschaftszeit von *Richard M. Nixon* war der Ort nach Washington D.C. die „zweite Hauptstadt" Amerikas, und das Anwesen des gebürtigen Kaliforniers, La Casa Pacifica, erhielt den Beinamen „The Western White House" (an der Avenida del Presidente, von der I-5 aus zu sehen). Nach dem Watergate-Skandal und seinem Rücktritt verkaufte Nixon die Villa und lebte ab 1980 bis zu seinem Tod im Osten.

Catalina Island

Die große Insel Catalina liegt in 22 Meilen Entfernung vor dem Hafen von L.A. und zählt zu den beliebtesten ganzjährigen Urlaubsdestinationen in Südkalifornien. Trotz der beträchtlichen Distanz zum Festland war die Insel bereits seit 7.000 Jahren von verschiedenen Indianerstämmen besiedelt. In den europäischen Horizont geriet Santa Catalina erstmalig 1542 durch den Entdecker *Juan Rodríguez Cabrillo*. In den 1790er Jahren hielt sich ein buntes Völkergemisch von Amerikanern, Russen und Aleuten-Indianern hier auf, die dem mexikanisch-spanischen Zugriff trotzten und hauptsächlich Jagd auf Seeotter betrieben. Während die Insel in den Kriegen mit Mexiko den Amerikanern als Schmugglernest diente, kamen nach der US-Übernahme die ersten Farmer hierhin, deren mitgebrachten Schafe und Rinder die Natur nachhaltig in Mitleidenschaft zogen.

Beliebtes Urlaubsziel

In den 1880er Jahren begann eine neue, bis heute andauernde Periode, in der Catalina Island seine Rolle als bevorzugtes Urlaubsziel spielte. 1887 wurde zu diesem Zweck die Ortschaft **Avalon** von *George Shatto* gegründet, deren Resorts, Angelclubs und Golfplätze schon zu Beginn des 20. Jh. sowohl die Hollywood-Prominenz als auch Vertreter der großen Politik anzogen. U.a. gehörten *Winston Churchill*, *John Wayne*, *Stan Laurel* und *Oliver Hardy* zu den illustren Gästen. Bald darauf entstanden immer mehr Appartements und Ferienhäuser, bis schließlich 1975 die gemeinnützige Gesellschaft Santa Catalina Island Conservancy 86 % der Inselfläche erwarb und vor weiterer Zersiedlung schützte.

Besucher werden auf Catalina Island vor allem von zwei Aspekten begeistert sein. Auf der einen Seite erwartet einen eine **fantastische Natur** mit Hügelland, Felsenküste, Grotten und Sandstränden. Zu dem artenreichen Tierleben gehören u.a. eine hiesige Erdhörnchen-Art und der Catalina Island Fox, während Schweine, Ziegen und Rotwild zu unterschiedlichen Zeiten und unterschiedlichen Zwecken importiert worden sind. Selbst Büffel findet man hier, die 1924 für einen Kinofilm auf die Insel gebracht wurden und sich prächtig vermehrt haben. Im gleichmäßig warmen Wasser des Pazifik kommen Sportler und Hochseeangler (Thunfisch) auf ihre Kosten, während die Unterwasserwelt in Touristen-U-Booten, beim Schnorcheln oder mit der Taucherausrüstung bewundert werden kann.

Gute Wassersportmöglichkeiten

Auf der anderen Seite lässt eine **ausgezeichnete Infrastruktur** keine Wünsche offen und lockt der Hauptort **Avalon** mit einem sonst in den Vereinigten Staaten selten anzutreffenden pittoresken Stadtbild. Rund um den Hafen mit seinem auffälligen Kasino-Gebäude findet man Bootsverleiher und Anbieter von Ausflügen aller Art, in den Gässchen geht es einerseits ruhig zu – die Einwohner benutzen elektrische Golf Carts anstelle von Autos –, andererseits aber auch quirlig, wenn sich die Kneipen, Restaurants und Boutiquen am Nachmittag und Abend mit Leben füllen. Der Besucher kann alleine hier unter 30 Hotels auswählen.

Viele Touristen versuchen, Catalina Island an einem Tag kennen zu lernen, was eigentlich unmöglich ist. Bei Zeitmangel sollte man sich auf einen Spaziergang durch Avalon und eine geführte Sightseeing-Tour über die Insel beschränken. Bei einem längeren Aufenthalt hätte man Zeit für Wanderungen, Wassersport und Naturbeobachtung, die den

Yachten und Kasino an der Bucht von Avalon

eigentlichen Reiz der Insel ausmachen. Allemal sinnvoll ist es, sich vorab den Catalina Island Visitor's Guide zu besorgen und sich dort über das umfangreiche Angebot an Unterkünften und möglichen Aktivitäten zu informieren.

Reisepraktische Informationen Catalina Island

Information
Catalina Island Chamber of Commerce & Visitors Bureau, 1 Green Pleasure Pier, ① (310) 510-1520; www.catalina.com und www.visitcatalinaisland.com. Dort bekommen Sie auch den Catalina Visitor's Guide.

Hotels
Hermosa Hotel & Catalina Cottages $$, 131 Metropole St., Avalon, ① (310) 510-1010, www.hermosahotel.com; sehr schöne, zentral gelegene Unterkunft in einem historischen Haus von 1896 mit Zimmern unterschiedlicher Kategorie sowie einfachen Cottages.
Pavilion Lodge $$$, 513 Crescent Ave., Avalon, ① (800) 322-3434; direkt am Strand gelegenes, modernes Haus mit Palmen-Innenhof.
Snug Harbor Inn $$$, Avalon, ① (888) 394-7684, www.snugharbor-inn.com. 1997 eröffnete Herberge in einem wunderschönen Holzhaus aus dem 19. Jh., intime Atmosphäre, gemütliche Zimmer mit Kamin.

Camping
Auf der Insel gibt es fünf komfortable Campingplätze und mehrere primitive Zeltgelände (Conservany Cove Camps), die nur per Boot zugänglich sind. In jedem Fall braucht man für das Campieren ein Permit, das u.a. bei **Two Harbors Visitor Services** (① (310) 510-4205) oder beim Einchecken am Hermit Gulch Campground in Avalon erhältlich ist.

Fähren
Catalina Express, Berth 95, San Pedro, ① 1-800-481-3470, www.catalinaexpress.com. Mit bis zu 25 Abfahrten tgl. ist der Catalina Express die wichtigste Adresse für den Personenverkehr nach Catalina Island. Die Tragflügelboote legen in San Pedro und Long Beach ab und erreichen in etwa einer Stunde den Hauptort Avalon und Two Harbors. Unterwegs hat man schöne Ausblicke auf die Skyline von Los Angeles.
Catalina – Marina del Rey Flyer, Fiji Way (Fisherman's Village), Marina del Rey, ① (310) 305-7250, www.catalinaferries.com. Zwei Katamaran-Fähren bringen mehrfach tgl. Passagiere in 1½ Std. von Marina del Rey nach Avalon, in 30 Minuten Avalon und Two Harbors, und in 1 Std. 15 Min. von Two Harbors zurück (auch in umgekehrter Reihenfolge).

Flugzeuge
Auf dem Luftweg wird Avalon ab L.A., San Pedro, Long Beach, Dana Point oder San Diego mit Helikoptern und Kleinflugzeugen angeflogen. Von L.A. aus ist der Island Express Helicopter Service am schnellsten, der die Distanz von San Pedro (am Ferry Terminal) oder von Long Beach (am Queen Mary-Pier) nach Avalon in 15 Minuten zurücklegt – Infos unter ① (800) 228-2566 bzw. www.islandexpress.com.

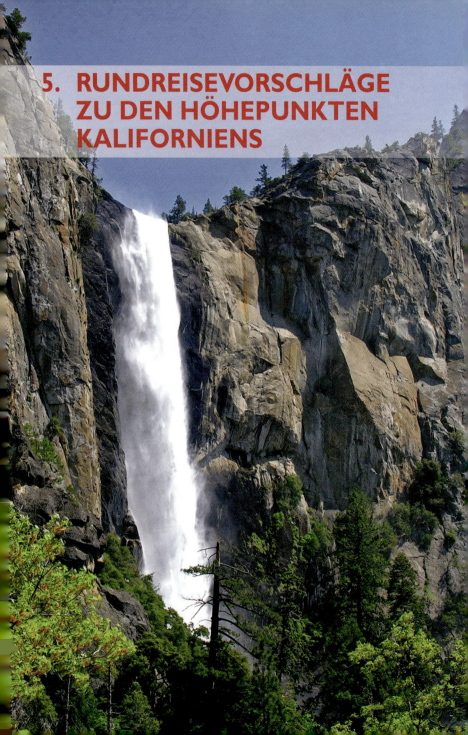

5. RUNDREISEVORSCHLÄGE ZU DEN HÖHEPUNKTEN KALIFORNIENS

Route 1: Rundfahrt zu den nordkalifornischen Highlights

Überblick und Streckenvarianten

Nordkalifornien ist zwar regenreicher und kühler als der Süden des Bundesstaates, aber insbesondere wegen seiner menschenleeren Wald- und Gebirgsregionen nicht minder beeindruckend. Auf der hier vorgestellten Tour geht es von der berühmten Stadt am goldenen Tor zum geschichtsträchtigen **Sonoma** und durch die Weinfelder des berühmten **Napa Valley**. Nach diesem Auftakt lernt man die herbe Landschaft des **Lassen Volcanic National Park** kennen und fährt an kristallklaren Seen und durch pittoreske Goldgräberstädtchen wieder Richtung Westen.

Über die zerklüfteten Klamath Mountains, Heimat des sagenhaften Wesens Bigfoot, erreicht man die Küste und schaut sich die Baumriesen der **Redwoods** im gleichnamigen Nationalpark und entlang der Avenue of the Giants an. Durch Nordkaliforniens atemberaubende Pazifikszenerie geht es dann wieder nach Süden, mit Höhepunkten wie russischen Forts und victorianischen Holzhausstädtchen, frischem Fisch und dem Drehort von Hitchcocks „Die Vögel".

Die Route ist so gelegt, dass möglichst wenige Etappen auf den breiten Freeways zurückzulegen sind und man diese Bilderbuchlandschaft vor allem auf den **reizvollen Nebenstrecken** kennen lernt. Das bedeutet auch, dass man je nach Zeit und Laune die Tour erheblich verlängern kann: Nördlich der Bundesgrenze warten in Oregon z. B. weitere spektakuläre Nationalparks, und selbst die Naturschönheiten Washingtons sind durchaus in erreichbarer Nähe.

In diesem Kapitel sind einige **Alternativen** vor allem für den Weg ins Napa Valley und für die Fahrt vom Lassen Volcanic NP zur Küste angegeben. Im Gegensatz dazu hat man dort eigentlich keine andere Wahl als den Hwy. 101, sicher eine der Traumstraßen der Welt. Wegen vielfältiger Möglichkeiten zu Wanderungen, Angeltrips oder weiteren Outdoor-Aktivitäten, aber auch wegen beträchtlicher Steigungen auf der Inland-Route und Kurverei entlang der Küste sollte man sich **keine zu großen Tagesetappen** vornehmen. Während sich die Küstenstrecke wegen des gemäßigt-milden Klimas ganzjährig zu Erkundungsfahrten eignet, ist es im Inland in den Wintermonaten empfindlich kühler. Dann sind auch einige der schönsten Strecken, z.B. der Hwy. 89, der den Lassen Volcanic National Park in Nord-Süd-Richtung durchquert, wegen Schneeverwehungen geschlossen. Deshalb ist für die Rundfahrt nur der Zeitraum **von Juni bis Ende Oktober** wirklich geeignet.

Beste Reisezeit

Route 1: Rundfahrt zu den nordkalifornischen Highlights

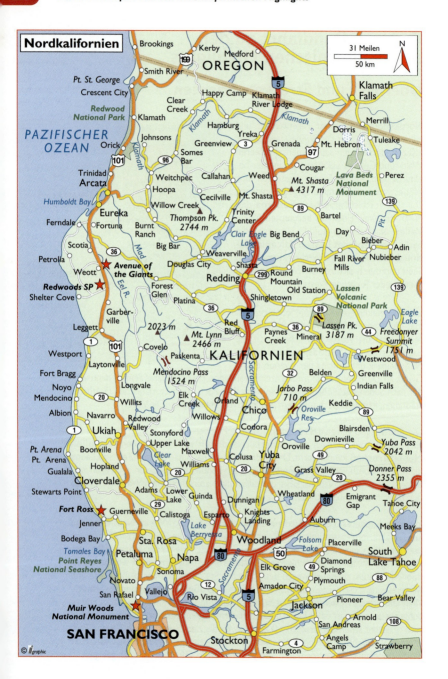

Das **Programm** für eine Rundfahrt zu den nordkalifornischen Highlights könnte bei wenig Zeit so aussehen:

- **1. Tag:** San Francisco – über Santa Rosa und das Valley of the Moon (Besichtigung) nach Sonoma (Stadtrundgang) und weiter nach Napa (Übernachtung in Napa oder St. Helena)
- **2. Tag:** Ganztägige Rundfahrt mit Weinprobe durch das Napa Valley
- **3. Tag:** Napa – Calistoga – Clear Lake (evtl. Badepause) – Oroville – Chico (Besichtigung und Übernachtung)
- **4. Tag:** Chico – Fahrt zum und durch den Lassen Volcanic NP – Redding – Shasta (Besichtigung) – Weaverville (Stadtbummel) – Eureka (Übernachtung)
- **5. Tag:** Ganztägige Erkundung des Redwood National Park mit Wanderungen
- **6. Tag:** Eureka – Besichtigungen an der Avenue of the Giants – über Hwy. 1 nach Fort Bragg – Besuch des Fort Ross – Bodega Bay
- **7. Tag:** Bodega Bay – San Francisco

Redaktionstipps

▶ Das mediterran wirkende **Napa Valley** mit seinen gemäßigten Höhenzügen (S. 271)
▶ Die wunderbaren **Seen Nordkaliforniens**, u.a. Lake Berryessa, Clear Lake, Lake Oroville, Shasta Lake und Whiskeytown Lake (S. 301)
▶ Die herbe Landschaft des **Lassen Volcanic National Park** (S. 296)
▶ Das Naturschutzgebiet der **Point Reyes-Halbinsel** mit ihren breiten Sandstränden und vielfältigem Tierleben (S. 323)
▶ **Sonoma**: Auf den Spuren der Mexikaner und kalifornischen Republikaner (S. 281)
▶ **Glen Ellen und Calistoga**: Auf den Spuren der Schriftsteller *Jack London* und *Robert Louis Stevenson* (S. 279, 290)

Das Wine Country (Napa Valley, Sonoma Valley)

Möglichkeiten, das Wine Country zu entdecken

mit dem Zug

Wer das Herz des Wine Country stilvoll erleben möchte, hat dazu die Möglichkeit mit dem nostalgischen Wine Train, der zweimal tgl. in Napa startet. Mit den eleganten, schön restaurierten Pullman-Waggons von 1915, gezogen von einer Diesel-Lok aus den 1950ern, wird die 58 km lange Strecke von Napa nach St. Helena und zurück in drei Stunden bewältigt. Die Gäste können zwar auf dem Weg nicht aussteigen, dafür aber Mittagessen, Brunch oder Dinner im luxuriösen Pullman-Waggon einnehmen. In bequemen, zur Fensterseite gedrehten Polstersesseln werden einem anschließend genau jene Spitzenweine kredenzt, an deren Herkunft man soeben vorbeifährt. Die Preise bewegen sich je nach Tageszeit zwischen ca. US$ 100 und 200, inklusive Feinschmeckeressen: Napa Valley Wine Train, *1275 NcKinstry St., Napa,* ① *(707) 253-2111, (800) 427-4124, www.winetrain.com.*

Erkundungsmöglichkeiten

mit dem Fahrrad

Das fast ebene Napa Valley ist für Radler ideal, zumal ausreichend Fahrradwege zur Verfügung stehen. Fahrräder können an vielen Hotels gemietet werden. Wer sich lieber einer geführten Tour anschließen möchte, hat auch dazu Gelegenheit: Die Route ist 42 km lang und schließt drei Weinproben ein; am Ende bringt einen ein Kleinbus nach

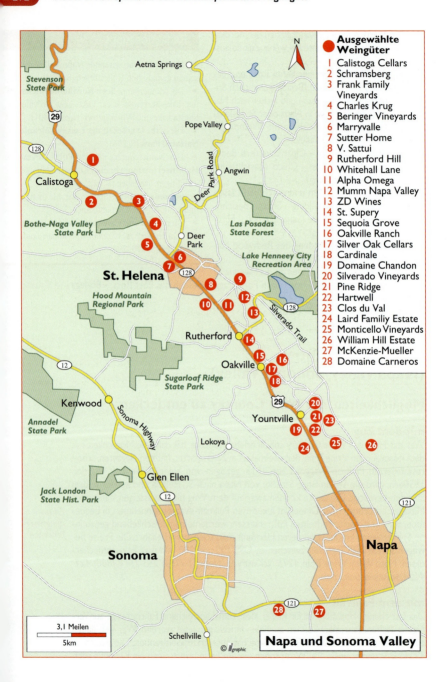

Mit dem Zug durch das Wine Country

Napa zurück. Anbieter der Tour und Fahrradvermietung: Napa Valley Bike Tours, *6795 Washington Street, Bldg. B, Yountville*, ① *(707) 944-2953, www.napavalleybiketours.com*. Ein weiterer guter Radvermieter: St. Helena Cyclery, *1156 Main St., St. Helena*, ① *(707) 963-7736, www.sthelenacyclery.com; Di–Sa 9.30–17.30, So 10–17 Uhr*.

mit dem Pferd

Das Wine Country auf gemütliche Weise hoch zu Pferd erkunden, auch das haben verschiedene Anbieter im Programm. Sehr schön sind die geführten Touren, die Triple Creek Horse Outfit (① *(707) 887-8700, www.triplecreekhorseoutfit.com*) im Bothe Napa Valley State Park in der Nähe von Calistoga anbietet.

Überblick

Ganz in der Nähe von San Francisco liegt im Napa und Sonoma Valley das bekannteste und größte Weinanbaugebiet der USA, und allein das mag für viele Grund genug sein, die Region auf einem Ausflug kennen zu lernen. Die Gegend ist jedoch nicht nur wegen ihres Weinanbaus bekannt, sondern von landschaftlichem und historischem Interesse.

Einerseits scheint sie dem Mitteleuropäer merkwürdig vertraut. Anstelle der grandiosen Berg-, Wüsten- oder Waldlandschaft Kaliforniens breiten sich hier sehr breite und **flache grüne Täler** aus. Andererseits bietet sie, vor allem im nördlichen Abschnitt, durchaus spektakuläre Szenerien: Da gibt es Schluchten, bewaldete Abhänge schieben sich immer enger aneinander, Seen laden zu Wassersport und Angeln ein, und der erloschene Vulkan Mount St. Helena reckt sich mächtig empor. Ein Geysir schließlich erinnert an die labile geologische Struktur.

Berühmtes Weinanbaugebiet

An die historische Bedeutung der Gegend wird u.a. durch Sonoma, dem „Geburtsort" Kaliforniens, durch alte spanische Missionen und charmante Kleinstädte mit victorianischen Häusern erinnert. Außerdem war das Wine Country auch die Heimat vieler berühmter Künstler und Schriftsteller. Der Schotte *Robert Louis Stevenson* (Die Schatzinsel) hat sich hier zeitweilig niedergelassen, und *Jack London* (Der Seewolf) lebte hier bis zu seinem Tod.

Verschiedene Routen

Viele Gründe also für einen Abstecher in das Wine Country. Ein solcher Ausflug kann ab/bis San Francisco an einem Tag durchgeführt werden, wenn auch angesichts der Entfernungen (nach Calistoga z. B. 122 km) dann nicht mehr viel Zeit für Weinproben übrig bleibt. Als Alternative bietet sich die Übernachtung in einem der zahlreichen guten Hotels oder Pensionen der Weintäler an. Der Besuch der Region kann allerdings auch verknüpft werden mit anderen Routen, beispielsweise mit einem Besuch von Sausalito und den Muir Woods (S. 182), mit der Fahrt nach Sacramento und dem Yosemite National Park (S. 355) oder zur Küste bei Fort Ross und Bodega Bay. Bei der vorliegenden Routenbeschreibung soll das Wine Country die erste Station auf der Inland-Tour nach Nordkalifornien sein.

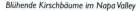

Über Sonoma zum Napa Valley

Von San Francisco aus gibt es mehrere Möglichkeiten, ins Napa Valley zu gelangen. Eine Alternative ist der Weg über die I-80, auf der man die Metropole östlich über die Bay Bridge verlässt, dann das berühmte Berkeley passiert und an Richmond vorbei, nahe zum Ufer der San Pedro Bay, auf Vallejo zufährt. Vorher überquert man die Bay auf einer hohen Brücke (Mautgebühr). **Vallejo**, benannt nach dem letzten mexikanischen General vor Ausrufung der Republik (s. S. 282), ist eine 120.000-Einwohner-Großstadt, die besonders hart von der Finanzkrise betroffen war und Ende 2008 praktisch bankrott war. Hier hat man Gelegenheit, das weithin berühmte **Six Flags Discovery Kingdom** zu besuchen, ein international anerkanntes Ozeanarium mit angeschlossenem Tierpark und jeder Menge Attraktionen im Stil von Disneyland. Der Park ist in die Berei-

Blühende Kirschbäume im Napa Valley

che „Land" (u.a. afrikanische Tiere, Reptilien, Schlangen etc.), „Sea" (Haie, Orcas, Walrosse, Delfine etc.) und „Sky" (tropische Vögel, Schmetterlinge, Pinguine etc.) unterteilt, es gibt Shows wie in San Diegos Sea World, und nach Voranmeldung sind auch (sehr teure) Schwimmkurse mit Delfinen möglich. *Tierpark*
Six Flags Discovery Kingdom, *1001 Fairgrounds Dr.,Vallejo, CA 94589,* ① *(707) 643-6722, www.sixflags.com; tgl. 10–18 Uhr, im Sommer ausgedehnte Öffnungszeiten, Eintritt US$ 55 (mit Onlinebuchung bis zu US$ 20 günstiger).*

Hinter der Stadt biegt man von der I-80 auf den Hwy. 29 ein, der einen geradewegs nach **Napa** bringt. Dieses Städtchen am Anfang des gleichnamigen, etwa 60 km langen und 8 km breiten Tales, ist als erste Station oder als Standort zur Erkundung des Wine Country bestens geeignet.

Die im Folgenden vorgeschlagene Variante verläuft weiter westlich und berührt auf der Strecke nach Napa einige äußerst sehenswerte Stationen. Dabei verlässt man **San Francisco** nordwärts auf dem autobahnähnlich ausgebauten Hwy. 101 (Golden Gate Bridge), passiert die Ausfahrten nach Sausalito und zu den Muir Woods (S. 182) und fährt auf San Rafael zu. Kurz vor der Stadt sieht man zur Rechten bei **San Quentin** die 1957 fertig gestellte, zweistöckige **Richmond-San Rafael Bridge**. Auf der östlichen Seite führt sie nach Richmond und zu anderen Städten wie Berkeley oder Oakland. Die knapp 9 km lange Brücke war bei ihrer Einweihung eine der längsten der Welt, konnte aber ästhetisch nicht überzeugen. Denn um der Gefahr eines Einsturzes durch ein Erdbeben entgegen zu wirken, wurde der Mittelteil tiefer gelegt, sodass die Stahlkonstruktion mit ihrem Auf und Ab ein wenig an eine Achterbahn erinnert. Dieses merkwürdige Aussehen behielt sie auch nach den 2004 abgeschlossenen Arbeiten, durch die die Brücke ein Erdbeben von der Stärke 8,3 überstehen können soll. Autofahrer werden auf der Brücke manchmal von heftigen Winden überrascht, dabei stürzten 2008 fünf Lkw um. *Erdbebensichere Brücke*

Der markante Block direkt neben der westlichen Brückenauffahrt ist das berüchtigte Staatsgefängnis (**San Quentin State Prison**), das bereits 1852 eingeweiht wurde und damit das älteste des Bundesstaates ist. Das auf 3.300 Insassen angelegte Gefängnis geriet häufig wegen seiner Überfüllung, der Brutalität und der Hinrichtungen (bis 1994 in der Gaskammer, danach mit Giftinjektion) in die Schlagzeilen. San Quentin wurde aber auch wegen der hier gegebenen Konzerte (u.a. von Johnny Cash) und gedrehten Kinofilme bekannt.

San Rafael

Die mit rund 56.000 Einwohnern größte Stadt und gleichzeitig Verwaltungssitz des Marin County hat einige historische Gebäude aufzuweisen. Das wichtigste befindet sich im Ortszentrum, zu dem man den Hwy. 101 auf der Mission Ave. verlässt. Auf dieser wird man zur zweitnördlichsten aller kalifornischen Missionsstationen geleitet, der **Mission San Rafael Arcángel**. Gegründet wurde sie 1817 von den Franziskanerpatres Sarria, Durran und Abella, doch verfiel der L-förmige Adobe-Bau im Laufe der Zeit, sodass er 1949 originalgetreu, allerdings mit anderen Materialien (Holz und Zement) wiederaufgebaut werden musste. Original hingegen sind die vier Glocken im Kirchenhof, die damals die Gläubigen zur Messe riefen. Neben dem schlichten Gotteshaus entdeckt man ein sehr ähnliches Gebäude, das früher das Krankenhaus der Mission war und heute als

Souvenirladen genutzt wird. Und sofort anschließend wird die Anlage von der Archangel New Church überragt, die später im spanisch-mexikanischen Stil ausgeführt wurde. **San Rafael Arcángel**, 1104 5th Ave., ☏ (415) 454-8141, www.saintraphael.com, Museum und Souvenirladen tgl. außer Di 11–16 Uhr, freier Eintritt.

Wer eher an moderner Architektur interessiert ist, sollte bis zum nördlichen Ortsausgang weiterfahren, wo sich sofort neben dem Highway (Abfahrt Civic Center Dr.) der Verwaltungskomplex des **Marin County Civic Center** erhebt. Man erkennt es leicht an dem 52½ m hohen und schlanken Turm, der ein wenig an ein Minarett erinnert. Und wie bei einer Moschee spannt sich daneben eine gut 24 m hohe Kuppel, unter der sich jedoch kein Gebetssaal, sondern die öffentliche Bücherei befindet. Trotz aller Modernität ist das Civic Center relativ betagt: Kein geringerer als *Frank Lloyd Wright* hatte bereits 1958 die Pläne gezeichnet, verwirklicht wurde das Projekt nach dem Tod des Meisters im Jahre 1962. Der ockerfarbene und blaue Komplex beherbergt u.a. das County-Gericht, ein Theater sowie Verwaltungsbüros. Ihm angeschlossen ist das Marin Veteran's Memorial Auditorium, eine 2.000-Sitze-Halle mit überdachtem Garten, die ebenfalls von *F.L. Wright* entworfen wurde. *Das Civic Center ist Mo–Fr 9–13 Uhr der Öffentlichkeit zugänglich.*

Nach den Plänen von F.L. Wright

Wer noch Zeit und Lust zu einem 10-km-Abstecher hat, kann vom Civic Center aus über die North San Pedro Rd. auf die östliche Halbinsel an der San Pablo Bay fahren, auf der sich der 663 ha große **China Camp State Park** befindet. Dabei handelt es sich um das letzte der rund 30 chinesischen Fischerdörfer, die sich um 1880 entlang der Bucht ansiedelten. Von dem alten Camp ist allerdings bis auf wenige Häuser und einem Pier nicht viel übrig geblieben, dafür entschädigt der schöne Blick auf die Bay. *Der State Park ist tgl. von 8 Uhr bis Sonnenuntergang geöffnet und besitzt ein Visitor Center mit einer guten Fotodokumentation.*

ℹ️ Information
Marin County Visitor Information Center, 1 Mitchell Boulevard, Suite B, San Rafael, ☏ (415) 925-2060, www.visitmarin.org/sanrafael; Mo–Fr 9–17 Uhr; Karten und viel Infomaterial über die Attraktionen des gesamten County.

Novato

Etwa 15 km hinter San Rafael und kurz nachdem der Hwy. 37 in östlicher Richtung von der vorliegenden Route abzweigt, bringt einen der Hwy. 101 nach Novato, einer kleinen, nach einem Miwok-Häuptling benannten Stadt (49.000 Ew), die hauptsächlich zwei Attraktionen bereithält:

Interessante Museen

Zum einen das **Novato History Museum** auf der DeLong Ave. (neben der Touristen-Information). Das Museum ist im alten Postamt von 1856 untergebracht und präsentiert Fotodokumente und Relikte aus den Pioniertagen der Stadt. Zum anderen das **Marin Museum of the American Indian**, eine wichtige Adresse für alle, die sich für die Geschichte der Indianer im Allgemeinen und die des Miwok-Stammes im Besonderen interessieren. Nicht versäumen darf man dabei den Besuch des Gartens, der die meisten der einst vom Stamm kultivierten Nutzpflanzen enthält. Das Museum befindet sich im Miwok Park, den man von der Touristen-Information aus über die DeLong Ave. und den westlich abgehenden Novato Blvd. erreicht *(www.marinindian.com)*.

Ansonsten gibt es auch hier eine historische Old Town mit einer **City Hall** von 1896, die sich rund um die Grant Ave. ausbreitet.

Petaluma

Rund 15 km hinter Novato kommt man auf dem Hwy. 101 nach Petaluma (ca. 56.500 Ew.), einer attraktiven Kleinstadt mit vielen victorianischen Häusern und anderen Baudenkmälern. Das einstige Goldgräbernest geht auf eine der größten kalifornischen Ranches (26.953 ha) zurück, die 1836 erbauten Adobe-Hacienda, die sich im Besitz des Generals Vallejo befand (vgl. S. 182). Das zweistöckige Anwesen stellt als **Petaluma Adobe State Historic Park** die größte Sehenswürdigkeit der Ortschaft dar, sie befindet sich inmitten von Feldern auf einem Hügel im Südosten. Zwar ist nur die Hälfte des ursprünglichen Komplexes erhalten geblieben, trotzdem bekommt man bei einem Rundgang einen guten Eindruck vom ländlichen Wohlstand, in dem die Feudalherren in der mexikanischen Epoche Kaliforniens lebten.

Mexikanische Wurzeln

Im historischen Ortszentrum kann man einen gemütlichen Bummel rund um die Straßen Petaluma Blvd., Kentucky St., Washington St. und B St. unternehmen, wo es alte Hotels, Mühlen, eine Schmiede und viele charmante Holz- und Ziegelhäuser aus den 1870/80ern gibt. Sehenswert ist u.a die alte Stadtbücherei (Petaluma Historical Library) an der Ecke 4th St./B St. oder die Odd Fellows Hall. Die meisten Gebäude werden heute anders genutzt, so z.B. die Great Petaluma Mill (N Petaluma Blvd.), in der ein Einkaufszentrum untergebracht ist.

Besonders schön wird es in Petaluma immer dort, wo man einen Blick auf den Petaluma River und seinen Hafen hat, in dem einige Museumsschiffe vertäut sind. Der Fluss war früher der nach dem Sacramento River und dem San Joaquin River meistbefahre-

Willkommen im Napa Valley!

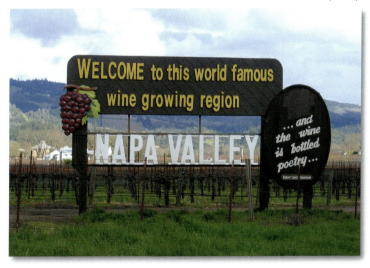

ne Kaliforniens und ermöglichte eine Schiffsverbindung zwischen San Francisco und dem Farmland des Sonoma County. An diese Zeit erinnert die Petaluma Queen, ein nachgebauter Schaufelraddampfer, der heute Touristen zu einer 2- bis 3stündigen Riverboat Cruise einlädt.

Reisepraktische Informationen Petaluma

Information
Petaluma Visitor Center, 210 Lakeville St., ① (707) 769-0429, www.visit petaluma.com; In der Touristeninformation erhält man auch Broschüren für Spaziergänge durch die Altstadt. Tgl. 10–16 Uhr.

Hotel
Quality Inn Petaluma $$$, 5100 Montero Way (Old Redwood Hwy./Hwy. 101), ① (866) 407-4959, www.winecountryqi.com; schöne Unterkunft der gehobenen Kategorie mit 109 gut ausgestatteten Zimmern, inkl. gehaltvollem Frühstück, Kühlschrank, Kaffeemaschine.

Alternativstrecke über Santa Rosa

Um am schnellsten nach Sonoma und Napa zu gelangen, zweigt man in Petaluma auf den Hwy. 116 in östlicher Richtung ab. Hat man jedoch mehr Zeit zur Verfügung, ist es natürlich genauso gut möglich, noch eine Weile dem Hwy. 101 zu folgen, um dann später (etwa in Santa Rosa oder in Geyserville) nach Osten zu fahren oder um auf einer ganz anderen Routenführung über Sebastopol (vgl. S. 323), bei Bodega Bay die Pazifikküste zu erreichen. Auf der Teilstrecke bis Santa Rosa lohnt sich ein erster Halt in **Rohnert Park**, einer 43.000-Einwohner Stadt. Der Ort ist wegen der Sonoma State University bekannt.

Als nächstes erreicht man die mit 157.000 Einwohnern größte Stadt des Sonoma County, **Santa Rosa**, gleichzeitig dessen Verwaltungszentrum und Hauptumschlagplatz landwirtschaftlicher Erzeugnisse. Hier befindet sich das **Sonoma County Wine & Visitors Center** *(3637 Westwind Blvd., ① (800) 576-6662 oder (707) 522-5800, www.sonomacounty.com)*, in dem man sich sozusagen vorbereitend über die Weine des Sonoma Valley informieren kann. Außerdem veranstaltet das Zentrum Weintouren, Weinproben und anderes mehr. Santa Rosa wurde 1830 gegründet und durch Luther Burbank (1849–1926) bekannt, einen Agronomen, der auf seiner Versuchsfarm (Ecke Santa Rosa Ave./Sonoma Ave.) über 800 neue Gemüse-, Obst- und Blumenarten züchtete und veredelte, u.a. die berühmten kernlosen Pflaumen. An ihn erinnert das Museum **Luther Burbank Home & Gardens**. Auf dem Gelände ist Burbank zusammen mit seinem Hund unter einer großen Zeder beigesetzt.

Alles über Wein

Luther Burbank Home & Gardens, 204 Santa Rosa Ave., ① (707) 524-5445, www.lutherburbank.org; die Gärten sind tgl. von 8 Uhr bis Sonnenuntergang geöffnet, das Museum nur von April bis Oktober.

Nur einen halben Block weiter westwärts auf der Sonoma Ave. kann man im Julliard Park die kuriose Kirche besichtigen, die komplett aus dem Holz eines einzigen Baustammes gefertigt wurde (einem 85 m hohen Redwood mit 5½ m Durchmesser). In der Kirche wird mit einem kleinen Memorial an den berühmtesten Sohn des Ortes erinnert, jenen *Robert L. Ripleys*, der in seiner „Believe It or Not"-Sammlung Kuriositäten aus aller Welt zusammengetragen hat. Eine weitere berühmte Persönlichkeit, die lange Zeit in Santa Rosa nicht weit entfernt auf der W. Steele Lane (Nr. 1665) gelebt hat und hier im Jahre 2000 starb, ist *Charles M. Schulz*. Er wurde 1922 als Sohn deutscher Eltern in Minneapolis geborenen und wurde weltbekannt als Schöpfer der Peanuts-Comics, deren Figuren wie Charly Brown, Snoopy etc. man im **Charles M. Schulz Museum** in allen möglichen Studien, Formen und Originalzeichnungen begegnet.

Vater der Peanuts

Charles M. Schulz Museum & Research Center, *2301 Hardies Ln., ① (707) 579-4452, www.schulzmuseum.org; tgl. 11–17, Sa–So ab 10 Uhr, im Winter Di geschlossen, Eintritt US$ 10.*

Ein schön restauriertes, altes Postamt findet sich an der 7th St., in dem Gebäude ist heute das kleine Sonoma County Museum untergebracht. Von dort kann man auf einem hübschen Weg zum **Railroad Square Historic District** spazieren. Der Distrikt, der sich zwischen den Straßen Davis St./Wilson St. bzw. 3rd St./5th St. erstreckt, weist einige altertümliche Läden und Restaurants auf, die um ein Eisenbahn-Depot aus dem Jahre 1905 gebaut sind.

Wer in Santa Rosa dem Hwy. 101 weiter nach Norden folgt, erreicht in 38 km den kleinen, idyllischen Ort **Geyserville**, der sich mit seinen Wineries zur Erkundung zu Fuß oder mit Pferd und Wagen anbietet. Ansonsten biegt man in der Stadt rechts auf den als Scenic Hwy. ausgeschilderten Hwy. 12 ab und gelangt nach 29 km, vorbei am Annadel State Park und vielen Weinkellereien, nach Glen Ellen.

Reisepraktische Informationen Santa Rosa

Vorwahl 707

Information
Santa Rosa Convention & Visitors Bureau, *9 Fourth St., Santa Rosa, CA 95401, ① 577-8674, www.visitsantarosa.com.*

Hotel
The Gables Wine Country Inn $$$$, *4257 Petaluma Hill Rd., Santa Rosa, ① 585-7777, www.thegablesinn.com; ruhige gelegene, traumhafte Bed & Breakfast-Unterkunft mit geräumigen Zimmer in einer liebevoll restaurierten victorianischen Villa.*

Glen Ellen

Das im Valley of the Moon gelegene 1.000-Einwohner-Dörfchen hat eine ganz besondere Sehenswürdigkeit, nämlich den **Jack London State Historic Park**: Nicht nur die 1½ km vom Eingang entfernte Grabstätte des populären Schriftstellers locken seine Bewunderer hierhin, sondern auch mehrere Gebäude der Familien, ein kleines Museum und ein schöner See. Nach Passieren des Eingangs parkt man seinen Wagen auf dem linken Parkplatz und folgt dem Fußweg, der einen als erstes zum House of Happy Walls bringt, das Jack Londons Witwe nach dessen Tod in den Jahren 1919–1922

Jack London

Ohne Zweifel gehört *Jack London* zu den meistgelesenen Schriftstellern der Neuen Welt, wenn man auch lange geteilter Meinung über seine literarischen Qualitäten war. Allein die schillernde Gestalt des Kaliforniers ist aber so abenteuerlich, dass es sich lohnt, einen kurzen Blick auf seine Biographie zu werfen. Am 12. Januar 1876 in San Francisco geboren, verbrachte *Jack London* eine ärmliche und **unruhige Jugend**. So war sein Vater nicht bekannt, er hatte ständig den Wohnort zu wechseln und wurde vorwiegend von seiner Schwester *Eliza* erzogen und versorgt. Der kleine Jack las viel, musste aber aus wirtschaftlichen Gründen mit 13 Jahren die Schule verlassen. Zu diesem Zeitpunkt verdiente er sich durch Hilfsarbeiten sein Geld und lebte ansonsten das Leben eines Erwachsenen. Früh schon kam er mit Alkohol in Kontakt und machte die Kneipe *First and last chance* in Oakland zu seiner eigentlichen Heimat. Schließlich kaufte er sich das Austernboot Razzle Dazzle, auf dem er mit der 16jährigen Mamie zusammenlebte, ging auf Fischfang und durchlebte mit seinen Freunden wüste Orgien und Trinkgelage. Von seinem Hang zu Depressionen kündet aber auch ein Selbstmordversuch, den er, gerade zwanzig Jahre alt, überlebte. Zu Fuß, mit Fischerbooten oder als blinder Passagier auf Zügen durchstreifte er den gesamten Westen. Daneben versuchte er sich als Student, verließ aber bereits nach einem Trimester die Universität. Im **Goldrausch** zog Jack hinauf nach Alaska und verbrachte am Klondike einen entbehrungsreichen Winter.

*Jack London –
zeitgenössisches Foto*

Gesundheitlich zerrüttet, bewarb sich der 24jährige anschließend in Kalifornien als Postbeamter, hatte aber gleichzeitig erste literarische Erfolge, als ihm die Zeitschrift „The Black Cat" eine Kurzgeschichte abkaufte. Er beschloss, ab nun als Schriftsteller zu leben. Im gleichen Jahr (1900) heiratete er Hals über Kopf seine erste Frau *Bess Maddern*. Zwei Dinge sind es, die sein Leben in dieser Zeit bestimmten: die Genusssucht, die ihn zu verschiedenen Frauen und vor allem immer wieder zu alkoholischen Exzessen trieb (nicht umsonst heißt eines seiner Werke „König Alkohol" (1913), zum andern sein stets waches Auge für soziale Ungerechtigkeiten und die Sorge um die Unterschicht, aus der er selbst kam. Mit Reportagen wie „In den Slums" (1903) und Romanen wie „Die eiserne Ferse" (1908) empfahl er sich als **Galionsfigur des Sozialismus**, trat auch der Partei bei und formulierte kompromisslose Hasstiraden auf alles, was nach Kapitalismus oder „besserer Welt" aussah. Er selbst legte keinen Wert auf sein Äußeres und erschien Zeitgenossen als Genie, Landstreicher, Sozialist in einer Person.

Nach der Scheidung von Bess heiratete London seine zweite Frau Charmian, die später seine Biographie schrieb und diese 1921 veröffentlichte. Obwohl als Schriftsteller nun überaus erfolgreich (zur Freude seines Verlegers *William Randolph Hearst*, den Londons Sozialismus nicht weiter störte) und bodenständiger, verzichtete er nicht auf ausgedehnte Reisen (z.B. nach Indien, Korea, Europa), die er z.T. mit seinem eigenen Schiff Snark durchführte.

Gleichzeitig blieb er ein glühender Verehrer der Natur und pries die Schönheit des Valley of the Moon bei Glen Ellen, wo er nun lebte, mit dem Buch „Das Mondtal" (1913). Das hinderte ihn nicht, weiterhin übermäßig zu trinken und sich um politische Belange zu kümmern - mit dem Satz „Es lebe die Revolution!" beschloss er zu dieser Zeit seine Briefe. Merkwürdig mutet deswegen sein unverhohlener **Rassismus** an, mit dem er den chinesischen, aber auch ost- und südeuropäischen Einwanderern begegnete. Seine diffusen Gedanken zur „Überlegenheit der weißen Rasse" führten denn auch zum Bruch mit der Sozialistischen Partei. Dies war kurz vor 1916, als sein körperlicher Verfall – Resultat seines ausschweifenden Lebens – bereits voll eingesetzt hatte. Ständige Zahn- und Nierenschmerzen bekämpfte er mit Medikamenten und Alkohol, während er vergeblich versuchte, seine Fettleibigkeit zu bekämpfen. Der nicht sehr großgewachsene Mann wog am Schluss über zwei Zentner. Außerdem hatte er mit Hautkrankheiten zu kämpfen.

Die Ursache seines Todes ist bis heute ungeklärt. Offiziell starb er infolge einer Nierenkolik, aber auch ein Selbstmord mit Drogen ist nicht auszuschließen. 1916 starb *Jack London* in Glen Ellen im Alter von nur 40 Jahren. Schwer verständlich ist, wie der Schriftsteller bei diesem Lebenswandel und all der Energie, die er auf seine politische Arbeit und persönlichen Auseinandersetzungen verwandte, es noch schaffen konnte, so viel (und so gut) zu schreiben. Seinem ersten erfolgreichen Werk, den 1900 erschienenen Kurzgeschichten „The Son of the Wolf", folgten bis zu seinem Tod etwa **50 Bücher**. Das bedeutet bei einer Schaffenszeit von 16 Jahren durchschnittlich drei Bücher pro Jahr. Außer kürzeren Werken waren dabei Bestseller wie „Der Seewolf", „Wolfsblut", „Lockruf des Goldes" und „Die Rote Pest".

bauen ließ. In ihm ist heute das Visitor Center mit dem Jack London Museum untergebracht, in dem Bücher, Fotos und persönliche Gegenstände des Schriftstellers ausstellt werden. Folgt man dem steil ansteigenden Pfad bis zum Ende weiter (ca. 1½ km), gelangt man zum Wolf House, Londons 1910–13 erbautem Herrensitz, der jedoch kurz vor seiner Fertigstellung unter mysteriösen Umständen niederbrannte und heute nur noch als Ruine zu besichtigen ist. Das Urnengrab (Jack London Grave) des Schriftstellers befindet sich unweit davon unter einem Felsblock. Wieder am Eingang zurück, sehen Sie weiterhin die von Nebengebäuden (u.a. Schnapsbrennerei) flankierte Ranch, in der der Autor bis zu seinem Tode lebte.

Reisepraktische Informationen Glen Ellen

Vorwahl 707

Hotel
Gaige House Inn $$$$, *13540 Arnold Dr., Glen Ellen, ① 935-0237, (800) 935-0237, www.gaige.com; ein wunderschöner „small luxury Inn" mit Dachterrasse, Pool und Gästeküche (inkl. Obst, Süßigkeiten, Softdrinks), Wein am Abend in der gemütlichen Bibliothek und Gourmetfrühstück, neun Zimmer und Suiten.*

Restaurant
The Fig Café & Winebar, *13690 Arnold Dr., Glen Ellen, ① 938-2130, www.thefigcafe.com; gemütliches Lokal, in dem italienisch angehauchte Küche serviert wird, aber auch Burger stehen auf der Karte. Mittelpreisig.*

Sonoma

Ob man nun über den Hwy. 116 von Petaluma aus oder über den Hwy. 12 über Santa Rosa und Glen Ellen nach Sonoma (10.000 Ew) gelangt ist, ein Halt hier ist bei einer

Fahrt ins Wine Country unverzichtbar. Immerhin gilt das Sonoma Valley, das die Suisun-Indianer so getauft hatten, als **Geburtsstätte des kalifornischen Weinbaus**, weil hier Graf *Agoston Haraszthy* aus Ungarn mit seinen aus Europa importierten Reben den kommerziellen Weinbau begann. Seine **1857** gegründete Buena Vista Winery existiert noch immer, und zwar an der Old Winery Rd. nordöstlich der Stadt Sonoma. Trotzdem können Sonoma und das gleichnamige Tal nicht mit gleich vielen und berühmten Weinkellereien wie das Napa Valley aufwarten, gehören jedoch allein schon aufgrund ihrer historischen Bedeutung zu den Highlights der Region. Zusätzlich werden Besucher von einigen interessanten **Events** angezogen, darunter das Sonoma Valley Film Festival im April und die berühmte Heißluftballon-Parade Hot Air Balloon Classic im Juli.

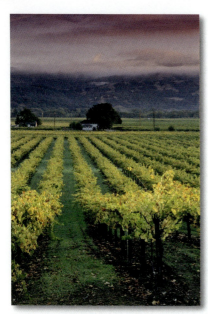

Geburtsstätte des Weinanbaus in Kalifornien: Sonoma Valley

Auf dem Hwy. 12 (Broadway) wird man an jener unübersehbaren **Sonoma Plaza** vorbeigeführt, die das Zentrum der geschichtsträchtigen Stadt ausmacht. Dieses 3 ha große Rechteck ist von alten Adobe-Häusern gesäumt; nirgendwo nördlich von Monterey gibt es übrigens eine größere Ansammlung von Gebäuden, die mit den typischen adobes (luftgetrocknete Ziegel) errichtet wurden. Der Platz wurde bereits 1835 von *Mariano Guadelupe Vallejo* angelegt, einem General der mexikanischen Armee. Dieser hatte nach der Beseitigung der spanischen Herrschaft als Oberbefehlshaber der mexikanischen Streitkräfte die Macht an sich gerissen und sich praktisch als Alleinherrscher der Provinz Alta California installiert. Nachdem aber immer mehr Amerikaner das mexikanische Territorium unterwandert hatten, wurde der General in der sog. Bear Flag-Revolte im Juni 1846 von *Robert Semple* und seinem amerikanischen Mitstreiter auf der Plaza festgenommen. Zu seinem Unglück musste der General mit ansehen, wie diese die Bärenflagge hissten und Kalifornien zur unabhängigen Republik erklärten. Die damals benutzte Fahne sieht man heute immer noch im ganzen Lande wehen – als Zeichen des kalifornischen Selbstbewusstseins gegenüber den anderen amerikanischen Bundesstaaten.

Kurze Unabhängigkeit

Die provisorische Hauptstadt der Republik California hieß also vorübergehend Sonoma, bis US-Truppen einen knappen Monat später die ganze Provinz in ihre Gewalt brachten und sie den Vereinigten Staaten einverleibten. Nutznießer dieser Entwicklung war General Vallejo, dessen Besitz zwar geplündert worden war, der aber nun freigelassen wurde und bald wieder als einer der ersten Senatoren des jungen Bundesstaates eine politische Rolle spielen sollte.

Eine Besichtigung des historischen Sonoma sollte an der Sonoma Plaza beginnen, wo an der Nordostecke das Bear Flag Monument an die kurze Zeit des unabhängigen Kalifornien erinnert. Unweit davon erhebt sich die markante, 1906 entworfene **City Hall**, die zusammen mit den benachbarten Häusern bereits Teil des Sonoma State Historic Park ist. Zum State Park gehört auch die **Mission San Francisco Solano de Sonoma** jenseits der Spain St., die letzte der 21 kalifornischen Missionen entlang des El Camino Real. Gegründet wurde sie 1823 von *Padre José Altamira*, war aber nur für zehn Jahre in Funktion und wurde 1909–19 wiederaufgebaut bzw. grundlegend renoviert. Nicht nur das Gotteshaus ist sehenswert, sondern auch die schlichte Kapelle, die um den Innenhof gruppierten Wirtschaftsgebäude mit dem herrlichen Kakteengarten, dem Brunnen und den archäologischen Ausgrabungen. Der geringe Eintrittspreis ist also gut angelegt, zumal er auch zur Besichtigung des Alterssitzes von General Vallejo berechtigt.

Sehenswerte Missionsstation

Auf der anderen Seite der Spain St. geht das 1840 gebaute Hotel **The Blue Wing Inn**, das u.a. Leute wie *Kit Carson*, Präsident *Ulysses S. Grant* und *William Tecumseh Sherman* (den späteren Nordstaaten-General) beherbergte, auf den General Vallejo zurück. Unterkunft für dessen Truppen waren die zweistöckigen, 1836–40 erbauten **Sonoma Barracks**, die an der Nordseite der Plaza zu sehen sind, später dienten sie als Hauptquartier der kalifornischen Rebellen. Weitere Sehenswürdigkeiten entlang der Plaza sind das aus dem Jahre 1858 stammende Toscano Hotel, daneben die Relikte von Vallejos Wohnhaus **Casa Grande**, dessen Nachfolgebau aus den 1830ern später zum Swiss Hotel umfunktioniert wurde, und vor allem das Salvador Vallejo Adobe, das an der Nordwestecke der Plaza 1836–46 von indianischen Bauarbeitern für Vallejo errichtet wurde. In dem historischen Gebäude befindet sich heute das sympathische Café The Coffee Garden mit einem wunderschönen Innenhof.

Auch der nahegelegene, 1853 im victorianischen Baustil errichtete Alterssitz des Generals, Lachryma Montis, gehört zum Sonoma State Historic Park und ist samt seiner original erhaltenen Einrichtung zu besichtigen. Weiterhin lohnen der kurze Gang zur renommierten Käsefabrik **Sonoma Cheese Factory** *(2 W. Spain St., Kostproben im Garten)*, das 1880 fertiggestellte **Sonoma Hotel** *(110 W. Spain St.)* mit seinem originalen

Alterssitz des Generals

Reisepraktische Informationen Sonoma

Vorwahl 707

Information
Sonoma Valley Visitors Bureau, *453 E 1st St. East (an der Sonoma Plaza), ① 996-1090, www.sonomavalley.com; tgl. 9–19, im Winter bis 17 Uhr.*

Hotel
Fairmont Sonoma Mission Inn & Spa $$$$, *100 Boyes Blvd., Boyes Hot Springs, ① 938-9000, www.fairmont.com/sonoma; nördlich von Sonoma am Hwy. 12 gelegenes Luxushotel mit 170 komfortablen Zimmern, eigenen heißen Quellen, Pool, Restaurant, Bar, Tennisplatz und 18-Loch-Golfplatz.*

Restaurants
Sehr nette Lokale findet man rund um die Sonoma Plaza, z.B. **Cucina Viansa** *(gegenüber der Mission),* **La Casa** *(daneben, mexikanisch),* **Basque Café** *oder* **The Girl & The Fig** *(W Spain/W 1st St., neben dem Sonoma Hotel).*

Western-Saloon, und – drei Blocks östlich – die unter Denkmalschutz stehenden **Sebastiani Vineyards** *(389 4th St. East)*.

Erste Weinkellerei
Wer in unmittelbarer Nähe des Ortes **weitere Weinverköstigungen** genießen möchte, sollte die Buena Vista Winery (die erste der Weinkellereien überhaupt), die Hanze Vineyards, die Haywood Winery oder die Hacienda Wine Cellars aufsuchen.

Zur Weiterfahrt nach **Napa** bleibt man am besten auf dem Hwy. 12 und biegt dann links auf den Hwy. 121 ab, der auf landschaftlich reizvoller Strecke zuerst nach **Schellville** führt. Von dessen nahe gelegenem kleinen Airstrip kann man übrigens als Sozius an spektakulären Doppeldecker-Flügen teilnehmen (mit oder ohne Loopings).

Napa

In der 1848 gegründeten Stadt (76.000 Ew.) hat sich das historisches Zentrum erhalten, das zwar nicht so gemütlich und geschichtsträchtig ist wie das von Sonoma, jedoch mit etlichen unter Denkmalschutz stehenden Gebäuden, hübschen Straßenzügen und einer Vielzahl an Shops und Restaurants aufwarten kann – gerade der richtige Einstieg zur bevorstehenden Tour. Wer sich vorher noch ein wenig umschauen möchte, kann unweit des Visitor Center dem Goodman Library Bldg. einen Besuch abstatten, das eine umfangreiche Bibliothek und ein kleines Museum beherbergt. Ganz in der Nähe verdient das zweistöckige **Napa Valley Opera House** *(1018 Main St.)* Beachtung, das 1879 im italienischen Stil errichtet wurde.

Zahllose Weinproben

Die eigentliche Hauptattraktion des Countys sind die **Weingüter**, die sich nördlich von Napa im Tal bis hinter Calistoga ausbreiten. Auf zwei Hauptstraßen kann man sich die-

Landschaft im Napa Valley – Wein, so weit das Auge reicht

sen nähern und dabei immer wieder einkehren, an Weinproben teilnehmen oder sich in den Gourmet-Shops ein Picknick mit Käse oder anderen Leckereien zusammenstellen. Die eine Straße ist der Hwy. 29, der in Napa noch mit getrennten Fahrspuren autobahnähnlich daherkommt (Alternative: Solano Ave.), bald aber als normale Landstraße weiterführt. Parallel dazu verläuft auf der Ostseite des Tales der landschaftlich reizvollere und weniger befahrene Silverado Trail, eine ehemalige Bergwerksstraße, die besonders während der Weinlese ein optischer Genuss ist. Beide Routen können ab/bis Napa als große Rundfahrt gestaltet werden, deren nördlichste Station Calistoga ist und deren wichtigste Stationen bei folgender Routenbeschreibung aufgelistet werden. Die auf der Karte eingezeichneten Weingüter stellen nur eine kleine und subjektive Auswahl dar, alle rund **300 wineries** aufzuzählen, würde den Rahmen dieses Buches sprengen.

Reisepraktische Informationen Napa

Vorwahl 707

Information
Napa Valley Welcome Center, *600 Main St.,* ① *251-5895, www.napavalley.org, www.legendarynapavalley.com; tgl. 9–17, Fr–Mo bis 18 Uhr.*

Hotels
Napa Valley Redwood Inn $$$, *3380 Solano Ave.,* ① *257-6111, www.napavalley redwoodinn.com; zweistöckige, einfache Unterkunft, ruhig gelegen, mit preiswerten, aber sauberen und geräumigen Zimmern.*
Napa Valley Marriott $$$-$$$$, *3425 Solano Ave.,* ① *253-8600, www.napavalley marriott.com; luxuriöse Herberge nahe dem Hwy. 29 mit 195 Zimmern und Suiten auf einer Ebene, Swimmingpool mit Spa, Fitnesscenter, Tennis- und Golfplätze, gutes Restaurant Harvest Café.*
Silverado Country Club & Resort $$$$, *1600 Atlas Peak Rd.,* ① *257-0200, www. silveradoresort.com; großzügiges First-Class-Hotel mit sportlicher Note, 280 komfortable Zimmer, Restaurant, Bar, Pool, Golf, Tennis etc.*

Durch das Napa Valley bis Calistoga

Das Napa Valley ist bis Calistoga durch den Hwy. 29 und die östliche Parallelstraße Silverado Trail erschlossen. Der erstgenannte Weg ist stärker befahren, bringt einen aber an den meisten und wichtigsten Kellereien vorbei. Der Silverado Trail ist idyllischer und passiert ebenfalls einige bekannte Weingüter (u.a. Mumm Napa Valley, Chimney Rock, Clos du Val), kann aber nicht mit interessanten Ortschaften aufwarten. Wer für seinen Besuch des Napa Valley etwas mehr Zeit mitbringt, kann beide Wege zu einer schönen Rundfahrt kombinieren.

Schöne Rundfahrt

Yountville

Verlässt man Napa in nördlicher Richtung über den Hwy. 29, kann man die ersten gut 15 km zügig zurücklegen, bis man das Weinstädtchen Yountville (3.500 Einwohner) er-

Kalifornischer Wein

s. Karte S. 272: Ausgewählte Weinkellereien im Napa Valley

Der Weinanbau – die Weinlese dauert hier von September bis Anfang November – ist nicht nur für diese Region, sondern für ganz Kalifornien ein bedeutender wirtschaftlicher Faktor. Den Grundstein legte 1861 der ungarische Graf *Agoston Haraszthy* – der „Vater" des kalifornischen Weins –, als er 150.000 Stecklinge verschiedener Sorten aus Europa importierte und im Sonoma Valley die Buena Vista Winery einrichtete. Seither entstanden in den Tälern von Sonoma und Napa nahezu 300 weitere Produktionsstätten, deren Besitzer meist europäischer Herkunft sind,

Weinprobe im Napa Valley

wie man an den Namen (Sebastini, Krug, Heitz, Beringer, Mont La Salle usw.) unschwer erkennen kann. Vor Haraszthy und seinen Nachfolgern aus Deutschland, Frankreich, Italien und Ungarn hatten sich bereits spanische Mönche mit dem Weinanbau versucht. Mit steigender Zahl der Kellereien und der Einführung modernster Methoden stieg die Produktion stetig an. Inzwischen hat sich die USA immerhin als sechstgrößte Wein-Nation etabliert, wobei in guten Jahren allein Kalifornien zu 90 % beteiligt ist. Weitere Weinanbaugebiete liegen in den westlichen Bundesstaaten Oregon und Washington, aber sogar im Oststaat New York gibt es Weinproduzenten; insgesamt wird in 30 Bundesstaaten Wein kultiviert.

Bis Mitte der 1980er Jahre ging es hauptsächlich um Quantität und war die Gegend vor allem durch die preiswerten Tafelweine der Großhersteller Mondavi, Christian Brothers und Sebastini bekannt. Heute jedoch sind die Zeiten, als europäische Feinschmecker, wenn überhaupt, dann nur mit einem Anflug von Mitleid, über amerikanische Weine sprachen, vorbei. Inzwischen hat sich selbst bis Frankreich herumgesprochen, dass man auch in Kalifornien **hervorragende Weine** herstellen kann und begreift die Region als ernstzunehmende Konkurrenz. Dies betrifft sowohl die Spitzenweine als auch die bekömmlichen und schmackhaften Tischweine. Bestes Beispiel dafür ist der Prestigewein Opus One, der durch eine 1975 vereinbarte amerikanisch-französische Zusammenarbeit zustande kam. Das Prinzip, das der Kalifornier *Mondavi* und *Baron Rothschild* ausgehandelt hatten (französische Reben in kalifornischer Erde), zeigte fantastische Resultate. Opus One wurde zu einer ausgesuchten Rarität, für die auf dem internationalen Markt Spitzenpreise bezahlt wurden und werden (das deutsche Kontingent umfasst gerade einmal 1.300 Flaschen). Dieser Klassiker ist eine bordeauxähnliche Mischung aus den drei Rebsorten Cabernet Sauvignon, Cabernet Franc und Merlot.

Und immer noch reisen, vom Klima und der Umgebung angetan, Neuankömmlinge ins Tal, um ihre persönliche Vorstellung vom Weinanbau in die Tat umzusetzen. So Mitte der 1990er Jahre der Schweizer Mineralwasserkönigs *Donald Hess*, der nicht nur eine Passion für exzellenten Wein hat, sondern sich auch als Sammler moderner Kunst engagiert. Seine Kellerei Hess Collection verfügt deshalb über ein eigenes Museum, in dem Werke von *Georg Baselitz*, *Gerhard Richter*, *Morris Louis*, *Robert Motherwell*, *Frank Stella* und *Francis Bacon* hängen.

Der internationale Erfolg basiert auf dem gleichmäßig warmen Klima, den Produkten kleiner Winzereien, die ausgezeichnete Boutique-Weine in geringen Mengen herstellen. Zunehmend werden in der Gegend auch Sekte produziert. Ein Güte-Klassifikationssystem wie in Europa gibt es dabei in den Vereinigten Staaten nicht. Allein die guten Namen der Winzereien können als Garantie für Qualität genommen werden. Allgemein gilt, dass die kalifornischen Weine in kleinen Holzfässchen aus amerikanischer Eiche ausgebaut werden. Diese besitzen häufig ein an Minze und Eukalyptus erinnerndes Aroma, das sie an den Wein abgeben. Das Gros der kalifornischen Produktion ist an diesem speziellen Duft zu erkennen. Die oft opulenten Weine eignen sich besonders zu kräftigen Gerichten, beispielsweise Wild oder Fleischragouts, auch in würzigen Saucen und zu aromatischem Käse sind sie gut am Platze.

Bei einer Weinprobe in Sonoma oder Napa Valley wird man Sie mit folgenden Weinen bekannt machen:

ROTWEINE
- Zinfandel: auch als kalifornischer Beaujolais bezeichnet, schmeckt himbeerartig
- Grenache: wird oft als Verschnittwein verwendet, hell und körperreich
- Cabernet Sauvignon: der wohl beste Rotwein, aromatisch und trocken, sollte mindestens 4 Jahre alt sein
- Petite Sirah: (auch: Shiraz) dunkelroter, gerbstoffreicher und alterungsfähiger Wein

- Pinot Noir: leichter, fruchtiger Rotwein
- Barbera: sehr dunkler Rotwein mit ausgewogenem Säuregehalt
- Ruby Cabernet: guter trockener Tischwein
- Gamay Beaujolais: ähnlich dem Pinot Noir, aber nicht mit dem französischen Beaujolais vergleichbar

ROSÉWEIN
- Gamay: leichter Rosé

WEISSWEINE
- Chenin Blanc: harmonischer, herber Wein
- Chardonnay: der beste kalifornische Weißwein, trocken und duftend mit herrlichem Traubengeschmack
- White Riesling: fruchtiger, herber Weißwein
- Semillon: ziemlich süßer, goldfarbener Wein
- Sauvignon Blanc: trockener, erdig-fruchtiger Weißwein
- Gewürztraminer: leicht süßer, aromatischer Weißwein
- Pinot Blanc: fruchtig-trockener Weißwein

reicht. Vor dem Ortseingang geht linkerhand eine Stichstraße zum edlen Weingut **Domaine Chandon** ab, das über eines der besten Restaurants der Gegend verfügt *(www.chandon.com)*. Das Städtchen mit seinen vielen gemütlichen Holzhäuschen trägt seinen Namen nach *George Calvert Yount* (1794–1865), dem ersten US-Bürger, dem Mexiko ein Grundstück im Tal zuteilte. Sehenswert sind u.a. ein alter Friedhof und mehrere Weinkellereien aus den 1870ern.

Die größte Attraktion stellt aber die am südlichen Ortseingang gelegene **Vintage Marketplace 1870** *(6525 Washington St.)* dar, ein massiges Ziegelsteingebäude, in dem sich heute Restaurants, Shops und Kunstgalerien befinden. Das Gebäude geht auf ein etwa 130 Jahre altes ehemaliges Weingut zurück, das der 1848 aus Baden-Württemberg nach Amerika gekommene *Gottlieb Groezinger* aufgebaut hatte. Im Gegensatz dazu ist die **Dominus Winery** eine moderne Winzerei, die 1999 nach Plänen der Schweizer Stararchitekten *Herzog & de Meuron* fertig gestellt wurde *(www.dominusestate.com, es gibt keine Touren oder Tastings)*.

Reisepraktische Informationen Yountville

Vorwahl 707

ℹ️ Information
Napa Valley Tourist Bureau, 6484 Washington St., ☎ 944-0904, www.yountville.com; tgl. 10–17 Uhr.

👉 Heißluftballon
Sehr populär sind die Trips mit dem Heißluftballon; in Yountville u.a. angeboten von: **Napa Valley Aloft**, The Vintage 1870, 6525 Washington St., Yountville, ☎ 944-4400, www.nvaloft.com.

🍴 Restaurants
Brix, 7377 St. Helena Hwy., ☎ 944-2749, www.brix.com; sehr populäres Restaurant mit fantasievoller Pacific-Rim-Küche, vor allem traumhafte Fischgerichte und riesige Weinauswahl.
Mustards Grill, 7399 St. Helena Hwy., ☎ 944-2424, www.mustardsgrill.com; recht preiswertes amerikanisches Essen mit großen Portionen, Steaks und anderes vom Grill, aber auch Vegetarisches.
Etoile Restaurant, 1 California Dr., ☎ 944-8844, www.chandon.com, Do–Mo zu Lunch und Dinner geöffnet, französische und neue amerikanische Küche, teuer. Gehört zur Chandon Winery.

Mit dem Heißluftballon über das Napa Valley

Bei der Weiterfahrt gelangt man auf dem Hwy. 29 nach **Oakville**, dessen **Robert Mondavi Winery** nördlich der Ortschaft zu den bekanntesten Weingütern der Region zählt. In der folgenden Ortschaft **Rutherford** bietet die **Saint Supéry Winery** die Möglichkeit, sich in einem eigenen Wine Discovery Center eingehend über Wein im allgemeinen und dem des Weingutes im Speziellen zu informieren (☎ (707) 963-4507, tgl. 10–17 Uhr, Eintritt, www.stsupery.com).

Saint Helena

Nachdem man rechterhand die bei Ausflüglern populäre **Sattui Winery** (*www.vsattui. com*) mit ihrem großen Garten und Gourmet-Shop passiert hat, erreicht man 6 km hinter Rutherford das idyllische Städtchen St. Helena (6.000 Ew.), das sich besonders auf der Main Street viele historisch interessante Gebäude erhalten hat. Die Hausnr. 1515 war z. B. das Domizil des Schriftstellers *Ambrose Bierce*, eine der wichtigsten Gestalten der amerikanischen Literatur. Schön auch das 1885 erbaute **I.O.O.F. Bldg.** (Nr. 1350) mit seiner mit Löwenköpfen und Rosetten verzierten Fassade. Ihm schräg gegenüber fällt die 1892 errichtete Saint **Helena Masonic Lodge** (Nr. 1327–37) auf, das vielleicht bemerkenswerteste Haus der Stadt. Ein weiterer Besichtigungspunkt ist östlich der Hauptstraße auf der Library Lane zu finden, wo das **Silverado Museum** an *Robert Louis Stevenson* erinnert. Der schottische Autor (u.a. *Die Schatzinsel, Dr. Jekyll und Mister Hyde*) hielt sich während seiner Hochzeitsreise 1880 im Napa Valley auf und berichtete über diese Zeit in der Erzählung Silverado Squatters. Das Museum umfasst rund 8.000 Erinnerungsstücke an den Literaten, darunter Gegenstände und Kleidung aus seinem persönlichen Besitz, Erstausgaben seiner Bücher, Originalmanuskripte und Fotografien.

Beschauliches Städtchen mit historischen Gebäuden

Silverado Museum*, 1490 Library Ln., ① (707) 963-3757, www.silveradomuseum.org; Di–Sa 12–16 Uhr, Eintritt frei.*

Ausflugsziel: Winery vor St. Helena

Gleich neben dem Museum kann man in der Napa Valley Wine Library, mit mehr als 6.000 Bänden die landesweit größte Bibliothek ihrer Art, alles nachlesen, was mit Wein zu tun hat. Um Wein geht es natürlich auch bei der **Napa Valley Wine Auction**, die jedes Jahr im Juni in St. Helena abgehalten wird und bei der die besten Weine der Westküste meistbietend versteigert werden.

Reisepraktische Informationen Saint Helena

Vorwahl **707**

ℹ️ Information
St. Helena Chamber of Commerce, 657 Main St., St. Helena, CA 94574, ① (800) 799-6456, 963-4456, www.sthelena.com.

🛏️ Hotel
Meadowood Resort $$$$$, 900 Meadowood Lane, ① 963-3646, www.meadowood.com; Luxusunterkunft mit 84 Zimmern und allem erdenklichen Komfort, Restaurant, Pool, Spa, Golf, Tennis.

Unmittelbar nördlich von St. Helena passiert man links der Straße die bekannten **Beringer Vineyards** *(www.beringer.com)*, deren deutsch inspiriertes, mächtiges Fachwerkhaus (1876) von chinesischen Kulis aufgebaut wurde, und in der Nähe ein grandioses französisches Château. Es gehörte früher den **Christian Brothers Wine & Champagne Cellars** und ist seit 1993 Sitz des **Culinary Institute of America**. Da hier Köche, Sommeliers etc. ausgebildet werden, darf man vom hiesigen Restaurant einiges erwarten. Aber auch auf der gegenüberliegenden Straßenseite lohnt die Einkehr, nämlich bei der **Charles Krug Winery**. Der 1861 von einem deutschen Emigranten gegründete Weinbaubetrieb ist der älteste erhaltene des Napa Valley *(www.charleskrug.com)*.

Auf der Weiterfahrt nach Calistoga kommt man anschließend am **Bale Grist Mill State Historic Park** vorbei, wo 1846 die erste wasserbetriebene Mühle des Tales installiert wurde. In der Bale Grist Mill mit ihrem 11 m hohen Mühlrad wurde vor der Wein-Epoche das Getreide der im Tal ansässigen Farmer verarbeitet. An das Gelände schließt sich nördlich der 728 ha große **Bothe-Napa Valley State Park** an, in dem Geschichtsinteressierte auf einem Lehrpfad zu einem Pionierfriedhof und der Stelle der ersten Kirche des Tales gelangen.

Mit der Seilbahn zur Weinprobe

Kurz hinter dem Park lohnen wieder zwei interessante Weingüter den Besuch: zum einen die traditionsreichen Schramsberg Vineyards *(www.schramsberg.com)* links des Highways, die schon von Stevenson beschrieben wurden und die der Deutsche Jacob Schram 1862 angelegt hatte. Neueren Datums sind die **Sterling Vineyards**, die klosterartig auf dem Berghang thronen und nur per Seilbahn erreicht werden können. Man erreicht das Weingut, das aufgrund seiner Lage naturgemäß einen herrlichen Blick bietet, über die Dunaweal Lane, die ca. 4 km nördlich von St. Helena vom Hwy. 29 abzweigt. Das Seilbahn-Ticket gilt gleichzeitig als Eintrittskarte und berechtigt zur Weinprobe *(www.sterlingvineyards.com)*.

Calistoga

Am Nordende des Tales, ca. 43 km von Napa und 14 km von St. Helena entfernt, liegen die Stadt (5.600 Ew.) und das interessante geothermale Gebiet von Calistoga. Die heißen Quellen, die schon seit Urzeiten den hier ansässigen Wappo-Indianern bekannt waren und von ihnen genutzt wurden, veranlassten 1859 den Goldbaron *Sam Brannan* zur Gründung der Siedlung, weil er hier ein kalifornisches Gegenstück zum Badeort Saratoga Springs im Staat New York einrichten wollte. So ist auch der Name zu deuten: Cali(fornia) S(ara)toga.

Die Thermalquellen finden allerdings erst heute, lange nach dem Tode des Stadtgründers, den von ihm erhofften Zulauf. Die Badeeinrichtungen, die sich wie die meisten Geschäfte und Restaurants rund um die Lincoln Ave. konzentrieren, bieten eine breite Palette an Gesundheitskuren, von Schlammbädern über Heißwasserbäder bis zur Behandlung mit Eukalyptusdampf.

Wellness-Angebot

Sehenswert im Zentrum ist das Sharpsteen Museum (1311 Washington St.), das an den Stadtgründer Brannan und die Pionierzeit erinnert. Historisches findet man ebenfalls am Touristenbüro, wo in der Calistoga Depot Railroad Station aus dem Jahre 1868 – vermutlich das älteste noch existierende Eisenbahndepot des Staates – heute mehrere Shops und Andenkenläden untergebracht sind.

Aber in Calistogas nächster Umgebung wird auch dem Weinanbau Rechnung getragen. Eine der jüngeren Kellereien ist das 1987 vom libanesischen Verlagszar *Jan Shrem* gegründete und vom bekannten Architekten *Michael Graves* erbaute Weingut **Clos Pegase**, das sich neben dem guten Wein der Kunst verschrieben hat. Den mit Pinien bestandenen Innenhof schmücken Skulpturen und den Schankraum Gemälde moderner und alter Meister *(www.clospegase.com)*.

Man sollte jedoch in Calistoga seine Fahrt nicht enden lassen, sondern wenigstens einige Kilometer weiter nach Norden vorstoßen. Dort biegt westlich die Petrified Forest Rd. vom Hwy. 29 ab und bringt einen direkt zum etwa 8 km entfernten **Petrified Forest**. In diesem versteinerten Wald wurde seit 1870 eine große Anzahl fossiler Redwoods und anderer Bäume freigelegt, die der Vulkan Mt. St. Helena vor rund 3 Mio. Jahren mit einem Ascheregen bedeckte. *Petrified Forest, 4100 Petrified Forest Rd., ☎ (707) 942-6667, www.petrifiedforest.org; tgl. 9–19, im Winter bis 17, im Herbst und Frühjahr bis 18 Uhr, Eintritt US$ 10.*

Ein weiteres Highlight wartet, wenn man nach dem Abzweig auf dem Hwy. 29 zunächst wenige Minuten nach Norden und dann östlich über Tubbs Lane fährt. Hier erreicht man 3 km hinter Calistoga den **Geysir** Old Faithful, einen der drei gleichnamigen Geysire, die es in den USA

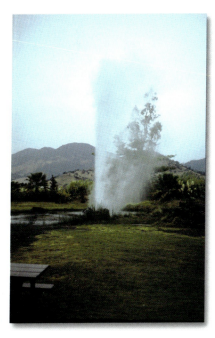

Der „Alte Zuverlässige" von Calistoga

gibt. Da die Öffnung des Geysirs von der Parkverwaltung offen gehalten wird (ansonsten hätten Mineralablagerungen sie längst verschlossen), kann der „Alte Zuverlässige" durchschnittlich alle 30 Minuten eine bis zu 20 m hohe Fontäne von 176°C heißem, schwefelhaltigem Wasser empor schleudern. Außerdem stehen auf dem Gelände Picknickplätze zur Verfügung, weitere Attraktionen für Kinder hält der kleine Streichelzoo bereit.

Old Faithful Geyser, 1299 Tubbs Lane, ☏ (707) 942-6463, www.oldfaithfulgeyser.com; tgl. 9–18, im Winter bis 17 Uhr, Eintritt US$ 10.

Reisepraktische Informationen Calistoga

Vorwahl 707

Information
Calistoga Chamber of Commerce, 1133 Washington St., ☏ 942-6333, www.calistogachamber.com; tgl. 10–17 Uhr.

Hotels
Roman Spa Hot Springs Resort $$-$$$, 1300 Washington St., ☏ 942-4441, www.romanspahotsprings.com; gemütliches, etwas altmodisches Resort mit 60 Zimmern, verschieden heißen Pools, Sauna, therapeutische Massagen etc.
Calistoga Village Inn & Spa $$$, 1880 Lincoln Ave., ☏ 942-0991, www.greatspa.com; vernünftige Herberge mit gut ausgestatteten Zimmern und umfangreichen Wellness-Angebot.
Indian Springs Resort $$$-$$$$, 1712 Lincoln Ave., ☏ 942-4913, www.indianspringscalistoga.com; gutes, intimes Hotel mit 41 Zimmern, Pools und Spa.
Cottage Crove Inn $$$$-$$$$$, 1711 Lincoln Ave., ☏ 942-8400, www.cottagegrove.com; luxuriöse Anlage mit fünf einzeln stehenden Cottages, jedes ausgestattet mit Veranda, Jacuzzi, offenem Kamin, HiFi-Anlage sowie stets mit Getränken aufgefülltem Kühlschrank, dazu Käse und Wein am Abend und Frühstück.

Restaurants
All Seasons, 1400 Lincoln Ave., Calistoga, ☏ 942-9111, www.allseasonsnapavalley.net; kalifornische Bistroküche mit frischen Ingredienzien und zu anständigen Preisen. Besonders gut: die Vorspeisenplatte mit Meeresfrüchten, Hasenbraten oder Lammkeule, dazu ein Wein aus dem zugehörigen Laden.
Calistoga Inn & Napa Valley Brewing Co., 1250 Lincoln Ave., Calistoga, ☏ 942-4101, www.calistogainn.com; sehr angenehmes und malerisch am Fluss gelegenes Lokal mit Biergarten, geboten wird Tex-Mex-Küche, Deftiges vom Grill und dazu kühle Biere aus der hauseigenen Kleinbrauerei.

Heißluftballons
Calistoga ist ein Zentrum für Ballonfahrer. Ein- und mehrstündige Rundflüge mit dem Heißluftballon veranstaltet u.a. Calistoga Balloons (1458 Lincoln Ave., Calistoga, ☏ 942-5758, www.calistogaballoons.com; z.B. Flug mit Champagner-Brunch US$ 239 p.P.).

Vom Wine Country durchs Landesinnere zum Lassen Volcanic Park

Obstgärten und dichte Wälder, gemäßigte Höhen und schneebedeckte Berge, kristallklare Seen und Vulkankrater, Holzfällersiedlungen und schmucke Universitätsstädtchen – all das sind die Highlights einer Tour, die einen weiten Bogen von der Bay oder vom Napa Valley ins Landesinnere schlägt, um dann am Redwood National Park wieder die Küste zu erreichen. Wenn der Startpunkt für diese Route San Francisco ist und man möglichst schnell die interessantesten Regionen erreichen möchte, empfiehlt es sich, auf der I-80 bis zur Bundeshauptstadt **Sacramento** zu fahren, dann auf gerader Strecke über den Hwy. 70 nach **Yuba City** und weiter nach **Oroville**.

Von der vorliegenden Route aus ist es am besten, ab **Calistoga** am nördlichen Ende des Napa Valley dem Hwy. 29 zu folgen. Relativ nahe zum Geysir, etwa 11 km nördlich der Stadt, kommt man dabei am weitgehend unberührten **Robert Louis Stevenson Memorial State Park** vorbei (auf die kleine Hinweistafel an der Parkbucht achten). Hier verbrachten *Robert* und *Fanny Stevenson* 1880 einen Teil ihrer Flitterwochen. In dem Park findet man neben einer Statue des Schriftstellers die verlassene Silbermine Old Silverado Mine und hat eine prächtige Aussicht auf den 1.324 m hohen Vulkan St. Helena.

Unberührter State Park

Kurze Zeit später hat man bereits das sog. Lake Country erreicht, eine wunderschöne, von vereinzelten Weingütern, Obstplantagen (lokale Spezialität: Bartlett-Birnen), Bergen und natürlich Seen geprägte Landschaft. Der beeindruckendste von allen ist der **Clear Lake**, immerhin der größte natürliche Süßwassersee Kaliforniens. An seinem südlichen Ende befindet sich die gleichnamige Ortschaft mit einigen Übernachtungsmög-

Der Clear Lake

Angler-Paradies
lichkeiten, doch haben sich auch rund um den See mehrere Pensionen, B&B-Unterkünfte und Campingplätze (viele mit Ruderboot- oder Kanuverleih) angesiedelt. Vor allem Angler zieht es in diese Gegend, die aus dem sprichwörtlich klaren Wasser jede Menge Forellen und Welse herausziehen, und in den warmen Sommermonaten ist der Clear Lake auch für Badegäste und Wasserskifahrer ein lohnendes Ziel. Man kann den See auf den Hwys. 29 und 20 einmal umrunden; dabei gelangt man an der Südwestküste, etwa 5 km nördlich der Kleinstadt **Kelseyville**, auch zum Clear Lake State Park (Abfahrt Soda Bay Rd.).

Im weiteren Verlauf der Route verlässt man das südöstliche Ufer des Clear Lake auf dem Hwy. 20, überquert den Höhenzug der Coast Range und kreuzt in **Williams** die I-5. Um Chico, das nächste Ziel, zu erreichen, kann man der Autobahn bis Norden bis **Orland** folgen und dort rechts nach Chico abzweigen – die schnellste, aber landschaftlich am wenigsten überzeugende Alternative. Schöner ist es, weiter auf dem Hwy. 20 nach Osten zu fahren und ab **Colusa** entweder den Hwy. 45 zu nutzen, der stets am Sacramento River entlang nach Norden führt. Oder man setzt die Fahrt weiter nach Osten fort und biegt bei **Yuba City** auf den Hwy. 70 ein.

Oroville

Auf letztgenannter Strecke passiert man weiter nördlich die 14.000-Einwohner-Bezirkshauptstadt Oroville, deren Ursprung in einem primitiven Zeltlager liegt, das Goldsucher an den Ufern des Feather River und Lake Oroville bezogen. Als sich der Ort etabliert hatte, kamen rund 10.000 chinesische Emigranten nach Oroville, deren Nachfahren immer noch einen Teil der Einwohnerschaft stellen. Sichtbarstes Zeichen für diese Minderheit ist der exotische chinesische Tempel, der aus dem Jahre 1856 stammt und noch authentisch erhalten ist.
Oroville Chinese Temple, *1500 Broderick St., ① (530) 538-2496; tgl. 12–16 Uhr, US$ 3.*

Hoher Staudamm
Einige Meilen nordöstlich der Ortschaft liegt der **Lake Oroville**, zu dem man den nördlichen, mittleren und südlichen Arm des Feather River eine Meile nach ihrem Zusammenfluss 1961–68 aufgestaut hat. Der See mit einer Küstenlinie von 167 Meilen hat eine Ausdehnung von 6.400 ha und ein Fassungsvermögen von maximal 4,36 km^3. Der erdgefüllte, schräg ansteigende **Oroville Dam**, mit einer Länge von 2.317 m und einer Höhe von 235 m der **höchste der USA** (und einer der höchsten weltweit), bietet einen eindrucksvollen Anblick. Seine Krone ist befahrbar, hier gibt es auch eine Picknick-Area mit sanitären Anlagen. Unterhalb des Dammes sind in einer Halle, in der das Washingtoner Capitol Platz hätte, sechs Generatoren untergebracht, die insgesamt 2,8 Mrd. KWh pro Jahr produzieren. Nicht nur die gewonnene Elektrizität rechtfertigt das Dammprojekt, sondern auch die gesparten Kosten wegen der früher häufigen Überschwemmungen, allerdings mit einem etwas unguten Gefühl: denn ein Erdbeben, das 1975 mit einer Stärke von 6,1 die Region erschütterte, bewies die Lage des Riesendammes mitten auf einer geologisch instabilen Verwerfungslinie.

Neben dem Damm gehört auch die **Bidwell Bar Suspension Bridge**, die am südlichen Ende des Sees im Bidwell Canyon gelegen ist (Zufahrt über die Kelly Ridge Rd.), zu den sehenswerten Ingenieursleistungen in dieser Gegend. Die Brücke wurde 1856 als erste Hängebrücke in Amerika errichtet, und zwar dort, wo sich heute der Oroville Dam befindet. Vor dessen Bau montierte man die Brücke ab und versetzte sie an ihren jetzigen Standort, nachdem sie schon seit 1954 nicht mehr für den Straßenverkehr taugte. Heute kann man die Hängebrücke zu Fuß überqueren. Nördlich des Sees sollten Wanderwillige unbedingt den markierten Pfad zu den majestätischen **Feather Falls** einschlagen, die mit 195 m Fallhöhe als sechstgrößter Wasserfall der USA gelten. Die Wanderung ist etwa 9 Meilen lang und nur mäßig schwierig. Zum Startpunkt fährt man von Oroville über den Hwy. 162 (Olive Hwy.) ostwärts, biegt nach knapp 7 Meilen rechts auf die Forbestown Rd. ab, von dieser nach 6,3 Meilen nach links auf die Lumpkin Rd., auf der man 11,4 Meilen bleibt. Dort sieht man dann das Hinweisschild „Feather Falls", an dem es nach links und nach 1,5 Meilen zum Wanderweg geht.

Wandern zu den Wasserfällen

Über Chico zum Lassen Volcanic National Park

Wer anstelle der unten beschriebenen, schöneren, aber auch längeren Strecke entlang dem Feather River zunächst weiter nach Norden und über Chico zum Lassen Volcanic National Park fahren möchte, erlebt knapp 20 Meilen hinter Oroville zunächst den aufgeräumten, angenehmen Ort Chico. Er ist als „City of Roses and Trees" bekannt und hat als Universitätsstädtchen einen guten Namen. Das 81.000-Einwohner-Städtchen bietet sich mit einigen guten Restaurants, mit Campingplätzen und Hotels auch als Nachtquartier an. Ansonsten bezaubert der pittoreske Ort durch großzügige Grünanlagen (Bidwell Park) und sehenswerte historische Häuser. Dazu gehören u.a. die Gaststätte **Madsison Bear Garden** *(Ecke 2nd St./Salem St.)* von 1883, das ebenfalls 1883 errichtete, schöne Holzgebäude **Stansbury House** *(307 W., 5th St.)* sowie das hochherrschaftliche **Bidwell Mansion** *(525 Esplanade)*, eine 1865–68 gebaute victorianische 26-Zimmer-Villa. Auch das **Senator Theater** auf der Main St., 1928 im Art Déco errichtet, verdient Beachtung.

Museumsgänger haben die Wahl zwischen dem **Chico Museum** mit seiner lokalgeschichtlichen Sammlung, dem 2004 eröffneten **Chico Air Museum** mit einigen Oldtimer-Flugzeugen und dem nationalen **Yo-Yo-Museum**. Es enthält die größte Sammlung der runden Spielgeräte in den USA, darunter auch das weltweit schwerste und größte funktionierende Yo-Yo. Ein solches Museum in dieser Stadt ist kein Zufall, schließlich finden hier jedes Jahr Anfang Oktober die nationalen Yo-Yo-Wettkämpfe statt.
Yo-Yo-Museum, *320 Broadway (im Geschäft Bird In Hand), ① (530) 893-0545, www.nationalyoyo.org; Mo–Sa 10–18, So 12–17 Uhr, freier Eintritt.*

Zur Weiterfahrt nimmt man in Chico die kleine Straße 32 nordostwärts, die einen an Forest Ranch mit seinen Campingplätzen vorbei und durch schöne Laubwälder in die Sierra Nevada hinaufführt. Schließlich stößt man auf den Hwy. 89, dem man auf gewundener Strecke bis zum Südeingang des Nationalparks Lassen Volcanic bringt (s.u.).

Szene beim alljährlichen Yo-Yo-Wettkampf in Chico

Reisepraktische Informationen Chico

Vorwahl 530

Information
Chico Chamber of Commerce & Visitor Bureau, *300 Salem St., Chico, CA 95928,* ① *891-5556, www.chicochamber.com, Mo–Fr 10–16, Sa 11–14 Uhr.*

Hotels
Holiday Inn of Chico $$$, *685 Manzanita Ct.,* ① *345-2491, www.ichotelsgroup.com; etwas außerhalb gelegenes Hotel mit internationalem Standard, 172 Zimmer, Swimmingpool, Restaurant.*
Vagabond Inn $$, *630 Main St.,* ① *895-1323, www.vagabondinn-chico-hotel.com; zentral in Downtown gelegenes, einfaches, aber preiswertes Motel mit Swimmingpool und 42 Einheiten.*

Über den Feather River Scenic Byway (Hwy. 70) zum Lassen Volcanic National Park

Die schönste Strecke zum Lassen Volcanic National Park biegt etwa 10 Meilen nördlich von Oroville auf dem Hwy. 70 nach Nordosten ab und folgt später dem Verlauf des Feather River, einem durchweg eindrucksvollen und wilden Fluss. Insgesamt ist die Strecke knapp 80 Meilen lang und bequem in drei Stunden zu schaffen, jedoch sollte man sich deutlich mehr Zeit wegen kürzerer Wanderungen, Foto- und Picknickpausen und evtl. auch einer Rafting-Tour nehmen. Wer mit dem Mobilhome oder Zelt unterwegs ist, findet entlang der Strecke mehrere, landschaftlich immer sehr reizvoll gelegene Campingplätze.

Das erste Naturschutzgebiet, das von der Route durchquert wird, ist der **Plumas National Forest**, in dem sich der Highway auch dem Flussufer nähert. Immer wieder lohnt es sich hier, anzuhalten und die Szenerie mit engen Schluchten und verschiedenen Wasserfällen zu genießen. Nach rund 55 Meilen verlässt man den Scenic Byway über den Hwy. 89 nordwärts, der einen schnell zum **Lake Almanor** bringt. Dieser künstliche See wurde 1926 zu einem Gewässer mit einem Fassungsvermögen von 1,6 km³ aufgestaut. Auch hier stößt man auf viele Campingplätze am südlichen Ufer, während sich das touristische Zentrum der Region, die Kleinstadt Chester, am nördlichen Ufer befindet. Dort gibt es auch die meisten Unterkünfte, Restaurants und Shopping-Adressen (Infos unter *www.chester-lakealmanor.com*).

Touristisches Zentrum Chester

Auf dem letzten, nach wie vor sehr reizvollen Wegstück bezwingt man den 1.758 m hohen Pass **Morgan Summit**, der im Winter manchmal wegen Schneefalls problematisch sein kann. Auf der nördlichen Seite windet sich der Hwy. 89 wieder hinab und bringt einen nach wenigen Fahrminuten zur Nationalparkgrenze.

Lassen Volcanic National Park

Im Vergleich zum weiter nördlich gelegenen Crater Lake NP (Oregon) hat dieser Nationalpark mit 44.588 ha deutlich kleinere Ausmaße, doch ist die hauptsächlich vulkanisch geprägte Landschaft nicht minder sehenswert. Beherrscht wird die Wildnis des kalifornischen Nordostens von einem der größten Vulkankegel der Welt. Es ist der Lassen Peak mit einer Höhe von 3.187 m, der der ganzen Region seinen Stempel aufdrückt. Dabei ist er kein Vulkan im eigentlichen Sinn, sondern war einst nichts weiter als eine zähe, breiige Lavamasse, die aus einem viel größeren Vulkan (Tehama) nach oben drang. Dieser mächtige „Urvulkan", der eine Höhe von 3.500 m und einen Durchmesser von 20 km (!) aufwies, war ein Kollege des Mazama im Crater Lake NP und stürzte wie dieser in seine eigene, entleerte Magmakammer ein. In der dabei entstandenen Caldera blieb die unterirdische Kraft erhalten, und neue Vulkane entstanden. Einer von diesen drückte den erstarrten Lavapfropfen nach oben, den wir heute im Lassen Peak sehen und der selbst mit Eruptionen für Unruhe sorgte. Allein zwischen 1914 und 1917 gab es nicht weniger als 300 größere und kleinere Ausbrüche. Damit legte in den USA der Lassen Peak die letzte vulkanische Aktivität vor dem Ausbruch des Mt. Saint Helens an den Tag. Die schlimmste Eruption ereignete sich im Jahre 1915, die mit ihrem Bimssteinauswurf und Ascheregen verheerende Auswirkungen hatte und das Landschaftsbild im weiten Umkreis prägte. Dass es im Untergrund immer noch brodelt und rumort, machen die Gasdämpfe, heißen Quellen und blubbernden Schlammvulkane deutlich.

Großer Vulkankegel

Route 1: Rundfahrt zu den nordkalifornischen Highlights

Vulkanischer Ursprung: der Lassen Volcanic Park

Es brodelt... Die Jahrhunderte langen Vulkanausbrüche haben eine Landschaft von seltsamem Reiz geschaffen, die außer dem Lassen Peak weitere Berggipfel, Schlackenkegel, Lavamulden, Fumarolen, heiße Quellen, Wildseen und ein vielfältiges Tier- und Pflanzenleben aufzuweisen hat. Trotz seiner Gefährlichkeit war dieses Gelände von vier indianischen Stämmen besiedelt. Diese wurden durch die von Weißen eingeschleppte Malaria und Tuberkulose, aber auch durch militärischen Einsatz vollständig vernichtet. Seinen Namen erhielt der 1916 zum Nationalpark erklärte Lassen Peak von dem dänischen Einwanderer *Peder Lassen*, der hier eine Farm aufbaute und nach Gold suchte. Lassen, ein Freund des bekannteren Schweizers *Johann August Sutter* (vgl. S. 20), kam 1859 in einer Schießerei um.

Eine Besichtigung des Nationalparks findet am sinnvollsten auf der etwa 50 km langen und hochgelegenen **Lassen Peak Rd.** statt, die außerdem den Vorteil hat, mit der hier beschriebenen Strecke identisch zu sein. D.h., man kommt über den Hwy. 89 von Süden in das Parkgelände hinein und wird dabei automatisch zu den wichtigsten Sehenswürdigkeiten geleitet. Ab und zu sollte man aussteigen und die Naturschönheiten auf kleineren Spazierwegen näher in Augenschein nehmen.

Die eindrucksvollsten Stationen im Einzelnen:

Zunächst sollte man am südlichen Parkeingang am Visitor Center anhalten und sich mit Informationsmaterial eindecken. Dann geht die Fahrt auf der Lassen Peak Rd. nach Norden, wobei sich nahe der Straße eine kurze Wanderung zum hydrothermalen Gelände der Sulphur Works lohnt. Bei der Weiterfahrt kann man am Parkplatz bei den wunderschönen Seen Helen Lake und Emerald Lake anhalten und deren türkisfarbenes Gewässer am besten auf einem Spaziergang genießen. Hier gibt es auch einen Pfad zum dampfenden Areal der Bumpass Hell. Die dunklen, brodelnden Schlammlöcher, der Schwefelgeruch und der Dampf der heißen Quellen mögen tatsächlich wie ein Ebenbild der Hölle wirken.

Die Bumpass Hell

Kurz dahinter geht von der Straße ein 4-km-Trail zum **Lassen Peak** ab, der bisher schon gut zu sehen war. Für die Besteigung wird man mit der spektakulärsten Aussicht über die ganze Region und bis hin zum 120 km entfernten, schneebedeckten Mt. Shasta (4.300 m) belohnt. Wieder auf dem Hwy. 89, geht es nun, schöne Wiesen und Matten passierend, auf über 2.000 m hinauf, wobei man den idyllischen **Summit Lake** am Fuße des **Hat Mountain** (2.345 m) passiert. Das anschließend folgende Gebiet, die **Devastation Area**, ist das direkte Resultat der Katastrophe von 1915. Interessant ist hier, die Rückeroberung der Geröllwüste durch die Vegetation zu beobachten. Weiter führt die Straße am mächtigen Lavabrocken des **Hot Rock** vorbei, den die damalige Eruption hierhin verpflanzt hat.

Tolle Aussicht vom Lassen Peak

Danach umrundet man im großen Bogen das instabile Gebiet der **Chaos Crags**, das ständig erdrutschgefährdet ist und nicht betreten werden darf (auch für Autofahrer ist es verboten, anzuhalten). Vor dem nordwestlichen Parkausgang sollte man auch am dortigen Visitor Center anhalten, das nahe zum hübschen **Manzanita Lake** liegt. Der klare Gebirgssee lädt wie sein benachbarter Bruder **Reflection Lake** zu erholsamen Spaziergängen mit prächtiger Aussicht ein.

Pflanzen- und Tierwelt
Im Nationalpark gibt es Wapiti- und Maultierhische, Kojoten, Luchse und Marder, allerdings bekommt man diese Tiere nicht häufig zu Gesicht. Verbreiteter sind Hasen, Füchse, Murmeltiere, Stachelschweine und Streifenhörnchen. Das Vogelleben ist mit 200 Arten sehr reich. Die Pflanzenwelt umfasst unterhalb des vegetationslosen Vulkangipfels hauptsächlich Nadelbäume wie Douglastannen und verschiedene Kiefernarten, an den Flüssen und Seen auch schattige Laubwälder mit Weiden und Espen. Besonders schön sind die Wiesen mit ihrer Vielzahl an Wildblumen, u.a. um den Reflection Lake und entlang des Wanderweges zur Bumpass-Hell-Zone.

Reisepraktische Informationen Lassen Volcanic National Park

Vorwahl 530

Information
Lassen Volcanic National Park, P.O.Box 100, Mineral, CA 96063, ① 595-4480, www.nps.gov/lavo; tgl. 9–18, im Winter bis 16 und im Herbst und Frühjahr bis 17 Uhr. Eintritt pro Fahrzeug US$ 10.

Hotels
Das einzige Hotel im Nationalpark ist die **Drakesbad Guest Ranch $$$**, End of Warner Valley Rd., ① 529-4511, (866) 999-0914, www.drakesbad.com. Die im südlichen Parkgelände und traumhaft gelegene Ranch ist nur Juni–Anfang Okt. geöffnet und bietet Cabins oder Bungalows sowie umfangreiche Aktivitäten wie Ausritte und Wanderungen, langfristige Reservierung notwendig.
Außerhalb der Parkgrenzen gibt es mehrere Übernachtungsmöglichkeiten in den angrenzenden Ortschaften wie Shingletown, Mineral, Chester oder um Old Station und Hat Creek. Hier findet man zahlreiche Chalets, Lodges oder B&Bs, empfehlenswert sind u.a.:
Lassen Mineral Lodge $$, Hwy. 36, Mineral, ① 595-4422, www.minerallodge.com
The Bidwell House B&B $$$, 1 Main St., Chester, ① 258-3338, www.bidwellhouse.com
Weston House B&B $$$, Hwy. 44, Shingletown, ① 474-3738, www.westonhouse.com
Rim Rock Ranch $$, 13275 Hwy. 89, Old Station, ① 335-7114, www.rimrockcabins.com

Camping
Drei größere Campingplätze und mehrere primitive Zeltplätze sind über den Park verteilt, der größte ist der Manzanita Lake Campground an der Nordzufahrt. Die meisten Plätze sind nur Ende Mai/Mitte Juni bis Ende Sept./Anfang Okt. geöffnet; Backcountry Camping ist mit permit erlaubt. Außerhalb der Parkgrenzen empfehlen sich die Plätze im herrlichen Gelände der Forest Ranch, 60 km weiter südwestlich am Hwy. 32.

Beste Besuchszeit
Der Nationalpark ist zwar ganzjährig offen, die meisten Straßen können aber im Winter wegen der Schneeverwehungen nicht passiert werden – dafür herrschen jedoch allerbeste Wintersportbedingungen. Bis auf die südliche Zufahrt sind die Straßen von Ende Oktober bis Ende Mai gesperrt. Auch in der Zeit unmittelbar vor Anfang Juli und nach September können wirkliche Winterverhältnisse herrschen. Die Monate Juli und August sind warm und trocken, nachts kann es jedoch empfindlich kühl werden.

Wandern
Auf dem 241 km langen Netz von Wanderwegen sind kurze und mehrtägige Exkursionen möglich, deren Ziel die Seenwelt des Hinterlandes und die Berggipfel einschließlich des Lassen Peak sind. Über den Lassen Peak Trail ist auf einer anstrengenden, aber nur 4 km langen Wanderung die Besteigung dieses höchsten Berges für alle durchschnittlich Trainierten möglich. Der Bumpass Hell Trail (3½ km, einfach) erschließt das beeindruckendste Areal heißer Quellen und Fumarolen. In den beiden Visitor Centers ist die Broschüre „Lassen Trails" erhältlich, die 32 Wanderwege beschreibt.

> **Andere Aktivitäten**
> Das Parkgelände eignet sich außer zum Wandern, Bergwandern und zu Besichtigungsfahrten auch für Wassersportler (Kanus, Ruder- und Segelboote), allerdings bestehen kaum Mietmöglichkeiten. Die fischreichen Gewässer laden zum Angeln ein, eine Lizenz ist u.a. am Visitor Center erhältlich. Im Winter kommen die Freunde des Skisports (Lifte, Loipen, Ski Chalet mit Verleih entsprechender Ausrüstung) auf ihre Kosten.

Vom Lassen Volcanic National Park zur Pazifikküste

a) Über Redding und Weaverville

Die kürzere Route vom nördlichen Ausgang des Lassen Volcanic NP zur Pazifikküste benutzt den Hwy. 44 in westlicher Richtung. Die erste größere Stadt dort ist Redding.

Redding und Shasta Lake

Lange Zeit spielte Redding am Sacramento River allenfalls eine provinzielle Rolle, doch stieg die Bevölkerung in jüngerer Zeit sprunghaft an, da viele Großstädter aus San Francisco und Sacramento auf der Flucht vor den dortigen hohen Immobilienpreisen sich hier niederließen. Inzwischen hat Redding über 108.000 Einwohner und ist damit die größte kalifornische Stadt nördlich von Sacramento. Sie geht zurück auf den Siedler *Pierson Reading*, einem Gefolgsmann von *Johann Sutter*, der sich 1844 hier niederließ. Zeitweilig trug die Stadt auch dessen Namen, ihre heutige Schreibweise aber bekam sie nach *Benjamin Redding*, der sich um die Southern Pacific Railroad verdient gemacht hatte. Für Besucher ist Redding mit seinen Hotels und Motels als Standort für die Erkundung der Umgebung interessant sowie als Verkehrsknotenpunkt (I-5, AMTRAK-Station, Flughafen). In der Stadt selbst sollte man sich den hübschen Library Park und das historische Cascade Theatre im Art-Déco-Stil anschauen. Die meiste Aufmerksamkeit aber verlangt das neuere Wahrzeichen der Stadt, das man sich angesichts des enormen Wachstums selbstbewusst geleistet hat: die 2004 eingeweihte Fußgängerbrücke **Sundial Bridge**, die der spanische Architekt *Santiago Calatrava* über den Sacramento River spannen ließ. Das Erlebnis, über diese mit Glas und Granit gedeckte Brücke zu gehen, sollte sich keiner entgehen lassen. Die auffällige Schrägseilbrücke mit dem knapp 70 m hohen, schneeweißen Pylonen (der gleichzeitig als Zeiger einer Sonnenuhr fungiert) markiert den Beginn des Sacramento River Trail, gleichzeitig verbindet sie die Stadt mit

Architektonisches Ausrufezeichen: Calatravas Fußgängerbrücke über den Sacramento River

dem Gelände an der Turtle Bay. Dazu gehören u.a. der **Turtle Bay Exploration Park** mit einem besonders für junge Besucher interessanten Naturwissenschaftsmuseum, ein **Arboretum** und ein **Botanischer Garten**. Auch ein Souvenirladen und ein sehr schönes Café gehören zur Anlage.

Hausboottouren möglich

Redding eignet sich auch bestens zur Erkundung des 119 km² großen **Shasta Lake**, der sich wenige Meilen weiter nördlich befindet und auf der I-5 schnell erreicht werden kann. Shasta Lake ist allerdings auch der Name einer 10.000-Einwohner-Stadt, die am Seeufer liegt und ebenfalls touristisch von Bedeutung ist. Am gemütlichsten lässt sich die mit vielen Buchten gegliederte Küstenlinie des Sees mit einem gecharterten Hausboot erkunden. Eiligere Touristen sollten sich einen Bootstrip zu den **Shasta Caverns** nicht entgehen lassen sowie den Besuch der riesigen **Shasta-Staumauer**. Das 183 m hohe und 1.055 m lange, gekrümmte Bauwerk wurde 1938–45 errichtet, um einerseits die Wasserversorgung des Central Valley zu gewährleisten und das Tal andererseits vor Hochwasser zu schützen. Gleichzeitig wird hier natürlich auch in fünf Turbinen Strom erzeugt, mit einer Kapazität von 610 MW ist es das fünftgrößte Wasserkraftwerk Kaliforniens. Von der Mauerkrone ergibt sich bei gutem Wetter ein herrlicher Blick bis zur Schneekappe des **Mt. Shasta** (4.317 m) in der Ferne.

Die folgende Strecke ab Redding entlang dem Hwy. 299 gen Westen ist ebenfalls traumhaft. Denn einerseits trifft man hier auf viele Relikte der wilden Goldgräberzeit, andererseits auf eine herrliche Landschaft, die von hohen Berggipfeln, ausgedehnten Flussläufen, Stauseen und dichten Wäldern geprägt ist. Für ersteres steht der **Shasta State Historic Park** (6 Meilen hinter Redding), in dem die Zeit der Digger in vielen original erhaltenen Holzgebäuden wieder lebendig wird. U.a. gibt es dort einen Saloon, ein Gefängnis, ein Courthouse (Museum), einen Tante-Emma-Laden sowie eine historische Bäckerei zu sehen, in der immer noch Brot gebacken und verkauft wird. Im Visitor Center kurz hinter **Shasta** kann man sich dann detailliertere Informationen über diese Region besorgen. Anschließend bringt einen der Hwy. 299 in nur wenigen Fahrminuten zum Ufer des **Whiskeytown Lake**, einem durch einen 80 m hohen Damm 1963 aufgestauten See, in dessen Fluten der Ort mit dem vielversprechenden Namen versank. Der See wird heute hauptsächlich als Naherholungsgebiet genutzt, mit Campingplätzen, Badestränden und Anlegestellen für Boote. Wer hier schwimmt, wird von dem kristallklaren Wasser begeistert sein.

Überflutete Stadt

Hinter dem See windet sich der Hwy. 299 durch eine von mächtigen Bergrücken eingezwängte Schlucht und stößt nach rund 25 Meilen auf den Hwy. 3. Diesem folgt man nordwärts, wo man kurz darauf Weaverville erreicht.

Reisepraktische Informationen Redding und Shasta Lake

Vorwahl 530

 Information
Redding Visitor Center Bureau, *777 Auditorium Dr., Redding, CA 96001*, ✆ 225-4100, www.visitredding.org.
Mt. Shasta Cascade Wonderland Association, *1699 Hwy. 273, Anderson, CA 96007*, ✆ 365-7500, www.shastacascade.com.

Hotels

Redding Stardust Motel $$, 1200 Pine St., Redding, ✆ 241-6121; einfache Motelunterkunft im Ortszentrum mit 40 Einheiten, Pool.

America's Best Inn Redding $$-$$$, 1835 Park Marina Dr., Redding, ✆ 241-9500, www.americasbestinn.com; gutes Mittelklasse-Hotel direkt am Fluss mit 79 Zimmern, Pool, Jacuzzi und Restaurant.

Bridgehouse B&B $$-$$$, 1455 Riverside Dr., Redding, ✆ 247-7177, www.redding bridgehouse.com; in der Altstadt und mit Blick auf den Sacramento River gelegene Cottage von 1930 mit vier geräumigen Gästezimmern, gutem Frühstücksbuffet und Fitnessraum.

Hampton Inn & Suites $$$-$$$$, 2160 Larkspur Lane, Redding, ✆ 224-1001, www.hamptoninn.com; dreistöckiges Hotel im spanisch-mediterranen Stil mit guter Ausstattung – 36 der 80 Zimmer sind Studio-Suiten.

Hilton Garden Inn $$$-$$$$, 5050 Bechelli Lane, South Redding, ✆ 226-5111, www.hiltongardeninn.com; schön auf einem Plateau oberhalb des Sacramento River gelegenes Hotel mit großzügigen Zimmern und Suiten, Restaurant, Pool und Jacuzzi.

O'Brien Mountain Inn $$$$, 18026 O'Brien Inlet Road, I-5 Exit O'Brien, O'Brien (nahe Shasta Lake), ✆ 238-8026, www.obrienmountaininn.com; liebevoll eingerichtete Zimmer im Haupthaus, jedes einer anderen Musikrichtung gewidmet und mit eigenem Zugang, sowie etwas abseits gelegenes traumhaftes „Baumhaus" (Luke's Treehouse Suite), freundlicher Empfang und Rundum-Betreuung durch die hilfsbereiten Besitzer Teresa und Greg Ramsey.

Mount Shasta Resort $$-$$$$$, 1000 Siskiyou Lake Blvd., (nahe I-5 Exit Central Mt. Shasta), ✆ 926-3030, www.mountshastaresort.com; reizvoll am Fuße des Mt. Shasta gelegenes Resorthotel mit Golfplatz, kleine Chalets mit 1–2 Zimmern, Küche und offenem Kamin am Lake Siskiyou; Restaurant und weitere 15 Gästezimmer im Haupthaus.

Camping

Lakeshore East Campground, 14538 Wonderland Boulevard, Shasta Lake, ✆ 275-8113, www.shastalakecamping.com; am Seeufer gelegenber Platz, u.a. mit Yurten für maximal fünf Personen (Betten), auch für RVs geeignet.

Hausboote

Seven Crown Resort, eine von mehreren Hausbootvermietungen am Shasta Lake, mit Bridge Bay Resort, 10300 Bridge Bay Rd (ab I-5, nördlich Redding), ✆ 275-3021, www.sevencrown.com; es werden Hausboote für 6–16 Personen ab drei Tage Mietdauer angeboten.

Restaurant

Jack's, 1743 California St, ✆ 241-9705, www.jacksgrillredding.com; seit Generation eine Institution für Steak-Liebhaber, geschickt versteckt hinter einer schlichten Fassade; da keine Reservierungen angenommen werden, gibt es häufig lange Wartezeiten.

Weaverville

Wie Whiskeytown hatte Weaverville, der nächste Ort entlang der Route, seine beste Zeit zur Mitte des 19. Jh., als sich hier ein wildes Völkchen von Glücksrittern, Holzfällern und Trappern versammelte. Zwar hat die Holzindustrie immer noch wirtschaftliche Bedeutung, doch steht heute der kleine Ort (ca. 3.800 Ew.) ganz im Zeichen des Fremdenverkehrs. Besucher schätzen den urigen Wild-West-Charme von Weaverville genauso wie die vorzüglichen Outdoor-Möglichkeiten der Umgebung. Immerhin liegt die gebirgige Trinity Alps Wilderness Area, das zweitgrößte Wildnis-Gebiet des Bundesstaates, direkt vor der Haustür. Hier locken mehrere Naturschutzgebiete oder die Trinity Alps zu ausgedehnten Wanderungen, stehen vier große Seen zu Kanu- und Angelexkursionen oder andere Wassersportarten zur Verfügung.

Wild-West-Ambiente

Wer sich in Weaverville und Umgebung etwas länger aufhalten möchte, findet einige, meist kleine und rustikale B&B-Unterkünfte oder eine Vielzahl von schöngelegenen Campingplätzen. Kurzbesucher sollten im Städtchen nicht den Besuch des chinesischen **Joss House** *(Ecke Main St./Oregon St.)* versäumen, einem Tempelchen aus Holzschindeln und blauen Ziegelsteinen, das 1874 fertiggestellt wurde und als ältestes chinesisches Sakralgebäude von Kalifornien gilt.

Reisepraktische Informationen Weaverville

Vorwahl 530

Information
Weaverville Tourist Bureau, *1855 Clifford Hall Building, Weaverville, CA 96093, ℑ 623-6101, www.weavervilleinfo.com*

Hotels

Granny's House $$, *313 Taylor St., Weaverville, ℑ 623-2774; kleine B&B-Unterkunft in einem historischen Gebäude aus den 1890ern, familiäre Atmosphäre, gehaltvolles Frühstück.*
Lakeview Terrace Resort $-$$$, *Trinity Dam Blvd. (ausgeschildert), in Lewiston, ℑ 778-3803, www.lakeviewterraceresort.com; tolle Lage über dem Lewiston Lake, luxuriös ausgestattete Cabins, außerdem Stellplätze für RVs und Zelte, Bootsverleih; seit Jahrzehnten in Familienbesitz.*

Restaurants

Garden Café, *570 Main St., Weaverville, ℑ 623-2058; nettes Café mit Veranda und leichter amerikanischer Kost wie Sandwiches und Salate.*
La Grange Café, *226 Main St., Weaverville, ℑ 623-5325; Fine Dining-Restaurant mit einer derart kreativen Küche, wie man sie in einem Nest wie Weaverville niemals vermuten würde: frischer Fisch, Angus-Rind und Bison, alles zu günstigen Preisen.*

Auf der Weiterfahrt folgt der Hwy. 299 dem Lauf des Trinity River nach Westen, an verschlafenen ehemaligen Goldgräber-Nestern vorbei und durch eine sich immer dramatischer darstellende Natur. Eine auffällige Landmarke ist unterwegs der 1.602 m hohe und völlig kahle Granitberg Ironside Mountain, an dessen Fuß sich die Straße entlang windet.

Das folgende Stück auf dem Hwy. 299 weist besonders viele steile Abschnitte und Serpentinen auf, da die zerklüfteten **Trinity Mountains** überquert werden müssen, ein raues, regenreiches Gebiet, in dessen Tälern Farne, Tannen und viele Pilze gedeihen. Seit Beginn der Siedlungsgeschichte gab es immer sagenhafte Erzählungen eines zotteligen, menschenartigen Wesens, das in dieser abgelegene Region zu Hause sei. Freilich gibt es keine Beweise für die Existenz von Sasquatch bzw. Bigfoot, was jedoch Hollywood nicht abgehalten hat, die Fantasiegeschichte mehr als einmal zu verfilmen. In **Willow Creek** gibt es nicht nur ein Bigfoot-Museum, sondern jedes Jahr im September auch zweitägige Feierlichkeiten zu Ehren des haarigen Monsters (Bigfoot Days). Wer möchte, kann in Willow Creek hinter der Brücke über den Trinity River einen kurzen Abstecher über die Straße 96 nach **Hoopa** einlegen, dem Hauptort des Indianerreservats Hoopa Valley. Ein kleines Museum (Hoopa Tribal Museum, *www.hoopa-nsn.gov/departments/museum.htm*) informiert über Geschichte und Kunsthandwerk des Stammes. Ansonsten geht es auf dem Hwy. 299 zunächst bergauf und dann in vielen Kehren abwärts über die Coast Ranges dem Pazifik entgegen, den man nach gut 35 Meilen nördlich von Eureka (S. 309) erreicht.

Kurvenreiche Strecke

b) Alternativstrecke über Klamath Falls und Crescent City

Um vom Lassen Volcanic NP zur Pazifikküste zu gelangen, nimmt man am besten die eben beschriebene Strecke über Redding und Weaverville. Hat man jedoch ausreichend Zeit zur Verfügung, ließe sich alternativ ein äußerst interessanter, längerer Bogen schlagen, der mit dem Lava Beds National Monument ein weiteres Naturdenkmal berührt und der sich hinter Klamath Falls beliebig nach Norden ausdehnen ließe, z.B. zum Crater Lake NP und anderen Zielen im Bundesstaat Oregon. Diese Route hätte den Vorteil, dass man den Redwood National Park von Norden nach Süden durchfährt und keinen Abstecher mit doppelter Streckenführung machen muss.

Die Alternativstrecke(n) in Kurzfassung: Man bleibt am nördlichen Parkausgang auf dem Hwy. 89, bis es nach 34 Meilen rechts auf den Hwy. 299 abgeht. Die als Scenic Route ausgeschilderte Strecke ist 68 Meilen lang und führt an einigen Aussichtspunkten vorbei. In **Canby** geht es dann nördlich (links) auf den Hwy. 139, der automatisch zum südlichen Ausgang des **Lava Beds National Monument** führt. Der kleine Tule Lake, aber mehr noch die rund 300 Lavatunnel, Aschekegel, Geröllwüsten, erstarrte Lavaflüsse und Minivulkane sind die natürlichen Höhepunkte dieses Areals. In einem Besucherzentrum gibt es das entsprechende Informationsmaterial, ansonsten hat man freien Zugang zu einer monumentalen, erstarrten Landschaft, die vor einem Jahrtausend noch das Zentrum vulkanischer Tätigkeit war. Nördlich des National Monuments stößt man in Tulelake auf den Hwy. 39, auf den man links einbiegt und nach wenigen Fahrminuten die Grenze zum Bundesstaat Oregon erreicht. Die erste Ortschaft entlang der Strecke in Oregon heißt **Merrill**, doch hat die nur etwa 20 Meilen weiter nördlich liegende sympathische Kleinstadt Klamath Falls ein größeres touristisches Angebot.

Lava-Betten

Klamath Falls

Zwischen dem großen **Klamath Lake** und dem winzigen **Lake Ewauna** gelegen, bietet der 20.000-Einwohner-Ort mit seinen Parks, Gärten und Freizeitbooten eine Atmo-

Route 1: Rundfahrt zu den nordkalifornischen Highlights

Einen Abstecher wert: die Umgebung von Crescent City

sphäre der Ruhe und Erholung. Das war nicht immer so, denn nach seiner Gründung im Jahre 1868 wurde er Schauplatz von Plünderungen und blutigen Gemetzeln im Zuge des Modoc-Indianerkrieges (1872–73). Klamath Falls liegt auf einem geothermalen Gebiet und nutzt den heißen Untergrund in seinen Stadtgrenzen vorbildlich. Etliche Büros, Amtsgebäude und private Wohnungen werden mit dem heißen Wasser aus der Tiefe versorgt. Sehenswert sind in Klamath Falls nicht nur die großzügigen Parks (u.a. Veterans Memorial Park, mit einer alten Dampflok), von denen man schöne Ausblicke auf den See und die Hügellandschaft hat. Auch einige kulturelle Institutionen sind durchaus einen Besuch wert. An erster Stelle ist hier das **Favell Museum of Western Art & Indian Artifacts** zu nennen, das über 60.000 Einzelstücke indianischer Kunst und Geschichte sein eigen nennt und die weltgrößte Kollektion indianischer Pfeilspitzen besitzt, darüber hinaus aber auch Skulpturen und Gemälde zeitgenössischer Kunst und einen Souvenirshop.

Indianische Kunst

Favell Museum of Western Art & Indian Artifacts, *125 W. Main St., ☎ (541) 882-9996, www.favellmuseum.org; Di–Sa 11–16 Uhr, Eintritt US$ 8.*

Im Sommer kann man von Downtown aus mit einer historischen Straßenbahn zum Museum fahren. Beachtung verdient auch das **Baldwin Hotel Museum**, ein vierstöckiges Ziegelsteingebäude aus dem Jahre 1906, das mit seiner originalen Möblierung viel von den Lebens- und Reisebedingungen zu Anfang des 20. Jh. erzählt. In diesem Hotel übernachteten schon die Präsidenten Th. Roosevelt, Taft und Wilson *(31 Main St., Mi–Sa 10–16 Uhr, Besichtigung nur auf geführten Rundgängen möglich, die eine oder zwei Stunden dauern für US$ 5 bzw. 10).* Und ein weiteres, das **Klamath County Museum**, zeigt völkerkundliche, historische und naturgeschichtliche Sammlungen aus der Klamath-Region *(1451 Main St., Di–Sa 9–17 Uhr, Eintritt US$ 5).*

Reisepraktische Informationen Klamath Falls

Vorwahl 541

Information
Klamath Falls Visitor Bureau, *205 Riverside Dr (Verlängerung der Main Street), Suite B, Klamath Falls, OR 97601, ② 882-1501, www.travelklamath.com*

Hotels
Vagabond Inn & Suites Klamath Falls $$, *4061 S. 6th St., ② 882-1200, www.vagabondinn.com; praktisches Hotel mit 51 Zimmern und Swimmingpool.*
Maverick Motel $$, *1220 Main St., ② 882-6688, www.maverickmotel.com; renoviertes, schönes Haus mit 49 Einheiten, Swimmingpool, zentral gelegen.*
Days Inn Klamath Falls $$$, *3612 S 6th St., ② 882-8864, www.daysinnklamathfalls.com; nahe dem Zentrum östlich vom Hwy. 140 gelegen, 108 gut ausgestattete Zimmer, Swimmingpool, Jacuzzi, Restaurant.*

Auf direktem **Weg** geht es von Klamath Falls auf dem Hwy. 140 zunächst am westlichen Seeufer entlang und dann über **Lakecreek** bis **Medford**. Hier fährt man ein Stückchen auf der I-5 nach Westen, biegt aber bereits in Grants Pass auf den Hwy. 199 gen Süden ab. Dieser bringt einen auf schöner, gewundener Strecke durch den Siskiyou National Forest zurück nach Kalifornien. Bei Crescent City stößt man nicht nur auf die Pazifikküste, die Stadt ist auch das Tor zum Redwood National Park. Dessen Parkeingang liegt nämlich sofort südlich der Ortschaft und ist mit dem Hwy. 101 (kein Eintritt) identisch.

Alternativstrecke

Eine **etwas größere Runde** würde von Klamath Falls auf dem Hwy. 97 östlich des Sees entlang nach Norden führen, dann auf dem Hwy. 62 nach Nordwesten, wo der **Crater Lake National Park** eines der interessantesten Ausflugsziele darstellt. Nach der Umrundung der riesigen Caldera könnte man wieder auf dem Hwy. 62 bis nach **Medford** fahren und dann auf oben genannter Strecke zum Redwood National Park.

Crescent City

Als Goldsucher den Ort am Pazifischen Ozean 1851 gründeten, tauften sie ihn nach der Bucht, die wie eine Mondsichel geformt ist. Sie schützt die Stadt vor den Wellen des Ozeans, trotzdem war es immer das Meer, das für Crescent City die größten **Katastrophen** herauf beschwor. So z. B. im Jahre **1865**, als kurz vor der Küste der Schaufelraddampfer Brother Jonathan bei schwerer See unterging und 265 Menschen mit in den Tod riss – deren Grabstätten kann man immer noch auf dem Friedhof aufsuchen. Die nächste Katastrophe wurde **1964** von einem schweren Erdbeben in Alaska (!) ausgelöst, das Anchorage verwüstete und eine enorme Flutwelle produzierte. Dieser Tsunami bewegte sich auf die nordkalifornische Küste zu und traf mit voller Wucht die Kleinstadt. Außer elf Toten waren damals Zerstörungen an fast allen Häusern und den

Zerstörerisches Meer

Fischernetz-Bojen in Crescent City

Hafenanlagen zu beklagen. Ein weiterer, kleinerer Tsunami, ausgelöst durch ein Seebeben im Pazifik, traf Ende **2006** die Stadt und verursachte größere Schäden im Hafen.

Die Stadt hat gut 4.000 Einwohner, nicht mitgerechnet die rund 3.000 Insassen eines der größten Gefängnisse des Bundesstaates. Aufgrund der erwähnten Flutwellen gibt es keine historischen Bauwerke zu bewundern, für Touristen interessant wird die Stadt aber wegen ihres Redwood-Besucherzentrums sowie einigen Hotels, Motels, Campingplätzen und Restaurants. Wer hier Station macht, sollte den schönen Fußweg zum Leuchtturm begehen (nur bei Ebbe möglich).

Reisepraktische Informationen Crescent City

Vorwahl 707

Information
Crescent City Chamber of Commerce, *1001 Front St., Crescent City, CA 95531,* ☏ *(800) 343-8300, 464-3174, www.northerncalifornia.net.*

Hotel
Crescent City Beach Motel $$-$$$, *1455 Hwy. 101 S,* ☏ *464-5436, www.crescentbeachmotel.com; herrlich direkt am Meer gelegenes, aber trotzdem preisgünstiges Motel mit 27 renovierten Einheiten.*

Camping
Del Norte Coast Redwoods SP, ☏ *465-2146; gut 11 km südl. von Crescent City am Hwy 101 gelegen.*
Jedediah Smith Redwoods SP, ☏ *458-3018; 14½ km östl. von Crescent City am Hwy. 199 gelegen.*
Beide Plätze können über www.reserveamerica.com reserviert werden.

Eureka

Nachdem man die niedrigeren Höhenzüge der Coast Range überquert hat, ist schließlich die Pazifikküste erreicht. Auf Höhe der Kleinstadt Arcata stößt man auf den Hwy. 101, der einen nordwärts zum Redwood National Park und südwärts zur etwas größeren Stadt Eureka bringt. Beiden Orten gemeinsam ist, dass sie über einen reichen Bestand an alter Holzhausarchitektur verfügen, die teils verfallen, meistens aber restauriert und herausgeputzt alle Architekturinteressierten erfreut. Das Touristenbüro von **Arcata** gibt sogar eine Spezialkarte für eine Architectural Homes Tour heraus, auf der man rund um die sehenswerte Arcata Plaza 21 victorianische, mit Erkern und Giebeln reich verzierte Redwoodhäuser aufsuchen kann.

Victorianische Holzhausarchitektur

Eureka, am Zusammenfluss der beiden großen Buchten Humboldt Bay und Arcata Bay gelegen, besitzt im grün-grauen Carson House das bizarrste, nicht aber edelste Beispiel des victorianischen Baustils. Außerdem kann man durch die Historic Old Town (die beiden Parallelstraßen rechts des Highways: 3rd/2nd St.) schlendern und sich das reichhaltige Angebot an Holzwaren aller Art anschauen.

Auf der anderen Seite des Highways befindet sich die Historic Downtown, deren Gebäude aus Stein und meist jüngeren Datums (nach der Jahrhundertwende) sind. Zu den schönsten gehören das Clarke Historical Museum, untergebracht in einer alten Bank von 1912 *(240 E. St.)*, das Eureka Theatre von 1939 sowie und das Vaudeville Theatre von 1929 – beides schöne Art-Déco-Bauwerke. Obwohl es nur 26.000 Einwohner zählt, hat Eureka dennoch eine urbane Atmosphäre und versprüht einen gewissen Charme. Mit seinen Geschäften, Fischrestaurants und Hotels ist es als Quartier gut geeignet.

Auf dem Weg nordwärts passiert man auf dem Hwy. 101 einen Ort mit dem schönen Namen **Trinidad**. Der Portugiese **Sebastião Rodrigues Soromenho** segelte hier schon um 1600 an der Küste entlang, ohne allerdings an Land zu gehen. Trinidad hat etwa 1.000 Einwohner, die z.T. von der Lachsfischerei bzw. Aquakulturen, z.T. vom Fremdenverkehr leben.

Reisepraktische Informationen Eureka

Vorwahl 707

Information
Eureka Convention & Visitors Bureau, *1034 2nd St., Eureka, CA 95501,* ① *(800) 346-3482; www.redwoods.info.*

Hotels
The Ship's Inn $$$, *821 D Street,* ① *443-7583, www.shipsinn.net; historische B&B-Unterkunft in einem victorianischen Haus, das 1887 für einen Kapitän erbaut wurde. Vier liebevoll eingerichtete Zimmer, hilfsbereite Gastgeber.*
Comfort Inn Humboldt Bay $$$, *4260 Broadway, Eureka,* ① *444-2019, www.comfortinn.com; am südlichen Stadtrand gelegene moderne Unterkunft mit 48 gut ausgestatteten Zimmern, kleiner Innenpool, Restaurants in der Nähe.*

Kleinstadt mit historischer Bausubstanz: Eureka (Carson Mansion)

Red Lion Hotel $$$, 1929 4th St., Eureka, ① 445-0844, www.redlion.rdln.com; am nördlichen Stadtrand am Hwy. 101 gelegen, 175 großzügige Zimmer, Swimmingpool, Restaurant.

The Daly Inn $$$$, 1125 H St., ① 445-3638, www.dalyinn.com; nicht gerade billiges, aber luxuriöses und elegantes B&B in einem victorianischen, zentral gelegenen Gebäude. Fünf große, geschmackvoll ausgestattete Zimmer, schöner Garten und hervorragendes Frühstück.

Camping

Vier Meilen nördlich von Eureka ist der **KOA-Campground** am 4050 N Highway 101, ① 822-4243, www.koa.com, ein komfortabler Platz für Mobilhomes und Zelttouristen, schöne Cabins, Pool, Fahrradverleih, Laden.

Restaurants

Die meisten Lokale befinden sich in Historic Old Town Eureka, z.B.:

Lost Coast Brewery, 617 4th St., ① 445-4480, www.lostcoast.com; stimmungsvolle Brauerei mit Pub, ausgestattet im Stil des späten 19. Jh., Suppen, Salate, Sandwiches, Burger und Pasta zu fairen Preisen, gute und mehrfach ausgezeichnete Biere, tgl. 11–22, Fr–Sa bis 23 Uhr.

Avalon, 239 G St., ① 445-0500, www.avaloneureka.com; perfekt zubereitete Westküstenküche mit leckeren Wild-, Steak- und vor allem Seafood-Gerichten, gute Weinkarte, häufig Kunstausstellungen und Livemusik.

Marie Callender's, 3502 Broadway, ① 268-8255, www.mcpies.com; Filiale einer über 50 Jahre alten Institution, die besonders für ihre Backwaren (pies) und gutes Frühstück bekannt ist, tgl. 7–22 Uhr.

Der Redwood National Park

Bei einer Besichtigung mit dem eigenen Wagen durchquert man auf dem Hwy. 101 zwischen dem nördlichen und südlichen Visitor Center den Park in fast seiner gesamten Länge. Zwischen Klamath und Orick ist der Hwy. 101 jedoch z.T. als wenig sehenswerte Umgehungsstraße ausgebaut, zu der man im Elk Prairie Parkway eine bessere Alternative hat. Verschiedene Sehenswürdigkeiten kann man aber auch hier nur zu Fuß oder mit einem Kleinbus (Shuttle Bus) erreichen. Wer **von Norden kommend** auf dem Hwy. 101 in den Park einfährt und nur wenig Zeit mitbringt, braucht weder dem Jedediah Smith Redwoods State Park noch der Kleinstadt Crescent City einen Besuch abzustatten. Wer trotzdem nach links abbiegt, sollte am Besucherzentrum Hiouchi anhalten und anschließend zur Stout Grove wandern, in der es eine beeindruckende Ansammlung der Redwoods zu sehen gibt. Auf dem schmalen und unasphaltierten Weg kann man auch mit dem Wagen durch den Urwald fahren und später wieder auf den Highway stoßen. Dieser berührt am südlichen Ende der Stadt den Crescent Beach, den man am besten vom Crescent Overlook überschaut.

Hier ist man bereits im **Del Norte Coast Redwoods State Park**, in dem es ebenfalls Hunderte von Riesensequoien gibt. Man sieht sie entlang der gut ausgeschilderten Wanderwege vom Campingplatz „Mill Creek" aus. Auf der Weiterfahrt in den Süden, vorbei an der Felsformation Footsteps Rock, sollte man auf einer kurzen Stichstraße nach Requa abbiegen, wo man eine fantastische Sicht auf die Küste und die Bucht des Klamath River hat. An der Abzweigung sind die Trees of Mystery als riesige Skulpturen von Menschenhand geformt (oder verstümmelt?) worden. Auch der Drive-Thru-Baum, in den man einen Tunnel geschlagen hat, gehört nicht zu den natürlichen Sehenswürdigkeiten des Parks, genauso wenig wie die „goldenen" Bären auf der Brücke über den Klamath River. Hinter der Golden Bear Bridge ist ein weiterer Abstecher auf der schmalen Küstenstraße des Coastal Dr. empfehlenswert.

Sie führt einen wieder auf den Highway zurück, auf dem man bald darauf zum **Prairie Creek Redwoods State Park** gelangt. Auch hier gibt es ein Besucherzentrum (Prairie Creek). Zur wohl eindrucksvollsten Küstenszenerie geht ca. 8 km weiter südlich nach rechts die Gold Bluffs Rd. ab, auf der man den Gold Bluffs Beach erreicht. An seinem 12 km langen Sandstrand sind herrliche Wanderungen möglich, bei denen man mit etwas Glück Wale, Delfine oder Robben beobachten kann. Am nördlichen Ende des Strandes gibt es einen Zugang zum Fern Canyon, dessen Wände von Farnen förmlich überwuchert sind.

Auf dem Hwy. 101 geht kurz nach dieser Abzweigung die Bald Hills Rd. nach rechts ab, die zu

Route 1: Rundfahrt zu den nordkalifornischen Highlights

den größten Sequoien des Parks führt. Eine erste Ansammlung sieht man an der Lady Bird Johnson Grove. Weiter geht es bis zu einem Parkplatz, an dem die Kleinbusse zur Tall Tress Groove starten (Platzreservierungen für den kostenlosen Shuttle Bus können bei dem Visitor Center in Orick vorgenommen werden, sind aber nicht vorgeschrieben). Größte Attraktion und Ziel der Fahrt ist ein Baum, der mit seiner Höhe von 112 Metern zu den höchsten bekannten Bäumen der Welt zählt.

112-Meter-Baum

Zurück auf dem Highway, verlässt man den Nationalpark am Visitor Center, das sich etwa 3 km hinter Orick befindet. Bei der Ausfahrt passiert man drei herrliche Lagunen, auf denen häufig Pelikane zu Gast sind.

Pflanzen- und Tierwelt

Während die dichten Redwood-Wälder kein zahlreiches Tierleben aufweisen, sind im gelichteten Hinterland einige **Großsäugetiere** anzutreffen. So leben z.B. zwei Herden der seltenen Roosevelt-Hirsche hier, die eine Unterart der Maultierhirsche darstellen. Auch Schwarzwedelhirsche (Blacktailed Deer), eine Rehart mit schwarzstummeligem Schwanz, sind anzutreffen, weiter Otter, der nur in Amerika vorkommende Bergbiber, Luchse, wenige Exemplare des Schwarzbären und stets die neugierigen Erdhörnchen (Squirrels). Wegen der Insektenarmut gibt es im eigentlichen Wald auch nur wenige Vögel, während im Hinterland u.a. Kolibris, Schwalben und Schleiereulen heimisch sind. An der Küste halten sich Schwärme von Seevögeln auf, wobei die Pelikane in der Freshwater Lagoon (unmittelbar südlich von Orick) besonders interessant sind. Im Meer tummeln sich Seelöwen und Robben. Auch die Grauwale sind auf ihrer jährlichen Wanderung zu beobachten. Weiter kommen Delfine und Schwertwale vor.

Reichhaltig ist das Leben in den fließenden und stehenden Gewässern. Der King Salmon, der Silver Salmon und die Steelhead Forelle ziehen im frühen Herbst die Flüsse aufwärts

Robben sonnen sich am nordkalifornischen Strand

zu ihren Laichplätzen. Die bis zu 10 Pfund schweren Forellen und doppelt so schweren Lachse können sowohl im Salz- als auch im Süßwasser existieren. Im Gegensatz zum atlantischen Lachs stirbt der pazifische kurz nach dem Ablaichen.

Der Redwood NP ist einer der wenigen Nationalparks, die explizit nach einer bestimmten Vegetationsform benannt sind und diese als Hauptattraktion haben. Sie repräsentiert aber natürlich nicht die gesamte Flora des Areals. Insbesondere fällt die Vielzahl der Farne auf, die in der dunklen Atmosphäre zwischen den Stämmen der Baumriesen für hellgrüne Akzente sorgen. Frauenfarn (Lady Fern), Schwertfarn (Sword Fern) und Adlerfarn (Bracken Fern) erreichen hier eine erstaunliche Größe und bedecken zusammen mit dem dunkelgrünen Moos den Waldboden wie ein dicker Teppich. Für die Indianer waren die Farne wichtige Vitaminspender. Daneben sind im Frühjahr Azaleen und Rhododendren leuchtende Farbtupfer.

Redwoods – bis in den Himmel

In dem 44.588 ha großen Areal sind drei kalifornische **Redwood-Staatswälder** enthalten: der Prairie Creek State Park im Süden, der Del Norte Coast State Park und sofort anschließend der Jedediah Smith State Park im Norden. Diese Wälder wiederum kann man in zwei Bereiche unterteilen:
- einmal das 48 km lange Küsten- und Seengebiet mit seinen schroffen Klippen, Steilküsten, Lagunen, Stränden, Gezeitenbecken und Landzungen,
- zweitens der Rotholzwald mit seiner üppigen Vegetation, Flüssen und Bächen. In diesem Wald unterscheidet man zusätzlich zwischen einer feuchteren westlichen Zone und einem höhergelegenen, trockeneren und gelichteten Gebiet landeinwärts.

Reisepraktische Informationen Redwood National Park

Information
Redwood National & State Park Headquarters, 1111 2nd St., Crescent City, CA 95531, ① (707) 465-7335, www.nps.gov/redw.

Unterkunft
Im Park selbst sind keine Hotel- oder Motelzimmer vorhanden, dafür aber genügend in den Ortschaften an den nördlichen (Crescent City) und südlichen Parkeingängen (Orick, Arcata und besonders Eureka). Campieren ist auf den Campgrounds der State Parks erlaubt, komfortable Campingplätze gibt es ebenfalls in den genannten Ortschaften. Weitere Camping-Infos unter www.nps.gov/redw/planyourvisit/campgrounds.htm.

Beste Besuchszeit

Das pazifische Klima sorgt für ganzjährig milde Temperaturen einerseits und erheblichen Niederschlag andererseits. Bei jedem Wetter aber sind die Redwoods ein Erlebnis. Der winterliche Nieselregen und der sommerliche Nebel rufen im Walddickicht eine mystische Stimmung hervor, die zu den Baumgiganten besser passen will als strahlend blauer Himmel. Am niederschlagsärmsten sind Frühjahr und Herbst, wenn auch die Nächte recht kühl werden können. Landeinwärts ist es i.d.R. trockener, im Sommer wärmer und im Winter kälter als an der Küste.

Wandern

Schöne Wanderwege in einer Gesamtlänge von rund 200 km bringen den intensiven (und einzig richtigen) Kontakt mit der Natur des Nationalparks. Von fast allen Parkplätzen sind längere oder kürzere Trails mit Meilenangaben ausgeschildert, auf denen man die drei charakteristischen Landschaftsformen (Strand, Wald, Wasserläufe) erkunden kann. In den drei Besucherzentren sind ausführliche Wanderführer erhältlich.

Andere Aktivitäten

Flüsse, Flussmündungen und Meeresbuchten sind als ausgezeichnetes Fischrevier weithin bekannt und ziehen Angler von weither regelmäßig an. Mit der Californian Sporting License, zu erhalten u.a. in den Visitor Centers, darf u.a. Jagd auf Aale und Forellen gemacht werden. Die besten Zeiten sind das Frühjahr und besonders der frühe Herbst. Redwood Creek, Klamath River und Smith River eignen sich auch für Kajak- und Floßfahrten unterschiedlichen Schwierigkeitsgrades. Die Park Ranger informieren über die günstigsten Stellen und Verleihstationen.

Vom Redwood National Park nach San Francisco entlang der Küste

Wenn man nicht noch weiter nördlich liegende Reiseziele hat, etwa Crescent City (S. 307) oder den Nachbarstaat Oregon, fährt man nach dem Aufenthalt im Redwood National Park am besten auf der bereits bekannten Strecke nach Arcata und Eureka zurück. Wer die dort erhaltenen Architektureindrücke vertiefen möchte, kann dies im 27 Meilen südwestlich liegenden Ferndale tun.

Ferndale

Das 1.400-Einwohner-Dorf Ferndale, das sich selbst „Victorian Village" nennt, wurde von dänischen Einwanderern gegründet und lebte früher ausschließlich von der Landwirtschaft – vor allem die Butter aus Ferndale hat bis heute einen ausgezeichneten Ruf. Für Besucher lohnt sich ein Aufenthalt aber vor allem wegen der Vielzahl gut erhaltener viktorianischer Holzvillen. Ein Bummel über die Main Street mit Eiscafé, Hufschmied und Tante Emma-Laden ist wie eine kleine Zeitreise. Und wegen mehrerer Restaurants, Kunstgalerien und hübscher B&B-Unterkünfte könnte auch ein längerer Aufenthalt interessant werden.

Gut erhaltene Holzvillen

Die Hauptroute jedoch folgt dem Hwy. 101, jedenfalls bis nach **Scotia** mit seiner riesigen Holzmühle. Acht Meilen dahinter nämlich gibt es eine Alternativstrecke zur vierspurigen 101, die 32 Meilen lange **Avenue of the Giants** *(www.avenueofthegiants.net)*. Zwischen Pepperwood im Norden und Philippsville schlängelt sich da eine wunderschöne Route (die alte 101) am Eel River entlang und gibt einem wirklich das Gefühl, ein Zwerg unter Riesen zu sein. Immer wieder lohnt es sich anzuhalten und die Baumriesen zu betrachten. Oder Sie begehen bei der Founders Grove den angelegten Naturlehrpfad. Und natürlich darf eine Straße nicht fehlen, die durch einen Baum geschlagen wurde (Shrine Drive-thru-Tree). Nördlich von **Garberville** mündet die Avenue of the Giants wieder in den Highway ein, das Thema „Redwoods" ist damit aber noch lange nicht abgeschlossen. Dementsprechend heißt der autobahnähnlich ausgebaute Highway auch Redwood Hwy.

Empfehlenswerte Streckenalternative

Auf der Weiterfahrt kommt man an lohnenden Sehenswürdigkeiten wie dem Grandfather Tree und der Richardson Grove vorbei und an eher fragwürdigen wie dem Confusion Hill (Fahrt mit einer Mini-Eisenbahn) und dem World Famous Tree House. Und nach **Leggett** hat man nochmals Gelegenheit, seinen Wagen durch einen lebenden Baum zu chauffieren: Im Drive Thru Tree Park (Eintritt) erhebt sich ein 95 m hoher Redwood mit einem Durchmesser von 3½ m, der vielleicht über 200 Jahre alt ist und auf seine alten Tage noch erleben musste, dass ihn Menschen durchlöcherten. An dieser Stelle ist man jedoch schon eine Meile zu weit gefahren.

In Leggett verlässt man nämlich die 101 und biegt rechts auf den Hwy. 1 ab. Nur auf ihm kann die küstennahe Strecke mit ähnlich schöner Landschaft fortgesetzt werden. Die schmale Serpentinenstraße schraubt sich zunächst wieder einige hundert Meter höher, und durch ein dicht bewaldetes Gebiet nähert man sich Fort Bragg. Vorher sind rechts riesige Dünen zu sehen, die zu einem Spaziergang in der frischen Brise des Stillen Ozeans einladen.

Auf der Avenue of the Giants

Route 1: Rundfahrt zu den nordkalifornischen Highlights

Reisepraktische Informationen Ferndale

Vorwahl 707

Information
Ferndale Chamber of Commerce, P.O.Box 325, Ferndale, CA 95536, ① 786-4477, www.victorianferndale.org.

Hotels
Victorian Inn $$$-$$$$, 400 Ocean Avenue, ① 786-4949, www.victorianvillageinn.com; zauberhaftes B&B im historischen Ferndale (das Haus ist von 1890) mit 13 gemütlichen Zimmern.
Shaw House Inn Bed & Breakfast $$$$, 703 Main St., ① 786-9958, www.shawhouse.com; wunderschöne victorianische Villa von 1854 mit behutsam restaurierten Zimmern.

Victorianisches Haus in Ferndale

 ## Streckenalternative durchs Hinterland

Auf dem Hwy. 101 nach Santa Rosa

Es mag mehrere Gründe geben, auf dem Weg nach San Francisco ab **Leggett** nicht die küstennahe Variante, sondern die durchs Hinterland über den Hwy. 101 zu wählen. Z.B. ist dieser zügiger befahrbar, und in der Vergangenheit kam es auch oft vor, dass im Winter nach heftigen Stürmen Teile des Hwy. 1 durch Erdrutsche nicht befahrbar waren. Auf alle Fälle hat auch diese Variante durchaus ihre Höhepunkte – so schon auf den ersten Meilen, wo man auf der Straße vor **Cummings** einen herrlichen Panoramablick genießen kann. Durch ein reizvolles Tal fährt man anschließend weiter nach Süden, bis man in **Willits** eine weitere Querverbindung zur Küste passiert. Dieser Hwy. 20 führt durch das herrliche, naturgeschützte Waldgebiet Jackson Forest (viele Campingplätze) auf Fort Bragg zu (S. 317). Willits selbst ist landesweit für seine „Frontier Days" bekannt, bei denen der Unabhängigkeitstag Ende Juni sehr aufwändig mit einer ganzen Festwoche gefeiert wird – dabei kann man u.a. an Western Dancing, Pferdeshows, einem Umzug und dem ältesten Rodeo Kaliforniens teilnehmen *(Infos unter www.gomendo.com)*. 16 Meilen südlich von Willits bringt einen der Hwy. 101 nach Redwood Valley, wo der Hwy. 20 ostwärts auf sehr reizvoller Strecke zum Clear Lake abzweigt (S. 293). Folgt man der bisherigen Richtung, gelangt man zum Fremdenverkehrsort **Ukiah**, es folgen kleine Ortschaften mit so hübschen Namen wie Pieta, Echo und Asti. Kurz darauf künden ausgedehnte Weingüter den idyllischen Ort **Geyserville** (S. 279) an. Hier kann man ins Napa Valley abzweigen oder, auf nun breiter und zügig befahrbarer Straße, weiter nach **Santa Rosa**, **Novato** und **San Francisco**.

Fort Bragg

Fort Bragg – nicht zu verwechseln mit dem gleichnamigen Ort in North Carolina, einem der größten Stützpunkte der US Army – ist mit 7.500 Einwohnern zwar nur ein kleiner Ort, trotzdem aber immerhin der größte zwischen San Francisco und Eureka. Er lebt in erster Linie von der Verarbeitung der Redwoods – denn außerhalb der Naturschutzgebiete dürfen die Giganten immer noch geschlagen werden; die Forstbeamten beeilen sich bei dieser Feststellung immer zu ergänzen, dass mehr Redwoods nachwachsen als abgeholzt werden. Hier befindet sich eine der größten Redwood-Sägemühlen der Welt, die sich schon von weitem durch eine starke Rauchentwicklung bemerkbar macht. In Fort Bragg verheizt man nämlich die Abfälle der Holzverarbeitung und erzeugt auf diese Weise Elektrizität. Wer von der Hauptstraße nach links abbiegt, wird feststellen, dass der Ort auch einige nostalgische Ecken hat, die die Atmosphäre eines Wildweststädtchens ausstrahlen. Ebenfalls nostalgischen Reiz besitzt der berühmte **Skunk Train**, die alte Holzfäller-Eisenbahn, die immer noch in einer dreieinhalbstündigen Fahrt über 39 Brücken, durch tiefe Schluchten und dichte Redwood-Wälder bis nach Northspur führt.

Holzverarbeitung

Skunk Train, *Laurel St., Fort Bragg, ☎ (707) 964-6371, www.skunktrain.com; der Dampfzug wird Mai bis Dezember einmal tgl. eingesetzt, in den Sommermonaten auch zweimal.*

Blumenfreunden sei ein Besuch des herrlichen, etwa 19 ha großen **Mendocino Coast Botanical Garden** empfohlen, der sich wenige Fahrminuten nördlich des Zentrums auf ausbreitet. Mit seinem hoch über dem Pazifik gelegenen Küstennadelwald, riesigen Farnen und blumenbedeckten Klippen lohnt er immer einen Besuch, vor allem aber zur Zeit der Rhododendronblüte. Auf Höhe des Botanischen Garten biegt in östlicher Richtung der reizvolle Hwy. 20 ab, auf dem man in Willits wieder zum Hwy. 101 zurückgelangt (s.o.).

Reisepraktische Informationen Fort Bragg

Vorwahl 707

Infos
416 N Franklin St.,
www.fortbragg.com

Hotels
Beachcomber Motel $$$, *1111 N Main St., ☎ 964-2402, www.thebeachcombermotel.com; langgestreckte und unspektakuläre Anlage mit 72 Einheiten, aber fantastisch gelegen: direkt oberhalb des*

Nordkaliforniens wilde Küste

weißen Sandstrands (direkter Zugang), außerdem Spazier- und Joggingwege in nächster Nähe.
The Grey Whale Inn $$$$, 615 N Main St., ② 964-0640, www.greywhaleinn.com; extravagantes B&B in einem ehemaligen Hospital, das 1915 eine Holzfirma erbauen ließ, 13 gemütliche Gästezimmer und leckeres Frühstücksbuffet.

Restaurant
North Coast Brewing Company, 455 N Main St., ② 964-2739, www.north coastbrewing.com; für seine Biere wie Red Seal Ale oder Old Rasputin Russian Imperial Stout vielfach ausgezeichneter Pionier unter den Kleinbrauereien (1988), im angeschlossenen familienfreundlichen Lokal gibt es gute kalifornische Küche und Seafood-Spezialitäten zu moderaten Preisen.

Mendocino

Künstlerkolonie Seitdem sich der 1.000-Seelen-Ort in den 1960er Jahren einen Namen als Künstlerkolonie gemacht hat, herrscht an Wochenenden auf der idyllischen Main Street eine manchmal hektische (Touristen-) Betriebsamkeit, da selbst aus dem fernen San Francisco Tagesausflügler anreisen. Wer aber nicht gerade an solchen besuchsstarken Tagen anreist, findet in Mendocino eine dramatisch schöne Küstenszenerie, nette Geschäfte und Galerien, Restaurants, dass altehrwürdige Mendocino Hotel von 1878 und ein kleines Heimatmuseum vor.

Südlich von Mendocino geht die Fahrt immer an der Pazifikküste entlang, über kleine Dörfer wie **Albion** und **Elk**, bis zu einer Halbinsel. Dort kann man auf einer schmalen Stichstraße das **Point Arena Lighthouse** erreichen und sich selbst bei Nebel in dem Gefühl sonnen, dass man hier auf dem amerikanischen Festland Hawaii am nächsten ist. Es ist möglich, den 35 m hohen Leuchtturm zu besteigen und vom Laternenraum aus die meilenweite Aussicht zu genießen. Eine ungewöhnliche Unterkunft bietet sofort daneben das ehemalige Leuchtturmwärterhaus.

Reisepraktische Informationen Mendocino

Vorwahl 707

Hotel
Blair House Inn $$$, 45110 Little Lake Rd., ② 937-1800, www.blairhouse.com; victorianisches B&B aus dem Jahr 1888 mit nur vier Zimmern – in diesem Haus lebte Jessica Fletcher als Hobbydetektivin in der Fernsehserie „Murder, she wrote" (Mord ist ihr Hobby), die eigentlich an der Küste von Maine spielte.

Camping
Mehrere Plätze stehen im Humboldt State Park zur Verfügung, beispielsweise der private **Giant Redwoods RV & Camp** (455 Boy Scout Camp Road, Myers Flat, ② 943-3198, www.giantredwoodsrvandcamp.com), der schön in einem Redwood-Wäldchen am Eel River platziert, gut ausgestattet und auch für RVs geeignet ist.
Casper Beach RV Park, 14441 Pt. Cabrillo Dr, ② 964-3306, www.casparbeachrvpark.com; komfortable Anlage 5 km nördl. von Mendocino und schön am Strand gelegen.

Die Sea Ranch Chapel

Nach diesem Abstecher geht es auf dem Hwy. 1 weiter nach Süden. Man passiert **Gualala** mit seinen paar Häusern und einem schönen Hotel der Jahrhundertwende, dann fährt man durch eine aufgelockerte, windzerzauste Heidelandschaft. Auf dem Weg liegt linkerhand, von der Straße aus zu sehen, die **Sea Ranch Chapel** *(www.thesearanch chapel.org)*, eine zwar kleine, aber äußerst interessante Kapelle. Das Gebäude wurde im Dezember 1985 eingeweiht und wird überkonfessionell genutzt. Sein geschwungenes Dach besteht aus Zedernholz und Kupfer; die markante bronzene Spitze wurde von einem windzerzausten nahen Baum inspiriert. Die Türen sind aus Teakholz, ansonsten ist das Baumaterial Redwood und lokaler Feldstein. Die Inneneinrichtung des Künstlers *James Hubbel* wurde mit einem Preis bedacht.

Ungewöhnliche Kapelle

Nach 10 Meilen kann man sich im **Kruse Rhododendron State Reserve** die Beine vertreten (nahe dem Meilenmarker 43). Schöne Pfade und Fußgängerbrücken führen einen über murmelnde Bäche, durch kleine Canyons mit dichtem Farnbewuchs und durch eine herrliche Vegetation, die neben den Rhododendren (Blütezeit April bis Juni) auch Douglastannen, Eichen und Redwoods umfasst.

Fort Ross

Wenige Fahrminuten später sieht man rechts der Straße das Fort Ross, eine außerordentlich interessante und historisch bedeutsame Anlage. Im modernen Besucherzentrum kann man sich über die Zeit der russischen Besiedlung Kaliforniens, aber auch über naturgeschichtliche Phänomene informieren. Über einen kleinen Fußweg gelangt man dann in das herrlich gelegene und von einem hohen Palisadenzaun umfriedete Gelände. Dieser am weitesten vorgeschobene Außenposten des russischen Zarenreiches wurde 1812 unter Leitung des Offiziers Kuskov eingerichtet. Damals zogen 40 Russen und 80 Alëuten in die von Indianern besiedelte Region und schlugen sich hier mehr schlecht als

Russischer Außenposten

recht mit Seeotterfang und Landwirtschaft durch. Wegen wirtschaftlicher Erfolglosigkeit ließ Zar *Nikolaus I.* seinen kalifornischen Stützpunkt fallen, er wurde 1841 an den Schweizer *Johann August Sutter* (vgl. S. 20) für 30.000 Dollar verkauft, der allerdings den vollen Preis nie bezahlte. Obwohl das Fort im feindlichen Gebiet lag – immerhin gehörte Kalifornien damals den Spaniern –, kam es nie zu kriegerischen Handlungen, weder mit der anderen Kolonialmacht, noch mit den benachbarten Indianerstämmen.

Die Gebäude sind sämtlich aus Redwood und in Blockhaus-Bauweise hergestellt. Im Einzelnen sind dies:

Gebäude des Forts

- Kapelle: Die kleine russisch-orthodoxe Kirche wurde Mitte der 1820er Jahre gebaut und erst durch das Erdbeben von 1906 in Mitleidenschaft gezogen. Sie ist heute komplett rekonstruiert.
- Arbeiterhäuser: 8 Baracken für einfache Arbeiter ohne Anhang. Die meisten russischen Männer und Frauen lebten außerhalb des Forts, zusammen mit den Aleuten und Indianern.
- Küche: eine nach 1833 gebaute neue Küche für den allgemeinen Gebrauch.
- Vorratshaus: zweistöckiges Haus für die Essensvorräte, das aber auch als Gefängnis genutzt wurde.
- Offizierskaserne: eine 10-Zimmer-Baracke für die unverheirateten Offiziere, vor 1817 gebaut.
- Kommandantur: die Wohnung des letzten Kommandanten und seiner Familie, 1836 über einem Vorgängerbau errichtet.
- Altes Warenlager: das vermutlich erste Gebäude des Areals, vor 1814 nach Vorbildern aus Alaska ausgeführt.

Fort Ross State Historic Park, *19005 Coast Hwy. One, Jenner,* ① *(707) 847-3437, www.parks.ca.gov; das Parkgelände ist Sa, So und während der Ferien von Sonnenauf- bis -untergang geöffnet.*

Russische Kapelle im Fort Ross

Von Fort Ross geht es auf dem Hwy. 1 südwärts entlang des **Sonoma Coast State Beach**, einem 17 km langen, unter Naturschutz stehenden Strandabschnitt. An die Russen erinnern im weiteren Verlauf des Highways auch Namen wie „Russian River" und „Moscow Road". Als erstem größeren Ort hinter **Jenner** gelangt man schließlich nach Bodega Bay.

Bodega Bay

Aus ganz anderen Zusammenhängen bekannt ist das nächstgelegene Fischerdorf Bodega Bay. Viele unternehmen einen Ausflug hierhin, um den Drehort des Filmklassikers „The Birds" (Die Vögel) von Alfred Hitchcock zu besuchen. Dass man sich dann aber gar nicht zurechtfinden mag, liegt nicht an der mangelhaften Erinnerung, sondern daran, dass der englische Regisseur in seinem Schocker zwei Drehorte zusammenlegte, nämlich Bodega Bay am Hafen und das einige Meilen entfernte Bodega (Hwy. 1 in südlicher Richtung, dann 1 Meile nach links). Ein Besuch von Bodega Bay, das einst aus einer russischen Handelsniederlassung hervorging, lohnt sich aber auch aus anderen Gründen: Die Einwohner leben traditionell vom Fischfang, und immer noch bricht allmorgendlich eine Flotte kleiner Fischtrawler zu den Fanggründen vor der Küste auf. Am späten Vormittag werden die Thunfisch-, Lachs- und Tintenfisch-Fänge dann angelandet, die in den zahlreichen Fischbratereien weiterverarbeitet werden. Es überrascht also nicht, dass der Höhepunkt des lokalen Festtagskalenders das Fishermen's Festival im April ist, ein zünftiges Volksfest mit Imbissbuden, Livemusik und der Segnung der Fischerflotte.

Wer in Bodega Bay aktiv am Fischereigeschehen teilnehmen möchte, kann an den Angeltouren teilnehmen, die in der Bay und auf dem Ozean organisiert werden. Außer dem Ambiente einer Fischersiedlung

Fischerboote im Hafen von Bodega Bay

locken feinsandige Strände mit Dünen, durch die man herrlich wandern kann, und zweimal im Jahr sieht man vom Bodega Head State Park aus Wale vorüberziehen. Zu diesem Naturschutzgebiet gelangt man ab der Ortsmitte über die Bay Flat Rd.

Zum längeren Genuss der hiesigen Stimmung bieten sich im Ort und am Hwy. 1 einige angenehme Übernachtungsmöglichkeiten an. Am besten zweigt man zunächst an der Tides Wharf rechts vom Highway ab (großer Parkplatz); in und an diesem großen Holzhaus wurden von Hichcock die Hafenszenen gedreht. Heute bekommt man dort gute Fischgerichte oder frischen Fisch direkt vom Boot, kann über den Holzsteg flanieren und Robben beobachten oder im Inn auch Unterkunft beziehen. In der Nähe befindet sich am Highway das kleine Bodega Bay Visitor Center, das mit weiteren Informationen behilflich ist.

Wer das berühmte Schulhaus (1879) aus dem Film sehen will, muss sich von der Küste fort und in das idyllische Hinterland nach Bodega bemühen. Sie finden es neben der hübschen, weißgestrichenen Holzkirche St. Teresa, die 1859 von skandinavischen Zimmerleuten erbaut wurde und ebenso wie das Schulhaus ein wichtiger Handlungsort des Films war.

Reisepraktische Informationen Bodega Bay

Vorwahl 707

Information
Bodega Bay Chamber of Commerce, www.bodegabay.com.

Hotels
Bodega Harbor Inn $$-$$$, *Bodega Bay, ① 875-3594, www.bodegaharborinn.com; gemütliches Hotel mit 14 Hütten, auch Ferienhäuschen erhältlich.*
Fernando's B&B $$$, *17699 Hwy. 1, ① 876-1920, www.fernandosbedandbreakfast.com; ca. 5 Meilen außerhalb von Bodega Bay. Drei sehr schöne Zimmer und die herzlichen portugiesisch-brasilianischen Gastgeber sind den Umweg wert.*
Inn at the Tides $$$, *800 Hwy. 1, ① 875-2669, www.innatthetides.com; traumhaft über der Bucht gelegenes kleines „Dorf" mit 86 Gästequartieren, modern ausgestattete Zimmer mit Kamin, Innen- und Außenpool, Sauna, Whirlpool, gutes Bayview-Restaurant, Bar.*
Bodega Coast Inn & Suites $$$$, *521 Coast Hwy., ① 875-2217, www.bodegacoastinn. com; komfortable Unterkunft mit 44 Zimmern, Spa, Restaurant, Bar.*
Bodega Bay Lodge & Spa $$$$, *103 Coast Hwy. 1, ① 875-2250, www.bodegabaylodge. com; sehr schön gelegene Unterkunft mit komfortablen Zimmern und Suiten, Pool, Fitnessanlage, Golfplatz und empfehlenswertem Restaurant.*

Restaurants
The Duck Club Restaurant, *mehrfach ausgezeichnetes Restaurant der Bodega Bay Lodge & Spa (s.o.) mit traumhaftem Ausblick vom Speisesaal auf die Bucht, dazu innovative Küche mit viel Meeresfrüchten, Fisch und Ente sowie außergewöhnlicher Weinkarte, teuer.*
Lucas Wharf Restaurant & Bar, *595 Hwy. 1, ① 875-3522; unkompliziertes, leider oft von Reisegruppen überlaufenes Lokal an der Pier mit Restaurant, Seafood-Takeout und Fischverkauf, tgl. geöffnet.*

Nach einer großen Schleife landeinwärts verläuft der Hwy. 1 13 Meilen hinter Bodega Bay wieder küstennah, und zwar entlang einer langgestreckten schmalen Bucht. Unterwegs passiert man dabei das nette **Tomales** mit dem witzigen Café „Tomales Deli" und seiner kleinen Kirche. Auf kurven- und hügelreicher Strecke geht es dann an der Tomales Bay entlang, bei der es sich um nichts anderes als um die Verwerfungslinie des St. Andreas-Grabens handelt. Die Halbinsel auf der anderen Seite, Point Reyes, bewegt sich in einer anderen Geschwindigkeit und in einer anderen Richtung

In Tomales

als die Amerikanische Platte. Die dadurch hervorgerufenen Erdbeben (das berühmteste war 1906) und Erdrisse kann man auf der Halbinsel auf einem **Earthquake Trail** in Augenschein nehmen.

Abstecher: Zurück durch das Wine Country

Hat man am Anfang der Rundfahrt dem Wine Country keinen Besuch abgestattet, kann man dies von Bodega Bay aus nachholen. Dazu folgt man in Bodega dem schmalen und idyllischen Bodega Hwy., der zunächst zum 8.000-Einwohner-Städtchen **Sebastopol** führt.
Hotel: Fairfield Inn & Suites $$$, 1101 Gravenstein Hwy. S, Sebastopol, ☎ (707) 829-6677, www.winecountryhi.com; günstig gelegenes Haus der gehobenen Kategorie mit Pool, Fitnesszentrum und Frühstücksbuffet, 82 Zimmer mit gediegenem Komfort.
Restaurant: French Garden, 8050 Bodega Avenue, ☎ (707) 824-2030, www.frenchgardenrestaurant.com, Mo/Di geschlossen; frische kalifornische Küche mit französischem Einschlag, deren Zutaten von der Restaurant-eigenen Bio-Farm kommen. Gute Weinliste. Hauptgericht um US$ 28.
In Sebastopol geht die Route in den Hwy. 12 über; auf diesem gelangt man nach Santa Rosa (vgl. S. 278), Sonoma und Napa.

Point Reyes National Seashore

Die 10 Meilen in den Pazifik hinausragende Halbinsel Point Reyes, deren Küste als National Seashore den Rang eines Nationalparks einnimmt, vermittelt das großartige Erlebnis einer sturmzerzausten, von breiten Sandstränden eingerahmten Landschaft mit einem vielfältigen Tierleben. Allein 430 Vogelarten sind hier gezählt worden, was 45 % aller in Nordamerika beheimateten Spezies entspricht. An Säugetieren kommen an der

Informationen zu den Redwoods

Der Wald mit seinen Redwoods oder Lebensbäumen (Sequoia sempervirens) ist eines der letzten Rückzugsgebiete jener Küstenbäume, die einmal von Oregon bis Südkalifornien verbreitet waren. Sie sind archaische, merkwürdige Pflanzen und gleichzeitig die größten Bäume der Welt. Ihre nächsten Verwandten sind die **Mammutbäume** (Sequoiadendron giganteum) auf der Westseite der Sierra Nevada (vgl. S. 423). Außerdem gehören diese Sequoien zu den ältesten Vegetationsformen der Erde (zusammen mit den Sumpfzypressen Floridas, den japanischen Kryptomerien und den neuseeländischen Kauris). Sie führen ihren direkten Stammbaum bis auf das Miozän vor zwanzig Mio. Jahren zurück und können in Vorformen noch weitere 280 Mio. Jahre zurückverfolgt werden.

Typisch für die Sequoien ist ein altertümlicher biologischer Aufbau, eine borkige Rinde und ein faseriges Holz mit einer eigentümlichen chemischen Struktur. Das rötliche Holz (daher der Name Redwood) stößt Insekten ab und kann kaum verrotten. Das enorm hohe Alter der Bäume wird u.a. auf die Resistenz gegenüber Schädlingen und Pilzen zurückgeführt. Wegen der Insektenarmut gibt es übrigens auch nicht viele Vögel in den Redwoods, und es herrscht eine eigentümliche, feierliche Stille. Wachsen die Bäume in den ersten hundert Jahren alljährlich um 30 cm, so verlangsamt sich ihr Wachstum in der Folgezeit kontinuierlich.

Verankert sind diese Giganten mit flachen Wurzeln, die sie in alle Richtungen aussenden und aus denen Schösslinge sprießen. Das Wurzelwerk erstreckt sich nicht selten seitlich bis nahezu 50 m weit, reicht jedoch nur gut 2 m in die Tiefe. Diese langen Wurzelarme umzingeln Felsen, dringen in die Spalten und vereinigen sich mit den Wurzeln anderer Redwoods. Auch aus knorpelartigen Verdickungen am Baumstamm kommen neue Triebe. Diese sind selbst lebensfähig, wenn der Baum entwurzelt oder sonst wie verletzt ist. Selbst an Redwoods, in denen ein Brand wütet – tat-

Riesige Baumkrone in den Muir Woods

sächlich gibt es Waldbrände in den Bäumen, die sich über Tage und Wochen hinziehen und richtiggehende Kaminschlote hinterlassen und die scheinbar nur noch als äußere Hülle stehen geblieben sind – sieht man manchmal neue Triebe. Daneben haben die Redwoods aber auch 3 cm große Samenzapfen. Unzählige der Giganten sind um 100 m hoch, darunter auch der höchste Baum der Welt (112 m).

Während über Jahrtausende die Indianer sich für die Redwoods wirtschaftlich nicht interessierten, begann mit der Ankunft der Weißen ein ungeheurer Kahlschlag, der fast die gesamten Bestände vernichtet hätte. Die Baumgiganten hatten mehrere entscheidende Vorteile, die ihnen zum Verhängnis wurden:

- Das Holz wächst gerade, ist hart, aber trotzdem leicht zu bearbeiten. Es schrumpft beim Trocknen nur unwesentlich und muss nicht lange abgelagert werden.
- Redwoods wachsen in dichten Beständen und sind außergewöhnlich voluminös. Außerdem liegen sie strategisch günstig: Sie konnten in den neu entstehenden Ortschaften und Sägen an Ort und Stelle verarbeitet und über die Häfen sofort weitertransportiert werden.
- Die Konsistenz der Redwoods ist verwitterungsbeständig, nur schwer brennbar und resistent gegen Schädlinge wie Termiten, Holzbock und Pilze.

Für die weißen Pioniere kamen diese Vorteile gerade recht, denn Holz wurde damals in rauen Mengen gebraucht: Man musste Stützbalken für die Stollen der Goldsucher haben, Planken für die Schiffe und Balken für die entstehenden Städte und den Eisenbahnbau. Außerdem brauchten die Neuankömmlinge Arbeit – und fanden sie in der Holzindustrie. Ganze Städte und Flotten wurden aus Redwood errichtet, so auch die schönen victorianischen Häuser von San Francisco und Eureka, und trotz des außergewöhnlich schnellen Wachstums (bis zu 60 cm jährlich) schwanden Jahr für Jahr große Teile des ehemals 8.000 km² bedeckenden Waldes. Erst im Jahre 1968 – bis dahin war etwa 85 % des Bestandes unrettbar vernichtet – entschloss man sich, den Nationalpark einzurichten. Trotzdem geht außerhalb der geschützten Gebiete der Kahlschlag weiter, was vor einigen Jahren in Oregon zu heftigen Auseinandersetzungen zwischen Naturschützern und Holzfällern geführt hat.

Küste u.a. Grauwale und Seelöwen vor, während das Hinterland u.a. von Skunks, Füchsen, Wieseln, Hasen und Waschbären bevölkert wird. Sogar eine Herde von ca. 240 Exemplaren der seltenen Thule-Hirsche kommt auf der Halbinsel vor.

Trotz der überschaubaren Dimensionen sollte man nicht glauben, das Naturschutzgebiet sozusagen auf dem Weg nach San Francisco „mitnehmen" zu können; wer das Terrain auch nur übersichtsartig kennen lernen möchte, sollte sich dafür einen Tag reservieren und deshalb vorab in Inverness, Bolinas oder Pt. Reyes Station um eine Unterkunft bemühen. Die erste Anlaufstation ist das Bear Valley Visitor Center nahe des Hwy. 1, in dem man nähere Informationen zum gesamten Naturschutzgebiet erhält. Dort können auf markierten Wegen erste kleinere Wanderungen unternommen werden, u.a. auf dem erwähnten Earthquake Trail. Autotouristen stehen ab hier drei Straßen zur Verfügung, auf denen man jeweils bis an die Küste gelangt. Die nördliche Pierce Point Rd. folgt zunächst der Tomales Bay, passiert die Ortschaft Inverness und bringt einen dann zur 1858 gegründeten Pierce Point Ranch weit im Norden. Dort befindet sich das Reservat der Thule-Hirsche; außerdem kann man auf einem 5-Meilen-Trail bis zum Tomales Point, dem Nordkap der Halbinsel, vordringen.

Hinter Inverness zweigt von dieser Straße der breite Sir Francis Drake Hwy. nach Südwesten ab. Nach etwa 23 Meilen erreicht man auf ihm das **Point Reyes Lighthouse**, wobei man unterwegs einige Male anhalten sollte, u.a. an Drake's Bay Oyster Farms (www.drakesbayoyster.com) und an den windigen Strandabschnitten Point Reyes Beach North und South. Dazwischen geht eine Stichstraße zum **Drakes Beach** ab, wo Sir Francis Drake 1597 gelandet sein soll. Auch dort gibt es ein Visitor Center.

Am Ende der Straße in den Süden begrüßt einen das Lighthouse Visitor Center, von wo man ca. 800 m weit und 300 Stufen hinab zum Leuchtturm geht. Das historische Gebäude von 1870 ist weithin als eine der besten Beobachtungsstationen der jährlichen Grauwal-Wanderung bekannt. Ganz in der Nähe können Seelöwen und Robben vom Sea Lion Overlook aus gesichtet werden.

Die dritte Straße schließlich, die asphaltierte Limantour Rd., ist der kürzeste Weg zum Meer und endet nach 8 Meilen am sehr feinen, weißen Sandstrand des Limantour Beach.

Reisepraktische Informationen Point Reyes National Seashore

Vorwahl 415

Information
Point Reyes National Seashore/Bear Valley Visitor Center, 1 Bear Valley Rd., Point Reyes Station, CA 94956, ☎ 464-5100, www.nps.gov/pore; Mo–Fr 9–17, Sa–So 8–17 Uhr. Daneben stehen auch das Lighthouse Visitor Center und das Kenneth C. Patrick Visitor Center zur Verfügung.

Unterkunft
Die einzige Unterkunft – außer primitiven Zeltplätzen – innerhalb des Parks ist die Jugendherberge:
Hostelling International Point Reyes $, 1390 Limantour Spit Road, ☎ 663-8811, www.norcalhostels.org/reyes; einfache Mehrbettzimmer sowie ein Familienzimmer, ganzjährig geöffnet.

In der Umgebung gibt es in Inverness, Bolinas und Pt. Reyes Station mehrere Motels, Campingplätze und vor allem einige sehr gemütliche Bed & Breakfast-Unterkünfte. Viele davon sind zusammengeschlossen in:
Point Reyes Lodging Association $$-$$$$$$, P.O. Box 878, Point Reyes, CA 94956, ☎ 663-1872, www.ptreyes.com. Die Organisation vertritt eine Reihe unterschiedlicher Unterkünfte, Hotels, Inns und B&Bs – besonders empfehlenswert dabei:
Ferrando's Hideaway, 31 Cypress Rd, Point Reyes Station, ☎ 663-1966, www.ferrando.com; stimmungsvolle und gemütliche B&B-Unterkunft mit u.a. zwei hervorragend ausgestatteten und romantischen Häuschen mit eigenen Terrassen und Jacuzzi.

Restaurants
The Olema Inn & Restaurant, 10000 Sir Francis Drake Hwy./Hwy. 1, Olema, ☎ 663-9559, www.theolemainn.com, Do–Mo Lunch/Dinner, So Brunch. Ambitionierte Küche mit Gerichten aus frischen lokalen Produkten, gelegentlich Livemusik. Auch Unterkunft.

Olema Farm House Restaurant & Deli, 10021 Hwy. 1, Olema, ① 663-1264, www.pointreyesseashore.com; preiswertes Familienlokal u.a. mit leckerem Seafood, Hamburgern, Pasta, Steaks in großen, preiswerten Portionen. Auch empfehlenswerte Unterkunft.
The Station House Café, 11180 State Route One/Main St., Pt. Reyes Station, ① 663-1515, www.stationhousecafe.com; im alten Bahnhof untergebrachtes nettes Lokal mit Garten und Bar, kreative und preiswerte Gerichte aus und saisonal wechselnden Bioprodukten (Slow Food).

Hinter Pt. Reyes Station scheint das große Etappenziel, San Francisco, nun greifbar nahe gerückt. Doch der nach wie vor sehr kurvenreiche Shoreline Highway (Hwy. 1) erlaubt keine hohen Geschwindigkeiten, sodass sich gerade die letzte Strecke ziemlich hinzieht. Nach einigen Fahrminuten passiert man dabei zunächst den Abzweig einer kleinen Stichstraße, die einen nach **Bolinas** bringt – vorausgesetzt, man findet den Weg. Denn die Einwohner entfernen regelmäßig sämtliche Straßenschilder, die auf ihr Dorf hinweisen – aus Angst, allzu viele Touristen können ihre einzige Straße – eine Sackgasse, die am Strand endet – hoffnungslos verstopfen. Wer trotzdem nach Bolinas gefunden hat, wird durch ein pittoreskes Dörfchen belohnt, in dem die Zeit stehen geblieben zu sein scheint und das zu einem gemütlichen Spaziergang einlädt. Schauen Sie dabei an Bolinas Gallery vorbei, in der zahlreiche lokale Maler ihre Arbeiten ausstellen.

Auf dem Hwy. 1 passiert man als nächstes den **Stinson Beach** (s. S. 186), einen 5 km langen Sandstrand, der zu den beliebtesten der Bay Area zählt. Er ragt in Form einer langen Sandbank in die Bolinas Lagoon hinaus, die von Tausenden von Seevögeln bevölkert ist. Wegen der Popularität des Stinson Beach geht es gerade an Wochenenden sehr turbulent zu, sowohl am Strand als auch in den Restaurants und Kneipen des gleichnamigen Ortes.

Ein weiterer Abstecher zur Pazifik-Brandung ist am **Muir Beach** möglich, dessen uriger Pelican Inn, die Kopie eines englischen Pubs aus dem 16. Jh., zum Einkehren reizt. Wer einen

Blick auf das Lighthouse Visitor Center

wirklich unberührten Strandabschnitt genießen möchte, sollte sich von hier aus zum ein wenig weiter südlich gelegenen **Tennessee Beach** vorkämpfen; eine Straße dorthin gibt es freilich nicht.

Auf gebirgiger Streckenführung windet sich der Highway nun ins Inland, wo ausgedehnte Wälder mit Kiefern und Tannen, später durchsetzt mit Eukalyptus-Bäumen, zu Wanderungen anregen. Recht nahe am Mt. Tamalpais und den Muir Woods vorbei gelangt man schließlich vor Sausalito wieder auf den Hwy. 101, der einen in wenigen Fahrminuten zur Golden Gate Bridge bringt (vgl. S. 151).

Route 2: Rundfahrt zum Yosemite National Park
Überblick und Streckenvarianten

Der Yosemite National Park ist eine der schönsten und bekanntesten (leider auch meistfrequentierten) natürlichen Sehenswürdigkeiten der USA. Auf dem Weg dorthin sollte man sich Sacramento nicht entgehen lassen, die geschichtsträchtige Hauptstadt des Bundesstaates, aber auch weiter nördlich gelegene Gebiete locken mit alpiner Umgebung, herrlichen Seen und hübschen Ortschaften. Der Lake Tahoe ist sicher ein „Juwel", das alle begeistern wird und sommers wie winters ein lohnendes Ausflugsziel darstellt. Ob man die Spielerstadt Reno in Nevada noch mitnehmen möchte, ist eine Frage der persönlichen Vorliebe.

Wirklich interessant wird der östliche Bogen aber durch pittoreske Städte wie Carson City und vor allem Virginia City sowie, wieder in Kalifornien, Bodie, die schönste aller Ghost Towns. Vom bizarren, salzhaltigen Mono Lake geht es über die spektakuläre Tioga Pass Road in den Yosemite National Park. Hier heißt es, sich auf Wanderungen oder Fahrradtouren möglichst weit vom Touristenrummel zu entfernen, um die majestätische Natur in aller Stille zu genießen. Mindestens einen Tag sollte man dafür reservieren.

Die weitere Route hängt von vielen Faktoren ab, u.a. vom Standort Ihres Quartiers im Nationalpark – auf die möglichen Alternativen wird im Text kurz eingegangen. Außerdem besteht die Möglichkeit zu einer weitergespannten Rundfahrt, indem man von Yosemite aus die Nationalparks Sequoia und Kings Canyon ansteuert. Auf diese Weise kann man auch die meisten Ausflugsziele der Route 3 und der Route 4 mit diesem kombinieren. Eine praktikable Tourenplanung würde dabei folgende Stationen umfassen: Yosemite NP – Sequioa NP – Bakersfield – Death Valley NP – Las Vegas – Joshua Tree NP – Palm Springs – San Diego – Los Angeles – Santa Barbara – Big Sur – Monterey – San Francisco.

Folgt man jedoch der hier vorgeschlagenen „kleinen Route", fährt man von Yosemite durch das Gold Country zurück. Diese Tour

Redaktionstipps

▶ Der **Mono Lake** mit seinen Salzsäulen (S. 354).
▶ Die hochalpine Natur mit Gebirgsseen und Berggipfeln am 3.000 m hohen **Tioga Pass** (S. 357).
▶ In der kalifornischen Hauptstadt **Sacramento** Geschichte pur erleben (S. 329).
▶ **Bodie:** Erlebnis einer „echten" Geisterstadt (S. 353).
▶ Versuchen Sie im **Gold Country** selbst Ihr Glück als Digger, z.B. in der Gold Bug Mine (S. 366).

beinhaltet keine besonders spektakulären Landschaftserlebnisse, ist aber angenehm, erholsam und sehr interessant.

Die meisten der vorgestellten Ziele sind sowohl im Sommer als auch im Winter zu erreichen. Dies trifft jedoch nicht auf die spektakuläre Tioga Pass Road zu, die normalerweise von November bis Anfang Mai nicht passierbar ist. Mit ande-

Der Lake Tahoe ist im Sommer und Winter ein lohnendes Ziel

ren Worten: Hält man sich an die Vorschläge zu dieser Rundfahrt, sollte der Urlaubstermin nach den Osterferien liegen. Ein **Programm** könnte bei wenig Zeit so aussehen:

1. Tag: San Francisco – Sacramento; ausgiebige Besichtigung und Übernachtung
2. Tag: Von Sacramento entweder über Folsom, Auburn, Nevada City und Truckee zum Lake Tahoe oder als Erweiterung über Reno, Virginia City und Carson City. Diese Variante ist aber nur mit mindestens einer weiteren Übernachtung möglich.
3. Tag: Lake Tahoe – Bodie (Besichtigung) – Mono Lake (evtl. Badestopp) – Tioga Pass Road – Yosemite Valley (Übernachtung)
4. Tag: Ganztägige Erkundung des Yosemite National Park mit Wanderungen
5. Tag: Yosemite – Jamestown (Stadtrundgang) – Placerville (Besichtigung) – Coloma (Besichtigung) – Sacramento (– San Francisco)

Sacramento

Es gibt viele unterschiedliche Wegstrecken, um von San Francisco zur Hauptstadt des Bundesstaates zu gelangen – u.a. könnte man über die Golden Gate Bridge nach Sausalito und San Rafael fahren oder einen größeren Bogen durch das Napa Valley einlegen. Am schnellsten und einfachsten legt man die Strecke über die I-80 zurück. Sie bringt einen von San Francisco über die San Francisco-Oakland Bay Bridge zur Ostseite der Bucht, dann an Berkeley und Richmond vorbei zur San Pablo Bay. Deren Ostufer wird von **Vallejo** eingenommen, einer aufstrebenden Stadt mit derzeit rund 120.000 Einwohnern. Viele in- und ausländische Besucher, die hier von der Autobahn abfahren, tun dies hauptsächlich wegen des Vergnügungs- und Tierparks Six Flags Discovery Kingdom. Weiter geht es in nordöstlicher Richtung, wo sich hinter den letzten Hügelketten das weite Sacramento Valley ausbreitet. Die z.T. schnurgerade Interstate passiert eine weite-

Hauptstadt Kaliforniens

Route 2: Rundfahrt zum Yosemite National Park

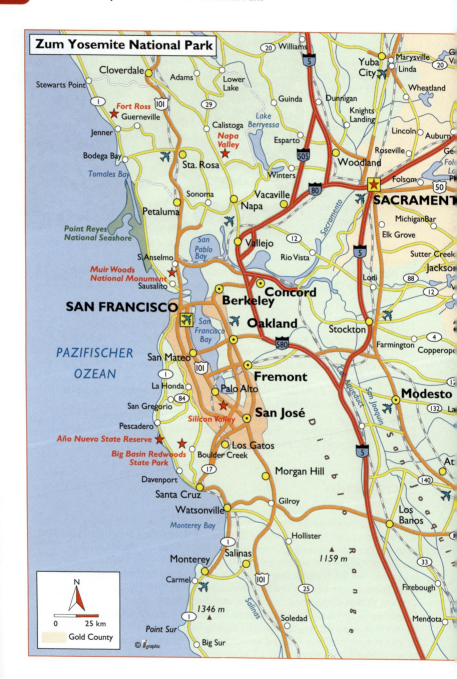

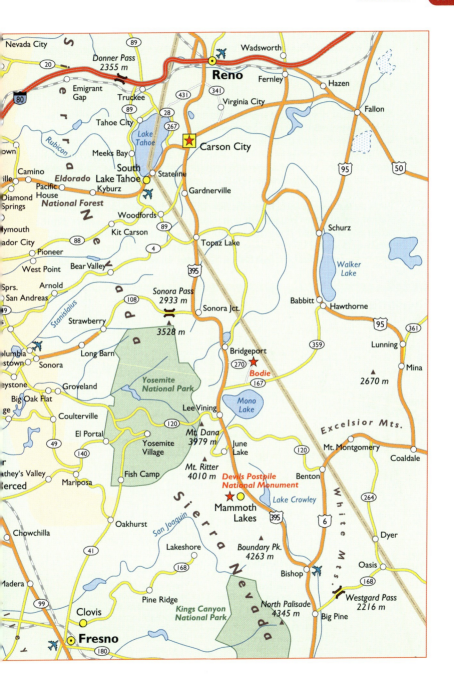

re Großstadt, **Fairfield** (106.000 Ew.) und bringt Reisende zügig nach Sacramento. Insgesamt ist diese Strecke etwa 140 km lang und bei normalen Verkehrsverhältnissen bequem in 2 Stunden zu schaffen.

Überblick

Schweizer Gründung

Sacramento ist eine großzügig angelegte Stadt mit breiten Alleen, eleganten victorianischen Häusern, vielen kulturellen Sehenswürdigkeiten, historischen Baudenkmälern und einer schönen Flusslandschaft. Die Gründerzeit begann hier im Jahre 1839, als der „Captain" genannte Schweizer *Johann August Sutter* (vgl. S. 20) ein Fort baute und die Basis seines Imperiums schuf. Bekanntermaßen zerstörte der Goldrausch sein „Neu-Helvetien" und damit alle seine Träume von einem unabhängigen eigenen Reich.

Nicht zerstört wurde Sacramento, das man 1854, vier Jahre nach der Staatswerdung Kaliforniens, zu dessen **Hauptstadt** ernannte. Als solche konnte sich der Ort, damals schon eine bedeutende Station des legendären Pony Express, gegenüber den Konkurrentinnen Monterey, San José, Vallejo und Benicia durchsetzen, in denen sich jeweils für ganz kurze Zeit die kalifornischen Delegierten trafen. Als dann die endgültige Entschei-

dung zugunsten von Sacramento gefallen war, wurden sehr schnell großzügige Geldmittel bereit gestellt, um den Ausbau zu einer repräsentativen Hauptstadt zügig zu bewerkstelligen. Dadurch, dass sie in der Folge bald schon an das transamerikanische Eisenbahnnetz angeschlossen worden war, blühte die Wirtschaft auf und stieg die Einwohnerschaft rasant an. Sacramento ist heute wirtschaftlicher, administrativer und kultureller Mittelpunkt eines Ballungsraumes mit 2,1 Mio. Menschen, während die Stadt selbst etwa 470.000 Einwohner hat.

Besichtigung

Eine Besichtigung sollte sich auf den historischen Kern beschränken, der sich unterhalb der Mündung des American River in den Sacramento River ausbreitet und der gut zu Fuß erkundet werden kann. Eine nicht zu übersehende Landmarke stellt hier das **State Capitol (1)** dar, ein blendend weißer Kuppelbau im neoklassizistischen Stil. Er wurde ab 1860 innerhalb von 14 Jahren und für die damals ungeheure Summe von 2,5 Mio. Dollar errichtet. Die von korinthischen

Das State Capitol von Sacramento

Säulen umstandene Rotunde mit ihrer hohen Kupferkuppel (insgesamt 64 m hoch) überblickt mit repräsentativer Geste die Stadt und gehört sicherlich zu den auffälligsten Bauwerken der Region. Dem Äußeren, das in einer Linie mit der Architektur der Capitole von Salt Lake City und Boise steht, entspricht das verschwenderisch ausgestattete Interieur mit seiner Rotunde, den Marmormosaiken und Kristallleuchtern. Einen Teil des sehenswerten Inneren kann man in sieben Museumsräumen besichtigen, und weitere Räumlichkeiten werden von Reiseleitern in historischen Kostümen bei einer Führung gezeigt. Auf alle Fälle aber sollte jeder einmal bis unter die zentrale Kuppel spaziert sein.

Verschwenderisch ausgestattet

California State Capitol Museum, *10th St./Capitol Mall, ☏ (916) 324-0333, www. capitolmuseum.ca.gov; tgl. 9–17 Uhr, freier Eintritt, Führungen 10–16 Uhr zu jeder vollen Stunde.*

Hinter dem Capitol erstreckt sich zwischen der L St. und der N St. der 16 ha große **Capitol Park** mit riesigen Himalaya-Zedern, Palmen und anderen prächtigen Bäumen sowie vielen Erdhörnchen. An seinem östlichen Ende stellt das **Vietnam Veterans Memorial (2)** von 1988 einen markanten Blickfang dar, das sich ein wenig an das bekanntere Denkmal in Washington D.C. anlehnt. Auch hier sind die Namen von 5.822 getöteten bzw. vermissten Soldaten aus Kalifornien in schwarzen Granit-Tafeln eingraviert, während die Bronzeplastiken das Alltagsleben der GI's darstellen. Nördlich des Capitol-Platzes erhebt sich das **Convention Center (3)**, und direkt daneben, an der Ecke der 13th und K Street, wurde 1999 im ehemaligen **Esquire Theatre (4)** ein IMAX-Theater eröffnet, das auf einer Großleinwand spektakuläre Filme zeigt (*tgl. 10–22 Uhr*).

Wer an Architektur – vor allem der victorianischen Zeit und des Art Déco – interessiert ist, stößt besonders im Viertel hinter dem Convention Center auf viele gut erhaltene historische Bauwerke, so z. B. auf die **City Hall** *(10th/I St.)*, die **Cathedral of the Blessed Sacrament** *(1017 11th St.)* oder das **Crest Theater** *(1013 K St.)*. Im Visitor Bureau gibt es dazu eine detaillierte Beschreibung verschiedener „Historic Architecture of Sacramento Walking Tours". Dabei gelangt man auch zur **Old Governor's Mansion (5)** aus dem Jahre 1877, die von ganz besonderem Interesse ist und eines der edelsten Beispiele victorianischer Holzbaukunst darstellt. Mit seiner vornehmen Inneneinrichtung war es ein würdiges Heim für 13 kalifornische Gouverneure (bis und einschließlich *Ronald Reagan*), heute steht es als Museum innerhalb eines State Parks für Besichtigungen offen. Die Mansion kann nur im Rahmen einer Führung besucht werden.
Governor's Mansion SHP, *1526 H St. Ecke 16th St., ☎ (916) 323-3047, www.parks.ca.gov; tgl. 10–17 Uhr, Führungen jeweils zur vollen Stunde bis 16 Uhr, Eintritt US$ 5.*

Haus der Gouverneure

Jenseits des Capitols findet man nur einen Block südwestlich das **California Museum (6)**. In mehreren Galerien mit Themenschwerpunkten wie „Place", „People", „Promise" und „Politics" wird die Geschichte Kaliforniens seit der Staatengründung widergespiegelt, wobei u.a. authentische Dokumente, Gemälde, Fotos, Hologramme, Filme und interaktive Medien eingesetzt werden. Über dem Museumshof erhebt sich sechs Stockwerke hoch die **Constitution Wall**, in die wichtige Sätze der kalifornischen Verfassung von 1879 eingemeißelt sind. Dem Museum angeschlossen ist außerdem die **California Hall of Fame**, die von der ehemaligen First Lady *Maria Shriver* 2006 installiert wurde und in die jedes Jahr 12 verstorbene oder lebende Persönlichkeiten des Bundesstaates aufgenommen werden – z.B. der Jazz-Musiker *Dave Brubeck*, die Schauspielerin *Jane Fonda* oder der Wissenschaftler und Nobelpreisträger *Linus Pauling*.
California Museum, *1020 O St., Ecke 10th St., ☎ (916) 653-7524, www.californiamuseum.org; Mo–Sa 10–17, So 12–17 Uhr, Eintritt US$ 8,50.*

Von hier aus geht es in westlicher Richtung weiter. Dabei sollte man an der Ecke 8th St./N St. das **Leland Stanford Mansion (7)** beachten, den gut 150 Jahre alten Wohnsitz des ehemaligen Gouverneurs, Senators und Eisenbahn-Barons *Leland Stanford (Ecke 8th/N St, www.stanfordmansion.org, Mi–So 9.30–17 Uhr)*. Zwei Blocks entfernt befindet sich das **Wells Fargo History Museum (8)**, das an die Geschichte der Postkutschen-Fahrt seit 1852 erinnert und u.a. mit einer restaurierten Kutsche aufwartet. Der Eingang zum Museum, das im übrigens in Old Sacramento eine Zweigstelle unterhält, befindet sich auf der Capitol Mall *(www.wellsfargohistory.com; Mo–Fr 9–17 Uhr, freier Eintritt)*.

Geschichte der Postkutschen

Noch ein Stück weiter gelangt man vom Capitol zum Ufer des Sacramento River mit den bedeutendsten Sehenswürdigkeiten der Stadt. Am besten schlendert man dabei die Fußgängerzone K Street Mall hinab, die einen automatisch zur **Downtown Plaza (9)** bringt. Hier sind in einem futuristischen Komplex auf mehreren Etagen Läden, Boutiquen, Restaurants und Kneipen untergebracht, und mit seinem quirligen Treiben zur Tages- und Abendzeit hat sich die Plaza zu einer richtigen Flaniermeile entwickelt.

Old Sacramento (10)

Auf der Rückseite der Downtown Plaza befindet sich die Altstadt, die leider durch die Betonschneise der I-5 (Fußgängerunterführung) von der Stadt abgetrennt ist. Davon sollte sich aber keiner abschrecken lassen, denn mit seinem ansehnlichen Ensemble von teils original erhaltenen, teils rekonstruierten Gebäuden der Pionier- und Goldgräberzeit gehört das Viertel zu den schönsten des amerikanischen Westens. Das **Eagle Theater** etwa stammt aus dem Jahre 1859 und streitet sich mit einem Holzgebäude in Monterey um den Rekord des landesweit ältesten Theaters. Während man tagsüber mit Kutschen durch das Westernstädtchen fahren kann, füllen sich abends die vielen Kneipen und Restaurants mit Nachtschwärmern. Nicht nur die Ziegelstein- und Holzhäuser, die nie höher als drei Stockwerke sind und ein charmantes und geschlossenes Ambiente aufweisen, ziehen die Besucher an. Denn der Personenverkehr der damaligen Zeit wurde außer mit Kutschen und der Eisenbahn auch mit Hunderten von Schaufelraddampfern besorgt, die den gut schiffbaren Sacramento River befuhren. Mehrere der historischen Boote sind heute sorgfältig restauriert und an der Waterfront der Old Town angedockt. Auf ihnen kann man Minikreuzfahrten unternehmen, vorzüglich essen und sogar auch wohnen. So z.B. im Schaufelraddampfer **Delta King (a)**, der über eine Landungsbrücke erreicht wird und heute ein Hotel nebst Restaurant und Bar beherbergt.

Gebäude aus der Goldgräberzeit

Auch tagsüber sollte man zunächst seine Schritte zur Waterfront lenken, von der man einen schönen Blick auf den Fluss und die beiden Brücken Tower Bridge (links) und First Bridge (rechts) genießt. In einem eigenen **Visitor Information Center** sollte man sich über Sonderveranstaltungen und Öffnungszeiten informieren und mit Stadtplänen über die Old Town eindecken. Für speziell Interessierte lohnt sich evtl. ein Besuch des **California Military Museum (b)** (*1119 2nd St.*), und wer sich über die Geschichte der Postkutschen informieren möchte, kann das in der Oldtown-Filiale des **Wells Fargo Museum (c)** (*1000 2nd St. Ecke J St.*) tun. Und natürlich muss es innerhalb des größten Bestandes an „Goldrausch-Häusern" an der gesamten Pazifikküste auch ein Museum geben, das die „goldene Geschichte des Gold Staates" illustriert, u.a. mit einem Nugget im Wert von 2 Mio. Dollar. Diesen findet man ebenso wie nachgebaute Minenstollen oder eine funktionierende Zeitungsdruckerei aus den 1890ern im **Sacramento History Museum (d)**, das in einer Replik des Rathauses von 1849 untergebracht ist.

Das Eagle Theatre in Old Sacramento

Goldgräber-Museum

Sacramento History Museum, *101 I St., ① (916) 808-7059, www.historicoldsac.org, Di–So 10–17 Uhr, Eintritt US$ 6.*

Nicht verpassen sollte man das **California State Railroad Museum (e)**, das als wirkliches Highlight eines jeden Kalifornien-Besuches gelten kann, ob man nun ein Eisenbahn-Fan ist oder nicht. 1856 wurde in Sacramento die erste kalifornische Eisenbahnlinie ein-

Empfehlenswertes Eisenbahn-Museum

geweiht (nach Folsom), diese wiederum bekam 1869 ihren Anschluss an die transkontinentale Zugstrecke zwischen der Ost- und der Westküste. In diesem modernen Museum, dem weltweit größten seiner Art, sind in mehreren Etagen 21 komplette Lokomotiven des 19. und 20. Jh. präsentiert, zusammen mit Waggons, Einrichtungsstücken etc. Zusammen mit Fotodokumenten und der historischen Aufmachung der Ausstellungsräume und des Personals wird auch ein gutes Stück amerikanischer Geschichte von der Pionierzeit bis zur Gegenwart dokumentiert – ein Museums-Vergnügen der ganz besonderen Art. Mit der gleichen Eintrittskarte gelangt man außerdem in das benachbarte Eisenbahn-Depot, einer Rekonstruktion eines 1876 errichteten Gebäudes. Ab dort kann man im Sommer übrigens mit der historischen Dampfeisenbahn „El Dorado", einem Luxuszug mit Aussichtswaggon, auf einer 6 Meilen langen Strecke am Flussufer entlang fahren.
California State Railroad Museum, *125 I St., Old Sacramento, ① (916) 445-6645, www.csrmf.org; tgl. 10–17 Uhr, großer Souvenir-Shop, Eintritt US$ 9.*

Über die automobile Konkurrenz kann man sich im **California Automobile Museum (11)** informieren, das immerhin die weltweit kompletteste Sammlung von Vehikeln aus dem Hause Ford beherbergt. Mehr als 150 Automobile, nach Jahrzehnten geordnet und sämtlich liebevoll restauriert, warten hier auf staunende Besucher. Das Museum kann man von Old Sacramento aus über die Front St. in einem 20-Minuten-Marsch erreichen, es stehen aber auch ausreichend freie Parkplätze zur Verfügung.
California Automobile Museum, *2200 Front St., ① (916) 442-6802, www.calautomuseum.org; tgl. 10–18 Uhr, Eintritt US$ 8.*

Eingang zum State Historic Park

Auf dem Weg von der Altstadt zurück in Richtung Capitol können Kunstbeflissene und Architekturfreunde noch an weiteren Sehenswürdigkeiten Halt machen. Da ist zunächst das **Crocker Art Museum (12)**, in dem der Richter *E.B. Crocker* 700 Meisterwerke der europäischen und amerikanischen Malerei zusammengetragen hat. Das herrliche Gebäude im Stil der Neorenaissance, 1873 errichtet und damit die älteste öffentliche Kunstsammlung des Westens, ist allein schon wegen der „Hochzeitstanz" von *Pieter Brueghel* einen Besuch wert. Andenken erhält man im gut sortierten Buch- und Souvenirladen. Ende 2010 eröffnete das Museum nach einer umfangreichen Erweiterung neu.
Crocker Art Museum, *216 O St., ① (916) 808-7000, www.crockerartmuseum.org, www.newcrocker.org; Di–So 10–17, Do bis 21 Uhr, Eintritt US$ 10.*

Keimzelle Sacramentos

Eine weitere große Sehenswürdigkeit der Stadt liegt etwas weiter entfernt im Osten und sollte mit dem Bus oder Pkw angefahren werden. Gemeint ist der **Sutter's Fort State Historic Park (13)**, der restaurierte und rekonstruierte Teile von Captain *Sutters* „Neu-Helvetien" umfasst, also die 1839–50 begründete Keimzelle der Stadt Sacramento. Das Gelände mit seiner weißen Wehrmauer ist heutzutage von zwei großen Verkehrsstraßen eingerahmt, an denen sich aber auch zwei schöne Kirchen befinden. Der Haupteingang liegt an der L St., gegenüber der Pioneer Congregational Church. Im Inneren des Forts, dessen Bau über vier Jahre in Anspruch nahm und das damals eines der größten Bauwerke des mexikanischen Kalifornien darstellte, sollte man sich mit Hilfe einer audiovisuellen Führung bewegen. Insgesamt dauert der interessante Rundgang etwa eine Stunde. Direkt außerhalb des Forts erinnert gegenüber der katholischen Kirche St. Franciscus of Assisi das **California State Indian Museum** an das Leben und Kunsthandwerk der kalifornischen Indianerstämme.
Sutter's Fort State Historic Park, *2710 L St. Ecke 27th St., ① (916) 445-4422, www.parks.ca.gov; tgl. 10–17 Uhr, Eintritt US$ 5.*
State Indian Museum, *2618 K St. Ecke 26th St., ① (916) 324-0971; tgl. 10–17 Uhr, Eintritt US$ 3.*

Reisepraktische Informationen Sacramento

Vorwahl 916

Information
Sacramento Convention & Visitors Bureau, *1030 15th St., Sacramento, CA 95814, ① 808-5291, www.sacramentoconventioncenter.com; Mo–Fr 8–17 Uhr.*
Visitor Information Center, *1002 2nd St. Ecke J St., Old Sacramento, ① 442-7644, www.oldsacramento.com; tgl. 9–17 Uhr.*

Hotels
Best Western Sutter House $$, *1100 H St., ① 441-1314, www.thesutterhouse.com*; preiswertes und zentral gelegenes Hotel, solide und mit geräumigen, gut ausgestatteten Zimmern inkl. Frühstück.
La Quinta Inn $$, *200 Jibboom St., ① 448-8100, www.lq.com*; einfacheres, aber sauberes und nahe der Old Town gelegenes Hotel, 170 Zimmer, gutes Preis-Leistungsverhältnis.
Delta King $$$-$$$$, *1000 Front St., Old Sacramento, ① 444-5464, www.deltaking.com*; historisches Riverboat mit stimmungsvollem Ambiente, 44 relativ kleine, aber modern ausgestattete Kabinen, einige Suites, Bar, Restaurant, gut zur Erkundung der Altstadt geeignet.

Amber House $$$-$$$$, 1315 22nd St., ① 444-8085, www.amberhouse.com; sehr elegante B&B-Unterkunft mit 10 unterschiedlichen, luxuriös ausgestatteten Gästezimmern, nahe dem Capitol gelegen.
Inn At Parkside $$$$, 2116 6th St., ① 658-1818, www.innatparkside.com; elegantes B&B im ehemaligen Haus des chinesischen Botschafters mit liebevoll ausgestatteten, individuell gestalteten Zimmern, zudem eigenes Wellness/Spa-Angebot.
Hyatt Regency Sacramento $$$$-$$$$$, 1209 L St., ① 443-1234, www.sacramento.hyatt.com; luxuriöses, modernes Haus direkt gegenüber dem Capitol, 503 Zimmer (versuchen Sie, eines in den oberen Etagen und mit Blick aufs Capitol zu bekommen), Pool, mehrere Restaurants und Bars, u.a. im obersten Stockwerk mit herrlichem Blick.

Restaurants

Sacramento besitzt, auch aufgrund seiner Stellung als kalifornische Hauptstadt mit vielen Politikern und Geschäftsleuten, eine Vielzahl vorzüglicher Restaurants mit kalifornischer, junger amerikanischer, fernöstlicher und internationaler Küche. Sehr stimmungsvoll speist man in Old Sacramento u.a. im **Pilothouse Restaurant** auf dem Schaufelraddampfer „Delta King" (1000 Front St.). Uriger ist die Umgebung des **Firehouse Restaurant** (1112 2nd St., www.firehouseoldsac.com), das in der alten Feuerwache untergebracht ist und neue kalifornische Küche anzubieten hat. Gleiches gilt für das **Rio City Café** (1110 Front St., www.riocitycafe.com). Live-Musik und/oder Pub-Atmosphäre findet man u.a. in:
Hoppy Brewing Company, 6300 Folsom Blvd., ① 451-4677, www.hoppy.com; ein gemütliches Lokal mit mehreren Ales im Ausschank, dazu herzhafte und preiswerte Pub-Gerichte wie Huhn, Salate oder Burger.

Ein weiteres empfehlenswertes Restaurant:
Ristorante Piatti, 571 Pavilions Lane, ① 649-8885, www.piatto.com; gute italienische Küche zu einem angemessenen Preis, das gemütliche Restaurant erinnert an eine Trattoria.

Weitere Infos unter www.sacramento.diningguide.com

Veranstaltung

Aus dem prallen Veranstaltungskalender der Hauptstadt ragt das renommierte **Sacramento Jazz Festival** heraus, das am Memorial Day Weekend Ende Mai stattfindet. An rund 30 verschiedenen Locations in der Downtown und in Old Sacramento spielen bis zu 100 Bands, Infos unter www.sacjazz.com. Im August/September ist es dann die California State Fair, die mit bekannten Stars, vielen Wein- und Brauereiständen, internationaler Gastronomie, nächtlichen Feuerwerken, einem Vergnügungspark und Pferderennen viele Zuschauer anzieht.

Öffentliche Verkehrsmittel
Flughafen

Der Sacramento International Airport (SMF) befindet sich ca. 20 km nordwestlich der Downtown an der I-5. Verbindung zur Innenstadt sind per Linienbus (Yolobus, ① (800) 371-2877, ca. US$ 3), per Shuttlebus (z.B. Supershuttle, ① (800) 258-3826, www.supershuttle.com; ca. US$ 18) oder per Taxi möglich (ca. US$ 27). Am Flughafen befindet sich der Rental Car Terminal (Shuttlebusverbindung) mit den wichtigsten Mietwagen-Anbietern. Flughafen-Infos unter www.sacairports.org.

Zug
Durch die Amtrak ist Sacramento jeweils einmal tgl. mit Denver bzw. Chicago, Los Angeles/San Diego sowie Seattle verbunden, mehrmals tgl. fahren Züge nach Oakland/San Francisco Bay und ins San Joaquin Valley. Der Bahnhof befindet sich Ecke 5th/I St.

Bus
Der Greyhound-Busbahnhof befindet sich auf der 7th/L St., Auskünfte unter ✆ (800) 231-2222, www.greyhound.com

Öffentlicher Nahverkehr
Das Unternehmen **Sacramento Regional Transit** (SRT) betreibt Busse und eine Straßenbahn mit zwei Linien nach Nordosten und Osten. Außerdem gibt es DASH Trolleys, die von Old Sacramento über J St. und K St. Mall zum Convention Center und über K und L St. zurückfahren; zwischen 11 und 15 Uhr im Downtown-Bereich sogar gratis, Infos unter ✆ 321-2877, www.sacrt.com.

Von Sacramento zum Lake Tahoe

Zum Südufer: über Folsom

Der kürzeste, nur knapp 100 Meilen lange Weg von der kalifornischen Hauptstadt zum Lake Tahoe ist der über den vierspurig ausgebauten Hwy. 50, der auf das südliche Ende des Sees zuführt. Auf den ersten Meilen geht es dabei am **Lake Natoma** entlang und durch die ebene, landwirtschaftlich intensiv genutzte Region des Sacramento Valley, wo Ortsnamen wie *Citrus Heights* oder *Orangevale* Rückschlüsse auf die hier angebauten Produkte zulassen. Unweit der Straße passiert man auch die 70.000-Einwohner-Stadt **Folsom**, die u.a. wegen des sehr großen Staatsgefängnisses bekannt ist, dem zweitältesten von Kalifornien. Touristen interessieren sich aber mehr für den gleichnamigen See, ein beliebtes Naherholungsgebiet. Der **Folsom Lake** entstand, als man den American River oberhalb der Stadt durch den Folsom Dam aufstaute, ein Projekt, das der Gewinnung von Strom und Trinkwasser dienen sollte, heute aber vor allem dem Fremdenverkehr zugute kommt: Baden, Angeln, Segeln, Wasserski etc. sind möglich, was wiederum Gäste anzieht, die auch die Campingplätze und Hotels von Folsom nutzen.

Stausee für den Tourismus

 Tipp

Mit dem Kanu oder als Wanderer den American River entlang nach Sacramento
Zwischen Folsom und Sacramento verläuft der American River ruhiger und breiter, und seine Uferzonen mit ihren landschaftlich und historisch interessanten Stationen dienen der Freizeitnutzung. Der große amerikanische Entdecker, Trapper und Pelzhändler *Jedediah Smith* (1798–1831) war der erste Weiße, der diese Region erkundete und beschrieb. Nach ihm benannt ist 50 km lange Jedediah Smith Memorial Trail, auf dem Wanderer, Mountainbiker und auch Reiter die Strecke flussabwärts bis zur kalifornischen Hauptstadt zurücklegen können. Sehr beliebt ist dieser Flussabschnitt auch für Kanuten, einen entsprechenden Geräteverleih gibt es in Folsom.

Der Ort ist auch ein Zentrum für Outdooraktivitäten am **American River**. Dieser besteht aus drei Quellarmen, die westlich des Lake Tahoe entspringen. Unterwegs vereinigt sich der mittlere (Middle Fork) mit dem nördlichen (North Fork), und bei Folsom mündet auch der südliche (South Fork) in den Fluss. Der wiederum strömt nach Westen, um bei Sacramento in den Sacramento River zu münden. Alle Quellarme werden von Kanuten und Rafting-Unternehmen als vorzügliche Wildwasserreviere genutzt.

Reisepraktische Informationen Folsom

Vorwahl 916

Information
Folsom Tourism Bureau, *200 Wool St., Folsom, CA 95630,* ① *985-2698, www.my folsom.com und www.visitfolsom.com*

Hotel
Lake Natoma Inn $$$, *702 Gold Lake Dr, Folsom,* ① *351-1500, www.lakenatoma inn.com; in schöner grüner Lage nahe Folsom Lake gelegenes Resorthotel mit 138 Zimmern bzw. Suiten und gutem Freizeitangebot.*

Im weiteren Verlauf geht es auf dem nach wie vor gut ausgebauten Hwy. 50 zügig nach Osten, dann aber folgt die Straße dem Tal des **American River**, wird schmaler und weist viele kurvige Abschnitte auf. Genauer gesagt ist dieser Fluss der nördliche, wildeste und 137 km lange Quellarm (North Fork) des American River, seine „Kollegen" Middle Fork und South Fork fließen weiter südlich, und alle vereinigen sich bei Folsom. Am North Fork also windet sich der Hwy. 50 entlang, führt durch das waldreiche und gebirgige Gebiet des **Eldorado National Forest** zur Linken und am Grat der bis zu

Beeindruckend: das Regierungsgebäude in Auburn

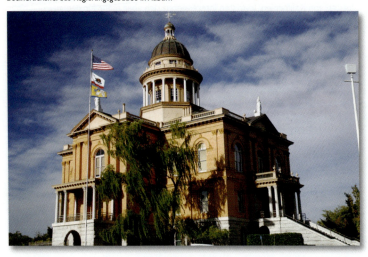

2.000 m hohen **Iron Mountains** zur Rechten vorbei. Auf den letzten Kilometern vor Erreichen des Seeufers geht es dann noch einmal richtig hoch hinauf, denn der Pass **Echo Summit**, immerhin 2.249 m ü.d.M. gelegen, muss bezwungen werden. Von hier aus kommt man nach rund 8 Meilen und vorbei am Flughafen hinab nach **South Lake Tahoe** (S. 350).

Zwischen Wäldern und Bergen

Zum Nordufer: über Auburn

Eine etwas weitere, der besseren Straße wegen aber nicht langsamere Verbindung zum Lake Tahoe bietet die I-80, die an langgestreckten Seen und voll erschlossenen Naherholungsgebieten vorbei auf die Sierra Nevada zuführt. Die erste Station auf diesem Weg ist **Auburn**, ein wunderschönes 13.000-Einwohner-Städtchen, das sich für einen Zwischenaufenthalt anbietet. Der im Zusammenhang mit den Goldfunden 1849 gegründete Ort besitzt eine ansehnliche, restaurierte Old Town mit schönen Ziegelstein-Häusern aus den 1850ern und 1860ern (besonders schön die Union Bar) sowie ein eindrucksvolles Regierungsgebäude. Ebenfalls aus der Goldrauschzeit stammen das Postamt und das Feuerwehrhaus, das älteste des Bundesstaates.

Reisepraktische Informationen Auburn

Vorwahl 530

Information
California Welcome Center, 13411 Lincoln Way, Auburn, CA 95603, ☎ (530) 887-2111, www.visitcwc.com.

Hotel
Powers Mansion Inn $$$$, 195 Harrison Ave., Auburn, ☎ (530) 885-1166, www.powersmansioninn.com; B&B in einem victorianischen und z.T. mit Antiquitäten geschmückten Haus, opulentes Frühstück, Restaurant mit leckeren Steak-Gerichten.

Bleibt man in Auburn auf der I-80, geht es durch die dichten Nadelwälder der Sierra Nevada immer höher hinauf, bis die Straße kurz vor Truckee am Pass **Donner Summit** mit knapp 2.200 m den höchsten Punkt erreicht.

Diese Strecke ist landschaftlich durchaus reizvoll, kann in dieser Hinsicht aber nicht mit dem Hwy. 49 konkurrieren, der ab Auburn einen etwas weiteren westlichen Bogen beschreibt. Nutzt man diese Variante, gelangt man durch ein altes Goldgräbergebiet nach **Nevada City**, einem 3.000 Einwohner zählenden Ort, der wie ein riesiges Wildwest-Freilichtmuseum wirkt. Viele der malerischen Holzgebäude wurden nach alten Plänen wieder aufgebaut. Mit diesem urigen Ambiente, aber auch wegen der Schmalspur-Eisenbahn **Alder Gulch Shortline Railroad**, ist Nevada City ein sehr populäres Reiseziel mit vielen Läden, Restaurants, Unterkünften und leider auch viel Nepp.

Wie im Wilden Westen

Ab Nevada City bringt einen der Hwy. 20 durch eine herrliche Szenerie zurück zur I-80. Diese Landschaftseindrücke könnte, wer Zeit und Lust hat, noch vertiefen, indem man weiter dem Hwy. 49 folgt, der hoch in den Norden führt. Dabei passiert man

Für Mountainbiker **Downieville**, einen Fremdenverkehrsort inmitten der Sierra Nevada, der vor allem bei der internationalen Mountainbiker-Gemeinde einen sehr guten Klang hat. Für diese Strecke, die gut 50 Meilen länger ist, sollte man wegen der vielen Kurven, vieler Aussichtspunkte und vielen Möglichkeiten zu kürzeren und längeren Wanderungen gut einen zusätzlichen halben Tag einplanen.

Welche Variante man auch wählt, irgendwann nähert man sich der Ortschaft Truckee. Hier muss man sich entscheiden, ob man der zweitgrößten Spielerstadt Nevadas, Reno (s.u.) einen Besuch abstatten will oder direkt zum berühmten Lake Tahoe fahren möchte. In diesem Fall nimmt man den nach rechts abgehenden Hwy. 89, der einen nach 15 Meilen nach Tahoe City am Ufer des tiefblauen „Juwels der Sierra Nevada" bringt. Eine etwas kürzere Alternative stellt der Hwy. 267 dar, der in 12 Meilen zum Nordpunkt des Sees bei Kings Beach führt.

Truckee

Truckee, das heute 16.000 Einwohner hat, wurde 1863 als Eisenbahnstation am Truckee River gegründet. Ein Aufenthalt lohnt sich unbedingt, denn aus dieser Zeit haben sich noch mehrere pittoreske Holzhäuser erhalten, die man auf einer „Historic Downtown Truckee Walking Tour" erkunden kann.

Reisepraktische Informationen Truckee

Vorwahl 530

Hotels
The Richardson House B&B $$$-$$$$, *10154 High St., Truckee,* ① *563-6874, www.therichardsonhouse.com; nettes B&B mit acht Zimmern, Gourmetfrühstück, Gratis-Snacks und -Softdrinks sowie ortskundigen und hilfsbereiten Gastgebern.*
The Truckee Hotel $-$$$, *10007 Bridge St., Truckee,* ① *(800) 659-6921, www.truckeehotel.com; kleines, historisches und wunderschönes Hotel von 1868 mit unterschiedlich großen Zimmern.*

Restaurant
Old Gateway Deli, *11012 Donner Pass Rd., Truckee; Gourmet-Deli, überregional bekannt für Sandwiches und Salate, außerdem große Auswahl an kalifornischen Microbrews und Weinen.*

Seitensprung nach Nevada: über Reno, Virginia City und Carson City zum Lake Tahoe

Soll es statt zum Lake Tahoe zunächst noch in den Nachbarstaat Nevada gehen, bietet sich eine nördliche, insgesamt etwa 80 Meilen lange Runde an, auf der man Casinos, ein Capitol, eine Goldgräberstadt und viel Natur erlebt. Ab Truckee bleibt man dabei auf der I-80, die zwar als Autobahn ausgebaut, trotzdem aber landschaftlich sehr reizvoll ist. Nach einer knappen Stunde ist auf dieser Route bereits Reno erreicht.

Reno

Reno wird sommers wie winters als Ferienort aufgesucht, doch hat sich die Stadt ihren Namen natürlich in erster Linie durch die Casinos, Nachtclubs, Hotels und Shows gemacht, die den Einwohnern der Bay Area den längeren Weg nach Las Vegas ersparen. Es ist ein leichtes, hier eine passende Unterkunft zu finden, wobei man besonders von So–Do in den Casino-Hotels vergünstigte Tarife erhält. Hat man noch kein großes amerikanisches Casino von innen gesehen, wäre es mit Sicherheit ein (je nach Temperament erschreckendes oder faszinierendes) Erlebnis, das in Reno nachzuholen. Spiegel und ausschließlich künstliches Licht sollen die Spieler das Gefühl für Raum und Zeit vergessen lassen.

Spielerstadt

Die Spielerwelt ist allerdings fast auch schon die einzige Attraktion der 215.000 Einwohner zählenden Doppelstadt Reno/Sparks. Wer jedoch glaubt, Reno mit Las Vegas vergleichen zu können, wird enttäuscht sein, denn das absolute Gambling-Ambiente fehlt genauso wie die dortigen architektonischen Highlights und Shows – nichts von der thematisierten Welt der extravaganten und einfallsreichen Hotelpaläste von Las Vegas findet sein Gegenstück hier. Bleibt höchstens die Überlegung, die relativ günstigen Hotelpreise auszunutzen, um Virginia City und den Lake Tahoe von hier aus zu erkunden. Einst lebte die Stadt übrigens von einem anderen „Geschäft": ab den 1930ern bis in die 60er war die Reno bekannt unter dem Namen „The Divorce Capital", der Journalist *Walter Winchell* bezeichnete das als „Reno-vation". Aus dem ganzen Land kamen damals scheidungswillige Pärchen hier her, wo eine Scheidung nur 6 Wochen dauerte.

Reisepraktische Informationen Reno

Vorwahl 775

Information
Reno-Sparks Convention & Visitors Association *(RSCVA), 4001 South Virginia Street, Reno (Eingang durch die Reno Town Mall), ① (800) FOR-RENO, www.visitrenotahoe.com, Mo-Fr 8-17 Uhr.*

Hotels
Circus-Circus $–$$, *500 N. Sierra St., Reno, ① 329-0711, www.circusreno.com; das mit 1.600 Zimmern zweitgrößte Casino-Hotel der Stadt mit verlockend niedrigen Preisen (besonders So–Do), die natürlich Spieler anlocken sollen.*
John Ascuaga's Nugget $$, *1100 Nugget Ave., Reno, ① (800) 648-1177, www.janugget.com; großes Casino-Hotel mit gutem Preis-Leistungsverhältnis, das nach seiner Erweiterung Anfang 1997 immerhin 1.400 schön eingerichtete und vor allem geräumige Zimmer aufweist.*
Vagabond Inn $$, *3131 S. Virginia St., Reno, ① 825-7134, www.vagabondinn-reno-hotel.com; sauberes 130-Zimmer-Motel mit gutem Preis-Leistungsverhältnis.*
Grand Sierra Resort Casino $$$–$$$$, *2500 E. 2nd St., Reno, ① 789-2000, www.grandsierraresort.com; sowohl das luxuriöseste als auch das größte Casino-Hotel (2.000 sehr geräumige Zimmer) in Reno, hier gibt es alles, von der Shopping Mall bis hin zum aufwändigen Fitnessbereich mit Sauna, Whirlpool und Tennisplätzen.*

Lohnender Abstecher

Von Reno aus ist für die Weiterfahrt zum Yosemite National Park der Hwy. 395 der beste bzw. schnellste Weg. Falls man auf der ersten Teilstrecke bis **Carson City** (s.u.) noch Zeit für einen überaus interessanten Abstecher hat, sei eine größere Schleife über den Hwy. 341 vorgeschlagen, auf dem man den historischen Ort Virginia City besucht, einst eine der reichsten Städte des amerikanischen Westens. Wegen einiger sehr steiler Abschnitte hinter Virginia City sollten Fahrer von RVs oder Wohnmobilen jedoch auf diesen Abstecher verzichten.

Virginia City

Bereits um 1848 wurde in der Gegend Gold gefunden, doch erst die Entdeckung der reichen Vorkommen im Six Mile Canyon, die 1859 gefunden wurden, hat zur Gründung von Virginia City geführt. Zu Beginn ahnte man noch nichts von dem Reichtum, der der Stadt bevorstand. Die ersten Schürfer ärgerten sich sogar darüber, dass das Gold im matschigen, bläulichen Lehm steckte, den man mühsam von den Nuggets abwaschen musste, und wussten kaum, wohin mit dem „blasted blue stuff". Monate später aber fand der Schürfer *Henry T.P. Comstock* heraus, dass dieser Matsch den wahren Geldsegen beinhaltet, nämlich die größten je entdeckten Silbervorkommen – deren Erzgang daraufhin als die Comstock Lode bezeichnet wurde. Virginia City wurde binnen weniger Tage das Zentrum der Prospektoren, Gold- und Silberschürfer, Minengesellschaften, aber auch der Glücksspieler, Zechpreller und anderer Ganoven. Schon wenige Monate nach seiner Gründung zählte es 25.000 Einwohner und galt nach wenigen Jahren als eine der reichsten Städte Nordamerikas. Gold und Silber im Wert von über 1 Mrd. Dollar wurde in drei Jahrzehnten geschürft. 4 Banken, ein Opernhaus und 110 (!) Saloons gab es damals in der Stadt, deren Vitalität auch durch ein großes Feuer im Jahr 1875 nicht gebrochen wurde. Dies war die Zeit, als hier der unbekannte *Samuel Clemens* für die lokale Zeitung schrieb, der später als *Mark Twain* weltberühmt werden sollte.

Silberboom

Heute leben nur noch knapp 1.000 Menschen in Virginia City, doch die Pracht der Blütezeit ist in vielen Gebäuden erhalten geblieben, z.T. wohl auch nur, weil nahezu jeder zweite Laden in der Hauptstraße im Inneren ein kleines Casino verbirgt. Das sollte aber nicht stören, denn die Fassaden sind erhalten geblieben, und die hinteren Straßen besitzen noch komplett ihren Pioniercharakter. Virginia City ist recht überschaubar, sodass ein einstündiger Spaziergang reicht, um zu den wichtigsten Sehenswürdigkeiten zu gelangen. Lassen Sie sich einfach treiben und versuchen Sie, sich trotz des modernen Touristenrummels in die Zeit der Gold- und Silberprospektoren zurückzuversetzen.

Gut erhaltene Fassaden

Von den zahlreich angekündigten Museen kann man sich die meisten sparen, denn sie dienen nur als Lockmittel für einen dahinter versteckten Souvenirladen. Bei einem Aufenthalt würden sich aber einige der folgenden Dinge lohnen:
- eine **Kutsch- oder Trolleyfahrt** durch die Stadt, auf der so einige Schauergeschichten aus der bleihaltigen Zeit erzählt werden,
- der Besuch des **Fourth Ward School Museum** (C-Street), in dem die Geschichte der Comstock Lode und der Stadt selbst erläutert wird,
- eine Fahrt mit der historischen Virginia & Truckee Railroad, die im Sommer täglich mit ordentlich Gepfeife und Gebimmel durch das ehemalige Minengebiet fährt,
- der Besuch des **Mackay Mansion Museums** (129 S. D-Street), in dem einst *John Mackay* sein Hauptquartier eingerichtet hatte, der mächtigste Mann von Virginia Ci-

Pittoreskes Holzhausensemble: an der C-Street in Virginia City

ty und als „King of the Comstock" bekannt, oder der des Castle (B-Street), einer mit europäischen Möbeln eingerichtete Villa, die ehemals einem weiteren Minenboss gehörte,
- einer der zahlreichen **Saloons**, die zwar alle mit Spielautomaten vollgestopft sind, doch manchmal auch eine Reihe von interessanten Fotos und Reliktenihrer Pionierzeit bewahren konnten. Z.B. den Suicide Table im Delta Saloon, der als Pokertisch fungierte und den manche Unglücksraben verlassen haben, nur um sich hinter der nächsten Häuserecke eine Kugel in den Kopf zu jagen,
- eine Besichtigung des 1885 eröffneten **Piper's Opera House** (B-Street), dessen heute noch unveränderte Bühne Showstars aus aller Welt gesehen hat,
- eine **Underground-Tour** in eine der alten Minen würde das Bild der Stadt letztendlich abrunden.

Saloon-Besuch

Bei der Weiterfahrt nach Süden gelangt man auf steiler Strecke, vorbei an alten Minen und an goldschimmernden Abraumhalden entlang, zu zwei halbverlassenen Minenorten, die die bezeichnenden Namen **Gold Hill** und **Silver City** tragen. Hier wurde das Edelmetall gefördert, welches dem nahen Virginia City zu Reichtum und Wohlstand verhalf. Insbesondere Gold Hill besitzt noch alte Gebäude voller Charme sowie urige Kneipen und das Gold Hill Saloon & Hotel.

Ob über den autobahnähnlichen Hwy. 305 direkt ab Reno oder über den landschaftlich hübscheren Umweg via Virginia City auf den Hwys. 341/50, die nächste Station im Süden ist Carson City, die Hauptstadt des Bundesstaates Nevada.

Reisepraktische Informationen Virginia City

Vorwahl 775

Information
Virginia City Visitor Center, 86 South C St., ① 847-4386, www.virginiacity-nv.org.

Hotels
Gold Hill Hotel $$-$$$$, 1540 Main St., Gold Hill, ① 847-0111, www.goldhillhotel. net; mit dem Gründungsdatum 1858 nicht nur ein historisches Hotel, sondern das älteste in Nevada überhaupt, 2 Meilen südlich in Gold Hill gelegen, angeschlossen sind ein alter Saloon und ein ausgesuchter Buchladen, der einiges zur Lokalgeschichte zu bieten hat.
Cobb Mansion Bed & Breakfast $$$-$$$$, 18 S. 'A' Street, ① (877) 847-9006, www. cobbmansion.com; schönes viktorianisches Gebäude von 1876 mit Möbeln aus dieser Zeit, sechs Zimmer und sehr hilfsbereite Gastgeber. Gutes Frühstück.

Carson City

Beschauliche Hauptstadt

Die Hauptstadt Nevadas besticht durch ihre Beschaulichkeit und den Charme, den seine kleinen viktorianischen Häuser im alten Stadtkern ausstrahlen. Kaum mag man glauben, dass gerade in dieser Stadt mit 55.000 Einwohnern die Geschicke solcher Fantasiegebilde wie Las Vegas und Reno gelenkt werden. Carson City und seine Verwaltung haben im Grunde ein leichtes Spiel. Geld fließt zur Genüge durch die Casinos und die Touristen, sodass die etwa 2,4 Mio. Einwohner des Staates nur in begrenztem Maß Steuern zu zahlen haben. Dem Touristen kann die Stadt mehrere gute Restaurants, Hotels

Nevadas State Capitol in Carson City

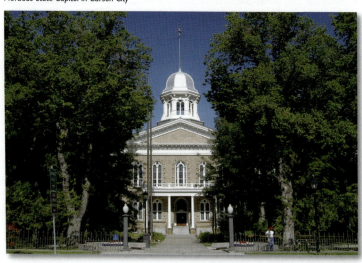

und Casinos bieten sowie einige besondere Bauten und Museen. Diese sind in der blitzblanken Oldtown konzentriert, in der noch viel an die Zeit des Silberrausches und des Eisenbahnbaus erinnert – kein Wunder, dass Hollywood hier gerne Western drehte. Zu den sehenswerten Einzelgebäuden gehört in erster Linie das **Nevada State Capitol** (*Ecke Carson St./Musser St., tgl. 8–17 Uhr, freier Eintritt*) aus dem Jahre 1870, das anders als so viele amerikanischen Capitole mit seiner Backsteinfassade und der eher bescheidenen Kuppel mehr pittoresk als beherrschend wirkt. Das Capitol ist umgeben von weiteren, ebenfalls schönen Bauten wie dem **Legislative Building**, dem **Supreme Court** und der **State Library**.

Drehort für Western

Mehr über die Geschichte von Stadt und Staat erfährt man im **Nevada State Museum**. Es ist untergebracht in der ehemaligen Münzprägeanstalt, die 1870–93 in Betrieb war, und bietet einen umfassenden Überblick über Geografie, Kultur und Historie von Nevada – u.a. ist hier ein großes Mammut-Skelett zu bestaunen. Eine ebenfalls interessante museale Adresse ist das **Nevada State Railroad Museum**, wo mehrere alte Waggons und Loks der Virginia & Truckee Railroad zu besichtigen sind. Im Sommer finden Fahrten mit historischen Zügen statt.

Nevada State Museum, *600 N. Carson St., ① (775) 687-4810, www.nevadaculture.org; zzt. nur Mi–Sa 8.30–16.30 Uhr, Eintritt US$ 8.*
Nevada State Railroad Museum, *2180 S. Carson St., ① (775) 687-6953, www.nevadaculture.org; Fr–Mo 8.30–16.30 Uhr, Eintritt US$ 6.*

Reisepraktische Informationen Carson City

Vorwahl 775

Information
Carson City Conv. & Visitors Bureau, *1900 S. Carson St. (neben dem Eisenbahnmuseum), Suite 100, Carson City, NV 89703, ① 687-7410, www.visitcarsoncity.com.*

Hotels
Bliss Bungalow $$$, *408 W. Robinson St., Carson City, ① 883-6129, www.blissbungalow.com; sehr angenehme, historische B&B-Unterkunft mit fünf individuell eingerichteten Zimmern.*
Best Western Carson Station $$$, *900 S. Carson St., Carson City, ① 883-0900, www.carsonstation.com; unaufgeregtes Hotel mit 91 geräumigen und gut ausgestatteten Zimmern, Restaurant, Sports Bar und Casino-Betrieb mit Shows, nahe dem Capitol und der Altstadt gelegen.*

Lake Tahoe

Der 497 km² große und 1.900 m hoch gelegene See, den *Mark Twain* einmal ein „edles Blatt blauen Wassers" nannte, ist mit einer Breite von 17 km, einer Länge von 31 km und einer maximalen Tiefe von 501 m das **größte alpine Gewässer** Nordamerikas und ein Touristenmagnet ersten Ranges. Seine reinen Wassermassen könnten den gesamten Staat Kalifornien fast 40 cm hoch überfluten. Der See entstand dadurch, dass sich zwei Gebirgsketten aus dem großen Becken heraushoben und das Gebiet dazwi-

Route 2: Rundfahrt zum Yosemite National Park

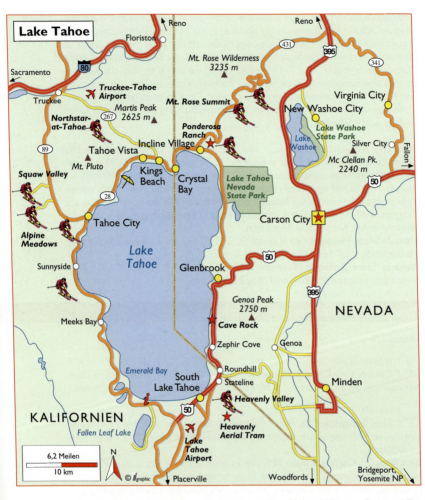

schen drastisch absinken ließen – ähnlich dem Jackson Hole in Wyoming. Das lange Zeit in alle Richtungen abflusslose Becken wurde durch Flüsse gefüllt, da im Norden eine Lavazunge den Abfluss blockierte und im Süden Gletschermoränen einen Sperrriegel bildeten. Erst später entwickelte sich der Ausfluss im Westen, der Truckee River, der den zweittiefsten See der USA vor dem Überlaufen bewahrte.

Wintersport-Paradies Vor allem im Winter zieht es die Großstädter aus San Francisco und L.A. in Scharen hierhin, sodass das Seengebiet mit den umgebenden Bergen als populärstes Ziel des Skitourismus in den USA gilt. Durch die warmen und sonnenreichen Sommer und regelmäßig schönen Übergangszeiten blüht der Fremdenverkehr ganzjährig, auch angeregt durch die Tatsache, dass ein Drittel des Sees zum Bundesstaat Nevada gehört, und das

> **Wandertipp**
>
> Der in ehrenamtlicher Arbeit angelegte Wanderweg **Tahoe Rim Trail** (TRT) ist etwa 240 km lang und bringt Wanderern, aber auch Reitern und Mountainbikern die schönsten Szenerien des Sees nahe. Z.T. hoch über dem Ufer, z.T. durch schattige Wälder und Flusstäler verläuft dieser einmalig schöne Pfad, den man natürlich auch in kleineren Etappen begehen kann. Infos unter www.tahoerimtrail.org.

bedeutet: Glücksspiel, Heiratsparadies, Entertainment, günstige Hotels.

Wer von Norden (Hwys. 80/89) anreist, gelangt zunächst zum berühmten Wintersportort **Squaw Valley** (www.squaw.com), der 1960 Austragungsort der Olympischen Winterspiele war. Die alpine Szenerie des Städtchens und des Tales ist die wohl schönste der gesamten Umgebung. Das Tal, eigentlich ein weiter Kessel (The Bowl), wird von 6 Gipfeln begrenzt, von denen die höchsten der KT-22 (2.499 m), Squaw Peak (2.712 m), Emigrant (2.652 m) und Granite Chief (2.758 m) sind. Wer sich in Squaw Valley von der Gondel in luftige Höhen bringen lässt, sollte dort im High Camp einkehren, einem futuristischen Bergrestaurant mit Freiluft-Eisbahn, Hallentennisplätzen und Outdoor-Pool.

Glasklar: das Wasser bei Sand Harbor

Rundfahrt

Startet man zu einer Rundfahrt um den See im Norden, stößt man auf den Hwy. 28, der später in den Hwy. 50 übergeht. Auf ihm ist im Uhrzeigersinn eine Umrundung des Sees möglich; die gesamte Rundfahrt ist 72 Meilen lang, für die man an reiner Fahrzeit etwa 2½ Stunden einkalkulieren sollte. Dabei passiert man folgende Stationen:

Das nordöstliche Ende des Sees markiert die weitgeschwungene **Crystal Bay**. Hier befinden sich vor dem bekannten Skiort von **Incline Village** eine Kulissen-Westernstadt und die Ponderosa Ranch aus der Serie Bonanza, die inzwischen mehreren Generationen von Fernsehzuschauern bekannt sein dürfte. Die Plätze, an denen *Ben Cartwright* und seine Söhne *Little Joe*, *Hoss* und *Adam* lebten, ritten und schossen, wurden lange Zeit als Touristenattraktion vermarktet, die allerdings seit 2004 geschlossen ist. Wenige Meilen südlich von Incline Village lädt der **Lake Tahoe Nevada State Park** (Sand Harbor) zum Baden und Wassersport ein, hier werden während der Sommermonate aber auch viele Veranstaltungen durchgeführt, u.a. Theateraufführungen im Amphitheater.

Sehenswürdigkeiten am Lake Tahoe

Auf der Weiterfahrt gen Süden passiert man anschließend das Felsenkap **Cave Rock**, das von Tunneln durchbohrt ist und unter dem ein Seeungeheuer leben soll – nicht Nessie, sondern Tessie heißt die Tahoe-Version des „kryptozoologischen Wesens". Noch weiter südlich fährt man durch den recht beschaulichen Fremdenverkehrsort **Zephyr Cove**, anschließend gelangt man an sandigen Stränden, Yachthäfen, Golfplätzen und großen Hotelanlagen vorbei zur Staatsgrenze mit dem gleichnamigen Ort (**Stateline**), dessen Hochhauskulisse und grellen Neonreklamen zum kalifornischen Nachbarn hinüber scheinen.

Blick auf den See Eine weitere Attraktion ist kurz nach der Grenze die Gondelbahn **Heavenly Aerial Tram**, die einen zu einem Aussichtspunkt mit großartiger Sicht auf den See, die Berge und die Hotelburgen der Stadt bringt. Oben lädt in 2.475 m ü.d.M. das Monument Peak Restaurant zu Lunch, Brunch und Dinner ein, während Aktive den herrlichen Tahoe Vista Trail erwandern können. Das **Heavenly Valley** ist neben dem Squaw Valley der bekannteste Wintersportort der Region, mit einer Vielzahl von Liften, Pisten, Loipen und Skiverleihstationen.

Heavenly Aerial Tram, *Heavenly Ski Resort, Ski Run Blvd. (südöstlich von Stateline und South Lake Tahoe), ① (775) 586-7000, www.skiheavenly.com.*

Von der Staatsgrenze bis zum nahe gelegenen **South Lake Tahoe** konzentriert sich das Zentrum des Fremdenverkehrs, wobei man nicht unbedingt architektonische Schmuckstücke erwarten darf: An der endlos erscheinenden Hauptstraße reihen sich Motels, Restaurants, Outlet Stores und Geschäfte aneinander. Und schweizerische Bezeichnungen wie „Matterhorn" und „Käse-Fondue" machen deutlich, dass den Kaliforniern besonders der alpine Charakter der Landschaft gefällt.

Lake Tahoe: Blick auf die Emerald Bay

Wer hier etwas bleiben möchte, beginnt seinen Aufenthalt am besten am Lake Tahoe Visitor Center, am Hwy. 89 am westlichen Stadtrand von South Lake Tahoe (zwischen Pope Beach und Kiva Beach) gelegen. Im Besucherzentrum gibt es eine sehenswerte Ausstellung über die Siedlungs- und Naturgeschichte der See-Region, in der Nähe sind Wanderwege angelegt, und von der Stream Profile Chamber hat man einen unterirdischen Blick in das Flüsschen Tayler Creek. Dies ist insbesondere im Herbst interessant, wenn die Kokanee-Lachse sich im Fluss tummeln und über die kleinen Katarakte zu ihren Laichplätzen schnellen. Südlich der Landengen, auf der das Visitor Center liegt, ist der kleine Fallen Leaf Lake Ziel geruhsamer Spaziergänge.

Ideal zum Wandern und Spazierengehen

Ganz in der Nähe befinden sich am Ufer des Lake Tahoe schöne Sandstrände (Baldwin Beach, Kiva Beach, Pope Beach) und zum Stadtzentrum hin die weitverzweigte Wasserlandschaft der Tahoe Keys. Auf der Fahrt ins Stadtzentrum benutzt man die Emerald Bay Rd. (Hwy. 89), dann den Lake Tahoe Blvd. (Hwy. 50). Auf dem See kann man an Kreuzfahrten der Lake Tahoe Cruises mit den nachgebauten Schaufelraddampfern Tahoe Queen und der M.S.Dixie II teilnehmen, durch deren Glasboden auch das Leben unter der Wasseroberfläche zu beobachten ist (*Lake Tahoe Cruises, South Lake Tahoe,* ☏ *(775) 589-4906, www.zephyrcove.com*).

Bei der Weiterfahrt am Westufer entlang erlebt man die wohl eindrucksvollsten Szenerien und immer wieder wunderschöne Ausblicke auf das Wasser und die majestätische Gebirgswelt – besonders am **Emerald Bay Vista Point**. Im Emerald Bay State Park lockt schließlich die einzige Insel des Sees, **Fannette Island**. Vor ihr erhebt sich am Ufer **Vikingsholm**, der 1929 vollendete Nachbau einer „Wikingerburg" (so wie die Amerikaner sich eine vorstellen) mit 38 Räumen, den man im Rahmen von Kreuzfahrten und auf einem schmalen, 4 km langen Wanderweg besichtigen kann. Es sei allerdings kritisch angemerkt, dass die Menschenmassen an und in dieser „Attraktion" die Besichtigung leicht zu einer mehrstündigen Angelegenheit lassen werden, die den Zeitaufwand wahrlich nicht lohnt.

Nachbau einer Wikingerburg

Schöner ist es, immer am Westufer des Sees durch die Ortschaften **Meeks Bay** und **Tahoma** bis zum Städtchen **Tahoe City** zu fahren, einem Fremdenverkehrsort am Truckee River mit vielen Unterkünften, einer guten Gastronomie, einem Lokalmuseum und einem großen Sportangebot.

Reisepraktische Informationen Lake Tahoe

Vorwahl 530 (soweit nicht anders angegeben)

ℹ️ Information
North Lake Tahoe Resort Association, *380 N. Lake Tahoe Blvd., Tahoe City,* ☏ *581-6900, www.gotahoenorth.com, www.visitinglaketahoe.com*
Lake Tahoe Incline Village Visitors Center, *969 Tahoe Blvd., Incline Village,* ☏ *(775) 832-1606, www.gotahoenorth.com*
Lake Tahoe Visitors Authority, *169 Hwy. 50, South Lake Tahoe,* ☏ *544-5050, www.virtualtahoe.com*

Hotels

Wer eine Unterkunft sucht, findet sowohl auf der kalifornischen als auch auf der Nevada-Seite ein vielfältiges Hotel-, Motel- und Campingplatzangebot. Nicht weniger als 11.500 Gästezimmer stehen rund um den See bereit, die man von So–Do oft zu verbilligten Tarifen bekommt. Genannt seien an dieser Stelle nur folgende Unterkünfte:

Cedar Glen Lodge $$-$$$, 6589 N Lake Blvd., Tahoe Vista, ① 546-4281, www.tahoe cedarglen.com; nur durch die Straße vom Seeufer getrennte Anlage mit Motelzimmern, Suiten und komfortablen Cottages, Pool, Jacuzzi, eigenem Strand.

Inn by the Lake $$$, 3300 Lake Tahoe Blvd., South Lake Tahoe, ① 542-0330, www.innby thelake.com; nette und nicht zu große Unterkunft mit 100 Zimmern, alle mit Balkon und Miniküche, schöner Garten, Pool, Fitnessraum, Restaurant und Café.

Sunnyside Lodge $$$-$$$$, 1850 W. Lake Blvd., Tahoe City, ① 583-7200, www.sunnyside tahoe.com; schön gelegene 23-Zimmer-Lodge in Hanglage mit Treppenzugang zum See; gediegene Eleganz, empfehlenswertes Restaurant.

Harvey's Resort $$$-$$$$, 18 Hwy. 50, Stateline, ① (775) 588-2411, www.harrahs laketahoe.com; das erste Casinohotel am Lake Tahoe (gegründet 1944), mehrfach erweitert und modernisiert, hat heute 740 Zimmer mit allen Annehmlichkeiten, mehrere gastronomische Betriebe, große Casino-Abteilung, Pool – versuchen Sie, ein Zimmer mit Seeblick zu bekommen.

Tahoe Seasons Resort $$$$, 3901 Saddle Rd., South Lake Tahoe, ① 541-6700, www.tahoeseasons.com; komfortable und sportliche Anlage, 160 schöne Zimmer und Suiten mit Kamin, Tennis, Swimmingpool, Restaurant, Shuttle-Bus zu den Casinos von Nevada.

Camping

Die meisten Plätze sind nur von Mitte Juni bis Anfang Sept. geöffnet, z.B.:

D.L. Bliss SP, 27 km südl. Tahoe City, Hwy. 89, am Seeufer, ① 525-7277, www.parks.ca.gov.

Emerald Bay SP, 35 km südl. Tahoe City, Hwy. 89, ① 541-3030, www.parks.ca.gov. Beide Parks über www.reserveamerica.com buchbar.

Restaurants

Jake's on the Lake, 780 N. Lake Blvd., Tahoe City, ① 583-0188, www.jakestahoe.com; direkt am See gelegene kulinarische Institution seit 1978, Restaurant mit ausgezeichneten Grill-Gerichten.

The Beacon Bar & Grill, 1900 Jameson Beach Rd., South Lake Tahoe, ① 541-0630; ebenfalls direkt am See gelegen und mit schöner Terrasse ausgestattet, serviert werden saftige Steaks und andere amerikanische Gerichte.

Fire Sign Café, 1785 W Lake Blvd., Tahoe City, ① 583-0871; einfallsreiche, erschwingliche Kost in netter Atmosphäre.

Graham's at Squaw Valley, 1650 Squaw Valley Rd., ① 581-0454, www.dinewine.com; gemütliches Lokal mit offenem Kamin und mediterran beeinflusster Küche, dazu eine exzellente Weinkarte, nicht ganz billig.

Veranstaltungen

In den Ortschaften um den Lake Tahoe ist sommers wie winters viel los. Im März geht es beim **Snowfest** in Tahoe City turbulent zu, dem größten Winterkarnevalsfest von Kalifornien. Anfang August findet in North Lake Tahoe das renommierte **Lake Tahoe Music Festival** mit Openair-Musik von der Klassik bis zu Jazz, Blues und Rock statt. Ebenfalls im August findet in der Carnelian Bay die Parade historischer Holzboote statt (Concours d'Elégance).

Zum Mono Lake und Yosemite National Park

Vom Lake Tahoe aus gelangt man entweder über den kurven- und bergreichen Hwy. 89 zum Hwy. 395 oder über den Hwy. 207, der kurz hinter der Staatsgrenze auf der Nevada-Seite von der Uferstraße abgeht. Über weite Strecken sind beide Straßen als Scenic Routes ausgewiesen, die durch die dichten Wälder der Sierra Nevada und an den Sweetwater Mountains (Wheeler Peak, 3.545 m) vorbeiführen. Der Highway erreicht seine höchste Stelle auf dem Pass der Devils Gate mit 2.280 m ü.d.M. Schließlich ist das Städtchen **Bridgeport** erreicht, dessen gleichnamiger Stausee sich wenige Fahrminuten nördlich befindet und das über das kleine Mono County Historical Museum verfügt. Geschichtsinteressierte sollten hier jedoch nicht zuviel Zeit verbringen, denn 7 Meilen weiter südlich lockt ein Abstecher zur ungleich interessanteren Geisterstadt Bodie.

Geisterstadt Bodie

Wenige Fahrminuten hinter Bridgeport geht links vom Hwy. 395 die anfangs asphaltierte, dann geschotterte Straße 270 ab, die am unbedingt sehenswerten Bodie State Historic Park endet. Benannt wurde die Stadt nach *Waterman S. Bodie*,

Ghost Town Bodie

der hier 1859 Gold entdeckte und damit zu deren rapidem Wachstum maßgeblich beitrug. Von Bodie, das zur Blütezeit über 65 Saloons verfügte, sind neben etlichen Ruinen noch viele Häuser, z.T. auch mit Interieur, erhalten. Das einsam in karger Berglandschaft gelegene Städtchen stellt m.E. die schönste Geisterstadt überhaupt dar. Im Park Office gibt es eine Karte, in der die wichtigsten Gebäude eingetragen sind, auch das Museum ist sehenswert. Auf dem weitläufigen Gelände gibt es sanitäre Einrichtungen, Trinkwasser und Picknickplätze, aber weder Restaurants noch Unterkünfte.

Bodie State Historic Park, *3 Meilen östlich des Highway 395 an der Bodie Road (Hwy. 27), 7 Meilen südlich von Bridgeport, ☏ (760) 647-6445, www.parks.ca.gov; im Sommer tgl. 9–18, sonst 9–15 Uhr (nach Schneefall nur mit Geländewagen zu erreichen), US$ 7.*

 Streckenhinweis

Die Zufahrt nach Bodie ist im Winter nicht möglich; in den letzten Jahren war die Schneedecke z.T. bis in den Mai hinein so hoch, dass eine Durchfahrt auch für Geländewagen nicht erlaubt wurde. Wer im übrigen die Reise von Bodie aus fortsetzen möchte, kann auf einer längeren Schotterpiste direkt nach Lee Vining und damit auf den Hwy. 395 fahren.

Mono Lake

Wieder auf dem Hwy. 395, sieht man bald schon das Blau des Mono Lake, einem merkwürdigen und 700.000 Jahre alten Gewässer, auf dessen Inseln Unmengen von Seemöwen brüten. Der eindrucksvolle Mono Lake ist der letzte Rest eines riesigen Sees, der langsam versalzte und zusammenschrumpfte. Immer noch verkleinert sich die Wasserfläche, hauptsächlich verursacht dadurch, dass die Megalopolis L.A. die den See speisenden Flüsse als Trinkwasserreservoir anzapft. Das Ungewöhnlichste am Mono Lake sind die skurrilen Kalksteingebilde, die sich in Ufernähe weiß aus dem Wasser erheben. Diese sind am schönsten in der South Tufa Reservation am Südufer des Sees zu bewundern, zu der eine ausgeschilderte, etwa 10 Meilen lange Schotterstraße vom Hwy. 395 aus in westliche Richtung führt.

Kalksteinsäulen im Mono Lake

Abstecher nach Mammoth Lakes und Devils Postpile

Alpine Szenerie

Ab dem Mono Lake ist ein interessanter und nur knapp 30 Meilen langer Abstecher zum nahen Mammoth Lakes möglich. Dazu fährt man auf dem Hwy. 395 nach Süden, von der wiederum die Stichstraße 203 abzweigt. An ihrem Ende liegt der kleine Fremdenverkehrsort Mammoth Lakes inmitten einer alpinen Szenerie, die Jahr für Jahr mehr Wintersportler anzieht. Doch auch im Sommer bietet das 7.000-Einwohner-Städtchen eine gute touristische Infrastruktur sowie allerbeste **Outdoor-Möglichkeiten**. Und um den Sommertourismus anzukurbeln, wurde schon vor geraumer Zeit das Mammoth Lakes Jazz Jubilee installiert, bei dem Mitte Juli mehr als 20 Bands vor mehr als 20.000 Zuschauern aufspielen. Das beliebteste Wanderziel, zu dem aber auch Shuttle-Busse unterwegs sind, ist die markante 20 m hohe Basaltklippe „Devil's Postpile", die im Rang eines National Monument naturgeschützt ist. Wer weitere Ziele der Sierra Nevada erwandern möchte, kann den Fernwanderweg John Muir Trail nutzen, der durch eine z.T. völlig unberührte Landschaft führt. Wie verborgen diese Region liegt, wurde u.a. im September 2008 deutlich, als in den Bergen oberhalb des Ortes das Flugzeugwrack gefunden wurde, in dem der Abenteurer *Steve Fossett* ein Jahr zuvor verschwunden war.

Wer nicht den Abstecher nach Mammoth Lakes (s.o.) unternehmen möchte, biegt westlich des Mono Lake bei **Lee Vining** (Unterkünfte) auf die Gebirgsstraße 120 ab und nähert sich dem Yosemite National Park über den berühmten Tioga Pass (s.u.).

Die Lee Vining Canyon Panoramastraße

Eine herrliche, nur 12 Meilen lange Panoramatour bietet der Scenic Byway, der identisch ist mit dem Hwy. 120 und von der I-395 abzweigt. Er verläuft innerhalb der Grenzen des Inyo National Forest, mit der Hoover Wilderness Area im Norden und dem Yosemite National Park im Süden. Wer die Panoramastraße nur als Transferweg nutzt, hat sie in einer halben Stunde bewältigt, weitaus eindrucksvoller ist natürlich das Landschaftserlebnis, wenn man einen der zahlreichen Wanderwege zum Canyon nutzt. Am besten deckt man sich zu Beginn des Scenic Byway in **Lee Vining** (Mono Lake Committee Information Center & Bookstore, Ecke Hwy. 395/Third Street, ① (760) 647-6595, www.monolake.org) mit Infomaterial und Landkarten ein. Zu den schönsten Eindrücken entlang der Strecke gehören die Ausblicke auf die massiven Granitklippen in den Wäldern und hinauf zum 3.510 m hohen Tioga Peak, die Überquerung des Lee Vining Creek und der Aufenthalt am Tioga Lake, der sich bestens für ein Picknick eignet. Der Canyon und seine Panoramastraße enden am Fuß des Tioga-Passes, der die bisherigen Erlebnisse in spektakulärer Weise fortführt (vgl. S. 357). Für die Strecke bis zum Yosemite Valley, eine der schönsten Kaliforniens, braucht man vom See aus etwa 2 Fahrstunden.

Der Yosemite National Park

Die Gründung des Yosemite National Park diente dem Ziel, „den Baumbestand, mineralische Ablagerungen, natürliche Raritäten oder Wunder vor Schaden zu bewahren und in ihrem Zustand zu erhalten". So steht es in dem Gesetz, das Präsident Harrison 1890 unterzeichnete und damit das Gebiet um den Merced und den Tuolumne River zum drittältesten Nationalpark (nach dem Yellowstone NP und dem Sequoia NP) der Vereinigten Staaten machte. Schon 1864 hatten aber Präsident *Lincoln* und der große amerikanische Naturfreund *John Muir* auf die Schätze des Parks hingewiesen, worauf das Yosemite Valley unter staatliche Aufsicht gestellt wurde. Deswegen sagt man hier, dass die Nationalparkidee in Yosemite (und nicht in Yellowstone) geboren wurde.

Beginn der Nationalparkidee

Das in der Sierra Nevada gelegene „Kronjuwel der Nationalparks", wie Yosemite (sprich: *johsémihtie*) in Amerika gerne genannt wird, besteht aus einer Bilderbuchlandschaft mit gewaltigen Felsen, idyllischen Bergseen, blumenreichen Tälern, mächtigen Wasserfällen und riesenhaften, uralten Bäumen. Das Grundmaterial besteht aus hartem Granit, den die Eiszeiten abgeschliffen und ausgehobelt haben.

Das Resultat dieser Urgewalt der Gletscher ist eine modellierte Landschaft mit folgenden Charakteristika:

Mirror Lake und Mount Watkins

- Die **Bergkuppen** sind abgerundet und erscheinen als mächtige, klotzhafte „Dome".
- Zu den Tälern fallen die Berge mit bis zu 1.000 m hohen senkrechten **Felswänden** ab.
- An den Steilkanten stürzen sich unglaublich hohe **Wasserfälle** in die Tiefe, die eine Höhe von 740 m erreichen.
- Zwischen den Bergen breiten sich **Trogtäler** aus, die mit Mammutbäumen, Tannenwäldern und blumenreichen Alpenwiesen begrünt sind.

Insgesamt sind also die 308.041 ha Parkfläche von einer majestätischen Gebirgslandschaft geprägt, die einerseits an die Alpen, andererseits an das norwegische Hochgebirge erinnert. Zweifellos kann ein Besuch also zu einem großartigen Naturerlebnis werden, allerdings geht es manchmal in dem überaus populären Nationalpark sehr gedrängt

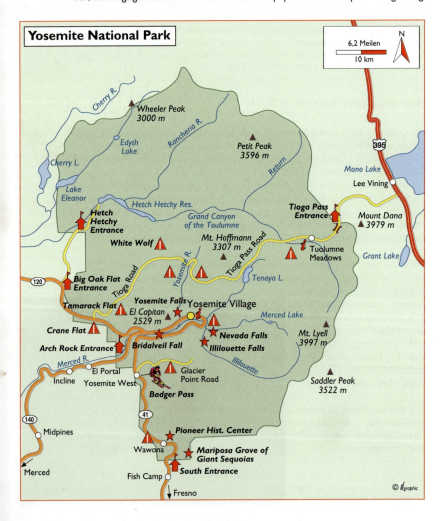

zu. Denn für die Amerikaner, zumal die Großstädter aus der Bay Area und dem Großraum L.A., ist Yosemite ein nah gelegenes Ziel. Dies hat zur Folge, dass mehr noch als in anderen Naturschutzgebieten die Hochsaison Blechlawinen und Menschenmassen mit sich bringt. Im Yosemite Valley wurde eine richtige kleine Stadt aufgebaut, mit Hotels, Selbstversorger-Hütten, Campingplätzen, Banken, Supermärkten, Fastfood-Restaurants, einer Kirche und einem Krankenhaus. Naturgenuss will da nicht so recht aufkommen, zumal unzählige organisierte Aktivitäten, Busfahrten, Besichtigungstouren etc. für eine hektische Betriebsamkeit sorgen. Mit anderen Worten: Mit knapp 3,5 Mio. Menschen jährlich ist das Naturschutzgebiet fast schon überfüllt.

Dies soll aber keinen davon abhalten, sich mit eigenen Augen von der Schönheit der Region überzeugen zu lassen. Das etwa 35 km lange Stück des Yosemite-Tales, in dem die genannte „Urbanisierung" des Nationalparks stattfand, bildet nur einen verschwindend geringen Teil des gesamten Areals. Und den negativen Begleiterscheinungen des Massenandrangs kann man entgehen, indem man seine Besuchszeit nicht in die Sommerferien legt oder aber mit der Sonne aufsteht.

Grandiose Wasserfälle im Yosemite NP

Unter den unzähligen Sehenswürdigkeiten sind folgende die berühmtesten, deren Reihenfolge der Streckenbeschreibung vom Mono Lake her kommend entspricht:

Tioga Pass
Über den wunderbaren *Scenic Byway 120* (S. 355) schraubt man sich vom Lee Vining Canyon im Osten auf der berühmten Tioga Pass Rd. in das Parkgelände hinauf, das mit dem Tioga Pass (3.031 m ü.d.M.) beginnt. Die hochalpine Landschaft mit ihren Gebirgs-

> **! Achtung!**
>
> Die Tioga Pass Rd. wird wegen der **Witterungsbedingungen** regelmäßig im Winter geschlossen und ist je nach Schneehöhe normalerweise von November bis Anfang Mai nicht passierbar. Da dies für Besucher einen riesigen Umweg bedeutet, sollten etwa in den Osterferien Reisende mit dem Ziel Yosemite NP besser die folgende Route durch das Gold Country wählen. Da auch die benachbarten Pässe geschlossen sind, muss man, falls man aus östlicher Richtung anreist (z.B. von Las Vegas oder Death Valley), in dieser Zeit weit nach Süden ausweichen und die Route über Bakersfield legen.
>
> Aufgrund schlechter Witterungsbedingungen war der Pass zum Yosemite NP in den letzten Jahren oft vor dem 15. Juni nicht geöffnet.

seen und Berggipfeln kann von mehreren Aussichtspunkten in aller Ruhe betrachtet werden. Unbedingt anhalten sollte man an den weiten Grasflächen der Tuolumne Meadows, die im Sommer mit Blumen übersät sind. Einen weiten Überblick gewinnt man etwas später am Olmsted Point, von dem aus man bis zum 10 km entfernten Half Dome schauen kann.

Am Ende der Tioga Rd. kann man rechts auf einem Parkplatz halten und zu Fuß zur Tuolumne Grove mit ihren Beständen an Mammutbäumen spazieren.

Yosemite Valley

Nächste Station ist das südliche Yosemite Valley, das den Mittelpunkt des erschlossenen Nationalparkgebietes darstellt. Bei der Einfahrt ins Tal wird man über parallel führende Einbahnstraßen geleitet und sieht dabei schon links und rechts der Straße die herausragenden und weithin bekannten Besichtigungspunkte. Zunächst stürzt sich rechter Hand der Wasserfall Bridalveil (Brautschleier) 189 m tief ins Tal, dahinter erheben sich die Cathedral Spires (rechts) und gegenüber der 2.307 m hohe El Capitan mit seiner 1.000 m hohen senkrechten Steilwand. Am Endpunkt der Straße (1.211 m hoch) erkennt man den North Dome mit der bogenförmig hinausgebrochenen Royal Arch und, alles überragend, den berühmten Half Dome (2.695 m) mit seiner „halben", abgeschnitten aussehenden Granitformation. Auch in seiner Nähe sind die weißen Bänder der Wasserfälle zu sehen, so der Vernal Fall (97 m) und der Nevada Fall (181 m). Ein 1½ km langer Spazierweg bringt einen zum Mirror Lake (auch zu erreichen mit dem Zubringerbus), während die größte Attraktion entlang der aus dem Tal herausführenden Straße die Yosemite Falls sind, die in drei Kaskaden 739 m hinabstürzen.

Beeindruckende Wasserfälle

Glacier Point Road

Wer nach dem Besuch des Yosemite Valley weiter in den Süden fahren möchte, sei es, um auch diesen herrlichen Teil des Nationalparks kennen zu lernen, oder sei es, um die

Blick ins Yosemite Valley

Fahrt anschließend in Richtung Fresno/Sequoia NP fortzusetzen, benutzt zunächst den Hwy. 41, biegt kurze Zeit später aber auf die Glacier Point Road ab, die sich von 1.841 m Höhe auf 2.199 m hinaufschraubt. Dort oben hat man am Glacier Point einen atemberaubenden Blick in das 1.000 m tiefer liegende Tal mit allen oben genannten Sehenswürdigkeiten. Auf dem Weg in den Süden bringt einen der Highway dann kurz vor dem Parkausgang nach Wawona mit Überresten der ersten Siedlerzeit. 5 km entfernt sind bei Mariposa Grove die mächtigsten der berühmten Riesensequoien und Mammutbäume zu bewundern. Etwa 200 Exemplare sind hier versammelt und bilden ein beeindruckendes Ensemble, das den schönsten vorstellbaren Abschied aus dem Parkgelände bedeutet.

Mammutbäume und Sequoias

Pflanzen- und Tierwelt

Zwar hat der Park nach den Grizzly-Bären seinen Namen („uzumati" in der Sprache der Miwok-Indianer), doch sind diese Raubtiere hier bereits seit längerem ausgestorben. Stattdessen bevölkern Maultier- und Schwarzwedelhirsche die Täler, und in der Wildnis hausen Füchse und Kojoten. Die Schwarzbären wagen sich auf der Suche nach Lebensmitteln immer häufiger in die Zivilisation, wo sie dann an Zelten oder Autos Schäden anrichten. Häufig anzutreffen sind kleinere Tiere wie Waschbären, Stinktiere, Vielfraße, Murmeltiere, Marder, Hasen, Baum- und Erdhörnchen. Auch Echsen und Schlangen (u.a. Klapperschlangen) kommen vor.

Besonders reichhaltig wird die Fauna von den Vogelarten geprägt, von denen es etwa 200 gibt. Greifvögel, Enten, Hühnervögel und Kleinvögel jeder Größe zwischen den winzigen Kolibris und den mächtigen Steinadlern erfreuen das Auge von Ornithologen und Naturfreunden. Von besonderem Interesse ist die Pflanzenwelt. Unterhalb der Baumgrenze, die bei 2.100 m ü.d.M. liegt, breiten sich dichte Nadelwälder, an den Flussläufen im Tal auch Laub- und Mischwälder mit Pappeln, Eichen, Birken und Ahorn aus. Die Giganten der Wälder sind vor allem im südlichen Parkteil (Mariposa Grove) zu sehen. Hier ragen Riesensequoien (u.a. Grizzly Grant, 63 m hoch, Durchmesser 9 m) und Redwoods (u.a. California Tree, 87 m hoch) auf, vor denen der Betrachter nur staunend stehen bleiben kann.

Reisepraktische Informationen Yosemite National Park

Information

Yosemite National Park, *Information Office, Box 577, Yosemite National Park, CA 95389,* ① *(209) 372-0200; www.nps.gov/yose. Im und am Nationalpark stehen vier Informationsbüros mit Rat und Tat sowie reichhaltigem Kartenmaterial u.ä. zur Verfügung: das* **Yosemite Valley Visitor Center** *(*① *(209) 372-0299); das* **Tuolumne Meadows Visitor Center** *(*① *(209) 372-0263); das* **Big Oak Flat Information Center** *(*① *(209) 379-1899) und die* **Wawona Information Station** *(*① *(209) 372-0564).*

Unterkunft

Der alleinige Konzessionär des Parks, DNC, unterhält etliche Hotels, Motels und Campingplätze im Yosemite National Park. Für die Hochsaison sind Reservationen dringend anzuraten, bei den beliebten Hotels um mindestens einige Monate im Voraus. Entsprechende Anfragen oder Buchungen sind zu richten an: Yosemite Hotel & Camping Reservations, ① *(801) 559-4884, online unter www.yosemitepark.com, für Camping* ① *(877) 444-6777, www.recreation.gov.*

Im Park stehen u. a. folgende Unterkünfte zur Verfügung:
Curry Village $–$$, am östlichen Ende des Yosemite Valley gelegen, bietet das 1899 eröffnete Camp mit 18 Hotelzimmern, 319 stabilen Hauszelten und 56 festen Cabins die größte Bettenkapazität des Nationalparks, die Unterkünfte sind z.T. sehr einfach eingerichtet und haben überwiegend kein eigenes Bad.
Wawona Hotel $$–$$$, am Südrand des Parks nahe zur Mariposa Grove gelegen, ein wunderschönes, zweistöckiges victorianisches Holzhaus aus den 1870ern mit Seitenflügeln, originalgetreu eingerichtet und restauriert, 104 Zimmer mit und ohne Bad, romantischer Speisesaal, Swimmingpool, Golfplatz, Tennis, Pferdeställe.

Das Ahwahnee Hotel

Yosemite Lodge, große Anlage mit 246 Zimmern in vier verschiedenen Kategorien, von den komfortablen Deluxe Rooms $$$ bis zu den einfachen Cabins $$ mit Bad; nahe zum Mirror Lake und Merced River mit Blick auf die Yosemite Falls gelegen.
The Ahwahnee $$$–$$$$, ein unter Denkmalschutz stehendes Holz- und Feldsteingebäude aus dem Jahr 1927, im Herzen des Yosemite Valley gelegen, 123 Zimmer mit modernstem Komfort, gutes Restaurant, Bar, eindrucksvolle Lobby, Swimmingpool, Tennis. Reservierungswünsche für die Hochsaison sind möglichst ein Jahr im Voraus anzumelden.
Des Weiteren offerieren verschiedene Camps billige Unterkünfte in Schlafsälen, Blockhütten oder stabilen Hauszelten, so die **White Wolf Lodge** und die **High Sierra Camps**.

Außerhalb des Parks stehen vor allem in El Portal, Mariposa und Oakhurst weitere Hotels, Motels und Campingplätze zur Verfügung. Infos zu Unterkünften bei der Mariposa County Chamber of Commerce, 5158 Highway 140, Mariposa, ① (209) 966-2456, www.visitmariposa.net. An dieser Stelle nur zwei Empfehlungen:
Best Western Yosemite Way Station $$$, 4999 Hwy. 140, Mariposa, ① (209) 966-7545, www.bestwestern.com; modernes Haus mit 78 Zimmern, Innen- und Außenpool, Fitness-Center, Restaurant.
Hotel Tenaya Lodge $$$–$$$$, 1122 Hwy. 41, Fish Camp, ① (559) 683-6555, (888) 514-2167, www.tenayalodge.com; sehr schöne Lodge am Bass Lake und nahe zum Nationalpark gelegen, rustikal-komfortables Standquartier mit 242 Zimmern und Suiten, mehreren Restaurants, Innen- und Außenpool, Sauna, Jacuzzi.

Beste Besuchszeit
Der ganzjährig geöffnete Nationalpark ist eigentlich immer besuchenswert. Allerdings wird der Naturgenuss durch die Betriebsamkeit in der sommerlichen Hauptsaison verleidet. Im Juli und August macht der Park über weite Strecken den Eindruck eines Rummelplatzes. Des-

wegen sollten Sie das Frühjahr wählen, wenn die Blumen zu blühen beginnen, oder besser noch den Herbst, wenn der große Ansturm vorüber ist und die Herbstfärbung der Laubbäume einsetzt. Sehr schön ist der Nationalpark auch im Winter, wenn die schneebedeckten Berge von der schräg stehenden Sonne beleuchtet werden. Zwar gibt es einen nicht unerheblichen Wintersportbetrieb, und Straßen (nicht aber der Tioga-Pass!), Hotels und Restaurants sind geöffnet, der Andrang ist jedoch weit geringer als in den anderen Jahreszeiten. Außerdem sind im Winter die Möglichkeiten zur Tierbeobachtung am besten.

Wandern

Auf dem 1.200 km langen Netz von Pfaden wird sich für jeden Wanderwilligen ein geeigneter Weg finden lassen. Die Visitor Centers halten entsprechende Broschüren und Informationen bereit. Kürzere Trips sind von den Parkplätzen und Stationen des Shuttle-Bus möglich, auf denen man den Naturschönheiten näher kommt. Aus dem großen Angebot hier einige Empfehlungen für den eiligen Besucher:

Lower Yosemite Fall, ein 20minütiger, einfacher Rundweg von der Busstation Nr. 7 zu den Yosemite-Wasserfällen.

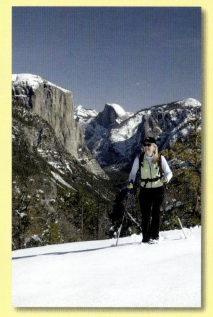

Mit Schneeschuhen unterwegs

Bridalveil Fall, ein genauso kurzer und einfacher Fußweg vom gleichnamigen Parkplatz zum „Brautschleier".

Mirror Lake, eine halbstündige, einfache Wanderung von der Busstation Nr. 17 zum Mirror Lake, zwei Stunden braucht man für eine Wanderung um den See.

Panorama, eine 4stündige, anstrengende Wanderung vom Glacier Point hinab ins Yosemite Valley.

Andere Aktivitäten

Wer höher hinaus will, kann **Bergsteigen** betreiben. Die Steilwände und Bergdome bieten dafür die besten Voraussetzungen in allen Schwierigkeitsgraden. Die Bergsteigerschule Go Climb A Rock bietet ein- und mehrtägige Kurse samt entsprechender Ausrüstung an. Weiter ist Angeln populär (Lizenzen sind am Visitor Center zu erwerben), genauso Rudern (Bootsverleih am Lake Merced Camp), Reiten (Pferde und Maultiere für begleitete Reittouren gibt's u.a. bei den Yosemite Valley Stables) und Fahrradfahren: Fahrräder werden an vielen Stellen vermietet, das Netz der Radwege umfasst 15 km. Ein besonderes Vergnügen ist das ungefährliche River Rafting mit kleinen Schlauchbooten über den Merced River (Ausrüstung erhältlich im Curry Village, Rückkehr zum Startpunkt mit Shuttle-Bussen möglich). Daneben gibt es das übliche und in Yosemite besonders reichhaltige Programm mit Lagerfeuer-Abenden, Powerpoint-Präsentationen und Natur-Seminaren, und Busunternehmen und lindwurmartige Gefährte verschaffen selbst den Fußfaulsten einen Überblick. Schließlich ist der Yosemite National Park ein weithin bekanntes Wintersportzentrum, in dem das Angebot Skilanglauf und -abfahrt, Ice Skating, von Rangern geführte Schneeschuhwanderungen und Fahrten in wintertauglichen Spezialbussen umfasst. Es gibt Skilifte, Skischulen und 350 Meilen an Pisten und Loipen im Park.

Vom Yosemite National Park durch das Gold Country nach Sacramento (San Francisco)

s. Karte S. 330

Das erste Gold

Der Name „Gold Country" – das auch Tuolumne County oder Mother Lode-Gebiet („lode" = Erzader) genannt wird – verweist auf die besondere Rolle, die das Gebiet während des kalifornischen Goldrausches gespielt hat (vgl. S. 20), der genau hier seinen Anfang nahm: Es war wenige Meilen nördlich des heutigen Städtchens Coloma, wo ein gewisser James Marshall bei der Mühle des Schweizers Sutter 1848 das erste Gold entdeckte und damit jenes beispiellose Fieber auslöste, das binnen kürzester Zeit rund 300.000 Glücksritter in diese Ecke Kaliforniens brachte. Die Hektik und das Leiden der damaligen Zeit sind vergessen, statt dessen erinnern im Gold Country verschlafene, liebevoll restaurierte Westernstädte, mehrere Museen und historische Parks an die Geschehnisse. Verbunden mit einer äußerst entspannenden Natur voller Wälder, Hügel, Seen, Rinderweiden und Weinfelder sowie mit einer perfekten Infrastruktur, die gemütliche Hotels und manch unerwartet gutes Restaurant aufweist, wünscht sich hier mancher mehr Zeit, um das Gold Country richtig genießen zu können. Einen Zwischenstopp etwa in Jamestown (s. u.) oder Sonora (S. 364) wird man sicher nicht bereuen.

Welche Route man aus dem Nationalpark zurück nach Sacramento nimmt, hängt u.a. davon ab, wo man sein Standquartier aufgeschlagen hatte. Wer z. B. im Wawona Hotel nächtigt, wird den Park am sinnvollsten über den Hwy. 41 in südlicher Richtung verlassen. Kurz hinter dem Parkausgang kann bei Yosemite Forks eine kleine Schleife nach links (Bass Valley Rd.) noch einmal, quasi als Zusammenfassung, am **Bass Lake** die Schönheiten der Sierra Nevada präsentieren. Dann aber beginnt der Abstieg in das Cen-

Straßenszene in Jamestown

tral Valley (das hier San Joaquin Valley heißt). Zuerst gelangt man nach **Oakhurst**, das einmal Fresno Flats hieß und noch einige Häuser aus der Pionier- und Goldrausch-Zeit bewahrt hat. Man findet sie im Fresno Flats Historical Park, wobei dem Laramore-Lyman House aus dem Jahre 1870 besondere Aufmerksamkeit gebührt. Anschließend geht es auf nach wie vor schöner Strecke (Hwy. 49) über **Mariposa** und **Coulterville** nach Norden.

Startet man hingegen im Yosemite Valley, bieten sich der Hwy. 140 (ebenfalls nach Mariposa) oder am besten der Hwy. 120 an. Auf letzterem geht es durch eine wunderbare Landschaft bis zum Parkausgang Big Oak Flat Entrance. Anschließend passiert man die Ortschaft **Groveland**, kurze Zeit später folgt **Big Oak Flat**, beides Westernstädtchen mit alten Holzhäusern und vielen Einkehrmöglichkeiten. Auf der folgenden, stetig absteigenden Panoramastrecke hat man an etlichen View Points beste Aussichts- und Fotogelegenheiten, bis die Straße schließlich in den Hwy. 49 einmündet und sich mit den oben genannten Alternativstrecken vereinigt.

Relikte aus der Pionierzeit

Durch eine hübsche Seen- und Hügellandschaft um den Lake Don Pedro geht es dann über die Ortschaft **Chinese Camp** auf Jamestown zu, wobei man über die schmale, aber reizvollere Stent Jacksonville Rd. ein Stückchen abkürzen kann.

Von Jamestown nach Sonora und Angels Camp

Etwa 5 km vor Sonora passiert man das überschaubare und idyllische Jamestown, das mit seiner Main Street, der alten Eisenbahnstation und einer urgemütlichen Atmosphäre idealtypisch für den Reiz des Mother-Lode-Gebietes stehen kann. Bummeln Sie hier über die Hauptstraße und werfen Sie einen Blick in die Antiquitätenläden oder die rustikalen Saloons der historischen Holzhaus-Hotels. Einige Blocks weiter südlich (ausgeschildert) befindet sich das alte Eisenbahn-Depot, das als **Railtown 1897** in einem State Historic Park denkmalgeschützt ist. Der Park mit Museum und Picknick-Platz kooperiert mit dem berühmten Railroad Museum in Sacramento (S. 335), wie dort verkehrt auch hier ein historischer Zug mit Dampflok auf einer 6 Meilen langen Strecke.

Lok der Santa Fe Railway in Jamestown

Railtown 1897 SHP, ① *(209) 984-3953, www.railtown1897.org; im Sommer tgl. 9.30–16.30, im Winter 10–15 Uhr, freier Eintritt. Nostalgie-Zugfahrten von April bis Oktober Sa–So zwischen 11–15 Uhr zu jeder vollen Stunde für US$ 13.*

Reisepraktische Informationen Jamestown

Vorwahl 209

ℹ️ Information
Jamestown Visitor Center, 18239 Main St., ✆ 984-4616, www.jamestown-ca.com.

🛏️ Hotels
The National Hotel $$, 18183 Main St., ✆ 984-3446, www.national-hotel.com; einfaches, aber sehr charmantes Bed & Breakfast-Hotel mit altertümlichen Gästezimmern, rustikalem Saloon und Restaurant.
Jamestown Hotel $$, 18153 Main St., ✆ 916-1443, www.jamestownhotel.com; historischer Country Inn mit 8 Gästezimmern, gutes Restaurant.
Royal Carriage $$, 18239 Main St., ✆ 984-5271, www.abvijamestown.com; B&B-Unterkunft in einem Hotel aus der Goldrausch-Zeit mit 22 Zimmern und sehr gutem Restaurant.

Hinter Jamestown gelangt man auf dem Hwy. 49 zu einem Abzweig, der einen zum wenige Fahrminuten entfernten 2.000-Einwohner-Städtchen **Columbia** bringt. Dessen Bausubstanz rührt fast komplett aus der Goldgräberzeit her und wurde deshalb zu Recht zum State Historic Park erklärt. Auf dem Broadway kommt man zu den Park Headquarters, wo Stadtpläne für einen ca. einstündigen Rundgang bereitliegen, der zu den wichtigsten Häusern führt. Die St. Anne's Church, das Museum und mehrere idyllische Cafés und Hotels reizen zu einem längeren Aufenthalt. Dabei kann man auch sein Glück im Goldwaschen versuchen oder in den vielen Antiquitätenläden auf Schnäppchenjagd gehen.

Städtchen aus der Goldgräberzeit

Zurück auf dem Hwy. 49, heißt nach 5 km die nächste Station **Sonora**, ein lebhafter und mit knapp 5.000 Einwohnern für hiesige Begriffe wirklich großer Ort, der in Downtown Sonora und East Sonora unterteilt ist. Der Highway durchquert als Washington St. das historische Zentrum und biegt schließlich am imposanten Sonora Inn Hotel & Café nach rechts auf die Stockton St. ab, wo sich sofort das Visitors Bureau befindet. Wer eine Übernachtung im Gold Country einplant, hat in Sonora sicher das größte Angebot, allerdings ist der Ort schon fast zu neuzeitlich-lebhaft, um wirklich an alte Zeiten erinnern zu können. Unbedingt anschauen sollte man sich bei einem Stadtbummel jedoch die 1860 erbaute St. James Episcopal Church, die mit Recht als die schönste der Region bezeichnet wird.

Weiter geht es durch eine hügelige Landschaft nach **Angels Camp**. Dank der Geschichte von *Mark Twain* ist dieser Ort eher wegen seines Froschsprung-Wettbewerbes statt des Goldrausches bekannt, doch erinnern an diese Zeit mehrere erhaltene Bauwerke, so z.B. das Angels Hotel, das Gefängnis, ein Museum und die Überreste der Angels Mine. Im nahen Carson Hill gruben die Goldsucher Stollen von insgesamt fast 25 km Länge in den Berg; dort war es auch, wo ein Nugget von sagenhaften 100 Kilogramm gefunden wurde.

Wer etwas Zeit übrig hat, wird in Angels Camp den Abstecher zum nahen, 1848 gegründeten **Murphys** (Hwy. 4) nicht bereuen, das mit hübschen victorianischen Holz-

Die rote Kirche von Sonora

häuschen, einem winzigen historischen Gefängnis, der katholischen St. Patrick's Church und viel Gastfreundschaft Touristen begrüßt. Neuzeitliche Goldgräber können ohne Risiko und für ein geringes Entgelt ihr Glück in zwei alten Stollen versuchen.

Auch die folgenden Ortschaften entlang der Route weisen noch viele Relikte der damaligen Zeit auf, etwa **San Andreas** (wo man sich das alte Gefängnis und den Friedhof Pioneer Cemetery anschauen sollte), das pittoreske **Mokelumne Hill** und **Jackson**, die alle mit ihrer charmanten Holzhaus-Bebauung, interessanten Pubs und vielen Antiquitäten-Läden einen Stopp lohnen. Die schönsten Häuser finden sich in Jackson, so z.B. das Brown House (Museum) von 1860, das restaurierte National Hotel an der engen Hauptstraße und die 1894 erbaute St. Sava's Church, die immerhin die Hauptkirche der serbisch-orthodoxen Konfession in der gesamten westlichen Hemisphäre darstellt.

In **Sutter Creek** führt der Highway am großen Denkmal für *Johann August Sutter* vorbei, jener tragischen Gestalt, auf die der Gold-Rausch und damit die Geschichte der gesamten Region zurückgeht. Hinter dem Western-Städtchen **Amador City** gelangt man dann nach **Plymouth**, wo sich die Wege der Eiligen von den Wegen derjenigen trennen, die es etwas geruhsamer angehen lassen können.

Im ersten Fall nimmt man den Hwy. 16, der freilich nicht besonders interessant ist und einen auf schnurgerader Strecke zügig zurück zur kalifornischen Hauptstadt bringt (die streng genommen ja auch noch zum Gold Country zu zählen ist).

Placerville

Will man hingegen die bisherigen Eindrücke vertiefen, sollte man auf dem Hwy. 49 bleiben, auf dem es hinter Plymouth nach Diamond Springs und kurz darauf nach Placer-

Route 2: Rundfahrt zum Yosemite National Park

ville geht. Die 10.000-Einwohner-Kleinstadt, in der die Route den Hwy. 50 kreuzt, liegt heute inmitten ausgedehnter Obstplantagen, vor allem Äpfel und Kirschen werden hier geerntet. Zu den bedeutendsten Söhnen der Stadt gehören der Chicagoer Autofabrikant *John Studebaker* und der Eisenbahntycoon *Mark Hopkins*. Früher, in den Zeiten des Goldrausches, hatte Placerville den Beinamen Hangtown, weil dort das Gesetz sehr rigoros ausgelegt wurde und viele ihr Leben am Galgen verlieren mussten. Sehenswert sind außer dem „Galgenbaum" Hangman's Tree einige Gebäude aus den Jahren nach der Stadtgründung 1848, u.a. die alte City Hall. Im Bedfork Park, 1 Meile nördlich der Stadt, kann man die historische Gold Bug Mine besichtigen und sein Glück selbst im Goldwaschen versuchen.

Strenge Gesetze

Gold Bug Park & Mine, *2635 Gold Bug Lane, ① (530) 642-5207, www.goldbugpark.org; Apr.–Okt. tgl. 10–16, sonst Sa–So 12–16 Uhr; freier Eintritt zum Park, US$ 5 für die Mine.*

Reisepraktische Informationen Placerville

Information
El Dorado County Chamber of Commerce, *542 Main St., Placerville, CA 95667, ① (530) 621-5885, www.visit-eldorado.com*

Hotel
Lexington Historic Cary House Hotel $$-$$$, *300 Main Street, ① (530) 622-4271, www.caryhouse.com; mit alten Möbeln schön eingerichtetes B&B-Haus, auch Mark Twain, Buffalo Bill und John Studebaker sollen schon ihr müdes Haupt hier gebettet haben.*

Wenige Meilen weiter nördlich passiert man die Ortschaft **Coloma** am American River, die als Geburtsort des Goldrausches gilt und dessen Auslöser, *James Marshall*, mit einer Statue ehrt. Auch die Hütte, in der Marshall nach seiner Entdeckung lebte, ist erhalten, während die Mühle des tragischen *Johann August Sutter* komplett rekonstruiert werden musste. Gut 70 % von Colomas Bausubstanz sind heute als Marshall Gold Discovery State Historic Park denkmalgeschützt und mit erklärenden Plaketten versehen, sodass sich Besucher leicht zurecht finden können. Wer hier bereits eine Unterkunft sucht, kann auf mehreren Campingplätzen oder z.B. im historischen Sierra Nevada House *(www.sierranevadahouse.com)* übernachten.

Zurück nach San Francisco

Letzte Station vor der I-80 ist schließlich **Auburn** (S. 341) mit seiner historischen Altstadt. Die Rückfahrt nach Sacramento ist dann mit jener Strecke identisch, mit der die Rundfahrt begann. Auch hinter der kalifornischen Hauptstadt kann man das letzte Wegstück bis San Francisco (ca. 140 km) zügig auf der I-80 zurücklegen.

Eine Alternativstrecke wäre ab West Sacramento der kleine Hwy. 128, der am Monticello-Staudamm und am **Lake Berryessa** ins Napa Valley geht, wo man sich mitten im berühmten Wine Country Kaliforniens befindet (ca. 80 km, vgl. S. 271). Von hier aus fährt man beispielsweise über Napa, Sonoma, Petaluma, Novato, San Rafael und die Golden Gate Bridge in die Stadt am Goldenen Tor.

Route 3: Zwischen San Francisco und Los Angeles

Überblick und Streckenvarianten

Auf der **Küstenstrecke** zwischen San Francisco und Los Angeles ist einmal mehr der Weg das Ziel – die Szenerie entlang des Highway Number One zu beschreiben, ist fast unmöglich, man muss sie erlebt haben. Daher hat man auf der ersten Etappe auch keine Qual der Wahl: Automatisch bringt einen diese Traumstraße zu geschichtsträchtigen und lebhaften Städten, langen Sandstränden und Steilküsten, Klippen und Aquarien, Golfplätzen und zur Heimat vieler Hollywood Stars, zu palmengesäumten Alleen und weltberühmten Museen. Eine Entscheidung steht jedoch bei den Channel Islands an: Möchte man diesen Nationalpark in seiner ganzen Schönheit erleben, sollte man mindestens zwei Zusatztage einplanen.

Demgegenüber ist die **Inlandstrecke** weniger spektakulär. Dafür, dass sie aber nicht zum reinen Autobahntransfer wird, sorgen allein schon die Nationalparks Sequoia und Kings Canyon mit den größten Bäumen der Welt und grandioser Gebirgslandschaft. Für den Weg dorthin oder von den Nationalparks zurück nach San Francisco sind mehrere alternative Routen vorstellbar. Eine Möglichkeit ist, die Tour mit derjenigen zum Yosemite NP zu verbinden und anschließend zum Lake Tahoe oder ins Gold Country aufzubrechen. Am Ende der Rundfahrt kann man an der Bay in Oakland oder Berkeley wieder Großstadtluft schnuppern. Bei einem engen zeitlichen Korsett sollte man stattdessen jedoch besser einen zusätzlichen Tag für San Francisco einsparen.

Ein **Programm** dieser Rundfahrt könnte so aussehen:
- **1. Tag:** San Francisco – Santa Cruz – Stadtbesichtigung Monterey
- **2. Tag:** Monterey – 17-Mile-Drive – Stadtbesichtigung Carmel – Big Sur – Museumsbesuch in San Simeon

Redaktionstipps

▶ Die Küstenszenerie entlang dem gesamten **Highway Number One**, einer der Traumstraßen der Welt, insbesondere bei Big Sur (S. 393)

▶ Der **Channel Islands National Park** mit seiner unberührten Natur und vielfältigem Tierleben (S. 411)

▶ Historisches Ambiente, idyllische Straßen und interessante Museen findet man in **Monterey** (S. 380) und **Carmel** (S. 389)

▶ Bei aller Kritik: Auch das **Hearst Castle** bei San Simeon ist ein kulturelles Erlebnis (S. 395)

▶ **Whalewatching in Santa Barbara**: Beobachtung der Wanderung der Grauwale vom Ufer aus oder auf einer Whalewatching-Tour per Boot (S. 404)

▶ Einen Nationalpark ohne Menschenmassen erleben: beim Bergsteigen auf die Gipfel und in die Schluchten des **Kings Canyon** (S. 420)

Route 3: Zwischen San Francisco und Los Angeles

Immer entlang der Küste – der Highway Number One

3. Tag: San Simeon – Abstecher nach Solvang – Stadtbesichtigung Santa Barbara
4. Tag: Santa Barbara – Landschaftsfahrt mit Strandwanderungen – Malibu – Los Angeles
5. Tag: Los Angeles – Bakersfield – Sequoia National Park (erste Besichtigungen und Übernachtung)
6. Tag: Panoramafahrt durch die Nationalparks – Fresno – Modesto – Oakland (evtl. Stadtbesichtigung oder Abstecher nach Berkeley) – San Francisco

Von San Francisco nach Monterey und Carmel

Traumstraße
Mit Straßennummern braucht man sich auf der Küstenstraße nicht herumzuplagen, denn vom Golden Gate Park in San Francisco bis Santa Monica oder dem Flughafen LAX in L.A. heißt es: Highway Number One! Die Straße entlang der Central Coast und South Coast ist nicht nur schön, sondern sicher eine der Traumstraßen der Welt. Ihr Reiz auf einen kurzen Nenner gebracht: Sie setzt die Dramatik der Nordküste fort, dafür aber bei fast immer schönem Wetter. Die Strände, hohen Klippen und Aussichtspunkte sprechen für sich selbst und bedürfen keines Kommentars. Mehrfach hat man jetzt übrigens die Gelegenheit, den Wagen zu verlassen und ein erfrischendes Bad im Ozean zu nehmen, denn je mehr man sich L.A. nähert, desto angenehmer werden die Wassertemperaturen.

Gerade auf dem ersten Teilabschnitt bis Santa Cruz ist der Hwy. 1 jedoch häufig überlastet, da er Pendler, den Kraftverkehr und Touristen gleichermaßen zu bewältigen hat. Deswegen ist im Folgenden nicht nur die **Küstenstraße (a)**, sondern auch eine **Alternativstrecke (b)** beschrieben, die zudem viele kulturelle Sehenswürdigkeiten bereithält.

Von San Francisco nach Monterey und Carmel

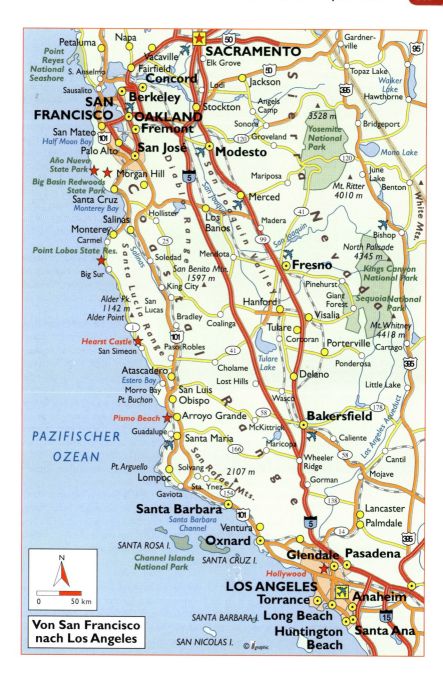

a) Nach Santa Cruz auf dem Highway 1

Für die Ausfahrt aus San Francisco nimmt man auf dieser Route am günstigsten den Hwy. 35 oder den Hwy. 1, die südlich der Metropole zusammenkommen und als vierspurige Straße bis **Pacifica**, ca. 19 km südlich der Golden Gate Bridge, geführt werden. Freunde der mexikanisch-kalifornischen Architektur können sich hier die **Sanchez Adobe Historic Site** (Ausfahrt Linda Mar Blvd.) anschauen, ein zweistöckiges Lehmziegelhaus aus den 1840er Jahren. Hinter dem Seebad und dem breiten Rockaway Beach geht es bei **Linda Mar** in einem recht steilen Schlenker ins Landesinnere, wo die Hügelkette der Sweeney Ridge bezwungen werden muss. Anschließend gelangt man auf dem Hwy. 1 wieder nahe an die Küstenlinie und passiert mehrere Buchten, die vor allem von Surfern aufgesucht werden. Einer der schönsten Strände ist der **Montara State Beach** mit dem 1875 erbauten Montara Lighthouse, das heutzutage als Jugendherberge genutzt wird.

Montara Beach nahe der Half Moon Bay

Auf dem nun als Scenic Route ausgeschilderten Highway, an dem immer wieder Hinweise zum „Coastal Access" zu sehen sind, erreicht man als nächstes die **Half Moon Bay**, deren sichelförmiger Sandstrand bei Wochenendausflüglern populär ist. Auch viele jugendliche Partygänger zieht es hierhin, da Teile des Strandes von Felsen eingerahmt und nur über eine Strickleiter zu erreichen, Polizeikontrollen also nicht zu befürchten sind. Wer die paradiesische Landschaft länger genießen möchte, kann in einer der schmucken B&B-Unterkünfte Quartier beziehen, oder in einer Vier-Sterne-Herberge mit zwei Championship-Golfplätzen (Ritz-Carlton). Am nördlichen Ende der Bucht lockt der kleine Hafenort **Princeton-by-the-Sea** mit einigen authentischen Fischerbooten und netten Restaurants (Abfahrt Capistrano Rd.). Im Süden der Bucht befindet sich die gleichnamige Ortschaft **Half Moon Bay** (13.000 Ew.), ein hübsches Städtchen mit Flair. Wegen ihrer reichen Kürbisernte nennt sich die Gemeinde stolz „Pumpkin Capitol" und hält natürlich zu Halloween (Ende Oktober) ein entsprechendes Festival ab – das Half Moon Bay Art & Pumpkin Festival. Auf den weiten Feldern entlang dem Highway sieht man außer Kürbissen aber auch jede Menge anderer Feldfrüchte, insbesondere Artischocken und Rosenkohl.

Kürbisfestival

Der anschließende Streckenabschnitt hat ein weitaus kargeres Gepräge, dessen Kennzeichen vom Wind zerzauste und oft auch menschenleere Buchten sind. Wer einen Abstecher von wenigen Kilometern nicht scheut, sollte dem Dörfchen **Pescadero** einen Besuch abstatten (zu erreichen über die Pescadero Rd.), das wegen seiner Artischockenernte bekannt ist und von den Nachfahren portugiesischer Bauern bewohnt wird. Zurück auf dem Hwy. 1 passiert man 6 km hinter diesem Abzweig das 1872 erbaute Pigeon Point Lighthouse. Mit 35 m ist der Leuchtturm, in dem sich ebenfalls eine Jugendherberge befindet, einer der höchsten des Landes. Etwa 10 km danach sollte man unbedingt am **Año Nuevo State Park** einen Halt einlegen. Dabei handelt es sich um ein Schutzgebiet für See-Elefanten, deren Population nach Jahrhunderten intensiver Jagd inzwischen wieder auf rund tausend Stück angewachsen ist. Im Visitor Center erhält man eine Karte und weitere Informationen über die massigen Tiere. Wer diese selbst beobachten möchte, muss eine etwa 2½ km lange Wanderung über sandigen Untergrund in Kauf nehmen. Während der Brutzeit von Dezember bis März ist die Teilnahme an einer Führung Pflicht. Die Weibchen halten sich nur von Dezember bis Mai in der Region auf, außerhalb dieser Zeit muss man mit den männlichen Exemplaren vorlieb nehmen, die dann allerdings oft Gesellschaft von Seehunden und -löwen bekommen.

See-Elefanten

Unweit der State Reserve befindet sich auf der anderen, östlichen Seite des Highways der mehr als 7.300 ha große **Big Basin Redwoods State Park**, das größte und auch älteste Redwood-Schutzgebiet Kaliforniens. Nun folgt nur noch das Dörfchen **Davenport**, bevor man mit Santa Cruz (S. 378) wieder eine etwas größere Stadt erreicht.

b) Nach Santa Cruz durchs Landesinnere

Wer auf dem ersten Abschnitt San Francisco möglichst zügig verlassen und nicht jede Bucht und jeden Strand abfahren möchte, kann alternativ zum Hwy. 1 den Fwy. 280 bis San José nehmen – parallel zur Verwerfungszone des San-Andreas-Grabens – und dann über den Hwy. 880/17 nach Santa Cruz an der Monterey Bay fahren. Der wunderschöne Fwy. 280 (Junipero Serra Fwy.) führt kurz hinter der Metropole am Kamm der Hügelkette entlang und bietet immer wieder herrliche Panoramablicke auf Stadt und Bay. In der langen, in Nord-Süd-Richtung verlaufenden Talsenke, die man bei der Weiterfahrt passiert, wird am besten jene Bruchzone der San-Andreas-Verwerfung sichtbar, die bei den schweren Erdbeben Nordkaliforniens immer wieder in den Schlagzeilen auftaucht. Auf dem Talgrund befinden sich die beiden fischreichen Stauseen des Upper und Lower Crystal Springs Reservoir.

Entlang der San-Andreas-Senke

Wenige Meilen hinter den Stauseen kreuzt der Freeway den Hwy. 84, auf dem man in südlicher Richtung zur 5.000-Einwohner-Gemeinde **Woodside** kommt. Auf dem Weg, kurz nach dem Abzweig, biegt rechts die Canada Rd. zur nahen Filoli Estate ab. Dieses inmitten eines Wildreservates gelegene Landgut kennen manche noch als Domizil der *Carringtons* aus der Fernsehserie Denver Clan. Auch ohne diesen Hintergrund ist das herrschaftliche Gebäude (1915–17) jedoch einen Besuch wert, vor allem wegen der fantastischen Gärten, in denen gut 3.000 verschiedene Pflanzenarten – u.a. knapp 400 Rosenarten – gedeihen und die mit Alleen, französischen und englischen Parks sowie einem hübschen Teehaus aufwarten *(www.filoli.org, Ende Feb.–Okt. Di–So 10–15.30, So ab 11 Uhr (letzter Einlass 14.30 Uhr), ☏ (650) 364-8300, Eintritt US$ 15)*. Man kann nun dem aussichtsreichen Hwy. 84/35 bis zur Einmündung in den Hwy. 17 folgen oder, etwas zügiger, wieder den schnellen Fwy. 280 benutzen, von dem es hinter Santa Clara auf den Hwy. 17 abgeht (s.u.).

Genauso gut ist es möglich, die Teiletappe bis Santa Cruz auch als Besichtigungsfahrt mit mehreren kulturellen Highlights zu planen – in diesem Fall ist ein sehr früher Start in San Francisco zu empfehlen. Als Reiseweg ist dabei der Hwy. 82 (Camino Real) denk-

Route 3: Zwischen San Francisco und Los Angeles

bar, der die alte, schon in spanischer Zeit angelegte Überlandstraße nutzt, an der die verschiedenen Missionen wie Perlen einer Kette aufgereiht sind. Auf dieser Straße jedoch muss man sich mühsam durch die Zentren mehrerer Orte quälen und etliche Ampelstopps einkalkulieren. Zunächst kommt man dabei mitten durch die „Friedhofsstadt" **Colma**, deren Begräbnisstätten links und rechts der Straße liegen und z. T. für bestimmte ethnische oder religiöse Gruppen vorbehalten sind. Die Gräber vieler prominenter Menschen findet man im westlichen Woodlawn Memorial Park und auf dem gegenüberliegenden Eternal Home Cemetery, wo *Wyatt Earp* zusammen mit seiner Frau beigesetzt ist. Der eindrucksvollste Friedhof jedoch der östlich der Straße gelegene Cypress Lawn Memorial mit seinen Hunderten von Familiengrüften im römischen, griechischen oder ägyptischen Stil.

Friedhofsstadt

Unmittelbar südlich des San Francisco Flughafens passiert man die Kleinstadt **Millbrae** (23.000 Ew.), die seit 2003 über die BART mit San Francisco verbunden ist. Dass sie das Zentrum eines landwirtschaftlich fruchtbaren Umfeldes ist, wird bei einem Bummel über den Millbrae Farmer's Market deutlich, der jeden Samstag von 8–13 Uhr abgehalten wird. Um landwirtschaftliche Produkte geht es auch beim Millbrae Art & Wine Festival, einem der ältesten, größten und schönsten Events der Bay Area. Es findet alljährlich am Labor Day Wochenende im August statt und zieht regelmäßig über 100.000 Besucher an, die neben dem großen kulinarischen Angebot auch die Volksfeststimmung, Kunstausstellungen und Livemusik genießen.

Hinter Millbrae kommt man auf dem Hwy. 82 in die Ortschaften **San Carlos** und **Redwood City** und gelangt schließlich in das Städtchen **Menlo Park** (28.000 Ew.). Ein mögliches Besichtigungsziel wäre dort die Gartenanlage Allied Arts Guild mit einer Häusergruppe im spanischen Stil, wo man außerdem Kunsthandwerk kaufen oder eines der vielen Restaurants besuchen kann *(75 Arbor Rd., ① (650) 322-2405, www.alliedartsguild.org; Mo–Sa 10–17 Uhr, Eintritt frei).*

Silicon Valley

Bei der Weiterfahrt gelangt man südöstlich von Redwood City in das Herz der Hightech-Industrie Kaliforniens, das berühmte Silicon Valley. Benannt wurde das ca. 30 km lange und 15 km breite Tal nach dem für die Herstellung von Halbleitern verwendeten Werkstoff Silizium. Wo noch in den 1950er Jahren Felder und Weiden das Bild beherrschten, etablierten sich in einer Art modernem Goldrausch unzählige Produktionsfirmen von Mikroelektronik, Halbleitern und Computerchips. Zu den Gründungsvätern dieses Gewerbes gehören *William Hewlett* und *David Packard*, die in einer unscheinbaren Garage in den 1930er Jahren ihre ersten Patente austüftelten und damit den Grundstein für den späteren Elektronik-Konzern Hewlett-Packard legten. Diese Garage in Palo Alto *(367 Addison Ave.)* ist heute sogar unter Denkmalschutz gestellt worden.

Hightech-Zentrum

Für Touristen ist das Silicon Valley, eigentlich ein unklar definiertes Gebilde verschiedener Städte wie Palo Alto, Mountain View, Santa Clara und San José, auf den ersten Blick relativ uninteressant: Flache Bürogebäude, endlose Boulevards, riesige Einkaufszentren und mit Grün bewachsene Seitenstraßen prägen das Bild. Auf den zweiten Blick gibt es jedoch einiges zu entdecken, nicht nur für Computerfreaks. Nach dem Börsencrash des Jahres 2000 und einer kurzzeitigen Flaute boomte das Silicon Valley wieder – sowohl

Inbegriff des Internet: Google im Silicon Valley

wirtschaftlich als auch kulturell, wobei die schwere Wirtschaftskrise 2009 auch hier zu spüren war. Das Tal, nach wie vor die Kaderschmiede der amerikanischen IT-Branche, bietet Touristen inzwischen eine ganze Menge an Spezialmuseen, interessanter Architektur und Erinnerungen an die Geburtsstunde der Computer-Technologie. Grandiose Neubauten kann man beispielsweise an der Stanford-Universität entdecken, ebenso am Google-Hauptquartier in Mountain View, am Yahoo!-Bürogebäude bei Palo Alto, an den weiß-grünen Apple-Häusern und am beeindruckenden Oracle-Komplex mit seinen verspiegelten Hochhaustürmen.

Geburtsort des Internet

☞ Tipp

Möchte man nicht durch das Silicon Valley und seine einzelnen Städte fahren, sondern über eine **Panoramastraße**, die auf hochgelegener Warte immer wieder schöne Ausblicke auf das Tal freigibt, sollte man weiter westlich den Skyline Boulevard nutzen, der an den Hängen der Santa Cruz Mountains entlang führt.

Palo Alto

Die erste größere Ortschaft des Silicon Valley, rund 50 km südlich von San Francisco gelegen, heißt Palo Alto (62.000 Ew.) und ist eine der schönsten und reichsten Gemeinden der Bay Area. Berühmt wurde sie als Sitz der **Stanford University**, die 1891 eingeweiht wurde und als ewige Konkurrentin der Universität von Berkeley gilt. Rund 15.000 Elite-Studenten sind hier immatrikuliert, die angesichts von jährlich ca. US$ 30.000 Studiengebühr entweder ein großzügiges Stipendium erhalten oder vermögende Eltern haben müssen. Dafür besuchen sie aber auch eine Hochschule mit einem hervorragenden Ruf, die u.a. 15 Nobel- und 4 Pulitzer-Preisträger hervorgebracht hat. Falls man genügend Zeit hat, lohnt es sich durchaus, für den Besuch des Campus einige Stunden zu reservieren. Bei einem Spaziergang sieht man das weiße Mausoleum des 1884 verstorbenen *Leland Stanford Jr.*, dem zu Ehren die Universität gegründet und benannt wurde. In der Nähe kann man sich an der Visitor Information Booth (Main Quadrangle) Karten des großen Geländes besorgen. Die an ein Kloster erinnernde Architektur wird von der 1903 vollendeten und mit prächtigen Mosaiken und Wandgemälden aus-

Elite-Universität

Präsidialer Absolvent

gestatteten Stanford Memorial Church überragt. Noch markanter ist jedoch der 87 m hohe, 1941 fertig gestellte Hoover Tower, benannt nach Präsident *H. Hoover*, dem wohl prominentesten Absolventen der Universität. Von der Spitze des Turmes hat man einen weiten Rundblick.

Unmittelbar daneben findet man die **Stanford University Art Gallery** mit Ausstellungen zeitgenössischer Werke sowie weitere Museen. Von besonderem Interesse ist dabei das 1894 eröffnete Leland Stanford Jr. Museum, das dem Nationalmuseum in Athen nachgebildet wurde und neben einiger Kuriositäten eine beachtliche Sammlung europäischer Meister des 19./20. Jh. sowie Kunstwerke aus Afrika, Asien, dem Pazifik und beiden Teilen Amerikas enthält. Neben dem Museum weist der Gerald Cantor Rodin Sculpture Garden eine ganze Reihe von Plastiken des französischen Bildhauers *Auguste Rodin* auf. Wer sich noch etwas im hübschen Städtchen umsehen möchte, sollte an den Boutiquen und Restaurants der University Ave. entlang bummeln *(weitere Infos unter www.stanford.edu)*.

Fährt man ab Palo Alto z.B. auf dem Hwy. 101 in Richtung Santa Clara, passiert man linkerhand bei der Ausfahrt Great America Parkway den Freizeitpark **California's Great America**, eine 40 ha große nordkalifornische Abwandlung von Disneyland. Dort gibt es ein ähnliches Angebot an Entertainment, Kulissenstädten und technischem Spielgerät wie bei der Konkurrentin in Anaheim, auch der Eintrittspreis ist ähnlich hoch. Für die kleineren Gäste empfiehlt sich ein Aufenthalt in dem Park-Dorf Kidzville, das

Wandelhalle auf dem Campus von Stanford

knapp 20 Attraktionen für Kinder und Eltern bereit hält, Jugendliche und Erwachsene werden vielleicht eher von atemberaubenden „Thrill Rides" Achterbahnen, Loopings etc. angezogen, und für alle bietet das Australien-inspirierte Themendorf „Boomerang Bay" alle möglichen Wasservergnügen bis hin zu einer riesigen künstlichen Lagune in tropischer Umgebung. In unmittelbarer Nachbarschaft zum Freizeitpark gibt es mehrere Hotels und Motels, meist solche der großen Ketten, von denen einige Paketangebote mit inkludiertem Eintrittspreis offerieren.
California's Great America, *1 Great America Pkwy., Santa Clara, ① (408) 988-1776, www.cagreatamerica.com; von Juni bis August tgl. 10–20, z.T. bis 23 Uhr, von März–Mai und September–Oktober nur an Wochenenden und Feiertagen, im Winter geschlossen, Eintritt US$ 56.*

Nordkalifornisches Disneyland

Mountain View und Santa Clara

Südlich von Palo Alto, wo der Hwy. 85 auf den Hwy. 101 trifft, breitet sich die 72.000-Einwohner-Stadt Mountain View aus, die immer wieder schöne Ausblicke auf die Santa Cruz Mountains freigibt – daher der Name. Auch sie liegt am historischen Camino Real, besitzt aber keine Bauwerke aus der spanischen Zeit mehr. Dafür ist die Jetztzeit des Silicon Valley durch viele Hightech-Unternehmen vertreten, ebenso durch das Computer History Museum. Der auch architektonisch eindrucksvolle Bau besitzt die weltweit größte Sammlung an Computern, auch Roboter, Spielkonsolen und Erinnerungsstücke an die Frühzeit der Computerära sind zu sehen. Im Januar 2011 eröffnet die neue Ausstellung „Revolution: The First 2000 Years of Computing".

Geschichte des Computers

Computer History Museum, *1401 N. Shoreline Blvd., Mountain View, ① (650) 810-1010, www.computerhistory.org; Mi–So 10–17 Uhr, Eintritt US$ 15.*

Auch die folgende Stadt **Santa Clara** (110.000 Ew) gehört noch zum Silicon Valley, und dementsprechend haben viele High Tech-Betriebe hier ihren Sitz. U.a. auch das Unternehmen Intel, auf dessen Firmengelände sich das **Intel-Museum** befindet, eines jener Spezialmuseen, die sich kein Computer-Freak entgehen lassen darf. Die Entwicklung und Bedeutung von Halbleitern und Prozessoren wird hier auf anschauliche und nicht nur für Eingeweihte spannende Weise vermittelt.

Intel-Museum, *2200 Mission College Blvd., ① (408) 765-0503, www.intel.com/museum; Mo–Fr 9–18, Sa 10–17 Uhr, Eintritt frei.*

In eine andere Zeit entführt die zweite Sehenswürdigkeit der Stadt, die Mission **Santa Clara de Asis**, die 1777 als achte der 21 Missionsstationen gegründet wurde. Der heutige Bau ist allerdings ein Nachbau der dritten Missionsstation aus dem Jahre 1825. Trotzdem hat die Anlage mit ihren Blumengärten, Bäumen und der alten Adobe-Mauer viel Atmosphäre. Die Kirche befindet sich auf dem Gelände der University of Santa Clara, die aus dem Jahre 1851 stammt und die älteste des Bundesstaates ist.

Eine der 21 Missionen Kaliforniens

Mission Santa Clara de Asis, *Santa Clara University, 500 El Camino Real, Santa Clara, ① (408) 554-4000, Mo–Fr 8–18 Uhr, freier Eintritt.*

Unweit östlich der Universität verläuft der Fwy. 880, dem man nun zurück zur Küste, also in südlicher Richtung, folgen sollte (s.u.). Mit genügend Zeitreserve kann man je-

Das Convention Center von Santa Clara

doch auch der jenseits der Autobahn gelegenen Großstadt San José noch einen Besuch abstatten.

Information
Santa Clara Visitors Bureau, 1850 Warburton Ave., Santa Clara, CA 95050, ① (408) 244-9660, www.santaclara.org.

San José

Touristisch unbekannte Großstadt

Das am südlichen Ende des Silicon Valley platzierte San José ist mit rund 990.000 Einwohnern nicht nur **größer** als das ungleich berühmtere **San Francisco**, sondern auch die größte Stadt von ganz Nordkalifornien und nach L.A. und San Diego die drittgrößte des Bundesstaates. Dass San José trotzdem im Bekanntheitsgrad weit hinter San Francisco zurücksteht, liegt u.a. daran, dass es mit seinen immer gleichen Einkaufszentren, Hochhäusern und Elektronikfirmen nicht unbedingt eine Augenweide darstellt, ein wahres Zentrum fehlt und außerdem im öffentlichen Bewusstsein nicht mit Tradition oder Attraktionen verbunden wird.

Dabei geht die Geschichte der Stadt immerhin auf eine spanische Gründung im Jahre **1777** zurück. Und im **Pueblo** von San José fanden **1849–51** nicht nur Verhandlungen statt mit dem Ziel, die Ortschaft als Hauptstadt von ganz Kalifornien zu etablieren, sondern die Geschicke der Provinz wurden in dieser Zeit faktisch von hier aus geleitet. Es war sogar schon ein Platz für das zukünftige Capitol ausgesucht. Die Delegierten, die sich damals noch in Monterey befanden, entschieden sich dann aber gegen San José und für Sacramento.

Interaktives Museum

Der Bereich von San José, der noch am ehesten als Downtown zu bezeichnen ist, breitet sich nördlich der I-280, östlich des Hwy. 87 und westlich des Campus der **San José State University** aus. Hier befindet sich an der Market St. auch das **Tech Museum of Innovation**, in dem Technologien und Entwicklungen etwa bei Mikroelektronik, Raumfahrt, Biotechnologie, Roboter usw. multimedial und umfassend dargestellt werden. Das mehrfach ausgezeichnete und wohl interessanteste Museum der Stadt ist Erlebnisarchitektur pur und für Jung und Alt eine überaus spannende Sache, bei der man interaktiv an Experimenten teilnimmt, zum Forscher, Astronauten oder Arzt wird. Zu den Höhepunkten gehört auch das IMAX-Kino in Kuppelform.
Tech Museum of Innovation, 201 South Market St., ① (408) 294-8324, www.thetech.org; tgl. 10–17 Uhr, Eintritt US$ 12.

Nicht weit entfernt stößt man ebenfalls auf der Market St. auf das 1969 eröffnete **San José Museum of Art**, das für seine umfangreiche Sammlung von Gegenwartskunst des amerikanischen Westens bekannt ist. Auch die Wechselausstellungen sind stets von hoher Qualität. Direkt an das Museum als Historic Wing angebaut ist das alte Post Office Building, ein sehr schönes Steingebäude von 1892 mit einem markanten Turm.
San Jose Museum of Art, 110 South Market St., ① (408) 271-6840, www.sjmusart.org; Di–So 11–17 Uhr, Eintritt US$ 8.

Auch die römisch-katholische **Cathedral of Saint Joseph** liegt in dieser Gegend (*80 S. Market St.*) und ist einen Besuch wert. Die wohl schönste Kirche der Stadt öffnet sich mit einem Säulenportikus zur Market St., flankiert von zwei Westtürmen, während sich über

der Vierung eine schöne Kuppel spannt. Die Kathedrale stammt in dieser Form von 1877, hatte aber zwei Vorgängerinnen (1803, 1846), die jeweils von Erdbeben zerstört wurden. Museumsfreunden kann das wenige Blocks entfernte **Museum of Quilts & Textiles** neben rund 550 historischen Ausstellungsstücken der amerikanischen Textilkunst immer wieder interessante Wechselausstellungen bieten.
San Jose Museum of Quilts & Textiles, *520 S 1st St., ① (408) 971-0323, www.sjquilt museum.org; Di–So 10–17 Uhr, Eintritt US$ 8.*

Andere Sehenswürdigkeiten liegen etwas weiter von der Downtown entfernt. Dazu gehört das rund 3 km weiter westlich, an der Kreuzung der Nagles Ave. mit der Park Ave. gelegene **Rosicrucian Egyptian Museum**, dessen Eingangspartie als verkleinerte Nachbildung der Sphinx-Allee im ägyptischen Karnak gebildet ist. Das von den Rosenkreuzern unterhaltene Museum besitzt die größte Sammlung ägyptischer Ausgrabungsfunde im amerikanischen Westen, daneben aber auch ansehnliche Exponate der persischen, babylonischen, sumerischen und assyrischen Kultur. In unmittelbarer Nähe befinden sich ein naturwissenschaftliches Museum, zu dem auch ein Planetarium gehört, und zwei Blocks weiter die sehenswerten Municipal Rose Gardens mit mehr als 5.000 Pflanzen (186 Rosenarten). All dies gehört ebenfalls den Rosenkreuzern, einer Bruderschaft, die international aktiv ist und sich u.a. auf die Mysterienschulen des alten Ägypten beruft.

Ägyptische Kunst

Rosicrucian Egyptian Museum, *1660 Park Ave., ① (408) 947-3635, www.egyptian museum.org; Mi–Fr 9–17, Sa–So 10–18 Uhr, Eintritt US$ 9.*

Noch weiter westlich und am besten über Naglee St., Bascom Ave., Stevens Creek und Winchester Blvd. zu erreichen, gelangt man zum **Winchester Mystery House**, einem abstrus-verrückten Haus, das von der abergläubischen Millionenerbin *Sarah L. Winchester* in 38 Jahren aufgebaut wurde. In dem Haus, das über 160 Zimmer, 2.000 Türen, 10.000 Fenster, 13 Badezimmer, 47 Kamine und etliche Geheimgänge verfügt, soll es angeblich spuken. Angeschlossen ist das Firearms Museum, in dem u.a. jene Winchester-Gewehre ausgestellt sind, die im amerikanischen Westen eine so bedeutsame Rolle spielten und für den Reichtum der Lady verantwortlich waren. Das Museum kann individuell besichtigt werden, während man das Anwesen und seinen Garten auf einer geführten Tour kennen lernt.
Winchester Mystery House, *525 S Winchester Blvd., ① (408) 247-2101, www.win chestermysteryhouse.com; tgl. 8–17, im Sommer bis 19 Uhr, Eintritt je nach Tour US$ 27–35.*

Reisepraktische Informationen San José

Vorwahl 408

Information
San José Convention & Visitors Bureau, *408 Almaden Blvd., San José, ① 295-9600, www.sanjose.org.*

Veranstaltung
Freunde zeitgenössischer und traditioneller lateinamerikanischer Musik haben beim Mariachi Festival in San Jose ein absolutes Highlight, bei dem auf der Mexican Heritage Plaza u.a. auch Grammy-Gewinner auf der Bühne stehen (www.sanjosemariachifestival.com, im September).

Route 3: Zwischen San Francisco und Los Angeles

Zurück an die Küste

Nach dem Abstecher ins Silicon Valley nähert man sich der Küste auf dem Hwy. 880/17, der an einigen Weinkellereien vorbei- und auf Santa Cruz zuführt. Wer vor Santa Clara oder San José bereits nach Süden abzweigen möchte, sollte dazu den Hwy. 85 wählen, der einen zunächst nach **Saratoga** (30.000 Ew.) bringt, einem hübschen und wohlhabenden Ort in den Santa Cruz Mountains, auf dessen Hauptstraße Big Basin Way man gut einen Einkaufsbummel einlegen oder eines der Restaurants aufsuchen kann. Über **Los Gatos** (28.000 Ew.) erreicht man anschließend den Hwy. 17, dem man in südlicher Richtung folgt.

Beeindruckende Redwoods

Wenige Meilen nördlich des Etappenzieles (auf Höhe von Felton Abzweig über den Hwy. 9) lohnt dann der **Henry Cowell Redwoods State Park** einen Besuch, der über eindrucksvolle Redwood-Bestände verfügt. Viel weniger überlaufen als die Naturschutzgebiete bei San Francisco, kann man hier die Baumgiganten in paradiesischer Ruhe bewundern, so z.B. den Clothespin Tree, durch den ein Tunnel geschlagen wurde, den Grizzly Giant, oder – am spektakulärsten – den Fremont Tree.
Henry Cowell Redwoods State Park, *101 North Big Trees Park Rd., Santa Cruz, ① (831) 335-7077 (Visitor Center), (831) 438-2396 (Campground), www.parks.ca.gov; tgl. von Sonnenauf- bis -untergang, kein Eintritt.*

Ein zusätzliches Highlight des Parks ist die **Roaring Camp & Big Trees Narrow-Gauge Railroad**, eine Güterbahnlinie, die 1875 entlang des San Lorenzo River zwischen Felton und Santa Cruz angelegt wurde und die heute touristisch genutzt wird. Auf der spektakulären Trasse, der steilsten Nordamerikas, geht es vom Strand in Santa Cruz durch den Canyon des San Lorenzo River hinauf auf den Gipfel des Bear Mountain. Man besteigt den Zug im historischen Bahnhof an der Graham Hill Rd., etwas östlich von Felton und dem Hwy. 9 gelegen.
Roaring Camp & Big Trees Narrow-Gauge Railroad, *5401 Graham Hill Rd., Felton, ① (831) 335-4484, www.roaringcamp.com; die Züge verkehren von Anfang Juni bis Anfang September auf beiden Strecken mehrmals tgl., ansonsten nur einmal tgl. Die genauen Abfahrtszeiten sollten unbedingt telefonisch erfragt werden. Die Fahrt nach Santa Cruz kostet US$ 26, die Fahrt zum Bear Mountain US$ 24.*

Santa Cruz

Ideale Surfbedingungen

In der 55.000-Einwohner-Stadt Santa Cruz kommen die beiden oben beschriebenen Routen von Hwy. 1 und Hwy. 17 zusammen, allerdings im Nordosten des eigentlichen Zentrums, sodass Benutzer der Inlandstrecke (B) erst einige Minuten auf dem Hwy. 1 in südwestliche Richtung fahren und dann auf die Bay St. zum Strand einbiegen müssen. Der Abstecher lohnt sich aus vielerlei Gründen – immerhin war Santa Cruz einst der bedeutendste Ferienort von ganz Nordkaliforniens. Dabei fällt heute der hohe Anteil an Jugendlichen auf, die mehrheitlich die guten Surfbedingungen und die lebenslustige Atmosphäre der Stadt genießen wollen. Die Aktivitäten aller Urlauber bündeln sich am 1½ km langen Strand, an dem sich der **Santa Cruz Municipal Pier** fast 800 m weit in die Bucht hinaus schiebt. Er ist Standort für zahlreiche Geschäfte, Bars und Seafood-Restaurants sowie beliebter Treffpunkt der Angler. Östlich des Piers erstreckt sich der berühmte, 1903/04 angelegte **Beach Boardwalk**, dessen Vergnügungspark noch ein Stück altes Amerika darstellt. Die Anlage, die vom ehemaligen Casino (1907) dominiert wird, ist die einzig verbliebene ihrer Art in Kalifornien und ähnelt einigen traditionellen englischen Seebädern. Die alte Zeit wird wieder lebendig u.a. in dem hübschen Kinderkarussell von 1910 und in der bereits 1924 installierten hölzernen Achterbahn Giant Dipper, die sogar unter Denkmalschutz steht.

Ansonsten lohnt in Santa Cruz der Spaziergang über den Cliff Dr. in südlicher Richtung bis zum Santa Cruz Lighthouse, in dem 1986 das erste **Surfing Museum** der Welt eingeweiht wurde. Außer der interessanten Sammlung von Gegenständen und Fotos aus der über hundertjährigern Surf-Geschichte Kaliforniens lohnt der Besuch wegen des Souvenirladens mit einer großen Auswahl an T-Shirts, vor allem aber wegen des weiten Blicks über die Küste. Die Surfer selbst haben davor an der Steamer Lane und am Cowell Beach ihren beliebtesten Spot.
Santa Cruz Surfing Museum, *701 W. Cliff Dr., ① (831) 420-6289, www.santacruz surfingmuseum.org; Juli bis Mitte Sept. tgl. außer Di 10–17, sonst Do–Mo 12–16 Uhr, Eintritt frei, Spenden erwünscht.*

Surfing Museum (Lighthouse) in Santa Cruz

Auf der entgegengesetzten Seite des Piers, jenseits der Brücke über den San Lorenzo River, gelangt man zum **Santa Cruz Museum of Natural History**, das Exponate aus dem Leben der Indianer, eine umfangreiche Muschelsammlung und Vertreter der lokalen Flora und Fauna zeigt (*1305 East Cliff Dr., www.santacruzmuseums.org*). Eine weitere Sehenswürdigkeit ist die **Mission de la Exaltacion de la Santa Cruz** nahe dem Highway-Dreieck, die allerdings nicht original erhalten ist. Die moderne Kirche daneben ist die Holy Cross Church.

Lokalmuseum

Etwa 5 km nördlich von Santa Cruz (im Highway-Dreieck 17/1 auf die Market St. abbiegen, dann über Branciforte Dr. zur Mystery Spot Rd.) ist der sog. **Mystery Spot** ein beliebtes Ausflugsziel, bei dem in Folge einer optischen Täuschung die Naturgesetze außer Kraft gesetzt zu sein scheinen. Autos oder Bälle scheinen bergauf zu rollen, Wasser aufwärts zu fließen und Bäume schief zu wachsen.
Mystery Spot, *465 Mystery Spot Rd., Santa Cruz, ① (831) 423-8897, www.mysteryspot. com; 10–16, Sa–So bis 17, im Sommer am Wochenende 9–19 Uhr, Eintritt US$ 6.*

Von Santa Cruz nach Carmel-by-the-Sea

Für die letzte Etappe von Santa Cruz nach Monterey empfiehlt sich der Hwy. 1, der z.T. küstennah, z.T. in weiterer Entfernung zum Pazifik verläuft. Oftmals hat man Gelegenheit zu Abstechern an einen der schönen Strände (u.a. Sunset State Beach, Zmudowski Beach, Salinas River State Beach, Marina State Beach), passiert **Castroville**, das ganz im Zeichen der Artischocken-Kulturen steht, und fährt staunend an den Riesendünen bei **Marina** vorbei, bis man schließlich den Abzweig zum Zentrum von Monterey erreicht.

Alternativstrecke Aber auch hier gibt es für Reisende mit viel Zeit eine Alternative, die ab **Watsonville** über den Hwy. 129 einen großen Schlenker ins Inland beschreibt und einen zu zwei schönen Ausflugszielen bringt. Die erste Station, wenige Kilometer jenseits des Hwy. 101 gelegen, ist das Städtchen **San Juan Bautista** (1.600 Ew.), wo 1797 die nach dem Hl. Johannes dem Täufer benannte **Mission** gegründet wurde. Der heutige schneeweiße Sakralbau, der größte seiner Art in Kalifornien, stammt aus dem Jahre 1803. Zusammen mit anderen historischen Gebäuden (u.a. das Plaza Hotel von 1856, das Castro House von 1840 und das Zanetta House von 1868) ist die Mission Bestandteil des San Juan Bautista State Historic Park, der an die Zeit der Missionare und die mexikanisch-kalifornische Epoche erinnert. Sehenswert sind auch die schönen Gartenanlagen, Überreste des originalen El Camino Real und der Friedhof, auf dem 4.300 Indianer, Pioniere und Siedler beigesetzt sind.

Von San Juan Bautista geht es zurück auf den Hwy. 101, dem man bis **Salinas** (ca. 150.000 Ew.) folgt und das das Zentrum des Salinas Valley ist. Wegen der großen Ernteerträge von Gemüse wird das Tal auch „die Salatschüssel des Landes" genannt – vier Fünftel des gesamten in den USA angebauten Salats wächst rund um Salinas. Weiter ist die Region als Steinbeck County berühmt, denn in Salinas wuchs der bekannte Schriftsteller (vgl. S. 385) auf, das er zudem in „Jenseits von Eden" zum Schauplatz machte. Sein Geburtshaus – heute ein Restaurant mit Souvenirladen – findet man an der Central Ave., Nr. 132. Ganz in der Nähe präsentiert die John Steinbeck Public Library (Lincoln Ave.) Manuskripte, Fotos und Erstausgaben von Steinbecks Romanen.

Monterey erreicht man von Salinas aus über den Hwy. 68.

Monterey Peninsula

Das historische Monterey

Monterey, mit rund 33.000 Einwohnern die größte Ortschaft der Monterey Peninsula, ist zugleich eines der meistbesuchten und reizvollsten Gebiete von ganz Kalifornien. Die Gegend der geschichtsträchtigen Stadt wurde bereits 1542 durch den portugiesischen Seefahrer *Juan Rodríguez Cabrillo* gesichtet, der aber wegen ungünstiger Wetter-
Geschichtsträchtiger Ort verhältnisse in der Bucht von Monterey nicht an Land gehen konnte. Im Jahre 1602 war es dann der Spanier *Sebastian Vizcaino*, der die Bucht nach dem Grafen von Monte Rey, dem Vizekönig von Spanien, benannte und gleichzeitig Kalifornien als spanisches Eigentum proklamierte. Und 1770 schließlich kamen der Franziskanermönch *Serra* und der militärische Expeditionsleiter *Gaspar de Portalá* hierhin und errichteten die ersten Zeugnisse des weltlichen (Presidio) und geistlichen (Mission) Führungsanspruches der Spanier. Obwohl die Mission ein Jahr später nach Carmel verlegt wurde, blieb Monterey der wichtigste Ort an der kalifornischen Küste, und es war deshalb nur folgerichtig, dass

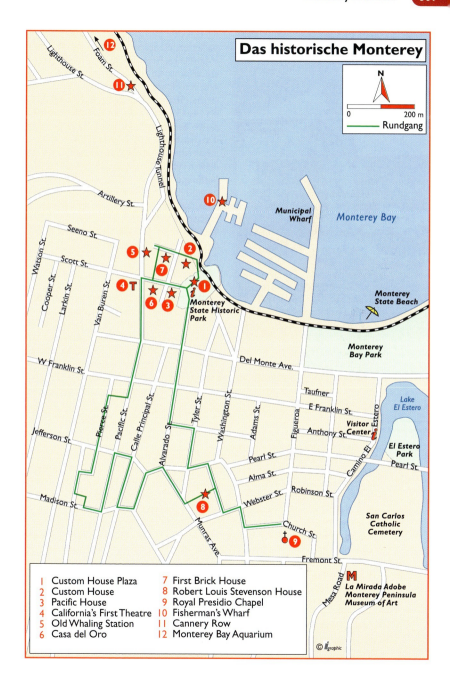

Route 3: Zwischen San Francisco und Los Angeles

Standbild an der Custom House Plaza

die Europäer hier ihre **Provinzhauptstadt** installierten, die später dann auch die Mexikaner übernahmen. Für knapp 80 Jahre wurde also Alta California, die nördlichste mexikanische Provinz, von Monterey aus regiert, bis 250 amerikanische Matrosen und Soldaten am 7. Juli 1846 das alte Custom House am Hafen in einer Blitzaktion einnahmen, die Stars & Stripes hissten, den Ausbruch des Mexikanisch-Amerikanischen Krieges verkündeten und erklärten, von diesem Moment an sei Kalifornien ein Teil der Vereinigten Staaten von Amerika. Die Bedeutung der Ortschaft wird auch dadurch unterstrichen, dass nach dem Krieg hier die kalifornische Verfassung eingesetzt wurde. Man kann sagen, dass Monterey für Kalifornien und den gesamten Westen eine vergleichbare Rolle spielte wie Plymouth, Jamestown und St. Augustine zusammengenommen für den Osten.

Nachdem Sacramento die Funktion der Bundeshauptstadt übernommen hatte, blieb Monterey Geschäftszentrum und Verkehrsknotenpunkt der Halbinsel. Wirtschaftlich durchlief die Stadt in den letzten Jahren einen drastischen Wandel: Nachdem die Fischkonservenindustrie durch das Verschwinden der Sardinen aus den Gewässern vor Monterey schon vor Jahrzehnten zum Erliegen kam, stellte man sich ganz auf den Fremdenverkehr um, der heute die Haupteinnahmequelle darstellt.

Rundgang

Es versteht sich von selbst, dass die einstige Hauptstadt mit vielfältigen historischen Sehenswürdigkeiten gesegnet ist. Die meisten davon lernt man auf einem „Path of History" kennen, der an insgesamt 46 bedeutsamen Gebäuden und Plätzen vorbeiführt (in der Karte auf S. 381 grün eingezeichnet). Um das historische Zentrum zu erreichen, richtet man sich nach dem State Historic Park. Hier sind das **Maritime Museum** und ein **History Theatre** auf der **Custom House Plaza (1)** untergebracht ist, dem Mittelpunkt des **Monterey State Historic Park**. Das Maritime Museum enthält Exponate zur maritimen Geschichte der Region, Schiffsmodelle und Fotos sowie die aus dem Jahre 1880 stammende, rund 4½ t schwere Spiegellinse des Point Sur Lighthouse.
Monterey Maritime & History Museum, *Stanton Center, 5 Custom House Plaza, ① (831) 372-2608, www.montereyhistory.org; Di–Sa 10–17, So 12–17 Uhr, Eintritt US$ 10.*

Historisches Zentrum

Vom Visitor Center an der Custom House Plaza aus starten mehrmals tgl. geführte Rundgänge durch das historische Monterey, doch ist der gut markierte Path of History auch für Individualtouristen gut zu finden, zumal mit den im Besucherzentrum erhältlichen Gratis-Stadtplänen. Einige gut erhaltene und wichtige Gebäude findet man bereits in unmittelbarer Nachbarschaft rund um die Custom House Plaza gruppiert. Schräg gegenüber dem Museum fällt dabei zunächst das **Custom House (2)** auf. Das kleine Gebäude wurde 1827 im Adobe-Stil erbaut und ist damit das älteste amerikanische Verwaltungsgebäude an der Westküste. Für die Spanier und Mexikaner war es fast genauso wichtig wie der Regierungssitz auf dem Presidio. Denn der gesamte Handel entlang der kalifornischen Küste wurde von hier aus kontrolliert und besteuert. Und dies wiederum bedeutete die wichtigste Einnahmequelle der Provinz. Heute ist in dem weißen Haus eine Ausstellung untergebracht, die die typische Fracht eines Schiffes in den Jahren 1830–1850 zeigt. Die Handelswaren sind sämtlich aus Europa auf dem Seeweg hierhin gebracht worden und das hieß damals noch um Kap Hoorn herum.

Handelszentrum

Schräg gegenüber liegt das langgestreckte, zweistöckige **Pacific House (3)**, das 1847 ursprünglich als Militärunterkunft und Hotel errichtet wurde. 1850 funktionierte man es zu einem Lokal um, in den Folgejahren wurden darin ein Rechtsanwaltsbüro, eine Zeitung, kleine Geschäfte und ein Tanzsaal untergebracht. Heute zeigt das im Obergeschoss befindliche **Museum of the American Indian** eine Ausstellung zur Geschichte Montereys, insbesondere über die vormals hier lebenden Indianer, aber auch zur spanischen, mexikanischen und amerikanischen Ära. An der im Erdgeschoss untergebrachten Touristen-Information vorbei gelangt man in den hinter dem Gebäude gelegenen Garten im spanischen Stil – ursprünglich die Pferdekoppel der Soldaten –, der mit seinem kleinen Springbrunnen, dem Duft der Blüten und der angenehmen Architektur ein wunderschönes Ambiente abgibt.

Wer nicht dem ganzen Weg durch die Geschichte folgen möchte, sollte sich vielleicht nur noch hinter dem Garten des Pacific House (Pacific St.) das winzige Feldstein-Theater anschauen, das 1846 als Seemannsheim erbaut und später zu einem Theater mit Kneipe umgebaut wurde – damit gilt es als **California's First Theatre (4)**. Ebenfalls auf der Pacific St. stößt man auf die 1855 installierte **Old Whaling Station (5)** sowie an der Ecke Scott St. auf das strahlend weiße, zweigeschossige **Casa del Oro (6)**. Ebenso liegt hier das **First Brick House (7)**, das das erste vollständig aus Ziegelsteinen gebaute Haus der Stadt sein soll.

Kaliforniens erstes Theater

An weiteren baulichen Highlights seien an dieser Stelle nur genannt:
- das **Robert Louis Stevenson House (8)**, 1840 als French Hotel erbaut und 1879 Wohnsitz von *Robert Louis Stevenson*.
- die **Royal Presidio Chapel (9)**, die 1770 von Pater Serra als Mission gegründet und später königliche Kapelle wurde. 1850 erklärte man das Gotteshaus zur ersten Kathedrale Kaliforniens. Die einzige noch erhaltene Presidio-Kapelle Kaliforniens, die seit 1795 ununterbrochen genutzt wird, überzeugt durch ihre reich verzierte Fassade mit der Jungfrau von Guadelupe und im Inneren u.a. durch das große Kruzifix hinter dem Altar.

Monterey besteht aber nicht nur aus den geschichtlichen Zeugnissen des 18. und 19. Jh. Bestes Beispiel dafür ist das turbulente Treiben im Yachthafen, das man von den gepflegten Uferwegen aus beobachten kann. Und natürlich muss auch die **Fisherman's Wharf (10)** Erwähnung finden, jenes Gegenstück zu San Francisco, auf dem man u.a. unter einem guten Dutzend an Fischrestaurants auswählen kann. Das laute Gebrüll der Seelöwen zieht die Besucher automatisch zu den Plätzen, an denen man die bettelnden Tiere am besten sehen kann.

An Montereys Fisherman's Wharf

Zwei Meilen nördlich des Zentrums befindet sich an der Küste ein weiterer Anziehungspunkt, der von Touristen auch eifrig genutzt wird. Über die Lighthouse Ave. gelangt man in ein ehemaliges Industriegelände, das auf den Anfang des 20. Jh. verweist und damals als **Cannery Row (11)** berüchtigt war. Damals war Monterey das **Zentrum der Sardinenfischerei**, ein Erwerbszweig, der erst durch das Ausbleiben der Sardinenschwärme vernichtet wurde. Hier entstand die entsprechende Konservenindustrie. Wo sich heute in frisch gestrichenen Holzhäusern Restaurants, Boutiquen und Souvenirshops ausbreiten, lebten damals mittellose Arbeiter unter unsäglichen Bedingungen. Keiner hat besser die Atmosphäre der Cannery Row beschrieben als *John Steinbeck* in seinem gleichnamigen Roman.

Nach Schließung aller Konservenfabriken hat die heutige Cannery Row natürlich nichts mehr mit dem alten Gewerbegebiet gemeinsam, wenn auch die meisten Fassaden stehen geblieben sind. Durch die Restaurierung ab Mitte der 1970er Jahre wurde das Viertel zum touristischen Zentrum Montereys umfunktioniert, sodass mittlerweile fast alle Gebäude Boutiquen, Galerien, Restaurants oder Hotels beherbergen.

Einst Zentrum der Sardinenfischerei

Bummelt man die Cannery Row von Süden nach Norden entlang, kommt man zunächst am **Monterey Bay Inn** vorbei, wo früher die Enterprise-Konservenfabrik Sardinen eindoste. An der Stelle des Monterey Plaza Hotels befand sich bis 1924 eine herrschaftliche Villa, an deren Stelle – nachdem sie durch ein Feuer fast vollständig zerstört worden war – ebenfalls eine Fischkonservenfabrik trat. Wo heute das Spindrift Inn steht, befanden sich einst das zweite Chinatown von Monterey und die Hotels von Herrn Wu und Herrn Sam. An der Ecke Cannery Row & Prescott Ave. taucht links das ehemalige Lagerhaus der **Monterey Canning Company** auf, in dem jetzt Geschäfte und ein Fischrestaurant untergebracht sind. Das Haus mit der Nr. 799 beherbergte damals das Bordell „Lone Star Café", das mit der Nr. 800 das Pacific Biological Laboratory, in dem Steinbeck 1930–35 viel Zeit verbrachte. Hausnr. 835 schließlich ist jener Ort, an dem Steinbecks Roman beginnt: der 1918 eröffnete chinesische Kolonialwarenladen Wing-Chong, in dem heute zahlreiche Erinnerungsstücke an den Schriftsteller aufbewahrt werden. Und schließlich wäre da das Haus mit der Nr. 851 zu nennen, das als Bordell ebenfalls von Steinbeck verewigt wurde.

> **Hinweis**
>
> Von der Fisherman's Wharf zum Aquarium mit Stopps an der Cannery Row verkehrt ein Shuttle-Bus. Infos zu Shopping-, Entertainment-, Restaurant- und Hoteladressen an der Cannery Row unter www.canneryrow.com.

John Steinbeck

Der amerikanische Schriftsteller deutsch-irischer Abstammung wurde am 27.2.1902 in Pacific Grove, Kalifornien, geboren. Nachdem er 1918-24 zunächst Naturwissenschaften studiert und sich anschließend als Gelegenheitsarbeiter durchgeschlagen hatte, beschloss Steinbeck, sich als freier Schriftsteller in Monterey niederzulassen, wo er mit wachem Auge die Unzulänglichkeiten, aber auch Freud und Leid der Unterprivilegierten beobachtete und zum Gegenstand seiner meist kurzen Romane machte.

Erster Erfolg war ihm 1935 mit dem Buch Tortilla Flat (deutsch: Die Schelme von Tortilla Flat) beschieden, das das Leben der armen mexikanischen Paisanos reflektiert. Die Asozialen, Besitzlosen und Umhergetriebenen, denen das eigene Stück Land verwehrt blieb oder die einfach Pech im Leben hatten, zählten zu seinen bevorzugten Romangestalten. Dabei bleibt seine Schilderung nicht neutral, sondern nimmt direkt oder ironisch-distanziert Stellung: Er wird zum Anwalt der Armen. Liebevoll zeichnete er deren Absonderlichkeiten, Schrullen, Kämpfe und Überlebensstrategien nach, wobei klar wird, dass er unerschütterlich an das Gute seiner Geschöpfe glaubte. Neben der sozialen Lage interessierten Steinbeck immer auch die menschlichen Triebe und die durch sie hervorgerufenen Handlungsweisen. Sein 1937 erschienenes Buch „Of Mice and Men" (Von Mäusen und Menschen) setzte den Erfolg fort und etablierte Steinbeck als feste literarische Größe Amerikas.

Nach einem Intermezzo als Kriegsberichterstatter im Zweiten Weltkrieg schrieb er jenes Buch, das am meisten mit seiner Wahlheimat und dessen sozialer Lage zu tun hat: „Cannery Row". Dieser 1945 erschienene kurze Roman, dessen Inhalt das Leben der Gelegenheitsarbeiter, Taugenichtse und Dirnen im kalifornischen Monterey ist, kann als Klassiker der Weltliteratur bezeichnet werden. Er beginnt mit den Sätzen: *„Cannery Row ist mehr als nur eine Straße, es ist die Gegend der Ölsardinen und Konservenbüchsen, ist ein Gestank und ein Gedicht, ein Knirschen und Knarren, ein Leuchten und Tönen, ist eine schlechte Angewohnheit, ein Traum. Cannery Row - in Monterey, Kalifornien, zusammen- und auseinandergeschleudert - besteht aus Alteisen, Blech, Rost, Hobelspänen, aufgerissenem Pflaster, Baustellen voll Unkraut und Kehrichthaufen, aus Fischkonservenfabriken in Wellblechschuppen, aus Wirtschaften, Hurenhäusern, Chinesenhütten, Laboratorien, Läden voll mit Kram, aus Lagerhallen und faulen Fischen. Und die Bewohner? Huren, Hurensöhne, Kuppler, Stromer und Spieler, mit einem Wort: Menschen; man könnte mit gleichem Recht sagen: Heilige, Engel, Gläubige, Märtyrer - es kommt nur auf den Standpunkt an."*

Der Roman liegt unter dem Titel „Die Straße der Ölsardinen" in mehreren Editionen in deutscher Sprache vor und wurde auch als Kinofilm (mit *Nick Nolte* in der Hauptrolle) ein Erfolg. Weitere Werke waren u.a. das 1953 erschienene „Cup of Gold: A Life of Henry Morgan" (Eine Handvoll Gold) und besonders „East of Eden" (Jenseits von Eden), das in einer weltweit aufsehenerregenden Produktion (mit *James Dean* in der Hauptrolle) verfilmt worden ist. Man kann sagen, dass eine ganze Generation junger Amerikaner mit Steinbecks Werken groß wurde und sie - wie etwa *Bob Dylan* - auch als Ausdruck ihres eigenen Jugendprotestes verstand.

John Steinbeck, dem 1962 der Nobelpreis für Literatur verliehen wurde, starb am 20.12.1968 in New York City.

Route 3: Zwischen San Francisco und Los Angeles

Berühmtes Aquarium

Am nördlichen Ende der Cannery Row liegt am und im Meer eine der größten Sehenswürdigkeiten der Stadt, das weithin berühmte **Monterey Bay Aquarium (12)**. Hier kann man durch riesige Glasfenster in die Bassins schauen, die mit dem offenen Ozean verbunden sind. Und am Ufer kann man in der Sonne sitzen und den Angestellten beim Füttern der Robben und Seelöwen zuschauen. Ein Gründer und Finanzier dieses modernen meeresbiologischen Zentrums ist der 1996 gestorbene Computerpionier *David Packard*, Chef des Rechnerriesen Hewlett-Packard. Das Aquarium kommt übrigens ohne staatliche Zuschüsse aus und finanziert sich ausschließlich aus Spenden- und Eintrittsgeldern.

Der Schwerpunkt des Aquariums liegt auf der Darstellung der Lebewesen und ihres Lebensraums in der Bucht von Monterey, einem außergewöhnlich reichhaltigen Meeresbiotop. Durch gläserne Beckenwände, Tele-, Makro- und Mikroskope sowie mittels ferngelenkter Unterwasser-Videokameras vermag der Besucher, Küstenformationen, Wasserpflanzen, Küsten- und Seevögel sowie Fische und andere Meerestiere zu beob-

Reisepraktische Informationen Monterey

Vorwahl 831

Information

Maritime Museum Visitors Center, *5 Custom House Plaza,* ① *372-2608, www.montereyhistory.org, tgl. 9-17 Uhr. Weitere Infos unter www.seemonterey.com, www.monterey.com und www.monterey.org.*
Lake El Estero Visitor Center, *Camino El Estero & Franklin St., tgl. 9–18, So bis 17 Uhr, im Winter bis 17 bzw. 16 Uhr.*
Beide Büros haben die Walking Tour Map, die zu allen wichtigen innerstädtischen Sehenswürdigkeiten führt, und das Faltblatt „Path of History".

Hotels

Del Monte Beach Inn $$, *1110 Del Monte Ave.,* ① *655-0515, www.theinnatdelmontebeach.com; kleines Bed-&-Breakfast-Hotel mit viel Charme, 15 individuell eingerichtete Zimmer.*
Hotel Pacific $$$–$$$$, *300 Pacific St.,* ① *373-5700, www.hotelpacific.com; sehr gutes, zentral gelegenes First-Class-Hotel mit 105 Zimmern.*
Monterey Plaza Hotel $$$–$$$$, *400 Cannery Row, Monterey,* ① *646-1700, www.montereyplazahotel.com; internationales Haus mit 290 Zimmern und Suiten, etwas abseits gelegen, Restaurant, Bar.*
Portola Plaza Hotel at Monterey Bay $$$–$$$$, *2 Portola Plaza,* ① *649-4511, www.portolahotel.com; modernes Haus mit 379 geräumigen Zimmern, direkt an der Monterey Bay neben dem Maritime Museum gelegen, gutes Restaurant, Bar, Pool, Fahrrad- und Kajak-Verleih, alle Annehmlichkeiten.*

Veranstaltungen

Jedes Jahr am dritten September-Wochenende lockt in der Stadt eines der bekanntesten Jazzfestivals der Welt, das seit 1958 ununterbrochen existierte und damit auch das älteste bestehende der Welt ist. Infos über Tickets und das aktuelle Programm unter www.montereyjazzfestival.org.

achten. Ingesamt gibt es 350.000 Lebewesen im Aquarium, die über 570 in der Region beheimatete Pflanzen- und Tierarten repräsentieren. Zu den eindrucksvollsten Abteilungen im Hauptgeschoss zählen der 27½ m lange Buchtquerschnitt „Monterey Bay Habitats", der 8½ m hohe „Kelp Forest", eine Art Tangwald in einem Becken mit 1,26 Mio. Liter Fassungsvermögen, und das große Gezeitenbecken „Great Tide Pool". In der „Marine Mammals Gallery" sind zahlreiche in der Bucht lebende Wassersäugetiere nachgebildet, so z.B. Wale, Delfine, Seehunde und Seelöwen. Vom Aussterben bedrohte Seeotter, die hier nachgezüchtet werden, kann man in einem zweigeschossigen Spezialbecken beobachten. Der Touch Pool, in dem man Meerestiere anfassen kann, dürfte bei den Kleinen auf ganz besonderes Interesse stoßen, ebenso wie die im Auditorium zu sehenden Liveübertragungen aus einem Unterseeboot, das in dem ca. 1.000 m tiefen Unterwassercanyon der Bucht von Monterey taucht.

Zuchtstation für Seeotter

Eine 1996 eröffnete Attraktion ist ein 4 Mio. l Meerwasser fassender Tiefseetank mit Haien und riesigen Fischschwärmen, für den eigens ein neuer Gebäudeflügel gebaut wurde. Durch eines der größten Fenster der Welt (17 x 5 m) schaut man in diese Wunderwelt hinein und bekommt durch die Beleuchtung den Eindruck, mitten im Ozean zu stehen. 1999 wurde als weiteres Highlight die Tiefsee-Ausstellung eingeweiht. In jüngerer Zeit wurde das Aquarium durch seine Beherbergungen und Experimente mit Weißen Haien bekannt. Ein 2004 vor der Küste gefangener Weißer Hai hielt sich knapp 200 Tage in den Außenbecken des Aquariums auf und wurde dann mit einem Peilsender wieder in die Freiheit entlassen. Bis 2008 verfuhr man mit drei weiteren Weißen Haien auf diese Art. **Monterey Bay Aquarium**, *886 Cannery Row,* ① *(831) 648-4800, www.montereybay aquarium.org; tgl. 10–18, im Winter bis 17 Uhr, Eintritt US$ 33.*

Pacific Grove & 17-Mile-Drive

Die Cannery Row und das Aquarium sind ein guter Startpunkt für die weitere Fahrt in den Süden. Wer die landschaftlichen Schönheiten der Halbinsel noch weiter genießen möchte, sollte immer am Ufer entlang zum benachbarten **Pacific Grove** (16.000 Ew.) weiter fahren. Das malerische Städtchen besticht durch zahlreiche Holzhäuser im victorianischen Stil und die schöne, 6 km langen Uferpromenade **Ocean View Boulevard**, von der aus man die felsige Küste überblicken kann. Berühmt geworden ist die Stadt als Überwinterungsort der Monarch-Falter, deren eingesponnene Kokons von Oktober bis März in den Eukalyptusbäumen zu sehen sind. Über die Asilomar Ave., die links vom Ocean View Blvd. abzweigt, findet man zum **Point Piños Lighthouse**, das seit 1855 ununterbrochen im Dienst war.

Über die Küstenstraße oder die Asilomar Ave. gelangt man automatisch zum Pacific Grove Gate. Es markiert den Eingang zum **17-Mile-Drive**, einer Privatstraße (Gebühr für Nicht-Anlieger US$ 9,25), die aber äußerst populär ist. Einerseits ist da die dramatische Landschaft mit ihren Monterey-Zypressen, kargen Klippen und dem heranstürmenden Ozean, andererseits die weiten Golfplätze von Pebble Beach, die zu den berühmtesten der Vereinigten Staaten gehören. Nicht selten gaben sich hier außer den sportlichen Stars des weißen Sports auch in der Nähe wohnende Berühmtheiten ein Stelldichein.

Spektakuläre Straße

Ursprünglich gehörte der Landstrich zur Ranch eines schottischen Einwanderers, die 1858 vom Eisenbahnmagnaten *Charles Crocker* gekauft und ab 1880 mit dem Del Monte Hotel bestückt wurde. Das 1924 abgebrannte Resort wurde zu einer Lieblingsadresse der guten Gesellschaft San Franciscos, sodass es nur eine Frage der Zeit war, bis sich die ersten Begüterten selbst Parzellen kauften und ihre hochherrschaftlichen Villen in den Zypressen-Wald setzen ließen.

Benutzer der Privatstraße erhalten am **Pacific Grove Gate** einen Farbprospekt über die Route, auf dem die 21 wichtigsten Stationen eingetragen sind. An mehreren Park-

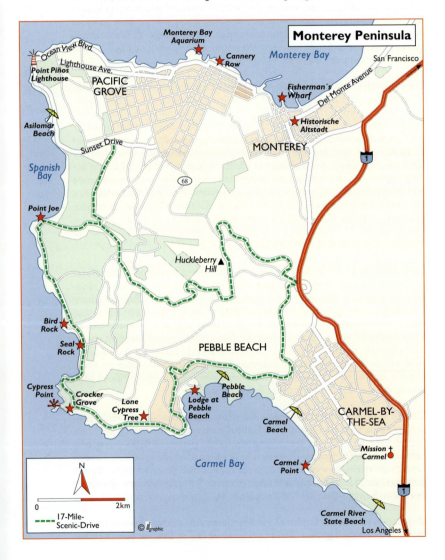

plätzen steigt man aus, lässt sich von den Erdhörnchen anbetteln und beobachtet die Robben, die sich auf den Schären tummeln. Erste Naturbeobachtungen bieten sich am **Bird Rock** an, noch näher kommt man den Seelöwen, Robben und Möwen aber am **Seal Rock**. Unterhalb des **Fanshell Overlook** gebären jedes Frühjahr Seehunde ihre Jungen auf dem weißen Sand-

Der Lone Cypress Tree

strand. Den besten Überblick über die Pazifikküste erhält man vom **Cypress Point Lookout**, hinter dem sich die Crocker Grove mit großen Beständen uralter Monterey-Zypressen anschließt. Eine besondere Attraktion ist danach der **Lone Cypress Tree**, eine Zypresse, die verloren auf einer steilen Klippe balanciert und Vorbild für unzählige Gemälde und noch viel mehr Fotos gewesen ist. Nach etwas mehr als 1 km erreicht man den ebenfalls Wind und Wetter schutzlos ausgelieferten **Ghost Tree**, eine mächtige Monterey-Zypresse. Unweit davon genießt man vom **Pescadero Point** nochmals den herrlichen Blick auf die Küstenlinie. Es schließt sich **Pebble Beach** an, ein kleiner Ort mit ein paar Geschäften und Restaurants sowie dem 1919 erbauten, weltberühmten Ferienhotel „The Lodge at Pebble Beach". Von hier aus umfährt man den ebenso berühmten **Pebble Beach Golf Course** und gelangt dann zum südlichen Tor des 17-Mile-Dr., geradewegs vor der Nachbarstadt Carmel.

> Hinweis
>
> Die Route ist durch rote Mittelstreifen gekennzeichnet. Das Fotografieren von Privathäusern ist ohne Sondererlaubnis nicht gestattet. Überhaupt sollte man sich, da es sich um eine Privatstraße und um Privatgrund handelt, genau an sämtliche Vorschriften halten.

Carmel-by-the-Sea

Das charmante Carmel-by-the-Sea, kurz Carmel genannt, ist mit 4.500 Einwohnern eher ein Dorf, hat aber eine sehr sympathische Atmosphäre, die es zu einem der beliebtesten Ausflugsziele der Monterey Peninsula macht. Außerdem eignet es sich als Standort für ein oder zwei Nächte mindestens ebenso gut wie Monterey. Allerdings sollte man Feiertage und Wochenenden meiden, wenn sich Zehntausende von Besuchern durch das überschaubare Örtchen drängen.

Beliebter Ferienort

Der spanische Seefahrer *Sebastian Vizcaino* benannte den Ort nach den drei Karmelitermönchen, die 1602 mit ihm unweit von hier landeten. Die Besiedlung ging indes nur schleppend voran, und noch zu Beginn des 20. Jh. weideten hier vornehmlich Kühe. Die eigentliche Karriere des Ortes begann 1888, als 200 Grundstücke verkauft und das erste Hotel gebaut wurden. Zu Beginn des 20. Jh. begann man großflächig mit der Anpflanzung von Bäumen, die Carmel heute seinen ganz besonderen, von viel Grün geprägten Reiz verleihen. Lediglich das Militär, zunächst das spanische, dann das mexikanische und amerikanische, hatte aufgrund der strategisch überaus günstigen Lage schon zuvor ein Auge auf die Halbinsel geworfen. Nach dessen Abzug ließen sich sodann zunächst zahlreiche Künstler nieder, die der reizvollen Landschaft wegen hierher kamen. Zu ihnen zählten die Fotografen *Ansel Adams* und *Edward Weston* sowie die Schriftsteller *Jack London*, *Ambrose Bierce*, *Mary Austin* und *Upton Sinclair*. Nach dem Zweiten Weltkrieg wurde Carmel allerdings immer mehr zum Treffpunkt der High Society, die die Grundstückspreise in die Höhe trieben, sodass die Künstler sich südlich in die Berge von Big Sur zurückziehen mussten.

Anziehungspunkt für Künstler und die High Society

Durch viele hier ansässige Filmstars festigte Carmel seinen Ruf als Nobelviertel, und die Wahl des Schauspielers *Clint Eastwood* zum Bürgermeister (bis 1988) hatte dazu sicher beigetragen.

Bekannt ist Carmel auch wegen einiger kurioser Lokalgesetze oder Eigenheiten. So gibt es weder Straßenlampen noch Neonreklamen, Parkuhren, Fußgängerwege oder Straßennamensschilder. Die meisten Einwohner holen ihre Post beim Postamt selbst ab, Geschäfte direkt an der Küste sind nicht zugelassen und Hochhäuser verboten. Deshalb besitzt die in einem Wald gelegene Kleinstadt nur niedrige, meist aus Feldsteinen und Holz errichtete Häuser, viele davon im rustikalen neuenglischen Stil. Bei einem Besuch des Städtchens sollte man einfach über die von Pinien gesäumten Hauptstraßen San Carlos St. und Mission St. schlendern, sich einige der rund 70 edlen Galerien anschauen oder durch die Boutiquen und Andenkenläden bummeln. Mit Sicherheit ist es eine gute Idee, auch dem Sandstrand einen Besuch abzustatten.

Carmel Beach

Nicht vergessen darf man die Besichtigung der **Mission Carmel**, die abseits des Zentrums am südlichen Stadtrand liegt. Diese zweitälteste der kalifornischen Missionsstationen (eigentlich: San Carlos Borroméo de Carmelo Mission) ist mit dem „Vater der Missionen", Pater *Junipero Serra* (vgl. S. 458), auf besondere Weise verbunden gewesen, und es ist kein Zufall, dass sich hier in Carmel sein Grab befindet. Die ursprünglich in Monterey gegründete Mission wurde 1771 nach Carmel verlegt und diente dem Pater bis zu seinem Tod als Hauptsitz. Sein Nachfolger Pater Lausen gab 1793 den heutigen Steinbau in Auftrag. Unter ihm erlangte die Mission auch ihren Höhepunkt und zählte 1794 u.a. 927 Indianer. Mit Lausens Tod verfiel der Komplex jedoch zusehends, bis erst im Jahre 1884 ein Pater aus Monterey an die Instandsetzung ging, die bis 1937 andauerte. Dabei wurde Pater Serras Leichnam exhumiert und vor dem Altar der Kirche an der Seite seines Mitstreiters *Juan Crespi* ein zweites Mal beigesetzt.

Junipero Serras Grab

Während das Innere sonst recht schmucklos ist, wird die Fassade von zwei Glockentürmen eingerahmt, zwischen denen sich das Hauptportal und darüber ein sternförmiges Fenster befinden. Den Ostturm bekrönt eine reich verzierte und weithin sichtba-

Reisepraktische Informationen Carmel-by-the-Sea

Vorwahl 831

Information
Carmel Visitor Information Center, San Carlos St., zwischen 5th & 6th Ave., Carmel-by-the-Sea, ☏ 624-1329, www.carmelcalifornia.com; Mo–Fr 10–17 Uhr.

Hotels
Lamp Lighter Inn $$$$, S.E. Ecke Ocean Avenue & Camino Real, ☏ 624-7372, www.carmellamplighter.com; nur ein paar Meter vom Strand entfernt, gemütliches B&B mit 2 Cottages und 4 Zimmern, einige mit eigenem Kamin.
La Playa Hotel $$$$$, Camino Real & 8th Ave., ☏ (800) 582-8900, www.laplaya hotel.com; herrliche Villa im mediterranen Stil, 73 Deluxe-Zimmer, Pool, Gourmet-Restaurant. Wegen Renovierungsarbeiten bis Herbst 2012 geschlossen.
Im Zentrum selbst gibt es gleich mehrere charmante und relativ kleine Hotels, die einen angenehmen Aufenthalt garantieren. Die unter dem Logo **Inns by the Sea** zusammengeschlossenen Häuser (in mehreren Orten vertreten, allein fünfmal in Carmel; alle $$–$$$) zeichnen sich durch gemütliche, oft mit Kaminen ausgestattete Zimmer, Pool und Restaurant aus. Besonders schön sind die Häuser Carriage House Inn, Dolphin Inn, Svendsgaard's Inn und Candle Light Inn. Eine Broschüre der Häuser ist erhältlich bei Inns by the Sea, P.O.Box 101, Carmel, ☏ 624-0101, www.innsbythesea.com.

Restaurants
Mit über 50 Restaurants ist der kleine Ort gut für die Besuchermassen gerüstet. Hier nur ein Tipp: **Hog's Breath Inn**, Ecke San Carlos St./5th St., ☏ 625-1044, www.hogsbreath inn.net; obwohl Clint Eastwood sein Lokal vor einigen Jahren verkaufte, erinnert noch vieles an den ehemaligen Besitzer, u.a. Fotos, Autogramme und Gerichte wie „Dirty Harry Hamburger" auf der Speisekarte. Man sitzt angenehm in Nähe des Meeres, drinnen oder im gemütlichen Innenhof, und genießt rustikale amerikanische Küche zu nicht überhöhten Preisen.

re Kuppel. Vollständig erhalten blieben auch der quadratische Innenhof und der gepflegten Missionsgarten, der von farbenprächtigen Blumen nur so überzuquellen scheint. Das Munras Memorial, den ehemaligen Wohntrakt der Mönche, findet man hinter dem Kirchengebäude. Auf dem zur Gesamtanlage gehörenden Friedhof seitlich der Kirche liegen über 3.000 Indianer und 14 Spanier begraben. Erwähnenswert ist zudem das vor der Kirche beim Eingang gelegene kleine Museum, vor dem eine Bronzestatue des Gründers steht. In dem Museumstrakt gegenüber findet man beim Verlassen der Mission den Nachbau der kleinen, bescheidenen Zelle, in der Pater Serra auf einem harten Holzbett schlief und am 28. August 1784 auch starb.

Carmel Mission, *3080 Rio Rd., ① (831) 624-1271, www.carmelmission.org; Mo–Sa 9.30–17, So ab 10.30 Uhr, Eintritt US$ 6,50.*

Von Carmel nach Santa Barbara

Die Etappe beginnt auf dem Hwy. 1 am südlichen Ortsausgang von Carmel, wo man an der Mündung des Carmel River einen schönen Sandstrand sehen kann. Von hier aus sind es nur rund 5 km bis zum 224 ha großen Naturschutzgebiet **Point Lobos State Reserve**, in dem rund 250 Vogel- und Tierarten sowie mehr als 300 Pflanzenarten zu finden sind. Seinen Namen erhielt das Naturreservat von den kalifornischen Seelöwen, deren Bellen die spanischen Seefahrer an das Heulen von Wölfen erinnerte, woraufhin sie die Felsen, auf denen sich die Seelöwen räkelten, Punta de los Lobos Marinos (Ort der Seewölfe) nannten. Die steil abfallenden Felsen und die zerklüfteten Buchten sind es denn auch, die den Reiz dieses Küstenabschnittes ausmachen, den *Robert L. Stevenson* mit den Worten charakterisierte: „*…das schönste Zusammentreffen von Land und Meer auf der ganzen Welt*".

Seelöwen-Kolonie

Wer sich in dem State Reserve etwas aufhalten möchte, hält sich am Eingang am besten rechts in Richtung **Whaler's Cove**, wo sich zwischen 1862 und 1879 eine Walfängerstation befand und von wo aus man in den Wintermonaten noch Grauwale vorbeiziehen sehen kann. Ein kleiner Spaziergang führt zur Whalers Cabin, die von chinesischen Fischern in den 1850er Jahren errichtet wurde und heute ein kleines Museum beherbergt. Anschließend sollte man versuchen, so nahe wie möglich an die Headland Cove heranzukommen, um auf dem 1,3 km langen Cypress Grove Trail die Allan Memorial Grove zu durchstreifen, der durch zauberhafte Monterey-Zypressen-Haine führt und von dem aus man sogar das heisere Bellen der auf den Felsen vor der Küste lebenden Seelöwen hören kann. Zudem hat man einen fantastischen Blick auf Bird Island, Heimat einer riesigen Vogelkolonie. Besonders nahe kommt man den Seelöwen auf dem 1 km langen Sea Lion Point Trail, und mit etwas Glück entdeckt man auch einige der verspielten Seeotter.

Point Lobos State Reserve, *Route 1, ① (831) 624-4909, www.pt-lobos.parks.state.ca.us; tgl. ab 8 Uhr bis Sonnenuntergang geöffnet, Eintritt US$ 10 pro Auto. An der Ranger Station gibt es eine Orientierungskarte und ein deutschsprachiges Infoblatt.*

Die folgenden rund 100 Meilen auf dem Hwy. 1 bis zur Morro Bay gehören zu den dramatischsten der kalifornischen Westküste. Einen ersten Einblick von der Großartigkeit der Landschaft erhält man am Vista Point von Willow Creek am Los Padres Forest.

Kurz darauf überquert man die kühn geschwungene und berühmte **Bixby Creek Bridge**. Sie wurde 1932 fertiggestellt, ist 218 m lang und 85 m hoch. Wer alte Fotos von dem Baugerüst gesehen hat, ahnt, wie schwierig es war, diesen Landweg zu ermöglichen – dessen feierliche Eröffnung wurde übrigens erst 1938 durch Präsident Roosevelt vorgenommen.

Beeindruckend: die Bixby Bridge

4 Meilen später überquert man die Mündung des Little Sur River, der sich in einem Mäander durch Sandbänke und an Felsklötzen vorbei dem Pazifik entgegenwindet. Als die Spanier kurz nach 1700 in diese Gegend kamen, nannten sie sie „El Pais Grande del Sur" (Das große Land des Südens), wobei „Sur" in den englischen Landschaftsnamen hängen blieb. So auch beim **Point Sur**, einer von Sandstränden gesäumten vulkanischen Halbinsel, die malerisch vom gleichnamigen Leuchtturm bekrönt wird. Kurz danach verlässt der Highway die Küste und macht eine Schleife durch das grandiose Big Sur River Valley, bevor er bei Nepenthe erneut an den Pazifik stößt.

Big Sur

Diese Gegend wird allgemein Big Sur genannt und ist in zwei State Parks unter Naturschutz gestellt: zunächst der **Andrew Molera State Park**, dann der **Pfeiffer-Big Sur State Park**. Besonders schön wurde Big Sur von *Henry Miller* beschrieben („Big Sur oder die Orangen des Hieronymus Bosch"), der hier von 1944–62 lebte und an den bei Nepenthe die Henry Miller Memorial Library erinnert. Miller war nicht der einzige Poet von Weltrang, der die Region durch seine Werke populär machte: Auch *Jack Kerouac*, Autor der Beatnik- und Aussteiger-Generation, gab einem seiner Romane den Titel „Big Sur". Zeitgleich, nämlich zu Ende der 1950er Jahre, gründete in Big Sur *Michael Murphy* sein berühmtes Esalen-Institute, das man als Geburtsstätte der New-Age-Bewegung bezeichnen kann. Kein Wunder also, dass man in den Ortschaften entlang dem Hwy. 1 immer wieder auf esoterische Clubs, Restaurants mit Gesundheitskost, exotische Massage-Angebote und viele Buchläden mit entsprechender Literatur stößt.

Inspiration für Schriftsteller

Die Klientel hat sich freilich gewandelt – waren es früher eher Hippies und andere Zivilisationsmüde, die auf der Suche nach Bewusstseinserweiterung zum Esalen-Institute pilgerten, hat die New Age-Gemeinde heutzutage Zulauf aus den durchaus begüterten Kreisen der Computer-Branche, des Industrie-Managements und der Elite-Universitäten von Stanford und Berkeley. Die Mehrzahl der in- und ausländischen Touristen wird jedoch von der herben Natur und den Wandergebieten angezogen, sodass entlang der Straße mehrere Campingplätze, Motels und Hotels zu finden sind.

Hinter **Nepenthe** geht es dann auf hochgelegener Trasse mit vielen Aussichtspunkten wieder direkt an der Küste entlang. Der Highway passiert den **Julia Pfeiffer Burns State Park**, in dem man sich die Beine vertreten und eine Wanderung durch den Wald mit u.a. Redwoods unternehmen oder bis zum Sandstrand unterhalb der Steilküste gehen kann. Nach fast 70 Meilen, auf denen die Fahrt trotzdem niemals langweilig wird, nähert man sich schließlich San Simeon. Nahe dem **Point Piedras Blancas**, rund 6 Meilen vor der Ortschaft, passiert man einige Buchten, die regelmäßig von vielen Robben aufgesucht werden, denen man sich bis auf wenige Meter nähern kann. Dahinter erstreckt sich ein von niedrigen Dünen eingerahmter Sandstrand, jedoch ist das Terrain zu steinig, um baden zu können. Dafür kommen in der fast immer hohen Brandung die Surfer auf ihre Kosten.

Reisepraktische Informationen Big Sur

Vorwahl 831 und 408

Information
Big Sur Chamber of Commerce, ☎ *(831) 667-2100, www.bigsurcalifornia.org.*

Hotels
Deetjens Big Sur Inn $$–$$$, *48865 Highway 1, Castro Canyon, ☎ (831) 667-2377, www.deetjens.com; rustikale Unterkunft mit persönlicher Atmosphäre, angenehmes Restaurant.*
Big Sur Lodge $$$$, *47225 Highway 1, ☎ (831) 667-3100, www.bigsurlodge.com; 62 komfortabel ausgestattete Blockhäuser am Pfeiffer Big Sur State Park, Restaurant.*
Post Ranch Inn $$$$$, *47900 Hwy. 1, ☎ (831) 667-2200, www.postranchinn.com; Designer- und Öko-Hotel auf höchstem Niveau, 30 Zimmer in 400 m über der Steilküste gelegenen „Ozeanhütten" oder „Baumhäusern", mit edelsten Materialien harmonisch in die Natur eingefügt, vorzügliches Restaurant, Pool, Spa.*

Restaurants
Big Sur River Inn & Restaurant, *46840 Hwy. 1 am Pheneger Creek, ☎ (831) 667-2700, www.bigsurriverinn.com; sehr schön gelegenes Restaurant mit guter amerikanischer Küche, faire Preise, manchmal Live-Musik. Bei schönem Wetter nimmt man gerne das Essen mit nach draußen auf die Terrasse, in den Garten oder zum Flussufer. Der Inn ist mit 20 einfacheren Doppelzimmern, großem Garten und Swimmingpool auch zum Übernachten gut geeignet.*
Nepenthe Restaurant, *48510 Highway 1, ☎ (831) 667-2345, www.nepenthebigsur.com; Institution mit fantastischem Blick auf die Küste, das Lokal gibt es seit 1949. Amerikanische Küche, auch für einen Drink einen Zwischenstopp wert.*

Robbenkolonie vor San Simeon

San Simeon und Hearst Castle

Schließlich erreicht man bei San Simeon wieder eine Sehenswürdigkeit, die nicht von der Natur bestimmt wird: das sog. **Hearst Castle**. Dort oben auf dem Berg hatte der Industrielle *George Hearst* eine Ranch aufbauen lassen, die ihre heutige Gestalt aber erst durch den berühmteren Sohn *William Randolph Hearst* und seine Architektin *Julia Morgan* erhielt. Der Pressezar ließ sich dazu für Unsummen aus allen möglichen Stilen ein amerikanisches Neuschwanstein komponieren, in dem ein römischer Tempel, ein romanischer Rittersaal, ein gotisches Wohnhaus und eine barocke Kirchenfassade sehr eigenartig zusammengewürfelt wurden. Auch für das Interieur war Hearst nichts zu teuer. Der 1951 gestorbene W.R.H. war ein exzentrischer, dabei aber vereinsamter Mann. Seine Geschichte war Vorbild für den berühmten Film Citizen Kane von *Orson Welles*.

Pool-Anlage des Hearst Castle

Was der Multimillionär „La Cuesta Encantada" (der Zauberberg) nannte und europäische Besucher zwischen ungläubigem Staunen und Entsetzen schwanken lässt, ist für die Amerikaner eine der größten Sehenswürdigkeiten ihres Landes. Dementsprechend stark ist der Andrang und sind die Besichtigungsmöglichkeiten durchorganisiert. Teilnehmen kann man an einer von vier Touren, von denen jede ab/bis Visitor Center knapp 2 Stunden dauert. Für einen ersten Besuch ist dabei die Tour 1 zu empfehlen, auf der man den sog. Main Floor des Schlosses mit verschiedenen Räumen (Assembly Room, Billard Room, Victorian Morning Room), das Theater, das Gästehaus, Teile des Gartens und die beiden Pools zu sehen bekommt. Eine fünfte Tour findet abends statt (Evenig Tour).

Wer sich für die 40jährige Baugeschichte des Schlosses interessiert, sollte sich direkt neben dem Visitor Center im National Geographic Theatre den Film „Building the Dream" anschauen (ca. 45 Minuten).

Hearst Castle, *750 Hearst Castle Rd., San Simeon, ① (800) 444-4445 (Ticketreservierung), www.hearstcastle.org; je nach Tour ca. tgl. 8–18 Uhr, im Winter Mo–Fr bis 17 und Sa–So bis 15 Uhr. Mit dem Wagen kann man das Castle, das heute von einem Konsortium verwaltet wird, nicht erreichen. Vom Hwy. 1 geht es stattdessen auf einer Stichstraße zu einem Parkplatz mit dem großen Visitor Center. Dort starten die Shuttle-Busse zu den verschiedenen Touren. Das Besucherzentrum öffnet seine Pforten um 8 Uhr, auf den Parkplatz kann man schon um 6.30 Uhr fahren. Die Touren kosten ab US$ 25.*

Das Castle ist beileibe nicht das einzige, was Besucher nach San Simeon führen sollte. Es gibt z. B. einen schönen Sandstrand mit Picknick-Tischen und sanitären Einrichtungen (William R. Hearst Memorial Beach) und eine spektakuläre Steilküste, man kann wandern, Seeotter beobachten oder sich einfach an der herrlichen Szenerie erfreuen.

Auf der nächsten Etappe begleitet einen die immer wieder atemberaubende Landschaft, die man vor **Vista del Mar** auf etlichen View Points betrachten kann. In der Ortschaft gibt es erneut ein gutes Übernachtungsangebot, u.a. viele preisgünstige Motels.

Reisepraktische Informationen San Simeon

Vorwahl 805

Hotels
Der kleine Ort ist mit mehreren Hotels, Motels und B&B-Pensionen ausgestattet, u.a. sind zu empfehlen:
San Simeon Pines Resort Motel $$-$$$, *7200 Moonstone Beach Dr., ① (866) 927-4648, www.sspines.com; schönes Haus am Strand mit 60 Zimmern, Swimmingpool, Golfplatz.*
Best Western Cavalier Oceanfront Resort $$$, *9415 Hearst Dr., ① 927-4688, www.cavalierresort.com; schöne Hotelanlage direkt am Strand, ca. 3 Meilen südlich des Hearst Castle, Pool, 2 Restaurants.*

Morro Bay, San Luis Obispo und Pismo Beach

Danach verabschiedet man sich für eine Weile vom Pazifik und passiert auf der Inlandstrecke als nächstes das charmante **Cambria**, ein als Künstlerkolonie bekanntes Dörfchen. Das von Monterey-Pinien begrünte Cambria hat mit seinen vielen hübschen Häusern und Pubs im Tudor-Stil eindeutig englisches Flair. Wer sich in dem Ort ein wenig umschauen möchte, sollte den parallel zum Highway geführten Cambria Dr. benutzen (kein Umweg!). Kurz danach gelangt man zu einer Siedlung mit dem schönen Namen **Harmony**, in dessen Weinkellerei man Kostproben des hiesigen Rebensaftes erhält. Weiter geht die Fahrt, jetzt durch ein karges, mit Hügeln modelliertes Weideland, auf dem große Rinderherden zu sehen sind, bis die Straße bei **Cayuccos**, einem ehemaligen portugiesischen Fischerort, wieder an die Küste gelangt.

Auf dem nun autobahnähnlich ausgebauten Hwy. 1 ist jetzt ein zügigerer Fahrstil möglich, allerdings wird dadurch der Zugang zu den Stränden etwas schwieriger. So z. B. an der Bucht und dem gleichnamigen, auseinandergezogenen Städtchen von **Morro Bay** (viele Motels), das vom Highway regelrecht zerschnitten wird. Sehenswert sind hier der kilometerlange, von Dünen gesäumte Sandstrand und natürlich die unübersehbare Landmarke des pyramidenartigen **Morro Rock**, dessen

Der Morro Rock

vulkanischer Klotz eine kleine, von Sandflächen eingerahmte Halbinsel bildet. Wer dies näher in Augenschein nehmen will, muss eine der Ausfahrten (coastal access) des Highways nehmen, ebenso, wer dem Hafen von Morro Bay einen Besuch abstatten möchte, in dessen Nähe sich ein Aquarium und ein naturhistorisches Museum befinden.

Hinter Morro Bay biegt der Hwy. 1 (Cabrillo Hwy.) weit ins Landesinnere ab und bringt einen nach **San Luis Obispo**, wo er sich mit dem Hwy. 101 vereinigt. In dieser aufstrebenden Gemeinde mit einer bekannten Universität besteht nochmals Gelegenheit, eine der Franziskaner-Missionen am berühmten spanischen „Königsweg" aufzusuchen. Die **Mission San Luis Obispo de Tolosa**, Pater Serras fünfte Gründung, wurde 1772 erbaut, man findet sie auf dem Palm St. 751. Sehenswert sind aber auch die victorianischen Häuser und die netten Geschäfte, die sich auf beiden Seiten des gewundenen San Luis Obispo Creek angesiedelt haben. Ist man während des Karnevals (Mardi Gras) in der Gegend, sollte man den besonders farbenfrohen Umzug am Veilchendienstag nicht verpassen.

Mission am Königsweg

Von San Luis Obispo geht der Hwy. 1/101 geradewegs nach Süden und erreicht die San Luis Obispo Bay auf Höhe der Seebäder (von Norden nach Süden) **Avila Beach, Pismo Beach**, **Grover Beach** und **Oceano**. Die meilenweiten Sandstrände mit ihrer beeindruckenden Dünenlandschaft ziehen Jahr für Jahr mehr Touristen an, die hier außer dem sonnigen Wetter die Tatsache schätzen, dass bei der Weitläufigkeit der Badestrände eine Überfüllung ausgeschlossen ist und genügend Platz für alle bleibt. Außerdem locken im Hinterland ein gutes Dutzend Weinkellereien. Besonders schön ist der gut 10 km lange Strand von **Pismo Beach**, der sich zwei Meilen südlich der gleichnamigen Stadt erstreckt und von einem weit ins Meer gebauten Pier dominiert wird. Weitere 3 Meilen weiter südlich, am besten vom Hwy. 1 bei Oceano zu erreichen, breitet sich der Pismo Dunes State Park mit seinen Riesendünen aus, die jedes Wochenende von Tausenden von dune buggies und anderen Off-Road-Vehikeln durchpflügt werden. An allen genannten Stränden gibt es Campingplätze und ein reichhaltiges Hotel-/Motelangebot.

Hotel
Sea Crest Resort Motel $$$, 2241 Price St., Pismo Beach, ☎ (805) 773-4608, www.seacrestpismo.com; großzügiges, auf der Steilküste oberhalb des Sandstrandes gelegenes Mittelklasse-Hotel mit 158 renovierten Zimmern im Retro-Stil, Restaurant, Pool mit Meerblick, Jacuzzi, Sonnenterrasse .

In Pismo Beach trennen sich die beiden Highways, wobei man nun für die nächsten Meilen der mehrspurigen 101 den Vorzug geben sollte. Der Hwy. 1 nämlich ist – da er ebenfalls durchs Inland geht – bis **Lompoc** nicht besonders interessant, dafür aber sehr zeitraubend zu fahren. Allein die **Mission La Purísima Consepción** mit ihrem schönen Innenraum, 1787 aufgebaut und 1812 nach einem Erdbeben rekonstruiert, würde den Weg lohnen. Sie finden sie 3 Meilen südlich von Lompoc am Hwy. 246 (Purisima Rd.). Andererseits warten in Solvang und Santa Barbara ebenso schöne Gotteshäuser.

Wenn man dem Hwy. 101 den Vorzug gibt, passiert man zunächst den Ort **Santa Maria** und hat 35 Meilen danach – vorbei an vielen Weinkellereien – bei **Buellton** die Qual der Wahl, ob man bis zum reizvollen Gaviota und an der Pazifikküste weiter nach

Gelegenheit zur Weinprobe

Santa Barbara fahren soll oder dem Städtchen Solvang einen Besuch abstatten und Santa Barbara über eine nicht minder reizvolle Inlandstrecke erreichen.

Über Gaviota

Im ersten Fall geht es weiter in südlicher Richtung, bis nach 9 Meilen bei **Las Cruces** der Hwy. 1 wieder auf den Hwy. 101 stößt. Auf kurvenreicher Strecke mit Blick auf die Channel Islands erreicht man wenige Fahrminuten später erneut den Pazifik und könnte in **Gaviota** eine Badepause einlegen. Der Gaviota State Park besitzt ebenfalls einen hölzernen Pier, auf der stets viele Angler ihr Glück versuchen. Merkwürdig ist die Stelzen-Konstruktion der Eisenbahnlinie, unter der hindurch man an den Auto-Parkplätzen vorbei zum Strand kommt.

Badepausen

Rund 30 Meilen sind es von hier bis Santa Barbara, wobei Highway und Eisenbahnlinie immer direkt an der Küste entlang führen und mehrfach Gelegenheit zu Badepausen oder Strandwanderungen bieten (u.a. am Refugio State Beach, El Capitan State Beach und Isla Vista Beach Park). Die Universität und den Flughafen von Santa Barbara passierend, gelangen Sie anschließend ins Stadtzentrum, wobei man auf den letzten Kilometern den landschaftlich schöneren Hwy. 225 (Las Palmas Dr.) benutzen sollte.

Über Solvang

Nur 3 Meilen sind es vom Abzweig des Hwy. 246 bei Buellton bis zum 5.300-Einwohner-Städtchen Solvang. Dort erwarten einen Fachwerkhäuser, eine Windmühle, eine Dorfkirche und auffallend viele blonde Menschen. Die Fahnen zeigen ein weißes Kreuz auf rotem Grund und machen jedem klar: Solvang ist ein dänischer Ort! Tatsächlich sind zwei Drittel der Einwohner dänischen Ursprungs und halten ihre Tradition in Ehren – auch zum Nutzen des Fremdenverkehrs. Immerhin eine gute Gelegenheit, den Speiseplan durch ein originales Smørrebrød zu bereichern, einen nordischen Apfelkuchen (Æbleskiver) zu probieren oder auf ein gutes Øl (Bier) zurückzugreifen.

Am Eingang des 1911 gegründeten Ortes befindet sich linkerhand die Besucherinformation, in der Sie Stadtpläne mit allen markierten Sehenswürdigkeiten erhalten können. Dort berät man Sie auch über eine evtl. Unterkunft, von denen es in Solvang gleich mehrere gibt, die meisten davon in schönen Fachwerkhäusern untergebracht und dänische Gemütlichkeit vermittelnd. Bei einem kleinen Rundgang kann man sich zwei Windmühlen, zwei Dorfkirchen, das Elverhøj Mu-

Dänische Windmühle in Solvang

seum, das Hans Christian Andersen Museum sowie den Nachbau des Kopenhagener „Runden Turms" und der „Kleinen Meerjungfrau" anschauen. Am östlichen Ortsausgang von Solvang liegt rechts vom Hwy. 246 die **Mission Santa Inés** *(tgl. bis 17.30 Uhr)*, die freilich nicht auf die verhältnismäßig junge dänische, sondern auf die spanische Geschichte zurückgeht. 1804 gegründet, war sie die neunzehnte der 21 kalifornischen Missionen und gilt als eine der besterhaltenen. Auf die dänischen Wurzeln wiederum geht die größte Veranstaltung des Ortes zurück, die Mitte September abgehaltenen *Danish Days* – mit nordeuropäischen Speisen, dänischem Bier, Kunsthandwerk und Livemusik.

Dänische Traditionen

Wenn man von Solvang aus nicht wieder zurück zum Hwy. 101 und der oben skizzierten Küstenroute folgen will, ist der Verbleib auf dem Hwy. 246 eine ausgezeichnete Alternative. Auf diesem geht es geradewegs nach **Santa Ynez** und dann auf dem landschaftlich schönen Hwy. 154 (San Marcos Pass Rd.) in die **Santa Ynez Mountains**, vorbei an vielen mächtigen Eichen. Mehrfach hat man unterwegs Gelegenheit, in einer der vorzüglichen Weinkellereien einzukehren, die es in der Santa Ynez-Region gibt. Anfang der 1970er Jahre errichtete hier ein Erbe der Reifen-Dynastie Firestone das erste Weingut, inzwischen sind rund 35 weitere Winzereien hinzugekommen. Vor allem der zwischen Los Olivos, Buellton und Santa Ynez kultivierte Chardonnay kann es mit jedem Tropfen aus dem Napa- oder Sonoma Valley aufnehmen. Zu den besten Kellereien zählen u.a. Foxen Vineyards, Firestone und Emporium in Los Olivos sowie Mosby in Buellton. Auf dem Weg kommt man auch am Süßwasser-Reservoir des **Lake Cachuma** vorbei, der sich wunderschön inmitten der Hügellandschaft ausbreitet und von den Einwohnern Santa Barbaras als Bade- und Wassersport-Refugium genutzt wird. Zum westlichen und östlichen Ufer gelangt man auf jeweils kurzen Stichstraßen. Wenn man anschließend kurz vor Santa Barbara auf den Hwy. 192 abbiegt, ist man bereits auf dem Scenic Dr., der durch die Villenvororte der Stadt und zur historischen Mission führt.

Guter Chardonnay

Santa Barbara

Zweifellos gehört Santa Barbara (90.500 Ew., im Großraum Santa Barbara County 397.000) zu den attraktivsten Städten Kaliforniens, ja sogar der USA. Die „Perle der kalifornischen Riviera" ist ein Magnet nicht nur für Touristen, sondern auch für außerordentlich viele VIPs, die das angenehme Klima, die schöne Landschaft und das reizvolle Städtchen (und natürlich auch die Anwesenheit anderer Berühmtheiten) anzieht. Während der Präsidentschaft *Ronald Reagans* wurde der Ort auch als Western White House bezeichnet, da hier der Politiker von seiner Ranch aus ähnlich oft agierte wie in seinem eigentlichen Amtssitz in Washington D.C.

Die **Geschichte** sieht bereits im Jahre 1602 den Spanier *Sebastian Vizcaino* hier, der in die geschützten Gewässer vor der heutigen Stadt segelte und am 4. Dezember den Küstenstreifen nach der Heiligen des Tages benannte. Dauerhaft ließen sich die Spanier dann im 18. Jh. nieder und bauten ein Presidio (Fort), das eines ihrer größten Bollwerke der nördlichen Provinz war. Die Franziskaner folgten und errichteten die Mission, und beide Anlagen zählen heute zu den größten Sehenswürdigkeiten.

Das Besondere an Santa Barbara aber ist ein geschlossenes Stadtbild, wie man es sonst selten in Amerika findet. Ein Erdbeben hatte hier im Jahre 1925 sozusagen tabula rasa geschaffen, das ganze wenig ansehnliche Geschäftsviertel vernichtet und den Weg frei-

Kompletter Neubau gegeben hat für eine komplette Neubebauung. Die Stadtplaner entschlossen sich, den Aufbau im pseudo-spanischen Stil oder Mission Style in Angriff zu nehmen, und es ist ihnen voll geglückt. So spaziert man heute zwischen weißen Mauern, an denen sich Blumen hochranken, kann durch Arkaden mit Restaurants und netten Läden gehen, sieht Häuser in warmen Ockerfarben mit roten Ziegeldächern, Balkonen und hölzernen Fensterläden. Nirgendwo stört ein Hochhaus, und neo-barocke Kirchen, Plätze, Straßencafés, Kneipen, Springbrunnen und Gassen lassen eine mediterrane Stimmung aufkommen. Wie in einer europäischen Kleinstadt braucht man noch nicht einmal einen Wagen, um die Schönheit Santa Barbaras zu genießen. Das Ganze ist dabei keine Puppenstube, museal in Szene gesetzt, sondern durchaus mit Leben erfüllt.

Für eine **Stadtbesichtigung** fährt man am besten auf dem Hwy. 1/101 in die Stadt und parkt am palmenbestandenen Strand-Boulevard, wenn man die **Touristeninformation** bzw. auf der anderen Seite die ins Meer hinausgebaute Wharf sieht. Von hier hat man die Möglichkeit, auf der ausgeschilderten Pedestrian Road bis zur und durch die Altstadt zu spazieren. Entlang des Spaziergangs wird mit Tafeln auf besondere historische Ge-

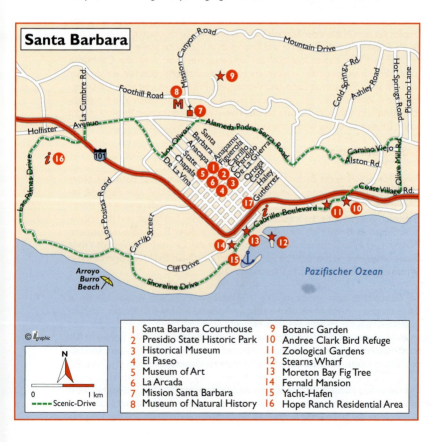

1 Santa Barbara Courthouse
2 Presidio State Historic Park
3 Historical Museum
4 El Paseo
5 Museum of Art
6 La Arcada
7 Mission Santa Barbara
8 Museum of Natural History
9 Botanic Garden
10 Andree Clark Bird Refuge
11 Zoological Gardens
12 Stearns Wharf
13 Moreton Bay Fig Tree
14 Fernald Mansion
15 Yacht-Hafen
16 Hope Ranch Residential Area

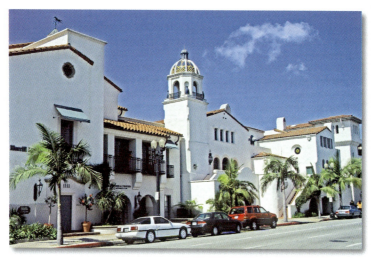

Neuere Architektur im spanischen Stil

bäude hingewiesen. Eine Alternative ist der **Santa Barbara Trolley**, eine touristische Buslinie, die eine 90minütige Rundfahrt beschreibt und ab 10 Uhr jede Stunde an der Wharf abgeht. Das Tagesticket berechtigt zum unbegrenzten Ein- und Aussteigen. Dies ist insofern interessant, als die alte Mission und das naturhistorische Museum außerhalb des Zentrums liegen.

Für Autofahrer gibt es in Santa Barbara natürlich auch einen Scenic Drive, auf dem man an der Küste entlang geführt wird, später in weitem Bogen bis zur Mission kommt und dann über die Berge von Montecito (fantastischer Blick) wieder zum Ausgangspunkt (Wharf) zurückkehrt. Sportlich Aktive können schließlich die Stadt auch per Fahrrad erkunden; es gibt ausgezeichnete Fahrradwege, und viele Hotels oder andere Anbieter verleihen entsprechendes Gerät.

Einige der Stationen entlang dem **Scenic Drive** sind im Folgenden aufgeführt:

Der erste Halt auf einer Stadtbesichtigung sollte in der **Downtown** eingelegt werden, die man zu Fuß vom Delfinbrunnen vor der Wharf über die State St. (Unterquerung des Hwy. 101) erreicht. Die schönsten Häuser der Altstadt liegen an der Achse der Anacapa St. und State St., ihren Seitenstraßen und an der Plaza de la Guerra. Unübersehbarer Mittelpunkt ist das **Santa Barbara Courthouse (1)**, dessen Architektur und Inneneinrichtung als Meisterwerk des Spanish Mission Style bezeichnet werden. Besonders die orientalisch anmutenden Kacheln und die großflächigen Wandgemälde verdienen Beachtung. Das Gerichtsgebäude mit Informationsbüro und der Garten sind öffentlich zugänglich, und immer wieder stößt man auf überraschende Perspektiven. Einen Überblick über die Stadt erhält man von der Aussichtsterrasse auf dem Glockenturm El Mirador, auf die man mit einem kostenlosen Aufzug (bis 16.45 Uhr) gelangt.

Spanish Mission Style

Santa Barbara Courthouse, 1110 Anacapa St. Ecke Anapamu St., ① (805) 962-6464, www.santabarbaracourthouse.org; Mo–Fr 8–16.45, Sa–So ab 10 Uhr.

Unweit vom Courthouse findet man den **Presidio State Historic Park (2)**, der Teile der ältesten spanischen Bebauung enthält und als historischer Park Besuchern offen steht. Hier haben sich viele Erinnerungen an das 1782 gegründete Fort erhalten, das die letzte militärische Befestigung der Spanier in Kalifornien darstellt. Sehenswert sind u.a. die rekonstruierte Presidio-Kapelle, die Quartiere der Padres und des Kommandanten und, auf der anderen Straßenseite, vor allem die Wache von 1788, El Cuartel, die als ältestes Gebäude von Santa Barbara und als zweitältestes des Bundesstaates gilt.
El Presidio de Santa Barbara State Historic Park, *123 E Canon Perdido St., ☏ (805) 966-0093, www.sbthp.org; tgl. 10.30–16.30 Uhr, Eintritt US$ 5.*

An der Nachbarstraße liegt das 1965 errichtete **Historical Museum (3)**, das sich in seiner Architektur mit dem schattigen Innenhof an die Adobe-Häuser der Spanier anlehnt. Es enthält eine der besten Sammlungen zur kalifornischen und Stadtgeschichte.
Santa Barbara Historical Museum, *136 E De la Guerra St., ☏ (805) 966-1601, www.santabarbaramuseum.com; Di–Sa 10–17, So 12–17 Uhr, eine Spende wird erwartet.*

Einen Steinwurf weit entfernt, verdient das in den 1920ern aufgebaute pittoreske Einkaufszentrum **El Paseo (4)** Beachtung, das den Block zwischen den Straßen State St., De la Guerra St. und Anacapa St. einnimmt und den Beginn des Mission Style von Santa Barbara markiert. Dieses herrliche Gebäude mit verwinkelten Gassen, Arkaden und Innenhöfen lädt zum ausgiebigen Shopping in den Kaufhäusern und Galerien ein, von dem man sich dann in einem der Cafés oder Restaurants erholen kann. Zwei Blocks weiter auf der State St. markiert die Sitzfigur „Der Denker" von *Rodin* den Eingang zum **Museum of Art (5)**, das über eine ausgezeichnete Auswahl amerikanischer, europäischer und asiatischer Kunst verfügt. Besonders gut vertreten sind in der europäischen Abteilung neben *Chagall* die französischen Impressionisten wie *Monet, Matisse* und *Degas*.
Santa Barbara Museum of Art, *1130 State St., ☏ (805) 963-4364, www.sbmuseart.org; Di–So 11–17 Uhr, Eintritt US$ 9 (So „suggested admission", d.h. man zahlt so viel man will).*

Sehenswertes Einkaufszentrum

Sofort daneben befindet sich ein weiterer architektonisch interessanter Komplex, das Einkaufszentrum **La Arcada (6)**, das mit Galerien, lokalem Kunsthandwerk, Boutiquen, Cafés und Restaurants bestückt ist.

Einige Kilometer weiter am nördlichen Stadtrand liegt erhöht an einem Berghang und mit weitem Blick auf's Meer die **Mission Santa Barbara (7)**, das wohl schönste Sakralgebäude Kali-

Santa Barbara Mission

forniens, was schon im Beinamen *Queen of the Missions* zum Ausdruck kommt. Das sandsteinfarbene Gotteshaus, das von zwei jeweils mit einer roten Steinkuppel bekrönten Türmen flankiert wird, wurde 1786 gegründet und ist seit seiner Fertigstellung im Jahre 1826 die Pfarrkirche der Stadt. Die alten Klostergebäude und der Freiplatz vor der 1950 komplett restaurierten Fassade tragen zum europäischen Gepräge der Missionsstation bei. Besucher können sich die Kirche, das Museum, die Kapelle und den Friedhof anschauen.

Old Mission Santa Barbara, *2201 Laguna St., ① (805) 682-4713, www.santabarbara mission.org; tgl. 9–17 Uhr, Eintritt US$ 5.*

Ganz in der Nähe, in einer wald- und blumenreichen Umgebung platziert, in der man noch spärliche Überreste der alten Indianermission finden kann, sprechen die einzelnen Bauten des **Museum of Natural History (8)** wieder die Sprache des pseudospanischen Stils. Neben der äußeren Architektur sind die Sammlungen sehenswert, die neben den üblichen naturhistorischen Abteilungen samt riesigem Blauwal-Skelett auch Exponate zur Indianerkultur umfassen. Zum Museum gehört auch das Sea Center auf der Stearns Wharf (s.u.).

Santa Barbara Museum of Natural History, *2559 Puesta del Sol Rd., ① (805) 682-4711, www.sbnature.org; tgl. 10–17 Uhr, Eintritt US$ 10.*

Museen und Gärten

Ein Stückchen weiter nördlich bringt einen der Scenic Dr. zum **Botanic Garden (9)**, der in Privatinitiative bereits 1926 gegründet worden ist. Pfade und Spazierwege von insgesamt knapp 8 km bringen einen an typischen Vertretern der kalifornischen Flora (u.a. viele Kakteen, Redwoods, Wildblumen) vorbei und lassen einen zudem die landschaftliche Schönheit des Mission Canyon erholsam erleben.

Santa Barbara Botanic Garden, *1212 Mission Canyon Rd., ① (805) 682-4726, www.sbbg.org; tgl. 9–18, im Winter bis 17 Uhr, Eintritt US$ 8.*

Wieder zurück am Pazifik, kann man das Naturerlebnis im **Andree Clark Bird Refuge (10)** vertiefen. Dort lebt auf und an einer friedlichen Lagune, um die Wander- und Fahrradwege herumführen, eine Vielzahl von einheimischen See- und Süßwasservögeln. Auch sonst lohnt sich das Gelände wegen seiner schönen Gärten. Das Reservat liegt an der Kreuzung des Cabrillo Blvd. mit dem Hwy. 101 (*Parkplatz, freier Eintritt*).

In unmittelbarer Nähe nehmen die **Zoological Gardens (11)** das Gelände zwischen Cabrillo Blvd. und Hwy. 101 ein. In dem nicht sehr großen, aber sehr schön aufgemachten Zoo leben rund 700 Tiere aus aller Welt, u.a. Tiger, Löwen, Giraffen und Elefanten. Im neuen Restaurant oder auf dem großen Picknick-Platz kann man sich erfrischen, während Kinder den Zoo mit einer Miniatur-Eisenbahn erleben können.

Zoological Gardens, *500 Niños Dr., ① (805) 962-6310, www.santabarbarazoo.org; tgl. 10–17 Uhr, Eintritt US$ 14, Parken US$ 6.*

Waterfront

Selbstverständlich bezieht Santa Barbara seinen Reiz auch und vor allem durch den palmengesäumten **Chase Palm Park** und die Waterfront im allgemeinen, die ein solch paradiesisches Ensemble abgibt, dass die Öltürme im Meer kaum unangenehm auffallen. Der 40.000 m² große Erholungs- und Strandpark besitzt u.a. ein altehrwürdiges Karussell mit 37 handgeschnitzten Pferden und auf dem Shipwreck Playground einen riesigen wasserspeienden Wal. Hier lädt auch die *Winfield Scott*, der Nachbau eines vor Santa Barbara

Seafood-Paradies

gesunkenen Schoners, Jung und Alt zum Klettern ein. Etwas weiter wird das Stadtbild zur Seeseite hin von dem Pier **Stearns Wharf (12)** dominiert, den man bereits 1876 in den Ozean hinausbaute und der eine Sehenswürdigkeit ganz eigener Art darstellt. Den langen Holzsteg, an dessen Ende sich ein richtiger kleiner Stadtteil ausbreitet, kann man mit dem Wagen befahren und natürlich auch zu Fuß erreichen. Der Besuch lohnt sich unbedingt, da für Augen und Gaumen viel geboten wird. Vielleicht probieren Sie in einem der Restaurants frischen Heilbutt oder Seafood-Gerichte, oder Sie holen sich am Fischstand einen Lobster, den Sie unter freiem Himmel verspeisen. Oder Sie werfen einen Blick in das **Ty Warner Sea Center** mit seiner sehenswerten Ausstellung zum maritimen Leben der Umgebung (*tgl. 10–17 Uhr, Eintritt US$ 8*). Man kann natürlich auch einfach nur die Aussicht genießen, den Anglern zuschauen oder den Sonnenuntergang beobachten. Vielleicht hat man Glück und besucht den Pier zur Zeit der Wanderung der Grauwale. Denn von hier aus sind die Meeressäuger vorzüglich zu sehen.

Wer noch Zeit für einige Sehenswürdigkeiten in der Nähe der Stearns Wharf hat, für den lohnt sich ein Spaziergang am Cabrillo Blvd. entlang in westlicher Richtung. Wenn man dabei auf die Chapala St. rechts einbiegt, kommt man in wenigen Gehminuten zum kuriosen **Moreton Bay Fig Tree (13)**, einem australischen Feigenbaum (ficus macrophylla), der per Schiff aus der Bucht von Moreton (Westaustralien) importiert und 1877 an dieser Stelle eingepflanzt wurde. Er ist der mit Abstand größte Baum dieser Art in den USA, und schon allein seine mehr als 50 m breite, schattenspendende Krone ist den Abstecher wert.

Whalewatching – die Wanderung der Grau- und anderer Wale

Santa Barbara ist – genau wie San Diego, Los Angeles, Monterey und viele andere Orte am Meer – ein guter Standort, um den alljährlichen Zug der **Grauwale** (lat.: eschrichtius robustus, engl.: gray whales) zu beobachten. Wegen dieses eindrucksvollen und merkwürdigen Schauspieles sind an der gesamten pazifischen Küste Stationen zum Whale Watching eingerichtet, sogenannte „Whale Overlooks" von denen man mit Ferngläsern und natürlich etwas Glück die mächtigen Tiere sehen kann. Daneben bieten verschiedentlich Unternehmen Bootstrips an, auf denen man den zutraulichen Walen sehr nahe kommt.

Mit bis zu 14 m Länge gehören Grauwale zu den kleineren Walen; sie sind sehr hell (blau-weiß) und haben einen überproportional dicken Kopf. Jedes Jahr im späten September verlassen die Tiere, bevor ihre Futterplätze im Beringmeer und im Ochotskischen Meer zufrieren, die Arktis und machen sich auf den mindestens 8.000 km langen Weg bis zu den Lagunen der mexikanischen Halbinsel Baja California. Tag für Tag legen sie dabei bis zu 150 km zurück. In den flachen und ungewöhnlich planktonreichen Lagunen des kalifornischen Golfes (z.B. Magdalene Bay) bringen die Walkühe ihre Kinder zur Welt, wenige Wochen später findet dort auch die Paarung statt. Weibliche Grauwale mit Jungen gelten übrigens als sehr angriffslustig und werden von Fischern auch als „Teufelsfische" bezeichnet. Nach zwei Monaten Schwimm- und Überlebenstraining sind die Jungtiere fit für die Rückreise ins Nordpolarmeer, aber noch acht Monate werden die Kälber ausschließlich mit Muttermilch ernährt. Deswegen dauert die Wanderung zurück auch erheblich länger (und das bedeutet für die Betrachter mehr Zeit) und endet im April, um ein knappes halbes Jahr später wieder in umgekehrter Richtung zu beginnen. Die besten Zeiten zur Beobachtung sind von Mitte Dezember bis Ende April.

Bis vor kurzem galten die Riesen-Säuger noch als vom Aussterben bedroht, nachdem Mitte des 19. Jh. schlimme Massaker vor der kalifornischen Küste stattgefunden haben. Mehr als 1.000 Tiere wurden damals täglich harpuniert und abgeschlachtet, und Männer wie der berüchtigte Kapitän Scammen erwarben sich dabei zweifelhaften Ruhm. Den Bartenwalen wurde zum Verhängnis, dass sie ihre Nahrung vom Meeresboden abweiden und deswegen immer nah zur Küste schwimmen. Inzwischen sind sie durch internationale Abkommen geschützt und dürfen nicht mehr gejagt werden. Die amerikanischen Bestände werden wieder auf 13.000 bis 25.000 Exemplare geschätzt und gelten – im Gegensatz zu fast allen anderen Barten- und Zahnwalen – nicht mehr als gefährdet. Die Tiere sind am besten mit dem Fernglas an den Spritzstrahlen ihres charakteristischen Blasens zu erkennen, das wegen ihrer zwei Blaslöcher V-förmig abgegeben wird.

Grauwale sind aber beileibe nicht die einzigen Meeressäuger, die man im nährstoffreichen Pazifik vor Santa Barbara sichten kann. Von Mai bis Dezember wandern z.B. etliche Exemplare der **Buckelwale** (engl.: humpback whale) an der Küste entlang. Wie der Blauwal gehört der Buckelwal zur Familie der Bartenwale, d.h. dass er anstelle von Zähnen einen „Vorhang" hornartiger Barten hat. Nachdem die Säugetiere mit geöffnetem Maul eine Menge Meerwasser aufgenommen haben, pressen sie dieses durch die Barten zurück und filtern so ihre Nahrung heraus. Die Buckelwale ernähren sich also von äußerst kleinen Lebewesen (Plankton, Krill, Kleinfische und -krebse), obwohl sie zu den größten Lebewesen der Welt gehören: Bis zu 15 m Länge und 45 Tonnen Gewicht erreicht ein ausgewachsenes Tier! Ihren Namen tragen die Säugetiere wegen des charakteristischen Schwimmverhaltens, bei dem sie ihren Rumpf als Buckel über der Wasseroberfläche zeigen. Langsam rollt dieser gekrümmte Rücken nach hinten, bis nur noch die Schwanzflosse aus dem Meer ragt. Nach einem kurzen Moment, in dem die Flosse fast senkrecht steht, verschwindet der Wal in der Tiefe der See. Selbst der **Blauwal** (lat.: balaenoptera musculus, engl.: blue whale), ebenfalls ein Bartenwal, macht zwischen Mai und September der kalifornischen Küste seine Aufwartung. Diese Tiere werden bis zu 30 m lang und sind damit nicht nur die größten Wale, sondern die größten lebenden Tiere überhaupt. Blauwale können bis zu 175 t wiegen, sind grau-blau und haben oft einen gelblichen Bauch.

Außer den genannten Bartenwalen sichtet man in dieser Region auch verschiedene Arten von Zahnwalen. Häufige Gäste vor Santa Barbara sind z.B. die an ihrer kontrastreichen schwarz-weißen Färbung leicht zu erkennenden **Orcas** (lat.: orcinus orca). Ihren blutrünstigen Beinamen Mörderwal (Killer Whale') tragen die maximal 10 m langen Tiere zwar zu Unrecht, sind aber trotzdem Raubtiere, die u.a. auch Jagd auf Delfine machen.

Eng verwandt mit den Orcas sind die verschiedenen **Delfinarten**, die sozusagen als Zugabe bei den Whalewatching-Ausflügen aus den Wellen tauchen. Am häufigsten kommt dabei der Gemeine Delfin (lat.: delphinus delphis) vor, der bis zu 2½ m lang wird und dessen Oberseite schwarzbraun ist, während sein Bauch eine gräulich-gelbe Färbung aufweist. Seine lange Schnauze ist am ausgeprägtesten unter den Delfinen und erinnert an Vogelschnäbel.

Die Möglichkeiten, den Meeressäugern nahe zu kommen, sind vielfältig. Mit Helikoptern und Kleinflugzeugen kann man Whalewatching aus der Luft betreiben, und nur dabei sieht man durch das klare Wasser die kompletten Umrisse der massigen Tiere. Weitaus populärer sind die Ausflüge per Boot, auf denen man sich den Walen bis auf ca. 10-20 m nähert. Falls Sie an einer solchen Expedition, die von vielen Veranstaltern angeboten wird, Interesse haben, sollten Sie sich im Visitor Center oder im Naturhistorischen Museum nach empfehlenswerten Trips erkundigen.

Auf zwei schöne Häuser stößt man, wenn man der Chapala St. noch ein wenig folgt und vor dem Highway links in die Montecito St. einbiegen. Das Gebäude mit der Hausnr. 414 ist die **Fernald Mansion (14)**, ein victorianisches 14-Zimmer-Holzhaus aus dem Jahre 1862, das mit seinen Erkern, schmiedeeisernen Gittern und anderen Dekorationen weit und breit als eines der schönsten dieser Art gilt. Sofort daneben befindet sich das Trussel-Winchester Adobe, ein Lehmziegelhaus von 1854, das noch seine ursprüngliche Möblierung besitzt.

Fernald Mansion, ✆ (805) 966-1601, eine Innenbesichtigung ist nur mit Tour So 14–16 Uhr möglich.

Wieder zurück am Wasser, steht man vor dem **Yacht-Hafen (15)**, in dem rund tausend Fischer- und Sportboote zu Hause sind. An Restaurants, Shops und Spezialläden für Sportfischer vorbei gelangt man zu den Schiffen, von denen viele Angeltouren, Hafenrundfahrten oder Whale Watching anbieten. Wer lieber an Land bleiben möchte, sollte den beflaggten, knapp 1 km langen Fußweg am Breakwater entlanggehen, der eine vorzügliche Sicht auf den Hafen, die Stadt und die Berge bietet. Im Komplex des **Waterfront Center** am Yacht-Hafen sind außerdem mehrere interessante Institutionen untergebracht, z. B. das **Seefahrts-Museum**, das zahlreiche Attraktionen, Dokumente und Exponate aufweist. U.a. können Besucher hier ihre Talente als Hochseefischer auf einem Spezial-Stuhl testen oder an einer virtuellen Erforschungstour entlang der Küste und durch den Santa Barbara Channel teilnehmen. In der militärischen Abteilung des Museums erstaunt u.a. das knapp 14 m lange Seerohr der U.S.Navy, eines von weltweit nur drei solcher Teleskope. Im gleichen Gebäude ist das **Outdoors Santa Barbara Visitor Center** untergebracht, das sich speziell an Naturfreunde und sportlich ambitionierte Gäste richtet. Hier gibt es Infos über naturnahe Abenteuer in der gesamten Region einschließlich des Channel Islands National Park. Zwischen dem Yacht-Hafen und der Stearns Wharf verkehrt im 30-Minuten-Takt tgl. von 12 Uhr bis zum Sonnenuntergang das Wassertaxi **Waterfront Shuttle**.

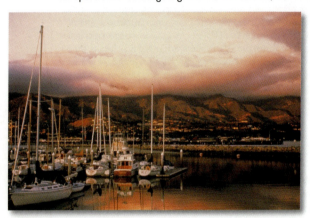
Am Yachthafen von Santa Barbara

Maritime Museum, 113 Harbor Way, ✆ (805) 962-8404, www.sbmm.org; tgl. außer Mi 10–18, im Winter 10-17 Uhr, Eintritt US$ 7.

Neben dem Whale Watching ist das Star Watching zu einem beliebten Sport geworden. Denn in Santa Barbara verzeichnet man wohl die größte Einwohner-Dichte an Berühmtheiten auf der ganzen Welt. Da sich hier fast alles versammelt hat, was im Polit-

und Showbusiness Rang und Namen hat – u.a. *Michael Douglas, Jane Fonda, John Travolta* und *Kevin Costner* –, herrscht in der Luft ein Gewimmel von Hubschraubern und kleinen Sportflugzeugen, mit denen die Stars die 200 Kilometer nach Los Angeles zurücklegen oder Paparazzi Jagd auf sie machen. Die Berühmtheiten sorgten natürlich auch dafür, dass die Stadt die wohl teuerste Wohngegend nicht nur in Kalifornien, sondern in den USA insgesamt darstellt. Die Immobilienpreise liegen doppelt so hoch wie im kalifornischen Durchschnitt und sind auch nach der Finanzkrise 2008/10 weniger stark gesunken als im Landesdurchschnitt. Die Stars und ihre Familien leben in hochherrschaftlichen Villen am Stadtrand, auf den Bergen oder direkt am Ufer des Pazifik, insbesondere im Ortsteil **Montecito** gibt es eine VIP-Konzentration.

Lieblingsort der Promis

Mit einem Durchschnittseinkommen von über US$ 70.000, das ist mehr als das Dreifache des Landesdurchschnitts, gehört Montecito zu den reichsten Bezirken Amerikas. Während sich die ganz große Prominenz naturgemäß gut abzuschotten weiß, lernt man auf einer Fahrt durch die sog. **Hope Ranch Residential Area (16)** das luxuriöse Ambiente der „normalen Millionäre" kennen. So sieht man z.B. entlang des palmengesäumten Las Palmas Dr. die wunderschönen Villen eines der luxuriösesten Stadtviertels der USA. Zu dem Gelände gehören u.a. ein privater Country Club mit Golfplatz, eine künstliche Lagune, Polo- und Fußballfelder sowie kilometerlange Wanderwege.

Reisepraktische Informationen Santa Barbara

Vorwahl 805

Information

Es gibt in Santa Barbara drei Touristen-Büros, wobei das **Beachfront Visitor Information Center** (Hwy. 101, Ecke Santa Barbara St., nahe der Stearns Wharf) am besten zu finden ist. Es hat im Sommer tgl. 9–18, sonst bis 16 Uhr geöffnet. Dort bekommen Sie Stadtpläne etc. und verbilligte Eintrittskarten für viele Attraktionen entlang der Scenic Dr. In der Downtown befinden sich das **Santa Barbara Chamber of Commerce Visitor Information Center** (1601 Anacapa St., Mo–Fr 9–17 Uhr, ☎ 966-9222) und das **Hot Spots** (36 State St., tgl. 9–21, So bis 16 Uhr, mit Coffee Bar). Weitere Infos unter www.santabarbaraca.com.
Das **Outdoor Santa Barbara Visitor Center** informiert in vorbildlicher Weise über die vielfältigen Möglichkeiten, die Landschaft und Kultur der Region zu genießen, vor allem auch die des Channel Islands National Park. Das Zentrum befindet sich direkt am Hafen: 113 Harbor Way, 4th Floor, ☎ (805) 884-1475, www.outdoorsb.noaa.gov, tgl. 11-17 Uhr.

Hotels

Als bevorzugter Ferienort sowohl der L.A.- und Hollywood-Prominenz als auch der in- und ausländischen Touristen verfügt die Stadt über ein breites Angebot an Unterkünften jeglicher Art. Einfache Jugendhotels sind genauso vertreten wie die üblichen Motel-Ketten, elegante B&B-Pensionen und luxuriöse Resorts, von denen die meisten eine ansprechende spanisch-kalifornische Architektur aufweisen. Einige Empfehlungen:
Hotel State Street $$, 121 State St., ☎ 966-6586, www.hotelstatestreet.net; sauberes und zentral in der Downtown gelegenes Hotel der unteren Mittelklasse, 54 Zimmer mit gutem Preis-Leistungsverhältnis.

Best Western Beachside Inn $$, 336 W Cabrillo Blvd., ① 965-6556, www.beachsideinn santabarbara.com; direkt am Strandboulevard und nahe zu allen Attraktionen gelegenes Mittelklasse-Hotel mit 60 Zimmern, Restaurant, Pool, Tennisplatz.
Pepper Tree Inn $$$, 3850 State St., ① 687-5511, www.sbhotels.com; ein weiteres empfehlenswertes Haus der Best-Western-Kette, 150 Zimmer, zentral in der Innenstadt gelegen, 2 Pools, gut ausgestattete Zimmer mit Terrasse oder Balkon
Oceana Santa Barbara $$–$$$, 202 W Cabrillo Blvd., ① 965-4577, www.hotelocean asantabarbara.com; kleines Hotel am Strandboulevard, 32 unterschiedliche Zimmer z.T. mit Kitchenette, Swimmingpool.
Santa Barbara Inn $$$–$$$$, 901 E Cabrillo Blvd., ① (800) 231-0431, www.santa barbarainn.com; jenseits des Fess Parker's Hotel gelegenes Hotel der guten Mittelklasse, 70 komfortable Zimmer, sehr gutes Restaurant, Cocktail Lounge, Pool mit Jacuzzi.
Hyatt Santa Barbara $$$$, 1111 E Cabrillo Blvd., ① 882-1234, www.santabarbara.hyatt.com; jenseits des Fess Parker's Hotel gelegenes und im spanischen Stil errichtetes First-Class-Haus, 174 Zimmer mit allem Komfort, Restaurant, Pool, Fitness-Center, Massage, Fahrradverleih.
Fess Parker's Doubletree Resort $$$$–$$$$$, 633 E Cabrillo Blvd., ① 564-4333, www.fessparkersantabarbarahotel.com; First-Class-Resort im spanischen Stil mit 360 luxuriösen Zimmern, etwas südlich vom Zentrum gelegen und nur durch den Hwy. 101 vom Sandstrand getrennt, 2 Restaurants, Bar, Pool, Sauna, Golf, Tennis, Fahrradverleih.
Four Seasons Biltmore Hotel $$$$–$$$$$, Montecito (Stadtteil südöstlich der Downtown), 1260 Channel Dr., ① 969-2261, www.fourseasons.com; erstklassiges und renommiertes Grand-Hotel mit 207 komfortablen Zimmern und Appartements, palmengesäumter Park, preisgekröntes Restaurant, alle Annehmlichkeiten, Golf, Tennis, Pool etc., exquisiter Service, schöner Blick: ein besonderes Haus.

Restaurants

Die Nachbarschaft der z.T. exquisiten Santa-Ynez-Weinkellereien und der Standort des American Institute of Wine & Food haben ihren Teil dazu beigetragen, dass Santa Barbara nicht nur als kulinarisches Mekka gilt, sondern auch mit die höchste Dichte der Restaurant-Einwohner-Relation in den USA besitzt. Im Restaurant-Führer sind einige hundert Adressen verzeichnet, doch ist es gar nicht notwendig, nach einem bestimmten Lokal Ausschau zu halten. Spazieren Sie nur einmal die State St. hinauf, wo eine Gaststätte neben der anderen liegt und an den ausgehängten Speisekarten Provenienz und Preisniveau sichtbar werden.

Veranstaltungen

Im August wird an die Gründung der Stadt während der Old Spanish Days Fiesta fünf Tage lang mit Paraden, Kostümen und viel Essen erinnert.

Von Santa Barbara nach Los Angeles

Die Strecke von Santa Barbara nach L.A. setzt die Schönheiten der Central Coast fort, obwohl bald schon der Einzugsbereich der Mega-Metropole L.A. durch stärkeren Verkehr und eine zersiedelte Küste bemerkbar wird. Bei **La Conchita** trennen sich die Hwys. 1 und 101 für eine Weile, kommen aber am **Emma Wood State Beach** wieder zusammen. Kurz danach, rund 30 Meilen hinter Santa Barbara, erreicht man schließlich Ventura, ein bei in- und ausländischen Gästen beliebtes Seebad.

Ventura

Während der letzten Jahre hat sich Ventura zu einem beliebten Ausflugsziel für Städter aus L.A. gemausert, ist aber ebenfalls eine hervorragende Alternative als Basis für diejenigen, die nicht im Großstadtgetümmel von Los Angeles nächtigen möchten. Hollywood und Universal City sind etwa 1½, L.A. Downtown 2 und Disneyland 2½ Autostunden entfernt. Viele verbringen zudem in diesem beschaulichen Strandort ihre erste bzw. letzte Nacht nach Eintreffen am bzw. vor Abflug vom Flughafen von Los Angeles. *Guter Standort*

Plant man, Hollywood oder Universal City an einem Tag zu besuchen, bietet sich die folgende Rundfahrt an: Auf dem Fwy. 101 (und später der I-405) nach Universal City bzw. Hollywood und von dort über den Santa Monica Blvd. zurück an die Küste fahren. Von Santa Monica aus führt dann der Hwy. 1 zurück nach Ventura. Für diese Rundfahrt empfiehlt sich ein sehr früher Start.

Die Stadt, die ursprünglich San Buenaventura hieß, ist mit ihren mit knapp 110.000 Einwohnern eines der wesentlichen Zentren des Obst- und Gemüseanbaus entlang der Küste. Es gibt hier kaum eine Jahreszeit, in der man nicht frische Erdbeeren, Avocados, Zitrusfrüchte u.a. frische Waren an einem der vielen Straßenstände vor der Stadt erstehen kann. Und im Hinterland befinden sich zudem noch einige Weingüter. Auf Wunsch kann man an einer der Agricultural Tours teilnehmen, die hinter die Kulissen des Obst- und Gemüseanbaus führt. Vor allem aber bietet Ventura ein lebhaftes Treiben zu Wasser und zu Land und lockt mit städtebaulichen und kulturellen Attraktionen sowie vielen Freizeitvergnügungen. Der schöne Strand lädt ganzjährig zum Baden ein, und die Strandpromenade kann man mit dem geliehenen Fahrrad abfahren. Während im Wasser die Surfer Gelegenheit haben, ihre Künste zu zeigen, spazieren die geruhsameren Naturen auf dem hübschen, 1875 erbauten Ventura Pier.

Wandmalerei in Ventura

Reisepraktische Informationen Ventura

Vorwahl 805

Information

Ventura Visitors & Convention Bureau, *101 S. California Street.*, ② *648-2075, www.ventura-usa.com; Mo–Fr 8.30–17, Sa ab 9, So 10–16 Uhr.*

Hotels

Inn on the Beach $$-$$$, *1175 S Seaward Ave.*, ② *625-2000, www.innonthe beachventura.com; nicht mehr ganz taufrische Zimmer, dafür direkt am Strand gelegen.*
Crowne Plaza Ventura Beach $$$, *450 E. Harbor Blvd.*, ② *(800) 842-0800, www.cp ventura.com; modernes Ferienhotel direkt am Strand gelegen und zudem nur 5 Minuten von der Innenstadt entfernt. Die meisten Zimmer mit Balkon. Versuchen Sie, ein Zimmer nach Nordwesten zu bekommen.*
Ventura Beach Marriott $$$, *2055 E. Harbor Dr.*, ② *643-6000, www.marriott.com; modernes Haus der gehobenen Mittelklasse, 285 geräumige Zimmer, großer Pool, zwischen Innenstadt und Harbortown Marina gelegen.*
Four Points by Sheraton Ventura $$$-$$$$, *1050 Schooner Dr. (3 Meilen südl. der Innenstadt an der Harbortown Marina)*, ② *658-1212, www.starwoodhotels.com; Hotel der gehobenen Mittelklasse am Yachthafen, von wo aus auch die Boote zu den Channel Islands ablegen. Die Gebäude sind übrigens von Schülern der Frank Lloyd Wright Architekturschule entworfen worden.*

Camping

Staatliche Campingplätze: **Emma Wood State Beach** *(nördlich von Ventura),* **McGrath State Beach**, *zu reservieren über* ② *1-800-444-7275, www.reserveamerica.com, www.parks.ca.gov.*
Zudem gibt es noch eine Reihe privater Plätze, z.B. **Lake Casitas** *(11311 Santa Ana Road Ventura,* ② *805-649-1122, http://reservations.casitaswater.org) und* **Ventura Ranch KOA** *(7400 Pine Grove Road, Santa Paula,* ② *(805) 933-3200, www.venturaranchkoa.com).*

Restaurants

Viele Restaurants der verschiedensten Küchen sind 3 Meilen südlich der Innenstadt im Harbortown Village an der gleichnamigen Marina konzentriert. Die Variationsbreite reicht von griechischen Delikatessen über Fischgerichte bis hin zu einfachen, aber hervorragenden Hot Dogs. Dabei entwickelt sich in der lockeren Atmosphäre hier nicht selten ein Schwätzchen mit den Freizeitkapitänen. In Ventura selbst sind u. a. empfehlenswert:
Eric Ericsson's on the Pier, *668 Harbor Blvd.*, ② *643-4783, www.ericericssons.com; gutes Fischrestaurant direkt am Pier von Ventura.*
Tipps Thai Cuisine, *512 E. Main St.*, ② *643-3040, www.tippsthai.com. Erstklassige und günstige thailändische Gerichte.*

Einkaufen

Ventura ist Sitz der Outdoor-Bekleidungsfabrik **Patagonia**, *die besonders für Wasser- und Bergsportler hervorragende Kleidung herstellt. Im Fabrikladen, dem sog. Pacific Iron Works, am nordwestlichen Ende der Santa Clara St. können Sie die Markenware günstig erstehen (235 W Santa Clara St.). Und sofern Sie kleine Fehler tolerieren, erhalten Sie bei Cheaps Sports (Ecke 36 W Santa Clara/Ventura St.) ausgesonderte Stücke sogar noch günstiger. Bekannt ist*

Ventura auch für seine unzähligen **Antiquitätenläden**, *die sich vor allem entlang der Main St. befinden. Sie sind wahre Schatztruhen, und wer erst einmal zu stöbern begonnen hat, wird sich für ein paar Stunden nicht wieder davon losreißen können.*

In der **Historic Downtown** um die Main St. herum gibt es nicht nur Antiquitätenläden, sondern auch etliche gut erhaltene historische Gebäude, viele davon in Adobe-Technik gebaut. Das älteste ist die **Mission San Buenaventura**, die *Junípero Serra* 1782 anlegen ließ und die der Stadt ihren ersten Namen schenkte. Die Kirche, der Friedhof mit den historischen Gräbern dreier Padres und das Museum können besichtigt werden, auch ein kleiner Souvenirladen ist am Platz.

Auch Missionsstation

San Buena Ventura Mission, *211 E. Main St.,* ① *(805) 643-4318, www.sanbuenaventura mission.org; Mo–Fr 10–17, Sa 9–17, So 10–16 Uhr, Eintritt US$ 2.*

Weitere Sehenswürdigkeiten im Stadtbereich sind das Albinger Archaeological Museum (*113 E. Main St.*) und das Ventura County Museum of History & Art (*100 E. Main St., beide tgl. geöffnet außer Mo*). Außerdem ist die Stadt Ausgangspunkt für Bootstouren zu den noch wenig bekannten Channel Islands, die 1994 zu einem Nationalpark erklärt worden sind.

Channel Islands National Park

Der Channel Islands National Park umfasst heute fünf der insgesamt acht Inseln im Santa Barbara-Kanal entlang der Küste Süd-Kaliforniens: Anacapa, Santa Cruz, Santa Rosa, San Miguel und Santa Barbara. Die zzt. noch spärlich besuchten Inseln haben einiges zu bieten: Neben den prähistorischen Funden von Mammuts sind dies Überreste indianischer Siedlungen, alte Ranchen früher Siedler, eine **bezaubernde Tierwelt** mit unzähligen Seevögeln, Seelöwen und -hunden, seltenen Fuchsarten und nicht zuletzt die Wale, die während der Wintermonate durch den Santa Barbara-Kanal ziehen und von Booten aus beobachtet werden können. Botaniker dagegen werden sich besonders an den vielen Pflanzenarten erfreuen, die es wegen der Insellage nur hier gibt.

Bereits die Überfahrt zu einer der Inseln – mehr als eine Insel kann man an einem Tag nicht besuchen – verrät das zu erwartende Abenteuer: Zumeist verstecken sich die Inseln in der an der Küste Kaliforniens allgegenwärtigen Verduns-

Auf den Inseln findet sich eine reiche Tierwelt

tungs-Kältewolke und tauchen i.d.R. erst nach einer einstündigen Seefahrt gespenstisch aus den Nebelschwaden auf. Die Schiffe sind klein, und es schaukelt sehr. Unterwegs begegnen Ihnen mit Sicherheit einige Seehunde. Bevor man dann an Land gehen kann, bedarf es eines weiteren „Umstandes", dem des Ausbootens. In kleinen 6-sitzigen Booten wird man vom Hauptschiff in Etappen an Land gebracht. Das kann schon mal eine Stunde dauern, denn auch jegliches Gepäck, Kajaks und andere Dinge müssen ausgeladen werden. Das alles aber macht den besonderen Reiz eines Besuches hier aus und hat den unschätzbaren Vorteil, dass eben nur wenige Besucher auf die Inseln gelangen. Ist man erst einmal an Land, und das gilt vor allem für die Inseln Santa Cruz, Santa Rosa und San Miguel, merkt man bald, dass sich diese wenigen Besucher schnell verlaufen und man die Natur dann ganz für sich alleine hat.

Wenig besucht

Bei einem Besuch der Channel Islands sollte man bedenken, dass sich die letzte Chance auf Lebensmittel und Getränke auf den Schiffen befindet. Besser aber wäre es, man bringt bereits etwas vom Festland mit. Außerdem ist es sehr kühl, besonders während der Überfahrt. Eine wetterfeste Jacke und einen Pullover sollte man mitnehmen.

Fauna und Flora

Die Naturlandschaft der Channel Islands ist durch drei besondere Tatsachen geprägt: Erstens die **Isolation** vom Festland, die vor allem dafür gesorgt hat, dass sich bestimmte Tier- und Pflanzenarten über die Jahrtausende auf eigene Art weiterentwickelt haben. Sie unterscheiden sich oft in Größe, Farbe und Form. So z. B. ist der Inselfuchs ein

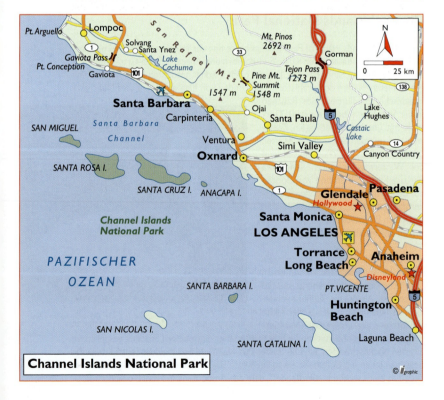

Channel Islands National Park

nur katzengroßer Verwandter des Graufuchses auf dem Festland. Zweitens die **klimatischen** und **geologischen Besonderheiten**, insbesondere die Vermischung kalter und warmer Meeresströmungen, was zu unterschiedlichen sowie starken Winden, zu einer ganz eigenen Meeresflora und -fauna und zu hohen – eingewehten – Salzgehalten auf den Inseln geführt hat. Drittens der **Einfluss des Menschen**, wobei vornehmlich die Rancher und Händler nachhaltig auf das Ökosystem eingewirkt haben. Eingeführte Schafe, Hasen und Rinder schädigten den natürlichen Lebensraum durch den Verzehr verschiedenster typischer Pflanzen.

Die Inseln bieten also für Biologen und naturkundlich Interessierte eine Fülle von Besonderheiten und Erlebnissen, die hier nur kurz angerissen werden können. Im Visitor Center des Parks gibt es aber zahlreiche gute Bücher über den Naturraum der Channel Islands.

Allein 27 verschiedene **Walarten** ziehen während der Wintermonate an den Gewässern der Channel Islands vorbei. Wie überhaupt in dieser Region sichtet man dabei aus der Gruppe der Bartenwale vor allem Grauwale, Finnwale und – weitaus seltener – Blauwale; aus der Gruppe der Zahnwale besonders häufig Orcas und fünf unterschiedliche Delfinarten, die i.d.R. in großen Gruppen anzutreffen sind und gerne die Schiffe zu den Inseln begleiten und mit ihnen „spielen". Daneben sind **Seehunde und Seelöwen** häufige Gäste an den Ufern der Channel Islands. Dabei unterscheidet man zwischen See-Elefanten (Gattung: mirounga), Seehunden (phoca vitulina) und Seelöwen (otariidae). Seehunde werden bis zu 2 m groß, Seelöwen zwischen 2 m (Weibchen) und 3,50 m (Männchen) und männliche See-Elefanten bis zu 6½ m. Als beste Insel zur Beobachtung dieser Tiere gilt San Miguel und hier vor allem der Point Bennett im Westen, wo sich zwischen Dezember und August ganze Kolonien, die z.T. einige tausend Tiere umfassen, der Aufzucht der Jungen widmen. Auf die Frage, warum ausgerechnet San Miguel von so vielen Seehunden und -löwen aufgesucht wird, gibt die Abgeschiedenheit der Insel, die auch Robbenjägern zu weit war, die wichtigste Antwort. Außerdem sorgt die Vermischung warmer südlicher und kalter nördlicher Ströme bei Point Bennett für einen idealen Speiseplan. Denn dort können auf einem relativ kleinen Wasserareal die unterschiedlichsten Pflanzen und Meerestiere leben und gedeihen. Hinzu kommt noch eine Tiefenströmung, die nährstoffreiches Wasser und Plankton vom Meeresboden hoch wirbelt. An keinem anderen Punkt entlang der Inseln ist die Artenvielfalt und damit das Nahrungsmittelangebot für die Seehunde und -löwen so groß.

Interessante Fauna

Die Menge der Tiere ist andererseits aber auch dafür verantwortlich, dass etwa ein Viertel der Jungen bereits während der ersten Lebenswoche stirbt.

Unter den Landtieren verdienen die **Insel-Füchse** (urocyon litteralis) eine besondere Erwähnung, die auf San Miguel, Santa Rosa, Santa Cruz, Santa Catalina, San Nicolas und San Clemente vorkommen. Die meisten Insel-Füchse, rund 500 Exemplare, wurden auf San Miguel gezählt. Diese Tiere haben sich durch die Isolation der Inseln zu einer ganz eigenen Art entwickelt, die viel kleiner als die festländische ist. Man schätzt, dass die Füchse seit mehr als 10.000 Jahren auf den Inseln leben. Wie sie überhaupt hierher gekommen sind, ist umstritten. Ein ausgewachsener Insel-Fuchs wird maximal 70 cm lang, bis zu 30 cm hoch und wiegt nicht mehr als 2 kg. Damit ist er um 18 % kleiner als sein nächster Verwandter, der Graufuchs.

Eigene Fuchs-Art

Zu den **anderen Tieren** des Nationalparks zählen u.a. über 260 Vogelarten, darunter Pelikane und verschiedenste Seemöwen, sowie 25 Haiarten, von denen der bis zu 9 m lange Weiße Hai der eindrucksvollste ist. Unter den 13 Landsäugetierarten auf den Inseln gehören alleine 8 der Gattung der Fledermäuse an.

Die Inseln im Einzelnen

Anacapa

Anacapa Island befindet sich 11 Meilen südwestlich von Oxnard, ist 2,7 km² groß und hat ihre höchste Erhebung bei 300 m ü.d.M. Sie besteht aus den drei gut unterscheidbaren Teil-Inseln West-, Middle- und East Anacapa Island. Das Schiff landet am Visitor Center auf East Anacapa an, wo sich auch der **Campingplatz**, ein kleines **Museum**, ein **Leuchtturm** und ein etwa 2 km langer **Lehrpfad** befinden. Beachten Sie bitte, dass Sie nicht zu nahe an den Leuchtturm herangehen, denn seine akustischen Nebelsignale können Ihr Gehör schädigen. Wichtig zu wissen ist ebenfalls, dass es nur am Visitor Center **Trinkwasser** gibt. Füllen Sie also Ihre Behälter auf, bevor Sie auf eine längere Wanderung gehen.

Blütenmeer

Anacapa Island ist die einzige Insel im Nationalpark, die vornehmlich aus einer Felsenlandschaft besteht. Diese zu erkunden, fasziniert vor allem **Kajaker**, die mit den Booten in Höhlen und Grotten sowie um eindrucksvolle Felsgebilde paddeln können.

Die bekannteste Höhle ist die Cathedral Cave, und die schönste Felsformation ist der Arch Rock, beide auf East Anacapa. Ein weiteres beliebtes Ziel sind die Tide Pools (Gezeiten-Pools) und Frenchy's Cove, eine schöne natürliche Bucht mit einem Strand und einem idealen Areal zum Schnorcheln. Sollte der Wasserstand niedrig sein bzw. Sie Lust auf **Schnorcheln** haben, versuchen Sie, das 1853 gesunkene Schiff, die *Winfield Scott*, nördlich von Middle Anacapa zu erkunden.

Santa Cruz

Santa Cruz ist mit 248 km² die größte der Nationalpark-Inseln und damit 2½ mal so groß wie Sylt; ihr höchster Punkt liegt bei 780 m ü.d.M. Sowohl die 123 km lange Küstenlinie als auch das die ganze Insel durchziehende Central Valley versprechen eine große botanische Vielfalt – es gibt alleine 670 Pflanzenarten auf Santa Cruz – schöne Wanderwege und ein ideales Revier zum Kajaken. Um diese Insel auch nur annähernd zu erkunden, benötigt man einige Tage.

Santa Cruz ist eine Insel der Gegensätze. Gerade die diversifizierte Geografie macht sie so interessant. Im Central Valley kann es z.B. im Sommer an die 40 °C heiß werden, während die Temperaturen im Winter auf -8 °C fallen können. Die ganze Insel ist von einer Grasfläche überzogen, auf der im Frühjahr die buntesten Blumen blühen. An den Inselrändern fällt diese Fläche an vielen Punkten in nahezu dramatischer Weise ab zum Meer. An diesen Kliffs finden dann wiederum die Seevögel ein hervorragendes Brutgebiet vor. Kajaker werden auch hier die verschiedenen Höhlen und Grotten zu schätzen lernen, von der die bekannteste die Painted Cave im Nordwesten ist.

Stark schwankende Temperaturen

Santa Rosa

Die bis auf 500 m Höhe ansteigende Insel Santa Rosa ist 217 km² groß. Mit ihren weiten Grasflächen und Kliffs im Nordosten ähnelt sie Santa Cruz, sodass man auf einen Besuch *beider* Inseln eigentlich verzichten kann. Immerhin kann Santa Rosa mit einigen Besonderheiten aufwarten: Zum einen sind dies die kleinen Inland-Canyons und zum anderen die Tatsache, dass die Insel landwirtschaftlich sehr stark genutzt, z.T. übernutzt worden ist. Rinder- und Schafzucht bestimmten das Bild über 100 Jahre, und viele der Tiere und Pflanzen wurden dadurch ausgerottet bzw. in winzige Rückzugsnischen gedrängt. Andererseits haben sich auch Arten entwickeln können, die von den Menschen hierher gebracht worden sind bzw. die sich erst durch die Exkremente der Tiere entwickeln konnten. Auch eine kleine Militärbasis im Süden, die mittlerweile verlassen ist, hat ihre Spuren hinterlassen.

Interessant ist, dass man auf Santa Rosa einige Überreste von Mammut-Skeletten gefunden hat.

 Wichtig!

Es gibt kein Trinkwasser auf der Insel. Bringen Sie also entweder genügend Getränke mit oder aber Wasserreinigungsmittel bzw. -filter.

San Miguel

Die 36 km² große Insel San Miguel besteht aus einem etwa 150 m hohen, grasbedeckten Hochplateau, das nur unterbrochen wird von zwei kleinen Bergen (höchster Punkt: 250 m ü.d.M.). Bäume finden Sie nur an wenigen Punkten. Botaniker werden sich aber an der Artenvielfalt der Strand- und Sanddünenvegetation sowie an den im Frühjahr und Sommer blühenden, bis zu 3 m hoch aufwachsenden Sonnenblumen erfreuen. An den Küsten sind es vor allem die Sanddünen, die beeindrucken. Besonders die Seehunde und -löwen sowie die See-Elefanten lieben hier die Strände. Zu Tausenden leben sie während ihrer Paarungs- und Tragzeit sowie für die Aufzucht der Jungen am Point Bennett am westlichen Ende der Insel. Das nährstoffreiche Wasser an dieser Stelle bietet ihnen ideale Lebensbedingungen.

Besiedlungsgeschichte

Ein Besuch des Versteinerten Waldes (Caliche Forest) in der Inselmitte sollte auch nicht fehlen, zeugt dieser doch vom tropischen Klima vor einigen Millionen Jahren. Die Insel weist zudem eine vielseitige Geschichte auf, die so manche Tragödien gesehen hat. Die ersten Bewohner waren die Chumash-Indianer, die hier bereits vor 10.000 Jahren gelebt haben sollen. Sie wurden Mitte des 19. Jh. zwangsumgesiedelt. Überreste ihrer Siedlungen und Lagerplätze sind auch heute noch auf der Insel zu finden. Erster Europäer war der spanische Entdecker *Juan Rodriguez Cabrillo*, der 1542/43 mit seinem Corps hier überwinterte. Er starb im gleichen Winter auf der Insel an einer Wundinfektion. Das 1937 errichtete Grab oberhalb des Cuyler Harbor erinnert an ihn.

Mitte des 19. Jh. wurde die Insel von Ranchern besiedelt, deren letzter *Herbert Lester* gewesen ist, der sog. „König von San Miguel". Von 1948–65 wurde die Insel dann von der Navy als Übungszielgebiet für Bomber genutzt. Noch heute sieht man viele der Bombenkrater, und es wird dringend darauf hingewiesen, auf den markierten Wanderwegen zu bleiben, da sich immer noch aktive Bomben unter dem Sand befinden können.

Hinweis

Da San Miguel von allen Inseln das raueste Klima mit z.T. sehr starken Winden aufweist, ist es ratsam, sich entsprechend zu kleiden. Denken Sie außerdem an Wasservorräte, da es auch auf San Miguel kein Trinkwasser gibt!

Santa Barbara

Die mit nur 2½ km² kleinste Insel des Nationalparks liegt über 60 Kilometer südlich der anderen Inseln am Nordwestende von Catalina Island; zum Festland sind es 74 km. Das Landschaftsbild wird von zwei runden Hügeln (höchster Punkt: 200 m ü.d.M.) im Westen beherrscht, zu deren Füßen sich eine Grasfläche ausbreitet, die an vielen Punkten steil ins Meer abfällt. Das Meer hat hier einige Kliffs geschaffen. Trotz der isolierten Lage gab es ursprünglich auf Santa Barbara ebenfalls eine artenreiche Tier- und Pflanzenwelt, die jedoch durch landwirtschaftliche Übernutzung – verbunden mit dem Abbrennen der Wälder – sehr stark in Mitleidenschaft gezogen wurde. Der Überweidung konnten sich nur einige widerstandsfähigen Pflanzen entgegenstellen, besonders Kakteen und Dornensträucher. Das Netz der Wanderwege ist insgesamt 8 km lang, wobei man den kurzen Canyon View Nature Trail (an der Ranger Station) mit seinen Erläuterungen zuerst erlaufen sollte. Auch für diese Insel gilt es, das Trinkwasser mitzubringen.

Reisepraktische Informationen Channel Islands National Park

Information

*Auskünfte erteilt das **Robert J. Lagomarsino Visitor Center** in Ventura, 1901 Spinnaker Dr., an der Marina, Ventura, ☎ (805) 658-5730, www.nps.gov/chis. Das Visitor Center ist tgl. 8.30–17 Uhr geöffnet. Hier wird auch ein 25-Minuten-Film gezeigt und es gibt einige Infokästen sowie Literatur. In der Stadt Santa Barbara empfiehlt sich der Besuch des Outdoor Santa Barbara Visitor (s. S. 407), das viele Vorschläge für den Aufenthalt im Nationalpark* bereithält. Auf der Insel Santa Barbara erfährt man beim Besuch des Sea Center (211 Stearns Wharf, ⓘ (805) 962-2526) alles über die Meeresflora und -fauna um die Inseln.

⚠ Camping

Die meisten Besucher des Nationalparks besuchen eine der Inseln auf einem Tagesausflug und übernachten anschließend wieder in Ventura. Einfache Campingplätze gibt es auf allen Inseln. Fürs Campen benötigen Sie ein Permit von der Parkverwaltung. Bedenken Sie, dass Sie alle Lebensmittel selbst mitbringen müssen. Erkundigen Sie sich außerdem, ob der von Ihnen ausgewählte Platz auch über Trinkwasser verfügt. Feuer sind verboten, nur ein Gaskocher darf verwendet werden.

Für Infos, Buchungen und den aktuellen Stand des Verpflegungssystems wende man sich an **Island Packers**, 1691 Spinnaker Dr., Ventura, CA 93001, ⓘ 642-1393 (Reservierung) oder 642-7688 (Infos auf Tonband), www.islandpackers.com. Das Büro befindet sich direkt neben dem Visitor Center des Nationalparks im Harbortown Village. Buchungen für einige Inseln auch über www.recreation.gov möglich, ⓘ (518) 885-3639.

✈ Flüge

Außer von Island Packers werden Flüge zu den Inseln Santa Cruz und Santa Rosa auch vom Camarillo Airport von **Channel Islands Aviation**, 305 Durley Avenue, ⓘ (805) 987-1301, www.flycia.com. Halb- und ganztägige Ausflüge sind möglich.

🚶 Wandern

Zum Wandern bieten sich die Inseln Santa Cruz (Ein- und Mehrtagestrips), San Miguel und Santa Rosa (Zwei- und Mehrtagestrips) an.

🛶 Kajaking

Am schönsten sind Kajaktouren um Anacapa Island, denn hier gibt es unzählige Höhlen, Grotten und Felsformationen zu erkunden. Alternativ dazu sind Touren um Santa Cruz Island und San Miguel lohnend. Mehrere Unternehmen, die alle über Island Packers gebucht werden können, haben entsprechende Angebote, bei denen Führer, Bootsausrüstung und Logistik gestellt werden.

> ### ☞ Hinweis
>
> Für jegliche Vorhaben, ob Bootsfahrten oder Flüge zu den Inseln, Kajaken, Wandern, Übernachtungen etc., sollte man sich an Island Packers, den alleinigen Konzessionär der Inseln, wenden (Adresse s.o.). Dort oder direkt bei der Gesellschaft Nature Conservancy of California (213 Stearns Wharf, Santa Barbara, CA 93101, ⓘ (805) 962-9111) können auch spezielle naturkundliche Exkursionen mit Führer gebucht werden. Das Angebot ist begrenzt, sodass sich eine rechtzeitige Buchung dringend empfiehlt.

🚤 Bootstouren

Das Unternehmen **Island Packers** organisiert sehr interessante Bootstouren zu den Inseln. Die Boote verlassen i.d.R. die Marina von **Ventura** am Morgen (Zeiten variieren), einige Touren beginnen aber teilweise auch von Santa Barbara (z.B. San Miguel) und Oxnard. Da es keine einheitlichen Fährzeiten und Abfahrtszeiten gibt, ist es unbedingt erforderlich, sich rechtzeitig telefonisch zu erkundigen. Von Ende Dezember bis Anfang Mai gibt es daneben ganztägige Whale Watching Trips. Auch hierfür sollte man sich rechtzeitig anmelden. Von **Santa Barbara Harbor** bietet **Truth Aquatics** Bootstouren zu den Inseln an, 301 West Cabrillo Blvd., ⓘ (805) 962-1127, www.truthaquatics.com.

Auf dem Weg nach L.A.

10 Meilen hinter Ventura teilen sich in **Oxnard** die Hwys. 1 und 101 erneut. Falls Sie nicht in die Downtown von L.A. oder auf schnellstem Weg zum System der innerstädtischen Freeways fahren müssen, ist hier dem Hwy. 1 (Pacific Coast Hwy.) der Vorzug zu geben, der wie immer direkt an der Küste entlang führt. Auf einer Panoramastrecke unterhalb der Steilküste und oberhalb des Meeres geht es immer näher auf die Millionen-Metropole zu, wobei zunächst die Villen der Begüterten und die **Santa Monica Mountains** das Bild bestimmen – kein Zweifel: Man nähert sich dem Nobelvorort **Malibu** (S. 242). An mehreren Stellen sind Abfahrten zum Strand ausgeschildert (Coastal Access), die nun natürlich sehr viel stärker frequentiert sind. Vielleicht tut es aber gut, noch einmal eine Badepause einzulegen (z. B. am sehr schönen **Leo Carrillo State Beach**), bevor man sich in das Getümmel der größten Stadt des amerikanischen Westens stürzt. Nach weiteren herrlichen Stränden überschreitet man schließlich in Malibu die Grenze von Greater L.A.

Von Los Angeles nach San Francisco durchs Inland

Die Fahrt von der Megalopolis am Pazifik durchs Inland nach San Francisco ist über weite Strecken ein reiner Autobahn-Transfer ohne besondere Sehenswürdigkeiten. Lohnend wird die Strecke aber allein schon durch den Aufenthalt in den Nationalparks Sequoia und Kings Canyon. Außerdem besteht die Möglichkeit, im weiteren Verlauf auch dem Yosemite NP einen Besuch abzustatten und die letzte Etappe mit den Zielen der ab S. 328 beschriebenen Rundfahrt zu kombinieren, d.h. ab Yosemite entweder durch das pittoreske Gold Country oder in einem weiteren Bogen über Mono Lake und Lake Tahoe zurückzufahren. Zunächst verlässt man die Millionenmetropole nordwärts über die I-5, die einen durch das dichtbesiedelte San Fernando Valley bringt.

Valencia

Am Zeichentisch entworfen

Die Stadt, in der heute etwa 50.000 Menschen leben und die in den letzten Jahren enorm angewachsen ist, liegt ca. 40 km hinter der Stadtgrenze von L.A. und etwa 55 km nördlich der Downtown. Ihre Geschichte ist ebenso jung wie interessant, denn Valencia wurde in den 1960ern von dem österreichischen Architekten und Städteplaner *Victor Gruen* komplett am Zeichentisch entworfen – mit einzelnen „village" genannten Sektionen, die alle ihre eigenen Schulen, Schwimmbäder, Shoppingcenter etc. haben. Ein weiteres Kennzeichen der Stadt ist ihre Mischbebauung von Apartment-, Einfamilien-, Bürohäusern, Industrie- und Einkaufsbetrieben etc., die Verbindung der einzelnen villages durch ein 40 km umfassendes Netz von Gehwegen (paseos), die vielen Grün- und Freiflächen, eine ziemlich gut ausgebildete Bevölkerungsstruktur sowie eine sehr geringe Kriminalitätsrate.

Bei Valencia hat man nochmals die Möglichkeit, einen der vielen Amüsementparks des vergnügungssüchtigen L.A. aufzusuchen: den **Six Flags California**. Der Park verspricht als Flaggschiff des Six-Flags-Unternehmens (andere Six-Flags-Parks gibt es u.a. in Dallas, Houston, Atlanta und St. Louis) ähnliche Attraktionen wie Disneyland oder Knott's Berry Farm. Auf dem sog. **Magic Mountain** sind ebenfalls Zeichentrickfiguren allgegenwärtig, da der Park unter dem „Patronat" der Warner Brothers-Figur Bugs Bunny steht. Außer einem riesigen Gelände mit viel Grün und Wasser bietet der Magic Mountain auch Shows mit Delfinen, Seelöwen und anderen Tieren, artistische Vorstellungen, ein Marionettentheater und viel Spielgerät. Das größte Highlight aber ist sicherlich die beeindruckende Ansammlung von **16 Achterbahnen**, Loopings und stählernen Spiralen. Nirgendwo sonst in der Welt kann man sich so schnell, so hoch und so oft durchwirbeln lassen. Bei einigen Geräten stürzt man Dutzende von Metern im freien Fall in die Tiefe, bei anderen macht man mehrere vertikale Drehungen von jeweils 360 Grad mit, bei wieder anderen durchrast man Wasserbecken. Namen wie Colossus, Revolution, Freefall, Ninja, Viper Roller, Scream oder Terminator Salvation sprechen für sich.

Für Schwindelfreie

Direkt neben dem Magic Mountain liegt ein zweiter Vergnügungspark, der **Hurricane Harbor**, eine Wunderwelt voller Lagunen, tropischem Dschungel, Schiffswracks und Piratenschätzen. Natürlich ist auch hier jede Menge Action angesagt, u.a. in nicht weniger als 14 Wasser-Attraktionen. Beide Parks werden getrennt verwaltet, aber gemeinsam unter dem Namen Six Flags California vermarktet. Für das leibliche Wohl wird in mehreren Restaurants gesorgt, und wer die Nacht hier verbringen möchte, hat dazu die Möglichkeit in einigen nah gelegenen Hotels/Motels.
Six Flags California, *Valencia, 26101 Magic Mountain Pkwy., ✆ (661) 255-4100, www.sixflags.com/magicmountain; Öffnungszeiten variieren, Eintritt US$ 62. Der Six Flags Hurricane Harbor ist nur im Sommer (Mai–September) geöffnet und kostet separaten Eintritt (US$ 38).*

Kurz hinter Valencia müssen die Coast Ranges überwunden werden, die den Stillen Ozean vom Central Valley trennen. Die I-5 nimmt diese Hürde mit Leichtigkeit, passiert bewaldete Höhen und schöne Seen (Castac Lake, Pyramid Lake, Castaic Lake) und führt einen auf der anderen Seite in das breite Central Valley, den größten Gemüse- und Obstgarten der Vereinigten Staaten, der aber ohne eine intensive Bewässerung nicht bewirtschaftet werden könnte. Vor **Mettler** biegt man hier auf den Hwy. 99 ab, der einen auf schnurgerader Strecke nach Bakersfield bringt.

Landwirtschaftliches Zentrum

Bakersfield

Information
Greater Bakersfield Convention & Visitors Bureau, *515 Truxtun Ave., Bakersfield, CA 93301, ✆ (661) 852-7282, www.visitbakersfield.com.*

Die Stadt, mit derzeit 327.000 Einwohnern eine der am schnellsten wachsenden Großstädte der USA, stellt das südliche Zentrum der San Joaquin Valley genannten Region dar und entspricht in seiner Bedeutung dem nördlichen Fresno. Der Ort ist mit seiner niedrigen, ausufernden und unspektakulären Bebauung keine Augenweide. Sofern man hier nicht auf das ganz gute Übernachtungsangebot zurückgreifen möchte, kann man ihn getrost links liegen lassen – sehenswert ist allenfalls das 5 km östlich gelegene **Kern County Museum**, das mit Gebäuden aus der Zeit von 1880 bis 1930 ein richtiges „Pioneer Village" repräsentiert (*3801 Chester Ave., ✆ (661) 852-5000, www.kcmuseum.org, Mi–So 10–17 Uhr, Eintritt US$ 10*), und das **California Living Museum**, 6 km nordöstlich des Stadtzentrums, in dem man Hunderte von kalifornischen Wüstentieren in natürlicher Umgebung sieht (*10500 Alfred Harrell Hwy., ✆ (661) 872-2256, www.calmzoo.org, tgl. 9–16 Uhr, Eintritt US$ 9*).

Für die nächsten 100 km hat man die Wahl zwischen dem autobahnähnlichen und stark befahrenen Hwy. 99 und dem weiter östlich verlaufenden Hwy. 65, der als wenig frequentierte und auch kürzere Route das landwirtschaftlich genutzte Umfeld des Central Valley durchquert. In beiden Fällen fährt man fast schnurgerade nach Norden, vorbei an Weiden, Feldern, Farmen, Dörfern und Kleinstädten, bis man auf den Hwy. 198 stößt. Auf diesem geht es über **Visalia** bzw. **Exeter** anschließend ostwärts und geradewegs auf die hochaufsteigende Sierra Nevada zu. Schon vor der Ortschaft **Three Rivers**, in der man einige Läden, Restaurants und Motels findet, wird es landschaftlich entschieden reizvoller, nicht umsonst ist der Highway als Scenic Route ausgeschildert. Nachdem sich die Straße am **Lake Kaweah** vorbeigewunden hat, schraubt sie sich in etlichen Serpentinen von rund 500 m ü.d.M. auf über 2.000 m an der Gebirgsflanke hoch. Schöne Blicke und der Nationalpark oben entschädigen für die Kurverei.

Bis auf 2.000 Meter

Sequoia und Kings Canyon National Park

Da der 162.884 ha große Sequoia und der 186.821 ha große Kings Canyon National Park direkt aneinandergrenzen, werden sie oft in einem Atemzug genannt und touristisch als eine Einheit behandelt. Zusammen erstrecken sie sich über 104 km in Nord-Süd-Richtung und bieten einige der **schönsten Landschaften Amerikas**. Das Rückgrat des Areals ist das schneebedeckte Bergmassiv der Sierra Nevada. Mt. Whitney, der höchste Gipfel des amerikanischen Festlandes südlich von Alaska, erhebt sich majestätisch über dieses Gebiet und bildet die Ostgrenze des Parks. Trotz ihrer geografischen Nähe und der gemeinsamen wilden Urwüchsigkeit sind die Sehenswürdigkeiten von Sequoia und Kings Canyon jedoch ganz verschiedener Art. Sequoia, die südlichere Region, hat 32 Gebiete mit riesigen Mammutbäumen, die dem Park den Namen gegeben haben und mit das älteste pflanzliche Leben auf der Welt verkörpern. Kings Canyon hingegen hat zwar auch herrliche Bestände an Mammutbäumen, ist aber ansonsten durch zwei tiefe Schluchten (gebildet durch den Kings River und seine Nebenflüsse) und steil aufragende Felswände, unzählige Seen, tosende Wasserfälle und Bergwiesen geprägt.

Immer schon war die Region von Indianerstämmen besiedelt, die jedoch nach Ankunft der Weißen von bis dahin nicht gekannten Krankheiten (Pocken, Scharlach, Masern) hinweggerafft oder in blutigen Kämpfen mit Goldsuchern und Siedlern vertrieben wurden. Den Berichten dieser Pioniere über „riesenhafte Bäume" wurde im Land zunächst wenig Glauben geschenkt. Nachdem aber die abgesägten Baumteile einiger Exemplare in den Osten gebracht wurden – später sogar nach Europa –, stieg die Bereitschaft,

Im Reich der Riesenbäume

Sequoia und Kings Canyon National Park

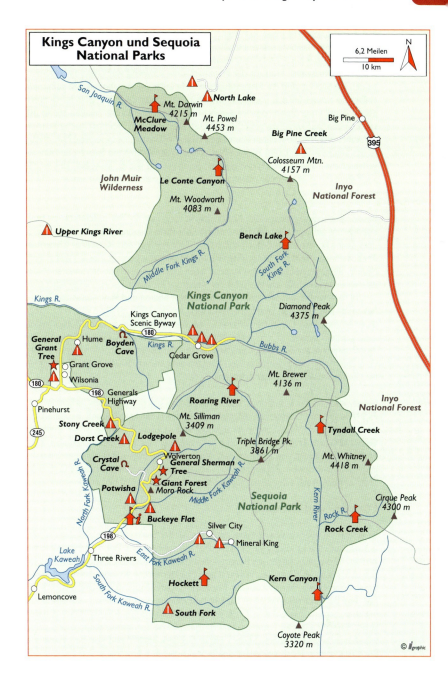

diese einzigartigen Pflanzen zu retten. Der Entschluss, Sequoia unter Naturschutz zu stellen und als Nationalpark zu installieren, ist einerseits auf die Aufklärungsarbeit des großen *John Muir* zurückzuführen, wurde andererseits aber auch dadurch erleichtert, dass die wirtschaftlich Nutzung der Mammutbäume schwierig war. Denn im Gegensatz zu den Redwoods sind die Riesensequoien nicht leicht zu verarbeiten und außerdem einfach zu schwer für den Transport. Außerdem zerbarsten sie beim Fällen häufig durch den Aufprall unter ihrem eigenen Gewicht. Trotzdem sind in der zweiten Hälfte des 19. Jh. unzählige Exemplare gefällt worden, um Brennholz aus ihnen zu machen, darunter wahrscheinlich die größten Bäume der Welt. 1890 war es dann so weit: Man erklärte das Sequoia-Gebiet zum zweiten Nationalpark der Vereinigten Staaten, nur fünf Tage bevor der Yosemite NP in den gleichen Stand versetzt wurde. Im selben Jahr wurde auch die Grant Grove unter nationalen Naturschutz gestellt, die dann später im 1941 geschaffenen Kings Canyon NP aufging.

Schutz der Mammutbäume

Bei der Besichtigung der beiden Nationalparks kann man auf der beschriebenen Streckenführung auf dem Hwy. 180 (der innerhalb des Parks Generals Highway heißt) zuerst dem Giant Forest einen Besuch abstatten. Nicht nur mit dem **General Sherman Tree**, dem vom Volumen her größten Baum der Welt (s.u.), macht dieser Wald seinem Namen alle Ehre: Auf zahlreichen kurzen Pfaden kann man auch mit den anderen Waldfürsten Bekanntschaft schließen. An der Kreuzung im Giant Forest Village führt eine Straße nach rechts, auf der man weitere mächtige Bäume und Panoramen zu Gesicht bekommt und auch den Granitbrocken **Moro Rock** (2.050 m) über eine Felsentreppe erklimmen kann. Die Mühe wird mit einem weiten Rundblick belohnt. Zurück im Village, geht ein letzter 15 km langer Abstecher nach links zur **Crystal Cave** ab. Die Tropfsteinhöhle erreicht man vom Parkplatz aus auf einem knapp 1 km langen, steilen Pfad. Durch die Höhle wird man von Rangern auf einer ca. 500 m langen Tour begleitet (Zeiten im Visitor Center erfragen).

Bei der Weiterfahrt kommt man nach Grant Grove, einem der beiden „urbanisierten" Parkteile (Visitor Center, Campingplätze, Lodges, Restaurants, Läden), der außerdem über einige der größten Sehenswürdigkeiten verfügt. Dazu gehört an erster Stelle der **General Grant Tree**, der zweitgrößte bekannte Baum dieser Erde. Er misst über 81 m und hat ein Volumen von 1.357 m³, sein Alter wird auf 1.500–1.900 Jahre geschätzt. Im Jahre 1926 wurde vom Präsidenten der General Grant Tree zum „Nation's Christmas Tree" erklärt. Auch seine benachbarten Genossen sind von enormen Dimensionen.

Zweitgrößter Baum der Welt

Pflanzen- und Tierwelt

Es ist kein Wunder, dass das immens große Gebiet der beiden Nationalparks, das ja sehr unterschiedliche Landschaften umfasst, über ein reichhaltiges Tier- und Pflanzenleben verfügt. In die unzugänglichen Bergregionen haben sich Pumas, Dickhornschafe und Schwarzbären zurückgezogen, während man Maultierhirsche, Kojoten, Füchse, Murmeltiere, Waschbären, Stachelschweine, Marder, Pfeifhasen, Fledermäuse und natürlich die Erd- und Baumhörnchen eher zu Gesicht bekommt. In dem Areal sind 160 Vogelarten heimisch, darunter viele Finken, Drosseln, Spechte, Zaunkönige, Amseln, Häher und Kolibris. Häufiger Gast an Camping- und Rastplätzen ist der schwarzköpfige und sonst wunderschön blau gefiederte Steller's Häher. Größere Räuber sind Habichte, Eulen und Bussarde, und im Hochgebirge haben die Steinadler ihre Horste.

Außer den Mammutbäumen (s.u.), die oft in Hainen (Groves) zusammenstehen, sind natürlich auch andere Nadelbäume anzutreffen wie Kiefern, Tannen und Weihrauchzedern. In den höheren Lagen geht die Vegetation zu Steinkiefern und Krüppelbäumen über, darüber erstrecken sich Matten und Blumenwiesen.

Die Mammutbäume

Die Mammutbäume oder Riesensequoien (sequoiadendron giganteum), deren nächste Verwandte die Redwoods (sequoia sempervirens) an der Pazifikküste sind (vgl. S. 324), gehören zu den größten und ältesten Bäumen der Welt. Es gibt sie nur an den Westhängen der Sierra Nevada im mittleren Kalifornien und nur in einer Höhenlage zwischen 1.200 und 2.400 m ü.d.M. Mit den Redwoods haben sie die rötliche Holzfärbung, die Resistenz gegen Schädlinge und Feuer sowie die archaische biologische Struktur gemeinsam. Der Unterschied der nahen Verwandten liegt darin, dass die Mammutbäume noch älter werden können (man schätzt 3.200 bis 4.000 Jahre) und zwar etwas kleiner, dafür aber von viel größerem Umfang sind. Während der Höhen-Weltrekord also im Redwood National Park verbleibt, gelten die Riesensequoien als die größten Bäume der Welt (d.h. sie haben das größte Volumen). In Zahlen ausgedrückt bedeutet das für den absolute Giganten **General Sherman Tree** (Giant Forest), der als „größtes Lebewesen der Welt" bezeichnet wird:

Höhe:	83,8 m
Gewicht:	1.200 t
Größter Stammbasisdurchmesser:	11,1 m
Umfang an der Stammbasis:	31,12 m
Durchschnittl. Kronendurchmesser:	32,5 m

Ihm folgt der General Grant Tree (Grant Grove), der genauso dick, aber über 2 m kürzer ist. Neben ihrer riesenhaften Erscheinung ist ihr biblisches Alter bemerkenswert. Viele der Giganten sind mehr als 2.000 Jahre alt. Damit wird angesichts der majestätischen Bäume die menschliche Existenz gleichzeitig relativiert – auch das ist eine Erfahrung, die man in den beiden Nationalparks machen kann. Und man versteht auch, warum die Indianer den Mammutbäumen immer mit Ehrfurcht gegenübergetreten sind.

Die Kings Canyon Panoramastraße

Falls man genügend Zeit mitbringt, kann man sich auf dem kurvenreichen, schwierig zu fahrenden und im Winter gesperrten Scenic Byway zu den anderen nördlichen Naturschönheiten des Kings Canyon National Park begeben. Auf der Panoramastraße kommt man an schäumenden Katarakten, tiefen Schluchten und der Cedar Grove vorbei, alles Ziele, die man sich von Parkplätzen oder auf kurzen Spaziergängen näher anschauen sollte. Die Straße endet an einem Parkplatz, der eine schöne Aussicht u.a. auf den Gipfel des Glacier Monument (3.403 m) bietet. Auf dem Weg dorthin oder zurück kann man die Schönheit der Zumwald Meadows auf einem der vielen markierten Wanderwege genießen. Bei der Rückfahrt kann man auf den schmalen 6 km langen Cedar Grove Motor Trail ausweichen, eine unbefestigte Einbahnstraße mit vielen Erläuterungen zur Flora und Fauna der Region. Nachdem man wieder Grant Grove passiert hat, verlässt man schließlich den Nationalpark über den Hwy. 198 in westlicher Richtung (vgl. S. 425).

Schöne Wanderungen

Reisepraktische Informationen
Sequoia & Kings Canyon National Parks

Information
Sequoia & Kings Canyon National Parks, The Superintendent, 47050 Generals Highway, Three Rivers, ☏ (559) 565-3134, (559) 565-3341 (aufgezeichnete Informationen), www.nps.gov/seki.

Unterkunft
In den beiden Villages Grant Grove und Giant Forest konzentriert sich das touristische Leben, das im Winter allerdings stark eingeschränkt ist. Dort gibt es Unterkünfte aller Art, von stabilen Wohnzelten ohne jeglichen Komfort über Cabins und Blockhütten bis zu großzügigen Lodges mit Hotelzimmern. Reservierungswünsche für die Unterkünfte im Sequoia und Kings Canyon National Park sind zu richten an: **Sequoia & Kings Canyon National Parks**, Guest Services, ☏ (559) 335-5500 oder (866) 522-6966, www.sequoia-kingscanyon.com. Empfehlenswert sind u. a.:
Grant Grove Cabins & John Muir Lodge $$$, Hwy. 180; knapp 2.000 m hoch im Kings Canyon NP gelegene Lodge mit modernen Zimmern, im Sommer auch Blockhäuser, Restaurants, Laden und Visitor Center nahebei.
Cedar Grove $$$, Hwy. 180; wunderbar im Kings Canyon NP gelegenes Hotel mit nur 18 Zimmern, von Oktober bis Mai geschlossen.

In den beiden Parks gibt es 14 Campingplätze, davon sind drei ganzjährig geöffnet: Lodgepole, Azalea und Potwisha. Bei den meisten Plätzen gilt „first come first serve", nur Lodgepole und Dorst Creek nehmen Reservierungen für den Sommer an. Infos und Reservierung online unter www.nps.gov/seki/planyourvisit/campgrounds.htm, Kontaktdaten s.o.).
Außerhalb des Parks stehen am südlichen Ausgang in Hammond und Three Rivers einige Motels zur Verfügung, so z. B. ca. 6 Meilen vom Nationalpark entfernt: **Comfort Inn $$$**, 40820 Sierra Dr., Three Rivers, ☏ (559) 561-9000, www.comfortinn.com; modernes Haus mit Restaurant und 103 Zimmern, darunter mehrere Suiten mit Kamin und Jacuzzi. Noch weiter weg haben Fresno und Visalia das größte Zimmer-Angebot.

Beste Besuchszeit
Der Park ist ganzjährig geöffnet, kann aber im Winter äußerst kalt sein. Die Sommer sind warm, und auch die Übergangszeiten haben angenehme Temperaturen, dann allerdings mit kühlen Nächten (Frost). Noch im April muss man sich auch tagsüber auf eiskalte Temperaturen und viel Schnee auf den Straßen einstellen. Zwar bemüht man sich, die gesamte Straße, die den Nationalpark durchquert, auch im Winter frei zu halten und sogar einige Wanderwege zu räumen, doch kann es bei ungünstiger Witterung durchaus zur **Vollsperrung** kommen. Viele touristische Leistungsträger (Lodges, Shops etc.) stehen im Winter nicht oder nur eingeschränkt zur Verfügung. Die von Schnee bedeckten Mammutbäume vor dem blauen Himmel sind ein Anblick, der nicht nur Wintersportler in die Nationalparks zieht. Die Niederschläge fallen über das ganze Jahr verteilt, insgesamt aber viel weniger als an der pazifischen Küste!

Wandern
Bei 1.448 km Wanderwegen können die Bewegungswünsche eines jeden Besuchers erfüllt werden. Bevorzugte Ziele sind das Hochland und die Haine der Baumriesen wie Giant

Forest, Grant Grove oder Cedar Grove. In den Besucherzentren liegen spezielle Broschüren bereit. Besonders schöne kürzere Wege führen auf den Moro Rock (über eine in den Fels geschlagene Treppe), zur und durch die Tropfsteinhöhle Crystal Cave und über die Zumwald Meadows.

Andere Aktivitäten
Im Sommer werden in Wolverton, Grant Grove und Cedar Grove Pferde und Maultiere verliehen, in beiden Parks außerdem Ausritte in die hohen Sierras unter Leitung eines Rangers organisiert. Forellenangeln, für das man sich im Besucherzentrum eine Lizenz besorgen muss, ist ein beliebter Sport im King's River und den Nebenarmen des Kaweah River. Freunde des Wintersports können in Wolverton und Giant Forest Ausrüstungen leihen. Die Abfahrten sind von unterschiedlichem Schwierigkeitsgrad. An den tief verschneiten Hängen sind auch Rodeln, Schneeschuhwandern und Langlauf populär.

Auf dem Weg vom Sequoia und Kings Canyon NP nach San Francisco muss man sich erst einmal erneut über eine steile Serpentinenstraße (Hwy. 198) talwärts bewegen und die waldbedeckte Sierra Nevada verlassen. Dies hat man bis zur Kreuzung mit dem Hwy. 180 geschafft, auf den man rechts einbiegt und die nächsten 88 km bis Fresno auf schnurgerader Strecke zurücklegt.

Im Gegensatz zu den zurückliegenden Naturerlebnissen ist die Landschaft nun weit und hat eindeutig landwirtschaftliches Gepräge. Das San Joaquin Valley ist bekannt für seine ausgedehnten Obst- und Gemüsefelder, seine Orangenhaine und Weingärten. Neben Kürbissen, Artischocken und Orangen gedeihen hier Produkte wie Baumwolle, Feigen, Melonen und Weinreben.

Fresno

Information
Fresno Convention & Visitors Bureau, 848 M St., 3rd Floor, Fresno, ① (559) 445-8300, www.fresnocvb.org. Ein weiteres Touristenbüro ist im historischen Wasserturm untergebracht: **Water Tower Visitors Center**, 2444 Fresno St., ① (559) 237-0988, Mo–Fr 11–15, Sa bis 14 Uhr.

Das geschäftliche und kulturelle Zentrum dieser Region ist mit über 486.000 Einwohnern **sechstgrößte Stadt Kaliforniens**, die sich durch den Autobahnring und eine Hochhauskulisse ankündigt. Ein Besuch der Stadt ist nicht unbedingt notwendig, obwohl sie einige interessante Museen, Parks und Baudenkmäler aufzuweisen hat. Wer also Fresno nicht über die Stadtautobahn gleich wieder verlässt (auf die Abfahrt zum Hwy. 99 achten), sollte sich dort vielleicht den Zoo, das Art Museum *(2233 North 1st St., Do–So 11–17 Uhr, www.fresnoartmuseum.org)*, einen der Parks (darunter ein japanischer Garten) und eine der Weinkellereien sowie die beiden schönsten Häuser anschauen. Dies sind das **Meux Home**, 1888–89 im victorianischen Stil errichtet und heute als Museum zugänglich, und die **Kearny Mansion** aus dem Jahre 1901, im Stil der französischen Renaissance gebaut und ebenfalls ein Museum.

Kein Muss

Mit seiner bunt gemischten Bevölkerung (großer Anteil an Hispanics) verfügt Fresno außerdem über eine Bandbreite an hervorragenden Restaurants mit der Küche der jeweiligen ethnischen Gruppe.

Sofern man nicht ab Fresno zum Yosemite NP aufbricht (Hwy. 41), folgt man nun dem relativ uninteressanten Hwy. 99 nach Norden. Man passiert die junge Universitätsstadt **Merced** (80.500 Ew.) und 25 Meilen danach die mit 207.000 Einwohnern recht große Verwaltungsstadt **Modesto**. Das örtliche Fremdenverkehrsbüro bemüht sich zwar, Modesto als „City of Water, Wealth, Contentment, Health" in ein gutes Licht zu rücken – nicht ganz zu Unrecht, denn mit zahlreichen Seen in der nahen Umgebung und einigen hübsch restaurierten victorianischen Häusern kann das 1870 gegründete Modesto Besuchern durchaus etwas bieten. Aber der vorherrschende Eindruck ist, ähnlich wie in Bakersfield, der einer Stadt, die in hohem Maß von der Verarbeitung der landwirtschaftlichen Produkte lebt.

Nur wenige Fahrminuten sind es von Modesto bis **Manteca** (61.500 Ew.), das ebenfalls ein Agrarzentrum ist (u.a. Rinderzucht, Anbau von Avocados, Nektarinen, Mandeln, Pfirsichen, Pflaumen, Tomaten und Trauben) Südlich der Ortschaft zweigt ein Autobahnverbindungsstück nach Westen ab in Richtung **Tracy**. Dieses mündet automatisch in den Freeway 580, auf dem der immer dichter werdende Verkehr schon früh das Ballungszentrum der Bay Area ankündigt. Zur westlichen Seite der Bucht gelangt man auf diesem Weg am besten über die 1967 fertig gestellte **San Mateo-Hayward Bridge**, die mit 11,3 km **längste Brücke an der Bay**. Ihre bereits 1929 eingeweihte Vorgängerin, bekannt unter dem Namen „San Francisco Bay Toll Bridge", war damals und für lange Zeit die mit Abstand längste Brücke der Welt. Ihre modernere Nachfolgerin hat zwar die gleiche enorme Länge, besteht ansonsten aber aus einer nicht sehr spektakulären Stelzenkonstruktion, die sich nur auf der Westseite über eine Länge von 3,1 km zur Durchfahrtshöhe von 41 m aufschwingt. Die Brücke verkraftet täglich im Durchschnitt gut 100.000 Fahrzeuge und musste wegen des hohen Verkehrsaufkommens 2004 auf sechs Spuren verbreitert werden. Ihre Nutzung kostet Mautgebühr (2012: US$ 5), aber nur für Wagen, die in westlicher Richtung unterwegs sind.

Wer allerdings auf der Ostseite der Bay nur 18 Meilen über den Fwy. 880 nordwärts fährt, kann dort anstelle der Mateo-Hayward Bridge die San Francisco-Oakland-Bay-Bridge (S. 188) nutzen.

Route 4: Rundfahrt zu den südkalifornischen Highlights und nach Las Vegas

Streckenvarianten und Hinweise

Wer so schnell wie möglich von L.A. nach Las Vegas reisen muss, kann die 286 Meilen über die I-15 mit dem Pkw in fünf Stunden zurücklegen. Der Greyhound benötigt etwa sieben Stunden, und ein Flugzeug schafft's in weniger als einer Stunde. Genauso gut kann man jedoch Wochen unterwegs sein und, in Nevadas Spielerparadies angekommen, immer noch das Gefühl haben, nur einen Prozentsatz der wichtigsten Sehenswürdigkeiten erlebt zu haben.

Die im Folgenden vorgeschlagene Hauptroute durch den Süden hat folgende Stationen: Los Angeles – San Diego – Palm Springs – Joshua Tree NP – Las Vegas. Empfohlen werden für diese Strecke mindestens fünf Tage plus einem zusätzlichen Tag für den Abstecher nach Tijuana. Las Vegas nur wegen der Casinos zu besuchen, wäre zu schade, wenigstens eine ganztägige Rundfahrt zum Lake Mead sollte dort Programmbestandteil sein. Auch für die Rückfahrt zur Pazifikküste kann man unter mehreren Wegvarianten auswählen, wobei das Death Valley und die Mojave-Wüste die schönsten Landschaftseindrücke bieten.

Ein zeitlich sehr gedrängtes **Programm** dieser Rundfahrt könnte so aussehen:

- **1. Tag:** Los Angeles – San Diego (59-Mile-Scenic-Drive und erste Besichtigungen, Übernachtung)
- **2. Tag:** Besichtigungen in San Diego: Balboa Park und Old Town; Abendessen im Gaslamp Quarter
- **3. Tag:** San Diego – Wild Animal Park – Palomar Mountains – Palm Springs
- **4. Tag:** Rundfahrt durch Palm Springs – Joshua Tree NP (kleinere Wanderungen) – Las Vegas (abends erster Casinobesuch)

Redaktionstipps

▶ Die **Palomar Mountains** mit Indianerreservationen, Wanderwegen, Seen und dem weltberühmten Observatorium zählen zu den schönsten Landschaften, S. 473

▶ Die Fahrt durch das **Death Valley** mit Geröllfeldern, Sanddünen, vielfarbigen Bergen und dem tiefsten Punkt Nordamerikas ist ein einmaliges Erlebnis, S. 527

▶ In **San Diego** und Umgebung lohnt sich eine Fahrt mit dem Heißluftballon genauso wie die mit dem San Diego Trolley nach San Ysidro (und zu Fuß weiter nach Tijuana/Mexiko), S. 464

▶ Für **Golf-Freunde** wäre es fast schon ein Verbrechen, wenn sie sich in der typischsten aller amerikanischen Golf-Destinationen Palm Springs keine Zeit für ihren Sport nehmen würden, S. 475

▶ Der **Joshua Tree National Park** ist ein hervorragendes Terrain für Freeclimber und Mountainbiker, S. 485

Route 4: Rundfahrt zu den südkalifornischen Highlights und nach Las Vegas

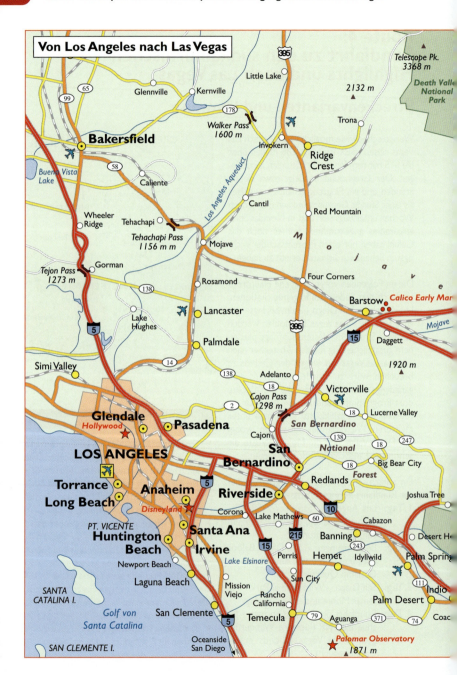

Streckenvarianten und Hinweise

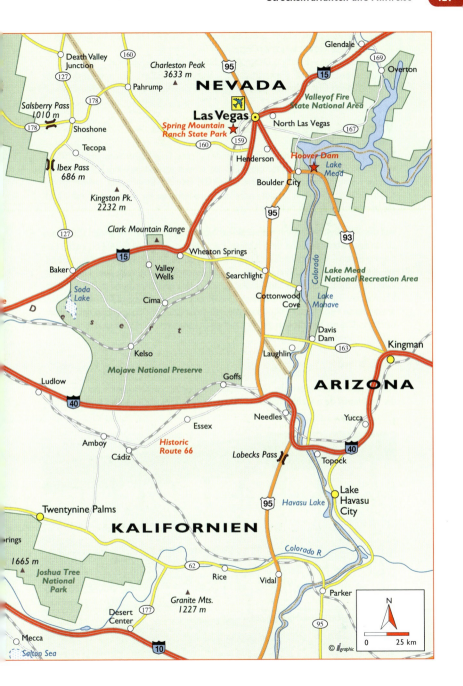

- **5. Tag:** Ganztägige Rundfahrt zum Lake Mead und Hoover Dam. Abends Besichtigung einiger Hotelcasinos am Strip
- **6. Tag:** Las Vegas – Beatty – Death Valley NP (erste Besichtigungen)
- **7. Tag:** Death Valley NP (Panoramafahrt) – Shoshone – Baker – Barstow (evtl. Besuch Calico Ghost Town) – Los Angeles

Von Los Angeles nach San Diego

San Diego befindet sich in der äußersten südwestlichen Ecke Kaliforniens und ist 193 km von Los Angeles entfernt. Wer diese Distanz schnell zurücklegen möchte und immer auf der I-5 bleibt, benötigt an Fahrzeit etwa 2½ Stunden. Es gibt aber sowohl an der Küste als auch durch das Landesinnere schönere Strecken, für die man sich dann auch die entsprechende Zeit nehmen sollte.

Lohnende Küstenstrecke

Auf der Küstenstrecke kann man praktisch vom Internationalen Flughafen (LAX) aus an sandigen **Stränden** und der Halbinsel Palos Verdes vorbei (vgl. S. 245) bis nach Huntington Beach – der inoffiziellen „Hauptstadt der Surfer" – und Newport Beach gelangen. Hier hat man Anschluss an die ab S. 254 beschriebene Strecke über Dana Point, Capistrano Beach bis nach San Clemente, wobei sich ein Abstecher zur Franziskaner-Mission von San Juan Capistrano lohnt. Die I-5 passiert anschließend **Onofre** mit dem umstrittenen Atomkraftwerk und wird durch das militärische Sperrgebiet der Marinebasis von **Camp Pendleton** geführt. Auf einer Länge von ca. 30 km ist dabei der Zugang zum Strand nicht möglich.

Oceanside

Südlich davon, in **Oceanside**, fängt wieder die ununterbrochene Reihe der Strandbäder an. Neben dem **California Surf Museum** (s. S. 254) gibt es außer einigen restau-

Strandszene bei Oceanside

rierten Häusern der Jahrhundertwende nicht viel zu sehen. Als gelungen aber darf der moderne Komplex der **City Hall** bezeichnet werden, der mit seiner kubischen, weißen Architektur und dem von Wasser umgebenen Palmengarten vage an ein maurisches Schloss erinnert. Auch der Erweiterungsbau des **Oceanside Museum of Art** *(704 Pier View Way, www.oma-online.org)* ist sehenswert, genauso wie die Sammlung des Museums.

Deutlich weiter in die Vergangenheit zurück führt aber der Abstecher nach **San Luis Rey**, ab Oceanside über den Hwy. 76 etwa 8 km entfernt. Hier ist das gleichnamige, strahlend weiße Kloster (de Francia) zu besichtigen, das im Jahre 1798 gegründet wurde und seinen Namen nach dem Heiligen und französischen König Ludwig erhielt. Als größte der 21 kalifornischen Missionen trägt es außerdem den Beinamen „King of the Missions". Besonders schön ist der von einem Kreuzgang umschlossene Innenhof, ebenfalls sehenswert der angrenzende Friedhof mit einer Vielzahl von Indianergräbern. Auch ein Museum und ein kleiner Souvenirladen sind vorhanden.

„König der Missionen"

San Luis Rey, ⓘ *(760) 757-3651, www.sanluisrey. org; Mo–Fr 9.30–17, Sa–So ab 10 Uhr, Eintritt US$ 5.*

Carlsbad by the Sea

Ab Oceanside lohnt es sich, die I-5 zu verlassen und die Schönheit der Küstenstrecke (Pacific Hwy.) zu genießen. Dabei durchfährt man Ortschaften wie **Carlsbad by the Sea**, das mit knapp 100.000 Einwohnern (darunter 20 %, die ihre Herkunft auf deutsche Auswanderer zurückführen) zu den größten Städten entlang der Strecke zählt. In den 1880ern ließ sich hier *John Frazier* nieder, ein ehemaliger Kapitän, dessen Statue Downtown zu sehen ist. Er verkaufte Wasser aus seinem Brunnen an Reisende; als dieses untersucht wurde, stellte es sich heraus, dass es die gleiche chemische Zusammensetzung wie die **Mineralquelle** im berühmten tschechichen Karlsbad hatte – damit war der Name

Der Stadtgründer

der Siedlung gefunden. Heute lebt das Seebad in touristischer Hinsicht natürlich von seinen feinsandigen Stränden, die von der Buena Vista Lagune im Norden bis zur Batiquitos Lagune im Süden reichen und knapp 10 km lang sind. Dahinter stehen einige Campingplätze und zwei Dutzend größerer Hotelanlagen, meist der gehobenen und First Class, zur Verfügung.

Eingebettet ist die Stadt in mehrere Grünanlagen, die im Sommer an jedem Freitag Schauplatz von gutbesuchten und kostenlosen Jazz-Konzerten sind. Aktive Naturen reizen sicher die vielfältigen Wassersportmöglichkeiten. Golffreunden ist die Destinationen wegen mehrerer öffentlicher Plätze und zwei Championship Golf-Resorts (ein drittes wird derzeit gebaut) bekannt.

Aber auch im Hinterland gibt es einiges zu entdecken, z.B. die ausgedehnten Blumenfelder, in denen viele Arten (besonders Rosen) gezüchtet und exportiert werden. Ei-

Route 4: Rundfahrt zu den südkalifornischen Highlights und nach Las Vegas

Blumenfelder

nige dieser **Flower Fields** auf dem Areal der Carlsbad-Ranch können im Frühjahr besichtigt werden *(1. März–10. Mai tgl. 9–18 Uhr, Eintritt US$ 11, Infos unter www.theflowerfields.com)*. Unmittelbar östlich der Carlsbad Flower Fields, ca. 1 km von der Küste entfernt, gibt es einen **Legoland-Park**. Hier wurden natürlich aus den bekannten Spielzeugsteinchen die berühmtesten Städte und Landschaften Nordamerikas im Miniaturformat nachgebaut, ansonsten gibt es jede Menge Spielgeräte, Karussells, ägyptische oder karibische Kulissenarchitektur mit Wasserspielen, Boote, Gastronomie u.v.m. Wer mit kleineren Kindern unterwegs ist, wird sich über das Angebot freuen, das der Altersgruppe eher entspricht und weniger hektisch ist als z.B. Disneyland. Unmittelbar an das Legoland grenzen zwei hochwertige Hotelanlagen an, die sog. Legoland Bed & Brick-Paketangebote einschl. Eintritt bieten (Sheraton Carlsbad Resort & Spa und Grand Pacific Palisades Resort). Auch ein Sealife-Aquarium ist vorhanden.

Legoland California, *1 Legoland Dr., Carlsbad, ① (760) 918-5346, www.legoland.com; im Sommer tgl. 10–20 Uhr, in der Vor- und Nachsaison bis 18 Uhr, im Winter Do–Mo 10–17 Uhr, Eintritt US$ 72.*

ℹ Information

Carlsbad Convention & Visitors Bureau, *400 Carlsbad Village Dr., Carlsbad, ① (800) 227-5722, (760) 434-6093, www.visitcarlsbad.com; Mo–Fr 9–17, Sa 10–16, So 10–15 Uhr geöffnet. Die Visitor Information findet man in der Downtown, und zwar im ehemaligen Bahnhofsgebäude der Santa Fe Railway.*

Urlauberparadies

Südlich von Carlsbad folgen **Encinitas** (mit den wunderschönen **Quail Botanical Gardens**) und **Del Mar**, die ebenfalls wegen ihrer feinsandigen Strände und touristischen Infrastruktur bekannt sind. Überall stehen kleine und größere Pensionen, Motels und Hotels bereit, es gibt Campingplätze, Restaurants, Geschäfte und alles, was zum Urlaub gehört. In den Häfen sieht man ganze Flotten von Freizeityachten und Fischerbooten. Der stets wehende Wind und die entsprechenden Wellen sorgen für eine starke Frequentierung durch Surfer, und Naturliebhaber sind von der herrlichen Vegetation begeistert: Die schönen, zum Meer hin abfallenden Straßen werden von Kokospalmen gesäumt, und die Hügel setzen vor den azurblauen Himmel durch Tausende von blühende Gärten farbige Akzente. Hier leuchten Hibiskus und Oleander, und hier wächst auch die philippinische Merill-Palme mit ihren charakteristischen roten Fruchtständen.

Kein Wunder, dass dieser Küstenabschnitt zu den beliebtesten der Künstler und Hobbymaler gehört und dass es dementsprechend viele Galerien gibt.

Kurz vor San Diego durchfährt man den **Torrey Pines State Park**, wo entlang einer schönen Allee letzte Bestände der Torrey Pines geschützt sind. Diese seltene Kiefernart (*pinus torreyana*) zeichnet sich durch lange Nadeln und kräftige, runde Baumkronen aus. Anschließend erreicht man La Jolla und befindet sich damit bereits im Stadtgebiet von San Diego und seinen Sehenswürdigkeiten (S. 436).

Alternativstrecke durchs Landesinnere

Die **alternative Strecke** führt von L.A. nach San Diego **durchs Landesinnere**. Nachdem man über den Fwy. 91, der das ganze Stadtgebiet von Los Angeles und das Orange County durchschneidet, die Grenze des Distrikts erreicht hat, wird die Route steiler, und über Berg und Tal geht es bis nach **Corona**, einer Stadt, deren Einwohnerzahl sich in nur 15 Jahren auf inzwischen über 150.000 (2009) verdoppelt hat. Arbeitsplätze werden von einer Reihe unterschiedlichster Firmen gestellt, u.a. Zulieferer für die Flugzeug- und Automobilindustrie, pharmazeutische Unternehmen, ein Hersteller von Musikinstrumenten (Fender-Gitarren) oder eine der größten Käsehersteller der Welt (Golden Cheese Company).

Die Stadt macht einen wohlhabenden und aufgeräumten Eindruck, hat dem Touristen ansonsten aber nicht viel zu bieten. Als Attraktion in der näheren Umgebung sei aber das **Glen Ivy Hot Springs Spa** erwähnt, etwa 8 Meilen südlich der Stadt und unmittelbar westlich der I-15 gelegen. Dieses ungewöhnliche Spa bietet mehrere Pools und Mineralbäder, darunter eines in einer unterirdischen Grotte, ein breites Angebot an Anwendungen, außerdem unterschiedliche Unterkunftsmöglichkeiten, Café und Restaurant. **Glen Ivy Hot Springs**, *25000 Glen Ivy Rd., Corona, ① (888) 453-6489, www.glenivy.com*.

Spa in unterirdischer Grotte

Auf Höhe von Corona zweigt man über die I-15 nach Süden ab und fährt durch eine schöne Landschaft, in der der Stausee **Lake Mathews** als Trinkwasserreservoir für Los Angeles und der große **Lake Elsinore** als Naherholungsgebiet von Bedeutung ist. Letzterer, der übrigens regelmäßig von vielen Kranichen aufgesucht wird, hat ein empfindliches Ökosystem, das ständig von der kompletten Austrocknung bedroht ist. Deshalb wurde mit großem Aufwand 2007 ein System installiert, das helfen soll, den Pegel des Sees halbwegs stabil zu halten. Das größte Interesse daran hatten natürlich die Einwohner der gleichnamigen Stadt **Lake Elsinore** (50.000 Ew.) am nördlichen Seeufer. Der Ort wurde 1883 gegründet und profitierte von den warmen Quellen der Umgebung, die ihn schnell zur guten Adresse für Badetouristen werden ließ. Auch Hollywoodgrößen und Sportler zog es hierhin, einige bauten auch ihre Residenzen bzw. Ferienhäuser am Seeufer. Das Crescent Bath House (auch „The Chimes" genannt) in der gut erhaltenen Downtown ist das beste Beispiel für die Bäderarchitektur dieser Zeit.

Nach etwa 3 Meilen, nachdem sich kurz vor der 100.000-Einwohner-Stadt **Temecula** die Fwys. 15 und 215 vereinigt haben, ist über die Rancho California Rd. ein Abstecher zu den Winzereien des **Temecula Valley** möglich. Dabei handelt es sich um die südlichste der fünf großen Weinanbau-Regionen Kaliforniens, deren bekannteste Weinkellereien Baily, Callaway, Filsinger, Hart, Maurice Carrie, Oak Mountain, Ponte und Thornton sind. Fast alle bieten *wine-tasting* an, viele auch geführte Rundgänge (Infos unter *www.temeculawines.org*). Eine komplette Übersicht über die Region erhält man auf

Südlichstes Weinanbaugebiet

Das Ballon- und Weinfestival von Temecula

einer rund 15 Meilen langen Rundtour, bei der man am Ende der Rancho California Rd. nach rechts auf die Glenoaks Rd. abbiegt und von dieser wieder rechts auf die De Portola Rd. Auf dem Hwy. 79 geht es dann zurück in Richtung I-15.

Temecula selbst kann Besuchern eine schön restaurierte Old Town samt **Temecula Museum** bieten *(28314 Mercedes Street, ① (951) 694-6450, Di–Sa 10–16 Uhr, So 13–16 Uhr, Mo geschlossen)*, den architektonisch markanten 262-Mio-Dollar-Komplex „Pechanga Resort" mit u.a. Casino, Hotel, Bars und Restaurants, sowie einen recht umfangreichen jährlichen Festtagskalender (u.a. mit dem Temecula Valley Balloon & Wine Festival).

Bei der Weiterfahrt sollte man auf der I-15 auf den Abzweig der S16 (Pala Temecula Rd.) achten, der einen nach Pala am Hwy. 76 bringt, dieser wiederum nach links zur **Mission San Antonio de Pala** (vgl. S. 473). Von hier aus ist es nicht mehr weit zum Palomar Mountain State Park. Nicht nur das Gelände mit seinen Indianerreservationen, Wanderwegen, Seen, 30 Campingplätzen und den bis zu 1.850 m hohen Bergen ist dabei von Interesse, sondern auch die weltberühmte Institution des **Palomar Observatory**. Unter dem weithin sichtbaren weißen Pilz befindet sich jenes Spiegelteleskop aus den 1930er Jahren, das schon *Albert Einstein* besucht und ihn zu seinen Theorien angeregt hat. Das Fernrohr mit einer Brennweite von 16½ m und einem Spiegeldurchmesser von fünf Metern ist immer noch das längste Amerikas und kann von einer Besuchergalerie aus beobachtet werden.
Palomar Observatory, *35899 Canfield Rd., Palomar Mountain, ① (760) 742-2119, www.astro.caltech.edu/palomar/; tgl. 9–16, im Winter bis 15 Uhr.*

Bei der Weiterfahrt sollte man auf der Straße 76 zurück bis zur Siedlung **Rincon** fahren, und ab dort über den landschaftlich schönen Weg S6 nach Süden, der bei **Escondido** wieder auf die I-15 stößt. Diese mehrheitlich spanischsprachige Küstenstadt ist in den letzten Jahren nicht nur enorm auf derzeit über 140.000 Einwohner gewachsen, sondern hat auch viel für ihr Renommee getan. Dafür sprechen Institutionen wie das **Mingei Museum**, das sich mit einer Filiale des Volkskundemuseums aus dem Balboa-Park (S. 444) in der Stadt niederließ, das von einem Park umgebene **California Center for the Arts**, das **Children's Museum** und das **History Center**, in dem u.a. der originale Bahnhof der Santa Fé Railroad, eine Schmiede, eine Bücherei und mehrere victorianische Holzhäuser konserviert sind.

Überhaupt hat sich die **Downtown** hübsch herausgeputzt und zeigt sich vor allem entlang der Grand Avenue mit Galerien, Boutiquen, Restaurants und Cafés von ihrer besten Seite. Unter Kinogängern mag Escondido seit 1997 bekannt sein, weil hier der Hollywood-Streifen „Titanic" gedreht wurde.

San Diego Zoo Safari Park

Falls man mindestens 2½ Stunden Zeit hat, lohnt in Escondido ein Besuch des Safari-Parks, der wenige Fahrminuten östlich der Stadt am Hwy. 78 liegt. Diese Institution, die mit dem weltberühmten Zoo von San Diego (S. 448) kooperiert, beherbergt über 3.000 wilde Tiere. Es wurde Wert darauf gelegt, dass diese so natürlich wie möglich gehalten werden und die Lebensbedingungen ihrer afrikanischen, asiatischen oder australischen Heimat weitestgehend wiederfinden.

Es handelt sich daher nicht um einen Zoo im landläufigen Sinn, sondern um ein Wildgehege, das man am besten auf einer erläuternden Fahrt mit den Wagen der *Journey into Africa Tour* erlebt; diese 5-Meilen-Tour dauert 50 Minuten und startet jede halbe Stunde zwischen 9.30 und 16.10 Uhr, ist allerdings nicht im Eintrittspreis enthalten. Wer den Tieren noch näher kommen möchte, kann an speziellen Fotosafaris teilnehmen – Infos dazu am *Guest Relations Office* am Parkeingang.

Savanne in Kalifornien: der Safari-Park

Natürlich ist es auch möglich, auf Spazier- und Wanderwegen das Gelände zu erkunden, wobei man automatisch zu Beobachtungsposten und botanisch interessanten Regionen geleitet wird – besonders lohnend ist dabei der 2½ km lange Kilimanjaro Safari Walk. Für das eher amerikanische Element des Safari-

Parks sorgen Shows mit Vögeln, Elefanten und nordamerikanischen Tieren, die zu festgelegten Zeiten in Amphitheatern stattfinden.
San Diego Zoo Safari Park, 15500 San Pasqual Valley Rd., ① (760) 747-8702, www.sandiegozoo.org; tgl. 9–18 Uhr, im Winter bis 17 Uhr, Eintritt ab US$ 42.

Vom Animal Park fährt man die 6 Meilen bis zur I-15 zurück (Ausfahrt Via Rancho Parkway), auf der es dann noch rund 30 Meilen bis zur Downtown von San Diego sind.

San Diego

Marinebasis

San Diego, das sich in der äußersten südwestlichen Ecke Kaliforniens befindet, ist sicherlich eine der **interessantesten Städte** der USA. Immer schon war es die Marinebasis für die pazifische Seemacht des Landes (am Atlantik nimmt Norfolk diese Rolle ein); in der Bay und bis zum Horizont sind die grauen Schiffskörper von Zerstörern, Kreuzern, Flugzeugträgern, Kommandoschiffen und U-Booten dafür untrügliches Zeichen. Sehr nahe kommt man diesem Bereich während der *Fleet Week* im Oktober, wenn Paraden abgehalten werden, Kriegsschiffe spektakuläre Manöver ausführen und Flugzeuge Formationen fliegen.

Heute aber liegt die Bedeutung der 514 km² großen Gemeinde nicht mehr allein auf militärischem Gebiet: San Diego ist dabei, anderen Metropolen den Rang abzulaufen – sowohl in wirtschaftlicher und kultureller Hinsicht als auch in der Gunst der Besucher. Mit einer Bevölkerung von 1.337.000 Ew. (Großraum: 5.300.000) steht die Stadt inzwischen auf dem zweiten Platz in Kalifornien bzw. auf dem sechsten in den Vereinigten Staaten, und der prozentuale Bevölkerungsanstieg war nur in zwei Städten höher als hier.

Booming City: San Diego

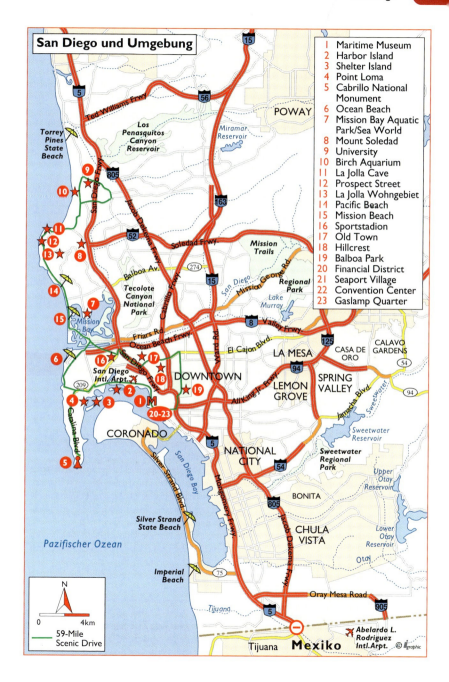

Kein Zweifel: San Diego ist eine *booming city*. Mehr als 100 Kilometer Sandstrände, ein Klima, das nur in Florida ähnlich angenehm ist, und sowohl sorgsam restaurierte Altstadtviertel als auch die glitzernde Skyline einer modernen Millionenstadt – so stellt sich San Diego dem Betrachter dar. Außerdem ist hier eine der „Geburtsstätten" Kaliforniens: Der Ort war der erste, den der portugiesische Seefahrer *Cabrillo* auf seiner Reise in den Norden entdeckte, hier entstand die erste spanische Mission der Franziskaner und später die erste europäische Siedlung, die diesen Namen verdiente. Vieles von dem wird der Tourist in den etwa 90 Museen der Stadt wiederfinden, bei einem Besuch der Mission San Diego de Alcalá oder aber auf Spaziergängen durch die Old Town und das Gaslamp Quarter. Insgesamt ist die kulturelle Vielfalt San Diegos unbestritten erstklassig; laut *San Francisco Chronicle* ist sie sogar der wichtigste lokale Theaterstandort nach New York.

Dieses Angebot lockte in den letzten Jahren immer mehr Menschen in die sonnenreiche Metropole. Im Jahre 2009 etwa blieben rund 14 Millionen Besucher mindestens eine Nacht, noch mehr reisten zu einem Tagesbesuch an (am häufigsten aus Los Angeles). Über die beiden Grenzübergänge nach Mexiko kamen sogar knapp 50 Mio. in die Stadt. Damit ist nach der verarbeitenden Industrie und dem Militär der Tourismus zum drittwichtigsten Erwerbszweig der Stadt aufgestiegen.

Überblick

 Sehenswürdigkeiten

Die Sehenswürdigkeiten San Diegos liegen in folgenden Stadtteilen:
Downtown: Das Gebiet umfasst das zentrale Finanz- und Hotelzentrum mit seiner Hochhausarchitektur, den Hafen mit dem Maritime Museum und Seaport Village, die Horton Plaza und das restaurierte Gaslamp Quarter.
Balboa Park: In dem Parkgelände befinden sich neun z.T. sehr sehenswerte Museen, Kunstgalerien, Theater und nicht zuletzt der weltberühmte Zoo.
Old Town: Der State Historic Park enthält die älteste Profanarchitektur der Stadt, in der Nähe gibt es Beispiele victorianischer Bauweise, das Serra Museum und den Nobelvorort Hillcrest.
Südliche Küste: Sehenswert sind hier vor allem die Inseln, Buchten und Halbinseln: Die große, über eine Brücke oder mit der Fähre erreichbare Halbinsel Coronado, die Yachthäfen, Harbor Island, Shelter Island, Point Loma und der Ocean Beach.
Nördliche Küste: Das Gebiet umfasst den Mission Beach, im Hinterland die Mission Bay mit der weltbekannten Sea World, den Pacific Beach, das exklusive La Jolla und das Birch Aquarium.
Die **östliche Peripherie**: Unter den vielen Sehenswürdigkeiten östlich des Zentrums ist die Mission San Diego de Alcalá an erster Stelle zu nennen.

Für einen Besuch sollte man sich mindestens zwei Tage Zeit nehmen; wer auch Tijuana oder andere mexikanische Ziele im Auge hat, dementsprechend länger. Ein Minimalprogramm könnte so aussehen:

1. Tag: Vormittags eine Teilstrecke des 59-Mile Scenic Drive befahren: von Downtown über Harbor Island, Shelter Island und Point Loma bis La Jolla und später zur Sea World; etwa 4 Stunden Aufenthalt in Sea World. Am späten Nachmittag zur Old Town, Tagesausklang mit mexikanischem Abendessen. Für dieses Programm braucht man einen Wagen; alternativ Teilnahme an einer Stadtrundfahrt, z.B. mit Old Town Trolley Tours, und/oder einer Hafenkreuzfahrt.

2. Tag: Vormittags Rundgang im Balboa Park, evtl. mit Zoo-Besuch. Nachmittags Spaziergang durch Downtown mit Horton Plaza, Seaport Village und Maritime Museum. Abendessen im Gaslamp Quarter. Gut mit öffentlichen Verkehrsmitteln durchzuführen (Transferstrecke Balboa Park – Downtown)

59-Mile-Scenic-Drive

s. Karte San Diego und Umgebung S. 437

Selbstfahrer seien ausdrücklich auf den 59-Mile-Scenic-Drive hingewiesen, der den wohl besten Überblick über die Stadt ermöglicht. Die Route ist durch besondere Schilder (Symbol: weiße Seemöwe auf blau-gelbem Grund) und Zusatzhinweise (z. B. *left lane* oder *next exit*) gekennzeichnet. Im Visitor Information Center ist eine Broschüre mit genauer Wegbeschreibung und Zusatzinformationen zu allen Stationen erhältlich. Prinzipiell kann man dem Scenic Drive in beiden Richtungen folgen, die Beschilderung ist jedoch besser, wenn man in dieser Reihenfolge bleibt:
Downtown – Maritime Museum **(1)** – Harbor Island **(2)** – Shelter Island **(3)** – Point Loma **(4)** – Cabrillo National Monument **(5)** – Ocean Beach **(6)** – Mission Bay Aquatic Park/Sea World **(7)** – Mount Soledad **(8)** – University **(9)** – Birch Aquarium **(10)** – La Jolla Cave **(11)** – Prospect Street **(12)** – La Jolla Wohngebiet **(13)** – Pacific Beach **(14)** – Mission Beach **(15)** – Sportstadion **(16)** – Old Town und Serra Museum **(17)** – Hillcrest **(18)** – Balboa Park Museen und Zoo **(19)** – Financial District **(20)** – Seaport Village **(21)** – Convention Center **(22)** – Gaslamp Quarter **(23)**.

Gut ausgeschilderte Rundfahrt

Stadtbesichtigung: Rundgänge in Downtown und im Balboa Park

Vorgeschlagen werden zwei Rundgänge, auf denen man das Geschäftszentrum der Stadt und ihren schönsten Park kennen lernt. Wer nicht mit dem Auto unterwegs ist, sollte die Strecke zwischen Downtown und Balboa Park mit öffentlichen Verkehrsmitteln zurücklegen. Falls man beide Rundgänge an einem Tag absolvieren möchte, empfiehlt es sich, den Besuch der Downtown auf den Nachmittag und Abend zu legen.

Downtown

Ein Besuch der Downtown, die am besten über die Uferstraße (Harbor Drive) oder die Hwy.s 5, 94 und 163 zu erreichen ist, führt automatisch zum modernen Zentrum zwischen den Bankhochhäusern und der niedrigeren Bebauung des Gaslamp Quarters. Von der Autobahn aus nördlicher Richtung her kommend, richtet man sich am besten nach dem Hinweis *Downtown*. Irgendwann stößt man im Rastersystem der Straßen auf den Broadway, der einen dann in Richtung Bay zum eigentlichen Zentrum bringt. Zwei Blocks weiter südlich erstreckt sich die **Horton Plaza (1)**, ein mehrstöckiges Einkaufszentrum mit Boutiquen, zahlreichen Restaurants, Theatern, Kinos, Kaufhäusern, dem 450-Zimmer-Westin-Hotel und Garagen, das als Mittelpunkt des geschäftigen Lebens fungiert. Autofahrer sollten die Garage auf der F-Street ansteuern (merken Sie sich die Frucht als Kennzeichen Ihres Stockwerkes) und von dort aus Teile der Downtown zu Fuß erkunden – auch das Gaslamp Quarter (s.u.). Andere Gäste können auch mit dem kostenlosen Shopping Shuttle hierhin gelangen, der die Horton Plaza nach unregelmäßigem Fahrplan mit Kreuzfahrt-Terminal, Convention Center und verschiedenen Hotels verbindet.

Horton Plaza (1)

Einkaufszentrum

Horton Plaza ist ein faszinierender postmoderner Bau, der sich über sieben Häuserblöcke erstreckt und etwa 130 Einzelgeschäfte unter seinem Dach beherbergt. Sein Reiz besteht in den offenen Passagen, Innenhöfen und Fußgängerbrücken oder der alten Uhr von 1905. Das immer lebhafte Treiben hier zeigt, dass der Bau bei Bevölkerung und Touristen tatsächlich als *Plaza* funktioniert. Wer an Modeboutiquen der gehobenen Preisstufe interessiert ist, kann in wenigen Minuten zum eleganten Paladion San Diego spazieren, einem mehrfach ausgezeichneten, vierstöckigen Geschäftszentrum im Stil der 1930er Jahre.

> **☞ Tipp**
>
> Auf der nördlichen Seite der Horton Plaza kommt man am Times Arts Tix Center (Ecke 3rd Ave./Broadway, ✆ (619) 497-5000, www.sandiegoperforms.com) vorbei, wo man Karten für alle möglichen kulturellen Veranstaltungen kaufen kann – am Tag der Vorstellung sogar zum halben Preis. Es gibt nicht nur Eintrittskarten für Musik-, Theater- und Tanzveranstaltungen, sondern auch Tickets für touristische Attraktionen (z. B. Zoo, Stadtrundfahrten etc.), die es hier als „Moneysaver Tickets" oft zum verbilligten Preis gibt. Tickets können Di-Do 9.30-17, Fr-Sa 9.30-18 und So 10-17 Uhr gekauft werden oder auch online.

Den Broadway erreicht man auf Höhe des 1910 gebauten, denkmalgeschützten U.S. Grant Hotels. Entlang dieser Straße gibt es weitere Hotels, das historische Spreckels Theatre und das **Museum of Contemporary Art (2)**. Bei dem zweistöckigen Gebäude mit insgesamt 4 Galerien handelt es sich um die Downtown-Filiale des Kunstmuseums von La Jolla (S. 454) und des Kunstmuseums im Balboa Park; alle drei stellen zeitgenössische Kunst und Design aus.

Museum of Contemporary Art, *Ecke Broadway/Kettner Blvd., ✆ (858) 454-3541, www.mcasd.org; tgl. außer Mi 11–17 Uhr, Eintritt US$ 10 (gilt eine Woche lang auch für die anderen MCASD-Standorte).*

Fähre zur Coronado-Halbinsel

Genau gegenüber befinden sich der schön renovierte AMTRAK-Bahnhof **Santa Fe Train Depot (3)** und die Trolley-Station America Plaza. Zwei Blocks weiter kann man jenseits des Harbor Drive Seeluft schnuppern und zu den ufernahen Attraktionen bummeln. Am **Broadway Pier (4)** starten jede halbe Stunde zwischen 9 und 21.30 Uhr **Personenfähren**, die einen zum Ferry Landing Marketplace auf der Halbinsel Coronado (vgl. S. 459) bringen. Da auf der Fähre auch Fahrräder mitgenommen werden dürfen, ist sie nicht nur ein beliebtes Beförderungsmittel für Badetouristen, sondern auch für Stadterkunder, die mit dem Leihfahrrad unterwegs sind. Am Navy Pier bildet der rie-

Riesiger Flugzeugträger sige Flugzeugträgers **USS Midway** einen unübersehbaren Akzent. Als er bereits in der Endphase des Zweiten Weltkriegs eingesetzt wurde, war er das größte Schiff der Welt. Später spielte die Midway im Vietnam-Krieg eine wichtige Rolle (u.a. wurden 1975 mehr als 3.000 Flüchtlinge evakuiert), ebenso in den weltweiten Konflikten der 1980er und zuletzt in der Operation Desert Storm 1990–91 im Irak. Nach Jahren der Renovierung ist der Flugzeugträger heute Mittelpunkt des **San Diego Aircraft Carrier Museums (5)**. Besichtigt werden können das Flugdeck, die Brücke, der Maschinenraum, die Krankenstation und einige Offiziers- und Mannschaftsquartiere. Auch diverse Flugzeuge im Hangar und auf dem Flugdeck gehören zum Museum.

San Diego Aircraft Carrier Museum, *910 N. Harbor Dr., ① (619) 544-9600, www.midway.org; tgl. 10–17 Uhr, Eintritt US$ 18.*

Der Pier ist ebenfalls Startpunkt für einige Hafenkreuzfahrten. Unmittelbar nördlich davon kann man am **Cruise Ship Terminal (6)** oft die weißen Riesen der Kreuzfahrtschiffe bewundern. Nebenan liegen auf dem Gelände des **Maritime Museum (7)** historische Schiffe auf Reede, so z. B. der große Windjammer *Star of India*, ein eisenummantelter Schoner aus dem Jahre 1863, die Dampffähre *Berkeley* aus dem Jahre 1898 (die bei dem Erdbeben von 1906 in San Francisco Menschen in Sicherheit brachte) oder die Luxusyacht *Medea*, die 1904 in Schottland gebaut wurde. Ebenfalls liegt die *HMS Surprise* am Kai, ein originalgetreuer Nachbau einer 24-Kanonen-Fregatte der Lord-Nelson-Ära, der 1970 für einen Hollywoodfilm gebaut und 2004 an das Museum verkauft wurde. Ein sowjetisches U-Boot der Foxtrott-Klasse ist ebenfalls zu besichtigen, daneben eine permanente Ausstellung, die in fünf Abteilungen Interessantes zum Thema Seefahrt, San Diego und Navy präsentiert.

Maritime Museum, *1492 N. Harbor Dr., ① (619) 234-9153, www.sdmaritime.org; tgl. 9–20 Uhr, Eintritt US$ 14.*

Schlendert man am Ufer wieder zurück, stößt man südlich des Broadway Pier an der G-St.-Mole auf einen Großteil der hiesigen Thunfisch-Flotte. Dahinter hat man, ähnlich *Shops und Restaurants* wie in San Francisco, die Wharf und verschiedene Piers in jüngerer Zeit zu Restaurant-, Einkaufs- und Vergnügungsstätten umgebaut. Besonders gelungen ist dabei das **Seaport Village (8)**, das eine großartige Sicht über die Bay von San Diego bietet. Mit 54 Shops, 4 Feinschmecker-Restaurants, 13 Cafés und Imbiss-Ständen, einem nostalgischen Kinderkarussell von 1895 und einem prall gefüllten Veranstaltungskalender hat das Seaport Village jedem etwas zu bieten.

Hinweis

Mit dem Wagen erreicht man das Seaport Village über Kettner Blvd./Harbor Dr., Parkplätze sind ausreichend vorhanden und 2 Stunden kostenlos bei Verzehr oder Kauf in einem der Shops. Das Gelände ist tgl. 10–21 Uhr geöffnet. Weitere Infos unter www.seaportvillage.com.

Die Nachbarschaft des Seaport Village hat in den vergangenen Jahren durch die städteplanerische Neugestaltung gewonnen. Die größere Attraktivität wurde schnell von Hotelketten genutzt, die nun ihrerseits durch markante Bauwerke Akzente in der Skyline zu setzen wussten, so z. B. die Doppeltürme des Luxushotels Marriott Hotel & Marina oder die des hochaufragenden 1.625-Zimmer-Hotels Manchester Grand Hyatt. An

Café im Seaport Village

diesen Landmarken vorbei geht es in den **Embarcadero Marina Park (9)** und den Yachthafen, mit einer prächtigen Aussicht auf die Coronado-Brücke. Falls man nun müde ist, kann man sich von den Hotels aus mit dem kostenlosen Shopping Shuttle zur Horton Plaza zurückbringen lassen. Fußgänger sollten den Weg am **San Diego Convention Center (10)** vorbei nehmen; der Bau des kanadischen Architekten *Arthur Erickson* ist eine Landmarke der Skyline. An der 5th Ave. und direkt an der Bay errichtet, erinnert die markante Dachkonstruktion nicht zufällig an ein Segelschiff.

Dem Convention Center liegt jenseits des Harbor Dr. das 2004 eröffnete **Baseballstadion Petco Park** gegenüber, das mit seiner Sandstein-Stahl Architektur und den umgebenen Hotels in der Fachpresse überschwänglich gelobt wurde. Das 450-Mio-Dollar Stadion fasst 42.000 Zuschauer, doch bei ausverkauften Spielen wird das Geschehen auf Riesenleinwänden in den angrenzenden Grünflächen gezeigt. Wenn man zu Fuß vom Convention Center zurück zur Horton Plaza geht und mit Kindern unterwegs ist, sollte man an der Ecke Front St./Island Ave. dem **New Children's Museum (11)** einen Besuch abstatten. Das 2008 anstelle eines älteren Kindermuseums eingeweihte Werk des Architekten *Rob Wellington* ist eine Augenweide moderner Baukunst und insofern auch ohne die Begleitung von Kindern ein Genuss, diese jedoch können sich in zahlreichen interaktiven Spielen richtig austoben oder zu kreativen Künstlern werden. **Children's Museum**, *200 W. Island Ave., ☎ (619) 233-8792, www.thinkplaycreate.org; tgl. außer Mi 10–16, Do bis 18 Uhr, Eintritt US$ 10.*

Kindermuseum

Gaslamp Quarter

Zum Tagesausklang empfiehlt sich das Viertel östlich und südlich der Horton Plaza, das als **Gaslamp Quarter (12)** eine inzwischen in Amerika selten gewordene Sehenswürdigkeit ist. Denn während in den meisten Großstädten der Vereinigten Staaten die Zie-

Victorianisches Viertel

gelstein- und Eisengussarchitektur der victorianischen Epoche den Wolkenkratzern geopfert wurde, konnte in San Diego ein 16 Blocks umfassendes Areal unter Denkmalschutz gestellt und restauriert werden. *Alonzo Horton*, ein Einwohner von San Francisco (nach dem heute u.a. die Horton Plaza benannt ist), hatte 1867 das ehemalige Brachland für insgesamt 265 Dollar aufgekauft und in ein lebendiges Viertel umgewandelt. Da Eckhäuser besonders gut an Geschäftsleute zu verkaufen waren, sorgte er dafür, dass die einzelnen Blocks relativ schmal blieben. In den zwei- bis vierstöckigen Häusern der Jahrhundertwende befinden sich heute Büros, Kunstgalerien sowie Antiquitäten- und Modegeschäfte, an den manchmal sogar noch gepflasterten Straßen gibt es Repliken alter Gaslaternen (nach denen das Viertel benannt wurde). Vor allem aber hat sich das Gaslamp Quarter zu einem **kulinarischen Mekka** mit einer Vielzahl von Edel-Restaurants entwickelt (hauptsächlich italienische, französische und neu-kalifornische Küche). Selbst in die unterirdischen Räume ist wieder neues Leben eingekehrt, so z. B. in der E Street Alley (zwischen 4th und 5th St.) mit Japan-Restaurant, Jazz-Club und Diskothek. Unter den Hotels ist das traditionsreichste das Horton Grand Hotel auf der 311 Island Ave., das sich zu einem „High Tea" oder einem sonntäglichen Brunch anbietet.

Außerdem finden im Gaslamp Quarter in unregelmäßigen Abständen Floh- und Kunstmärkte sowie weitere Events statt, u.a. im Mai, wenn während des mexikanischen Festes *Cinco de Mayo* mit Paraden, Mariachi-Musik, Straßenkarneval und Feuerwerk an die Schlacht von Puebla gedacht wird, oder Ende Februar, wenn hier *Mardi Gras* gefeiert wird, die karibische Spielart des Karnevals. Die bedeutendste kulturelle Veranstaltung des Gaslamp Quarters ist das renommierte Internationale Filmfestival, bei dem Ende September mehr als 100 Spiel-, Kurz- und Dokumentarfilme gezeigt werden.

Balboa Park und Zoo

Ehemaliges Ausstellungsgelände

Der 560 ha große Balboa Park liegt recht nah zur Downtown (www.balboapark.org), nur wenige Fahrminuten in nordöstlicher Richtung entfernt. Seinen Namen erhielt das riesige Erholungsgebiet nach *Vasco Nuñez de Balboa*, der 1513 als erster Europäer den Pazifischen Ozean sah. Schon 1892 in seiner Substanz als Park eingerichtet, bekam das Gelände anlässlich der Panama-California-Ausstellung von 1915–16 und der Internationalen California-Pacific-Ausstellung von 1935 sein heutiges Aussehen. Besonders die Architektur der Ausstellungsgebäude, die heute im wesentlichen Museen enthalten, ist von Interesse; auf gelungene Art wurden hier spanischer Neo-Barock und der sog. Mission Style miteinander verbunden.

> **Information und Hinweis**
> **Balboa Park Visitors Center**, 1549 El Prado, ☎ (619) 239-0512, www.balboapark.org; tgl. 9.30–16.30 Uhr. Der Park selber ist 24h offen.
>
> *Museumsbesucher sollten sich den* **Balboa Park Passport** *besorgen, der eine Woche lang gültig ist und zum Eintritt in die 14 wichtigsten Museen des Parks berechtigt (ohne Zoo). Er kostet US$ 49 und kann bei den einzelnen Museen sowie im Visitor Center oder online über dessen Webadresse (s.o.) besorgt werden. Alternativ kann man für US$ 39 fünf Museen nach Wahl an einem Tag besuchen. Ebenfalls interessant sind die Paketangebote Balboa-Park & Zoo* **(Zoo/Passport Combo)**, *US$ 83. Für Kinder und Familien gibt es umfangreiche Rabatte.*

Der Besucher sollte einfach durch das herrliche Gelände mit seinen Springbrunnen, Palmen und Blumen spazieren, im Freiluft-Theater einem Konzert lauschen, eines der Museen besuchen, vielleicht in einem der Cafés einkehren und noch genügend Zeit für den Zoo übriglassen. Ist man Anfang Dezember hier, darf man sich einen Besuch ohnehin nicht entgehen lassen, denn dann gibt es die *Balboa Park December Nights* mit dem Licht unzähliger Lampions und mit zauberhaften Musikkonzerten.

Übersichtskarten und Informationen über den Balboa Park sind in einem eigens eingerichteten **Visitors Center** erhältlich; hier und in den Verkaufsstellen der einzelnen Museen bekommt man ebenfalls den *Balboa Park Passport* für verbilligten Eintritt in die Museen.

Von Downtown aus finden Autofahrer am besten über die 12th Ave. zum Balboa Park, die hinter der Autobahn (I-5) automatisch zum Park Blvd. wird. Am günstigsten nimmt man hier einen der ersten Parkplätze vor dem Zoo. Falls man über den Scenic Drive anreist, gelangt man über die Prachtstraße El Prado in den Park und sollten sich bei der Parkplatzsuche nach den Hinweisschildern zum Zoo richten.

Bei einem kleinen Rundgang geht es am Kunstgewerbezentrum **Spanish Village (13)** vorbei zu einem wunderschönen Platz mit einem Seerosenteich und schönen Gebäuden.

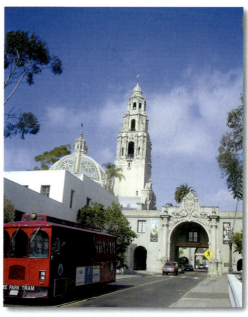

Der Park kann auch mit der kostenlosen Tram erkundet werden

An seiner Längsseite lohnt das **Botanische Haus** mit seinen grandiosen Farnbäumen einen Besuch, eine sehenswerte Holz-Konstruktion in Art der Palmenhäuser (aber ohne Glasfenster). Schräg gegenüber befindet sich das **Timken Museum of Art** mit einer beachtlichen Sammlung europäischer Malerei des 14.–19. Jh., russischer Ikonen und nordamerikanischer Künstler des 19. Jh.
Botanical Building, ✆ (619) 234-8901, www.balboapark.org/in-the-park; Fr–Mi 10–16 Uhr, Eintritt frei.
Spanish Village, ✆ (619) 233-9050, www.spanishvillageart.com; tgl. 11–16 Uhr, Eintritt frei.
Timken Museum of Art, ✆ (619) 239-5548, www.timkenmuseum.org; Di–Sa 10–16.30, So 13.30–16.30 Uhr, Eintritt frei.

Noch bekannter ist gegenüber das **San Diego Museum of Art**, das weithin berühmte Exponate der spanischen Renaissance und des Barock, der niederländischen und italienischen Malerei, der europäischen Malerei und Grafik des 19./20. Jh. sowie der asiatischen Kunst besitzt. Selten wird klassische Kunst in solch schöner Umgebung präsen-

Kunst über Kunst tiert wie hier. Besuchen Sie auch den Skulpturengarten (klassische Moderne) mit seinem schönen Café. Das Haus ist eines der markanten Gebäude, die die repräsentative **Plaza de Panama** flankieren.
San Diego Museum of Art, ① *(619) 232-7931, www.sdmart.org; Di–Sa 10–17, So 12–17 Uhr, Eintritt US$ 12.*

Dazu gehört auf der anderen Seite des Platzes auch das **Mingei International Museum**. Es enthält eine sehr sehenswerte und farbenprächtige Sammlung von Volkskunst und Kunsthandwerk aus aller Welt, die in sechs verschiedenen Abteilungen gezeigt wird. Eine Zweigstelle dieses Museums befindet sich in Escondido.
Mingei International Museum, ① *(619) 239-0003, www.mingei.org; Di–So 10–16 Uhr, Eintritt US$ 7.*

Ein unbedingtes Muss ist etwas weiter auf dem El Prado die Fassade des **California Tower (14)**, die wohl am besten das barocke Element des Balboa Parks verkörpert. Das Gebäude mit seiner weitgespannten Kuppel beherbergt keine Kirche, sondern das **San Diego Museum of Man**, das die biologische und kulturelle Entwicklung der Menschheit dokumentiert, Ausstellungsstücke zum Thema Indianerkulturen zeigt und mit etwa 62.000 Exponaten eine der größten Schatzkammern San Diegos darstellt.
San Diego Museum of Man, ① *(619) 239-2001, www.museumofman.org; tgl. 10–16.30 Uhr, Eintritt US$ 12,50.*

Hinter dem California Tower erstreckt sich der große Komplex des **Simon Edison Centre for the Performing Arts** mit mehreren Bühnen, u.a. dem sehenswerten **Old Globe Theatre**. Es geht ebenfalls auf die Internationale California-Pacific-Ausstellung von 1935 zurück und wurde nach dem historischen Vorbild von Shakespeares gleichnamigem Rundbau in London aus Holz und im Renaissance-Stil errichtet. In diesem sehr charmanten und nicht zu großen Haus (580 Sitze) gibt das hiesige Theaterensemble regelmäßig Vorstellungen.

Orgel-Konzerte Wenn man nun auf der Straße El Prado wieder zurückgehen (schauen Sie dabei zur Rechten in die Alcazar Gardens), gelangt man zum zentralen Platz Plaza de Panama. Er befindet sich in einer Achse mit dem **Spreckels Organ Pavilion (15)**, dessen Glanzstück eine der größten Open-Air-Orgeln der Welt ist (4.445 Pfeifen) und in dem jeden Sonntagnachmittag um 14 Uhr ein Gratis-Konzert gegeben wird. Ihren Namen hat die Orgel nach dem aus Hannover eingewanderten *Adolph Spreckel*, der in der Neuen Welt reich geworden war. Die Söhne des vielfachen Millionärs schenkten das Prachtstück der Stadt San Diego im Jahre 1915. Daneben bietet der **Japanese Friendship Garden** – ähnlich wie der japanische Garten in San Francisco – fernöstliches Ambiente.
Japanese Friendship Garden, ① *(619) 232-2721, www.niwa.org; tgl. 10–16 Uhr, Eintritt US$ 4.*

Geht man vom Spreckels Organ Pavilion noch etwas weiter, gelangt man an der Hall of Nations und dem United Nations Bldg. vorbei zur **Pan-American Plaza**, um die weitere Museen, Bühnen und Theater gruppiert sind. Am auffälligsten ist dabei das **Air and Space Museum (16)**, das über eine einzigartige Sammlung zur Geschichte der Luftfahrt verfügt. In diesem Rundbau werden die Pioniere der Fliegerei portraitiert, außerdem Flugapparate aus der Frühphase, der Zeit des Zweiten Weltkriegs bis hin zur Jet-

Märchenhafte Anlage: der Balboa Park

Ära im Original, als Replik (z.B. *Charles Lindberghs* „Spirit of Saint Louis") oder mit Modellen vorgeführt. Zur Rechten wird das Gebäude vom **Automotive Museum** flankiert, das rund hundert Beispiele aus der Frühzeit des motorisierten Personenverkehrs und Wagen aus den 1940–80er Jahren präsentiert.

Geschichte des Luftverkehrs

Air & Space Museum, ✆ *(619) 234-8291, www.sandiegoairandspace.org; tgl. 10–16.30 Uhr, Eintritt US$ 17,50.*

Automotive Museum, ✆ *(619) 231-2886, www.sdautomuseum.org; tgl. 10–17 Uhr, Eintritt US$ 8.*

Zurück auf der Hauptstraße El Prado, setzt man den Weg fort, passiert das **Visitor Center** und gelangt zu zwei weiteren zeittypischen Gebäuden. Rechter Hand ist das der riesige Komplex der **Casa del Balboa**, in der gleich vier Museen Platz finden: Die **Hall of Champions** stellt Stars, Weltmeister und Olympiasieger aus 40 Sportarten vor, das **Museum of Photographic Arts** zeigt seinen weithin bekannten Bestand an Fotografien und Wechselausstellungen, im **Museum of San Diego History** sieht man Möbel, Textilien, rekonstruierte Zimmer und andere Gegenstände aus San Diegos Vergangenheit, und das **Model Railroad Museum** richtet sich mit einer riesigen und liebevoll präparierten Anlage an die Liebhaber von Modelleisenbahnen.

Hall of Champions Sports Museum, ✆ *(619) 234-2544, www.sdhoc.com; tgl. 10–16.30 Uhr, Eintritt US$ 8.*

Museum of Photographic Arts, ✆ *(619) 238-7559, www.mopa.org; Di–So 10–17 Uhr, Eintritt US$ 8.*

Museum of San Diego History, ✆ *(619) 232-6203, www.sandiegohistory.org; Di–So 10–17 Uhr, Eintritt US$ 6.*

Model Railroad Museum, ✆ *(619) 696-0199, www.sdmrm.org; Di–Fr 11–16, Sa–So 11–17 Uhr, Eintritt US$ 8.*

Der Casa del Balboa gegenüber stellt die **Casa del Prado** ein architektonisches Schmuckstück dar, das auf der Nordseite das Casa del Prado Theatre beherbergt. Jenseits der nächsten Querstraße befindet sich das **San Diego Natural History Museum**, das bereits 1920 eröffnet wurde und über ausgezeichnete Sammlungen u.a. zur Paläontologie, Mineralogie, Ökologie und Erdgeschichte verfügt.
San Diego Natural History Museum, ☎ (619) 232-3821, www.sdnhm.org; tgl. 10–17 Uhr, Eintritt US$ 15.

Kurz darauf endet die Straße an der Plaza de Balboa, die mit dem **Reuben H. Fleet Science Center (17)** eine der populärsten Attraktionen des Parks besitzt. Auf einer Riesenleinwand werden hier im IMAX-Theatre Filme über naturwissenschaftliche Phänomene (Wirbelstürme etc.) gezeigt, außerdem kann man an über 100 interaktiven Experimenten oder Simulationen teilnehmen.

IMAX-Theater

Reuben H. Fleet Science Center, ☎ (619) 238-1233, www.rhfleet.org; tgl. ab 10 Uhr wechselndes Showprogramm zu unterschiedlichen Zeiten und Preisen, Infos auf der Homepage.

San Diego Zoo (18)

An das Spanish Village schließt sich der berühmte zoologische Garten an, der 2011 seinen 95. Geburtstag feiern konnte und mit Sicherheit zu den bekanntesten Tiergärten der Welt zählt. Nach Eigenwerbung ist er außerdem der größte, schönste und wichtigste Zoo der USA, wenn nicht der Welt! Bei einem Besuch verschafft man sich am besten zunächst einen Überblick durch die Teilnahme an einer 3-Meilen-Tour im offenen Doppeldecker, die einem etwa 80 % des Zoogeländes erschließt. Später kann man die Erlebnisse zu Fuß intensivieren, indem man einige der Erlebnis-Pfade bewältigt – etwa durch den Dschungel von Malaysia (mit entsprechender Tierwelt, Pflanzen, Flüssen und

Flamingos im San Diego Zoo

Wasserfällen). Weiter gibt es einen speziellen Kinderzoo und die unumgänglichen Tiershows. Da auch der größte Tierfreund angesichts der hiesigen Entfernungen müde werden kann, gibt es nicht nur mehrere Lokalitäten zur Stärkung (besonders gut: Treehouse Café), sondern sind sogar einige steile Wegabschnitte mit Rolltreppen versehen. Ganz Fußfaule können außerdem die Gondelbahn (Skyfari Aerial Tram) benutzen, die aus 50 m Höhe übrigens eine fantastische Übersicht über den Zoo und den benachbarten California Tower bis hin zu den Hochhäusern der Downtown bietet.

Die populärsten Gehege sind natürlich die mit den auf Werbeplakaten immer wieder abgebildeten Koalas, Gorillas, Meerkatzen und Panda-Bären. Weitere Attraktionen sind u.a. der Ituri Forest, in dem man Flusspferde über und unter Wasser beobachten kann, das Reptilienhaus, die Flamingo Lagoon, der Tiger River sowie der Polar Bear Plunge mit Eisbären und anderen Bewohnern der nordpolaren Regionen.

San Diego Zoo, Balboa Park, 2920 Zoo Dr., ☎ (619) 231-1515, www.sandiegozoo.org; tgl. ab 9 bis min. 17 Uhr, im Sommer länger, Eintritt US$ 42.

Die Old Town

Unter der Überschrift „Where California began" stellen die Touristenbüros die Old Town von San Diego als Geburtsstätte des Bundesstaates vor und haben damit in gewisser Weise auch recht: Hier wurde von *Junipero Serra* die Mission der Franziskaner unter den militärischen Schutz des Presidio (Fort) gestellt, hier wurden die ersten spanischen Profangebäude aus Stein in Kalifornien errichtet, und hier wurde 1846 schließlich zum ersten Mal die amerikanische Flagge in San Diego gehisst. Da die bauliche Substanz und das originale Ambiente hier so gut wie nirgendwo sonst erhalten waren, entschloss man sich 1968, das Viertel offiziell als **State Historic Park** zu klassifizieren und unter Denkmalschutz zu stellen. Aber nicht nur die niedrigen Häuser wie das älteste Ziegelsteingebäude (1847) oder die prächtige Casa de Estudillo, nicht nur Museen wie das Wells Fargo Museum, nicht nur Plätze wie die Presidio Plaza mit ihrem schönen Springbrunnen, die Old Town Plaza und der Campo Santo (ein alter katholischer Friedhof) locken Besucher an, sondern auch die duftende Vegetation mit ihrer überquellenden Blütenpracht macht die Old Town zu einem reizvollen Ausflugsziel. Hier gedeihen Oliven- und Feigenbäume, wachsen Korkeichen, Eukalyptusbäume und Palmen inmitten subtropischer Gärten, hier sieht man Oleander, Pfefferbäume und Hibiskus. Fast spannend ist der Farbkontrast zur blauen Kuppel der katholischen Kirche (im Stil des spanischen Barock) und zu den weißen Wänden der unzähligen spanisch-mexikanischen Gaststätten. Die nordwestliche Ecke der Old Town ist als Bazar del Mundo mit 17 Shops und vier Restaurants ein Zentrum des touristischen Trubels, während an der gleichen Straße (Juan St.) die Mormonen mit einem Tempel und Besucherzentrum einen ganz anderen Akzent setzen. Sofort daneben hebt sich das englisch-vornehme Victorian Village mit sechs Häusern der 1880er und 1890er von der mexikanischen Architektur ab. In dem Heritage Park, den dieses Ensemble bildet, ist der Temple Beth Israel, San Diegos erste Synagoge (1889), eine weitere Sehenswürdigkeit.

Geburtsstätte Kaliforniens

Architekturensemble Victorian Village

Nördlich der Old Town, wo auf den Presidio Hills Golf gespielt wird, erinnert am Rand eines hübschen Parks das **Junipero Serra Museum** (2727 Presidio Drive, ① (619) 232-6203, www.sandiegohistory.org, nur Sa/So 10–17 Uhr, Eintritt US$ 6) an den Apostel Kaliforniens. Das schöne Gebäude, 1929 im sog. Mission Style errichtet, darf freilich nicht mit der ebenfalls sehenswerten Missionsstation am östlichen Stadtrand (s.u.) verwechselt werden. Besucher mit viel Zeit und Lust auf Shopping oder gepflegtes Essen sollten auch dem Nobelvorort **Hillcrest** einen Besuch abstatten.

> **Hinweis**
>
> Die Old Town mit ihren drei großen Parkplätzen liegt nördlich der Downtown und südöstlich der Mission Bay. Vom Stadtzentrum aus erreicht man sie in wenigen Minuten über die I-5 (Exit: Old Town Ave.); die gleiche Autobahn benutzt, wer von Los Angeles oder den nördlichen Vororten anreist. Falls man aus östlicher Richtung über die I-8 kommt, nimmt man den Exit Taylor St. Weitere Informationen unter ① (619) 291-4903 oder www.oldtownsandiego.org.

Mission Bay und La Jolla

San Diegos nördliche Peripherie bietet weitverzweigte Buchten, Attraktionen von Weltruf, mondäne Vororte und Strände mit allen Wassersportmöglichkeiten. Reisende aus Los Angeles, die auf dem Weg nach San Diego noch Zeitreserven haben, können die Region am besten kennen lernen, indem sie die I-5 in Oceanside verlassen und über die Seebäder Carlsbad, Encinitas, Solana Beach und Del Mar bis zum Torrey Pines State Park nördlich von La Jolla fahren (vgl. S. 453).

Wer sich bereits in San Diego aufhält, benutzt ab der Downtown entweder den Scenic Drive oder die I-5 in nördlicher Richtung. Wenn man am Autobahnkreuz mit der I-8 den Exit Rosecrans St. nimmt und anschließend rechts auf den Sports Arena Blvd. abbiegt, kommt man zur **San Diego Sports Arena (1)**, die 1966 eröffnet wurde. Bekannter als durch seine Sportveranstaltungen wurde es als Bühne für Musikkonzerte, auf der u.a. *Abba, Bob Marley, David Bowie, Elvis Presley, Janis Joplin, Jimi Hendrix, The Doors, The Who* oder *Queen* legendäre Auftritte hatten. Auch heute noch kann man hier an hochkarätigen Veranstaltungen teilnehmen. Nebenan findet an jedem Wochenende (*Fr–So 7–15 Uhr*) der größte Freiluft-Markt Südkaliforniens statt, mit mehr als 1.000 Anbietern und mehr als 30.000 Besuchern. Dieser **Kobey's Swap Meet** kostet zwar US$ 1 Eintritt, ist aber immer noch ein heißer Tipp für alle, die auf der Suche nach Schnäppchen sind. Von der Sportarena bringt einen der Midway Dr. zur **Mission Bay**, die sich weit ins Land hinein verzweigt und dabei Buchten, Landzungen und Inseln bildet.

Großer Markt

Die Bucht wurde in den 1940–60ern aus Marschgebieten, dem Mäander des San Diego River und tidenabhängig überflutetem Areal künstlich geschaffen, um den Fremdenverkehr anzukurbeln und den Einwohnern ein über 17 km² großes Naherholungsgebiet zu bieten. Dessen Küstenlinie ist 43 km lang und besitzt 19 Sandstrände, sodass Wassersportler hier ein wahres Eldorado vorfinden. Aber auch sonst sind die Bedingungen zur sportlichen Aktivität mit Tennis-, Basketball- und Fußballplätzen sowie einem ausgedehnten Netz an Rad- und Wanderwegen bestens. Die zentrale Sehenswürdigkeit an der Mission Bay ist die gut ausgeschilderte Sea World.

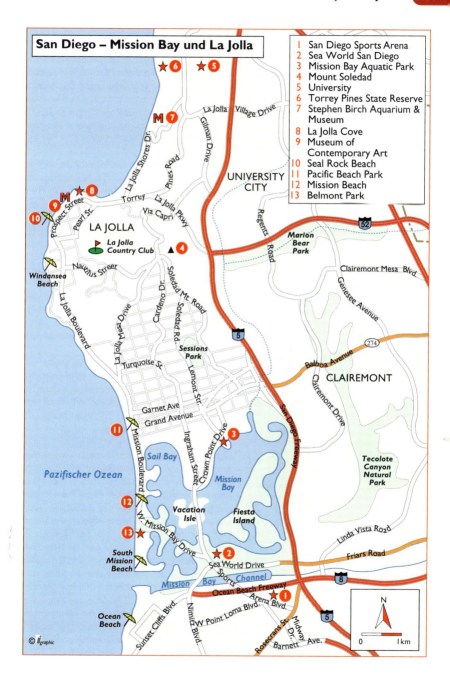

Sea World San Diego (2)

Diese berühmte Institution stellt die wohl bekannteste kommerzielle Verbindung von Aquarium, Zoo, wissenschaftlicher Tierforschung, Vergnügen und Show dar. Wenn man schon den hohen Eintrittspreis für diese typisch amerikanische Mischung aus Amüsement, Show und Belehrung gezahlt hat, sollte man auf jeden Fall genügend Zeit mitbringen. Denn auf dem Gelände sind so viele Attraktionen versammelt, dass man kaum alles Sehenswerte an einem Besichtigungstag schaffen kann. Umso wichtiger ist es, sich am Eingang (Entrance Plaza) anhand eines Lageplans und der angezeigten aktuellen Showzeiten zu orientieren und eine Art Besuchsplan zu entwerfen. Unbedingt lohnend sind dabei folgende Veranstaltungen/Abteilungen:

Lohnende Attraktionen

- **Shamu Show: Believe** – die Show mit dem größten Aufwand und Aufmerksamkeitswert (mehrere Vorführungen täglich). Sie findet im Shamu Stadium statt, einem der weltweit größten Stadien seiner Art (5.000 Sitzplätze, Tank für rund 23 Mio. l Salzwasser). Hier lassen sich die schwarz-weißen Ungetüme von Menschen buchstäblich auf der Nase herumtanzen. Die Dressurleistung der Orcas oder Schwertwale ist jedenfalls enorm. Ein Anbau ermöglicht es Gästen, Shamu Backstage zu erleben, d.h. die Orcas außerhalb der Showzeiten zu beobachten. Eine weitere Orca-Show ist Shamu Rocks.
- **Shark Encounter** – hier kann man Dutzende von unterschiedlichen Haien durch unterirdische Glasfenster und einen begehbaren Acryltunnel beobachten
- **Penguin Encounter** – hier werden mehr als 300 Pinguine und Alkvögel – voneinander getrennt – in arktischer und antarktischer Umgebung präsentiert. Die Kulissen und die Weitläufigkeit der unterirdischen Säle sind so beeindruckend, dass man tatsächlich das Gefühl hat, die Pinguine befänden sich an ihrem angestammten Platz.
- **Sesame Street Bay of Play** – ein großer Teilbereich des Geländes, der ganz dem Familienvergnügen gewidmet ist: tropisch arrangierte Wasserflächen, Spielgeräte, Tierfiguren und ein Hauch von Disneyland. Die Figuren aus der Sesamstraße sind natürlich auch dabei.

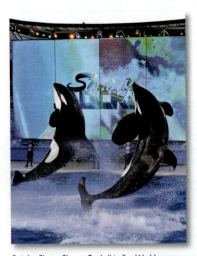

Bei der Show „Shamu Rocks" in Sea World

Neben den genannten Attraktionen kommt man automatisch an Teichen und Bassins mit Flamingos, Schildkröten, Robben, Seelöwen u.a. vorbei. Mann kann die Delfinfütterung in der Rocky Point Preserve besuchen und am Pacific Point die putzigen Alaska-Seeotter beobachten. In der Abteilung Forbidden Reef erlebt man Rochen, Muränen oder Rifffische, in anderen gibt es Pools, in denen man die Meeresbewohner anfassen darf. Und natürlich fehlen weder die reinen Sing- und Tanzshows oder Filmvorführungen noch die unvermeidlichen Imbisse, Restaurants und Souvenirläden. Wer die Sea World aus der Vogelperspektive erleben will, kann mit dem rotierenden Aufzug den Skytower hinauffahren oder mit der Gondel Mission Bayside Skyride einen Wasserarm überbrücken.

Sea World, *500 Sea World Dr., ① (619) 226-3901, www.seaworld.com; tgl. ab 9 Uhr (im Winter 10 Uhr), Schließzeiten je nach Saison zwischen 18 und 22 Uhr, Eintritt US$ 73.*

Fährt man von der Sea World auf der Ingraham St. über die beiden Brücken, die über die Mission Bay gespannt sind, und biegt sofort danach rechts auf den Crown Point Dr. ab, kommt man zum **Mission Bay Aquatic Park (3)**, wo man Surfer, Segler und andere Wassersportler beobachten oder auch selbst schwimmen kann. Von hier aus biegt man links auf die Lamont St. ab, die später zur Soledad Rd. wird und einen in nördlicher Richtung zum 251 m hohen Aussichtshügel **Mount Soledad (4)** bringt. Auf dessen Spitze befindet sich der Mt. Soledad Park mit einem weithin sichtbaren Kreuz; von hier aus kann man meilenweit den Bezirk San Diego überblicken.

Aussichtspunkt

La Jolla

Nördlich des Mt. Soledad erstreckt sich der Badeort La Jolla (ausgesprochen etwa *La Hoja*). Die Übersetzung des spanischen Namens (eigentlich *joya*) lautet „das Juwel", und es fällt nicht schwer, die Richtigkeit der Namensgebung zu erkennen: ein malerischer Ort mit mediterranem Ambiente, Promenaden und gewundenen Gassen, Straßencafés und Fischrestaurants, kleine, sandige Strände, romantisch von Klippen eingerahmt, Grotten und Höhlen, die Tauchern als Eldorado dienen, dazu die ständig scheinende Sonne und trotzdem eine erfrischende Brise – La Jolla ist tatsächlich ein kleines Juwel.

Wenn man sich zunächst die nördlichen Stadtgebiete des Seebades anschauen möchte, fährt man am einfachsten über den La Jolla Shores Dr. oder die North Torrey Pines Rd. bis zur **University (5)**, die nicht nur eine wichtige Lehranstalt des Bundesstaates, sondern auch von architektonischem Interesse ist. Sehenswert ist am Campus der UCSD (University of California, San Diego) u.a. die Bibliothek, die sich inmitten eines Eukalyptus-Hains befindet.

Noch etwas weiter nördlich erstreckt sich hinter dem 18-Loch-Golfplatz des Sheraton-Hotels das **Torrey Pines State Reserve (6)**, in der Kaliforniens letzte Bestände der Torrey Pines geschützt sind. Diese seltene Kiefernart (*pinus torreyana*) zeichnet sich durch lange Nadeln und kräftige, runde Baumkronen aus. An der Steilküste kann man oft Drachenflieger beobachten.

Auf gleicher Strecke geht es über die Torrey Pines Rd. und den La Jolla Shores Dr. zurück bis zur ausgeschilderten Abzweigung des **Stephen Birch Aquarium & Museum (7)**. Das Institut vermag auf wissenschaftlicherer Basis ähnliche Eindrücke zu vermitteln wie Sea World – freilich ohne Showteil. Im Aquarium, das der nahen Universität angeschlossen ist, kann man ebenfalls viele und farbenprächtige Meeresbewohner beobachten, in einer U-Boot-Simulation bis auf den Meeresgrund hinabfahren, trockenen Fußes zu einem Korallenriff vordringen und an den neuesten Erkenntnissen der meeresbiologischen Forschung teilhaben. Ein gut sortierter Buchladen steht den Besuchern ebenso zur Verfügung wie ein Andenkenladen. Und von der Aussichtsterrasse hat man einen weiten Blick auf die feinsandigen Strände der Umgebung (La Jolla Shores Beach, Blacks Beach).
Stephen Birch Aquarium & Museum, *2300 Expedition Way, La Jolla,* ① *(858) 534-3474, www.aquarium.ucsd.edu; tgl. 9–17 Uhr, Eintritt US$ 14.*

Das eigentliche Zentrum von La Jolla erreicht man über die Straßen La Jolla Shores Dr. und Torrey Pines Rd., von denen rechts die Prospect St. abgeht, die Hauptgeschäftsstraße des Ortes. Hier und an den Nebenstraßen Cuvier St. und Girard Ave. findet man je-

de Menge Boutiquen, Restaurants und Hotels, allerdings kaum einen Parkplatz. Landschaftlich ist die Uferstraße (Coast Blvd.) schöner, wo man zur **La Jolla Cove (8)** hinabsteigen, schwimmen und Seehunde beobachten kann. Wer in dieser paradiesischen Umgebung noch ein Auge für moderne Kunst und Design hat, sollte dem **Museum of Contemporary Art (9)** einen Besuch abstatten.
Museum of Contemporary Art La Jolla, 700 Prospect St., ① (858) 454-3541, www.mcasd.org; tgl. außer Mi 11–17 Uhr, Eintritt US$ 10 (gilt eine Woche lang auch für die anderen MCASD-Standorte).

Auch weiter südlich bleibt die Küstenszenerie spannend, findet man Sandbuchten genauso wie markante Felsen und Seehunde – beispielsweise am **Seal Rock Beach (10)**. Auf dem Weg zurück zur Mission Bay benutzt man am besten den Mission Blvd., der parallel zur Küste verläuft und mehrere herrliche Strandabschnitte passiert. Bei Sonnenanbetern und Wassersportlern besonders beliebt ist der **Pacific Beach Park (11)**, dessen Uferpromenade von Joggern und Fahrradfahrern genutzt wird und dessen Crystal Pier eine bekannte Landmarke ist.

Sandbuchten in der La Jolla Cove

Nur wenige Fahrminuten weiter hat man am langgezogenen **Mission Beach (12)** einen westlichen Ozean- und einen östlichen Bay-Strand. Innerhalb des Mission Beach Park gelangt man dann zum **Belmont Park (13)**, einem traditionsreichen Vergnügungspark am Strand. Hier gibt es neben mehreren Restaurants und Shops auch Swimmingpools, Autoscooter, Karussells etc., für die man jeweils zahlen muss, während der Eintritt in den Park ansonsten frei ist. Das weithin sichtbare Wahrzeichen des Belmont Park ist die riesige Achterbahn „Giant Dipper", die bereits 1925 konstruiert und unlängst renoviert wurde.
Belmont Park, 3146 Mission Blvd., Ecke West Mission Bay Dr., www.belmontpark.com; tgl. ab 11 Uhr (unterschiedliche Schließzeiten je nach Saison 18–23 Uhr).

Von Downtown zum Point Loma

S. Karte S. 437, San Diego und Umgebung

Blick auf die Skyline — Eine weitere schöne Tour verläuft vom Zentrum aus an der Küste entlang nach Norden, wobei man über den Harbor Dr. auf Höhe des Flughafens in wenigen Minuten zunächst **Harbor Island** erreicht. Die kleine, durch einen Damm mit dem Festland verbundene Insel verfügt zwar nicht über Strände, lohnt den Besuch aber wegen der Aussicht auf die Skyline von San Diegos Downtown. Hier kann man außerdem vorzüglich speisen, das lebhafte Treiben im Yachthafen beobachten und nachts den atemberaubenden Anblick des Lichtermeeres genießen.

Von Downtown zum Point Loma

Westlich davon und ebenfalls über den Harbor Dr. zugänglich, bietet **Shelter Island** viele komfortable und architektonisch ansprechende Hotels, Fisch- und Seafood-Restaurants, einen kleinen Sandstrand und ausgedehnte Parkanlagen. Da hier ein Großteil der Freizeit- und Fischereiflotte seinen Heimathafen hat, ist entsprechend viel zu sehen und zu erleben. Am südwestlichen Ende der schmalen Halbinsel setzt die **Yokohama Friendship Bell** von 1960, in einem kleinen, von Wasser umgebenen Tempel untergebracht, einen fernöstlichen Akzent (Yokohama ist eine der 10 Partnerstädte San Diegos). Nicht weit entfernt verweisen die drei bronzenen Angler des **Tuna Man's Memorial** (1986) auf die Leistung all jener, die in San Diego die weltgrößte Thunfisch-Industrie aufgebaut haben.

Weltweit größte Thunfisch-Industrie

Westlich von Shelter Island macht die San Diego Bay eine weite Biegung nach Süden und schiebt sich die tief vorragende **Loma-Halbinsel** zwischen Pazifik und Stadt. Über Cañon St., Catalina Blvd. und Cabrillo Memorial Dr. kann man bis zur südlichen Spitze des langgestreckten Bergrückens fahren. Die Straße, die auf dessen Grat entlang führt, passiert dabei auch Fort Rosecrans, wo endlose Reihen von Grabsteinen an die Schrecken der beiden Weltkriege erinnern.

Automatisch gelangt man dann zum südwestlichsten Punkt der kontinentalen USA, zum **Point Loma** mit den landschaftlichen und kulturellen Sehenswürdigkeiten des **Cabrillo National Monuments**. Es empfiehlt sich, sich zunächst im Visitor Center über die Person Cabrillos und die Hintergründe seiner Reise sowie über die Wanderung der Grauwale und andere Phänomene zu informieren. Außer dem Standbild Cabrillos lohnen sich Abstecher zum alten Leuchtturm von Point Loma, Spaziergänge zu den Klippen und den Tidepools (Wassertümpel, die beim Eintreten der Ebbe zurückbleiben). Sollte man zwischen Ende Dezember und Anfang März hier sein, kann man mit etwas Glück vom Whale Overlook aus das grandiose Schauspiel beobachten, wenn Tausende von Grauwalen vorbeiziehen. Der Besuch von Point Loma ist in erster Linie aber ei-

Südwestlichster Punkt

An der Cabrillo-Statue

ne Reverenz vor jenem Mann, den man auch den Entdecker Kaliforniens nennt, Juan Rodríguez Cabrillo.
Cabrillo National Monument, 1800 Cabrillo Memorial Dr., ① (619) 557-5450, www.nps.gov/cabr; tgl. 9–17 Uhr, im Sommer länger, Eintritt US$ 5 pro Fahrzeug. Das Gelände ist von Downtown aus auch mit Stadtbussen zu erreichen.

info

Juan Rodríguez Cabrillo

Für die Erforschung der kalifornischen Westküste war *Juan Rodríguez Cabrillo*, portugiesischer Seefahrer in spanischen Diensten, eine bedeutende Gestalt. Nur 50 Jahre nach Kolumbus war er es, der sich mit zwei kleinen Segelschiffen, der *San Salvador* und der *Victoria*, auf den Weg in eine völlig unbekannte Welt machte und diese per Akklamation dem spanischen Kolonialreich eingliederte. Ursprünglich war *Cabrillo* als Mitstreiter von *Hernán Cortéz* an der Zerschlagung und Eroberung des Aztekenreiches beteiligt. Doch auf der Suche nach unsterblichem Ruhm und, mehr noch, nach den sagenhaften Goldschätzen eines fernen Königreiches Kalifornien, von dem damals die Sage ging, stieß er weiter in den Westen vor als jemals ein Entdecker vor ihm.

Zunächst musste *Cabrillo* den südamerikanischen Subkontinent umsegeln, um auf die andere (westliche) Seite Mexikos zu gelangen. In dem kleinen Hafenort Navidad traf er dann letzte Vorbereitungen und sammelte eine kleine Mannschaft um sich: eine Handvoll Soldaten, einen Priester, indianische Dolmetscher. Mit Lebensmitteln für ein dreiviertel Jahr ausgestattet, ließ er im Juni des Jahres 1542 die Segel setzen. Nach drei Monaten hatten die Spanier die Küste der Halbinsel Baja California hinter sich gelassen und gingen im September in einem umschlossenen und sehr guten Hafen an Land. Diesen nannte *Cabrillo* San Miguel – nicht ahnend, dass sich dort 450 Jahre später eine Millionenstadt mit dem Namen San Diego ausbreiten sollte. Und weiter ging die Fahrt in den Norden: Man passierte die Inseln Santa Catalina und San Clemente und entdeckte in der darauffolgenden Bucht die Feuer einiger Indianerlager. Aus der damals deswegen so genannten Bahia de los Fumos wurde inzwischen das Stadtmonstrum von Los Angeles.

Mit den Indianern trieben die Europäer Handel und ergänzten ihre Vorräte, bisweilen wurden sie allerdings auch in kriegerische Auseinandersetzungen verstrickt. Bei einem solchen Anlass – es war auf der Insel San Miguel, wo die Expedition nach Wasser suchte – versuchte *Cabrillo*, einem in Not geratenen Kameraden zu helfen und brach sich dabei ein Bein. Durch diese Verletzung muss er sich mit Wundbrand infiziert haben; nachdem er unter Schmerzen die stürmische See vor Big Sur bewältigen konnte, starb *Juan Rodríguez Cabrillo* sechs Wochen später, am 3. Januar 1543, in der Nähe des heutigen Fort Ross, nördlich von San Francisco. Unter der Leitung des Ersten Lotsen, *Bartolomé Ferrer*, wurde die Expedition jedoch fortgesetzt. Die Europäer segelten weiter gen Norden und erreichten den Süden von Oregon. Danach kehrten sie um und trafen am 14. April 1543 wieder am Ausgangsort im westlichen Mexiko ein. Insgesamt hatten sie 1.300 km Küstengebiete erforscht. Und viele Namen, die Cabrillo Buchten, Orten und Landschaften gegeben hatte, sind heute noch in Gebrauch, z.B. Sierra Nevada.

Nördlich der Halbinsel, durch die wildromantischen Sunset Cliffs von dieser getrennt, ist der sandige **Ocean Beach** einen Abstecher wert. Einerseits findet man hier ein turbulentes Badeleben, das sich beiderseits des langen Piers entfaltet und viele Surfer zum Ocean Beach lockt. Diskotheken, Imbissgaststätten, Boutiquen sowie Verleihstationen von Bade- und Wassersportausrüstung gehören selbstverständlich zum typischen Beach-

Flair. Andererseits sollte man aber auch auf die schöne Architektur des Strandbades achten, wo man gute Beispiele des mexikanisch-spanischen Stils und des Art Déco findet. Ebenfalls eindrucksvoll die Kirchen Point Loma United Methodist Church und Sacred Heart Church, die sich genau gegenüber liegen.

Die Mission San Diego de Alcalá

Unter einigen Sehenswürdigkeiten an der östlichen Peripherie soll an dieser Stelle nur die Mission San Diego de Alcalá genannt werden. Man erreicht sie über die I-8, wo man nach einigen Meilen die Ausfahrt Mission Gorge Rd. nimmt, dann die Twain Ave. und schließlich die San Diego Mission Rd. Die 1769 gegründete Mission, die erste des Franziskanerordens in Kalifornien, befand sich ursprünglich in der Nähe der heutigen Old Town, im Schutz des Forts Presidio. 1774 aber entschlossen sich die Mönche, zum jetzigen Standort überzusiedeln, weil hier im fruchtbaren Tal die Wasserversorgung und der Boden besser waren.

Erste Franziskaner-Mission

Die zweite Kirche wurde ein Opfer des Erdbebens von 1803. Während der Jahre 1846–62 war das Gelände von der US-Kavallerie besetzt, und die Soldaten gingen daran, die notdürftigsten Reparaturen auszuführen. 1862 schließlich wurden die Gebäude auf Veranlassung *Abraham Lincolns* dem Orden zurückgegeben. Die jetzige Kirche erklärte 1976 Papst Paul VI. zur *basilica minor*. Bei einem Rundgang wird man zum original erhaltenen Refektorium Serras geleitet, zu den Ruinen des Klosters, zur heutigen Kirche und zum Museum. Besonders schön sind der Glockenturm und der immer blühende Garten. Im Museum werden frühe liturgische Gewänder aufbewahrt; vor allem aber erinnern Ausstellungsstücke und originale Handschriften an den Gründer dieser und anderer Missionen, den kalifornischen Apostel Pater Serra.
Mission San Diego de Alcalá, *10818 San Diego Mission Rd., www.missionsandiego.com; tgl. 9–16.45 Uhr; jeden So stündlich von 7–12 Uhr katholische Messe.*

Die Mission San Diego de Alcalá

Pater Junipero Serra und die kalifornischen Missionen

Als mehr als 200 Jahre nach der Expedition Cabrillos (s. S. 456) die Spanier wieder einmal an der Küste Kaliforniens entlang nach Norden vorstießen, geschah dies hauptsächlich aus zwei Gründen: Einerseits wollten sie den **russischen Konkurrenten**, die von Alaska und den Aleuten her langsam nach Süden vordrangen, entgegenwirken, das Land dauerhaft erobern und dem spanischen Weltreich einverleiben. Daher hatte der spanische König Karl III. dem Seefahrer *Gaspar de Portalá* den Auftrag gegeben, an der Küste der Baja California entlang nach Norden vorzustoßen und die notwendigen Schritte zu veranlassen.

Zweitens ging es um eine **Christianisierung** der „Wilden", die bislang noch ihrem Naturglauben anhingen. Zwar hatten sich auf der Baja California schon die Jesuiten als Missionare versucht und dabei bescheidene Erfolge erzielt. Im Zusammenhang mit den Auseinandersetzungen zwischen Papst, spanischem König und dem Orden mussten sie allerdings Amerika 1767 verlassen. Damit war das Feld frei für die Graubrüder, wie man die Franziskaner ihres Gewandes wegen nannte. Einer ihrer Pater, *Junipero Serra*, war deshalb an Bord der Portalá-Expedition.

Der aus Mallorca stammende Pater Serra war zwar klein an Größe (er maß nur 1,57 m), aber groß an Energie und Tatkraft. Mit dem Schiff, zu Fuß und zu Pferd legte er, obwohl gehbehindert, Tausende von Kilometern zurück. Dabei gründeten Serra und andere Franziskaner-Padres entlang der kalifornischen Küste eine Missionsstation nach der anderen (die erste davon 1769 in San Diego), die in der Kirchenprovinz Alta California zusammengefasst wurden. Serras Werk war dabei nicht von gleichbleibendem Erfolg gekrönt. Manchmal gab es harte Auseinandersetzungen mit *Portolá*, der sich mehr der Krone als Gott verpflichtet fühlte, ein andermal setzten sich die Indianer blutig gegen die Missionierungsversuche zur Wehr (1775 in San Diego). Trotzdem konnte er bis zu seinem Tod entlang des *Camino Real* (Königsstraße) 21 Missionen ins Leben rufen. Ihre Namen sind in vielen Fällen mit den Ortschaften identisch, die sich später um die Stationen etablierten, und beweist, wie wichtig diese für die zivilisatorische Erschließung Kaliforniens waren:

1769: San Diego de Alcalá, San Diego
1770: San Carlos Borromeo, Carmel
1771: San Gabriel Arcángel, San Gabriel
1771: San Antonio de Padua, King City
1772: San Luis Obispo de Tolosa, San Luis Obispo
1776: San Juan Capistrano, San Juan Capistrano
1776: San Francisco de Asis/Dolores, San Francisco
1777: Santa Clara de Asis, Santa Clara
1782: San Buenaventura, Ventura
1786: Santa Barbara, Santa Barbara
1787: La Purisima Conceptión, Lompoc
1791: Santa Cruz, Santa Cruz
1791: Nuestra Señora de la Soledad, Soledad
1797: San Miguel Arcángel, San Miguel
1797: San Fernando Rey de España, San Fernando
1797: San Juan Bautista, San Juan Bautista
1797: San José, Fremont
1798: San Luis Rey de Francia, Oceanside
1804: Santa Inés, Solvang
1816: San Antonio de Pala, Pala
1817: San Rafael Arcángel, San Rafael
Im Jahre 1823 kam dann noch die nördlichste Mission San Francisco Solano in Sonoma hinzu.

Junipero Serra, den man auch den Apostel Kaliforniens nennt, ist in der Mission von Carmel beigesetzt. Die überragende Rolle des Franziskanerpaters wird u.a. daran sichtbar, dass sein Standbild nicht nur den dortigen Friedhof und viele andere kalifornische Kirchhöfe schmückt, sondern ebenfalls die Rotunda in Washington D.C. Bei aller Hochachtung vor dem Werk der Missionare im Allgemeinen und dem von *Junipero Serra* im Besonderen, dürfen kritische Anmerkungen zum Missionssystem nicht fehlen. Denn die Missionen waren nicht nur geistige Institutionen, sondern immer mehr auch reiche landwirtschaftliche Unternehmen. In San Diego z.B. baute man u.a. Bohnen, Mais und Weizen an, daneben Wein, Gemüse und Obst.

Pater Junipero Serra

Der Mission gehörten um 1800 nicht weniger als 20.000 Schafe, 10.000 Rinder und 1.250 Pferde. Und die wirtschaftliche Basis dieser Franziskaner-Bauernhöfe war hauptsächlich die Indianerarbeit, sodass an die Adresse der Mönche der Vorwurf der Sklaverei nicht ausbleiben konnte. Dass eine ihrer ersten Schwierigkeiten die Indianerrevolte von San Diego war, bei der ein Pater sein Leben lassen musste, wird kein Zufall gewesen sein. Ein zeitgenössischer Kritiker war *Adalbert von Chamisso*, der (zusammen mit *Otto von Kotzebue*) auf einer russischen Brigg 1815-18 eine Weltumseglung durchführte und dabei das Indianerelend bei der Mission Dolores in San Francisco sah. Er berichtete: „*Die Indianer sterben in den Missionen aus, in furchtbar zunehmendem Verhältnis. Ihr Stamm erlischt. San Francisco zählt bei tausend Indianer, die Zahl der Toten überstieg im vorigen Jahr 300 ... Die frommen Franziskaner, welche die Missionen in Neukalifornien halten, sind in keiner der Künste und Handwerke unterrichtet, die sie hier ausüben, lehren sollen; in keiner der Sprachen, an die sie gesandt sind ... Keiner scheint sich um deren Geschichte, Bräuche, Glauben, Sprachen bekümmert zu haben ... Der Indianer selbst bezieht unmittelbar keine Frucht von seiner Arbeit, keinen Lohn ...*"

So wurden z.B. in San Diego bis zum Jahr 1800 ca. 1.500 Indianer getauft, sehr viel mehr starben aber durch die harte Arbeit und eingeschleppte Krankheiten, und ihr kultureller Zusammenhang war zerstört. Zur Anpassung an die christliche Kultur der Weißen blieb ihnen kaum Zeit.

Die meisten der Missionskirchen sind heute nicht mehr original erhalten, sondern z.T. mehrfach wieder aufgebaut. Erdbeben, besonders schlimm in den Jahren 1803 und 1812, zerstörten Sakralbauten und Wirtschaftsgebäude. 1833 verfügte der mexikanische Kongress, nachdem sich das Land in einer Revolution von Spanien getrennt hatte, die Säkularisation und zog die Kirchengüter ein. Obwohl dies 1857 vom Präsidenten der Vereinigten Staaten rückgängig gemacht wurde, ist damals viel verlorengegangen. Heute stellen die Missionen nicht nur die historische Keimzelle des jeweiligen Ortes dar, sondern sind vielfach wieder von Mönchen bewohnt und Ziel von Touristen und Wallfahrern. Mit ihren blühenden Gärten sind sie zudem schöne Oasen der Ruhe inmitten der kalifornischen Großstädte.

Coronado Peninsula

Information
Coronado Visitor Center, 1100 Orange Ave., Coronado, ☎ (619) 437-8788, www.coronadovisitorcenter.com, Mo–Fr 9–17, Sa–So 10–17 Uhr.

Von Süden her schiebt sich die **Coronado Peninsula** wie ein überdimensionierter Angelhaken weit in die Bucht von San Diego hinein. Fußgänger und Fahrradfahrer nehmen in Downtown am Broadway Pier am besten die Personenfähre, die im 30-Minuten-Takt tgl. ab 9 Uhr verkehrt.

Ihr Ziel ist der **Ferry Landing Marketplace**, der zu einem großen Laden- und Restaurantkomplex ausgebaut wurde. Autofahrer sind entweder auf den Silver Strand Blvd. (Hwy. 75) angewiesen, der Coronado über die schmale Landenge erschließt, oder auf die 1969 eröffnete, fünfspurige **Coronado Bridge**, über die man vom Zentrum aus die schöne Halbinsel schneller erreichen kann. Ihr markanter 2-Meilen-Bogen, der sich zu einer Höhe von über 60 m aufschwingt, ist schon von weitem zu sehen und gehört zur unverwechselbaren Skyline der Stadt.

Berühmtes Hotel

Neben großzügigen Parkanlagen, Seafood-Restaurants, Golf- und Tennisplätzen, noblen Villen und schönen Sandstränden ist die größte Attraktion das **Hotel del Coronado**, das sich unter dem Namen The Del als fester Begriff der internationalen Hotellerie etabliert hat. 1888 erbaut, war die 700-Zimmer-Herberge von Anfang an eines der größten, luxuriösesten und bekanntesten Häuser der Westküste. Während sich San Diego noch als ziemlich ärmliche Kleinstadt darstellte, verkörperte das Del all das, was zu Beginn der 1890er Jahre an Komfort und Technologie möglich war.

Tatsächlich gab es damals außerhalb von New York in ganz Amerika keinen größeren Komplex, der über elektrisches Licht verfügte. *Thomas Edison* hat persönlich die entsprechenden Installationen überwacht und ließ es sich nicht nehmen, den Schalter zum ersten elektrisch beleuchteten Weihnachtsbaum der Welt anzuknipsen. In den Gästezimmern wurden damals Hinweise angebracht, auf denen zu lesen war: „Dieses Zimmer ist mit „Edison Elektrischem Licht" ausgestattet. Versuchen Sie nicht, die Lampen mit einem Streichholz zu entzünden. Drehen Sie einfach am Schalter neben der Tür. Die Benutzung von elektrischem Licht ist in keiner Weise der Gesundheit abträglich und schadet auch nicht der Nachtruhe…".

Das Hotel del Coronado

Wie es sich für ein victorianisches Haus gehört, erzählt man sich natürlich auch Spukgeschichten über das Del. So geht angeblich immer noch der Geist der jungen *Kate Morgan* um, die im November 1892 als Gast ein-, allerdings niemals auscheckte und seitdem nicht mehr auftauchte. Belegbarer ist, dass das Hotel bis heute gleichzeitig Nobelherberge und Sehenswürdigkeit blieb und u.a. den Präsidenten *Benjamin Harrison, Franklin D. Roosevelt, Richard M. Nixon, Jimmy Carter, Ronald Reagan, George Bush, Bill Clinton* und *George W. Bush* als bequemer Aufenthaltsort und Bühne diplomatischer Aktivität diente. Auch blaublütige Kundschaft war nicht selten. U.a. logierte im Jahre 1920 der *Prince of Wales* (der spätere englische König *Edward VIII.*) im Del, wo er übrigens seine Frau kennen lernte. Und neben vielen anderen berühmten Dauergästen (u.a. *Charles Lindbergh*) hat das Hotel schließlich auch Filmstars wie *Marilyn Monroe, Jack Lemmon, Humphrey Bogart, Tony Curtis, Peter O'Toole* und *Brad Pitt* verwöhnt; in mehreren Kinofilmen diente es zudem als grandiose Kulisse (z.B. in „Manche mögen's heiß").

Präsidenten, Könige und Schauspieler

Wie die Halbinsel erhielt das Hotel seinen Namen nach *Francisco Coronado*, der 1540 vom mexikanischen Vizekönig Mendoza ausgesandt wurde, das sagenhafte Goldland Cibola zu finden. Diese Expedition war damals eine Art Konkurrenzunternehmen zur Seereise Cabrillos (s. S. 456) und fand auf dem Landwege statt. Dementsprechend lagen Coronados Leistungen hauptsächlich in der Erforschung New Mexicos.

Hinweis

Der Eintritt zur Lobby und dem Garten ist für Nicht-Gäste frei, bisweilen werden von der Hotelleitung auch geführte Rundgänge durch das Anwesen angeboten. Ein Transfer nach und von Downtown ist mit den Old Town Trolley Tours möglich. Für Fahrten über die Halbinsel, z.B. zum Ferry Landing Marketplace, benutzt man am besten die Elektrobusse des Coronado Electric Shuttle. Infos zum Hotel unter www.hoteldel.com.

Reisepraktische Informationen San Diego

Vorwahl 619

Information
International Visitor Information Center, 1140 N Harbor Dr., ① 236-1212, www.sandiego.org; Juni–Sept. tgl. 9–17 Uhr, Okt.–Mai tgl. 9–16 Uhr. Sehr gut ausgestattetes Center mit multilingualem Personal.
Weitere Besucherzentren befinden sich u.a. im Balboa Park, der Old Town (2415 San Diego Avenue), in La Jolla (7966 Herschel Avenue) und auf der Coronado-Halbinsel.

Tipp
Wer sich länger in der Stadt aufhält, sollte den Kauf der **Go San Diego Card** erwägen. Mit ihr hat man freien Eintritt zu den wichtigsten Attraktionen und Museen in der Stadt und ihrer Umgebung (z.B. San Diego Zoo, Legoland, Safari Zoo Park, Belmont Park, ab 3 Tage inkl. Sea World), zu Hafenrundfahrten, Stadtrundgängen, Whale Watching Touren etc. Die Go San Diego Card kann man an den Besucherzentren kaufen oder online unter www.gosandiego card.com. Es gibt sie für 1 Tag (US$ 64), 2 Tage (US$ 106), 3 Tage (US$ 192), 5 Tage (US$ 249) und 7 Tage (US$ 292).

Hotels

Bei der Wahl des Hotel-/Motel-Standortes kommen mehrere Gebiete in Frage: Geeignet sind die Strandhotels von La Jolla, Pacific Beach, Shelter Island und Coronado für Wassersport und zur Erholung; zu den Attraktionen der Stadt hat man längere Wege zurückzulegen (Hotel-Busse, Taxen, öffentliche Verkehrsmittel). Die Hotels in der Old Town haben eine ganz eigene, gemütliche Atmosphäre in historischer Umgebung, Häuser in Downtown schließlich sind am besten zum Shopping geeignet. Autofahrer, die nichts vorgebucht haben, sollten entweder zum Touristenbüro fahren, wo man bei der Suche nach einer passenden Unterkunft gerne behilflich ist. Oder man biegt vom Fwy. 8 am ausgeschilderten Hotel Circle ab, wo zentrumsnah viele und billige Hotels/Motels nebeneinander anzutreffen sind. Kleine Auswahl empfehlenswerter Häuser:

Blue Sea Lodge $$-$$$, 707 Pacific Beach Dr., ① (858) 488-4700, www.bestwesternbluesea.com; gutes Mittelklasse-Hotel der Best Western-Kette, direkt am Sandstrand und nahe zur Sea World gelegen, geräumige Zimmer und Suiten, schöner Swimmingpool, viele Freizeitangebote, freies Parken.

The Horton Grand $$$, 311 Island Ave., ① 544-1886, www.hortongrand.com; traditionsreiches, victorianisches Haus mit 132 Zimmern, alle mit Antiquitäten und Kamin ausgestattet, mitten im Gaslamp Quarter gelegen.

Hacienda Hotel Old Town $$$, 4041 Harney St., ① (800) 888-1991, www.haciendahotel-oldtown.com; sehr schönes Hotel der Best-Western-Kette im mexikanischen Stil, mitten in Old Town gelegen, 200 großzügige Zimmer mit Miniküche, gutes Acapulco-Restaurant, Swimmingpool, Airport-Transfer.

Holiday Inn on the Bay $$$, 1355 N.Harbour Dr., ① 232-3861, www.hisandiegoonthebay.com; gutes Mittelklasse-Hotel mit 600 Zimmern, zentral zu Seaport Village (Downtown) gelegen, schöne Sicht auf die Bay und die Coronado-Brücke.

Heritage Park Bed & Breakfast Inn $$$-$$$$, 2470 Heritage Park Row, ① 299-6832, www.heritageparkinn.com. Wunderschönes Bed & Breakfast Hotel aus dem 19. Jh., unmittelbar neben der Old Town gelegen, 9 unterschiedlich große Zimmer, Antiquitäten, außergewöhnliche Atmosphäre.

Westin San Diego Horton Plaza $$$-$$$$, 910 Broadway Circle, ① 239-2200, www.starwoodhotels.com; First-Class-Hotel mit 450 Zimmern, Health Club, Tennisplätze, Swimmingpool, usw., alle Annehmlichkeiten, mitten in Downtown innerhalb des Konsum-Tempels Horton Plaza gelegen.

The Empress Hotel $$$-$$$$$, 7766 Fay Ave., ① (858) 454-3001, www.empress-hotel.com; großzügiges Haus mit 73 Suiten, im Herzen von La Jolla gelegen, für gehobene Ansprüche, trotzdem relativ moderate Preise.

Kona Kai Resort $$$-$$$$$, 1551 Shelter Island Dr., ① 221-8000, www.resortkonakai.com; gutes Hotel mit eigenem Strand auf der Shelter-Insel, sportliche Note (Tennis, Spa, Jogging etc.), Airport-Shuttle, 129 Zimmer mit allen Annehmlichkeiten.

U.S. Grant Hotel $$$$, 326 Broadway, ① 232-3121, www.usgrant.net; bildschönes, historisches Hotel, 280 Zimmer und Suiten, gegenüber der Horton Plaza mitten in Downtown gelegen, sehr gutes Restaurant (Grant Grill).

Marriott Hotel & Marina $$$$-$$$$$, 333 W. Harbor Dr., ① 234-1500, www.marriott.com; großzügiges Luxushotel mit markanten Zwillingstürmen, 1.360 Zimmer und Suiten, großer Yachthafen, viele Sportangebote, absolut zentrale Lage, herrliche Aussicht, Restaurants und Bars.

Hotel del Coronado $$$$-$$$$$, 1500 Orange Ave., Coronado, ① 435-6611, www.hoteldel.com. Eine Hotel-Legende auf der Coronado-Halbinsel, victorianisches Holzhaus von 1888 mit modernen Anbauten, eigener Strand, 7 Tennisplätze, Fahrrad- und Bootsverleih, meh-

rere Restaurants, Bars und Cafés, 368 unterschiedliche Zimmer, aber in jedem Fall Luxusklasse: ein besonderes Erlebnis.
Hilton La Jolla Torrey Pines $$$$$, 10950 North Torrey Pines Rd., La Jolla, ☏ 558-1500, www.lajollatorreypines.hilton.com. Luxushotel mit 400 Zimmern und Suiten, Restaurants, Bar, Swimmingpool, Fitness-Studio, Tennisplätze. 2 Meilen nördlich von La Jolla unmittelbar an der Torrey Pines State Reserve und am Rand eines 18-Loch-Golfplatzes gelegen, kurzer Fußweg zu schönen Sandstränden.

Jugendherberge/YMCA

HI Metropolitan Hostel $, 521 Market St. (Ecke 5th St.), ☏ 525-1531, www.sandiegohostels.org; 171 Betten, recht zentral, Fahrradverleih; im gleichen Gebäude die Zentrale des Jugendherbergsverbandes mit Reservierungsservice.
HI-San Diego Point Loma $, 3790 Udall St., ☏ 223-4778, www.sandiegohostels.org; mitten auf der Halbinsel und ruhig gelegenes 53-Betten-Hostel.
Ocean Beach International Backpackers Hostel $, 4961 Newport Ave., ☏ 223-7873, www.californiahostel.com; 60-Betten-Hostel in Strandnähe, viele Surfer.

Camping & R.V.Parks

Chula Vista RV Resort, 460 Sandpiper Way, Chula Vista, ☏ 422-0111, www.chulavistarv.com.
San Diego Metro KOA, 111 N.2nd Ave., Chula Vista, ☏ 427-3601, www.koa.com.

Restaurants

Ein Blick in den San Diego Dining Guide (kostenlos bei der Touristeninformation erhältlich) zeigt, dass es von der afghanischen und australischen, über die französische, englische, dänische, deutsche, griechische und jüdische, bis hin zur chinesischen, japanischen und indischen Küche nahezu alles gibt, was in der Gastronomie Rang und Namen hat. Natürlich kann man auch amerikanische Steaks bekommen und die kalifornische Nouvelle Cuisine probieren, und natürlich sind mexikanische Restaurants und solche mit Fisch- und Seafood-Gerichten besonders zahlreich und besonders gut.
Eine Konzentration von Gaststätten aller Art gibt es in Downtown, vor allem im Gaslamp Quarter. Vorzüglich speist man auch in Nobelvierteln, wie La Jolla, Hillcrest und Coronado. Entlang der großen Straßen in den Seebädern (Mission Blvd., Sunset Cliffs) ist die Auswahl riesig und die Preise nicht allzu hoch. Lokale mit spanisch-mexikanischer Küche sind hier oft authentischer als in der Old Town. An Plätzen wie dem Seaport Village und der Horton Plaza gibt es etliche Cafeterien und Imbissgaststätten, aber auch gute Restaurants. Eine kleine Auswahl:
Karl Strauss' Old Columbia Brewery, 1157 Columbia St., Downtown, ☏ 234-2739, www.karlstrauss.com; beliebte Microbrewery mit Pub-Atmosphäre und rustikaler amerikanischer Küche, preiswert, ebenso die Filialen in La Jolla und auf der Scranton Rd.
Hard Rock Cafe, 801 4th Ave., ☏ 615-7625, www.hardrock.com; außen und innen edel aufgemachtes Rock'n'Roll-Restaurant mit amerikanischer Küche und Snacks, am Horton Plaza gelegen, tgl. ab mittags geöffnet.

Tipp

Zweimal im Jahr, nämlich Mitte Januar und Mitte September, bieten während der **San Diego Restaurant Week** viele Cafés und Restaurants dreigängige Menüs zu einem sehr günstigen Festpreis an. Infos unter www.sandiegorestaurantweek.com.

Trattoria La Strada, 702 5th Ave., Downtown, ① 239-3400, www.trattorialastrada.com; einer der besten kalifornischen Italiener, schönes Restaurant mitten im Gaslamp Quarter, tgl. zu Lunch und Dinner geöffnet, Reservierung empfohlen, moderat.

Croce's, 802 5th Ave., Downtown, ① 233-4355, www.croces.com; originelles Haus im Gaslamp Quarter, tgl. zu Frühstück, Lunch und Dinner geöffnet, neue amerikanische und Texmex-Küche, abends oft Livemusik (Jazz, Blues), moderat.

Georges at the Cove, 1250 Prospect St., La Jolla, ① (858) 454-4244, www.georgesatthecove.com; schön gelegenes Restaurant mit kühlem, minimalistischen Ambiente, aber wunderbarem Meerblick, Innen- und Außenservierung, Piano Bar, leichte amerikanische Küche mit Seafood, Steaks, Pasta etc., moderat bis teuer.

The Fish Market & Top of the Market, 750 N. Harbor Dr., Downtown, ① 232-3474, www.thefishmarket.com; 2 Fisch- und Seafood-Restaurants im gleichen Gebäude, beide 11–22 Uhr geöffnet; während es im Fish Market (u. a. Austern- und Sushi-Bar, moderate Preise) weniger förmlich zugeht, ist Top of the Market seit Jahren eine feste und teure Gourmet-Adresse.

Dobson's Bar & Restaurant, 956 Broadway Circle, Downtown, ① 231-6771, www.dobsonsrestaurant.com; kulinarische Institution mit rustikalem Chic, beliebte Bar, mehrfach ausgezeichnetes Menü mit amerikanischer Küche, direkt an der Horton Plaza gelegen, Mo–Fr zu Lunch und Dinner, Sa nur zum Dinner geöffnet, So geschlossen, teuer.

The Skyroom, 1132 Prospect St., La Jolla, ① 454-0771, www.lavalencia.com; kleines Restaurant im 10. Stock des La Valencia-Hotels, von jedem der 12 Tische schöner Blick auf die Küste, französische Küche vom Feinsten, Mo–Sa 18–21 Uhr geöffnet, sehr sehr teuer, bis Herbst 10|12 wegen Renovierung geschlossen.

Sport

San Diego ist nicht nur eine attraktive und kulturell produktive Stadt, sondern auch überaus aktiv, sodass sie den Beinamen „Sports Town" trägt. Die Profi-Mannschaften im **Baseball**, **Basketball** und **Football** sind auf dem ganzen Kontinent bekannt. Profis und Amateure, die gleichermaßen für das sportliche Flair der Metropole verantwortlich sind, profitieren von den idealen Bedingungen zu Wasser und zu Land. Für Tennisspieler z. B. stehen rund 1.200 private und öffentliche Plätze bereit und Golfern nicht weniger als 83 Courses, darunter mehrere von Weltmeisterschafts-Format! Fahrradfahrer werden von dem ausgedehnten Radwegenetz begeistert sein, und auch Jogger sieht man im gesamten Stadtgebiet. Angesichts der Strände, der Buchten und des kristallklaren Ozeans ist es kein Wunder, dass **Wassersport** groß geschrieben wird. Segeln, Rudern, Kayaking, Schwimmen, Surfen, Tauchen, Schnorcheln, Wasserski, Windsurfing, Sportfischerei – all das ist möglich und wird ganzjährig ausgeübt.

Ballonfahrten

Eine fantastische Möglichkeit, Südkalifornien aus der Luft zu erleben, sind Flüge mit dem Heißluftballon, die ab Carlsbad oder Del Mar in San Diego's North County durchgeführt werden. Die Flugzeit dauert 45–60 Minuten, die Erinnerung an dieses Erlebnis aber erheblich länger! Gestartet wird meist in den Morgen- oder Abendstunden. Der Transfer ab/zu Ihrem Hotel kann organisiert werden; eine Reservierung ist unbedingt notwendig. Veranstalter sind u. a.:

Skysurfer Balloon Co., 2658 Del Mar Heights Rd., Del Mar, ① (858) 481-6800, www.sandiegohotairballoons.com

Balloon Adventure by California Dreamin', 33133 Vista Del Monte Rd., Temecula, ① (800) 373-3359, www.californiadreamin.com

Verkehrsmittel

Flugzeug
Der **San Diego International Airport** (② (619) 400-2400, www.san.org), der auch als Lindbergh Field in den Karten eingetragen ist, wird von den meisten amerikanischen und vielen internationalen Fluggesellschaften angeflogen. Der Flughafen mit seinen drei Terminals liegt mitten in der Stadt und verfügt über alle üblichen Einrichtungen, u. a. haben auch alle wichtigen amerikanischen Autovermieter dort eine Repräsentanz. Flugreisende kommen mit Shuttle-Bussen zum Zentrum sowie zu den größeren Hotels. Ebenfalls im Zentrum (Downtown) befindet sich eine AMTRAK- und Greyhound-Station.

Trolley Line
Ein besonderes Verkehrsmittel ist die Straßenbahn der **San Diego Trolley Line**, die in einer großen Schleife um Downtown fährt und bis zur mexikanischen Grenze verlängert ist. Die knallroten Waggons sind gleichermaßen Touristenattraktion und wichtiger Teil des Nahverkehrssystems. Zzt. existieren folgende Linien:
Die **Blue Line** geht vom restaurierten Santa Fe-Bahnhof in Downtown bis zur Endstation San Ysidro, von wo man zu Fuß in wenigen Minuten in Tijuana ist.
Die **Green Line** bringt einen zu den östlichen Vororten bis hin nach Santee.
Die **Orange Line** ist vor allem für Touristen von Bedeutung, da sie an den Hotels und Attraktionen nahe dem Convention Center vorbeiführt.
Die Fahrpreise schwanken von US$ 2,50–3, ein Tagespass kostet US$ 5. Auf der Kreuzung 12th Ave./Imperial Ave. hat man an der Bus/Trolley Transfer Station Umsteigemöglichkeiten zu Straßenbahn, Stadtbussen und Überlandbussen.

Busse und Trolleys sind im **Metropolitan Transit System (MTS)** zusammengefasst, das auch Ein- und Vier-Tage-Pässe anbietet. Tickets, Pässe, Routen- und Fahrpläne sowie weitere Infos erhält man am The Transit Store, 102 Broadway (Ecke 1st Ave.), ② 234-1060, oder im Internet unter www.sdmts.com.

Old Town Trolleys
Eine gute Möglichkeit für Touristen, die Stadt kennen zu lernen, sind die grün-orangefarbenen **Old Town Trolleys** (im Stil der Cable Cars), die ab 9 Uhr in einer 90minütigen Rundfahrt folgende wichtige Stationen anfahren: Old Town, Serra Museum, Maritime Museum, Cruise Ship Terminal, Seaport Village, Gaslamp Quarter, Balboa Park, San Diego Zoo, Hotel Coronado. Mehrfaches Ein- und Aussteigen ist möglich. Nähere Informationen bei Old Town Trolley Tours of San Diego, 4040 Twiggs St., ② 298-8687, www.trolleytours.com.

Boote
Zwischen den einzelnen am Meer gelegenen Sehenswürdigkeiten und Hotels auf Shelter Island, Harbor Island, der Downtown und Coronado verkehren **Wassertaxis** (San Diego Bay Water Taxi, So–Do 9–21, Fr–Sa bis 23 Uhr, ② 235-8294, US$ 7 p.P.). Die einfachste Möglichkeit, von Downtown aus die Halbinsel Coronado zu erreichen, bietet die **Personenfähre** San Diego Ferry (Broadway Pier/1050 N. Harbor Dr., ② 234-4111, einfache Fahrt US$ 4,25, Fahrrad ist gratis). An gleicher Stelle wird von San Diego Harbor Excursions eine große Bandbreite unterschiedlichster **Minikreuzfahrten** angeboten (z.B. Dinner Cruises, Harbor Tours, Brunch Cruises, Whale Watching; Infos inter www.sdhe.com).

Fahrradverleih

Mit ihren langen Strandpromenaden, Parks, Buchten und Halbinseln bietet sich die flache Stadt zum Fahrradfahren geradezu an. Ausflüge nach La Jolla oder bis nach Mexiko sind an einem Tag zu schaffen.
U. a. folgende Unternehmen vermieten Fahrräder:
Cheap Rental, 3689 Mission Blvd., ① (858) 488-9070, www.cheap-rentals.com; neben Fahrrädern werden auch Skates und Surfbretter verliehen.
Hamel's Action Sports Center, 704 Ventura Place, Mission Beach, ① (858) 272-2828
The Bike Revolution, 522 6th Ave., ① 564-4843, www.sandiegobiketoursinc.com; im Gaslamp Quarter, auch Touren. Tgl. 9–17 Uhr.
Bikes and Beyond, 1201 1st St., Ferry Landing Marketplace, Coronado, ① 435-7180, www.hollandsbicycles.com.

Abstecher nach Tijuana/Baja California

Die meisten Touristen durchqueren jenen als South Bay bekannten Teil von San Diego auf dem Weg zur mexikanischen Grenze, und zwar auf den Fwys. 805 und 5 oder mit dem San Diego Trolley (Endstation ist das San Ysidro Transit Center, direkt an der mexikanischen Grenze). Landschaftlich schöner ist auf den ersten Meilen der Hwy. 75 (*Silver Strand Blvd.*), der über die schmale Landzunge der Coronado-Halbinsel verläuft. Autofahrer, die über die großartige Brücke nach Coronado gelangt sind, können auf dieser Strecke also eine kleine Rundfahrt um die South Bay herum unternehmen. Vergessen Sie dabei die Badesachen nicht, denn der langgezogene **Silver Strand State Beach**, der sich parallel zur Straße erstreckt, ist mit Sicherheit einer der schönsten Kaliforniens. Der Abschnitt an seinem südlichen Ende heißt **Imperial Beach** und ist wegen des jährlichen Sandburgen-Wettbewerbs berühmt, bei dem in jedem Juli zwar schnell vergängliche, aber wunderschöne Kunstwerke entstehen.

Imperial Beach Pier

Eine Weiterfahrt an der Küste entlang ist anschließend nicht weiter möglich, da das Gelände von der Naval Station San Diego (auch bekannt als 32nd Street Naval Base) eingenommen wird. Die Basis, die mehr als 8.000 Militärs und 5.000 Zivilisten beschäftigt und wo immer etwa 40 Kriegsschiffe zu sehen sind, ist Heimathafen der Pazifikflotte der Vereinigten Staaten und ein wichtiger Wirtschaftsfaktor. Wegen des Militärgeländes setzt man die Reise also in östlicher Richtung fort bis zum Fwy. 5, auf dem man dann in 4 Meilen bis zur mexikanischen Grenze fährt.

Wer mit dem San Diego Trolley oder auf den Fwys 805/5 nach Süden reist, passiert zunächst die Vorstadt **National City**, Standort der hiesigen Werftindustrie und ein quirliges Kommerzzentrum mit auffallend vielen Autohändlern. Der nächste Ort heißt **Chula Vista, gehört mit gut 210.000 Einwohnern immerhin zu den 15 größten Städten Kaliforniens und hat Touristen dementsprechend etwas mehr zu bieten: Es gibt am Ufer der Bay nahe dem Wohnmobil-Resort zwei Yachthäfen, Picknickplätze mit schöner Aussicht und viele Wassersportmöglichkeiten. Bekannt ist Chula Vista zudem wegen der vielen fantastischen Golfplätze und dem Sportzentrum ARCO, in dem junge Athleten auf die Olympischen Spiele vorbereitet werden. Das **Chula Vista Nature Center** *(1000 Gunpowder Point Dr., ① 409-5900, www.chulavistanaturecenter.org; tgl. 10–17 Uhr, Eintritt US$ 14)* bietet allen Naturfreunden beste Beobachtungsmöglichkeiten der einheimischen Fauna. Ornithologisch Interessierte können auf einem Beobachtungsturm die einmalige Vogelwelt bestaunen, die an den Salz- und Süßwasserteichen rund 130 verschiedene Arten umfasst, ansonsten sind in dem Naturcenter Reptilien, Amphibien, Fische und Pflanzen zu sehen. Das Zentrum erreicht man vom Fwy. aus am besten über den Abzweig E-St.

Auf der mit 8–10 Spuren sehr breit ausgelegten Interstate 5 passiert man südlich der Bay das Städtchen **Palm City** und gelangt zum Grenzübergang von **San Ysidro**, von dem aus man bequem zu Fuß nach **Tijuana** kommen kann.

Tijuana

Wer bei seinem Aufenthalt im Westen der Vereinigten Staaten einen Kurztrip nach Mexiko unternehmen möchte, kann das an der Südgrenze der Staaten Texas (El Paso/Ciudad Juárez), New Mexico, Arizona und Kalifornien tun. Bei der vorliegenden Streckenbeschreibung bietet sich der Grenzübertritt nach Mexicali und mehr noch nach Tijuana an. Die beiden Grenzstationen von **Tijuana** (San Ysidro, Otay Mesa) sind nur 28 km von Downtown San Diego entfernt und mit öffentlichen Verkehrsmitteln bestens zu erreichen.

Nach der Besichtigung der Grenzstadt könnte man dann einen Abstecher zu den naheliegenden Badeorten der **Baja California** anschließen. Dabei sollte man sich nicht verkalkulieren: Auch wer vorhat, nur die Baja California zu erkunden: Die Halbinsel ist fast doppelt so lang wie Florida, und es braucht schon mehr als eine Woche, um bequem bis zur Südspitze und wieder zurück zu fahren! Eine Zugfahrt von Mexicali (zwischen Yuma und San Diego) dauert nach Mazatlan 22 Stunden oder nach Guadalajara 33 Stunden (bzw. 45 Stunden nach Mexico City).

Weitaus problemloser ist es also, wenn man sich auf einen Tagesausflug nach Tijuana und Umgebung beschränkt. Der Satz von Tijuana als der *most visited border city of the world* beweist, dass diese Idee von vielen geteilt wird: an vielen Tagen werden mehr als 300.000 Grenzgänger gezählt, jährlich sind es mindestens 60 Mio. Die Stadt selbst ist wie San Diego in den letzten Jahren enorm gewachsen und zählt knapp 1,8 Mio. Einwohner.

Meistbesuchte Grenzstadt der Welt

Neben der Frage, **wie** man Tijuana besucht, ist die Frage wichtig, **warum** man es besuchen sollte. Denn wirklich schön ist Tijuana genauso wenig wie die anderen Grenz-

Hinweis

Einreisebestimmungen, Öffnungszeiten der Grenze, Sicherheitshinweise etc. s. S. 470

städte zur USA. Die Amerikaner haben die Antwort längst gefunden und kaufen, kaufen, kaufen. Da die Baja California als **Freihandelszone** gilt, sind viele Waren hier erheblich billiger als in San Diego oder anderen US-amerikanischen Orten. Und die erlaubte Menge von Waren im Wert bis zu US$ 800 kann durch ein kurzes Abladen am abgestellten Wagen jenseits der Grenze verdoppelt und verdreifacht werden. Alles, was über US$ 800 hinausgeht, muss man verzollen.

Das **Geschäftszentrum** von Tijuana wirkt also wie ein einziger, großer Basar, in dem gerufen, gefeilscht, gekauft und angepriesen (auch gebettelt und gestohlen) wird. Trotzdem findet man hier eine ganz eigenartige Atmosphäre von Flaneuren, Kunden und Geschäftsleuten, und es macht Spaß, die überquellenden Auslagen mit ihren Lederwaren, kunstvollem Glas, Keramik sowie Gold- und Silberschmiedearbeiten zu betrachten. Die meisten Geschäfte gibt es auf der Hauptstraße Avenida Revolución. Mit einer kurzen Taxi-Fahrt (ca. US$ 7) gelangt man außerdem zum Plaza Rio Shopping Center, dem größten Einkaufszentrum in Nordmexiko. Die Geschäfte sind normalerweise täglich von 9.30–22 Uhr geöffnet; die Waren meistens in US$ ausgezeichnet, Dollars werden außerdem von jedem Händler problemlos angenommen.

Einkaufen und Feiern

Dass Kaufen das Lebenselixier der Stadt ist, wird Neuankömmlingen, die soeben an der Endstation den Trolley verlassen haben, schon nach 150 m in der lebhaften Shopping-Zone **Viva Tijuana** deutlich gemacht. Hat man diese hinter sich gebracht, überquert man auf einer überdachten Fußgängerbrücke den Tijuana River und ist bald darauf auf der zentralen und lebhaften Avenida Revolución. Neben den Läden ziehen hier vor allem die unzähligen **Restaurants, Kneipen, Hightech-Discos** und **Striptease-Shows** die Besucher an. In letzteren Etablissements sind hauptsächlich die Marinesoldaten aus San Diego, in steigendem Maß aber auch japanische Touristen dankbare Kunden. Und vor allem College-Schüler und andere junge Leute zieht Tijuana magisch an, weil hier öffentlich Alkohol ab 18 Jahren getrunken werden darf (in Kalifornien ab 21 Jahren).

Was aber gibt es, neben dem Einkaufs- und Essvergnügen, an wirklichen Sehenswürdigkeiten in der Grenzstadt? Da sind zum einen die **Stierkämpfe** (Bullfights), die meist sonntags um 16.30 Uhr stattfinden. Zwei entsprechende Arenen gibt es in Tijuana, die bedeutendere ist „El Torero" oder „Bullring" südlich des Stadtzentrums. Weitere Tiersportarten, die hauptsächlich die Lust der Mexikaner an Wetten befriedigen, sind die **Pferde- und Hunderennen**, die das ganze Jahr über im Stadtteil Caliente ausgetragen werden.

Von besonderem Reiz ist ein Besuch in der Arena **Frontón Palacio** *(Ecke Avenida Revolución/7th St.)* im Stadtteil Caliente, in der man die Handballsportart Jai Alai betreibt. Jai Alai, das oft als „schnellstes Spiel der Welt" bezeichnet wird, entstand vor etwa 200 Jahren im Baskenland und überdauerte nur in Mexiko.

Kulturzentrum

Interessierte Gäste sollten sich auf keinen Fall einen Besuch im architektonisch markanten und unübersehbaren **Centro Cultural Tijuana** entgehen lassen, das östlich des Einkaufszentrums liegt. Der Komplex in Form einer großen Kugel wurde vom mexikanischen Architekten *Pedro Ramirez Vasquez* entworfen, die großformatigen Wandgemälde stammen von *Diego Rivera*. In den großzügigen und hypermodernen Räumen wird örtliches Kunsthandwerk präsentiert, daneben im Museum Artefakte aus Mexi-

kos Geschichte und Kunstgeschichte. Fantastisch ist die Vorführung des Films *People of the Sun*, die unter der riesigen Kuppel des Omnimax-Theaters täglich mehrfach auch in englischer Sprache ausgestrahlt wird.
Centro Cultural Tijuana, *Paseo de los Héroes 9350*, ① *01 (664) 687-9600, www.cecut.gob.mx.*

Tijuana kann aber auch als Sprungbrett für Tagestouren in die nähere Umgebung dienen. Denn die **nördliche Baja California** ist sowohl ein Badeparadies als auch eine Freude für Freizeitangler mit ausgezeichneten Fischgründen im Kalifornischen Golf und Pazifischen Ozean. In einer halben Stunde Fahrtzeit kommt man über die gebührenpflichtige Küstenstraße Calle Malinche (vierspurig) zum bekannten Badeort **Rosarito** mit seinem feinsandigen Strand, Hotels, Campingplätzen und guten Restaurants. Rosarito ist in den vergangenen Jahren immer beliebter geworden und gilt vor allem bei nordamerikanischen Rentnern als idealer Ort für den „Winterschlaf".

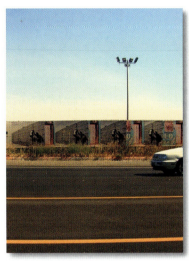

Mauer an der mexikanisch-amerikanischen Grenze – sinnbildlich verziert mit jemandem, der diese Mauer überspringt

70 Meilen weiter südlich, entlang eines Scenic Coastal Dr., liegt **Ensenada**, eine aufstrebende Küstenstadt, die gerne von Kreuzfahrtschiffen angefahren wird, die Weingärten und Sandstrände hat und in deren Gaststätten tagtäglich Mariachi-Gruppen aufspielen. Mit dem Geysir La Bufadora besitzt Ensenada eine Sehenswürdigkeit ganz eigener Art hoch über den Klippen.

Auf der anderen Seite bedeutet ein Abstecher nach Tijuana und Umgebung freilich auch die Gelegenheit, handfest etwas über die Probleme Mexikos und die merkwürdige Beziehung zwischen den beiden Staaten zu erfahren. Gerade im Grenzgebiet zur USA herrscht nämlich bittere Armut, weil jährlich Hunderttausende mexikanische Auswanderungswillige in den Norden ziehen, um hier bei nächstbester Gelegenheit (legal oder illegal) ins gelobte Land überzusiedeln. Die meterhohe Metallmauer, die die Amerikaner Anfang der 1990er Jahre entlang der Grenze errichteten und seit 2006 verlängern, ist dabei kein unüberwindbares Hindernis. Direkt jenseits davon vegetieren viele der hoffnungslosen Menschen in armseligen Barackensiedlungen dahin und warten auf den nächsten Versuch des Grenzübertritts. Auf amerikanischer Seite patrouillieren schwer bewaffnete Grenzer, um die illegalen Einwanderer sofort wieder abzuschieben oder festzusetzen. Nachts schwirren Hubschrauber durch die Dunkelheit und suchen mit Schweinwerfern die Grenze ab. Und nirgendwo in den USA muss man sich als Autofahrer so häufig wie hier Durchsuchungen gefallen lassen.

Illegale Grenzüberschreitungen an der Tagesordnung

Dementsprechend ist das Verhältnis zwischen Mexikanern und US-Amerikanern nicht immer problemlos, sondern oft mit gegenseitigen Vorurteilen belastet. Bei vielen Amerikanern gelten die Mexikaner nicht nur als „faul", sondern vor allem auch als Diebe und Schlitzohren, denen man nicht über den Weg trauen darf. Die Mexikaner wiederum ent-

Problema-tisches Verhältnis wickeln den nördlichen Nachbarn gegenüber eine gefährliche Mischung aus Hass, Minderwertigkeitskomplexen und Nationalstolz. So sehr man die Dollars der Gringos schätzt, so sehr verabscheut man deren Lebensart und ihre Anwesenheit. Man moniert, dass sie nicht Spanisch sprechen, andererseits aber erwarten, dass jeder ihre Sprache beherrscht und ihre Währung akzeptiert. Der mittelamerikanische „Machismo" hat außerdem seine Schwierigkeiten mit der Frauenemanzipation des Nordens. Im persönlichen Gespräch mit Mexikanern kann es jedenfalls nie schaden, sich als Deutscher (Österreicher, Schweizer) zu erkennen zu geben …

Reisepraktische Informationen Tijuana (MX)

! Sicherheitshinweis

Durch den seit 2007 in Nordmexiko herrschenden Drogenkrieg und den damit verbunden Anstieg der Kriminalität nahm die Zahl der Besucher aus Amerika in Tijuana deutlich ab. Man sollte eine gewisse Vorsicht walten lassen. Aktuelle Infos unter www.auswaertiges-amt.de.

i Information

Das **Tijuana Visitors Bureau** unterhält Informationsstellen, die alle tgl. 9–18 Uhr geöffnet sind (z.T. So nur bis 13 Uhr): eines direkt am Grenzübergang für Fußgänger, eines im Flughafen, eines in der Innenstadt an der Ecke Avenida Revolución/3rd St. (① (01152664) 685-2210). Weitere Informationen, Stadtpläne etc. erhalten Sie auch beim Fremdenverkehrsamt von San Diego. Infos im Internet unter www.tijuanaonline.org oder www.seetijuana.com. Bei Problemen: das Tourist Assistance Office befindet sich in der Calle Vía de la Juventud No. 8800 Office 25-23, Viva Tijuana Shopping Center, ① (01152664) 973-0430, Mo–Fr 8–20, Sa/So 9–13 Uhr.

An-/Ausreise

Zur Anreise sollte man auf die öffentlichen Verkehrsmittel oder die zuhauf angebotenen Inklusiv-Ausflüge ab San Diego (Busreise nach Tijuana, Ensenada, Rosarito; Minikreuzfahrten zur mexikanischen Küste etc.) zurückgreifen. Die **Blue Line** des San Diego Trolley fährt von 5–1 Uhr alle 10-15 Minuten (nach 19 Uhr jede halbe Stunde) von San Diego Downtown-Ecke Kettner/K St. bis zur Grenzstation San Ysidro, der Fahrpreis beträgt ca. US$ 2,50 (Tageskarte

! Achtung!

Nachdem Sie Tijuana oder andere Orte in Mexiko besucht haben, reisen Sie auf dem Landweg wieder in die USA ein und haben es dann evtl. mit den seit 2008 nochmals verschärften amerikanischen Einreisebestimmungen zu tun. Zzt. reicht der Reisepass, wenn der Aufenthalt in Mexiko auf 72 Stunden begrenzt ist und man sich nicht weiter als 18 Meilen von der amerikanischen Grenze entfernt. Diese Bestimmungen können sich aber sehr schnell ändern, deshalb informiert man sich also am besten vorab nach den jeweils geltenden Regeln. Die Warteschlangen bei der Einreise in die USA sind lang, kalkulieren Sie bis zu 1 Stunde Wartezeit ein. Und bedenken Sie: Die Beamten der U.S. Customs & Immigration haben das Recht, Ihnen die Einreise zu verweigern. Von diesem Recht wird z. B. Gebrauch gemacht, wenn herauskommt, dass Sie sich in Tijuana oder sonst wo mit billigem mexikanischen Marihuana eingedeckt haben.

San Diego – Palm Springs – Joshua Tree National Park – Las Vegas **471**

US$ 5). Wer mit dem eigenen Wagen anreist, sollte diesen an den großen Parkplätzen neben der Grenze abstellen. Die amerikanische Autoversicherung wird in Mexiko nicht akzeptiert! Deswegen ist es bei Einreise mit Pkw oder Motorhome dringend anzuraten, für die Dauer des Aufenthaltes eine mexikanische Autoversicherung abzuschließen; entsprechende Agenturen findet man in reicher Zahl auf beiden Seiten des Grenzüberganges. Die meisten Auto- und Wohnmobil-Verleiher erlauben die Einreise nach Mexiko nicht. Für die Einreise nach Mexiko reicht ein gültiger Reisepass. Ab der Grenze (Trolley Station) sind es etwa 1.000 m über die Fußgängerbrücke bis zur Innenstadt von Tijuana. Es gibt auch Taxen und billige Transfer-Busse, die die Strecke zwischen der Grenze und Downtown Bus Station (Avenida Madero) bedienen.

Wichtige Telefonnummern
Vorwahl von Mexiko (bei Anrufen aus den USA): 011-52
Vorwahl von Mexiko (bei Anrufen aus Europa): 00-52
Notruf: 060 bis 069
Mexikanisches Konsulat in San Diego: (619) 231-8414
24-Stunden-Touristen-Hotline: 078

Restaurants
Als beliebtes Ausflugsziel verfügt Tijuana über Restaurants mit mexikanischer oder internationaler Küche genauso wie über Filialen der amerikanischen Fast-Food-Ketten. Besonders groß ist das Angebot auf der Haupteinkaufsstraße Avenida Revolución.

Von San Diego über Palm Springs und den Joshua Tree National Park nach Las Vegas

Die Fahrt von San Diego (oder Los Angeles) nach Las Vegas bietet einen spannenden Kontrast, es ist der Schritt von der Zivilisation in die unverfälschte Natur. Heutzutage sorgen zwar breite Freeways für zügigen Transport, Tankstellen und Restaurants für Komfort. Wer aber die klimatisierte Atmosphäre verlässt, eine Nebenstraße befährt oder eine kleine Wanderung in Angriff nimmt, spürt die Wüste und merkt, dass sie nichts gemein hat mit der pazifischen Metropole, aus der man gekommen ist.

In die Wüste

Auf dem Weg von der südwestlichsten Ecke der USA nach Las Vegas muss man zunächst wieder ein ganzes Stück in den Nordosten. Dabei liegen das paradiesische Palm Springs und der Joshua Tree National Park sozusagen auf dem Weg, und es wäre schade, diese Sehenswürdigkeiten auszulassen. Um dorthin zu kommen, hat man ab San Diego jedoch die Qual der Wahl zwischen vier Streckenvarianten (von denen ich die Alternative 2 bevorzuge):

Alternative 1 – über Riverside und Cabazon

Wer die Strecke am schnellsten zurücklegen möchte, nimmt in San Diego die I-15 in Richtung Los Angeles. Nach 30 Meilen passiert man den **Zoo Safari Park** (vgl. S. 435, Ausfahrt „Via Rancho Parkway"). Hinter Rancho California kann man dann über den Hwy. 79 etwas abkürzen, schneller ist es aber, wenn man auf dem Freeway bleibt und bei dem folgenden Autobahndreieck auf den Fwy. 215 in Richtung San Bernardino abbiegt. Dabei überquert man das Colorado River Aqueduct und kommt kurz vor **Riverside** und nach insgesamt knapp 30 Meilen zum Abzweig des Hwy. 60. Riverside selbst ist eine Universitätsstadt und Sitz der Bezirksregierung des gleichnamigen Countys. Das 1870 gegründete Gemeinwesen lebte lange ausschließlich von seinen Seidenraupen-Zuchtanlagen und landwirtschaftlichen Betrieben (Orangen, Zitrusfrüchte). Seit den 1990ern wurde Riverside aber zunehmend industrialisiert, einhergehend mit einer enormen Expansion, sodass die Großstadt (2008: 316.000 Ew.) inzwischen mit San Bernardino fast schon zusammengewachsen ist.

Auskunft
Riverside Visitors Bureau, 3750 University Ave., ① (951) 222-4700, www.riversidecb.com

Auf dem Weg nach Palm Springs folgt man ab dem Abzweig dem Hwy. 60, der nach 20 Meilen in östlicher Richtung automatisch in die I-10 übergeht. Auf landschaftlich sehr reizvoller Strecke erreicht man anschließend die Berghänge von San Gorgonio, wo Tausende weißer Windmühlen Strom erzeugen. Bald darauf passiert man den Weiler **Cabazon**, in dem ein Indianerstamm das Morongo-Casino betreibt, dessen 27-Etagen-Klotz weithin zu sehen ist. Wer nicht in Cabazon spielen will, möchte vielleicht einkaufen, preisgünstige Gelegenheiten dazu sind durch die berühmten Cabazon Outlets gegeben. Wer in das 2.000-Seelen-Dorf abzweigt, wird außerdem durch den Anblick riesiger Dinosaurierskulpturen belohnt, die seit 2005 an der Hauptstraße stehen.

Begegnung der Dritten Art an Cabazons Main Street

Nicht allzu lange hinter Cabazon gelangt man zur Abzweigung des Hwy. 111; ab hier braucht man zum ausgeschilderten Palm Springs nur noch wenige Fahrminuten. Diese Route ist insgesamt etwa 80 Meilen lang und müsste in zwei Stunden zu schaffen sein (die Autobahnen des Großraums San Bernardino sind allerdings sehr stauanfällig).

Alternative 2 –
durch die Palomar Mountains und Idyllwild

Diese reizvollere Strecke nutzt zunächst ebenfalls die I-15 in Richtung Los Angeles. 15 Meilen hinter Escondido nimmt man die Abzweigung über den Hwy. 76 in östlicher Richtung und durchfährt die herrliche Landschaft der bis zu 1.850 m hohen Palomar Mountains. Ein erster Stopp empfiehlt sich an der historischen **Mission San Antonio**, die 1816 am sog. „Königsweg" gebaut wurde und immer noch hauptsächlich von Indianern genutzt wird *(tgl. 10–16 Uhr, Eintritt US$ 5)*.

Mission am Königsweg

Kurze Zeit später dann nähert man sich der absoluten Attraktion des **Palomar Observatoriums** (vgl. S. 434), zu dem man über die Stichstraße S 6 gelangt. Wieder auf dem Hwy. 76, erreicht man bald das blaue Wasser des **Lake Henshaw**, dann geht es über die Scenic Road des Hwy. 79 in nördlicher Richtung weiter, hinter Aguanga dann über die Landstraße 371. Vorbei an der Indianerreservation Cahuilla und den bewaldeten Hängen des San Bernardino Forest stößt man auf den Hwy. 74 – auch dies eine Scenic Road –, der einen in 24 Meilen nach Palm Desert bringt.

Genauso gut ist es möglich, dem Hwy. 74 in nordwestlicher Richtung zu folgen. In diesem Fall gelangt man zum Abzweig der schmalen, aber problemlos befahrbaren Straße 243, die einen durch eine wirklich herrliche Szenerie zum Fremdenverkehrsort **Idyllwild** bringt. Dieses Städtchen hoch in den San Jacinto Mountains ist als Künstlerkolonie bekannt und zieht Besucher wegen eines fantastischen Netzes an Wanderwegen, einer schönen Downtown mit großem kulinarischen Angebot, angenehmen Unterkünften (meist B & B-Pensionen) und einem umfangreichen Veranstaltungskalender in ihren Bann – Infos unter www.idyllwildchamber.com. Nach dem Aufenthalt in Idyllwild geht es auf dem Hwy. 243 in mehreren Serpentinen in die Wüstenebene hinab, wo man bei Banning auf die I-10 und damit auf die oben skizzierte Strecke stößt.

Künstlerkolonie

Bleibt man hingegen auf dem Hwy. 74 in nordöstlicher Richtung, sollte man vor allem auf dem letzten Streckenabschnitt durch den San Bernardino National Forest an den markierten Aussichtspunkten anhalten, insbesondere am Cahuilla Tewanet Vista Point mit seinem kleinen botanischen Lehrpfad und am Vista Point danach, der den Blick über das gesamte Wüstental und seine Oasenstädte freigibt.

Nachdem anschließend die Serpentinen bewältigt sind, lohnt im Tal zunächst der Besuch der botanischen Anlage und des Wildfreigeheges von **The Living Desert** (vgl. S. 481). Hier ist man schon im Vorstadtbereich von Palm Springs, das an der Straße 111 zwölf Meilen weiter nordwestlich liegt. Auf dem Weg dorthin passiert man die Gartenstädte **Rancho Mirage** und **Cathedral City**.

Für diese insgesamt etwa 150 Meilen lange Route benötigt man wegen der gewundenen Straßen, der Sehenswürdigkeiten und der Naturschönheiten ungefähr einen halben Tag.

Alternative 3 – über Descanso und den Lake Henshaw

Die dritte Variante führt von San Diego über die I-8 zunächst in östlicher Richtung. Dabei bewältigt man auf der Autobahn z.T. erhebliche Höhenunterschiede, und immer wieder reizen bewaldete Hänge und nahe Seen zu erholsamen Pausen. Bei Descanso biegt man dann auf den Hwy. 79 in nördlicher Richtung ab und stößt nach 36 Meilen beim **Lake Henshaw** auf die oben genannte Strecke der Alternative 2. Beide Routen sind ungefähr gleich lang.

Alternative 4 – über den Anza-Borrego Desert State Park

Auf dieser Strecke fährt man ebenfalls über den I-8 und den Hwy. 79, bis man im idyllischen **Julian** auf die Scenic Road 78 abbiegt. Diese durchquert einen Teil des **Anza-Borrego Desert State Park**, der mit 2.430 km² immerhin der größte kalifornische State Park ist und der zweitgrößte der USA. Das Tal, das von über 800 m hohen Hügelketten umringt ist, bietet Wüstenerlebnis pur. Es ist ideal für Naturliebhaber, die mit einem geländegängigen Wagen ausgestattet sind (über 800 km unbefestigte Straßen) und auf modernen Komfort verzichten können. Ein Besuch empfiehlt sich vor allem zwischen Februar und April, wenn die Wildblumen blühen und die Wüste in ein Farbenmeer verwandeln. Weniger als Reisezeit geeignet sind die Monate Juli und August mit Höchsttemperaturen über 40 °C. Allein in der Ortschaft Anza Borrego gibt es eine gewisse touristische Infrastruktur. Nach etwa 50 Meilen in westlicher Richtung stößt man auf den Hwy. 86, der parallel zum 1.300 km² großen **Salton Sea** verläuft. Der salzige See entstand durch eine verheerende Überschwemmung, als 1905 der Colorado River in das unter Meeresspiegelniveau liegende Tal einbrach. Nicht zuletzt wegen dieser

Für Offroad-Fans

Im Anza Borrego State Park

Katastrophe beschloss man damals übrigens, den Flussverlauf durch Staudämme (u.a. Hoover-Dam) zu regulieren.

Flutkatastrophe

Entlang der Ufer sind verschiedene Abschnitte des Salton Sea als Tier- und Naturschutzgebiete ausgewiesen. In **Desert Shores** kommt man dem See am nächsten, noch günstiger ist jedoch der Desert Beach auf dem gegenüberliegenden Ufer (erreichbar über die Nordküste und die Straße 111). Man folgt der Straße, bis man bei **Coachella** die 111 erreicht, die einen nach Palm Springs bringt. Diese Route ist etwas länger als die beiden vorhergehenden Varianten, allerdings zügiger befahrbar.

Palm Springs und das Coachella Valley

Überblick

Das Coachella Valley, das von den Little San Bernardino Mountains im Norden, den San Jacinto Mountains im Westen und den Santa Rosa Mountains im Süden eingerahmt ist, wird so wirkungsvoll gegen alle Regenwolken abgeschirmt, dass die klimatischen Verhältnisse nur als Wüstenklima bezeichnet werden können. Dass sich Palm Springs und die Nachbargemeinden trotzdem als grüne Oasen aus der Colorado Desert erheben, liegt an den heißen und kalten Mineralquellen, die hier aus dem Boden sprudeln. Bereits die Agua Caliente-Indianer wussten diese zu schätzen, und heute profitieren die berühmten Heilbäder von ihnen. Das Besondere an Palm Springs und den angrenzenden Ortschaften ist der internationale Ruf eines exklusiven Ferienparadieses, den man sich z. B. mit Santa Barbara (vgl. S. 399) teilt: Beide Städte sind noch überschaubar genug, weisen ein großzügiges Ambiente mit Palmenalleen auf, verfügen über eine abwechslungsreiche Architektur und sind bei Politikern, Stars und Urlaubern gleichermaßen beliebt.

Beliebtes Urlaubsziel: die Resorts von Palm Springs

Bei 350 Sonnentagen im Jahr war es kein Wunder, dass immer häufiger Berühmtheiten hierhin zogen; nationale „Institutionen" wie *Frank Sinatra* und *Kirk Douglas* besaßen nicht nur Traumvillen in Palm Springs, sondern hatten jeweils auch ihre eigene Straße. Durch das Beispiel eines *Bob Hope* angeregt, der keinen besseren Platz zum Golfspiel als seine Heimatstadt kennt, wurde Palm Springs als **Golf-Metropole** etabliert, in der sich Stars und Größen dieses Sports ein Stelldichein geben. Inzwischen haben sich nicht weniger als 87 Golfplätze etabliert, die meisten davon sind 18-Loch-Courses; angesichts der Bevölkerungszahl ist das unstreitig ein Weltrekord. Internationale Bedeutung haben daneben die **Tennisturniere**, insbesondere das von Indian Wells, die jedes Jahr die gesamte Weltelite des weißen Sports ins Coachella Valley bringt. Die Gesamt-

Route 4: Rundfahrt zu den südkalifornischen Highlights und nach Las Vegas

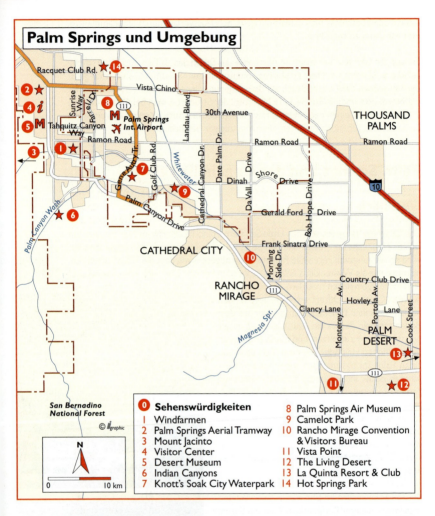

Palm Springs und Umgebung

0 Sehenswürdigkeiten
1. Windfarmen
2. Palm Springs Aerial Tramway
3. Mount Jacinto
4. Visitor Center
5. Desert Museum
6. Indian Canyons
7. Knott's Soak City Waterpark
8. Palm Springs Air Museum
9. Camelot Park
10. Rancho Mirage Convention & Visitors Bureau
11. Vista Point
12. The Living Desert
13. La Quinta Resort & Club
14. Hot Springs Park

zahl der Tennisplätze wird hier auf über 600 geschätzt. Und das internationale **Film-Festival**, das im Januar stattfindet, hat inzwischen genauso seinen festen Besucherstamm wie die Galerien und Modeboutiquen.

Rentner-Paradies

Gut 3,5 Mio. Besucher sind es, die alljährlich nach Palm Springs und in die umgebenden Orte kommen, ihnen stehen rund 200 Hotels und Motels mit insgesamt ca. 15.000 Zimmern zur Verfügung. Eine sehr große Gruppe stellen die Rentner, die hier ihren Winterurlaub in angenehmen Klima verbringen, durch sie ist die Einwohnerzahl um etwa 150.000 höher als außerhalb der Saison. In der Nebensaison hat sich Palm Springs in den letzten Jahren als Treffpunkt vieler begüterter Homosexueller etabliert. Insgesamt

Palm Springs und das Coachella Valley

ist der **Fremdenverkehr** klar das wirtschaftliche Standbein des Tales (auf dem zweiten Platz steht die Landwirtschaft: U.a. werden Zitrusfrüchte, Weintrauben und Dattelpalmen angebaut). Immer noch gilt der Winter als Hochsaison, in der die Hotelpreise fast doppelt so hoch sind, aber Palm Springs ist das ganze Jahr über lohnend. Vor allem sportliche Aktivität wird hier großgeschrieben. Neben den genannten Sportarten Golf und Tennis kann man am organisierten **Jeeping** und Flügen mit dem **Heißluftballon** teilnehmen, man kann **Fahrrad** fahren (es gibt Radfahrwege, einen entsprechenden Verleih und besondere Stadtkarten) und in der nahen Gebirgsregion **Wintersport** treiben.

Deswegen und wegen der landschaftlichen Attraktionen in der Nähe bietet sich Besuchern Palm Springs auch als relativ zentraler Standort für einen erholsamen und sonnigen Aufenthalt in Südkalifornien an, etwa wenn man das Stadtmonster Los Angeles meiden will. Die touristische Infrastruktur ist vorzüglich, u.a. soll es nicht weniger als 30.000 Swimmingpools im Coachella Valley geben. Und neben unzähligen Feinschmecker-Restaurants (besonders die italienische Küche ist hervorragend vertreten) sind es die guten Hotels/Motels, die einen angenehmen Urlaub garantieren. Swimmingpools und leicht erreichbare Sportstätten gehören in Palm Springs zum Standard.

Bei einem nur eintägigen Besuch der Stadt sollte man das Zentrum von Palm Springs auf einem kleinen Stadtbummel kennen lernen, kurz das Village Green mit Ruddy's General Store besuchen und ebenfalls das Desert Museum. Anschließend ist die Fahrt zum nördlichen Stadtrand und mit der Seilbahn auf den Mount Jacinto (dort Wanderungen und evtl. Abendessen) empfehlenswert. An ei-

Im Indian Canyon bei Palm Springs

nem evtl. zweiten Besichtigungstag darf man sich Attraktionen wie *The Living Desert* und die Indian Canyons nicht entgehen lassen (wahlweise eine Landschaftsfahrt über die *scenic route* der Hwys 111, 74, 243 und die I-10).

In der Reiseliteratur hat es sich eingebürgert, das berühmte Palm Springs als Sammelbezeichnung für alle acht Städte zu nehmen, die sich als grüne Oasen im Coachella Valley ausbreiten und zusammen etwa 400.000, während der Wintermonate sogar rund 550.000 Einwohner haben. Im Einzelnen sind dies (von West nach Ost): Desert Hot Springs, Cathedral City, Palm Springs, Rancho Mirage, Palm Desert, Indian Wells, La Quinta und Indio. Mit Ausnahme des nördlichen Desert Hot Springs liegen sie alle südlich der I-10 und sind am einfachsten über den Hwy. 111 (Palm Canyon Dr.) zu erreichen. Die wichtigsten Sehenswürdigkeiten des Tales können auf folgender Fahrt erlebt werden:

Acht Städte

Fahrt durch das Coachella Valley (von Palm Springs bis Indio)

Führend in Windenergie

Wer über die I-10 anreist, nimmt hinter Cabazon die Ausfahrt des Hwy. 111 und fährt auf zunächst noch vierspuriger Straße durch eine karge Wüstenlandschaft auf Palm Springs zu. Was entlang dieser Straße zunächst auffällt, sind die ausgedehnten **Windfarmen (1)** mit Tausenden und Abertausenden von Windmühlen, die zur Gewinnung elektrischer Energie (*generator windmills*) installiert wurden und von der steten Brise profitieren, die durch das Tal weht – nicht umsonst heißt ein Punkt entlang der Straße „Windy Point". Kalifornien ist übrigens weltweit führend in der Nutzung der Windenergie, wenn auch die meisten der hier aufgestellten Generatoren aus Dänemark stammen.

Palm Springs

Auf dem Hwy. 111 (N. Palm Canyon Dr.) gelangt man automatisch ins Zentrum der Stadt (46.000 Ew.), das sich zwischen den beiden Hauptstraßen Palm Canyon Dr. und Indian Ave. ausbreitet. Am nördlichen Ortseingang passiert man dabei die Tramway Rd., die sich zur Talstation der berühmten Gondelbahn **Palm Springs Aerial Tramway (2)** hoch windet. Die von einer Schweizer Firma 1963 installierte Seilbahn, eine der längsten weltweit, besteht aus zwei Gondeln mit Platz für jeweils etwa 80 Passagiere, die im halbstündigen Turnus Touristen, Skifahrer und Bergwanderer hinauf befördern; 14 Minuten dauert die Fahrt zur 2.597 m hohen Gipfelstation. Von dort aus ist ein Wanderweg zum Gipfel des knapp 3.300 m hohen **Mount Jacinto (3)** markiert. Trotz des relativ hohen Preises ist der Ausflug unbedingt zu empfehlen, da man in Palm Springs oder an anderen Orten in der heißen Talsohle nicht ahnt, wie bewaldet die höheren Regionen sind. Dort oben kann man auf insgesamt 54 Meilen ausgeschilderter Wanderwege u.a. im Long Valley herrliche Spaziergänge unternehmen, auf einem der (primitiven) Campingplätze übernachten und von Mitte November bis Mitte April Wintersport betreiben. Aber selbst im Hochsommer liegen noch Schneereste auf dem Mt. Jacinto, und man sollte an warme Kleidung denken. In der Bergstation gibt es eine Cafeteria und ein Restaurant. Wer in luftiger Höhe mit herrlichem Blick dinieren will, kann ein Ride'n'Dine-Ticket kaufen, das die Fahrt mit der Berg-

Seilbahn zum Mount Jacinto

bahn und ein Abendessen einschließt (ab 15 Uhr möglich). Besonders schön ist es, den Sonnenuntergang zu erleben, aber zu jeder Tageszeit ist schon die Fahrt an sich ein Erlebnis.
Palm Springs Aerial Tramway, *Tramway Rd., ① (760) 325-1391, www.pstramway.com; Abfahrten zu jeder halben Stunde Mo–Fr ab 10, an Wochenenden ab 8 Uhr, die letzten Kabinen starten talabwärts 21.45 Uhr, Tickets US$ 23,95.*

Hinter der Kreuzung entdeckt man dann am Palm Canyon Dr. das **Touristenbüro (4)**, untergebracht in einer futuristisch aussehenden, ehemaligen Tankstelle, in dem reichhaltiges Informationsmaterial bereitliegt. Auf der Fahrt ins Zentrum sollte man ab den 200er-Hausnummern versuchen, einen Parkplatz an der Allee N. Palm Canyon Dr. (oder am Museum, s.u.) zu bekommen und die Stadtbesichtigung zu Fuß fortzusetzen. Der **Palm Canyon Drive** ist nicht nur ein palmengesäumter, breiter Boulevard, sondern auch das Herz der Stadt, die ihre Identität u.a. aus der Anwesenheit vieler berühmter Stars bezieht, die sich Palm Springs als Wohnort erkoren haben. Deshalb hat man nach dem Vorbild Hollywoods einen **Walk of Stars** angelegt, auf dem seit 1992 die größten Persönlichkeiten mit einem Stern markiert sind. Zu den ersten solcherart Geehrten gehören *Bob Hope, Ginger Rogers, Trini Lopez, Sophia Loren* und *Frank Sinatra*. Ebenfalls am Palm Canyon Dr. liegt die **Palm Springs Promenade** mit der benachbarten **Mercado Plaza**, einem schön gestalteten Viertel mit einigen Modeboutiquen, Restaurants und Cafeterien. Westlich der Promenade stößt man auf das moderne und großzügig ausgestattete **Desert Museum (5)**. Es besitzt eine beachtliche Bandbreite an zeitgenössischer und älterer Kunst, auch die indianische und mittelamerikanische Kultur ist reichhaltig vertreten. Außerdem werden Wechselausstellungen gezeigt. Das Museum, das größte im gesamten Coachella Valley, verfügt über einen von *Frank Sinatra* gestifteten Skulpturengarten, ein Theater und einen Museumsshop.
Palm Springs Desert Museum, *101 Museum Dr., ① (760) 322-4800, www.psmuseum. org; Di–So 10–17, Do 12–20 Uhr, Eintritt US$ 12,50 (Do 16–20 Uhr frei).*

Beliebt bei der Prominenz

Über den Tahquitz Canyon Way, der die Hauptstraßen in einen Nord- und einen Südteil trennt und auf dessen Mittelstreifen sich eine Indianerstatue befindet, gelangt man zum Block zwischen S. Palm Canyon Dr. und dem S. Indian Canyon Dr., wo sich inmitten einer anheimelnden spanisch-mexikanischen Architektur ein buntes Durcheinander von Restaurants, Cafés, exklusiven Geschäften und dem historischen **Plaza Theatre** angesiedelt hat. Letzteres ist weithin wegen seiner Bühnenshow „The Follies" bekannt *(Infos unter www.psfollies.com)*. Wer dieser Straße gut einen Kilometer nach Osten folgt, findet dort weitere Einkaufsmöglichkeiten, insbesondere in der „Palm Springs Mall".

Viel näher zum Plaza Theatre befindet sich auf der anderen Straßenseite am S. Palm Canyon Dr. der Block des sog. **Village Green Heritage Center**, in dem einige historische Häuser aus dem 19. Jh. und ein Museum für nostalgisches Flair sorgen. Schauen Sie insbesondere in den alten Kramladen des **Ruddy's General Store** Museum *(geringe Eintrittsgebühr von US$ 0,95).*

Historische Häuser

Nach diesem kleinen Stadtbummel sollte die Fahrt mit dem Wagen fortgesetzt werden. Wer Zeit für einen Abstecher hat: bleiben Sie da, wo der Hwy. 111 eine Linkskurve beschreibt und als E. Palm Canyon Dr. weitergeführt wird, auf dem S. Palm Canyon Dr., der zum **Moorten Botanical Garden** führt, in dem die Wüste mit unzähligen Kakteen,

Sukkulenten, Wildblumen, Vögeln und anderen Tieren lebt. Wer sich länger in dieser Region aufhält, kann Ähnliches allerdings auch in freier Wildbahn erleben (und ohne Eintritt). Einige Fahrminuten weiter wird der S. Palm Canyon Dr. zu einer Privatstraße, die nur mit einem Eintrittsgeld passiert werden darf. Hinter der Entrance Gate befindet man sich in der Indianerreservation der Agua Caliente, einem Unterstamm der Cahuilla-Indianer, dem heute noch rund 42 % des Tales gehört – er gilt als wohlhabendster Stamm in Nordamerika. Die Touristen kommen allerdings in erster Linie nicht wegen der Ureinwohner hierhin, sondern wegen der **Indian Canyons (6)**. Dabei handelt es sich um vier enge Schluchten von bizarrer Schönheit, von denen der Palm Canyon, der Murray Canyon und der Andreas Canyon besucht werden dürfen. Von den Parkplätzen aus führen Wanderwege mit verschiedenen, klar gekennzeichneten Schwierigkeitsgraden in den Naturpark, dessen schönste Stellen die Oasen mit ihren endemischen Palmen darstellen. Im Palm Canyon gibt es eine alte Handelsstation, in der man Erfrischungen, Souvenirs oder Kartenmaterial bekommt.

Beeindruckende Canyons

Indian Canyons, S. Palm Canyon Dr., ① (760) 323-6018, www.indian-canyons.com; Okt.–Juli tgl. 8–17 Uhr, sonst nur Fr–So, Eintritt US$ 9.

Wer dem Hwy. 111 in östlicher Richtung folgt, passiert mehrere hochherrschaftliche Villen, die den Reichtum der hiesigen Wüstenstädte besonders deutlich machen können, und linkerhand schließlich den Abzweig der breiten Straße Gene Autry Tr. Auf dieser sind es nur wenige hundert Meter bis zum **Knott's Soak City Waterpark (7)**. Falls man mit Kindern reist, darf man diese Attraktion eigentlich nicht auslassen, vor allem wenn es heiß ist und man ohnehin Lust auf eine Abkühlung hat. Der Wasserpark bietet mehrere Pools, ein Open-Air-Wellenbad, nicht weniger als 13 Wasser-Rutschbahnen, Imbissstände und ein eigenes Hotel *(www.knotts.com)*.

Cathedral City

Über den Gene Autry Tr. gelangt man auch am schnellsten in die Nachbargemeinde Cathedral City, die in den letzten Jahrzehnten quasi aus dem Boden gestampft wurde und jetzt schon 51.000 Einwohner hat. Auch sie besitzt jede Menge Golfplätze und Resort-Hotels, spielt für die Einheimischen aber wegen ihrer Einkaufszentren, Autogeschäfte und Supermärkte eine wichtigere Rolle. Ein Blickfang ist hier die im Mission Style gestaltete und von einem hübschen Park umgebene City Hall. Folgt man dem Gene Autry Tr. nordwärts, passiert man den modernen Flughafen, an dessen Nordende das **Palm Springs Air Museum (8)** zu finden ist. In und hinter dem eindrucksvollen Gebäude können vor allem Fluggeräte aus der Zeit des Zweiten Weltkrieges nicht nur bestaunt werden, an einigen kann man auch zum Cockpit hinaufklettern. Die Sammlung gilt als einer der größten ihrer Art weltweit.

Flugzeugausstellung

Palm Springs Air Museum, 745 N. Gene Autry Trail, ① (760) 778-6262, www.palmsprings.com/airmuseum/; tgl. 10–17 Uhr, Eintritt US$ 15.

Hinter dem Flughafen kreuzt die Straße schließlich die I-10 und gelangt in die Nachbarstadt Desert Hot Springs (s.u.). Auf dem beschriebenen Weg bleibt man aber auf dem Hwy. 111 und kann hinter dem Abzweig der Crossley Rd. auf der linken Seite den **Camelot Park (9)** entdecken, einen Vergnügungspark, auf dem Kinder an drei Mini-18-Loch-Plätzen das Golfspiel üben, sich an Videospielen vergnügen oder mit Autoscootern fahren können.

Rancho Mirage, Palm Desert und Indian Wells

Die nächste Gemeinde heißt **Rancho Mirage** (17.000 Ew.) und begrüßt einen kurz hinter der Stadtgrenze mit dem **Convention & Visitors Bureau (10)**, das auf zwei Etagen touristische Dienstleistungen anbietet. Rancho Mirage ist geprägt von gepflegten Einfamilien-Häusern, Krankenhäusern, Golfanlagen und Unterkünften der First-Class- und Luxus-Kategorie. Trotz aller Modernität kann man aber immer noch freilebende Dickhornschafe beobachten, die manchmal Autofahrer auf dem Hwy. 111 zur Vollbremsung zwingen oder die friedlich die Blumenbeete abweiden.

Die Kreuzung der Hwys 74/111 markiert den Beginn des eigenständigen Städtchens **Palm Desert**, das 47.000 Einwohner aufweist. Direkt am Hwy. 111 sieht man linkerhand den großen Komplex des Palm Desert Town Center, während sich nach rechts die Zeile **El Paseo** etwa eine Meile weit erstreckt. Hier sind entlang einer blumengeschmückten und mit Skulpturen und Brunnen dekorierten Straße mehr als 300 Boutiquen, Schmuckläden und Restaurants versammelt. Dieses hübsche Architekturensemble im spanischen Stil ermöglicht die angenehmsten Shopping-Möglichkeiten außerhalb von Palm Springs, die zusätzlich im angrenzenden „The Gardens" erweitert werden können.

Über 300 Geschäfte

Falls man genügend Zeit hat, kann man auf dem gut ausgebauten Hwy. 74 hinauf in die Bergwelt fahren, wo es deutlich kühler als im Tal ist und auch mehr Niederschlag fällt – ein grünes Vegetationskleid ist dafür der beste Beweis. Wer auf dem Weg von San Diego nach Palm Springs der Alternative 2 gefolgt ist, kommt ohnehin über diese landschaftlich reizvolle Verbindung (vgl. S. 473) Alle anderen sollten zumindest bis zum ersten **Vista Point (11)** fahren, von dem aus der Blick über das gesamte Coachella Valley und bis zum Gipfel des Mt. Jacinto geht.

Eine Querverbindung zwischen den Hwys 74 und 111 ist die Portola Ave., an der die Attraktion **The Living Desert (12)** ein unbedingt lohnendes Ziel darstellt. In dem knapp 500 ha großen Gelände begegnet man natürlich in erster Linie der Flora und Fauna der hiesigen Wüste, u.a. sind Koyoten, Dickhornschafe, mexikanische Wölfe, Klapperschlangen, Golden Eagle und Pumas hier beheimatet. Der zweite Schwerpunkt des Zoos ist die afrikanische Tierwelt mit u.a. Schimpansen und Zebras; hier wurde auch die genaue Replik eines ganzen afrikanischen Dorfes (WaTuTu) aufgebaut. Den Park kann man auf geführten Rundgängen oder Tramtouren kennen lernen, es gibt Wanderwege, Picknick-Areale, Shops und eine Open-Air-Bühne.
The Living Desert Wildlife & Botanical Park, *47 900 Portola Ave., Palm Desert, ◊ (760) 346-5694, www.livingdesert.org; Juni bis Sept. tgl. 8–13.30, sonst tgl. 9–17 Uhr, Eintritt US$ 14,25.*

Flora und Fauna der Wüste

Zurück auf dem Hwy. 111, gelangt man in östlicher Richtung übergangslos in die Ortschaft **Indian Wells**, deren nur 3.500 Einwohner offensichtlich zu den Gutverdienenden gehören – in keiner Stadt der USA ist das statistische Pro-Kopf-Einkommen höher als hier. Tennisfreunden in aller Welt ist Indian Wells natürlich ein Begriff; die bekannten Turniere mit den Stars des weißen Sports finden übrigens im Stadion des Hyatt Grand Champions Resort statt – das beileibe nicht das einzige Luxushotel in Indian Wells ist. Sollten Sie um Neujahr im Ort sein, dürfen Sie das viertägige Jazz-Festival nicht verpassen.

La Quinta und Indio

Start des Tourismus

An Indian Wells schließt sich **La Quinta** an (24.000 Ew.), das auf der Landkarte des internationalen Fremdenverkehrs ebenfalls schon seit langem deutlich markiert ist. Wenn man sich das älteste und bis heute wohl schönste Resort des Coachella Valley anschauen möchte, fährt man vom Hwy. 111 rechts auf die Washington St. und dann wieder rechts auf den Eisenhower Dr. ab. Der heutige **La Quinta Resort & Club (13)** wurde bereits 1926 als äußerst luxuriöse Unterkunft in der Wüste etabliert. In der Szene des aufblühenden Hollywood sprachen sich bald der Charme und Komfort der damals 56 „casitas" herum, und immer mehr illustre Stars fanden den Weg zum La Quinta Resort, nicht wenige wurden Stammgäste. Inzwischen ist die Anlage mehrfach modernisiert und ausgebaut worden und umfasst heute u.a. mehrere Gourmet-Restaurants, 30 Tennisplätze, 25 Swimmingpools, 38 Thermalquellen und eine unübertroffene

Stilvoller Luxus: La Quinta Resort

Golf-Landschaft auf Championship-Niveau (insgesamt 72 Löcher). Nichts geändert wurde am Hacienda-Stil der Unterkünfte, von denen es inzwischen jedoch 640 gibt – mit Übernachtungspreisen von US$ 140 (DZ, Nebensaison) bis US$ 2.600 (Villa mit privatem Pool, Hauptsaison). Für einen kurzen Besuch stellt man den Wagen am besten an der zentralen Plaza ab und schaut sich die „historischen" Gästehäuser an, in denen sich nun Restaurants, Shops und die Rezeption befinden.

Größte Stadt

Indio, die östlichste Gemeinde des Tales, ist nicht nur die erste, die sich in der Wüste etablieren konnte, sondern mit nunmehr 50.000 Einwohnern auch die größte. Ihr Stadtbild ist deutlich weniger mondän als das ihrer Nachbarorte, aber nicht ohne provinziellen Charme. Der Name Indio ist eng verknüpft mit der Pferdezucht; Gestüte, das Equestrian Center und Polofelder sind dafür bester Beweis. Außerdem ist die Landwirtschaft ein wichtiger Wirtschaftsfaktor; von der Qualität der Weintrauben und Datteln kann man sich an Straßenständen überzeugen. Übrigens stammen nicht weniger als 95 % der amerikanischen Datteln von hier. Dementsprechend hat das „Nationale Dattelfest" Mitte Februar großen Zulauf, wenn u.a. die Dattelkönigin gekürt wird und sich auf dem Salzsee die schnellsten Kamele und Strauße im Wettrennen messen *(Infos unter www.datefest.org).*

Desert Hot Springs

Nicht am Hwy. 111, sondern 12 Meilen nördlich von Palm Springs und jenseits der I-10 liegt die aufblühende Gemeinde Desert Hot Springs, die auch den Beinamen „Spa Capitol" trägt. Verantwortlich für ihren schnellen Aufstieg ab den 1980ern ist die touristische Nutzung einer Vielzahl von heißen Quellen. Bereits jetzt gibt es in Desert Hot Springs, das mittlerweile immerhin ca. 19.000 Einwohner hat, über 40 Resorts, Hotels und Motels. Ebenfalls findet man hier die schönsten Campingplätze des

Tales. Die Thermalbäder all dieser Unterkünfte sind gleichzeitig die einzige Attraktion der Region, sieht man einmal vom lehrreichen **Hot Springs Park (14)** an der Ecke Palm Dr./8th St. und vom Cabot's Indian Pueblo Museum ab. Vor allem aber kann der Ort als komfortables Standquartier zur Erkundung des Joshua Tree NP genutzt werden. Von Palm Springs aus oder ab der Autobahn erreicht man Desert Hot Springs am einfachsten über den Palm Dr.

Heiße Quellen

Reisepraktische Informationen Palm Springs und Umgebung

Vorwahl 760

Information
Für Reisende aus Los Angeles liegt am nächsten, sofort hinter dem Abzweig zur Kabinenseilbahn (Tramway Rd.), das **Palm Springs Visitors Information Center** *(2901 N. Palm Canyon Dr., ① 778-8418, www.visitpalmsprings.com). Das zentrale Fremdenverkehrsamt* **Palm Springs Convention & Visitors Bureau** *liegt etwas weiter in Rancho Mirage (70-100 Highway 111, Rancho Mirage, ① 770-9000, www.palmspringsusa.com); beide Büros helfen u. a. bei der Hotelsuche vor Ort oder buchen im Voraus Unterkünfte für Sie. Viele Hinweise zu Restaurants, Sehenswürdigkeiten und touristischen Angeboten enthält das kostenlose Touristenmagazin desert guide.*

Hotels
Infos über das Hotel- und Resortangebot in Palm Springs und Umgebung unter www.palmspringslife.com. Stellvertretend für Dutzende anderer Häuser seien hier nur genannt:
Best Western Inn at Palm Springs $$, 1633 S.Palm Canyon Dr., Palm Springs, ① 325-9177, www.bwpalmsprings.com; recht zentrales Mittelklasse-Hotel mit 72 zweckmäßig eingerichteten Zimmern, freies Frühstück, Swimmingpool.
Viceroy Palm Springs $$$$, 415 S.Belardo Rd., Palm Springs, ① 320-4117, www.viceroypalmsprings.com; überschaubare und elegante Herberge (eines der ersten von Palm Springs) im Adobe-Stil, 5 Gehminuten von der Innenstadt entfernt, luxuriös eingerichtete Zimmer, Studios, Suiten und Villas, Spa, Gourmet-Restaurant „Citron".
Hyatt Regency Suites $$$$, 285 N.Palm Canyon Dr., Palm Springs, ① 322-9000, www.palmsprings.hyatt.com; direkt an der Desert Fashion Plaza/Museum gelegen, gehobene Kate-

Der Canyon Drive in Palm Springs

gorie mit großzügiger Lobby im Atrium-Stil, 197 geräumige Zimmer, Swimming- und Mineralpool, Restaurants, sehr zentral.
Riviera Resort & Racquet Club $$$$, 1600 N. Indian Canyon Drive, Palm Springs, ☎ 327-8311, www.psriviera.com; großzügiges Resort der First-Class-Kategorie, 480 Zimmer, reichhaltiges Sportangebot, Pools, Tennis, Golf, am nördlichen Ortseingang von Palm Springs gelegen.
La Quinta Resort & Club $$$$$, 49-499 Eisenhower Dr., La Quinta, ☎ 564-4111, www.laquintaresort.com; die „große alte Dame" der Palm-Springs-Hotellerie, stilvolles Ambiente, 640 Zimmer, casitas und Suiten im Hacienda-Stil, unübertroffenes Sport- und Freizeitangebot.

Restaurants
Von Fast-Food-Häusern bis zu ethnischen Küchen und Gourmet-Restaurants ist in der Region kein Mangel, selbst die österreichische Küche ist bis hierhin vorgedrungen (Schatzi's Grill in La Quinta). Besonders reichhaltig ist das kulinarische Angebot in Palm Desert, aber auch in Rancho Mirage, La Quinta und Indio findet man schnell ein passendes Lokal. Zu guten Restaurants in Palm Springs selbst gehören das **Europa Restaurant** (norditalienische und europäische Küche, 1620 Indian Tr.), **La Provence** (südeuropäische und nordafrikanische Küche, 254 N. Palm Canyon Dr.) und **Las Casuelas** (mexikanische Küche, 368 N. Palm Canyon Dr. und 222 S. Palm Canyon Dr.).

Aktivitäten
Dass in fast jedem besseren Hotel von Palm Springs geschwommen sowie Tennis und Golf gespielt werden kann, versteht sich von selbst. Sportlich Aktive oder Liebhaber des Besonderen können jedoch auf eine ganze Palette anderer Aktivitäten zurückgreifen. Wie wäre es, die Morgen- oder Abendstimmung der Wüste in einem **Heißluftballon** zu erleben? Infos zu Flugzeiten und Preisen u. a. bei
Desert Balloon Charters, 82540 Airport Boulevard Thermal, ☎ 398-8575
Fantasy Balloon Flights, 74181 Parosella St., Palm Desert, ☎ 568-0997, www.dreamflights.com
Sunrise Balloons, ☎ (800) 548-9912, www.sunriseballoons.com
Wer gerne **Fahrrad fährt**, kann das flache Coachella Valley auf gut markierten Radwegen kennen lernen. Fahrradverleih mit Anlieferung zu Ihrem Hotel u. a. bei
Big Wheel Tours, ☎ 779-1837, www.bwbtours.com

PS Bike Rentals, ⓘ 832-8912, 625 N Palm Canyon Drive, www.bikepsrentals.com
Gut für **Reiter**: Meilenweit winden sich Reitwege durch Berge, Wüste und Canyons. Infos u. a. bei **Smoke Tree Stables**, 2500 Toledo Ave., Palm Springs, ⓘ 327-1372, www.smoketree stables.com; **Coyote Ridge Stable**, ⓘ 363-3380, www.coyoteridgestable.com, im Morongo Valley, 20 min. von Palm Springs.
Wanderer finden in der Gipfelregion des Mount Jacinto ein ausgezeichnetes Netz markierter Pfade, ebenso im Joshua Tree NP. Wer mit örtlichem Guide durch die Wüste wandern möchte, melde sich bei **Desert Adventure** unter ⓘ 864-6530.

Veranstaltungen
Architekturinteressierte, die im Dezember zu Besuch in Palm Springs sind, sollten sich nicht den Palm Springs Walk of the Inns entgehen lassen, bei dem man vom Art Museum aus durch die historischen Inns zieht.

Joshua Tree National Park

Über zwei Routen kann man von Palm Springs zum nahen Joshua Tree National Park gelangen, der sich über das riesige Areal von 200.000 ha nördlich der I-10 ausbreitet: Einmal über den Hwy. 62, der zu den Ortschaften **Morongo Valley**, **Yucca Valley** und **Joshua Tree** führt. Ab Joshua Tree kommt man über den Park Blvd. in das Naturschutzgebiet (West Entrance), ab dem benachbarten Ort **Twentynine Palms** zu einem anderen Parkeingang (North Entrance) und zum größten Visitor Center. Den südlichen Eingang (South Entrance) erreicht man über die I-10, wobei man etwa 40 km (25 Meilen) östlich von Indio die Abfahrt Cottonwood Springs nehmen muss. Bei jedem Parkeingang kommt man an einem Wärterhäuschen vorbei, an dem der Eintritt zu zahlen ist und Informationsmaterial bereitliegt (auch in deutscher Sprache).

Für die vorliegende Routenbeschreibung ist letztgenannter Südeingang besser. Wer allerdings eine Hotelunterkunft in Parknähe braucht, sollte die nördliche Strecke nehmen,

❗ Achtung!

Auch bei einem Besuch des Joshua Tree NP sollte man an die Gefahren denken, die ein Aufenthalt in der Wüste mit sich bringen kann:
• Die zwar seltenen, aber periodisch auftretenden Regenfälle können **Überschwemmungen** verursachen. Immer dann sollte man die ausgetrockneten Flusstäler meiden und von Flussüberquerungen Abstand nehmen.
• Die vielen Freeclimber und Bergsteiger mögen darüber hinwegtäuschen, dass das Klettern mit Risiken verbunden ist. Seilen Sie sich an, und achten Sie auf verwittertes und lockeres Gestein.
• Die Tiere der Wüste sind wild; insbesondere vor Klapperschlangen sollte man sich hüten und immer einen Stock bei Wanderungen mit sich führen, mit dem man durch Geräusche auf sich aufmerksam macht.
• Ein weiteres Risiko stellen die verlassenen Grubenschächte der Bergwerke dar. Erkunden Sie die Hunderte von Metern langen Gänge möglichst nicht, oder führen Sie zumindest eine starke Taschenlampe mit.

Route 4: Rundfahrt zu den südkalifornischen Highlights und nach Las Vegas

wo Hotels/Motels jeder Kategorie in ausreichender Anzahl in den Ortschaften Desert Hot Springs, Morongo Valley, Yucca Valley, Joshua Tree und Twentynine Palms zur Verfügung stehen. Innerhalb des Naturschutzgebietes selbst gibt es neun Campingplätze, außerdem Grill- und Picknickareale.

Information

Nähere Informationen über den Park sowie aktuelle Programme erhält man beim Superintendent unter der Adresse: **Joshua Tree National Park**, 74485 National Park Dr., Twentynine Palms, CA 92277, ① (760) 367-5500, www.nps.gov/jotr. Der Eintrittspreis beträgt US$ 15 pro Fahrzeug.

Zusammentreffen zweier Wüstengebiete

Der Joshua Tree NP beinhaltet eine der schönsten Landschaften des amerikanischen Westens mit einem überaus interessanten Tier- und Pflanzenleben. Es sind hauptsächlich zwei Wüstengebiete, die das Areal umfasst: einerseits die relativ tief gelegene Colorado-Wüste, die sich in den Lagen unterhalb von 900 Metern ü.d.M. ausbreitet, andererseits die hochgelegene Mojave-Wüste mit ihren mächtigen Granitbuckeln und großen Joshua Tree-Beständen.

Wo sich die beiden Wüstenregionen treffen, sind in der Übergangszone Charakteristika beider Ökosysteme vereint. Hinzu kommen Oasen mit ihrem jeweils ganz eigenen Gepräge. So tot die Wüsten erscheinen mögen, so gilt doch der Satz „Die Wüste lebt" im Joshua Tree National Park in besonderem Maße. Außer den üblichen In-

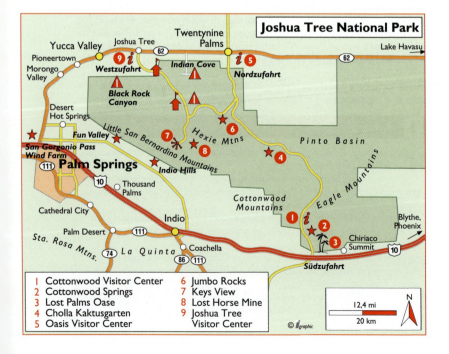

Im Joshua Tree National Park

sekten, Erdhörnchen, Kaninchen u.a. finden folgende **Tiere** im Park ihre Existenzgrundlage:
- der **Straßenläufer** (Roadrunner). Dieser aus Comicstrips bekannte Vogel fliegt nicht, sondern läuft durch die Wüste. Der Roadrunner ist mit dem Kuckuck verwandt und ernährt sich von Nagetieren, Reptilien, Insekten und jungen Vögeln.
- der **Goldadler** (Golden Eagle). Sein goldfarbenes Nackengefieder hat dem „König der Lüfte" seinen Namen eingebracht. Kaum eine Regung entgeht dem scharfen Blick dieses Greifvogels, dessen majestätische Silhouette oft über den Bergkuppen auftaucht.
- der **Kojote** (Präriewolf). Diese Tiere sind „Allesverwerter" und ernähren sich nicht nur von Aas, Insekten, Eidechsen, Vögeln, Schlangen, Ratten, Hasen und jungen Schildkröten, sondern auch von Früchten, Nüssen und Gras. Selbst Zivilisationsabfälle wie Schuhsohlen o.ä. verschmäht ein Kojote nicht. Charakteristisch ist sein langgezogenes Geheul, aber er kann auch wie ein Hund bellen.
- der **Präriehase** (Jackrabbit). Das wichtigste Beutetier der Wüste hat ein dichtes, dunkles Fell, das für eine gute Tarnung sorgt.
- die **Känguruhratte** (Kangaroo Rat). Das kleine Nagetier ernährt sich ausschließlich von Samen, die auch seinen gesamten Flüssigkeitsbedarf decken. Charakteristisch sind die stark ausgebildeten Hinterläufe, auf denen die Ratte tatsächlich wie ein Känguru durch die Wüste hüpft.
- die **Nachteidechse** (Yucca Night Lizard). Das merkwürdige Reptil existiert eigentlich nur vom und im Joshua Tree. In den schmalen Gängen und Spalten hinter der Baumrinde lebt die Echse von der Jagd auf Termiten und Ameisen.
- die **Höhleneule** (Burrowing Owl). Der massige Vogel macht in der Dämmerung Jagd auf Insekten, Reptilien und Nagetiere. Die bequeme Eule baut sich kein Nest, sondern wohnt in Höhlen, die von Nagetieren eingerichtet und später verlassen worden sind.
- der **Luchs** (Bobcat). Die scheue Wildkatze ist das schnellste Landtier der Wüste und geht meist nachts auf Jagd.

Reiche Tierwelt

- die **Tarantel** (Tarantula). Die furchterregende Wüstenspinne lebt von Insekten. Entgegen einer landläufigen Meinung ist ihr Biss für Menschen weder giftig noch gar tödlich, aber sehr schmerzhaft.
- die kleine **Klapperschlange** (Sidewinder). Ihren englischen Namen trägt die Schlange der Mojave-Wüste wegen der typischen seitwärtigen Fortbewegung. Bei kühlem Wetter sonnt sie sich auf freien Sand- oder Felsflächen, bei heißem Wetter versteckt sich die Klapperschlange im Schatten der Büsche und Felsen. Ihre Nahrung sind kleinere Nagetiere.

In den an den Eingängen erhältlichen Karten sind die fahrbaren Wege und sehenswerten Stationen eingezeichnet bzw. angegeben. Kommt man über den südlichen Eingang in den Park (die günstigste Route für die hier angegebene Strecke Palm Springs – Las Vegas), erreicht man wenige Meilen, nachdem man die I-10 verlassen hat, das **Cottonwood Visitor Center (1)**. In Schaukästen sind dort Informationen zur Geologie, Pflanzen- und Tierwelt des Parks zusammengetragen. Etwa 1½ km davon entfernt befindet sich die künstlich angelegte Palmenoase von **Cottonwood Spring (2)**. Wer deren reiches Vogelleben beobachten möchte, erreicht die Oase über eine gut befahrbare Straße. Etwas weiter entfernt und nur auf einem 6,4 km langen Wanderweg erreichbar ist die **Lost Palms Oase (3)** mit ihrem reichen Palmenbestand. Vom Visitor Center fährt man nun gut 25 km weiter und durchquert dabei das Pinto Basin, eine Ebene der Colorado-Wüste, durch die sich vor Urzeiten ein breiter Fluss wälzte. Äußerst interessant ist die Vegetation dieser Region, die man am schönsten im **Cholla Kaktusgarten (4)** studieren kann. Neben vielen Exemplaren von Bigelow-Kakteen bilden auch die fächerartigen, filigranen Ocotillos (fouquieria splendens), Creosotobüsche und andere Pflanzen den Bestand dieses „Gartens". Einen Überblick über die Pflanzen- und Tierwelt der Colorado-Wüste erhält man auf einem kurzen, beschilderten Wanderweg.

Mitten in der Mojave-Wüste

Die Autostraße windet sich nun zur hochgelegenen Mojave-Wüste hinauf, und in der gut sichtbaren **Übergangszone** trifft sich die für beide Wüsten typische Pflanzen- und Tierwelt. Nach etwa 15 km kommt man zu einer Weggabelung, wo man nach rechts zum **Oasis Visitor Center (5)** am Nordeingang fahren kann, in dem auch die Nationalpark-Verwaltung untergebracht ist. Zu den eigentlichen Schönheiten des Parks gelangt man aber nur, wenn man nach **links** abbiegt. Man befindet sich nun in der Mojave-Wüste, deren schroffe Berge sich bis auf 1.800 m auftürmen und in der es im Winter nachts spürbar kälter wird. Charakteristisch sind die verwitterten Granitblöcke, die in grandioser Monumentalität aus der Ebene wachsen und verkleinerte Ausgaben des australischen Ayers Rock zu sein scheinen. An Formationen wie den **Jumbo Rocks (6)** tut sich übrigens ein Eldorado für Kletterer auf, das besonders in den Ferien und an Wochenenden reichlich genutzt wird. Auf einer 29 km langen, markierten **geologischen Exkursionsroute** kann man die Erosionsformen der alten Quarz- und Gneisgesteine kennen lernen, gleichzeitig führt dieser (unasphaltierte und für Mobilhomes nicht geeignete) Weg durch einige der faszinierendsten Landschaften des Parks. Herrlich ist die Palette an leuchtenden Farben, die besonders bei schrägstehender Sonne auf den Felsflächen erscheint.

Die asphaltierte Straße führt nun weiter durch das Queen Valley, wo man auf einem nicht sehr anstrengenden Wanderweg (2½ km lang) den 1.660 m hohen Gipfel des

Nationalpark Joshua Tree: Eldorado für Kletterer

Ryan Mountain erklimmen kann. Lohn des Aufstiegs ist ein schöner Ausblick auf die Täler von Queen, Lost Horse, Hidden und Pleasant Valley.

Diese Täler sind z.T. dicht mit den typischen Pflanzen der Mojave-Wüste bewachsen, wobei die dichten Bestände von **Joshua Trees** dem Park den Namen gegeben haben. Eigentlich handelt es sich beim Joshua Tree nicht um einen Baum, sondern um ein Liliengewächs (Yucca brevifolia), das hier allerdings bis zu 12 m hoch wird und manchmal richtige Wälder bildet. Die Blütezeit der Joshua Trees ist von März bis Mai; dann leuchten Abertausende von blassgelben kleinen Blüten und bilden einen zusätzlichen Anreiz für den Besuch dieser Region. Ansonsten ist die Pflanze nicht weit verbreitet; sie gedeiht nur in der Mojave-Wüste (zu sehen z.B. entlang der I-15 bis zum Cajon-Pass bei San Bernardino) und im wüstenähnlichen Hochland Mexikos. Der biblische Name des Joshua Tree verrät, dass er von den Mormonen so getauft wurde.

Biblischer Name

Weiter wachsen in den hochgelegenen Tälern u.a. die **Mojave-Yucca** (deren Wurzeln von den Indianern als Medizin und deren harte Blätterspitzen als Nähnadeln benutzt wurden), der kalifornische **Wacholder** und die kalifornische **Fächerpalme**.

Fährt man an der folgenden Weggabelung nach links, kommt man nach etwa 8 km zum **Keys View (7)**. Dieser in 1.576 m Höhe gelegene Aussichtspunkt bietet einen weiten Ausblick über Täler, Berge und Wüstenlandschaft; die Sichtverhältnisse sind allerdings nachmittags und abends (Gegenlicht) nicht besonders gut.

Auf dem Rückweg kann man auf einem 2½ km langen Spaziergang nach rechts zur **Lost Horse Mine (8)** gehen. Der Besuch des historischen Bergwerks ist insofern interessant, als nach den Indianern die Goldsucher die Gegend erforschten und sich hier kurzzeitig niederließen. Später versuchten einige Farmer sogar, die Wüste zu bewässern und fruchtbar zu machen. Davon erzählt der **Barker Damm**, der auf der Schwelle zum 20. Jh. gebaut wurde und ursprünglich zur Wasserversorgung für Viehzucht und Bergbau diente. Der aufgestaute Teich, der heute der Tierwelt des Parks als Tränke dient, liegt etwa 8 km weiter nördlich und ist über einen ausgeschilderten, aber nicht asphaltierten Weg erreichbar.

Der Name des folgenden Tals, **Hidden Valley**, verweist darauf hin, dass die Mojave-Wüste für Banditen und besonders für Viehdiebe auch als schwer zugängliches Versteck genutzt wurde. Heute ist das Hidden Valley mit seinem Netz von Wanderwegen das bevorzugte Ziel der Parkbesucher. Der günstigste Weg vom Hidden Valley zum Hwy. 62 ist der über die Quail Springs Rd. zum **Westeingang**, von wo es nur einige Fahrminuten bis zur Ortschaft **Joshua Tree** sind.

Vom Joshua Tree National Park nach Las Vegas

Strecken-varianten

Bei der Weiterfahrt vom Joshua Tree NP nach Las Vegas gilt es wieder, zwischen zwei gleichermaßen reizvollen Streckenvarianten auszuwählen:

Alternative 1: Man verlässt den Park über den westlichen Eingang und stößt bei der Ortschaft Joshua Tree auf den mehrspurig ausgebauten Hwy. 62. Nach 9 Meilen in westlicher Richtung biegt man nach rechts auf die Straße 247 ab, die einen nach einer 77-Meilen-Fahrt durch absolute Wildnis bis **Barstow** bringt. Hier kann man über die I-15 entweder direkt nach Las Vegas fahren oder unterwegs den Abstecher zum **Death Valley** anschließen. Auch ein größerer Schlenker durch die Einsamkeit der **Mojave-Wüste** einschließlich des Besuchs im Tal des Todes ist ab Barstow denkbar (vgl. S. 521).

Alternative 2: Man verlässt den Park über den westlichen oder nördlichen Eingang und fährt auf dem Hwy. 62 in entgegengesetzter (also östlicher) Richtung weiter. Nach gut 90 Meilen stößt man auf den Hwy. 95 (oder setzt die Fahrt in 17 weiteren Meilen bis zur Grenze nach Arizona fort). Dann fährt man parallel zum Colorado

Lohnend: ein Abstecher zum Death Valley

River nach Norden und hat im reizvollen Stausee **Lake Havasu** eines der beliebtesten Urlaubsziele des Westens in erreichbarer Nähe. In **Lake Havasu City**, am gegenüberliegenden Seeufer, lockt eine Attraktion ganz besonderer Art Touristen aus nah und fern an: Der Stadtgründer *Robert McColloch* ließ 1968 in London die London Bridge, ein Wahrzeichen der englischen Hauptstadt, aufkaufen, Stein für Stein zerlegen und in der Wüste Arizonas wieder aufbauen. 1971 wurde das in dieser Umgebung bizarr wirkende Bauwerk durch den Oberbürgermeister von London zum zweiten Mal eingeweiht. Natürlich konnte es nicht bei dem Transfer bleiben, sondern es musste am See, unmittelbar unter der Brücke, das Vergnügungs- und Einkaufszentrum London Bridge English Village installiert werden. Der Hwy. 95, für 13 Meilen identisch mit der I-40, führt dann weiter in den Norden und schnurgerade auf Las Vegas zu.

Ein wenig London in der Wüste

Las Vegas und Umgebung

Die Karriere einer Spielerstadt

Die Einwohnerzahl des Großraums (Clark County) betrug 2009 knapp zwei Millionen, die der eigentlichen City etwa 605.000 – Zahlen, die sich seit Ende der 1980er mehr als verdoppelt haben. Las Vegas stellt damit das weitaus größte Ballungszentrum von Nevada dar und hat schon längst die offizielle Hauptstadt Carson (ca. 52.000 Ew.) überflügelt. Dabei begann die Geschichte der „Fun City" ganz unspektakulär und mehr oder weniger zufällig: Etwa 100 Meilen nördlich der heutigen Stadt geriet im Jahre 1829 eine 60-Mann-Karawane, die auf dem Spanish Trail von New Mexico nach Los Angeles unterwegs war, in Wassernot. Erst nach tagelangem Ritt fanden die ausgesandten Kundschafter Wasser, und zwar die heute als Las Vegas Springs bekannten artesischen Quellen.

Doch weder diese noch eine zweite Expedition fünfzehn Jahre später (unter Leitung von **John C. Fremont**) brachten dauerhaft Menschen in die Wüste Nevadas, sondern erst die **Mormonen**. Sie kamen um 1855, um die Postroute zwischen Los Angeles und Salt Lake City zu sichern, und errichteten ein kleines Fort sowie einige Lehmhäuser. Trotz immer wieder ausbrechender Kämpfe mit Indianerstämmen hielt die kleine Siedlergruppe durch und schaffte es, das Land zu kultivieren. Als schließlich die Eisenbahn gebaut wurde, nutzten die

Redaktionstipps

▶ Leisten Sie sich den bezahlbaren Luxus und übernachten Sie in einem der wirklich großen **Casino-Hotels** wie dem Venetian, MGM Grand, Mandalay Bay, Luxor, Bellagio, Mirage, New York – New York, Caesars Palace etc.
▶ Allenthalben werden Ihnen Preisermäßigungen in Form von **Rabattkarten** angeboten, die oft den Zweck haben, Sie möglichst lange in Ihrem Hotel zu halten. Solche erhalten Sie bereits beim Einchecken z.B. für das Buffet.
▶ Ein abendlicher Gang durch die Glitzerwelt entlang dem **Strip** ist die Essenz von Las Vegas! Nicht verpassen dürfen Sie dabei die Seeschlacht der Piraten vor Treasure Island und nebenan den „Vulkanausbruch" vor dem Mirage.
▶ Für Leute mit starken Nerven: alle drei Attraktionen auf dem **Stratosphere Tower** sorgen für Adrenalinschübe in schwindelerregender Höhe: der wahnwitzige „Big Shot", die X-Scream-Gondel und das Insanity-Karussell!
▶ Wenn Sie Ihr Landschaftserlebnis um ein absolutes Highlight erweitern wollen: Nutzen Sie ab/bis Las Vegas die preiswerten **Flüge oder Tagesexkursionen zum Grand Canyon**!
▶ Von besonderem Reiz ist es, die nächtliche Spielerstadt von oben zu betrachten, per **Helikopterflug** über die „Lichter der Nacht".

Beginn des Glückspiels

Unternehmen Las Vegas als Basisstation und errichteten hier 1904 sowohl ein zentrales Ersatzteillager als auch eine Zeltstadt für die Arbeiter. Diese waren es auch, die im Bereich der heutigen Downtown die ersten Saloons, primitiven Spielhöllen und Bordelle bevölkerten, später – inzwischen war die Stadt offiziell ins Register eingetragen – sorgte man auch für die Kunden der Eisenbahn: Im Bahnhof richtete man ein **Casinohotel** ein, und immer mehr Reisende planten hier einen Aufenthalt ein, bevor sie, meist um viel Geld erleichtert, mit dem nächsten Zug weiterfuhren. Zwar hatte Las Vegas im Jahre 1910 nicht mehr als 1.500 Einwohner, doch war es bereits wegen des Glücksspiels berühmt. 1941 setzte der große Boom ein, als mit dem (inzwischen längst abgerissenen) Casinohotel El Rancho Las Vegas der Startschuss für eine ungeheure Bautätigkeit gegeben wurde.

Fünf Jahre später öffnete das Flamingo seine Pforten, das sich von den anderen Hotels dadurch unterschied, dass es weitab der Downtown sozusagen in der Wüste lag: Der *Strip* war geboren. Der Bauherr des Flamingo war der legendäre Gangsterboss *Bugsy Siegel*, und wie er stammten auch viele andere Geldgeber aus Mafia-Kreisen. Die Investitionen dieser Ehrenwerten Gesellschaft waren so dominierend, dass sich in den 1950er Jahren die Liste der Hotelbesitz-Urkunden wie eine Verbrecherkartei las.

Harter Wettbewerb

Ein anderes historisches Datum ist das Jahr 1976, als in Atlantic City an der Ostküste der Spielbetrieb legalisiert wurde, und auch Städte wie Reno und Lake Tahoe an der Westgrenze von Nevada ihre Casinos aufbauten. Das von den großen Ballungszentren am weitesten entfernte Las Vegas musste sich nun etwas einfallen lassen, um den Standortnachteil auszugleichen. „*Es genügt heute nicht mehr, einfach Automaten aufzustellen und ein paar tausend Hotelbetten drüber zu bauen*", meinte auch D. Wirshing, Direktor des Stratosphere Tower. Deshalb wurde der bloße Hotel- und Casinobetrieb mit Themenparks, Entertainment, Weltklasse-Shows und einer atemberaubenden Architektur zu einer exklusiven Erlebniswelt umgewandelt, die nicht nur Besucher anlocken, sondern es ihnen schwer machen sollte, in ein Haus der Konkurrenz überzuwechseln. Diesem Streben scheinen bis heute keine Grenzen gesetzt. Immer neue Mammutpaläste schießen aus dem Boden und der *Strip* ist auf einer Länge von rund 5 Meilen zugebaut. Mitte der 90er eröffneten innerhalb von nur vier Monaten die drei Großhotels MGM Grand, Luxor und Treasure Island mit zusammen mehr als 10.000 Zimmern. Einen ähnlich hohen Aufmerksamkeitswert hatten die Eröffnungen des 350 m hohen Stratosphere Tower (1996) oder die des 2,7 Mrd. Dollar teuren Wynn Las Vegas (2005). Höher, größer, teurer – das ist auch

Das Bellagio

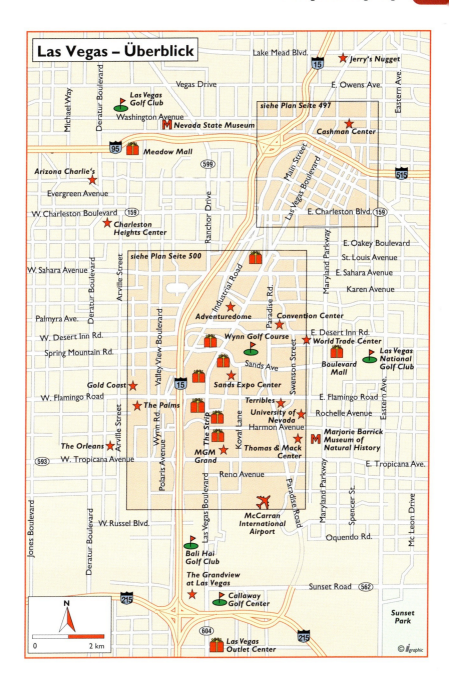

Das größte Hotel der Welt

das Motto der jüngsten Bauprojekte. Das 2008 um das Palazzo erweiterte Venetian stieg mit über 7.100 Zimmern zum größten Hotel der Welt auf. Und das 2010 vollendete Projekt CityCenter ist der größte (308.000 m²), teuerste (8,5 Mrd. Dollar) und höchste (61 Stockwerke) Gebäudekomplex der USA, der privat finanziert worden ist. Inzwischen besitzt Las Vegas 14 der 18 größten Hotels der Welt.

Es ist klar, dass sich die Kosten für solche Gebäude nur noch große Konzerne leisten. An der Spitze steht in Las Vegas die im Jahre 2000 gegründete Firma **MGM Mirage**, der u.a. die Casinohotels und Megaresorts Bellagio, Mirage, Luxor, Mandalay Bay, MGM Grand, Monte Carlo, New York–New York und Circus Circus angehören, eine Fläche von 3,4 km² allein am Strip! Allerdings machte die weltweite Finanz- und Immobilienkrise vor Las Vegas nicht Halt. Die Aktie von MGM Mirage z.B., in der auch viel arabisches Geld steckt (Dubai World), verlor 97 % ihres Wertes; in der Folge musste u.a. das Casinohotel Treasure Island an den Multimilliardär *Phil Ruffin* verkauft und weitere Pläne in Atlantic City auf Eis gelegt werden. Ähnlich ist die Situation beim Unternehmen **Las Vegas Sands Corp.**, das 2007–09 noch riesige Hotelpaläste und Themenparks in Macau und Singapore eröffnete. Der Aktienwert von Las Vegas Sands, zu dem das derzeit größte Hotel der Welt, das „Venetian" mit dem „Palazzo", gehört, sank 2008–09 von US$ 122,96 auf US$ 4,70.

Glücksspiel und Heiraten

An und für sich bedürfte es keiner glitzernden Kunstwelten, um Las Vegas für einen Urlaub attraktiv zu machen. Denn die Stadt ist mit einem fantastischen Wetter gesegnet, das allein schon mit seinen 320 Sonnentagen die Hotels und ihre Swimmingpools füllen könnte. Doch ist und bleibt der Name der Fun City untrennbar mit dem **Glücksspiel** verbunden. Ob in der Downtown oder am Strip, überall bieten sich dem Neuankömmling diese Erlebniswelten an – großartig in der Innen- und Außenarchitektur, protzig, prunkvoll, ein unglaubliches Schauspiel aus einfallsreichen Neonreklamen, Automatengeratter, billigen Buffets und hervorragenden Shows. Hier gibt es Hotelhallen, in denen Tausende von „Einarmigen Banditen" installiert sind, wo sich im Verlauf einer Nacht mehr als 10.000 Menschen an einem Buffet vergnügen und in denen kostümierte Paradiesvögel die Blicke auf sich ziehen.

Glitzer und Glamour

Die Höhe des Einsatzes entscheidet natürlich über die Höhe des Verlustes oder Gewinns. Mit anderen Worten: Wer nur wenig setzt, gewinnt kaum. Mit Einsätzen von unter 1 Dollar sind zwar bis zu 4.000 Dollar zu gewinnen, was aber in den allerseltensten Fällen geschieht. Durchschnittlich verlor im Jahre 2008 jeder Las Vegas-Tourist, d.h. einschließlich der Babys, Kinder und Greise, US$ 498 pro Besuch! Die großen Casinos lassen natürlich keine Tricks aus, um den Besucher zu ihren Spielautomaten zu locken und

---

 Achtung!

Trotz aller scheinbaren Liberalität unterliegen Glücksspiel und Alkoholkonsum in Nevada strengen Altersbeschränkungen, die natürlich auch für Ausländer gelten. Wer jünger als 21 ist, darf in der Öffentlichkeit keinen Alkohol zu sich nehmen. Auch das Gambling ist an diese Altersgrenze gebunden, allerdings dürfen Jugendliche unbehelligt durch die Spielcasinos wandern.

sie dort zu halten. So kommt man z. B. vom Strip aus ohne weiteres in die Geschäftspassage Forum Mall des Caesars Palace hinein, aber hinaus geht es nur auf einem Weg, auf dem man alle Spielhallen des Hotels passieren muss. Gleiches erleben diejenigen, die sich in die Schlangen fürs Buffet einreihen; allein die dabei im Vorübergehen eingeworfenen Münzen summieren sich über's Jahr zu vielen Millionen!

Übrigens steht Las Vegas in noch einem Punkt ganz oben auf der Beliebtheitsskala: dem **Heiraten**. Kaum ein Bundesstaat hat so lockere Gesetze diesbezüglich, und für den sofortigen Trauschein reichen ein Mindestalter von 18 Jahren und der Führerschein – bei Ausländern nur der Reisepass, Geburtsurkunden oder andere Dokumente sind nicht notwendig. Für die Heiratslizenz (*marriage license*, ca. US$ 55) muss man persönlich vorsprechen im Marriage Bureau (*201 Clark Ave.*, ✆ *702/671-0600, tgl. 8–24 Uhr*), zwischen Downtown und Strip gelegen. Die Kosten für die Zeremonie variieren je nach Datum, Aufwand, Sonderwünschen – z.B. deutscher Übersetzungsservice – und Kapelle zwischen US$ 40–1.000. Die Trauung selbst wird durch die Heiratsurkunde (*marriage certificate*) bestätigt, die etwa US$ 50 kostet. Die meisten Kapellen gibt es am Strip.

Immer noch beliebt: Heiraten in Las Vegas

 Hinweis

Falls auch Sie eine Hochzeit in der „Fun City" planen, sollten Sie vorab von der Infostelle in München die deutschsprachige Broschüre „Heiraten in Las Vegas" anfordern oder als pdf-Datei unter www.visitlasvegas.de herunterladen. Gleiches gilt auch für andere Internet-Adressen wie www.vegas4you.de oder www.vegas-online.de, während man über Websites wie www.heirateninlasvegas.com oder www.las-vegas-heiraten.de an Spezialveranstalter gelangt, die Hochzeiten arrangieren und bis ins Detail ausarbeiten. Nach Eheschließung in Las Vegas müssen zwei Urkunden beantragt werden, die später beim deutschen Standesamt vorzulegen sind, damit die Hochzeit anerkannt wird: die beglaubigte Kopie des Trauscheins (beim „Recorder's Office" in Las Vegas, US$ 10) und die Apostille, die die Echtheit der Heiratsurkunde bestätigt (beim Staatssekretär in Carson City, US$ 20). Diese Urkunden können auch vor Ort im Büro des deutschen Honorarkonsuls bestellt und bezahlt werden: Andreas Adrian, 4815 W. Russell Rd., Suite 10 J, Las Vegas NV 89118, ✆ (702) 873-6717, E-Mail: consul@vegasresidences.com.

Sehenswürdigkeiten/Stadtrundgang

Las Vegas, im Schnittpunkt der Fwys 15, 93 und 95 gelegen, hat zwei gut unterscheidbare Stadtteile, nämlich die Downtown, die um die alte Mormonensiedlung und das Eisenbahnercamp entstanden ist, und den mehr als 5 Meilen nach Süden weisenden Las Vegas Blvd., der besser unter dem Kurznamen *The Strip* bekannt ist. Nach der oben skizzierten Geschichte von Las Vegas scheint klar, dass man hier auf der Suche nach Attraktionen nicht an den Spielcasinos

Am Strip

vorbeikommt. Einerseits sind sie von ihrer Architektur her selbst eine Sehenswürdigkeit, auf der anderen Seite halten viele von ihnen zusätzliche Highlights bereit. Falls man zwei Tage reserviert hat, sollte man einen Tag der Stadt selbst und den zweiten der Umgebung (Lake Mead, Hoover Dam) widmen. Bei 1½ Tagen und Ankunft am späten Nachmittag könnte der erste Abend mit einem Rundgang zu den bekanntesten Hotels am Strip verbracht werden, der darauffolgende Vormittag und frühe Nachmittag in die naturschöne Umgebung führen und der zweite Abend ebenfalls nach Las Vegas – evtl. mit dem Besuch einer Show. Das Ticket dafür besorgt man sich am bestens bereits morgens.

Die Downtown

Vorwahl für Las Vegas: 702

Dass Las Vegas nicht nur aus Glücksspiel und Hotelanlagen besteht, kann ein kleiner Abstecher in den Norden der eigentlichen Downtown klären. Hier, am Ende des Las Vegas Blvd. N und jenseits der I-515, gibt es drei Adressen, an denen man sich den historischen Wurzeln der Region oder den Ursprüngen der Stadt nähern kann. Östlich der Avenue breitet sich das **Cashman Field** mit der Multifunktionshalle Cashman Center, dem Baseball-Stadion und einem Park aus, und darüber, an der Kreuzung zur Washington Ave., findet man das in einem State Historic Park geschützte **Old Fort (1)**. Hier erreichten 1855 Mormonen als erste weiße Siedler jene Gegend, in der 50 Jahre später der Stern von Las Vegas aufgehen sollte. Sie ließen sich in einem geschützten Anwesen nieder, das heute zwar Fort genannt wird, aber niemals militärische Aufgaben zu erfüllen hatte. Eine Adobe-Mauer umschließt das Areal, in dem man u.a. das Ranch House besichtigen kann, immerhin das älteste Gebäude von ganz Nevada. Innen und außen gibt es Planwagen, Möbel, Kleider und Gerätschaften sowie eine sehr interessante Fotosammlung zu sehen.
Old Las Vegas Mormon Fort State Historic Park, *500 E. Washington Ave., ① 486-3511, www.parks.nv.gov/olvmf.htm; Di–Sa 8–16.30 Uhr, Eintritt US$ 1.*

Mormonische Siedlung

Das unmittelbar südlich gelegene **Natural History Museum (2)** ist mit seiner naturgeschichtlichen Sammlung nicht gerade eine Offenbarung, kann aber mit seinen gut gemachten lebensgroßen Tierfiguren (Dinosaurier, Löwen, Bären etc.) vor allem für Kinder eine Alternative zur Casino-Glitzerwelt sein.
Las Vegas Natural History Museum, *900 Las Vegas Blvd., ① 384-3466, www.lvnhm.org; tgl. 9–16 Uhr, Eintritt US$ 10.*

Auf der anderen, westlichen Seite des Las Vegas Blvd. beherbergt das **Neon Museum (3)** eine unbedingt sehenswerte Sammlung von Reklametafeln, Neon-Fassadenschmuck und vielen interessanten Details des Las-Vegas-Tingeltangel. Lange Zeit konnte man diese Erinnerungsstücke an alte Casinos und Hotels auf einem ziemlich pietätlos hergerichteten Open-Air-Gelände bewundern. Seit 2009 sind sie zusammen mit der geschwungenen Zement-Lobby des alten Concha-Motels architektonische Schmuckstücke eines eigenen Museumsgebäudes.
Neon Museum, *821 Las Vegas Blvd. N., ① 387-6366, www.neonmuseum.org. Zzt. nur mit Tour zu besichtigen, Di–Sa 12 und 14 Uhr, US$ 15. Anmeldung erforderlich.*

Folgt man nach diesem Ausflug in die Geschichte dem Las Vegas Blvd. nach Süden, empfängt einen unmittelbar hinter der Autobahn die **City Hall (4)**. Der 11stöckige Verwaltungsturm stammt von 1973 und wirkt durch seine halbkreisförmige Gestalt sehr markant; umgeben ist er von Anbauten, die 2003 hinzu kamen. Der Haupteingang der City Hall liegt an der Stewart Ave., an der man einen Block weiter auch den **Las Vegas Transit Terminal (5)** passiert, den Busbahnhof der regionalen Gesellschaft RTC. Seit 2009 wird ein Großteil der Busflotte von Wagen mit Hybrid-Antrieb gestellt. Wo etwas weiter westlich die Stewart Ave. in die Main St. mündet, erhebt sich der Hotelturm der **Main Street Station (6)**, mit 450 Zimmern ein vergleichsweise kleiner Betrieb. Wenige Gehminuten weiter südlich mündet die Ogden Ave. in die Main St., auf der auch einige größere Casinos zu finden sind. Am bekanntesten ist hier das **California (7)** mit über 780 Zimmern, das sich Kalifornien zum Thema gemacht hat, in der Innendekoration aber mehr noch nach Hawaii weist. Wieder auf der Main St. gelangt man schnell zur **Greyhound-Station**. Während RTC für den Personenverkehr in und um Las Vegas zuständig ist, bedienen die Greyhound-Busse überregionale Destinationen wie Los Angeles oder San Diego. Unmittelbar davor sieht man das **Plaza (8)**, ein älteres 1.000-Zimmer-Hotel, das zu den preiswertesten der Stadt gehört. Es markiert den Beginn des spektakulärsten Straßenzuges der Downtown, der Fremont Street. Anfang der 1990er Jahre galt die Downtown als große Verliererin im Kampf um die Gunst der Be-

Kleinere Casino-Hotels

sucher, zu verstaubt war ihr Image, zu viele zwielichtige Gestalten trieben sich dort herum, zu „billig" war das Ambiente. Daher setzte man riesige Geldsummen ein, um die Straße zum Herzstück einer neuen, veredelten Downtown-Ausgabe um- und auszubauen. Über fünf Blocks wurde sie in futuristischer Weise überdacht und bietet nun allabendlich Licht- und Tonshows mit mehr als 2,1 Mio. Lichtquellen und 540.000 Watt Soundstärke. Der Eindruck dieser Fußgängerzone, die nun unter **„Fremont Street Experience"** firmiert, ist mit ihren Millionen von Glühlampen, rotierende Blitzkaskaden und laserunterstützten Lichtspielen wirklich einmalig – natürlich in erster Linie abends. Zu den Gründen, die nähere Bekanntschaft mit der Spielerstadt in der Downtown zu beginnen, zählt daneben eine Reihe charmanter, etwas älterer Casinos, aber auch die Tatsache, dass die Chancen hier besonders gut sind, nicht allzu viel Geld zu verlieren: auf dem Strip sind die Mindesteinsätze z.T. fünfmal so hoch.

Beeindruckende Licht- und Tonshows

Wer noch kein Spielerprofi ist, sollte also zunächst in Downtown einschlägige Erfahrungen sammeln und sich dann zu den Spitzenhotels auf dem Strip vorarbeiten. Bummelt man vom Plaza aus über die Fremont St. ostwärts, geht man sofort zu Anfang rechterhand am 1906 eröffneten **Golden Gate (9)** vorbei. Das älteste und mit nur 106 Zimmern kleinste Casino-Hotel der Stadt wurde 2005 aufwändig renoviert. Auch das benachbarte **La Bayou (10)**, wie das gegenüberliegende **Mermaid's (11)**, ein reines Casino ohne Hotelbetrieb, ist schon etwas älter; es wurde 1956 eingeweiht und bietet ausschließlich Slot- und Videopokermaschinen, also keine Tischspiele. Etwas zurückgesetzt, aber ebenfalls ein Teil des Fremont Street Experience, erhebt sich neben dem La Bayou das berühmte **Golden Nugget (12)**, mit über 1.900 Zimmern das größte Casino-Hotel der Downtown. Als es 1946 eröffnet wurde, galt ein Beherbergungsbetrieb dieser Dimension noch als absolut gigantisch. Vieles im Innern nimmt Bezug auf den Goldrausch, u.a. wird hier der größte jemals gefundene Goldbrocken ausgestellt. Die immer wieder fotografierte und gefilmte Fassade des Klassikers war Schauplatz der TV-Serie „Casino" und diente in vielen Filmproduktionen als Kulisse. Aus dem Jahr 1956 stammt das **Fremont (13)**, eine der bekanntesten Landmarken aus der „alten Zeit". Das 2007 renovierte Casinohotel (447 Zimmer) diente oft als Schauplatz unterschiedlichster Hollywood-Streifen. Etwas größer (690 Zimmer) und jünger (1966) nimmt gegenüber das **Four Queens (14)** den ganzen Block zwischen Fremont St. und Carson Ave. ein.

Das östliche Ende der Fremont Street Experience wird von dem 34-Etagen-Hotelcasino **Fitzgerald's (15)** markiert, das mit knapp 640 Zimmern und vielen thematischen Anklängen zu Irland aufwartet. Unmittelbar davor erhebt sich

Jahrzehntelang Wahrzeichen der Downtown: der winkende Cowboy

an der Ecke Fremont St./ Las Vegas Blvd. der Komplex der **Neonopolis (16)**, der einem riesigen Parkhaus aufsitzt. Hier findet man eine 100-Mio.-Dollar Shopping Mall, die sich (wie der Name schon sagt) durch besonders viele Neonlichter auszeichnet. Daneben beherbergt die Neonopolis weitere Attraktionen wie z.B. den Themen-Park **Star Trek: The Experience**. Er wurde 2009 vom Hilton-Hotel am Strip hierhin verlegt und zeigt multimedial Szenen aus der „Star Trek" TV-Serie und den Kinofilmen. Auch im angeschlossenen **History of Future Museum** sind Klingonen, Roboter, Borg und andere extraterrestische Wesen Thema. Durchaus irdische Kunst wird im **Southern Nevada Museum of Fine Art** gezeigt, das seit Ende 2008 hier beheimatet ist (Infos unter *www.snmfa.com*). Das Angebot wird abgerundet u.a. durch ein Rundfunk-Studio, das Riesen-Kino **Galaxy Neonopolis** mit 11 Sälen, sowie mehrere gute bis vorzügliche Restaurants, von denen viele erst 2009 ihre Pforten öffneten.

Außerirdische Shows

Der Las Vegas Boulevard (The Strip)

Solange die Las Vegas Monorail noch nicht bis zur Downtown verlängert ist, stellt der **Las Vegas Strip Trolley** die beste Möglichkeit dar, relativ zügig in den Süden zu gelangen. Auch die CAT-Busse bringen einen von der Downtown zum Strip, sie halten z. B. an der Sahara Station der Monorail (s.u.). Die folgende Auflistung sehenswerter Casinohotels und anderer Attraktionen folgt dem Strip von Norden nach Süden und stellt nur eine Auswahl dar.

Stratosphere Tower (1)

Der 1996 eingeweihte, 350 m hohe Vergnügungsturm ist nicht nur die unübersehbare Landmarke der Spielerstadt, sondern setzte auch neue Maßstäbe für das vergnügungssüchtige Publikum. Das Gesamtprojekt, dessen Baukosten mehr als 500 Mio. US$ betrugen, ist dabei nicht wegen des Casinos mit seinen 2.400 Slot Machines und 60 Spieltischen oder wegen des riesigen 2.444-Zimmer-Hotels Las Vegas World interessant. Bei der Einweihung gehörte vielmehr die ganze Aufmerksamkeit dem Turm selbst, der in letzter Minute so hoch gebaut wurde, dass er als höchster freistehender Aussichtsturm Amerikas selbst den Eiffelturm übertraf. In seiner nach oben verbreiterten Spitze befinden sich in 250 m Höhe u.a. Hochzeitskapellen, Konferenzräume, Restaurant und Bar. Dort neigen sich die Fensterscheiben im 60°-Winkel nach außen und stellen alle vor eine harte Mutprobe, die sich der verglasten Front zu sehr nähern.

Das aber ist nichts im Vergleich zu dem, was einen auf der Aussichtsterrasse und über der obersten Plattform in 280 Metern Höhe erwartet. Zunächst ist da die 2003 installierte offene Gondel „X-Scream", in der acht Personen förmlich über die Plattformkante geschleudert werden und zwischen Himmel und Erde zum Stehen kommen. Etwas gemächlicher bewegt man sich mit dem 2008 aufgebauten Karussell „Insanity" im Kreis herum, allerdings ebenfalls mit freiem Blick in die Tiefe. Und noch ein Stockwerk höher lässt man sich mit dem 16sitzigen „Big Shot" in drei Sekunden den äußersten Stahlmast hinauf katapultieren – mit einem kurzen Moment der Schwerelosigkeit –, bevor es 40 m im freien Fall wieder hinab geht.

Attraktionen für Schwindelfreie

Sahara (2)

Schräg gegenüber erhob sich bis Mitte 2011 das Sahara, das bereits 1952 als eines der ersten Hotels am Strip errichtet worden war. Laut Eigentümern rechnete sich der Betrieb nicht mehr. Zurzeit wird über das Grundstück verhandelt – in einigen Jahren soll

500 Route 4: Rundfahrt zu den südkalifornischen Highlights und nach Las Vegas

1	Stratosphere Tower
2	Sahara (geschlossen)
3	Circus, Circus
4	Echelon
5	Wynn Las Vegas
6	The Venetian Resort/Palazzo
7	Treasure Island
8	Harrah's
9	Imperial Palace Hotel
10	Mirage
11	Caesar's Palace
12	Flamingo
13	Bally's
14	Paris
15	Planet Hollywood Resort
16	Bellagio
17	City Center
18	Monte Carlo
19	New York, New York
20	MGM Grand
21	Tropicana
22	Excalibur
23	Luxor
24	Mandalay Bay Resort
25	Rio Suites
26	Gold Coast
27	The Palms
28	The Orleans
29	Las Vegas Hilton
30	Westin Casuarina
31	Tuscany Suites & Casino
32	Hard Rock Hotel

hier ein neues Hotel stehen. Hinter dem einstigen Sahara, an der Paradise Rd., stößt man auf die nördliche Endstation der Hochbahn **Monorail**. Ihre futuristisch gestylten Wagen verkehren seit 2004 bis zur 6,3 km entfernten MGM Grand Station. Die Hochbahn kommt allerdings erst auf Höhe des Imperial Palace wieder dem Strip nahe, und führt auch dann hinter den Megaresorts entlang, sodass sie sich nicht zum Strip-Sightseeing eignet. Wohl aber ist sie die schnellste und bequemste Möglichkeit, zwischen den größten der weit entfernten Casinohotels zu pendeln.

Circus, Circus (3)

Nicht weit vom Stratosphere Tower entfernt liegt das inzwischen schon altehrwürdige Hotelcasino Circus, Circus, dessen Name alles über die hier zu erwartenden Sensationen aussagt. Immerhin handelt es sich dabei um den größten Zirkusbau der Welt, unter dessen Kuppel Trapezkünstler versuchen, trotz des Geklimpers der Slot Machines die Konzentration zu bewahren.

Casino mit Trapezkünstlern

In unmittelbarer Nähe warten zwei weitere Attraktionen auf Besucher: Der **Adventuredome** ist ein klimatisierter Vergnügungspark für die ganze Familie, der unter einer pinkfarbenen Kuppel u.a. eine Doppel-Looping-Achterbahn, Wildwasser-Fahrten und atemberaubende Lasershows bietet *(Infos über die wechselnden Öffnungszeiten und Eintrittspreise unter www.adventuredome.com)*. Nebenan können sich Todesmutige mit einer vollklimatisierten Rakete auf den 61 m hohen A.J.Hackett Bungee Tower hinaufschießen lassen und dort oben den ultimativen Bungee-Jump in die Tiefe wagen. Gegenüber wird der Strip von etwas kleineren Anlagen wie dem **Riviera** flankiert.

Echelon (4)

Einige Gehminuten weiter südlich stand das weltberühmte **Stardust**-Hotelcasino – einst das größte Hotel der Welt. Nachdem es im März 2007 gesprengt wurde, wird hier nun gewerkelt, damit das Glücksspielunternehmen Boyd Gaming sein gigantisches Echelon-Vorhaben fertig stellen kann. Das 4,8-Mrd.-Dollar-Projekt soll mit seinen fünf Türmen, einem 5.000-Zimmer-Hotel, Theater, Konzerthalle und einer Shopping Mall zu einer bestimmenden Größe auf dem Strip werden. Wegen der Finanzkrise gerieten die Bauarbeiten allerdings ins Stocken, evtl. wird das Projekt in einer „abgespeckten" Version zu Ende gebracht. Mitte 2009 kündigte der Betreiber an, die Eröffnung werde sich um ca. 3–5 Jahre verschieben.

Ähnliches gilt für die Baustelle nebenan, jenseits der Desert Inn Rd. Auch hier war das Hotelcasino **The New Frontier** eine weithin bekannte Adresse, bis man es 2007 schloss und es dasselbe Schicksal ereilte wie das Stardust. Auf dem Gelände ist ein Sieben-Turm-Projekt mit Namen **Las Vegas Plaza** geplant, das 5 bis 8 Mrd. Dollar kosten soll. Die Pläne wurden aber ebenfalls während der Finanzkrise 2009 erst einmal wieder auf Eis gelegt.

Folgen der Finanzkrise

Wynn Las Vegas (5)

Luxus pur

Längst fertig gestellt ist hingegen auf der anderen Strip-Seite das mit 50 Etagen zzt. noch höchste Hotel der Stadt, die Luxusherberge The Wynn. Mit 2,7 Mrd. US$ Baukosten war die 2005 eingeweihte Anlage eines der teuersten Hotels weltweit. Das 2009 um einen zweiten Komplex erweiterte Resort umfasst über 2.700 absolut luxuriöse Zimmer (mindestens 58 m²) und Suiten (bis 650 m²), 18 Bars und Gourmet-Restaurants mit Michelin-Sternen, 26 Nobel-Geschäfte, Fuhrpark mit u.a. Maseratis und Ferraris, Kunstsammlung mit Werken u.a. van Gogh, Cézannes, Gauguin, Picasso und Warhol sowie Gärten mit einem Wasserfall und künstlichem See. Die berühmte Wasserrevue La Rêve ist seit Jahren ein Highlight der Las-Vegas-Shows. Zur Anlage gehört auch der einzige 18-Loch-Golfplatz am Strip – er nimmt das gesamte Areal zwischen Desert Inn Rd., Paradise Rd. und Twain Ave. ein.

Das Venetian Resort ...

The Venetian Resort (6)

Jenseits Sands Ave. stellt das Venetian Resort einen unübersehbaren städtebaulichen Akzent, aber auch einen Rekord dar. Denn die beiden Gebäude des Resorts, das 2008 eröffnete **Palazzo** und das 2000 fertig gestellte **The Venetian**, besitzen zusammen 7.128 Suiten und gelten deshalb als größtes Hotel der Welt. Ähnlich wie das „New York, New York" und das „Paris" ist das Thema dieser 36-stöckigen Luxusherberge eine Stadt mit ihren Wahrzeichen, nämlich Venedig. Ob Dogen-Palast oder Rialto-Brücke, ob Markusplatz oder Canale Grande – alles wurde ziemlich perfekt nachempfunden und in die Wüste von Nevada verpflanzt.

Treasure Island (7)

Schräg gegenüber zieht die 2003 erweiterte **Fashion Show Mall** mit ihren Modegeschäften und Restaurants die Besucher an – mehr als 10 Millionen sind es jährlich, und damit zählt das Einkaufszentrum zählt zu den größten der Stadt. Ganz andere Attraktionen erwarten einen vor dem benachbarten „Schatzinsel"-Hotel. Hier drängen sich die Zuschauer, um die allabendliche Seeschlacht „Sirens of the Treasure Island" zu verfolgen, in deren Verlauf das Piratenschiff Hispaniola die britische Fregatte Royal Britannia versenkt. Die mit viel Kanonendonner und Explosionen aufwartende Show, bei der rund 80 Schauspieler mitwirken, findet tgl. 17.30–22 Uhr im 1½-Stunden-Abstand statt. Falls Sie danach nicht die Poollandschaft des Hotels (mit Wasserrutschbahn) oder die fantastische Show der Künstlergruppe Cirque du Soleil genießen möchten, sollten Sie nun die Straße überqueren und noch einen Schlenker durch das Casino des 2.670-Zimmer-Hotels **Harrah's (8)** unternehmen, in dem der Karneval das beherrschende Thema ist. Oder Sie schauen sich daneben im **Imperial Palace Hotel (9)** jene Kollektion von Oldtimern an, die jedem

Schnauferl-Museum alle Ehre machen würde. Unter den über 750 Fahrzeugen, von denen jeweils nur rund 250 ausgestellt werden können, befinden sich viele Raritäten, die früher u.a. *Mussolini, Al Capone, Elvis Presley* oder Hollywood-Größen gehört haben. Die Imperial Auto Collection ist tgl. von 10–18 Uhr zu sehen. Ansonsten ist das im japanischen Stil eingerichtete Imperial Palace wegen seiner Bühnenshow „legends in concert" weithin bekannt.

Mirage (10)

Das 1989 als erstes wahres Mega-Resort in Las Vegas eröffnete Mirage lockt nach Einbruch der Dunkelheit jede Stunde mit der Eruption eines 16 m hohen künstlichen Vulkans, die regelmäßig Tausende von Zuschauern anzieht. Daneben steht man staunend vor einem Wasserfall von solchen Dimensionen, dass er auch als Attraktion zu gelten hätte, wenn er von der Natur kreiert worden wäre. Das 3.044-Zimmer-Hotel, das zu den 15 größten weltweit gehört, besitzt 11 Restaurants, unter denen das „Renoir" am bekanntesten ist, können hier doch einige Originalgemälde des französischen Impressionisten bestaunt werden. Zu den Attraktionen der Anlage gehört auch das Habitat der weißen Tiger, Löwen und Delfine, die einst für die Dressur- und Zaubershow von *Siegfried & Roy* angeschafft wurden.

Allabendlicher Vulkanausbruch

Caesar's Palace (11)

Ein Stück weiter die Straße runter kündigen Säulen mit vergoldeten Statuen, Springbrunnen und Arkadengänge eines der bekanntesten Hotelcasinos der Welt an: das Caesar's Palace. Und diese amerikanisch-verkitschte Version des alten Rom muss man gesehen haben, um sie zu glauben! Der erste „Palast" wurde bereits 1966 eröffnet, 2003 das 4.000-Plätze-Theater Colosseum eröffnet (in dem oft *Elton John* und *Céline Dion* auftraten), 2005 kam der 100 m hohe Hotelturm „Augustus Tower" hinzu, durch den sich die Gesamtzahl der Zimmer und Suiten auf 3.508 erhöhte. Dem staunenden Touristen wird eine antike Kulissenarchitektur geboten, in der man die Pracht des alten Rom wieder aufleben lassen möchte – ob das gelungen ist, kann man auf einem Bummel über das *Forum* oder den *Appian Way* beurteilen. Auch die vornehme Einkaufspassage der *Forum Shops* mit ihrer perfekt-illusionistischen Deckenmalerei ist unbedingt einen Besuch Wert. Wer stattdessen auf kulinarische Sensationen aus ist, findet im Caesar's einige der besten Adressen der USA.

Auf der anderen Straßenseite sieht man das Casinohotel **Flamingo (12)**, das heute über 3.600 Zimmer und Suiten aufweist. Es wurde bereits 1946 als erstes auf dem Strip eröffnet (vgl. S. 492) und ist seitdem immer wieder erweitert worden. Wegen seiner von rosafarbenen Neonlichtern erleuchteten Fassade wird es auch „The Pink Hotel" genannt. Im Innern erwartet Besucher ein karibischer Landschaftsgarten mit vielen Tieren, vor allem sind natürlich Flamingos reich vertreten. Vom Flamingo durch die Flamingo Rd. getrennt, ist auch das benachbarte **Bally's (13)** ein schon etwas älteres Gebäude, es wurde 1973 unter dem Namen „Bonanza" eröffnet, damals als größtes Hotel der Welt. Mit über 2.800 Zimmern liegt das Bally's heute im Mittelfeld der Großhotels, das Gleiche gilt auch für die Ausstattung der Zimmer, des Spielbetriebes und der darunter liegenden Shoppingmall.

Pink Hotel

Paris (14)

Mit dem Bally's durch eine unterirdische Passage verbunden ist dieser Komplex, der auf dem benachbarten Grundstück 1998–99 für 785 Mio. Dollar entstand. Nicht der

... und Paris in Las Vegas

34stöckige Hotelturm mit seinen mit 2.916 Zimmern oder die Monorail-Station sind hier der Clou, sondern die nachgestellten Pariser Bauten und Ansichten wie z. B. Triumphbogen, Louvre, Rathaus und Pariser Oper. Und natürlich darf auch der Eiffelturm nicht fehlen – zwar nur halb so hoch wie das Original, doch auch er bietet eine atemberaubende Aussicht. Im Innern will ein Teil des Casinos den Versailler Spiegelsaal kopieren. Der Nachbar im Süden ist das **Planet Hollywood Resort (15)**, das bis zum Komplettumbau im Jahre 2007 als „Alladin" firmierte. Außer dem obligatorischen Spielbetrieb bietet es ein großzügiges Spa, eine Einkaufspassage und mehrere Restaurants, die Einrichtung im Boutique-Stil richtet sich an ein eher jüngeres Publikum.

Bellagio (16)

Dem Paris gegenüber liegt am Strip das Resort Bellagio, das wegen der Eleganz der 3.933 Zimmer und Suiten zur Spitze der Las-Vegas-Hotellerie zählt. Schauen Sie sich nur einmal die luxuriöse Empfangshalle an. Unter den 13 Restaurants sind einige wahre Gourmet-Tempel, die sechs geräumigen Pools mit Wasserrutschbahn laden zum Badespaß ein, und die weiteren Außenanlagen und Gärten im klassischen Stil sind der Landschaft am Comer See nachempfunden. Die meisten Besucher lassen sich die tanzenden Fontänen der 300 m langen Wasserorgel nicht entgehen, die man tgl. ab 16 Uhr in Aktion sehen kann. Eine eigene Hochbahn verbindet das Bellagio mit dem Monte Carlo.

CityCenter (17)

Südlich des Bellagio und bis hinunter zum Monte Carlo erhebt sich auf über 300.000 m² ein riesiger Komplex namens CityCenter, der wirklich als hypermoderne Stadt in der Stadt gelten muss. Mit Baukosten von rund 8,5 Mrd. US$ ist er außerdem das teuerste privatfinanzierte Gebäude der USA. Die Architektur ist nicht nur ambitioniert – u.a. sind *Helmut Jahn*, *Cesar Pelli* und *Daniel Libeskind* an den Entwürfen beteiligt –, sondern auch ökologisch auf höchstem Niveau. Den neuen amerikanischen Vorschriften folgend wird hier zum ersten Mal „Grünes Bauen" in solch riesigen Dimensionen in die Tat umgesetzt – übrigens zu einem Großteil mit Siemens-Technologie. Energie-Einsparung durch intelligente Beleuchtung, Energiegewinnung und effektive Wasserwiederaufbereitung gehören zu den Innovationen dieses Mega-Projektes. Zum CityCenter gehören u.a. ein 4.000-Zimmer-Hotelcasino mit einem 61 Stockwerke hohen Turm, ein 400-Zimmer-Luxushotel, knapp 3.000 luxuriöse Eigentumswohnungen und ein riesiger Unterhaltungsbereich. Südlich davon reckt das 1996 eröffnete **Monte Carlo (18)** seine Fassade in die Höhe, die nur bedingt an die *Place du Casino* in Monte Carlo erinnert. Nach dem glimpf-

„Grünes" Bauvorhaben

lich verlaufenen Großbrand von 2008 gehört das 3.000-Zimmer-Hotel heute wieder zu den besten Mittelklasse-Adressen der Stadt. Architektonisch interessanter ist nebenan das **New York, New York (19)**, das wie eine Stadt in der Stadt wirkt. Die 12 New Yorker Wolkenkratzer, die man hier nachgebildet hat, sind zwar nicht so hoch wie die Originale, doch erreicht das hiesige Empire State Bldg. immerhin auch noch 160 Meter! Natürlich darf auch die Freiheitsstatue nicht fehlen und sogar die Brooklyn Bridge ist im verkleinerten Maßstab zu sehen. Und um die gesamte Anlage kann man mit einer 100-Stundenkilometer-Achterbahn rasen...

Mit der Achterbahn durch NY

MGM Grand (20)

Das auf der anderen Seite des Strip liegende Hotel MGM Grand ist mit 5.044 Zimmern das drittgrößte der Welt – ein smaragdgrüner Riesenpalast, benannt nach dem Hollywood-Studio mit dem brüllenden Löwen, Metro-Goldwyn-Mayer. Bei einem Komplex dieser Größe sind alle Einrichtungen gigantisch, wenn auch weder die Poolanlage noch andere Attraktionen zu den unbedingten Las Vegas Highlights gehören. Dafür lockt das Resort mit einer außergewöhnlichen Qualität des gastronomischen und Show-Angebotes. So werden die zehn Restaurants von z.T. weltweit bekannten Spitzenköchen geleitet (u.a. *Joel Robuchon*, *Michael Mina* oder *Wolfgang Puck*), auf den Bühnen kann man sich z.B. die Cabaret-Show Crazy Horse Paris oder die Show Kà vom Cirque du Soleil anschauen oder auch Künstler wie *Tom Jones* oder *David Copperfield*. Und hier findet man auch zwei der heißesten Nightclubs der Stadt (Tabú und Studio 54). Der ehemalige Vergnügungspark hinter dem Hotel wurde abgerissen und machte drei Hochhäusern Platz, die als „The Signature at MGM" dem MGM Grand Hotel angeschlossen sind. Einkaufsbummler sollten nebenan **The Showcase** nicht verpassen, ein Einkaufs- und Vergnügungscenter, hinter dem u.a. *Coca-Cola* als Geldgeber stecken. Allein die gigantische gläserne Coca-Cola-Flasche und der hohe Schriftzug des Unternehmens sind den Besuch wert, sodass man also nicht unbedingt auch noch in das Coca-Cola-Museum muss. Freunde der kleinen Schokoladenkügelchen zieht es sofort daneben in die M&M's World.

Zahlreiche Shows

Südlich des MGM Grand, jenseits der Tropicana Ave., stellt sich das ebenfalls riesige Hotelcasino **Tropicana (21)** im Südsee-Design dar. Ein riesiger Innen- und Außenpool, Lagunen, Grotten, Wasserfälle und ein *Wildlife Walk* mit vielen tropischen Tieren sind hier die Hauptattraktion, hinzu kommen abendliche Lasershows.

Excalibur (22)

Auf der anderen Straßenseite will ein kunterbuntes Ensemble von Türmen, Mauern und Schlossräumen Touristen uns europäische Mittelalter versetzen – so, wie man es sich in Nevada wohl vorstellt. Einen guten Blick auf das Ensemble erhalten Fotografen übrigens von der Fußgängerbrücke über den Strip. Außer dieser Kulissenarchitektur besteht das 1990 für rund 300 Millionen Dollar errichtete Resort im Wesentlichen aus vier Hoteltürmen, die jeweils 28 Stockwerke hoch sind. Das Innere richtet sich nicht nur an Gambler, sondern genauso an Kinder, die an den Ritterspielen ihren Spaß haben oder die kostenlosen Vorstellungen der Fantasy Faire besuchen.

Luxor (23)

Einen Zeitsprung vom Mittelalter zur ägyptischen Antike vollzieht man im benachbarten *Luxor*, sicher eines der auffälligsten Gebäude im Westen der USA. Es steht einer-

Das Mandalay Bay Resort mit Strand am Pool

seits in der Nähe des Flughafens und andererseits ganz im Zeichen des alten Ägyptens. Hinter einem Obelisken und einer Sphinx ragt eine 106 m hohe, schwarzglänzende Riesenpyramide auf, die 1992–93 in nur 20 Monaten in die Wüste gesetzt wurde und ca. 2.500 Zimmer beherbergt. Allein im 100 m hohen Atrium dieses Wunderwerks hätten 9 Jumbo-Jets Platz. Wenn man nicht hier wohnt, sollte man einmal mit den schräg verlaufenden Aufzügen bis in den 30. Stock fahren.

Wenigstens haben die Architekten nicht den Quell ihrer Inspirationen vergessen und in King Tut's Tomb & Museum die Gruft von Tut-ench-Amun originalgetreu nachgestellt, so wie *Howard Carter* sie 1922 entdeckt hatte. Nach einer 240-Mio.-Dollar-Erweiterung, die hauptsächlich aus zwei Stufenpyramiden besteht, hat das Resort nun insgesamt 4.407 Zimmer und ist damit das zzt. fünftgrößte weltweit. Eine 2007–09 durchgeführte und 300 Mio. Dollar teure Umgestaltung hat allerdings viele Elemente der Innen- und Außenarchitektur entfernt, die an Ägypten erinnern, stattdessen setzt man zukünftig mehr auf das Thema „Wasser".

Mandalay Bay Resort (24)

Fast schon am südlichen Endpunkt des Strip liegt nahe dem Luxor dieses 1999 eröffnete Hotel. Es besteht aus zwei goldfarbig verglasten und hoch aufragenden Türmen, deren nördlicher 43 Etagen besitzt und erst in einer 2004 abgeschlossenen Erweiterung hinzukam. Er firmiert unter der Bezeichnung „The Hotel at Mandalay Bay" und stellt eine eigene Unternehmenssparte dar, die sich ganz dem Luxus verpflichtet weiß. Dementsprechend durchgestylt sind die 1.117 Suiten ausgestattet. Noch exklusiver geht es im älteren, östlichen Turm zu, der 40 Stockwerke hoch ist. Denn hier hat sich in den oberen fünf Etagen die separat bewirtschaftete Nobelherberge **Four Seasons** einquartiert, die an Gediegenheit, Eleganz und Service wohl jede andere Unterkunft in Las Vegas in den Schatten stellt und zweifellos zu den besten Adressen Amerikas gezählt werden darf.

Zwischen dem Resort und den benachbarten Hotels Luxor und Excalibur verkehrt der kostenlose *Cable Line Shuttle*, eine in Österreich gefertigte schienengebundene Hochbahn.

Attraktionen abseits des Strip

Wirkliche Sehenswürdigkeiten abseits der Downtown oder des Strip sind äußerst rar gesät, am eindrucksvollsten sind auch hier riesige Casinohotels, deren Standortnachteil zu einem Preisvorteil für alle wird, die dort spielen, essen oder übernachten möchten.

Westlich des Strip und jenseits der I-15 sind hier an erster Stelle zu nennen:
- **Rio Suites (25)**, ein 1990 eröffneter Hotel-Casino-Komplex, dessen 2.550 Wohneinheiten ausschließlich Suiten mit mindestens 55 m² sind. Das Thema des Hotels ist der Karneval von Rio de Janeiro;
- **Gold Coast (26)**, eine 700-Zimmer-Anlage mit großen Spielbetrieb und einer der größten Bowlinghallen im amerikanischen Westen;
- **Palms (27)**, ein 2001 eröffnetes 265-Mio-Dollar-Hotel mit einem 42-Etagen-Turm und großem Poolbereich;
- **The Orleans (28)**, eine 700-Zimmer-Herberge mit Thema New Orleans; mit dem Schwesterhotel Gold Coast durch kostenlosen Shuttleservice verbunden.

Noch mehr Casinos

Östlich des Strip, zwischen Sahara-Hotel und dem Flughafen gelegen, verdienen eine Erwähnung:
- **Las Vegas Hilton (29)**, das größte aller Hilton-Hotels. 1969 eröffnet und zuletzt 2008 aufwändig renoviert, ist das 3.175-Zimmer-Hotel ein überlebender Dinosaurier der Las Vegas-Hotellerie, auf dessen Bühnen u.a. *Barbara Streisand*, *Elvis Presley* und zuletzt *Barry Manilow* sehr lange Engagements hatten.
- **Westin Casuarina (30)**, 1977 als Maxim eröffnet und 2003 renoviert und erweitert, hat das Hotel heute 825 Zimmer. Hauptattraktion ist der Spa-Bereich.
- **Tuscany Suites & Casino (31)**, ein richtiges kleines Dorf im mediterranen Stil, inmitten eines 11 ha großen Parks gelegen.
- **Hard Rock Hotel (32)**, ein riesiges, nahe dem Hard Rock Café gelegenes Hotel, das nicht nur nach Eigenwerbung die quirligsten Night-Partys und den heißesten Pool bieten kann.

Während man in der Spielerstadt schöne historische Gebäude meist vergebens sucht, kann man sich etwas weiter auf der **Old Nevada** genannten „Bonnie Springs Ranch" immerhin im Wildwest-Milieu und mit Restaurant, Motel, Streichelzoo und Reitstall vergnügen. Deswegen wird wohl keiner nach Las Vegas gekommen sein, doch könnte die Ranch ein interessantes Ausflugsziel für Reisende mit Kindern sein. Man findet sie etwa 20 km weit entfernt, wenn man vom Strip aus dem Hwy. 159 (Charleston Blvd.)

nach Westen folgt. Ganz in der Nähe bietet sich der **Spring Mountain State Park** zu Wanderungen, Picknicks oder Reittouren an.
Bonnie Springs Ranch, *16935 Bonnie Springs Rd., ① (702) 875-4191, www.bonniesprings.com; tgl. 10.30–18, im Winter bis 17 Uhr, Eintritt US$ 5.*

In weiterer Entfernung sind von Las Vegas aus sowohl in westlicher als auch in östlicher Richtung interessante und landschaftlich sehr reizvolle Ausflüge möglich. Da gibt es 16 Meilen westlich der Stadt z.B. den **Red Rock Canyon** mit dem Spring Mountain State Park, dessen pittoreske Farm einmal *Howard Hughes* und später der Deutschen *Vera Krupp* gehörte. Und knapp 50 km im Nordwesten erhebt sich der 3.633 m hohe **Mt. Charleston** über die Wüste und bietet im Winter Skimöglichkeiten, im Sommer beste Wander- und Reitbedingungen. Noch bekannter sind die Sehenswürdigkeiten östlich der Stadt, wo man eine Rundfahrt zum technischen Wunderwerk des Hoover Dam, zu Relikten der indianischen Vergangenheit, zu leuchtenden Sandsteinformationen und zum Blau des Lake Mead unternehmen kann (s. S. 514ff).

Reisepraktische Informationen Las Vegas

Vorwahl 702

Information
In Deutschland gibt es eine Repräsentanz des Fremdenverkehrsamtes von Las Vegas (LVCVA): *c/o Aviareps Mangum, Josephspitalstr. 15, 80331 München, ① (089) 55 25 33 822, www.visitlasvegas.de.*
In Nevada finden Sie Fremdenverkehrsämter mit Informationen zu Las Vegas (Hotel-/Motelbuchungen, Ausflüge, Stadtpläne etc.) entlang der Freeways an der Staatsgrenze und an den großen Ausfallstraßen der Stadt sowie am Flughafen. In Las Vegas selbst steht das **Las Vegas Convention & Visitors Bureau** zur Verfügung: *Convention Center, 3150 S. Paradise Rd., ① 892-0711 oder (877) 847-4858, www.lvcva.com und www.visitlasvegas.com, Mo–Fr 8–17 Uhr.*
Über **Shows und aktuelle Veranstaltungen** informieren auch diverse Zeitungen, Zeitschriften und Magazine, die natürlich auch im Internet präsent sind. Zu den wichtigsten zählen die kostenlosen Wochenzeitschriften *Today in Las Vegas* (www.todayinlv.com), *What's On* (www.whats-on.com), *Las Vegas City Life* (www.lasvegascitylife.com), *Las Vegas Weekly* (www.lasvegasweekly.com) sowie die Tageszeitungen *Las Vegas Sun* (www.lasvegassun.com) und *Las Vegas Review* (www.reviewjournal.com).

Sightseeing-Touren
Der günstigen Hotelpreise und des nächtlichen Amüsements wegen bevorzugen viele Las Vegas als Standort, von dem aus man die Attraktionen der näheren und weiteren Umgebung erkundet. Etliche Firmen haben sich darauf eingestellt und bieten Flug-, Bus-, Schiffs-, Heißluftballon- und andere Reisen an. Am meisten lohnt ein Ausflug zum Hoover-Staudamm oder ein Flug zum Grand Canyon. Aus dem nahezu unüberschaubaren Angebot seien an dieser Stelle nur genannt:
Gray Line Tours: *795 E. Tropicana, ① 384-1234, www.graylinelasvegas.com;* etliche Bustouren in und um Las Vegas herum, u. a. zum Lake Mead und nach Laughlin.
Heli USA, *245 E. Tropicana Ave., ① 736-8787, www.heliusa.com;* Hubschrauberflüge, z. B. über den Strip, dem Hoover Dam und zum bzw. auch in den Grand Canyon.

Scenic Airlines, 3900 Paradise Rd. Suite 185, ① 638-3300, www.scenic.com. Exkursionen mit Flugzeugen (ohne Sichtbehinderung, da mit hochgestellten Flügeln), z. B. zum Grand Canyon, Bryce Canyon, Monument Valley etc., auch Arrangements mit Übernachtungen oder Wanderungen, Erläuterungen auch in deutscher Sprache.
Rebel Adventure Tours, 713 E. Ogden Suite D, ① 380-6969, www.rebeladventuretours.com; diese Firma ist auf abenteuerliche Touren und Erlebnisse in der Umgebung von Las Vegas spezialisiert, z. B. Jeepexkursionen durch die Wüste, Bungee Jumping, Fallschirmspringen, Schlauchboot-Fahrten auf dem Colorado usw.
Balloon Las Vegas. 6760 Buckskin Avenue, ① 248-7609, www.lasvegasballoonrides.com; Ballonflüge über Las Vegas zum Sonnenauf- oder -untergang.

Hotels

Las Vegas ist berühmt für seine riesigen, glitzernden und sensationellen Hotels, die gleichzeitig auch die größten Casinos und Show-Theater beherbergen. Tatsächlich bilden die Hotels die eigentlichen Sehenswürdigkeiten der Stadt, wobei i.d.R. die am Strip moderner, besser und teurer sind als die in Downtown. Zzt. stehen rund **150.000 Hotel-/Motelzimmer** zur Verfügung, doch kommen jährlich mehrere hundert hinzu. Die Übernachtungspreise variieren stark je nach Wochentag und Saison. Ein Doppelzimmer der gehobenen Kategorie war 2010 So–Do schon für US$ 60 zu haben, von Fr–So kostete das gleiche Zimmer US$ 100, während der Weihnachtstage US$ 235 – der durchschnittliche Hotelpreis betrug in Las Vegas US$ 135 pro Nacht. Mit etwas Geschick und Glück können Sie gute Zimmer aber recht günstig buchen.
Golden Gate Hotel $$–$$$, 1 Fremont St., ① 385-1906, www.goldengatecasino.com. Mit nur 106 Zimmern ein Juwel, denn es handelt sich hierbei um das älteste noch erhaltene Hotel der Stadt. Entsprechend einfach ist die Ausstattung, dafür aber weist sie den Charme der Zeit um 1900 auf. Thema ist das alte San Francisco. Im Casinoraum hängen auch historische Fotos von Las Vegas und San Francisco aus.
Mirage $$–$$$$, 3400 Las Vegas Blvd., ① 791-7111, www.mirage.com; 29stöckiger Komplex mit 3.044 Zimmern, zusätzlich sechs Bungalows mit privatem Swimmingpool, gigantische Eingangsfront mit Lagune, Wasserfall und Vulkan, Casino mit polynesischem Touch, vor der Rezeption ein riesiges Aquarium mit Haien und anderen Großfischen, Swimmingpool-Wasserlandschaft, fünf internationale Restaurants, zwei Zoos mit Delfinen und weißen Tigern, Einkaufspassage The Esplanade u.v.m.
MGM Grand Hotel $$–$$$$, 3799 Las Vegas Blvd./Tropicana Ave., ① 891-7777, www.mgmgrand.com; 1993 eröffneter und 2008 erweiterter, smaragdgrüner Riesenpalast, mit 5.044 Zimmern im First-Class-Standard nunmehr nur noch drittgrößtes Hotel der Welt, 15 Restaurants und Bars, Casino, große Poolanlage, 4 Tennisplätze.
Golden Nugget $$$, 129 E. Fremont St., ① 385-7111, www.goldennugget.com; berühmtes und nicht unsympathisches Mittelklasse-Hotel der „alten Garde" im Herzen der Downtown, 300 geräumige Zimmer, 2008 grundlegend renoviert, Unterhaltungsprogramm, Riesen-Casino, Pool, Fitness-Center.
Hard Rock Hotel $$$, 4455 Paradise Rd., ① 693-5000, www.hardrockhotel.com; noch in Gehweite zum Strip, aber etwas abseits gelegenes und mit nur 340 Zimmern eines der kleineren Hotels der Stadt, für alle Liebhaber der Hard Rock Cafés jedoch ein unbedingtes Muss, viele Memorabilia an Rock-Stars, entsprechend eingerichtetes Ambiente, gutes japanisches Restaurant und 24-Stunden-Café, Pool-Anlage, Casino, Theater mit 1.200 Plätzen, in dem auch bekannte Rockgruppen in Club-Atmosphäre auftreten.
Tropicana Resort $$$, 3801 Las Vegas Blvd./Tropicana Ave., ① 739-2222, www.tropicanalv.com; sehr gutes Hotel mit einer der weltweit größten Innen- und Außenpoolanlage, umge-

ben von Wasserfällen und Grotten, Flughafennähe, 1850 großzügige Zimmer mit allen Annehmlichkeiten, Riesen-Casino. 2010 für 165 Mio. US$ renoviert.

Treasure Island $$$, *3300 Las Vegas Blvd.*, ① *894-7111*, *www.treasureisland.com*; im Oktober 1993 eröffnetes Hotel in unmittelbarer Nachbarschaft zum Mirage, knapp 3.000 First-Class-Zimmer, etliche Restaurants, Bars, Casino, Geschäftsarkade und dem opulentesten Frühstücksbuffet des Westens. Vor dem Hotel kämpfen in einer realistisch nachgestellten Seeschlacht Engländer gegen karibische Piraten (alle 90 Minuten von 17.30–23.30 Uhr, um 17.30 Uhr nur im Herbst/Winter, um 23.30 Uhr nur im Frühjahr/Sommer).

Bellagio $$$–$$$$$: *3600 Las Vegas Blvd. S.*, ① *693-7111*, *www.bellagio.com*; das 1998 eröffnete Haus zählt zusammen mit dem Venetian zur Spitze der Las Vegas-Hotellerie. Alle 3.933 Zimmer und Suiten sind äußerst luxuriös ausgestattet, die Empfangshalle ist ein Traum von Eleganz, unter den 13 Restaurants sind einige wahre Gourmet-Tempel, und die Außenanlagen sind der Landschaft am Comer See nachempfunden (großer See mit Fontänen, Gärten im klassischen Stil). 6 geräumige Pools sind weitere Highlights.

The Venetian Resort Hotel $$$–$$$$$, *3355 Las Vegas Blvd. South, Las Vegas*, ① *(702) 414-1000*, *www.venetian.com*; zusammen mit dem 2008 eröffneten Schwesterhotel The Palazzo, zwischen dem Venetian und dem Wynn gelegen, hat der Komplex nun 7.128 Zimmer und Suiten, damit stellt es das größte Hotel der Welt dar. Die Ausstattung ist vom Feinsten, und angesichts von elf verschiedenen Restaurants, 65 Boutiquen sowie 3 Außenpools braucht man dieses Urlaubsdomizil eigentlich kaum zu verlassen.

Luxor $$$$, *3900 Las Vegas Blvd.*, ① *262-4444*, *www.luxor.com*; das verrückteste Hotel des Westens steht ganz im Zeichen des alten Ägyptens. Hinter Obelisk und Sphinx (größer als in Gizeh) ragt eine schwarzglänzende Riesenpyramide auf, die man 1992–93 als surreales Architekturerlebnis in die Wüste (neben den McCarran Airport) gesetzt hat, auch der Pool, die

Die Lobby des Luxor

Widder-Allee, das riesige Atrium mit einer Mini-Stadt und das Casino sind im altägyptischen Stil gehalten; 4.408 komfortable Zimmer und Suiten, in der Pyramide und in zwei 22-stöckigen Nebengebäuden.

Caesar's Palace $$$$$, 3570 Las Vegas Blvd., ① 731-7110, www.caesarspalace.com; weltberühmtes Luxus-Hotel im Glanz des alten Rom mit mehreren Abteilungen, Tempelfassade mit Springbrunnen und Fußgänger-Rollbandsystem, als Cleopatra, Vestalinnen oder Gladiatoren kostümierte Angestellte; 15.300-Sitzplatz-Arena für große Sport- oder Musikveranstaltungen, 9 Restaurants, 3 Riesen-Casinos, Squash-Platz, Spa, 2 Swimmingpools, Thermen, Omnimax-Theater, Shopping Mall mit Boutiquen aller bekannten Edel-Marken, Restaurants aller Preisklassen, die 3.508 Zimmer befinden sich zurückgesetzt in vier 22-stöckigen Blocks und dem neuen „Augustus-Tower".

Camping

Bei den günstigen Hotelpreisen lohnt sich ein Campingplatz kaum, vor allem in der preiswertesten Zeit von Sonntag bis Donnerstag. Wer allerdings seine Ruhe haben möchte, sollte zu den R.V.-Parks am Lake Mead ausweichen. Recht nahe zum Zentrum sind folgende Plätze:

Las Vegas KOA, ganz in der Nähe zum Strip liegt der Platz **Circus Circus KOA** (500 Circus Circus Dr., ① (702) 733-9707, www.koa.com) mit direkter Anbindung an das Hotelcasino.

Oasis RV Resort, 2711 Windmill Lane, ① (800) 566-4707, www.oasislasvegasrvresort.com; unmittelbar südlich des Strip, nahe der I-15 und I-215.

Restaurants

Eigentlich empfiehlt es sich, die Gunst der Stunde (und der Rabatthefte) zu nutzen und seine Mahlzeiten an den Buffets der Spielcasinos einzunehmen. Ausgesuchte Leckereien gibt es hier für nur wenige Dollar – dafür muss man allerdings manchmal langes Schlangestehen und mangelhaften Service in Kauf nehmen. Unter www.vegas-online.de/buffets können Sie vorher in Erfahrung bringen, wie viel welches Buffet wo kostet und wie es bewertet wird. Wer es lieber etwas ruhiger mag, der sollte sich in die vornehmen „Nischenrestaurants" der großen Hotels zurückziehen, in denen aber ein Dinner mehr kosten kann als der Übernachtungspreis. Haben Sie ein schönes Zimmer mit Aussicht auf die Glitzerwelt, nutzen Sie doch einfach den Roomservice oder lassen sich ein Candlelight-Dinner aufs Zimmer bringen. Das Angebot an Restaurants jedenfalls ist nachgerade unüberschaubar, wobei es kaum freie Gaststätten (also die, die zu keinem Hotel/Casino gehören) gibt. Deswegen hat es auch wenig Sinn, sich wegen eines Restaurant-Tipps in einem der Gourmet-Führer quer durch die Stadt zu bemühen. Beispielhaft für die beeindruckende Auswahl und Qualität, die man in den meisten Hotelpalästen erwarten kann, sei hier nur das Caesars Palace aufgeführt.

Cypress Street Marketplace: offene Food-Piazza mit verschiedenen internationalen Imbiss-Ständen Angebot, tgl. 11–23 Uhr, sehr preiswert.

Beijing Noodle No. 9: von riesigen Fischtanks flankiertes Restaurant mit der gesamten Bandbreite chinesischer Speisen, tgl. 11–22.30 Uhr, preiswert.

Munchbar: amerikanische Snacks für zwischendurch wie Burger, Pommes und Sandwiches sowie Bier, Wein und Cocktails, tgl. 11–2, Di, Fr–Sa bis 4 Uhr, preiswert.

Payard Pâtisserie & Bistro: französische leichte Küche mit Dinner- und Konditorei-Abteilung, Shop mit Kochbüchern und Geschenkkörben etc., tgl. 6.30–23 Uhr, preiswert.

Serendipity 3: Ableger des originellen New Yorker Restaurant, bekannt für seine XXL-Portionen und den legendären Frrrozen Hot Chocolate aus 20 verschiedenen Arten von Schokolade, tgl. für Frühstück, Lunch und Dinner geöffnet, preiswert.

Empress Court: gehobene chinesische Küche, Außenterrasse mit Blick über die Garden oft the Gods, So, Mi–Do 17–22 und Fr–Sa bis 23 Uhr, moderat.

Café Lago Buffet: gehaltvolle Frühstück-, Lunch- und Dinner-Buffets, am Wochenende Champagner-Brunch, tgl. 7–22 Uhr, moderat. Zzt. wegen Renovierung geschlossen (Stand März 2012).

Central by Michel Richard: ein rund um die Uhr geöffnetes Bistro, hier werden „American favorites" mit französischem Touch serviert, moderat.

Old Homestead Steakhouse: Steakgerichte auf hohem Niveau, tgl. 17–22.30, Fr–Sa bis 23 Uhr, noch moderat.

Hyakumi: original japanische Küche mit Suppen, Sushi, Sashimi, Nigiri etc., A-la-carte-, Mehr-Gänge-Menüs und All-you-can-eat-Angebote zum Mittag- und Abendessen, tgl. 11–15.30 und 17–23 Uhr, moderat.

Raos: hochwertige italienische Gerichte nach über hundertjähriger New Yorker Tradition, tgl. 17–23 Uhr, moderat.

Mesa Grill: allerbeste Southwest-Speisen, von Star-Koch Bobby Flay und seinem Team frisch zubereitet, Mo–Fr 11–14.30 Uhr Lunch, Sa–So 10.30–15 Uhr Brunch, tgl. 17–23 Uhr Dinner, teuer.

Bradley Ogden: traditionelle amerikanische Küche mit frischen Bio-Rohwaren auf höchstem Niveau, ein Michelin-Stern, Mi–So 17–22 Uhr, teuer.

Restaurant Guy Savoy: ein Edelrestaurant des Drei-Sterne-Kochs Guy Savoy, das vom Ambiente, von der Qualität des Essens und vom Preis her zur absoluten Spitze von Las Vegas gehöret, französische nouvelle cuisine mit zwei Michelin-Sternen, aufmerksamer Service, Reservierung empfohlen, Mi–So 17.30–22.30 Uhr, sehr teuer.

Und in der **Forum-Mall** des Caesar's gibt es noch ein gutes Dutzend weiterer gastronomischer Adressen, darunter so unterschiedliche wie ein ‚Planet-Hollywood'-Lokal und eine Filiale von Wolfgang Pucks Cut Steakhouse in Los Angeles (vgl. S. 230).

Einkaufen

Das gewonnene Geld kann am besten in den großen Malls wieder in Umlauf gebracht werden; diese gibt es sowohl als Kaufhäuser oder als Einkaufspassagen innerhalb der Casinos; die Ladenschlusszeiten sind nicht einheitlich geregelt. Hier nur folgende Tipps:

Boulevard Mall, 3528 Maryland Pkwy, www.blvdmall.com; mit 140 Geschäften zwar die größte, nicht aber die schönste Mall.

Fashion Show Mall, 3200 Las Vegas Blvd./Ecke Spring Mountain Rd., www.thefashionshow.com; 140 Boutiquen und andere Geschäfte, wie z. B. Neiman Marcus Warehouse und Saks Fifth Avenue, aber auch viele nette Cafés.

The Forum Shops, 3570 Las Vegas Blvd., www.caesarspalace.com; innerhalb des Caesar's Palace, ca. 120 vornehmlich Mode- und Schmuckgeschäfte oder Parfümerien, u. a. Gucci, Ann Taylor, Dior, Boogies Diner – Achtung: wer hier hineingeht, ist erst einmal gefangen, denn zum Ausgang muss man die gesamten Spielhallen des Casinos abwandern.

Daneben locken auch in Las Vegas Outlet Stores, die meist etwas außerhalb liegen, dafür aber sehr günstig sind:

Vegas Pointe Plaza, 9155 Las Vegas Blvd.; 6 Meilen südlich der Tropicana Avenue, 50 Fabrikläden mit günstigen Angeboten.

Las Vegas Outlet Center, 7400 Las Vegas Blvd. S., www.premiumoutlets.com; 140 Outlet-Shops, z. B. Levis, Wrangler, Hilfiger, Calvin Klein und Nike – eine der beste Outlet-Adressen der Stadt.

Fashion Outlets of Las Vegas, 32100 Las Vegas Blvd. S., an der I-15, exit 1 bei Primm, www.fashionoutletlasvegas.com. Der Name verrät bereits, dass es hier etwas feiner zugeht, aber erwarten Sie auch nicht zuviel. Geschäfte von Burberry, Ralph Lauren, Escada, Gap und Versace. Mehrfach tgl. bringt Sie ein Shuttle-Bus u.a. vom MGM Grand hierhin, Ticket US$ 15.

Konzerte/Shows/Sportveranstaltungen
Es gibt wohl kaum einen Platz in der Welt, wo sich Showstars, berühmte Musiker oder Weltmeister im Boxen solch ein Stelldichein geben wie in Las Vegas. Natürlich gibt es auch weniger bekannte Musicals und andere Shows. Leider sind die Karten für die ganz großen Veranstaltungen häufig früh ausverkauft und dazu auch nicht ganz billig. Auf der deutschsprachigen Website www.vegas-online.de/shows können Sie sich den aktuellen Showkalender anschauen und viele Shows auch online buchen.

Verkehrsmittel
Flughafen: Der McCarran International Airport (Flughafeninfos unter ☏ 261-5211, Fluginfos unter 261-4636, www.mccarran.com) befindet sich am Südende des Strip (Las Vegas Blvd. South), nur ca. 20 Fahrminuten von den großen Hotels entfernt. Mit über 39 Mio Passagieren und rund 1.380 Landungen tgl. gehört er zu den größten und am schnellsten wachsenden Flughäfen der USA. Fluggäste aus Europa landen meist auf dem kleineren Terminal 2, hier gibt es auch einen großen Duty-Free-Shop. Südl. davon befindet sich Terminal 1. Zu den großen Hotelcasinos verkehren Zubringerbusse, die i.d.R. kostenlos sind.

Autofahren: Benutzen Sie nach Einbruch der Dunkelheit möglichst die öffentlichen Verkehrsmittel. Nicht nur wegen der Drinks, die man in den Casinos zu sich nehmen kann, sondern besonders wegen des Geflackers der Leuchtreklamen, unter dem die Aufmerksamkeit für den Straßenverkehr leidet und bei dem Ampeln nur schwer zu erkennen sind!

Öffentliche Verkehrsmittel: Mit dem Zug ist Las Vegas nicht direkt zu erreichen. Nahe dem ehemaligen Amtrak-Bahnhof liegt in Downtown die **Greyhound-Busstation:** 200 S. Main St.; Auskünfte unter ☏ (702) 382-5468 oder (800) 454-2487. Die **Stadtbusse** des Citizens Area Transit (CAT) fahren rund um die Uhr den Strip entlang, wobei die Haltestellen nach Hotels ausgerufen werden. Daneben gibt es über 30 weitere Routen. Auskünfte unter ☏ 228-7433. Zentraler **Stadtbusbahnhof** ist am Downtown Transit Center (Stewart Ave., zwischen Casino Center Blvd. und 4th St.). Am populärsten bei Nachschwärmern ist der sog. **Las Vegas Strip Trolley**, die Busversion einer alten Straßenbahn. Der Trolley verkehrt bis 1.30 Uhr morgens mindestens im 20-Minuten-Takt entlang dem Strip und hält an allen größeren Hotels. Der Downtown Trolley verbindet im 15–20-Minuten-Takt die wichtigsten Punkte in der Innenstadt. Abfahrt ab der South Plaza am Downtown Transit Center (s. o.). Tickets kosten US$ 2,50, ein Halb-Tages-Ticket US$ 4,25 und ein Dreiviertel-Tage-Ticket US$ 12/20.
Seit 2004 verkehren östlich parallel zum südlichen Strip auf einer 6,3 km langen Hochstrecke die vollautomatisierten Wagen der futuristischen **Las Vegas Monorail**. Endstationen sind die Hotelcasinos MGM Grand im Süden und Sahara Las Vegas (das mittlerweile zwar geschlossen ist, die Haltestelle existiert aber trotzdem noch) im Norden. Dazwischen liegen die Stationen Ballys & Paris, Flamingo & Caesar's Palace, Harrah's & Imperial Palace, Las Vegas Convention Center und Las Vegas Hilton. Die Züge verkehren zwischen 7 und 2, am Wochenende bis 3 Uhr, ein Einzelticket kostet US$ 5, ein Tagesticket US$ 12. Eine Erweiterung der Monorail am Stratosphere Tower vorbei nach Downtown ist in Planung, eine Erweiterung zum Flughafen ist ebenfalls geplant. Infos unter www.lvmonorail.com. Auf der westlichen Seite des

Strip existieren drei kleinere Monorail-Verbindungen mit jeweils zwei oder drei Stationen, nämlich zwischen den Hotelcasinos Mandalay Bay und Excalibur, Bellagio und Monte Carlo sowie Mirage und Treasure Island.

Taxis: Wegen der abendlichen Neonreklame, die an allen Gebäuden blinkt und leuchtet und damit den Londoner Piccadilly Circus oder den New Yorker Times Square in den Schatten stellt, ist es allemal ratsam, mit dem Bus oder dem Taxi zu fahren – ganz abgesehen von den Drinks, die man in den Casinos zu sich nimmt. Schon manch unerfahrener Las Vegas-Besucher hat bei dem Geflacker eine Ampel übersehen. Hier die Nummern einiger ausgewählter Taxi-Unternehmen: Yellow Checker Star: ☎ (702) 873-8012; Union Cab: (702) 736-8444; Ace Cab: (702) 888-4888; Nellis Cab: (702) 248-1111.

Mietwagen: Alle großen Mietwagenfirmen sind im McCarran Rent-A-Car Center untergebracht, ca. 4 km vom Flughafen entfernt: 7135 Gilespie Street, ☎ (702) 261-6001, www.mccarran.com. Alle 5 Minuten fahren die blau-weißen kostenlosen Shuttle-Busse von und zu den Terminals. Das Center ist rund um die Uhr geöffnet, gut ausgeschildert und vom Strip aus in südlicher Richtung, sofort jenseits der I-215, über die George Crockett St. zu erreichen. Auch in den großen Hotels sind zumeist ein oder zwei Mietwagenfirmen mit einem Schalter vertreten.

Rundfahrt zum Lake Mead und Hoover Dam

Im Folgenden wird eine Rundfahrt vorgeschlagen, die etwa 250 km lang ist und ab/bis Las Vegas als Tagesausflug durchgeführt werden kann. Genauso gut könnte man aber entlang der Strecke in einem schönen Strand-Hotel am Lake Mead übernachten oder die einzelnen Stationen mit der Weiterfahrt zum Grand Canyon verbinden. Der Anfahrtsweg zu den Naturschönheiten und Sehenswürdigkeiten des Lake Mead kann über den Hwy. 604 oder den Fwy. 93/15 in nördlicher Richtung schnell zurückgelegt werden. Die Straße verläuft dabei übrigens parallel zum alten spanischen Wirtschaftspfad, der 1829–50 in Benutzung war. Nach etwa 35 Meilen kann man auf dem Hwy. 40 nach rechts zum Valley of Fire State Park abbiegen (s.u.) und damit ein gutes Stück abkürzen. Wer weiter auf der I-15 bleibt, kann bei der 200.000 Einwohnerstadt **Glendale** (Exit 90, Hwy. 168) nach links zur Indianerreservation Moapa abbiegen und etwas später in den Mineralwasser-Pools von **Warm Springs** baden.

Die eigentliche Rundfahrt geht aber am Exit 93 nach Osten ab, wo der Hwy. 169 parallel zum Muddy River geführt wird. In diesem fruchtbaren Tal haben schon früh die Anasazi Ackerbau betrieben. Heute sind es die Mormonen, die sich, wie überall in Utah und Nevada, die ehemals abgelegenen und für das Gros der Siedler wenig attraktiven Gegenden zum Siedeln ausgesucht haben. Weder die Ortschaften von **Logandale** und **Overton** noch die landwirtschaftlich genutzte Region sind sonderlich interessant.

Interessante Pueblo-Kultur

Unbedingt lohnend ist am Ortsausgang von Overton jedoch das **Lost City Museum**, zu dem es rechts der Straße in wenigen hundert Metern abgeht. Während man sich vor dem Gebäude nachgebaute Hütten der Anasazi ansehen kann, lohnt das Innere mit einer der vollständigsten Sammlungen der frühen Pueblo-Kulturen des Südwestens. Sogar Exponate aus der frühen Wüsten-Kultur (ca. 8000 v. Chr.), als man in diesem Tal noch Mammuts jagte, sind ausgestellt. Die ersten sesshaften Menschen der Lost City

Rundfahrt zum Lake Mead und Hoover Dam

waren die sog. Basketmaker, von denen außer geflochtenen Gegenständen auch das Wurfholz *(atlatl)*, das erst später durch Pfeil und Bogen ersetzt wurde, präsentiert wird. Die verschiedenen Basketmaker-Kulturen existierten hier vor und nach der Zeitrechnung, bis gegen 500 n. Chr. die Pueblo-Indianer einwanderten. Sie hinterließen einige Ruinen und Fundamente, über denen am Museum Rekonstruktionen errichtet wurden. Den Pueblo-Indianern, die etwa 1150 n. Chr. nach Arizona und New Mexico auswanderten, folgte als letzte Kulturgruppe der Jägerstamm der Paiute, dessen Nachfahren heute noch in Südnevada leben. Alle diese Kulturen haben in der Region reiche Spuren hinterlassen, von denen das Lost City Museum einige präsentiert; nicht zuletzt sind die hierhin gebrachten Felszeichnungen sehenswert. Aber auch die erste „weiße" Besiedlung durch Mormonen wird dokumentiert.

Besiedlungsgeschichte

Lost City Museum, *721 S. Moapa Valley Blvd., Overton, ☏ (702) 397-2193; Do–So 8.30–16.30 Uhr, Eintritt US$ 5.*

13 km hinter Overton erreicht man auf dem Hwy. 169 eine Abzweigung, auf der man einerseits zum Overton Beach und dem Northshore Scenic Dr, andererseits zum **Valley of Fire** kommt. Wer auf der Hinfahrt aber die I-15 abkürzte, stößt an dieser Stelle auf die Route der Rundfahrt. Allen anderen sei geraten, wenigstens ein kurzes Stück nach rechts in den 125 km² großen Valley of Fire State Park hineinzufahren. Das Tal des Feuers hat seinen Namen von den 150 Mio. Jahre alten, roten Sandsteinformationen, die besonders bei schräg stehender Sonne für eine wahre Farbenexplosion in allen möglichen Rot-Tönen sorgen. Bei der Fülle seiner landschaftlichen und kulturhistorischen Sehenswürdigkeiten ist es kein Wunder, dass das Gebiet 1935 als Nevadas erster State Park geschützt wurde.

Von Overton erreicht man über den asphaltierten Hwy. 169 den östlichen Eingang, wo es Infotafeln und sanitäre Einrichtungen gibt. Auch bei begrenzter Zeit sollten anschließend folgende Stationen aufgesucht werden (von Ost nach West entlang dem Hwy. 169): das versteinerte

Felskunst im Petroglyph Canyon

Holz der *petrified logs*, die Bergformation Seven Sisters, das Visitor Center, der nördliche Abstecher zum Aussichtspunkt Rainbow Vista und Petroglyph Canyon sowie die etwa zwei Meilen lange Scenic Loop Rd., die an einigen der interessantesten Felsgebilden (u.a. Arch Rock, Atlatl Rock, Piano Rock) vorbeiführt. Außer für seine Natur ist das Valley of Fire berühmt wegen der hervorragend erhaltenen Felsbildkunst (Petroglyphe) der prähistorischen Basketmaker und Anasazi. Die schönsten Gravuren sieht man entlang des etwa 800 m langen Spaziergangs durch den Petroglyph Canyon und auf dem Atlatl Rock.

Valley of Fire State Park, *29450 Valley of Fire Road Overton, NV 89040, ☏ (702) 397-2088, www.parks.nv.gov/vf.htm; Eintritt US$ 10. Der Hwy. 169 ist nach Regenfällen manchmal nicht zu befahren. Auskünfte über die Passierbarkeit der Wege und sonstige Informationen sind im Lost City-Museum erhältlich oder beim Visitor Center, tgl. 8.30–16.30 Uhr.*

Setzt man die Rundfahrt weiter fort, wird man ab nun ständig begleitet von der tiefblauen Fläche des nahen Lake Mead. Ab dem North Shore Scenic Dr. (167), der ab jetzt auf einer Länge von etwa 70 km parallel zum See verläuft, kommt man über Stichstraßen zu ausgebauten Yachthäfen (Marinas), Sandstränden, Campingplätzen usw. Die erste dieser Möglichkeiten, dem Lake Mead nahe zu kommen, besteht am **Overton Beach**.

Geologische Entwicklung

Bei der Weiterfahrt kommt man durch eine herrliche Wüstenlandschaft, die am Horizont durch die Muddy Mountains (Muddy Peak: 1.656 m ü.d.M.) begrenzt wird. Diese wurden durch enormen Druck gepresst, gefaltet und z. T. umgekippt. Der Druck war so stark, dass sie 14 Meilen in östliche Richtung über den bereits vorhandenen Untergrund gedrückt worden sind. Wie sehr die Gesteine „vermengt" wurden, machen die beiden warmen Quellen **Rogers Spring** und **Blue Point Spring** (beide rechts der Straße) deutlich, deren Wasser aus tiefen Lavaschächten bis auf 30 °C erwärmt werden und richtige kleine Oasen entstehen ließen. Diese Lavaschächte sind ein Resultat der Umwerfungen.

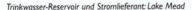

Lake Mead

Im 640 km² großen Lake Mead ist der Colorado River zum größten künstlichen See der USA aufgestaut, der als Trinkwasserreservoir und Stromlieferant für mehrere Bundesstaaten und etwa 17 Mio. Menschen existentielle Bedeutung hat. Insgesamt ist der See 177 km lang und 152 m tief; wegen seiner vielen Buchten beträgt die gesamte Küstenlänge sogar über 1.300 km. Der See bedeckt eine Fläche von knapp 64.000 ha und besitzt eine Kapazität von 25.200.000.000 Kubikmetern. Allerdings entspricht das tatsächliche Volumen nach der extremen Trockenheit der vergangenen Jahre längst nicht mehr der möglichen Kapazität. Der Wasserspiegel des Stausees lag zum Jahresanfang 2009 gut 30 m (!) unter dem Stand von etwa 2002, was jeder Besucher leicht an der hellen

Trinkwasser-Reservoir und Stromlieferant: Lake Mead

Verfärbung der unteren Uferregion erkennen konnte. Trotzdem: zwei Jahre würde es dauern, bis der Colorado dieses Reservoir gefüllt hat. Und nach Passieren der Hoover Dam-Turbinen benötigt das Wasser des Colorado noch etwa 10 Monate bzw. 500 Meilen, bis es in den Golf von Kalifornien einmündet.

Die Fläche des durch den Lake Mead bewässerten Landes beträgt allein in den USA 4.000 km², hinzu kommen rund 2.000 km² in Mexiko. Daneben hat der Lake Mead zu Recht den Ruf einer paradiesischen Urlaubsregion: Angeln und jede Art von Wassersport sind möglich, die Sonne scheint nahezu immer, trotz des Tourismus scheint der See seiner Größe wegen von Menschen unberührt, und das Hinterland bietet eines der reizvollsten Landschaftsbilder. *Freizeitparadies*

Auf dem Weg bis zum westlichen Ende des Sees passiert man die Abzweige zu den Seebädern **Echo Bay** (Unterkünfte, Restaurant) und die **Callville Bay**, die 4 Meilen von der Hauptstrecke entfernt ist und einst ein bedeutender Flusshafen für die Mormonen war. Unvorstellbar, wie damals die kleinen Dampfschiffe die Stromschnellen des Colorado gemeistert haben müssen. Als 1869 der Eisenbahnbau den Warentransport auf dem Fluss überflüssig gemacht hatte, verlor Callville Bay seine Bedeutung und wurde zur Ghost Town. Die Ruinen der kleinen Stadt liegen jetzt unter der Wasseroberfläche des Lake Mead. Die heutige Nachfolgerin wurde allein als Freizeit-Bootshafen angelegt. Im Restaurant oder gleich auf dem Pier kann man eine Bootstour buchen.

Wenn man etwas mehr Zeit hat, sollte man sich ein Hausboot mieten – sicher eine der angenehmsten Arten, im Westen Urlaub zu machen. Im Angebot sind z.B. moderne Hausboote für drei bis sieben Nächte, die Platz für bis zu 10 Personen bieten, über allen Komfort (Küche, Bad, Grill etc.) verfügen und nicht nur ein großes Sonnendeck haben, sondern auch mit einer Schwimmplattform und einer Wasserrutschbahn ausgerüstet sind.

i Information

Informationen und aktuelle Preislisten für Hausbootverleih bei den einzelnen Marinas oder bei: **Forever Resorts, Houseboat Rentals**, ① *(800) 255-5561, www.foreverhouseboats.com.*

Nicht nur das tiefe Blau des Lake Mead lädt zu einem längeren Stopp ein. Einen solchen sollte man auch zwischen den Stichstraßen zur Echo Bay und zur Callville Bay einlegen, wo links der Straße die kleine **Redstone Picnic Area** ausgeschildert ist. Hier kann man auf einem Pfad durch die alten, roten Steine hindurchgehen und dabei viel über ihre Formen und die Erosionskräfte der Erde lernen. Für den unbefestigten, aber ausgeschilderten Weg braucht man nicht mehr als 30 Minuten einzuplanen; dieser Spaziergang abseits der üblichen Touristenrouten ist besonders in den Abendstunden empfehlenswert, wenn die Landschaft wie in ein rotes Flammenmeer getaucht scheint. Die bizarren und monumentalen Hügel mit ihrer unglaublich roten Färbung waren einmal Sanddünen, die sich vor etwa 140 Mio. Jahren auftürmten, also in jener Zeit, als Dinosaurier die Erde beherrschten. Die letzten Millionen Jahre und Erdkräfte haben die Dünen in diese Sandsteinformationen umgewandelt; ihre Farbe erhalten sie durch die Oxidierung von Eisen. Vereinzelt lassen sich jedoch auch grüne und grün-graue Sandsteinablagerungen – z.T. mit Überresten von versteinertem Holz – sowie schwarzes Lavagestein ausmachen. *Leuchtendes Farbspiel*

Route 4: Rundfahrt zu den südkalifornischen Highlights und nach Las Vegas

Die Redstones an der Calville Bay

Die schönsten Strände

13 km hinter der Callville Bay bringt einen der Hwy. 167 zum Abzweig des Hwy. 147 (Lake Mead Blvd.), auf dem man recht zügig nach North Las Vegas zurückfahren kann. 8 km weiter gibt es erneut einen Abzweig, auf dem man über den Lake Mead Dr. nach Henderson, East Las Vegas und Las Vegas kommt. Auf der vorliegenden Route bleibt man jedoch auf dem Lakeshore Scenic Dr. (Hwy. 166) nahe zum Seeufer und fährt in 11 km weiter zum **Boulder Beach** und zur **Las Vegas Bay**, beide mit Campingplatz, Hafen und wohl schönstem Strand am Lake Mead. Dort befindet sich auch die Lake Mead Resort Marina, wo man einfache Motor- und Segelboote ausleihen oder an einer Minikreuzfahrt teilnehmen kann.

Sieben Meilen vor dem Hoover Dam, wo der Hwy. 166 auf den Hwy. 93 stößt, empfiehlt sich ein Besuch im **Alan Bible Visitor Center**, das umfassend über die Entstehung des Lake Mead, seine Flora, Fauna und Rekreationsmöglichkeiten informiert. Das moderne Besucherzentrum (u.a. Filmvorführungen, Spezialkarten, Buchverkauf, sanitäre Anlagen) fungiert auch als Hauptquartier für die Lake Mead National Recreation Area. **Alan Bible Visitor Center**, ✆ *(702) 293-8990, www.nps.gov/lame; tgl. 8.30–16.30 Uhr.*

Von hier aus ist es nicht mehr weit bis zu einem der spektakulärsten Bauten der 1930er Jahre, dem Hoover Dam. An der Abzweigung des neu gebauten Hoover Dam Bypass bleibt man auf dem alten Hwy. 93, der einen zum Damm und dem Visitor Center bringt.

Hoover Dam

Geschichte

Der Staudamm ist Teil eines Systems, das den einst wilden und gefährlichen Fluss nicht nur bändigt, sondern gleichzeitig für die Landwirtschaft, die Stromversorgung und den Tourismus in weiten Teilen Arizonas, Nevadas und Kaliforniens von großer Bedeutung ist. Schon die ersten Menschen versuchten, den Colorado River für sich zu nutzen. Doch immer wieder schluckten die Wassermassen im Frühjahr (bedingt durch die Schneeschmelze auf den Bergen) das Land, während im Sommer und Herbst nur ein müdes Rinnsal übrig blieb. Der Colorado ist nämlich einer der größten Fremdlingsflüsse der Welt, d.h. er führt im unteren Flusslauf erheblich weniger Wasser – in Dürrejahren z.T. gar kein Wasser – als im oberen Flusslauf. Nach einer schrecklichen Katastrophe im Jahre 1905, bei der der Colorado seinen Lauf änderte und später in das Imperial Valley eindrang (dabei wurde die riesige Salton-Senke mit Wasser gefüllt und ein See geschaffen – Salton Sea –, dessen Küstenlinie knapp 200 km beträgt), beschloss man 1922, seinen Lauf zu regulieren und seine Wassermassen besser zu nutzen. Das unter dem damaligen Handelsminister *Herbert Hoover* geschlossene Abkommen regelte die Wassernutzungsrechte der 7 Anliegerstaaten (Colorado River Compact) und sah als Kernstück der Projektplanung den größten bis dahin gebauten Staudamm vor. Der Vertrag, der erst im Jahre 2017 ausläuft, teilt z.B. dem Bundesstaat Nevada 15,1 % des durch den Damm produzierten Stromes zu, Arizona erhält 18,9 % und die südkalifornischen Großstädte 28,5 %.

Aufteilung des Stroms

Die Arbeiten, 1931 begonnen, waren schon im Jahre 1935 beendet – zwei Jahre früher als vorgesehen. Dies war nur möglich mit Tausenden von Arbeitern, die rund um die Uhr schufteten – in den Rezessionsjahren der damaligen Zeit musste man auch in Amerika froh sein, überhaupt eine Arbeit zu haben. Neben der Stromerzeugung war vor allem die Wasserversorgung das wesentliche Ziel dieses Mammutprojektes. Kanäle und Rohre bis nach Kalifornien (Imperial und Coachella Valley), Tucson und Phoenix wurden dazu angelegt. Den Staudamm feierte Präsident *Franklin D. Roosevelt* bei der Einweihung als „technisches Wunderwerk" und nannte ihn einen „engineering victory". Die erste Turbine begann ihre Arbeit im Jahr 1936, die siebzehnte und letzte im Jahr 1961.

Maße
Durch den Hoover Dam kann der industrielle und private Wasserbedarf von nicht weniger als 15 Mio. Menschen gedeckt werden; die Produktion von elektrischer Energie beträgt rund 4 Mrd. Kilowattstunden pro Jahr, was für 500.000 Haushalte reicht. Die gewaltigen Dimensionen des Bauwerks können durch folgende Maße anschaulich gemacht werden:

Höhe des Staudamms:	221 m	Mauerdicke an der Basis:	201,2 m
Länge des Staudamms:	379 m	Verbauter Beton:	2½ Mio. m³
Mauerdicke an der Krone:	13,7 m		

Besichtigung
Bei der Anreise ist es ratsam, auf der Nevada-Seite wenige hundert Meter vor dem Damm das mehrstöckige Parkhaus (gebührenpflichtig) auf der linken Seite anzusteuern; weitere Parkplätze sind nämlich nicht vorhanden. Es ist klar, dass ein solches Wunderwerk der Technik seine Faszination auf die Besucher ausübt. Fast 40 Mio. Menschen haben seit 1937 den Hoover Dam besichtigt, und jedes Jahr nehmen etwa 1 Million an den Führungen teil. Gegenüber dem Parkhaus befindet sich das Visitor Center (Eintritt) direkt am Rand des 300 m tiefen Black Canyon. Einen fantastischen Blick auf Canyon, Staudamm und See hat man vom Observationsdeck. Vom Visitor Center aus werden zwei Führungen angeboten: zum Damm (Hoover Dam Tour) und zur Turbinenhalle (Hoover Dam Powerplant Tour); bei beiden fallen recht happige Eintrittsgebühren an. Wer an allem teilnehmen möchte, sollte mit mindestens 2½ Stunden ohne Wartezeit rechnen.

Teure Führungen

Da nach dem 11. September 2001 auch der Hoover Dam als mögliches Ziel terroristischer Anschläge eingestuft wurde, müssen sich alle Besucher einem Sicherheits-Check unterziehen, auch die Fahrzeuge werden vor Überquerung des Damms untersucht *(Information: www.usbr.gov/lc/hooverdam/)*.

Der Hwy. 93, der über die Dammkrone die beiden Ufer verbindet, ist die Hauptverkehrsstraße zwischen Phoenix und Las Vegas, zwei Städte, die einen explosionsartigen Bevölkerungszuwachs gemeinsam haben. Deshalb konnte die Straße schon seit langem das gestiegene Verkehrsaufkommen nicht verkraften, zumal auch der Ausflugs- und Sightseeingverkehr u.a. mit Fußgängern und Fahrradfahrern auf der zweispurigen Dammkrone unterwegs war. Seit 2006 wurde daher eine Umgehungsstraße (**Hoover Dam Bypass**) gebaut, die im November 2010 schließlich eingeweiht wurde. Ihr spektakulärstes und aufwändigstes Teilstück ist die Überquerung des Colorado River, knapp 500 m hinter dem Damm flussabwärts. Die vierspurige Brücke ist knapp 600 m lang und liegt einem markanten Bogen aus Stahlbeton auf, gut 250 m über dem Tal. Es wird erwartet, dass zukünftig mehr als 17.000 Fahrzeuge den Hoover Dam Bypass täglich nutzen werden *(Infos unter www.hooverdambypass.org)*.

Krone des Hoover Dam

Nach der Besichtigung hat man die Möglichkeit, auf der Arizona-Seite die Fahrt in Richtung Kingman/Grand Canyon fortzusetzen. Nach wenigen Meilen ergibt sich am Hwy. 93 nochmal ein herrlicher Ausblick auf den tief unten blinkenden Stausee (Parkplatz).

Ansonsten fährt man über den Hwy. 93 in entgegengesetzter Richtung nach Las Vegas zurück. Dabei passiert man die Ortschaft **Boulder City**, die heutzutage wegen des Solarkraftwerkes Nevada Solar One bekannt ist. Das 250-Mio-Dollar-Kraftwerk liegt außerhalb des Ortes, hat eine Leistung von 64 MW und besteht aus nicht weniger als 19.300 Glas- und Stahlbehältern, von denen jeder einzelne 4 m lang ist. Boulder City selbst wurde inmitten der Wüste errichtet, um den mehr als 4.000 Arbeitern des Dammprojektes eine Unterkunft zu geben. Die Stadt, in der heute rund 16.000 Einwohner leben, ist auch deswegen interessant, weil sie eines der ersten gelungenen amerikanischen Experimente für Stadtplanung auf dem Reißbrett darstellt. Abgesehen davon ist Boulder City die einzige Stadt Nevadas, in der es so gut wie keine Glücksspiele gibt. Außer der Zweckarchitektur erinnert in der Siedlung auch das Museum im historischen Boulder Dam Hotel mit Modellen, Fotos und anderen Dokumenten an „The Construction of Hoover Dam".
Boulder City Hoover Dam Museum, *1305 Arizona St., ① (702) 294-1988, www.bcmha.org; Mo–Sa 10–17 Uhr.*

Von Las Vegas nach Los Angeles

Heutzutage sind die gut 270 Meilen zwischen Las Vegas und Los Angeles bequem an einem Tag zu schaffen, auch wenn man dabei eine wirkliche Wüste durchquert, die Mojave (s.u.). Mindestens einen weiteren Tag verlangt der Bogen durch das Tal des Todes. Ob man sich nun für die schnellere Variante (I-15) oder die längere entscheidet, über eines sollte man sich im klaren sein: Klima und Natur in den Wüsten sind in einem Maße extrem, das viele nicht geahnt haben werden. Der Aufenthalt hier verlangt in gewissen Situationen nach **Sicherheitsmaßnahmen**, die unbedingt befolgt werden sollten:

Mitten durch die Wüste

> **! Achtung!**
>
> - Bei Wanderungen, aber auch bei Autofahrten genügend Wasser mitnehmen, mit Kopfbedeckung, Sonnenbrille und Sonnencreme gegen die Sonne schützen. Gegen den Verlust von Mineralien helfen Salztabletten.
> - Im Sommer kann die Hitze unerträglich sein. Nur in der Libyschen Wüste wurden bisher höhere Temperaturen gemessen. Für Besucher mit schwacher Konstitution können deshalb in den Monaten Juli, August und September schnell Situationen entstehen, die lebensgefährlich sind.
> - Nicht alleine wandern und andere wissen lassen, wohin man die Wanderungen plant und wann man etwa wieder zurück sein wird.
> - Die Mojave und das Tal des Todes sind nicht tot. Viele Tiere leben hier, und alle sind Wildtiere; und manche können beißen. Halten Sie also Sicherheitsabstand und versuchen Sie nicht, irgendwelche Tiere zu füttern. Gehen Sie insbesondere Klapperschlangen, Skorpionen und Taranteln aus dem Weg!
> - In den Wüsten gibt es Hunderte verlassener Stollen, die noch nicht gesichert oder zugeschüttet sind. Ihr Betreten ist lebensgefährlich.
> - Manchmal stößt man bei Wanderungen auf liegengelassene oder vergessene (Jagd-)Munition. Bitte nicht anfassen und dem nächsten Ranger über den Fundort Bescheid geben.
> - Im Falle einer Autopanne nicht zu Fuß Hilfe holen. Bleiben Sie bei Ihrem Wagen, bis Sie entdeckt werden.
> - Besondere Vorsicht ist bei Regen geboten. Wenn Niederschläge fallen, dann meist als Wolkenbrüche, die das Wandern in ausgetrockneten Flusstälern zum Risiko machen. Auch asphaltierte Straßen können unterspült werden.

Der direkte Weg durch die Mojave-Wüste (I-15)

Der schnellste Weg von Las Vegas nach Los Angeles führt einen über die I-15 direkt durch die Mojave-Wüste, wobei zunächst noch als Nachklang zu Las Vegas einige Spieleroasen die Interstate begleiten, jedenfalls bis zur Bundesgrenze nach Kalifornien. **Arden** und **Jean** heißen die beiden Ortschaften; riesige Reklametafeln verkünden die Chancen der dortigen Casinos, preisen Hotels an oder machen auf Shows aufmerksam. Sofern man auf der Suche nach einer Tankstelle oder einer Unterkunft ist, lohnt der Halt – ansonsten kann man diese Siedlungen aber getrost vergessen.

Die weitere Strecke entlang der I-15 kann keine sensationellen Landschaftseindrücke vermitteln, bleibt aber geprägt von der großartigen Weite der Wüste. Schnurgerade

Die Mojave-Wüste

Die Mojave-Wüste, früher auch Mohave und engl. Mojave desert genannt, ist ein über 39.000 km² großes Gebiet, das sich außer in Kalifornien auch über große Teile in den Bundesstaaten Arizona, Nevada und Utah erstreckt. Obwohl sich die Wüste bis in Höhenlagen von über 2.000 m ü.d.M. hinaufzieht, bedeckt sie im Wesentlichen ein Becken, das im Süden von den San Bernardino Mountains begrenzt wird und im Westen von den Tehachapi Mountains, die wiederum eine Barriere zum San Joaquin Valley bilden. Solcherart von Bergen umringt, können kaum Regenwolken zur Mojave vordringen, was eine maximale Niederschlagsmenge von nur 150 mm pro Jahr bedeutet. Andere Wasserquellen gibt es kaum, abgesehen vom Mojave River, der allerdings nicht immer Wasser führt und schließlich als schmales Rinnsal versickert. Offensichtlich waren die klimatischen Verhältnisse in der Vergangenheit einmal besser, denn an mehreren Stellen dokumentieren indianische Felszeichnungen eine zehntausend Jahre zurückreichende Siedlungsgeschichte. Bei der Erschließung des Westens durch die Europäer erwies sich die Mojave als **lebensfeindliches Hindernis**, das man nur in einem weiten Bogen umgehen konnte. Erst später wurden mit großartigen Ingenieurleistungen Straßen durch die menschenleere Region gebaut, so z. B. die berühmte Route 66 und später die Interstates 15 und 40. Viele der Siedlungen, die damals entlang der schnurgeraden Straßen entstanden und oft von bescheidenem Bergbau (Silber, Borax) lebten, sind heute Geisterstädte.

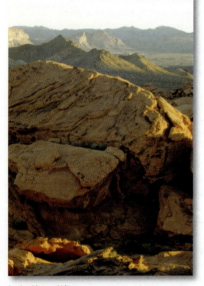

In der Mojave-Wüste

Eine zukunftsweisende Branche, die nach dem ehemaligen Bergbau für die Wüste einen sehr interessanten ökonomischen Aspekt bedeuten wird, sind die **Solarkaftwerke** (u.a. bei Boulder City, Barstow), die von fast immer wolkenlosem Himmel und mehr als 3.000 Sonnenscheinstunden profitieren. Nachdem 2007 das größte Fotovoltaik-System Nordamerikas in der Mojave fertiggestellt wurde (Nellis Solar Power Plant), wird derzeit hier die größte Solaranlage der Welt errichtet: Nach der Fertigstellung im Jahre 2011 bedeckt der Mojave Solar Park eine Fläche von 24 km² und generiert eine elektrische Leistung von 553 MW, was einem Strombedarf von 400.000 Haushalten entspricht.

Die einzigartige Landschaft, die sowohl riesige Sanddünen als auch schroffe Berggipfel und versteppte Joshua-Tree-Wälder umfasst sowie über eine erstaunlich artenreiche Fauna (u.a. Klapperschlangen, Skorpione, Dickhorn-Schafe, Schildkröten, Salamander, Spinnen) verfügt, steht an mehreren Standorten unter strengem Naturschutz. Zu den wichtigsten gehören die Nationalparks Joshua Tree und Death Valley oder die Mojave National Preserve. Andererseits gibt es ebenso viele Areale, die ausschließlich dem Militär und der NASA zur Verfügung stehen (u.a. Edwards Airforce Base, Fort Irwin Military Reservation, China Lake Naval Weapon Center, Twentynine Palms Marine Corps Base) und als nicht gerade naturkonservierende Sperrgebiete für Touristen unzugänglich sind.

Durch die Mojave-Wüste

Nach den seltenen Regenfällen blüht die Wüste

fährt man durch die Ebene, bis bei **Wheaton Springs**, rund 50 Meilen hinter Las Vegas, einige Kehren und Steigungen am Pass zwischen den Clark Mountains und Ivanpah Mountains für etwas Abwechslung sorgen.

Auf kalifornischer Seite passiert man dann die **Clark Mountain Range** zur Rechten und die **Mojave National Preserve** zur Linken, in der ein großer Teil der Wüste unter Naturschutz gestellt wurde. Doch schon beim bloßen Durchfahren kann die riesige Einöde zu einem unvergesslichen Erlebnis werden, und der Fwy. 15 gilt deshalb auch als Scenic Road. Die Vegetation besteht jetzt nur noch aus Joshua Trees, vereinzelten Kakteen und niedrigem Gebüsch, später hört auch dies auf.

Beeindruckendes Erlebnis

Schließlich erreicht man den kleinen 1.000-Seelen-Ort **Baker**, der ziemlich nichtssagend ist, aber einige Motels und Tankstellen aufweist. Allerdings besitzt er ein Wahrzeichen, das man schon von weitem erkennt: ein riesiges Thermometer, mit 41 m immerhin „the world's tallest". Die Höhe von 134 Fuß ist symbolträchtig gemeint, denn im nahen Death Valley wurde vor rund hundert Jahren mit 134 °F die bisher höchste Temperatur in den USA gemessen. In Baker stoßen diejenigen auf die vorliegende Route, die das Tal des Todes über den Hwy. 127 verlassen haben.

Weiter geht es, am künstlichen Lake Dolores vorbei, wo man 20 Meilen nördlich von Barstow im Sommer einen Vergnügungspark mit Wasserrutschen etc. unterhält, ganz so, als sei in der Mojave-Wüste das kostbare Nass im Überfluss vorhanden. Ganz in der Nähe liegt das archäologische Feld von **Calico Early Man Site**. Stimmen die Theorien des verstorbenen Professors Leakey und seiner Nachfolger, dann muss aufgrund der hier gemachten Funde (seit 1942 mehr als 6.000 Einzelstücke) die Geschichte der Besiedlung Amerikas neu geschrieben werden. Im Gegensatz zur üblichen Datierung (S. 15) glauben die Forscher, dass bereits vor 50.000–200.000 Jahren Menschen in Calico gelebt und Werkzeuge hergestellt haben. Die wichtigsten Funde sind im San Bernardino

County Museum in Redlands ausgestellt. An Ort und Stelle kann man den Archäologen über die Schulter blicken und an geführten Touren durch das Ausgrabungsgelände teilnehmen.
Calico Early Man Site, *Do–So 9–16.30, Mi ab 12.30 Uhr, Führungen ab 9.30 alle zwei Stunden, Eintritt US$ 5, Infos unter www.calicodig.org, Minneola Road exit von der I-15.*

Nicht in die Vergangenheit, sondern in die Zukunft wies lange Zeit im nahen **Daggett** am Fwy. 40 ein hypermodernes Solarkraftwerk mit futuristischer Technologie, das als „Solar One" 1982 eingeweiht und später als „Solar Two" erweitert wurde. Nach einigen technischen Schwierigkeiten und einem Explosionsunglück wurde die Anlage 2005 geschlossen und in ein Observatorium umgewandelt. Trotzdem gibt es rund um den Ort immer noch einige innovative Solarkraftwerke.

Bleibt man auf dem Fwy. 15, kann man gut zehn Meilen vor Barstow der sog. Geisterstadt von **Calico** einen Besuch abstatten (Exit: Ghost Town Rd., ab da 3 Meilen). Hier hat man in den 1880er Jahren erfolgreich nach Silber geschürft, und 1885 hatte die Stadt 3.500 Einwohner, zwei Hotels, eine Kirche und besaß nicht weniger als 13 Saloons. Sogar eine kleine Chinatown gab es in Calico. Nach zwei Bränden waren die Gemäuer verfallen, und die Kleinstadt wurde zur Ghost Town. Im Gegensatz zu anderen, wirklichen Geisterstädten ist man hier jedoch 1950 hingegangen und hat das Gelände zu einer Art Vergnügungszentrum ausgebaut, das den morbiden Charme verfallener Wüstensiedlungen mit den Annehmlichkeiten moderner Restaurants, Shops und einem Freilichtmuseum verbindet. Immerhin ist es möglich, auf einer geleiteten Fahrt in die alten Stollen an die wahre Zeit des Silberbergbaus erinnert zu werden.

Die Calico Ghost Town

Calico Ghost Town, *36600 Ghost Town Rd., Yermo, ☏ (760) 254-2122, www.calico town.com; tgl. 9–17 Uhr, Eintritt US$ 6. Es gibt einen Parkplatz, Campingplatz, Restaurants und Shops.*

Kurz hinter dem Abzweig kommt man nach **Barstow**, ein 1886 gegründetes Eisenbahndepot, das später als Bergbaustadt zur Blüte gelangte. Der recht gesichtslose Ort (ca. 24.600 Ew) ist in erster Linie wegen seiner Funktion als Verkehrsknotenpunkt von Bedeutung (Kreuzung der Fwys 15/40 und der Hwys 247/58, Eisenbahn, Flughafen), und natürlich findet man hier jede Menge Hotels, Motels, Fastfood-Läden, Restaurants, Tankstellen und Supermärkte. Außerdem ist Barstow für die Verwaltung des Distrikts zuständig, spielt eine Rolle als Militärstandort und hat durch die riesige Solarkraftanlage SEGS, die eine israelische Firma bereits in den 1980ern errichtete, auch energiepolitische Bedeutung. Bei genügend Zeit haben Museumsfreunde gleich drei interessante Adressen: Die ersten beiden haben Barstows Rolle als Verkehrsknotenpunkt zum Thema, wobei im **Western America Railroad Museum** historische Wagen, Fotodokumente, Ge-

Durch die Mojave-Wüste

rätschaften und Dieselloks wie die „Santa Fe 95" zu sehen sind *(685 N. 1st St., www.barstowrailmuseum.org; Fr–So 11–16 Uhr, freier Eintritt)*, während das **Route-66-Museum** Verkehrsschilder, Logos, alte Tankstellen und Fotodokumente zur „Mother Road" zeigt *(681 N. 1st Ave., www.route66museum.org; Fr–So 10–16 Uhr, freier Eintritt)*. Das **Mojave River Valley Museum** schließlich ist ein Tipp für alle, die sich für die Geschichte der Wüste sowie das Tier- und Pflanzenleben des Mojave-River Tales besonders interessieren *(270 Virginia Way, www.mojaverivervalleymuseum.org; tgl. 11–16 Uhr, freier Eintritt)*. Das schönste Gebäude der Stadt ist sicher die **Casa del Desierto**, auf der 1st Ave., auch Barstow Harvey House genannt: ein Prachtbau aus den 1880ern, der für die Passagiere der Santa-Fe-Railway errichtet wurde. Er fungiert nach wie vor als Bahnhof, beherbergt aber außerdem die Greyhound-Station, das Eisenbahn- und Route-66-Museum sowie das Fremdenverkehrsamt.

Drei Museen

Information
Barstow Visitors Bureau, *681 1st Ave., Barstow, ① (760) 256-8617, www.barstowchamber.com.*

Etwa 80 Meilen sind es von hier bis **San Bernardino**, eine interessante Strecke, auf der man langsam die Ausläufer der riesigen Mojave-Wüste verlässt. Der Kamm der Sierra Nevada wird dabei mit dem 1.277 m hohen Cajon-Pass bezwungen, wo sich ein Abstecher in die San Bernardino Mountains empfiehlt (s.u.). San Bernardino selbst ist eine von ausländischen Touristen nur selten besuchte 206.000-Einwohner-Großstadt, die in Kalifornien lange Zeit nur als inoffizielle Hauptstadt des Orangenanbaus bekannt war. Sie hat sich aber in den letzten Jahren enorm gemausert – sehenswert ist insbesondere die renovierte Downtown zu beiden Seiten des Santa Ana River, wo man sowohl auf postmoderne Verwaltungsgebäude von Stadt und County stößt als auch auf einige historische Baudenkmäler, die noch aus der Zeit der Stadtgründung um 1810 stammen. San Bernardinos größter Vorzug aber ist die Nähe zu der gleichnamigen Gebirgskette, die mit ihren Gipfeln, Wäldern und Seen zu den schönsten kalifornischen Landschaften zählt. Bei genügend Zeit sollte man also einen Abstecher in die San Bernardino Mountains nicht versäumen.

Reisepraktische Informationen San Bernardino

Information
San Bernardino Visitors Bureau, *1955 Hunts Lane, Suite 102, ① (800)-867-8366, (909) 889-3980, www.san-bernardino.org.*

Unterkunft
Wigwam Motel $$, *2728 West Foothill Blvd., Tel. (909) 875-3005, www.wigwammotel.com; Das Motel ist eine Ikone der Route 66, und wer in einem richtigen Tipi schlafen möchte, ist hier gut aufgehoben. Die Zelte sind mit Bad und Klimaanlage ausgestattet, außerdem gibt es einen Pool und Grillplätze.*

Veranstaltung
Am dritten Wochenende im September wird in San Bernardino mit einem vielbesuchten, dreitägigen Fest der historischen Route 66 gedacht. Die genaue Wegstrecke sowie andere Infos finden Sie unter www.route-66.org.

Panoramastraße am Ende der Welt – Abstecher zu den San Bernardino Mountains

Unmittelbar nördlich der Stadt San Bernardino ragen die oft schneebedeckten San Bernardino Mountains in die Höhe, eine Region, die auch zum Inland Empire gezählt wird. Nach den Wüstenerlebnissen erfährt man hier nun eine ganz andere Landschaft: Bewaldete Täler mit Seen und Naherholungsgebieten prägen das Bild, und im Winter passiert man auf dieser Strecke eines der beliebtesten Ski-Gebiete der Nation. Die erreichten Höhen (Mt. San Gorgonio, 3.506 m ü.d.M.) sind einerseits für den winterlichen Schneefall in den Gipfellagen und auf den westlichen Hängen verantwortlich, andererseits für die Niederschlagsarmut der östlicheren Wüsten. Der größte Teil des Gebirges ist als San Bernardino National Forest naturgeschützt.

Ski-Paradies

Die tollste Route, das gesamte Gebiet per Auto kennen zu lernen, bietet der 110 Meilen lange **Rim of the World Scenic Byway.** Der empfohlene Startpunkt liegt nördlich von San Bernardino an der I-15 und nahe dem Cajon Pass, wo der Hwy. 138 die Interstate kreuzt. Schon hier hat man die Möglichkeit, eine kurze Wanderung auf dem alten Mormonen-Pfad einzulegen, um die rosafarbene Sandsteinformation **Mormon Rock** zu bestaunen (markierter Weg, beginnend an der Mormon Rock Fire Station). Dann geht es am **Cajon Pass Overlook** vorbei zur Südküste des **Silverwood Lake**, mit herrlichen Picknick-Plätzen, Stränden und weiteren markierten Wanderwegen. Anschließend führt der Hwy. 18 in östliche Richtung, immer ganz nah zum blauen **Lake Arrowhead** und dem gleichnamigen Fremdenverkehrsort. Dieses erste Touristenzentrum auf dem Weg liegt inmitten eines alpinen Wunderlandes und bietet allerbeste Outdoor-Möglichkeiten sowohl im Sommer (u.a. Wandern, Bergsteigen, Angeln, Segeln, Mountainbiking) als auch im Winter (u.a. Ski und Snowboarding). Im weiteren

Wassersportparadies: der Big Bear Lake

Verlauf des Scenic Byways schraubt sich die Straße zu einem 2.167 m hohen Pass hinauf, anschließend wieder hinab und auf dem sog. „Arctic Circle" bis zum Big Bear Dam. Der Hochgebirgssee **Big Bear Lake** ist ein wahres Eldorado für sommerliche Wassersportler.

Bei der Weiterfahrt bringt einen die Panoramastraße Rim of the World hinauf zum **Onyx Summit**, mit 2.573 m ü.d.M. eine der höchstgelegenen asphaltierten Straßen Kaliforniens. Hinter dem Pass hat man einen herrlichen Ausblick auf den Mt. San Gorgonio (s.o.), dem mächtigsten Gipfel von Süd-Kalifornien. Weitere Panoramablicke erlebt man im weiteren Verlauf, vor allem wenn man den **Santa Ana River** überquert. Die Rundfahrt endet an der Mill Creek Ranger Station nahe der I-10, wo man die Fahrt u.a. nach Redlands, San Bernardino und Los Angeles fortsetzen kann.

Ab San Bernardino erreicht man Los Angeles am schnellsten über die I-15 bzw. I-215 und dann die I-10. Ein größerer Kontrast zu der Strecke, die hinter einem liegt, ist kaum denkbar. Während sich vor wenigen Fahrstunden noch menschenleere Einsamkeit ausbreitete, taucht man nun im Gewimmel der Millionenstadt unter, blühende Gärten der Villenviertel und palmengesäumte Alleen haben die vegetationslose und bis zum Horizont nur weiß-gelbe Wüste abgelöst, und freute man sich dort noch über jeden Schluck Wasser, kann man nun ein erfrischendes Bad im Pazifik nehmen… *Landschaftliche Gegensätze*

Von Las Vegas zum Death Valley National Park

Um von Norden her das Tal des Todes zu durchfahren, ist ab Las Vegas die vierspurige I-95 der beste Anfahrtsweg. Dieser bringt einen durch eine weite Ebene, die von kahlen, zerfurchten Bergen begrenzt wird. Sehr häufig kann man auf der Route Windhosen erleben, und verfallene Schilder weisen zu Indianerreservationen. Größere Steingebäude gehören zu Staats-Gefängnissen (deswegen ist entlang des Highways das Trampen bzw. die Mitnahme von Trampern verboten) oder dem Militär, das nördlich der Strecke das größte Atombombentestgebiet der USA unterhält. Die einzige größere Ortschaft entlang des sog. Pioneer Country heißt **Indian Springs** und ist nicht viel mehr als eine unbedeutende Wohnwagensiedlung. Knapp 140 km hinter Las Vegas liegt inmitten der grandiosen, weiten Landschaft **Amargosa Valley**, ab wo es noch 45 km bis **Beatty** sind. In diesem 1.000-Seelen-Wüstennest gibt es Tankstellen, Lebensmittelgeschäfte, Campingplätze, drei kleine Motels und ein Touristenbüro mit gut sortierter Literatur. Interessanter als Beatty selbst sind die Ghost Towns in der Nähe, in denen noch um 1900 Menschen lebten und nach Gold und Silber suchten. Eine der größeren ist **Rhyolite**, das man auf einem kurzen Abstecher über den Hwy. 374 erreicht. Nachdem man eine Bergkuppe passiert hat, weist ein Schild nahe einer Fabrik nach rechts zu den Ruinen der Geisterstadt, die während des Goldrausches bis zu 10.000 Einwohner hatte und „Queen City of the Death Valley" genannt wurde. Diese hat allerdings in den letzten Jahren viel von ihrer Atmosphäre verloren, einige der pittoresken Ruinen sind abgerissen, andere von hohen Gitterzäunen umgeben worden.

Folgt man dem Highway weiter in südlicher Richtung, gelangt man automatisch zum Death Valley. Wahlweise kann man auch weiter nördlich von der I-95 über den Hwy. 267 zum Nationalpark abzweigen; in diesem Fall lägen alle unten genannten Sehenswürdigkeiten auf einer Route.

Route 4: Rundfahrt zu den südkalifornischen Highlights und nach Las Vegas

Immer noch kommt die Mehrheit der jährlich etwa 1 Million Besucher zwischen Spätherbst und Frühling in den Nationalpark, aber die Zahl derjenigen, die sich von der extremen Hitze im Sommer nicht abschrecken lassen, stieg in den letzten Jahren konstant an. Außer mit dem eigenen (Miet-)Wagen ist das Death Valley praktisch nur auf organisierten Touren zu erreichen. Es gibt weder eine Linienbus- noch eine Eisenbahn-Verbindung hierhin. Der nächste größere Flughafen ist der von Las Vegas.

Eigentlich bildet das Tal des Todes nur den nordöstlichen Teil der Mojave-Wüste, ist aber von ganz eigenem Gepräge und gehört zweifellos zu den herausragenden natürlichen Sehenswürdigkeiten des amerikanischen Westens. Das war auch der Grund, warum 1933 Präsident Roosevelt das Tal des Todes zum National Monument erklärte; 1994

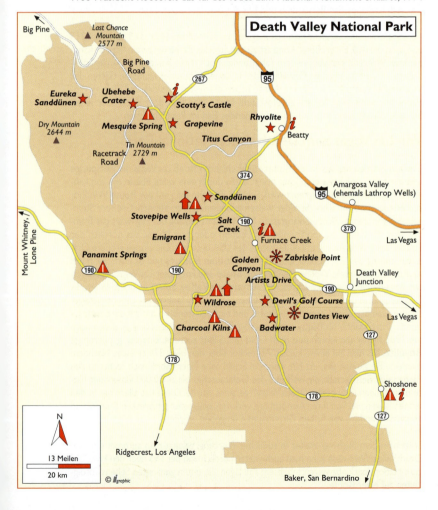

Von Las Vegas zum Death Valley National Park

Im Backofen des Death Valley

schließlich erhob man das Death Valley zum Nationalpark und weitete das naturgeschützte Gebiet auf insgesamt gut 1,3 Mio. ha aus – damit ist der Nationalpark der größte außerhalb Alaskas. Das Tal selbst macht dabei nur einen kleinen Teil aus, der größere besteht aus hohen Gebirgszügen, tiefen Canyons und Hochebenen mit Joshua-Tree-Wäldern. Während die Gipfel Höhen von mehr als 3.000 m ü.d.M. erreichen, ist das eigentliche Death Valley eine Senke, die bei Badwater 86 m unter Meeresspiegelniveau liegt. Damit bildet das Tal mit seinen Sand-, Stein- und Salzwüsten die tiefste Stelle des nordamerikanischen Festlandes.

Tiefste Stelle der USA

Bei einer durchschnittlichen jährlichen Niederschlagsmenge von nur 33 mm gibt es keinerlei Wasserreservoirs. Im Talboden breiten sich deshalb nur ausgetrocknete Salzseen, Geröllfelder und hohe Sanddünen aus. Im Gegensatz zu dieser extremen Wüste finden sich entlang der Hänge verschiedene Vegetationsstufen mit Halbwüstencharakter, und auf den höchsten Gipfeln der Gebirgsstränge liegt selbst im Sommer Schnee. Oberhalb der Talsohle, die nur nach Einbruch der Dunkelheit von nachtaktiven Tieren besucht wird, können u.a. Kojoten, Dickhornschafe (Bighorn Sheep), Wildesel (burro) und mehrere Greifvögel existieren.

Die **Extreme dieser Region** können durch folgende Zahlen belegt werden:

Höchste gemessene Temperatur:	56,7°C (10. Juli 1913)
Tiefste gemessene Temperatur:	-9,4°C (8. Januar 1913)
Jahr mit dem geringsten Niederschlag:	1929, 1953 (0,0 mm)
Jahr mit dem meisten Niederschlag:	1941 (116 mm)
Tiefster Punkt:	-86 m (westlich von Badwater)
Höchster Punkt:	3.368 m (Telescope Peak)
Ältestes Gestein:	1,8 Milliarden Jahre alt
Jüngstes Gestein:	Salzkristalle, die sich permanent bilden

Durch das Death Valley führen asphaltierte Straßen, wobei die Hauptverbindung durch den Hwy. 190 gebildet wird, der von Death Valley Junction im Osten zum Owens Lake im Westen geht. Entlang dem Highway befinden sich das Visitor Center und die Unterkünfte von Furnace Creek, ein Lebensmittelgeschäft, drei Tankstellen und 9 Campingplätze.

Mit dem Auto problemlos befahrbar
Mit Ausnahme der Höhenunterschiede und der Hitze (Kühlwasser!) sind bei dieser Straße keine Schwierigkeiten zu erwarten. Auch die asphaltierten Wege 267 (nördlicher Parkabschnitt) und 374 (nach Beatty) sind uneingeschränkt verkehrstauglich, während die Straße 178 (südlicher Parkabschnitt, nach Shoshone) für Motorhomes nicht immer zu empfehlen ist.

Zeiteinteilung
Für eine Erkundung des Death Valley sollten Sie etwa zwei Tage einkalkulieren. Folgender Vorschlag geht von einer Abfahrt in Las Vegas am frühen Morgen aus, sodass man das Tal des Todes um die Mittagszeit erreicht.

1. Tag: Anfahrt über Beatty (Abstecher Rhyolite) und den Hwy. 267 zum nördlichen Parkeingang. Die erste Sehenswürdigkeit entlang des Weges ist das merkwürdige **Scotty's Castle**. Hier hat der Millionär *Albert Johnstone* 1926–31 ein Schloss im spanischen Stil errichten lassen und dabei weder Mühen noch Kosten gescheut. Das Material kam z. T. aus Europa; bis zu 2.000 Arbeiter sollen auf der Baustelle zeitweilig beschäftigt gewesen sein. Wirtschaftlich war Johnstone jedoch nicht sonderlich erfolgreich, und seine Spekulationen fanden durch den Schwarzen Freitag im Jahre 1929 ihr abruptes Ende. Das Schloss, das sein Besitzer nur als Death Valley Ranch bezeichnete, trägt seinen Namen nach einem gewissen *Walter Scott*, der den Millionär zu gewagten Investitionen bei der Goldsuche überredete und ins Death Valley lockte. Auch *Walter Scott*, kurz *Scotty* genannt, lebte hier bis zu seinem Tod im Jahre 1954. Hinter dem Schloss kann man sein Grab besichtigen.

 Hinweis

Tgl. zwischen 9 und 18 Uhr (im Sommer 9.30-16 Uhr) werden von Rangern, die im Stil der 1930er Jahre kostümiert sind, knapp einstündige Führungen durch die 25 Räume des Schlosses angeboten (Eintritt US$ 15). Da es in der Hochsaison regelmäßig zu Wartezeiten von 1-2 Stunden vor Scotty's Castle kommt, sollte man bei Interesse zunächst hierhin fahren und eine Führung buchen. Bei Wartezeiten kann man dann den Abstecher zum Ubehebe Crater unternehmen oder an Ort und Stelle einen Snack einnehmen. Infos unter www.nps.gov/deva/historyculture/house-tour.htm.

Danach geht es weiter nach **Grapevine**, wo man den gut 8 km langen Abstecher zum **Ubehebe-Crater** nicht versäumen darf. Vom Parkplatz aus sieht man nur den Kegel des Vulkanstumpfes, wer aber nach rechts bis zum Kraterrand aufsteigt, hat nicht nur den Blick in den ca. 200 m tiefen Schlund, sondern entdeckt noch mehrere erloschene Nebenkrater.

Zurück in Grapevine, folgt man dem Highway in südlicher Richtung, wobei man den Abzweig Hwy. 374 passiert (er führt über den 1.316 m hohen Daylight Pass nach Beatty bzw. Las Vegas) und kurz danach auf den Hwy. 190 stößt, der einen guten Teil des Nationalparks erschließt. Sofern Sie nicht am nächsten Tag ohnehin über dessen südlichen Abschnitt nach Los Angeles (via Ridgecrest, s.u.) fahren, ist der Abstecher nach **Stovepipe Well** unbedingt lohnend, wo mit den ausladenden Sanddünen am ehesten dem gängigen Wüstenklischee entsprochen wird. Im nahen **Stovepipe Wells Village** gibt es eine bescheidene Infrastruktur mit Campingplatz, Tankstelle und dem Toll Road Restaurant.

Dünenlandschaft

Anschließend fährt man auf dem Hwy. 190 wieder zurück, der einen nach **Furnace Creek** bringt. Spätestens dort sollte man sich um das Nachtquartier kümmern und das Visitor Center besuchen, in dem man Informationen, Bücher und Kartenmaterial erhält. Auch das Death Valley Museum (Fotos und Gegenstände aus der Geschichte und Naturgeschichte des Tales) ist einen Besuch wert.

2. Tag: Den Morgen sollte man mit einer Fahrt in südlicher Richtung auf dem Hwy. 190 und dem rechts abbiegenden Hwy. 178 beginnen. Endpunkt könnte die Senke mit dem Salzsee von **Badwater** sein, wo es die tiefste Stelle der USA zu besichtigen gibt. Nahebei liegt der wohl ungewöhnlichste „Golfplatz" der Vereinigten Staaten, der Devil's Golf Course, in dem überdimensionierte steinerne Golfbälle herumliegen. Ebenfalls ganz nah ist das teilweise restaurierte Bergwerk **Harmony Borax Works**, das 1881 in Betrieb genommen wurde.

Auf der Rückfahrt in Richtung Furnace Creek sollte man nach rechts zur Autorundfahrt **Artists Drive** einbiegen. Die im Vormittagslicht wunderschön liegende „Palette" eines giganti-

Gesteinsformationen im Death Valley

schen Künstlers leuchtet in grünen, rostroten, braunen, violetten, gelben und orangenen Farbtönen. Verantwortlich für dieses Schauspiel sind neben der farbigen vulkanischen Asche die unterschiedlichen und z.T. oxydierten Materialien des Gesteins (besonders rotes und gelbes Eisenoxyd).

An der Weggabelung mit dem Hwy. 190 biegen Sie rechts ab und statten zunächst dem Aussichtspunkt **Zabriskie Point** einen Besuch ab, der ein herrliches Panorama auf die verschiedenen und leuchtenden Gesteins- und Sandformationen des Tales bietet. Einen mindestens ebenso schönen Landschaftseindruck erhält man einige Kilometer weiter, wo es nach rechts zum 1.677 m hoch gelegenen Aussichtspunkt **Dantes View** geht. Die Stichstraße ist über 21 km in einer Richtung lang und lohnt sich bei tiefstehender Abendsonne nicht mehr. Zu anderen Tageszeiten hat man aber einen herrlichen Über-

Aussichtspunkte

blick über das Tal des Todes und auf die gegenüberliegende Bergkette der Panamint Mountains mit dem 3.368 m hohen **Telescope Peak**.

Zurück auf dem Hwy. 190, verlässt man den Nationalpark in östlicher Richtung, wo man in **Death Valley Junction** auf die Straße 127 stößt und die Fahrt nach Baker bzw. Los Angeles fortsetzt. Mit etwas mehr Zeit könnte man einen der zahlreichen Trails bewandern oder abseits der Asphaltstraße mit einem Geländewagen Wüste pur erleben.

Reisepraktische Informationen Death Valley National Park

Vorwahl 760

Information
Nähere Informationen über den Park sowie aktuelle Programme erhält man beim **Furnace Creek Visitor Center**, am Hwy. 190, an der Furnace Creek Resort Area (s.u.); Death Valley National Park, Death Valley, ✆ (760) 786-3200, www.nps.gov/deva, tgl. 8–17 Uhr.

Hotels
Außerhalb des Parks gibt es meist einfache und billige ($–$$) Unterkünfte in Beatty (z. B. Burro Inn, Stagecoach Inn, Exchange Club Motel), Death Valley Junction (Amargosa Hotel) und Shoshone (Shoshone Inn).
Furnace Creek Ranch $$, ruhiges Motel unter gleicher Leitung und Adresse (s.u.) wie das intimere Inn, 224 zweckmäßig eingerichtete Cabins und Standardzimmer sowie komfortable Deluxezimmer, Zugang zu Swimmingpool, Tennis- und Golfplatz, 2 Restaurants.
Stovepipe Wells Village Motel $$, Hwy. 190, Death Valley, ✆ 786-2387, www.escapeto deathvalley.com; einfacheres, aber gutes und komfortables Haus mit 83 Zimmern, Restaurant, Swimmingpool und einigen Campmobil-Stellplätzen.
Furnace Creek Inn $$$, Box 1, ca. 30 Meilen von der Death Valley Junction (von Las Vegas kommend hier rechts auf den Hwy 190 einbiegen), Death Valley, ✆ 786-2345, www.furnacecreekresort.com; schlossähnliches historisches Gebäude von 1927, heute ein erstklassiges, stilvolles Hotel mit 66 Zimmern, Tennis- und Golfplatz sind angeschlossen, Swimmingpool, 2 sehr gute Restaurants, Bar.

Camping
Im Nationalpark befinden sich 9 Campingplätze, von denen ganzjährig geöffnet sind: Furnace Creek, Mesquite Spring und Wildrose. Einen gut ausgestatteten RV-Park findet man am Stovepipe Wells Village Motel (s.o.).

Hinweis
Wegen der begrenzten Kapazität sollte man Unterkünfte im Death Valley vorbuchen, vor allem im Winterhalbjahr und an Wochenenden. Wegen der Entfernung zur nächsten Stadt sind Lebensmittel, Benzin etc. deutlich teurer sind als im Landesdurchschnitt. Der Eintrittspreis in den Park beträgt US$ 20 pro Wagen.

Vom Death Valley zum Pazifik

Das Death Valley kann man auf allen möglichen Routen in Richtung südkalifornischer Pazifikküste verlassen. Nur einige davon sollen hier kurz skizziert werden:

Nach Los Angeles über den Hwy. 14

Man verlässt den Nationalpark entweder über den Hwy. 178 und fährt über **Ridgecrest** und **Inyokern** gen Süden oder über die Passstrecke des Hwy. 190, auf der man nach **Olancha** kommt. In beiden Fällen stößt man auf den Hwy. 14, auf dem es dann parallel zum eindrucksvollen Los Angeles Aqueduct, das die Millionenstadt mit dem Wasser der Sierra Nevada versorgt, nach Süden geht. Auf dieser Strecke passieren Sie den **Red Rock Canyon State Park** (es gibt im Westen der USA mehrere Canyons dieses Namens!), dessen leuchtende Sandsteinformationen im herrlichen Kontrast zum blauen Himmel stehen – besonders bei schräg stehender Abendsonne. Der Canyon, in dem einige Western gedreht worden sind, ist außerdem wegen vieler verlassener Bergwerke und wegen paläontologischer Funde bekannt.

Drehort für Western

Von hier aus erreicht man nach ca. 25 Meilen auf dem Hwy. 14 den Verkehrsknotenpunkt **Mojave** (Santa Fe-Eisenbahn, Hwys 14/58, Flughafen). Das Städtchen ist mit seiner Vielzahl an Fast-Food-Restaurants und billigen Motels für eine kurze Pause oder Zwischenstation geeignet, hat aber ansonsten nichts an Sehenswürdigkeiten aufzuweisen. Immerhin beeindrucken die ausgedehnten Windfarmen, mit denen die westlichen Berghänge überzogen sind.

Anschließend führt der Hwy. 14 auf schnurgerader Strecke über **Rosamond**, **Lancaster** und **Palmdale** bis zum Gebirge der San Gabriel Mountains, an dem die Mojave-Wüste endet. Hinter dem Pass stößt man auf die I-5, auf der man zügig **San Fernando** bzw. **Los Angeles** erreicht. Diese Route ist die beste, wenn man in der Millionenmetropole z.B. zum Flughafen, nach Santa Monica oder in andere nördliche oder westliche Stadtteile möchte.

Nach Los Angeles über den Hwy. 395

Wie oben verlässt man hier den Nationalpark über den Hwy. 178 oder den Hwy. 190 und fährt südwärts, biegt jedoch bei **Inyokern** auf den Hwy. 395 ab. Dieser wird zunächst durch die Red Mountains endlich zu einigen Kurven gezwungen und bietet bei **Randsburg** die Möglichkeit zu einem kurzen Abstecher zur Randsburg Ghost Town und zum nahen Desert Mining Museum.

Spätestens ab dem Nest **Atolia** wird der Highway dann aber zu einem einsamen, fast schon beängstigend geraden Asphaltband. Wenn Sie immer schon einmal wissen wollten, wo in Amerika diese bis zum Horizont reichenden, wie mit dem Lineal gezogenen Straßen sind: Hier können Sie eine erleben. Nur selten gibt es etwas Abwechslung, so z.B. ein Militärflughafen oder die Kreuzung mit dem Hwy. 58, wo man auf einige Andenkenläden, Tankstellen und Imbissgaststätten trifft. Auf dem Weg passiert man übrigens in gehörigem Abstand die riesige **Edwards Air Force Base**, ein Zentrum der Raumfahrtindustrie, auf dessen Gelände u.a. auch die NASA-Raumfähre Space

Immer geradeaus

Schnurgerader Highway durch die Wüste

Shuttle zu landen pflegt. Ca. 9 Meilen vor dem Cajon Pass gelangt man schließlich zur I-15, die einen südwärts nach L.A. und nordwärts nach Barstow bringt (vgl. S. 524). Ganz in der Nähe zweigt die Panoramastraße *Rim of the World* zu den schönsten Szenerien der San Bernardino Mountains ab, ein geradezu unglaublicher Kontrast zu dem bisher Erlebten (S. 526).

Nach Los Angeles/San Diego über den Hwy. 127

Auch hier verlässt man das Tal des Todes über den Hwy. 178 oder den Hwy. 190, aber zur anderen, östlichen Richtung. Im ersten Fall passiert man Badwater, den tiefsten Punkt der USA (s.o.), kommt nach 47 km zu den Ruinen der Ashford Mill und überwindet nach weiteren 41 km den Salsberry Pass (1.010 m), bis man in **Shoshone** auf den Hwy. 127 stößt. Diese Straße ist zwar asphaltiert, aber nicht immer in bestem Zustand; insbesondere Campmobile können Schwierigkeiten bekommen. Problemloser ist es, auf dem Hwy. 190 bis nach **Death Valley Junction** zu fahren und dort auf den Hwy. 127 einzubiegen. Die Straße führt einen südwärts, wobei man mit einer vermeintlich toten Landschaft konfrontiert wird, in der Windstöße feinen Sandstaub auf dem Asphalt verteilen. Hin und wieder rollt loses Dornenwerk über die Fahrbahn und weckt Erinnerungen an zahllose Wild-West-Filme. Die Fahrbahn verläuft in sanften Wellen schnurgerade, während sich in der Ebene zur Linken der Sand zu riesigen Wanderdünen auftürmt. In **Baker** (S. 523) endet der Hwy. 127 an der I-15.

Sofern Sie keine Angst vor absoluter Einsamkeit haben, können Sie dort übrigens auch auf Nebenstrecken ausweichen: Über **Kelso** und durch das riesige Gebiet der East Mojave National Scenic Area fahren Sie dann bis **Amboy**, einer Ortschaft fast ohne Einwohner und auf dem besten Weg, eine echte Ghost town an der Route 66 zu werden. Naturliebhaber sollten den Amboy Crater besteigen, der sich vor 6.000 Jahren aus Lava aufgebaut hat. In der Ortschaft selbst steht das kleine Roy's Motel & Café auf weiter Flur, inzwischen so oft fotografiert, dass es zu einer kleinen Berühmtheit geworden ist. Überhaupt zeigt die Szenerie offensichtlich so viel Typisches, dass Amboy gerne als Drehort für Hollywoodstreifen genommen wurde.

In Amboy geht es links auf menschenleerer Strecke nach **Twentynine Palms**, wo man dem Joshua Tree NP (S. 485) und Palm Springs einen Besuch abstatten kann.

ANHANG

Literaturhinweise

Mike **Davis**, City of Quartz, Assoziation 2006. Eindrucksvolle und spannende Sozialgeschichte Los Angeles' von den Anfängen bis heute – eine Stadt als Symbol der zukünftigen Gesellschaft.

Fodor's, The Official Guide to America's National Parks, 2012. Umfangreiche Übersicht über alle wichtigen Adressen für Nationalparks und National Monuments. Gegliedert nach Staaten.

Phillip **Gassert** / Mark Häberlein / Michael Wala, Kleine Geschichte der USA, Reclam, 2008. Eine übergreifende Skizze der historischen Entwicklung in den USA.

Jack **London**, „Der Seewolf", „Wolfsblut" oder „Lockruf des Goldes" (dtv) heißen die großen Werke des legendären Schriftstellers aus der San Francisco Bay Area.

Armistead **Maupin**, Stadtgeschichten (ab1981), rororo. In bislang 8 Bänden erzählt der Autor komisch-tragische Geschichten aus San Francisco.

Adriano **Sack**, Gebrauchsanweisung für die USA, Piper 2011. Anekdoten über das Leben in Amerika und über die Amerikaner werden in amüsanter Weise dargestellt.

Elisabeth **Sereda** u. a., Jenseits von Glanz und Glamour: Hollywood backstage, 2007.

Werner **Skrentny**, Wo Hitchcocks Vögel schreien, 2002. Außergewöhnlicher Reiseführer, der detaillierte Informationen zu Drehorten berühmter Spielfilme liefert, aber auch zu Museen, Gedenkstätten für Stars, zu Studiotouren und zu historischen Kinopalästen.

John **Steinbeck**, Die Straße der Ölsardinen (1945) und Früchte des Zorns (1940), dtv. Zwei Klassiker über das Leben der einfachen Leute in Kalifornien und der Bauern auf der Flucht vor dem Dust Bowl aus dem Zentrum nach Kalifornien.

Mark **Twain**, Roughing it (1872, Im Gold- und Silberland und andere Erzählungen, 1988) und The Celebrated Jumping Frog of Calaveras County (dt.. Der berühmte Springfrosch von Calaveras, Aufbau Verlag, im Antiquariat erhältlich). Ironische Erzählungen aus dem Goldgräbermilieu.

Zagat Survey, Zagat 2012. Ständig aktualisierte Restaurantführer, die in Amerika bereits als Klassiker gehandelt werden.

Stichwortverzeichnis

A
Abkürzungen 62
Afroamerikaner 43
Alaska 18, 32
Aleuten 18, 41, 319
Alkohol 62
Amador City 365
Amargosa Valley 527
American River 21, 339, 340
Amerikanisch-Mexikanischer Krieg 19
Anaheim 256
- Disneyland Resort 256
- Disneyland Park 257
- Disney's California Adventure 259
- Reisepr. Informationen 256
Anasazi 15, 514

Angel Island 187
Angeln 91
Angels Camp 364
Año Nuevo State Park 371
Anza Borrego Desert State Park 474
Apotheken 86
Arcata 309
Arden 521
Ärzte 85
Asiaten 44
Auburn 341
- Reisepr. Informationen 341
Auto fahren 63
Automobilclub 65
Autovermietung 65
Avenue of the Giants 36, 315
Avila Beach 397

B
Baja California 458, 466, 467, 469
Balboa, Vasco Nuñez de 444
Baker 523
Bakersfield 419
Banken 68
Barstow 524
Bass Lake 362
Beatty 527
Bed & Breakfast 107
Behinderte 68
Benzin 68
Bergbau 55
Berkeley 196
- Reisepr. Informationen 199
Berkeley, George 196
Besiedlung 19
Bevölkerung 41

Stichwortverzeichnis

Bier 78
Big Basin Redwoods SP 371
Big Bear Lake 526
Big Sur 393
- Reisepr. Informationen 394
Big Oak Flat 363
Bodega Bay 321
- Reisepr. Informationen 322
Bodenschätze 55
Bodie 353
Bolinas 327
Botschaften 72
Boulder City 520
Bridgeport 353
Buena Park 261
- Knott's Berry Farm 261
- Medieval Times 262
Bürgerkrieg 23
Busse 68

C

Cabazon 472
Cabrillo, João Rodríguez 17, 27, 416, 456
Calico 524
Californian Way of Life 48
Calistoga 290
- Reisepr. Informationen 292
Callville Bay 517
Cambria 396
Camper 69
Camping 71
Capone, Al 134, 503
Carlsbad 431
Carmel-by-the-Sea 389
- Mission 391
- Reisepr. Informationen 391
Carson City 346
- Reisepr. Informationen 347
Cascade Mountains 35
Catalina Island 265
- Reisepr. Informationen 267
Cathedral City 480
- Air Museum 480
- Camelot Park 480
Cayuccos 396
Central Valley 35, 37, 419
Chamisso, Adalbert von 459
Channel Islands NP 411
- Anacapa 414
- Fauna und Flora 412
- Reisepr. Informationen 416
- San Miguel 415
- Santa Barbara 416
- Santa Cruz 414
- Santa Rosa 415

Chicanos 42
Chico 295
- Reisepr. Informationen 296
Chinesen 44, 129, 208
Clear Lake 293
Clinton, Bill 46
Coachella Valley 475, 478
Coast Ranges 35, 419
Colma 372
Coloma 21, 366
Colorado River 24, 54, 516, 520
Columbia 364
Computertechnologie 25
Corona 433
Coronado, Francisco Vasquez 17, 27, 461
Cortéz, Hernán 17
Costa Mesa 254
- Orange County Performing Arts Center 254
Crater Lake NP 305, 307
Crescent City 307
- Reisepr. Informationen 308

D

Dänen 398
Daggett 524
Davenport 371
de Young, M.H. 155
Death Valley NP 30, 527
- Reisepr. Informationen 532
Del Mar 432
Descanso 474
Desert Hot Springs 483
Devils Postpile 354
Diamond Springs 365
Dinner 77
Diplomatische Vertretungen 72
Disney, Walt 260
Douglas, Kirk 475
Drake, Sir Francis 17, 27, 326

E

Eastwood, Clint 390, 391
Echo Bay 517
Edwards Air Force Base 533
Einreise 74
Eisenbahn 23
Encinitas 432
Energie 57
Entfernungstabelle 111
Erdbeben 24, 32, 33, 122, 123, 307, 399
Escondido 435
Essen 75
Eureka 309

- Reisepr. Informationen 309
Exeter 420

F

Fahrrad fahren 78
Feiertage 79
Ferndale 314
- Reisepr. Informationen 316
Filmindustrie 24, 57, 217, 239
Fischerei 53
Flüge 82
Folsom 339
  Reisepr. Informationen 340
Forstwirtschaft 53
Fort Bragg 317
- Reisepr. Informationen 317
Fort Ross 319
Fotografieren 83
Franziskaner 17, 264, 275, 397, 399, 457, 458
Fresno 425,
Frontier 19
Frühstück 76
Führerschein 64

G

Garden Grove 262
- Crystal Cathedral 262
Gaviota 398
Geary, John W. 128
Geld 83
General Sherman Tree 422, 423
Gesellschaftlicher Überblick 41
Gesundheit 85
Getränke 77
Getty Villa 240
Getty, J. Paul 243
Geografischer Überblick 30
Geologische Entwicklung 30
Geyserville 279
Glendale 514
Glen Ellen 279
- Reisepr. Informationen 281
Glücksspiel 50, 344, 494
Gold 20, 21, 344, 362
Gold Country 362
Gold Hill 345
Golden Gate Bridge 151
Golden Gate National Recreation Area 181
Goldrausch 20
Grant Grove 422, 423
Groveland 363
Grover Beach 397
Gualala 319

Stichwortverzeichnis

H
Half Moon Bay 370
Hallidie, Andrew Smith 128
Haraszthy, Graf Agoston 282, 286
Harmony 396
Hearst Castle 395
Hearst, William Randolph 155, 198, 280, 395
Heavenly Valley 350
Henry Cowell Redwoods SP 378
Hispanics 42
Historischer Überblick 15
Hitchcock, Alfred 214, 321
Hoopa 305
Hoover Dam 518
Hoover, Herbert 519
Hotels 105
Huntington Beach 253

I
Incline Village 349
Indianer 15, 16, 17, 19, 27, 28, 42, 46, 459
Indian Springs 527
Indian Wells 481
Indio 482
Industrie 55
Informationen 87
Internet 103, 373

J
Jackson 365
Jamestown 363
- Reisepr. Informationen 364
Jansson, Johannes 17
Japaner 44, 139
Jean 521
Jefferson, Thomas 18
Jenner 321
Johnstone, Albert 530
Joshua Trees 489
Joshua Tree NP 485
Jugendherbergen 108
Julian 474

K
Karl III. 17, 458
Kartenmaterial 87
Kelseyville 294
Kelso 534
Kinder 88
Kings Canyon NP 420
  Reisepr. Informationen 424
Klamath Falls 305
- Reisepr. Informationen 307
Klamath Mountains 269

Klima 37
Kleidung 88
Kolonisation 16
Kolumbus, Christopher 16, 131
Konsulate 73
Koreaner 45, 209
Kriminalität 96
Kruse Rhododendron SP 319

L
La Conchita 408
La Quinta 482
Laguna Beach 264
Lake Berryessa 366
Lake Elsinore 433
Lake Havasu 491
Lake Havasu City 491
Lake Henshaw 473, 474
Lake Kaweah 420
Lake Mathes 433
Lake Mead 516
Lake Tahoe 347
- Emerald Bay 315
- Reisepr. Informationen 351
- South Lake Tahoe 350
Landschaft 34
Landwirtschaft 53
Lassen, Peder 298
Lassen Peak 297, 298, 299
Lassen Volcanic NP 296
- Reisepr. Informationen 300
Las Vegas 491
- Bellagio 504
- California 497
- Casinos 499
- Ceasar´s Palace 503
- Circus, Circus 501
- City Center 504
- City Hall 496
- Downtown 496
- Echelon 501
- Excalibur 505
- Geschichte 491
- Liberace Museum 507
- Luxor 505
- Main Street Station 497
- Mirage 503
- MGM Grand 505
- Natural History Museum 496
- Neon Museum 496
- Old Fort 496
- Old Nevada 507
- Paris 503
- Reisepr. Informationen 508
- Sahara 499
- Stratosphere Tower 499

- The Strip 499
- Transit Terminal 497
- Treasure Island 502
- Venetian Resort 502
- Wynn 502
Lava Beds NM 305
Leary, Timothy 50
Lee Vining 355
Leggett 315
Linda Mar 370
Lompoc 397
London, Jack 193, 194, 279, 280, 281
Long Beach 247
- Aquarium 250
- Bixby Hill 251
- L.A.'s World Port 248
- Museum of Art 250
- Naples 251
- Ocean Boulevard 250
- Pyramid Stadium 252
- Queen Mary 249
- Rancho Los Alamitos 251
- Reisepr. Informationen Long Beach 252
- Shoreline Village 250
Los Angeles 200
- Angelino Heights 212
- Armand Hammer Museum 226
- Avenue of the Stars 225
- Beverly Hills 221
- Bradbury Building 212
- Bunker Hill 210
- Chinatown 208
- Church of the Holy Sacrament 217
- Civic Center 209
- Convention Center 212
- Dodgers Stadium 212
- Downtown 206
- El Pueblo 206
- El Segundo Dunes 245
- Exposition Park 212
- Farmer's Market 222
- Gene Autry National Center 221
- George C. Page Museum 223
- Geschichte 204
- Grand Central Market 212
- Grauman's Chinese Theatre 216
- Griffith Park 219
- Hollywood 214
- Hollywood Bowl 218
- Hollywood Forever Cemetery 217
- Hollywood Guiness World of Records 216

- Hollywood & Highland Center 216
- Hollywood Sign 220
- Hollywood Wax Museum 216
- Jewelry District 211
- Koreatown 209
- L.A. Live 212
- Leimert Park 226
- Little Tokyo 209
- Los Angeles Central Public Library 211
- Los Angeles County Museum of Modern Art 223
- Melrose Strip 217
- Museen 223
- Museum of Contemporary Art 209
- Museum of Tolerance 224
- Music Center 209
- Orientierungstipps und Besichtigungen 201
- Pacific Design Center 225
- Paramount Studios 217
- Pershing Square 211
- Peterson Automotive Museum 224
- Reisepr. Informationen 227
- Rodeo Drive 225
- St. Elmo Village 226
- The Grove 223
- Überblick 201
- Union Station 208
- Universal City 218
- Universal Studios 218
- University of California 226
- Walk of Fame 214
- Walt Disney Concert Hall 210
- Watts Towers 214
- West Hollywood 221, 225
- Westwood Village 226
- Zoo 220

Lost City Museum 514

M

Magic Mountain 418, 419
Malibu 242
- Getty Center 243
- Reisepr. Informationen 244

Mammoth Lakes 354
Mammutbäume 185, 356, 420, 422, 423
Manteca 426
Marina del Rey 237
- Reisepr. Informationen 237

Marine World Africa USA 178
Mariposa 360

Marshall, James Wilson 21, 362, 366
Masefield, John 185
Maßeinheiten 89
McColloch, Robert 491
McLaren, John 152, 154
Mendocino 318
- Reisepr. Informationen 318

Menlo Park 372
Merced 426
Merrill 305
Mexiko 19, 20, 28, 43, 466
Mill Valley 187
Mission San Juan Capistrano 264
Modesto 426
Mojave-Wüste 37, 486, 521, 522
Mokelumne Hill 365
Mono Lake 354
Monterey 380
- Californias First Theatre 383
- Cannery Row 384
- Custom House 383
- Fisherman's Wharf 383
- Geschichte 380
- House Plaza 382
- Monterey Bay Aquarium 386
- Old Whaling Station 383
- Pacific House 383
- Reisepr. Informationen 386
- Royal Presidio Chapel 383
- 17-Mile-Drive 387

Mormonen 449, 491, 495, 496
Morro Bay 396
Motels 106
Motorhome 69
Mt. Charleston 508
Mount Jacinto 477, 478
Mount Lassen 35
Mount Shasta 15, 35, 37, 98
Mount Tamalpais State Park 186
Mount Whitney 30, 35, 420
Mountain View 374
Muir, John 185, 355, 422
Muir Beach 186, 327
Muir Woods National Monument 184
Murphys 364

N

Napa 284
- Reisepr. Informationen 285

Napa Valley 271, 273, 274, 285
Napoleon Bonaparte 18
Nationalparks 90
Nepenthe 393
Neu-Helvetien 21, 332, 337

Newport Beach 263
Nikolaus I. 320
Nixon, Richard 256, 265
Notfall 92
Notruf 92
Novato 276

O

Oakhurst 363
Oakland 190
- Camron-Stanford House 193
- Chabot Space & Science Center 194
- Chinatown 192
- City Hall 192
- Jack London Square 193
- Lake Merritt 192
- Lakeside Park 192
- Oakland Museum of California 193
- Old Oakland 190
- Paramount Theater of the Arts 192
- Reisepr. Informationen Oakland 195

Oakville 288
Obdachlosigkeit 47
Oceano 397
Oceanside 253
- California Surf Museum 254

Öffnungszeiten 92
Onofre 430
Orange County 254
Oregon 30, 269, 296, 305
Oregon-Territorium 18
Orick 311, 312
Oroville 294,
Overton 514, 515
Oxnard 417, 418

P

Packard, David 372, 386
Pacifica 98, 172, 370
Pacific Grove 387
Pala 434, 473
Palm Desert 481
Palm Springs 475, 478
- Aerial Tramway 487
- Desert Museum 479
- Indian Canyons 480
- Knott's Soak City Waterpark 480
- Mount Jacinto 478
- Reisepr. Informationen 483

Palo Alto 373
Palos Verdes Peninsula 245

Stichwortverzeichnis

- Cabrillo Marine Aquarium 246
- Korean Bell of Friendship 246
- Los Angeles Maritime Museum 247
- Ports O'Call Village 247
- The Wayfarers Chapel 246
- Vincent Thomas Bridge 247

Palomar Observatory 343
Pasadena 235
Pescadero 370
Petaluma 277
- Reisepr. Informationen 278

Philippinos 45
Pismo Beach 396, 397
Placerville 365
- Reisepr. Informationen 366

Plymouth 365
Pfeiffer-Big Sur State Park 393
Point Lobos SP 392
Point Piedras Blancas 394
Point Reyes 36, 323
- Reisepr. Informationen 326

Point Sur 393
Polk, James 20, 28
Ponderosa Ranch 349
Portalá, Gaspar de 17, 380, 458
Post 92
Preisermäßigungen 93
Princeton-by-the-Sea 370
Purcell, Charles H. 188

R

Rancho Mirage 481
Randsburg 533
Rauchen 94
Reagan, Ronald 25, 196, 334, 399
Redding 301, 302
- Reisepr. Informationen 302

Red Rock Canyon 508
Red Rock Canyon State Park 533
Redwood City 372
Redwood NP 310
- Reisepr. Informationen 313

Redwoods 184, 310, 311, 312, 315, 324
Reisezeit 37, 94
Reno 343
- Reisepr. Informationen 343

Restaurants 95
Riverside 471
Rhyolite 530
Rockefeller, John D. 155
Rocky Mountains 15, 31
Roosevelt, Franklin D. 519
Rundreisen 117
Russen 17, 18, 319, 321
Rutherford 288

S

Sacramento 21, 23, 329
- California Museum 334
- Esquire Theatre 333
- Leland Stanford Mansion 334
- Old Governor´s Mansion 334
- Old Sacramento 334
- Reisepr. Informationen 337
- State Capitol 333
- Sutter's Fort 337
- Vietnam Veteran Memorial 333
- Wells Fargo History Museum 334

Sacramento Valley 21, 53, 329
Saint Helena 289
- Reisepr. Informationen 290

Salinas 380
Salton Sea 474, 475, 519
San Andreas 365
San Andreas-Graben 371
San Bernardino 525
- Reisepr. Informationen 525

San Bernardino Mountains 526
San Carlos 272
San Clemente 263, 265
San Diego 436
- Air and Space Museum 446
- Aircraft Carrier Museum 442
- Balboa Park 444
- Broadway Pier 440
- Cabrillo National Monument 455
- California Tower 446
- Coronado Peninsula 459
- Downtown 439
- 59-Mile-Scenic-Drive 439
- Embarcadero Marina Park 443
- Gaslamp Quarter 443
- Harbor Island 454
- Horton Plaza 439
- Imperial Beach 466
- La Jolla 450, 453
- Maritime Museum 442
- Mission Bay 450
- Mission San Diego de Alcalá 457
- Museum of Contemporary Art 440
- New Children's Museum 443
- Ocean Beach 456
- Old Town 449
- Point Loma 454
- Reisepr. Informationen 461
- Reuben H. Fleet Science Center 448
- Safari Park 435

- Sea World 452
- Seaport Village 442
- Sehenswürdigkeiten 438
- Silver Strand State Beach 466
- Spanish Village 445
- Spreckels Organ Pavilion 446
- Stephen Birch Aquarium & Museum 453
- Torrey Pines State Reserve 453
- Train Depot 440
- Überblick 438
- Zoo 448

San Francisco 120
- 49-Mile Scenic Drive 159
- Alcatraz 133
- Asian Art Museum 136
- Bank of America 144
- Bank of California 144
- Besichtigungsvorschläge 124
- Botanical Gardens 157
- Buffalo Paddock 158
- Cable Car Museum 135
- California Academy of Sciences 156
- Cartoon Art Museum 142
- Center for the Arts 140
- Chinatown 129
- Chinese Historical Society Museum 130
- City Hall 138
- Civic Center 136
- Cliff House 160
- Coit Tower 131
- Columbus Tower 131
- Conservatory of Flowers 154
- Contemporary Jewish Museum 142
- De Young Museum 155
- Dutch Windmill 158
- Embarcadero Center 145
- Fairmont Hotel 135
- Ferry Building 145
- Financial District 143
- Fisherman's Wharf 132, 146
- Fort Baker 181
- Fort Mason 149
- Fort Point 150
- Geschichte 122
- Ghirardelli Square 147
- Golden Gate Bridge 151
- Golden Gate Park 152
- Golden Gate Park Stadium 158
- Golden Gate Promenade 149
- Grace Cathedral 135
- Hallidie Plaza 126, 140
- Hyde Street Pier 147

- Japantown 139
- Japanischer Teegarten 155
- Legion of Honor 160
- Lombard Street 134
- Little Italy 131
- Lloyd Lake 158
- Main Public Library 137
- Marina Green 149
- Maritime National Historic Park 147f.
- M. Davies Symphony Hall 139
- Metreon 142
- Mission Dolores 161
- Moscone Convention Center 141
- Municipal Pier 148
- Murphy Windmil l158
- Museum of Modern Art 141
- Nob Hill 135
- Old St. Mary's Church 129
- Old U.S. Mint 140
- Palace of Fine Arts 149
- Pier 39 133
- Presidio 159
- Reisepr. Informationen 162
- San Francisco County Fair Building 157
- San Francisco Oakland Bay Bridge 146, 188
- San Francisco War Memorial 138
- Spreckels Lake 158
- St. Mary's Cathedral 139
- Strawberry Hill 158
- Strybing Arboretum & Botanical Gardens 157
- Telegraph Hill 131
- The Anchorage 146
- The Cannery 146
- Transamerica Pyramid 144
- Twin Peaks 161
- Überblick: die Stadtviertel 121
- Union Square 127
- Veterans Building War Memorial 138
- War Memorial Opera House 139
- Washington Square 131
- Wells Fargo Bank 144
- Yerba Buena Gardens 140
- Zoo 161

San Francisco Bay Area 179
San Francisco Oakland Bay Bridge 146, 188
San Joaquin Valley 53, 363, 419, 425
San José 376
- Reisepr. Informationen 377
San Juan Bautista 380
San Luis Obispo 396, 397
San Luis Rey 431
San Marino 235
San Quentin 275
San Rafael 275
San Simeon 395
- Reisepr. Informationen 396
Santa Ana 255
- Bower's Museum 255
Santa Barbara 399
- Andree Clark Bird Refuge 403
- Botanic Garden 403
- Courthouse 401
- El Paseo 402
- Geschichte 399
- Fernald Mansion 406
- Historical Museum 402
- Museum of Art 402
- Museum of Natural History 403
- Mission Santa Barbara 402
- Presidio State Historic Park 402
- Reisepr. Informationen 407
- Stearns Wharf 404
- Yacht-Hafen 406
- Zoological Gardens 403
Santa Clara 374
Santa Cruz 378
Santa Fé 17, 27
Santa Maria 397
Santa Monica 239
- Museum of Flying 239
- Reisepr. Informationen 241
- Santa Monica Pier 239
Santa Rosa 278
- Reisepr. Informationen 279
Santa Ynez 399
San Ysidro 467
Saratoga 378
Sausalito 182
- Reisepr. Informationen 183
Schulz, Charles M. 142, 279
Schellville 284
Schwarzenegger, Arnold 25
Scotia 314
Sequoia NP 420
- Reisepr. Informationen 424
Serra, Junipero 17, 27, 162, 264, 391, 411, 450, 458
Shasta Lake 301
Shoshone 532, 534
Sicherheit 96
Siedlungsstruktur 41, 45

Sierra Nevada 30, 35, 39, 341, 342, 354, 355, 420
Silicon Valley 25, 51, 372
Silver City 345
Sinagua 15
Six Flags California 418, 419
Solvang 398
Sonoma 281
- Reisepr. Informationen 283
Sonoma Coast State Beach 321
Sonoma Valley 25, 271
Sonora 364
Soziale Lage 46
Spanier 17
Sport 97
Sprache 99
Squaw Valley 349
Steinbeck, John 380, 384, 385
Stevenson, Robert Louis 135, 274, 289, 293, 383, 392
Stinson Beach 186
Strände 100
Strauss, Joseph B. 151
Strom 101
Sutter Creek 365
Sutter, Johann August 20, 301, 332, 337, 365, 366

T

Telefonieren 102
Telekommunikation 101
Temecula Valley 433
Three Rivers 420
Tiburon 187
Tijuana 467
- Reisepr. Informationen 470
Tioga Pass 357
Tomales 322
Tourismus 58
Treasure Island 189
Trinidad 309
Trinity Alps 37, 304
Trinkgeld 103
Trinkwasser 54
Truckee 342
- Reisepr. Informationen 342
Twain, Mark 197, 344, 347, 364
Twentynine Palms 485, 486, 534

U

Umweltschutz 57
Unabhängigkeitskrieg 18
Unterkünfte 104